Lorenzo Ghiberti, Julius Ritter von Schlosser

Lorenzo Ghiberti´s Denkwürdigkeiten

(I commentarii)

Verlag
der
Wissenschaften

Lorenzo Ghiberti, Julius Ritter von Schlosser

Lorenzo Ghiberti´s Denkwürdigkeiten

(I commentarii)

ISBN/EAN: 9783957005830

Auflage: 1

Erscheinungsjahr: 2015

Erscheinungsort: Norderstedt, Deutschland
Hergestellt in Europa, USA, Kanada, Australien, Japan
Verlag der Wissenschaften in Hansebooks GmbH, Norderstedt

Cover: Sandro Botticelli "Die Verleumdung des Apelles" (1495)

Verlag
der
Wissenschaften

LORENZO GHIBERTIS SELBSTBILDNIS
Auf der Porta del Paradiso

LORENZO GHIBERTIS DENKWÜRDIGKEITEN

(I COMMENTARII)

Zum ersten Male nach der Handschrift der Biblioteca Nazionale in Florenz vollständig herausgegeben und erläutert von

JULIUS VON SCHLOSSER

ERSTER BAND

TEXT

Mit einer Tafel in Kupferdruck

IM VERLAG VON JULIUS BARD
BERLIN 1912

ALLA MADRE TERRA D'ITALIA

VORWORT

DIE vorliegende Gesamtausgabe von Ghibertis schriftstellerischem Lebenswerk, über das man in der Einleitung zum zweiten, erläuternden Bande das Nötige findet, bestrebt sich, nicht nur einen getreuen, sondern auch einen lesbaren Abdruck des Textes zu geben. Der Herausgeber hat sich dabei von den in der modernen romanischen Philologie geltenden Grundsätzen leiten lassen. Die erste Forderung, einen getreuen Text zu liefern — wobei jedoch immer daran erinnert sein mag, daß uns nicht das Original Ghibertis, sondern nur eine vielfach fehlerhafte Kopie erhalten ist —, bedingt das Festhalten an allen wesentlichen Eigenheiten in Schrift, Sprache und Stil, das Vermeiden von überflüssigen, den Sinn nicht fördernden, wohl aber die Eigentümlichkeit von Ghibertis Rede störenden Emendationen. Dazu gehört beispielsweise die in Freys Edition durchwegs vorgenommene Ergänzung des Relativpronomens, das bei Ghiberti, der darin einer wohlbekannten volkstümlichen Eigenheit seiner Heimat folgt, gewöhnlich fehlt, wodurch gerade der lebendige Eindruck einer der Umgangssprache sich nähernden Redeweise hervorgebracht wird. Emendationen sind überhaupt nur dort vorgenommen worden, wo der Zustand des Textes es dringend verlangte und offenbare Kopistenmängel (Auslassungen, Wiederholungen, Mißverständnisse) vorlagen. Wir haben hier ein wertvolles Hilfsmittel im Text des sog. Anonymus Magliabecchianus, dem eine andere, z. T. bessere Handschrift als die unsrige, vielleicht sogar noch das Original selbst, vorgelegen hat. Diese Emendationen sind durch runde Klammern kenntlich gemacht. Der leichteren Benutzbarkeit halber wurde für den II. Kommentar die Kapiteleinteilung Freys beibehalten; im I. und III. Kommentar folgten wir der Handschrift selbst, die die einzelnen Kapitel durch Aussparung des Raumes für die Initialen (die freilich nicht ausgeführt sind) hervorhebt. In diesem III. Kommentar namentlich, der ganz den Charakter eines ersten, nicht durchgearbeiteten Entwurfs trägt, und dessen schwierigen

Text der Kopist noch mehr entstellt hat, haben wir nach Möglichkeit die ursprüngliche Form gewahrt, Änderungen in der Interpunktion nur dort vorgenommen, wo der Sinn es unbedingt verlangte. Die vielfach sehr ungelenke Übersetzung Ghibertis nach älteren Vorlagen ist hier ganz besonders entstellt, manchmal fast sinnlos.

Diese Erwägungen führen uns schon auf die Lesbarmachung des Textes. Die Handschrift hat, der Weise ihrer Zeit entsprechend, nur dürftige Interpunktion und eine sehr willkürliche Worttrennung. Dem Verfahren der modernen Philologie entsprechend haben wir daher die modernen Trennungszeichen und Akzente überall eingesetzt, wieder im Unterschied zu Freys Edition, die hier eine ganz überflüssige und etwas dilettantische Akribie zeigt. Es hat keinen Sinn und erschwert nur die Lesbarkeit, wenn Ligaturen wie lequali, iquali, laltro, lanatura, doperare (für le quali, i quali, l'altro, la natura, d'operare), die übrigens gar nicht konsequent angewendet sind, übernommen würden. Es handelt sich ja auch nicht um einen paläographisch getreuen Abdruck dieser Handschrift, die uns nicht einmal Ghibertis eigene Orthographie zeigt, sondern lediglich die eines unbekannten zeitgenössischen Kopisten. Kürzungen wurden selbstverständlich durchaus aufgelöst. Dagegen sind die sehr häufigen charakteristischen Verschmelzungen wie che·cci (che ci) tra·lla (tra la) usw. natürlich beibehalten worden, jedoch durch den in modernen romanischen Textausgaben zuweilen üblichen Trennungspunkt · bezeichnet worden. Ebenso wurde die Schreibung des ç, des u auch für den konsonantischen Anlaut (uita), dem als Majuskel das V entspricht, die Schreibung des ch (choloro) beibehalten. Die Verwendung der Akzente war unbedingt notwendig, um etwa das Bindewort e von der Copula è, das Hilfszeitwort à von der Präposition a usw. zu scheiden; ebenso erklärt sich die Anwendung des heute üblichen Apostrophs in Formen wie che = ch'è usf. Sinnlose Wiederholungen, die lediglich der Unaufmerksamkeit des Abschreibers ihr Dasein verdanken, wurden natürlich gestrichen; in bestimm-

ten Fällen jedoch, eben um den Zustand des Textes zu zeigen, in eckigen Klammern belassen. Eigennamen, aber auch nur d i e s e, wurden selbstverständlich groß geschrieben; auch da herrscht im Texte große Willkür. Die (gleichfalls sehr willkürliche und regellose) Interpunktion wurde nach Möglichkeit bewahrt, nur die nötigsten Trennungszeichen sind dort, wo die Lesbarkeit es unbedingt erforderte, hinzugefügt worden.

Die sachlichen Erklärungen sind im zweiten Bande enthalten.

Wien, im Juni 1911.

DER HERAUSGEBER

COMMENTARIO
I

QUANTO è possibile a uno che scriua di *scultura*, e (o) honestissimo, ò a mente l'amonitione delfica chosa diuina che·cci amonisce risparmiare il tempo usando tutte l'altre chose sança rispiarmo nelle chose necessarie alla uita; non auendo riguardo nè di pecunie nè d'altre chose che paino pretiose: solo attendiamo a quelle chose le quali gli antichi ci ànno lasciate scritte, et noi anchora assottigliandoci a nuoue inuentioni non sarà sança frutto et facilmente dagli altri transferiamo. Ma il tempo che è immutabile et flusso non chome chosa uile dissipiamo sança riguardo. Et quello usando la natura il di darci [...] uirtù d'operare sempre alchuna chosa utile per la uita presente et la notte simiglantemente essendoci conceduta aptissimamente ad essercitio d'animo. Onde colui che solo giustamente è chiamato sauio non permette etiamdio quel tempo c'è dato a requie del corpo noi el dormiamo tutto. Tanta cura pare ch'e' abbia che la mente che·lla nocte non sia lungamente otiosa. Et choloro i quali scriuono alcuna cosa ouero ci amoniscono et insegniano et quello fanno per nostra utilità et non consumano in parole non necessarie; non curano di fare prolixi ne' trattati per dimostrare la loro profonda peritia: però che ciò facciendo lascierebbono i loro libri pieni d'excessi et di superfluitadi, contro alla sententia degli antichi phylosofi i quali rectamente diffinirono essere necessario sapere le misure del tempo si come del termine et diffinitione di phylosofia. Questa sententia chi diligentemente cura di mettere in pratica piglerà grandi utilitadi della amonitione delphyca non meno che d'Astrone et Hosio et d'Archita et d'Aristotile et degl'altri che scrissero simile a·lloro le quali dottrine di costoro et di loro simili. A' giouani studiosi non sono inutili pe' primi elementi e principij, ma chi uuole mettere in pratica alchuna cosa sono al tutto di lungi et rimote dalla speculatione aptiua. Onde non sança ragione pare che abbia loro detto Kalamo d'India per natione ma greco phylosopho: Noi siamo simili a coloro i quali per picchole cose consumano parole molte, ma di cose grandissime sogliono dare breuissimi precepti acciochè tutti ageuolmente le possino conprehendere

Fol. 1r.

e ritenere. Et questo diligentissimamente potrà ciascuno comprehendere per gli comentarij di Dionecho e di coloro che per lui seguitarono Allexandro *come furono scultori et pittori* et etiamdio quegli gli quali erano cogli strumenti bellici d'assediare e quali gli furono scritti da Pyrro Macedone. Ma perchè non paia che noi conseguitiamo la lungheça dello scriuere la quale noi biasimiamo, torniamo al proposito dicendo prima alchuna chosa per coloro che uoglono acer bamente uolere correggere le compositioni de'uocaboli. Però che mi pare a chi è intento a questa compositione spesse uolte cascare del proposito. Socrate *(Isocrate)* oratore nella oratione scritta da'llui a Filippo per dargli consiglo se douere pigliare alcuna impresa imperò che prima fu determinata quella guerra prima che egli compiesse el consiglio. Onde egli dice così: Essendo io intento a questa opera peruenisti di fare la pace prima ch'io finissi l'oratione. Parmi ancora sia bene a ubbidire a chi dà recta doctrina. Onde etiamdio Kalistene istori[ori]co dice essere necessario a chi dispone scriuere alchuna cosa secondo la proprietà della persona et dell'opera, adapti le parole correspondenti all'una cosa et all'altra. In ogni sermone che si fa di questa arte giudico essere breue et aperto *sì come scultore o pittore* et come cosa non apartenente a'precepti di rectorica. *Conuiene che'llo scultore etiamdio el pictore sia amaestrato in tutte queste arti liberali:*

Gramatica	*Prospectiua*
Geometria	*Istori[osri]co (sic)*
Phylosophia	*Notomia*
Medicina	*Teorica disegno*
Astrologia	*Arismetrica.*

Fol. 1v. 2. *L'iscultura et pictura* è scientia di più discipline et di uarij amaestramenti ornata, la quale di tutte l'altre arti è somma inuentione, è fabricata con certa meditatione la quale si compie per materia et ragionamenti. Con industria di qualunche generatione d'opera et al proposito della formatione e'llo ragionamento è che'lle cose fabricate per proportione d'astutia et di ragione si possono dimostrare explicare. Et così gli *scultori et pictori* gli quali sança lettere

auiano conteso come se colle mani auessino exercitato, non poterono compiere nè finire come se auessono auuta l'autorità per le fatiche, et quelli i quali per ragionamenti et con lettere sole si ueggono conquisi ànno l'ombra, ma non la cosa. Et quelli li quali l'una cosa et l'altra operarono come di tutte armi adornati molto più tosto coll'auctorità che fu il proposito sono seguiti. Conciò sia cosa che in tutte quante le cose massimamente ancora nella *scultura* sono quelle due cose: quella cosa la quale si insegnia et quella la quale [s']insegnia. Segniasi la cosa proposita e·lla dimostratione et questa explicata per la ragione delle doctrine. Imperochè si uede essere exercitato, nell'una parte e nell' altra, quello el quale si professa essere *scultore*. Bisognia sia di grande ingegnio a disciplina, maestreuole imperoche·llo ingegnio sança disciplina o la disciplina sança ingegnio non può fare perfecto artefice. Et conuiene che illiterato *(sic)* sia, perito della scrittura et amaestrato di geometria e abbia conosciute assa(i) istorie o diligentemente abbia udito phylosofia et sia amaestrato in medicina et abbia udito strologia et *sia docto in prospectiua e't ancora sia perfectissimo disegnatore conciò sia cosa lo scultore e'l pictore, el disegno è il fondamento et teorica di queste due arti, conuiene sia molto perito in detta teorica, non può sapere nè essere perfecto scultore nè etiandio perfecto pictore, tanto è perfecto lo scultore tanto quanto è perfecto disegniatore et così è il pictore; detta teorica è origine et fondamento di ciascuna arte. Ancora abbi uedute l'opere degli antichi et nobili matematici et prospettiui. Et uedute l'opere di costoro cioè* Aristarco Samio, Filolao, Archita Tarentino, Cirineo, Scopinas, Archimede Saracusano, Apollonio, *Constantino Arabico*[1]), *Aphacon*[2]), *Tolomeo*[3]), e quali molte cose ignomiche et di numero trouate per ragione naturali ànno explicate a quelli che uengono di drieto lasciarono. Conciò sia cosa che cotali ingegni per tale astutia in tutte le genti, ma concedesi in pochi huomini. Et phylosophia compie lo *scultore* con magno animo acciò che non sia arrogante, più tosto sia ageuole et humile et fedele et sança auaritia, la quale cosa è massima: imperò che nulla opera sança fede o castità non può essere perfecta. Nè sia cupido nel pigliare. Abbi occupato l'animo: ma con grauitade raguardi alla sua dignitade auendo buona fama im-

però che a questo proscrive phylosofia, oltra questo della natura delle cose la quale grecamente si dice phylosogia *(sic)* explicatamente phylosophya imperò che molto più necessariamente studiosa auere conosciute imperò ch'ella à molte uarie et belle questioni naturali. Come si uede pe' grandi phylosophij matematici et uedere i principij della natura in cognoscere tutti e suoi precepti, come si uede in tutte le cose naturali le quali scrisse Archimede Anchimus et gli altri che ànno Tesbia et gli altri e quali di questa generatione leggiera non potrà sentire se non l'arà *(sic)* instituto in phylosophya. Ancora bisognia auere conosciuta la disciplina della medicina. *Et auere ueduto notomia acciò che'llo scultore sappi quante ossa sono nel corpo humano uolendo comporre la statua uirile et sapere e muscoli sono nel corpo dello huomo et così tutti nerui et legature sono in esso.* Auere peritia de' fatti d'astrologia, della terra, ancora del cielo auere notitia d'esso. I quali i Greci dicono Climata pel sito della terra. Ancora intendere i moti celesti. Per astrologia si cognosce oriente, occidente, meçodì, settentrione, tutte le sue ragioni, equinotio, solstitio, el corso del *sole et della luna*, el moto *de' pianeti* et delle stelle et *della celtica*[4]) *et de' dodici segni:* delle quali cose chi no ne arà notitia d'esse le ragioni non potrà al postutto sapere. Conciò sia adunque che questa tanta disciplina sia adornata et abondante di più uarij amaestramenti, giustamente penso che non subitamente possino essere professi *scultori o pictori* se non quelli li quali di puerile etade
Fol. 2r. sono scanditi per simili gradi di disciplina et notricati pienamente colla scientia delle lettere et d'essere uenuti al sommo tempio della *scultura o pictura.* Et forse marauigliosamente negli huomini amaestrati potere la natura tanto numero di doctrina imparare et contenere nella memoria. Conciosia cosa ch'io abbia pensato nell' animo mio le discipline intra se auere congiuntione et con meditatione imperò crederanno potere essere facti agieuolemente: imperò ti dico disciplina sì come corpo uno di questi menbri composta. Così ene dalle tenere etadi quelli li quali se statuiscono in tutti i uarij amaestramenti et in tutte le lettere conoscere e'lla commeditatione degli antichi *scultori.* Pytios il quale primeramente la casa di Minerua edificò nobilissimamente, disse negli suoi comentarij lo *scultore* più bisogniare fare in

tutte l'arti o doctrine. *Fidias*[5]) *d'ingegno mirabile edificò in Grecia magnificamente la casa di Palas et nobilemente ornata fu d'istorie per le sue mani egregiamente fatte furono, et dice che esso ne fece ne suoi comentarij memoria et di molti altri edificij che per lui furono edificati et ordinati* che chi le singuli *(sic) così* fare in tutte l'arti et doctrine colle *sue industrie et exercitationi alla somma chiareça* produceua questo et perche·lla cosa non si expedisce imperò non può lo *scultore* nè debba essere gramatico come fu Aristarco, ma bene de' esser perito nella teorica di detta arte cioè il disegno come Apelles et come Mirone et molto più che nessuno però quanto sarà più perito tanto sarà perfectissimo lo *scultore* et così el *pictore.* Non bisognia esser medico come Ypocrate *et Auicenna et Galieno*[6]) ma bene bisogna auere *uedute l'opere di loro, auere ueduto notomia, auere per numero tutte l'ossa che sono nel corpo dell'uomo, sapere i muscoli sono in esso, auere tutti i nerui et tutte le legature che sono nella statua uirile. Altre cose di medicina non bisognano tanto.* Ancora in astrologia nè nelle altri arti essere et doctrine excellenti singularmente, ma in esse amaestrato imperò che alcuno in tante uarietà di cose singulari et degnità non conseguire e·lli ragionamenti di quelle nè conoscere achade nella podestà dello *scultore* et del *pictore.* Nè pertanto lo *scultore* non solo e'l *pictore* non possono in tutte le cose auere sommo effecto, ma ancora essi le quali tengono priuatamente a proprietà delle arti no·llo fanno come eglino abbino tutto il principato delle laude. Adunque se nelle singule doctrine li singuli artefici nè tutti ma pochi lunga proprietà ànno un poco conseguita la nobiltade, come può lo *scultore e'l pittore* el quale in più uariate arti conuiene sia amaestrato et non può fare quella medesima. È grande marauiglia se non à bisogno d'alcuna cosa di queste. Ma ancora acciochè e' soperchi tutti gli artefici quello il quale in tutte le doctrine alla fermeça colla somma industria sopraporrà. Adunque si uede in questa cosa che Fitio errasse la quale non ebbe in animo per due cose le singoli arti esser composta per l'opera et per suo ragionamento et di questo essere uno proprio di loro li quali nelle singuli opere exercitato con effetto d'opera. Altra cosa è essere comune con tutti gli amaestrati et quelle per ragione et per le quali cose pur *la natura dà alla memoria per auçamento d'astutia acciochè possin auere note et uedute tutte l'opere degli antichi philosophij matematici.*

3. Li antichi philosofij sauiamente et utilmente instituirono per relatione de comentarij dare le cose pensate a chi uien poi acciochè esse non morissono, ma in tutti le etadi crescenti per uilumi composti di grado in grado peruenisseno nella uechieça alla somma sottigleça delle doctrine et così sono da fare a questi non meçanamente, ma infinite gratie et non inuidiosamente tacenti trapassorono nelli sensi di tutte le generationi per scritture curarono di dare alla memoria. Et se non auesseno noi non aremo potuto sapere *le cose degli Egyptij et delle altre antiche nationi,* ma affermano gl'Egyptij che'l disegno *il quale è origine et fondamento dell'arte statuaria et della pittura* essere stata inprima in Egypto circa d'anni semila che in Grecia uenissi o fosse in uso, ma uanamente dicono. E Greci dicono che essi non furono trouatori d'esso, alquanti dicono che'l disegno fu trouato da' Corintij. Ma ciascuno afferma essere
Fol. 2v. trouato colla ombra del sole parata innançi alla forma dell' huomo uirile. El primo fu Fylode Egyptio il quale la circundò dalle linie ouero fusse trouato da Creante Corintio o da Talafane Sicinio, sança alchuna cosa essi spargeuano dette linie circundando dette ombre. *Questi furono inuentori dell'arte della pictura et della scultura, mostrorono la teoricà del disegno, sança essa teorica non si può essere buono statuario nè buono pittore, tanto è buono lo scultore o ueramente el pittore quanto è perito in detta teorica cioè in detto disegno el quale non s'aquista sança grande studio nè sança grande disciplina;* et maximamente questo possiamo considerare degli antichi statuarij et pittori che da questi li quali auessono per eterna memoria le degnità note e'lla gratia della comendatione sono stati a chi uiene poi. Sicome Fidia, Policreto, Mirone, Lisippo et gli altri quali ànno seguito la nobiltà dell'arte. Et però come nelle grandi cittadi o uero a' nobili re cittadini ànno compiute l'opere loro chi non con minore studio et astutia et ingegno, furono humilmente riceuuti et non meno egregiamente fatte l'opere loro perfectamente. Nulla memoriamo che questi non dalla industria dell'arte ma dalla felicità furono ingannati come Etlas

Ateniense, Chyon Corinto, Inmagico Foceo, Faras et Fesio, Beda Bisantio, ancora più altri, non di meno e pittori Aristomene Tasio, Polide, Adramite, Nicheo et altri grandi nella industria et nello studio dell' arte et astutia, ma o il bisogno della casa familiare o la deboleça della fortuna o uero nel dubitare della certeça de' contrarij soprastati o cont(r)asto alle lora dignità; per tanto non è da marauiglare se per ignorantia dell' arte si oscurano le uirtudi; ma per li responsi di delphyco Apollo Fitia trapasò a Socrate più sauio di tutti et questo prudentemente si ricordò e amaestrati fictamente auere detto gli huomini auere e petti aperti acciochè non auessono occulti i sentimenti ma aperti a considerare. Or uolesse Idio che·lla natura delle cose la sua sententia seguitata fosse essa per apparentia constituisse imperò che se così fosse non solo le laude ouero gli uitij gli huomini alle mani si guarderobbono, ma ancora le scientie delle discipline suggette sotto la consideratione degl' occhi non con incerti giudicij si peruerebbono: ma per li sapienti et dotti l' auctorità stabile et egregia s' agiugnerebbe. Adunque imperò che questo non è così, ma come la natura delle cose uuole, non sono constituite non sì acciò che·lli huomini sotto li obscurati petti possino le scientie negli ingegni degli artificij al postutto nascosi a che modo giudicherà essi promettossono la loro prudentia, se non uanno copiosi di pecunia ma per uecchieça di queste cose abbino auuto notitia per eloquentia, quando saranno per industria apparechiati degli studij acciochè di questi quelli li quali confessano sapere questo si credesse. Massimamente è da sdegniare quando per gratia di conuiti spesse uolte si dilunghi da ueri giudicij alla falsa aprobatione. Adunque come piacque a Socrate se così e sentimenti e·lle sententie e·lle scientie per le discipline accresciute prospicue et lucide non potrebbe gratia nè dubitança con uere et certe fatiche delle doctrine uenissono alla somma scientia oltra da esse l'opere si uarrebbono. Imperò che se esse cose non sono illuxtre nè appariscenti come noi possiamo nello aspetto che e' bisognerebbe. Et considero più tosto e non amaestrati che·lli amaestrati per gratia soprastare giudicare non essere da combattere con no ne amaestrati più a questi comandamenti fatti mostrerò la uirtù della nostra scientia. *Nondi-*

meno noi seguiremo e primi che furono inuentori et origine della arte statuaria et della scultura. Il primo fu Buçaide Sicino di Corinto *secondo Prinio,* il quale Buçaide trouò la figluola inamorata d'uno giouane il quale partendosi da essa, esso andante di fuori; ella all' ombra della lucerna lineò nel muro la faccia sua tanto perfectamente che'lla effigie dello giouane era marauiglosa. Veggendo lo'ngegno delle linee circundate el padre tolse creta et fecie la faccia del giouane in modo tale che parea essa testa la sua propria; la quale testa stette nel museo di Corinto infino a tanto che Mumio diffece Corinto; in quello tempo non si usaua l'arte statuaria se non di creta et gesso. Sono alquanti dicono assai prima detta arte essere stata trouata a Samo assai prima. I trouatori esser suti Recho et Teodoro molto a Bachiadi scacciati da Corinto, da Marato scacciato dalla medesima *Fol. 3r.* terra et seguito in Etruria fittori era Cirapo et Ugrano. Et da costoro fu dato el lauorare di creta in Ytalia da Tarquino re de' Romani. Loda ancora Varone Ofitile e le commenda el lauore di creta molto marauiglosamente. Et chiama il lauorare di creta madre della arte statuaria ouero di scultura: conciosia cosa che fusse nell'arte statuaria sommamente docto, inanzi che cominciasse opera ueruna d'inportanza, *prima ogni* suo prouedimento[7]) *era di creta, sichè essa era madre* a ogni sua opera diceua. Detta arte in Ytalia essere molto affaticata et molto antichissima; in Etruria fu molto commendata dagli huomini periti, etiandio dal uulgo. Tarquino re honorò molto in Ytalia el lauorare di creta et l'arte statuaria. Et molto si dilectò d'essa: et spetialmente di Lisistrato Sicinio fratello el quale fu il primo, la ymagine dell'uomo uirile col gesso in sulla faccia *in modo l'uomo possa respirare et riauere l'alito insino a'ttanto che'l gesso si raffermi*[8]*)*. Questa arte trouata da Lisistrato prima non si truoua mai essere stato in uso.

4. Demophyle et Gorganio questi medesimi furono pittori et ornarono *dell'uno genere et dell'altro* della loro arte el tempio di Cer(e)re a Roma e'l circo maximo a Roma, eranui scritti in Greco certi uersi i quali significauano dalla dextra essere opere di Demophyle et dalla sinistra essere opere di Gorganio; inanzi a questo tempio esse opere erano toscane et di questo n'è auctore Varrone; molto loda ancora

Archysilao familiare di Lucio Lochullo il quale molto era aprezato da' suoi artefici sopra tutte l'opere degl'altri. Da costui fu fatta Venere genetrice nel foro di Cesare, prima che·lla fosse compiuta di consecrarla fu posta quiui da Luchullo[9]).

5. La proxima loda del rame fu de Egina et fu arrechata da Delo la statua di Gioue et fu lauorata in Egina. Gl'antichi ne' tempî faceano di rame il soglare alle porte; a Roma Manilio nel suo triumpho primo arrecò uinta l'Asia [...] et tauole di rame; finalmente questa arte in ogni luogo si cominciò a spargere. Et cominciarono a·ffare le ymagini degli idij a Roma et truouo che·lla prima ymagine che si fece di rame fu quella della idea Cerere et fecesi del patrimonio di Spurio Cassio il quale desiderante il regno fu morto dal suo padre. A·ffare s'incominciò le statue per ciascheduno et tingneuansi di bitume, non so se questo fu trouato da' Romani; certo a Roma antichamente le ymagini degli huomini non si soleano fare se non per qualche illustra causa et meritamente perpetua. Primamente nelle uictorie de' combattimenti cioè degli strumenti bellici. Et spetialmente nel *monte* Olimpio[10]) ou'era costume di consecrare le statue di tutti coloro che uincessino in quelli giuochi, etiandio di coloro i quali tre uolte iui auessono uinto gli faceua la sua statua.

6. Gli Atteniensi non prima d'ognuno puosono le statue A·rmoclio et A·rigosteto tiranni; fu fatto nella medesima olimpia che et re furono cacciato di Roma et di poi si cominciò ad usare el porre le statue con humanissima ambitione et in tutti i municipij le statue cominciarono a essere ornamento; et cominciossi a prolungare la memoria degli huomini et gli honori si missono alla lunga età. Et cominciossi a scriuere ne'uasi et nelle case si sculpiuano gli antichi delle famigle nelle loro case le ymagini togate anticamente erano dette statue. Et piacettono le statue innude al modo greco coll'aste in mano come era costume de'Greci. Ma e Romani le uelauano et faceuano le militari armate in coraza et con tutte armi. Cesare di statura fece fare la statua sua coperta di lorica imperò che nello abito [...] Et tanto sono nouitie tanto quanto quelle nouellamente si cominciano ad usare coperte delle ueste penuli. Matino ordinò che le statua sua fosse fatta in

quello abito al quale gl'era dato dagli uditori. Lucio Appio poeta nel tempio delle Muse fu fatto una statua maggiore non era la sua persona. Le statue ánno celebratione romana et massimamente questa et nacque questo exemplo da' re greci; sempre in Grecia solamente consecrauano primamente i uincitori: et poi scolpiuano i carri a' uinci-tori, quale carro a due ruote et quale quattro. Et poi uenne ne' Romani questo uso et feciono i carri a quelli che trionphauano[11]).

7. Et si troua statue essere poste a Tracia Gaia o uero A'ssufetia *(a Suffetia)* uergine uestale ou'ella uolesse, a Pictagora et Alcibiade conciosiacosache Apollo comandasse essere poste, quella d'Elcibiade come huomo fortissimo de'Greci et a Pictagora come huomo sapien-
Fol. 3v. tissimo. El primo honore de'Greci di statue fu a Demitrio Phallorio, a nessuno altro essere stato consacrato prima statue se non è a'llui. A'ttene gli feciono 360 statue poi non traualicante l'anno tutte le consecrarono. A Roma fecieno le statue a Mari(o) Gratiano per tutti i borghi[12]).

8. Lucio Pisone dimostrò et dichiarò e scrinte *(sic)* Marco et Milio et Pompilio consoli essere state leuate da' Censori Pompeio Cornelio Scypione et Marco Pompilio le statue d'intorno al foro di coloro che aueuano uficio auuto, fuori che quelle u'erano per sententia del populo; era rimasa quella di Spurio Cassio[13]).

9. E si truoua parole di Catone quando era censore, el quale molto riprendea le donne della loro presuntione le quali nelle prouincie faceano porre le loro statue; niente di meno a Roma non seppe trouare modo ancora che esse non si ponessono, come fu posta a Cornelia madre de' Gracchi, figluola del primo Scypione. Et fu fatta nobilissima statua et posto nel portico di Metello, la quale statua è ora nelle opere d'Ottauiano[14]).

10. Publicamenté da' forestieri posta è a Roma la statua di Cello tribuno della plebe et quelli medesimi fecero ancora la statua di Fabritio et d'Anibale; in tre luoghi per Roma furono poste dette statue.

11. L'arte statuaria essere amica anticamente in Ytalia e questo lo dimostra anticamente Hercule essere stato posto et consecrato da Euandro nel foro bouario il quale Hercule è auocato trionphale et pe' triomphi è uestito in abito triomphale; oltra a questo lo dimostra Giano

Gremino *(sic)*. El quale da Numa re fu consecrato, il quale è riuerito per argomento di guerra et di pace. Et sono e detti sì figurati che pernota di trecento sessanta cinque dì che sono nell'anno per significatione dell'anno dimostri se Idio del tempo; et non è dubbio e i segni toscani i quali furono fatti in Etruria esser dispersi per lettere; prima furon fatti di creta et di legname[15]). Ma poi uinta la Gretia et l'Asia di poi si riempie da uari Romani la città di statue nobili[16]) et di poi nella città quella arte uenne in tanta incredibilità et uenne in audacia et perfectione et uno exemplo solo ne dirò. Noi ueggiamo della perfectione di tanta arte nelle diuinità non ueggiamo grandeze infinite di tanta arte et grandissime statue lì quali sono detti colossi. Et (t)ale la statua d'Apollo translatato da Lucullo di Polonia città di Ponto de gomiti trenta et fecesi per cinquanta talenti et tale è Gioue consecrato da Claudio Cesare in campo Martio et simile n'è uno fatto per le mani del nobile Lisippo a Taranto el quale è gomiti quaranta; è cosa marauiglosa, è mobile, abilemente si uolge con una sola mano, è cosa perfectissima.

Karete Lindio discepolo di Lisyppo fece una statua di gomiti ottanta nella ysola di Rodi, è dedicata allo idio del Sole et fu di grandissima ammiratione; dopo el cinquantesimo et sesto anno essa cascò in terra per uno tremuoto giacere in terra; pare cosa di grande ammiratione uegendo le sue membra rotte; fu conposto di pietre di grandissima grandeça, fu el preço trecento talenti et in detta città sono cento colossi fuori che cinque di Bixase.

Et in Ytalia abbiamo ueduto Apollo di piedi cinquanta nel tempio d'Agusto, è in dubbio se ello è di mano di Spurio Caruilio, esso fece uno Gioue cioè uno colos più mirabile di grandeça et di lungheça el quale é in Campidoglo.

12. Zenedoro uinse ognuno; el quale nella nostra età di grandeza fu cosa marauiglosa el quale fu di grandeça di quattrocento piedi. Penossi a'ffare anni dieci et fu di grandissimo prezo. Di poi costui fu chiamato da Nerone Claudio imperadore oue fece la ymagine di detto Nerone di bronço cioè una statua la quale fu di piedi cinquanta *la quale n'è oggi in Roma la testa con una mano colla palla la quale è posta*

a'llato alla ecclesia di santo Giouanni Laterano[17]). El quale fu consecrato da'llui solamente alla ueneratione[18]). Fu questo Zenodoro excellentissimo maestro in esculpire. Fece quattro statue le quali si dice sostengono il tabernacolo d' Allexandro delle quali due ne sono consacrate dinançi al tempio di Marte ucciditore uendicatore et due inançi alla stança reale.

13. *Furono per costoro fatte molte statue grandissime le quali per altri maestri ò detti come costoro non si sarebbono potute fare de' quali é da dire di molte loro marauiglose opere.*

Fol. 4r. 14. Inançi a tutti gl'altri statuarij fu exellentissimo Fidia Atenese il quale ad Olimpia fece la statua di Gioue d'oro et d'auorio: et fece ymagini molte comendate all'anno trecento della edificatione della città di Roma et fece ymagini et segni di rame et fiorì costui nella olimpia ottantatre intorno [all'anno trecento della edificatione della città di Roma] et in quello medesimo tempo e suoi concorrenti furono Alcamone Scritia Nestades Eglea: nella olimpia ottanta [tre] quattro fu Agellade Callone Corigia Millone Scopa Perellio et di questi ebbe discepoli Policreto Argio Asperdoro Alexinaristide Phynone Dinona Antenodoro Cleinaa Alliteria Mirone Liccio Nella olimpia nouantacinque furono Nalitide Dinomede Canaclo Patrolos. Nella olimpia cento furono Popides Cephisodoto Leuicare Ipotodoro. Nella olimpia cento quattro Pocidele Eufranore. Nella olimpia cento sette Echino Terimacho.

15. Lisippo fu nella olimpia cento quattordici et fu al tempo d'Alexandro magno et furono similmente e frategli di lui Lisi et Atrisi. Furon molto nobili ma non tanto quanto egli Eufronide Sostrato Jono Syllamone Zeusyade. Nella cento uent'uno olimpia furono Eutichide Euticrate Larpo Chepi Sicroto Tymarco Phyromaca. Et di poi mancò l'arte. Et di capo rinacque. Nella olimpia cento cinquantasei quanto furono excellenti ma non come e prodetti; niente dimeno pur [furono] lodati furono Anteo Calistra Polide Atteneo Calixeo Pittodes Fita Tymole. Questi furono laudatissimi, uennono in combattimento dell'arte benchè in diuerse età e uenissono imperò che in diuersi tempi si ferono nel tempio di Diana Ephesio amaçone,

ogni uolta ch'elle si faceuano si togleua il più perfecto scultore che in quello tempo si trouasse. La prima et più perfecta fu quella di Fidia,[19]) la proxima a quella fu di Policreto, la terça fu di Cresille, la quarta di Cydonio, la quinta di Pardinone. Fidia fece el Gioue Olimpio el quale nessun potè mai emitarlo. Et a' Tene fece d'auorio Minerua, la quale è in parte di rame. Fece oltra la detta una Minerua, di marauiglosa perfectione et fece Clidicho et una altra Minerua la quale Paulo consecroe a Roma nel tempio della Fortuna et similmente fece due segni e quali Catullo in quello medesimo tempo consacrò elieno *(sic)* trapaliato et l'altro era in forma di colosso ignudo. Costui fu el primo che mostrò [. . .] cioè l'arte del torniare. Policreto Sicinio fu discepolo d'Agelle et fece dadumeno, uno fanciullo portante doni[20]), et fece regole et liniamenti dell'arte. Et fece se ignudo di grande perfectione d'arte[21]). Et fece due fanciugli ignudi e quali giuocano nella loggia di Tito imperatore della quale opera da molti è giudicato non essere ueduto mai più perfecta opera nè di tanta excellentia et perfectione. Et fece Mercurio el quale è a Lisamacha et fece Hercole il quale è a Roma, piglante l'arme, Aerchemona et Aceta. Et assa' acerba l'arte statuaria fece ad *Epheso la statua di Gioue. Mercurio si dice essere di mano di Fidia et sono in sulla piaça d'Epheso fatte con marauiglose arti*[22]). Di costui si dice, arechò l'arte a perfectione. Minone si dice nacque altutere *(sic)* et fu discepol di Gellade[23]), fece Canera *(sic)* et discobole et Perseo et fece un satiro marauigloso sonante çuffoli. Fece Minerua et humeni *(sic)* i quali giucauano et fece Hercule el quale è presso al Circo maximo. Nel tempo di Pompeo Magno fece Apollo[24]), fece el monimento di cicade et di locusa.

16. Pittagora fu *d'Italia* et nacque nella città di Reggio, fece la statua d'Apollo e'l suo serpente et fece molte cose. Fece allimbo *(sic)* uno fanciullo colla tauola et fè in quello medesimo luogo uno fanciullo ignudo portante pomi, a Saracusa fece uno çoppicante per dolore d'uno malore del quale dolore parea che e ragguardanti ne portassin pena.

17. Ancora fu uno altro Pittagora da Samo. Et nel suo principio fu pictore, le quali opere furono molto lodate.

18. Lysippo Sostratio fu discepol di Pittagora da Reggio, fu excellentissimo nell'arte et figluolo d'una sua sirocchia, ma Tulio el nega lui esser stato suo discepolo[25]) et dice prima fu fabbro et fece molto notabili cose et di marauigloso ingegno fra'lle quali fece se medesimo[26]) di grandissima arte, el quale Marco Agrippa consecrò innançi alle sue terme et fu marauiglosamente grato a Tyberio imperadore. *Questo*
Fol. 4v. *Lisyppo fu doctissimo in tutta l'arte et universale*[27]). Et nelle sue principali opere fu una quadriga. Et fece Alexandro Magno et cominciò nella sua pueritia la quale statua fece dorare Nerone imperadore. Et di quella assai si dilettò, di poi ne fu leuato l'oro e rimase molto [...] Et perchè Stione amicho d'Alexandro Magno, al quanti dicono, essere stato fatto da Policreto, fece ancora costui la cacciagione d'Alexandro la quale è consecrata a Delphij; ad Athene fece una torma di Satyri doue e' fece di molte ymagini degli amici d'Alexandro con perfetta similitudine. Metello di Macedonia transferì a Roma questi satiri; et fece quadrighe di molto genere. Fece costui grandissimo prò a questa arte. Faceua marauiglose et perfecte opere, capellature, faceua le teste un poco minori che gl'altri antichi statuarij. Faceua i corpi un poco più gentili acciochè la belleza delle membra meglo apparissono. Costui diligentissimamente osseruò le sismetrie, le misure in ogni minima cosa, usaua grandissima diligentia et arte; lasciò e'figluoli lodatissimi e discepoli [et figluoli] fu Laippo et Beda, Encrate innanzi a tutti gl'altri, benchè più tosto mutata la constantia del padre che'lla elegantia uolle più tosto piacere in genere austoro che piaceuole. Adunque optimamente fece Orcole a Delphij et Alexandro Tespho cacciatore et la battagla equestre et il simulacro di Storpono, fece quadrighe, fece uno a cauallo con cani intorno amodo che andasse alla caccia. Encrete fu discepolo di Tysicrate Sicino[28]). Telophano Phocro non fu conosciuto perchè abitò in Tosagla e quiui come nascose stetteno le sue opere, ma absente da maestri periti et docte l'opere sue erano aguaglate a Mirone et a Policreto et a Pittagora da Reggio. Di costui sono lodate molte opere et molti dicono non fu conosciuto perchè seguitò Serse et Dario. Praxitele fu molto felice[29]) et famoso et di rame fece bellissime opere, fece Catagrusa et Baccheo e'lla ebrietà

insieme con uno satyro et fece segni i quali furono inançi al tempio della Felicità. Et nel medesimo tempio fece Venere la quale era di marmo et di perfectissima arte nel principato di Claudio[30]); et costui Stephusa, Spellio, Enopore, Heormogio et Aristorgitone et rannidoli[31]) i quali rimandò Alexandro agli Atteniensi erano stati presi da Serses, uinta la città di Persia. Et fece Apollo giouinetto insidiante. Ancora fece una matrona piangente et una meretrice gaudente et per quelle due opere con due diuersi effecti *dimostrò la peritia dell'arte.* Et fece [opere di marmo et di rame] ancora la quadriga di Chalimede[32]). Al= chimene fu discepolo di [Policreto[33])] Fidia et fece opere di marmo et di rame. Aristide fu discepolo di Policreto. Bycase fece Esculapio et Seleuco. Beda fece Batto adorante, Gioue et Junone le quali statue non[34]) sono nel tempio della Concordia a Roma. Crexilla fece uno ferito nel quale si può conoscere quanto resti della anima. Et fece Pericle Olimpio et fece in questa arte marauiglose cose et nobili, molto più che nobili. Cephysodoro fece Minerua mirabile nel porto degli Atteniensi. Et fece uno altare al tempio di Gioue Osseruatore[35]) in quello medesimo porto: al quale altare puose cose sono aguaglate; et fece Apolle ignudo Chanato. Crea fece Alexandro Magno et Phylippo suo padre. Desilao doroforo et una amançona ferita. Demetrio fece Lyssimacha la quale fu sacerdotessa di Minerua, la quale si chiama musica imperò che puose e dragoni nel gorgone suo rimbombano. Et rimbombano pel suono della citera. Dedalo ancora è de' numerati tra costoro et fece due fanciulli strignenti loro medesimi. Dinomene fece due combattitori Protisolao et Phytodemo. Eufranore fece Paris il quale sommamente è lodato che in quella sola s'intende ogni sua cosa, cioè che pare il giudice delle ydee et amatore de Helena e'llo amaçatore d'Achylle. Di costui è una Minerua sotto al Campidoglo la quale si chiama Chatuliana. Euui ancora uno co(n)secrato a Chatullo cioè due combattenti[36]) et uno simulacro della buona Fortuna, tenente dalla dextra mano una taza et dalla sinistra una spiga. Et di lui anchora è Latona purpurea[37]) sostenente Apollo et Diana fanciulli. Et fece nel tempio della Concordia quadrighe et bighe, et fece clitico di bella forma et fece la egregia uirtù[38]); et fece una donna marauiglan=

tesi et adorante: et fece Alexandro et Phylippo nelle quadrighe. Etichide Eurata nel quale molti dissono l'arte non essere stata debile[39]) in lui et fu lodato una Minerua fatta perfettissimamente per le sue mani. Et Pirro re ancora, Kastore et Poluce innançi al tempio di Gioue Fol. 5r. Tonante. Butiteo Liccio[40]) fu discepolo di Mirone. Leocata fece l'aquila sentente quello rapisca [in] Ganimede et fece il fanciullo[41]) Antolico uincitore nel giuoco pancratio, pel quale Xenophonte scrisse el sinphosio, et fece el Gioue Tonante che è in Campidoglo laudabile oltre a tutte l'altre statue; fece Apollo colla diadema. Naccato fece uno combattitore angosciante. Niscerato fece Isculapio et Ihigia le quali sono a Roma nel tempio della Concordia. Byphiromache fece una quadriga retta da Alcibiade. Polide fece uno ermofrodito. Pyrro fece Minerua; Phene, discepolo di Lysippo, epydriase. Sfiprage da Cibri ancora è lodato. Apollodoro fu discepolo di Sillamone[42]). Istragilione fece una amaçone la quale fu molto excellente, et fece uno fanciullo il quale amò molto Bruto Phylippense. Teodoro il quale fece labrinto fece se di bronzo. Senocrate discepolo de Uticlate, come dicono molti altri, fece nobilissime opere et compuose uilumi dell'arte; sono nobilissime opere in Roma consacrate nel tempio della Pace da Vespasiano. Oltre a questi maestri manco è qualita, ma nessuno è però principio. Ora incontro coloro i quali feciono opere di questo medesimo genere: Apollodoro, Androbolo, Asclepiadoro, Aleua phylosofo, Colite, Cleonte, Cecrano, Galiole, Cesi, Caleostene, Dyappo, Democrito, Demone phylosopho. *E'lli scultori furono infiniti, alquanti ne conteremo: furono nell'uno genere et nell'altro periti.*

19. Agatharco in Atene da Aschylo amaestratamente fece tregedia et lasciò d'essa comentarij, perciò Monisti[43]) Democrito et Nasagora di quella medesima scrissono in che modo bisogna [. . .] a gli occhi per distendimento de'razi insino in certo luogo dal centro ordinato, le linie rispondere per ragione naturale delle cose pitte nella scena certe ymagini et edificij le spetie renderobono nelle piane fronti altre cose et altri proponimenti essere si ueggono. *Et poi stiamo cheti delle simetrie.* Declorítthi compuose il uolume della casa doricha di Giuno et di Samino[44]), Teodo(ro) della ionicha d'Epheso di Diana, Cresi-

phon Metagenese del tempio di Minerua ch'è di piena ionicho, Fileos ancora della casa dorica di Minerua la quale è in Atene nella rocca. Idiono et Carpion, Torbro *(sic)* Phoceo di tolo il quale è in Delphij, Phylo delle semetrie delle case sacre et dello armontario che era stato nel porto di Pyrreo, Hermogene della casa di Diana ionica (c)he è in Magnesia scudo dipttos Monothoros. Ancora Argellio delle simetrie Corintue et Aconicho et Sculapio in Tralibi, che ancora si dice che esso colla sua mano el facesse; di mars [. . .] Saturo et Phyteo. Alli quali la felicità portò grande et sommo dono de'quali in prò dell'arti per lungo [auere alle cose pensate] et perpetuo tempo nobilissime laude et in sempiterno florenti si giudicano auere alle cose pensate et egregie opere ànno pensate, Liochare, Brysiase, Soaphe, Praxitelis, Timotheus, pensate dell'arte de'quali la nobile excellentia constrigne ad septe delli spettaculi dell'opera sua peruenire alla fama. Oltra di ciò molti meno nobilissimi comenti d'esse simetrie si come Nessari, Theocide, Demophylo, Pollia, Leonide, Phylamon, Melappo, Sarnaco, Euphyanor, non meno delle machine Monclutades, Architas, Archymede et Sobyos, Vinphodoro, Phylolisantes, Diphylos, Demodes, Caridas, Possdes, Pyrros, Agesistratas; de'comentarij dice quelle cose che utili fosseno auere pensato et ueduti molti uolumi greci composti, quanto pochi dalli nostri delle dette opere non si truoua alchuna cosa. *Dice Vitruuio* che Suficio instituì fare di queste cose marauigloso uolume. Ancora Terentio Varro; et però in Athene Antifrates, Echales, Teros, Anchymatides et Pormos[45]). *Eo fine (sic), agli scultori che egregiamente finirono le loro opere, ancora a tutti gli scultori con infinite gratie et con egregie astutie d'ingegni per antico ànno colato agl'altri con altra generatione et con abondanti copie ànno apparechiate come noi si come attingenti l'aqua dalle fontane alli proprij propositi traducenti abbiamo a scriuere più faccende: et più spedite facultà confidenti a tali autori possiamo nuoue institutioni aquaglare. Adunque tali entramenti d'essi le quali ragioni al proposito mio ò pensato prepara(r)ti di poi piglando ò cominciato a trapassare a'pittori[46]).*

20. (C) osa certa è la diligentia de'Greci dopo molto tempo auere auuti famosi et buoni pittori et perfetti statuarij; primamente nella

Fol. 5v. nogesima olimpia nel principio fu pittore Fidia, esso A·thene dipinse Gioue Olimpio, oltra a costui fu fatto nella 83[1] olimpia fratello del detto Fidia il quale dipinse lo scudo di Minerua el quale auea fatto Colotes dicepolo di Fidia, staua con lui quando dipinse el detto Gioue Olimpio; et fu poi Bularcho, in tauola dipinse la battagla Magnea. Alquanto innançi fu Igemone, Dimano, Damanda, il quale diuise prima nella pittura il maschio dalla femina et dicesi Cymarro Atheniense auere seguitato lui et Cymone et Cleonio seguitando insieme co·llui, ancora truouò l'atteggiare delle figure e·lli posari d'esse et uariamente le posaua, e'l guardare d'esse in alto et basso. Et Faneo fratello di Fidia dipinse delli Atheniensi contro a Persi a Maratona et già era spesseggiato l'uso de' colori et inteso che in quella battagla duci ionici degli Atheniensi, et dipinse Mitridate et Kalimaco et Cynegiro et de' barbari Danunti, Aferne; et più ancora che a Corintho et a Delpho el combattimento della pictura: el primo con chi e' combattè, con Timogra Calcedonese frytio el quale fu uinto da esso et Thymogora[47]); dopo a chostoro alquanti nella pittura furono famosi innanzi alla 90 olimpia, come fu Polignoto Tassio, el quale fu el primo dipinse le donne colle ueste lucide et coperse di carte e capegli facciente auolgimenti di capellature in diuersi modi, mostrando la nobiltà dell'arte. Costui fece all'arte della pittura grandissima utilità. Era grandissimo disegnatore imperò che egli ordinò et fece apparire alle teste colla bocca aperta mostrare un poco e denti. Variò et uisi della anticha rigideza, *Prinio* dice essere una tauola nel portico di Pompeo la quale ora sta innanzi a·llui. Costui a Delphij nel tempio, A·thene un portico conciosia che Micone ne dipignesse parte esso[45]). El sopra detto Polignoto Chassio gl'amphycioni cioè el publico concilio de'Greci ordinarono gli hospitij essere gli donati, gli fu a grandissimo honore et utilità. Fu Micone minore del quale Timarcha dipinse bene et furono nella 90 olimpia. Ancora fu Agrao Cephone Cephydoreus Euenore padre di Pratassio, furon famosissimi pittori in dimostrare e lumi della arte. El primo Apollodoro fu famosisimo et fu Atheniense nella 93 olimpia. Costui cominciò a chiarire e corpi luminosi et a dimostrare per che ragione naturale e lumi si danno alle cose pitte, et meritamente acquistò gloria dell'arte della pittura[49]). Fece una sacerdo[r]te adoraua et uno Aiace acceso dalla saetta. Innanzi a costui non si truouaua tauola pitta che dimostrasse alchuna uirtù. *Fu perfectissimo e con molte ragioni naturali amaestrò l'arte della pittura.* Dopo a costui entrò colle porte aperte Zeusis Eracleonte el quale fu nella 95 olimpia. Costui ridusse con molte simetrie in molta perfectione la pictura. Esso fu dicepolo di Demophylo di Hymerco o di Nasco Tassio si dubita. Et contro a Çeusis s(cris)se uersi Apollodoro in questa sententia: Zeusis seco porta l'arte da me tolta. Acquistò Zeusis tante richeçe che nelle ueste portaua richamato d'oro el nome suo quando andaua a Olimpia. Di poi diliberò di donare l'opere sue imperò che diceua le sue picture non potere essere uendute degno preço, come Eclao A'grigentini fece Almina et Penolope nella quale parea ch'egli auesse dipinti e costumi et fece Aelena nelle quale piacque scriuere uno famoso uerso in questa sententia: Per questa pictura credo essere qualche maestro inuidiante più tosto che seguitante. Et di lui è magnificamente fatto uno Gioue in sedia con gl'altri idij intorno. Fece Hercole fanciullo strangolante e dragoni spauentasi Almena et Amphyione. Et di tanta excellentia et diligentia fu nell'arti che auendo a'ffare una tauola agli Agrigentini la quale essi aueano consecrata publicamente di Iunone Liornia, egli scrisse uergini ignude delli Argentini, acciochè egli di ciaschuna piglasse qualche bella parte per conducere a perfectione l'opera sua, la quale fu disegnata in una tauola biancha[50]) con marauiglose arti. E concorrenti suoi furon costoro: Tyocmariches, Androgide, Eupempo, Parraso. Questo Parasso si pruouò con Zeusis *secondo che scriue Prinio* archo dipinto uno linteo et Zeusis uno grappolo d'uue fatto con tanta marauigla che essendo scostati gl'uccielli andauano per beccarlo. »Zeusis leua lo intellecto tuo e non rimane nulla della tua pictura, ma di me rimane ingannati gli uccegli.« Co(n) questa uergogna li concedette la uictoria. Poi si dice che Zeusis dipinse uno fanciullo portante uue al quale quando gl'uccelli ueniuano per becchare dell'uue, Zeusis considerato che la perfectione era nell'uue et non nel fanciullo: imperò che se il fanciullo auesse auuto la perfetta pictura, arebbono temuto el fanciullo; quasi adirato, *cerchò* *Fol. 6r.*

di racconciare la figura[51]). Fece Zeusis opere di terra le quali sono sola= mente lasciate in Nanbragia, donde Fruuio arrechò a[r] Roma le Muse di mano di Zeusis. E a Roma ne' portici di Phylippo nel tempio della Concordia è Marsia confinato[52]).

21. Parrasio nato in Epheso; molte cose compuose, egli diede le mi= sure et dette grande gentileza a questa arte, atteggiante le teste nascenti bene in sulle spalle. Ancora le figure con marauiglosi posari et colla salueça delli ignudi et con perfectissima arte, con bellissime bocche et con gloriosi aspetti, et con confessione di *tutti e'pictori et statuarij* egli acquistò la uictoria delle streme linie. Et questo nella *pictura et nella scultura* grande perfectione d'arte auer i dintorni uaghi et leggi= adri gli periti ne fanno grandissima. Sono cose non si possono in= segnare et dare gratiosa aria, conuiene che la natura l'arrechi secho. Questa gloria fu ancora conceduta ad Antighone et a Sonocrate[53]) auere l'estremità delle linie; i quali scrissono della pictura dicenti non solamente questo, ma confessanti molte altre cose di Gra= pyde pictore[54]). Ancora sono moltissimi disegni i quali rimaso= no in carte fatti per le mani di detto Grapyde. Fece tauole, *fu gran disegnatore.* A suoi artefici fece grande utilità, dipinse Archi= gallo la quale pittura amò Tyberio principe. Fu stimata 60 sesterzij, la puose al letto suo; et dipinse Cresa balia e'l fanciullo nelle sue mani et Phylistene et Libero padre suo stante con uirtù molta[55]) et due fanciulli i(n) quali si comprende sicurtà et simplicità di quella età. Et dipinse el sacerdote e'l fanciullo stante col terribile[56]) et colla co= rona; et sono due picture di lui nobilissime, hosplitite in conbatti= mento scorrente, pare che sudi. Et l'altro ponente giuso l'arme pare che si senta trangosciare. Et di lui si loda Enea, Castore et Poluce, Telepha, Achylle et Agamenon, Vlixe. Fu costui abondante artefice. Ma' 'lcuno altro usò la gratia della pictura più superbamente, imperò egli usurpò e sopranomi, chiamaua se abhoclito et con altre parole si chiamaua principe della pictura et diceua l'arte essere in perfectione in lui et diceua esser nato della radice d'Apolline. Et diceua auere di= pinto Hercule in quello modo molte uolte dormendo gl'era apparito. Costui fu poi uinto da Tymante in Aiace a Samo. Et questo sopportò

malageuolmente labbene *(sic)* rifaccente se et Tymante fu in fauore ancora agli ingegni di lui[57]). Et piangeua loda molto dagli oratori la quale stante all'altare per douere perire dipinse tutti intorno maninconosi et nel volto nel quale consumò tutto l'atto della maniconia, el uolto del padre uelò el quale degnamente non potea mostrare. Et sono alchune altre copie del suo ingegno. Fece uno eciclope dormente in una piccola tauola. Conciò sia cosa che così e' desiderasse dimostrare la grandeça, dipinse a'llato satyri et quelli mentiti[58]), ma all'opera della arte nientedimeno lo 'ngegno s'auança. Dipinse baroni[59]) di perfecta arte la quale opera è oggi a Roma nel tempio della Pace. In questo tempo Eusinida insegnò Aristotile[60]) excellente artefice et Vpompo Apamphylo maestro d'Appelle. El uintore de Vpompo cymico tenente la uictoria; di costui fu tanta l'auctorità, egli diuise la pictura in genere, e quali erano stati due et tisitico, il quale chiamauano asyatico per costui che era Siciondo. Vlixe di Macedonia[61]) era allora dotto nelle lettere et spetialmente in arismetrica et in geometria, fu il primo mostrò che'lla pictura senza la geometria e'lla arismetrica la pictura non potea essere perfecta. Et insegnò non si potesse dare maggiore talento la quale merçe dette Appelle et Melancho per la auctorità di costui prima (a) Sicione et più che in tutta la Grecia tutti e nobili fanciulli imparassino la pictura, et che questa arte fosse posta nelle prime arti liberali, et fu nella 107 olympia in grandissimo honore. Furono famosi Ethyone et Terimaco. Et de Ethione sono nobilissime picture. Fece la storia di Bacco, la tregedia a la comedia et Semiramise da ancilla acquistante il regno et una serua arrecante lampane. Ma Appelle auanzò quelli furono innançi a'llui et quelli che sono et che saranno; il quale fu nella 112 olimpia. Et lui solo fece più alla pictura che tutti gl'altri. Compuose libri impublico continenti della doctrina della arte della pictura et in essa arte fu nobile et principaua la belleza e'lla perfectione. Conciò sia cosa che in questa età fussino grandissimi pictori e'll'opere le quali egli lodasse, allora diceua colei la quale egli chiamaua Venere tutte l'altre cose essere adiuenute diceua a quelli altri, *Fol. 6r.*
ma costei a'sse solo et nessuno in quella essergli pari. Et una altra gloria usurpò conciò fosse cosa che angosciosamente si marauiglasse nelino

(sic) d'una opera di grande cura et faticha. Di progenie co'llui essere in tutte le cose pari o miglore che lui, ma diceua auançare lui in questo cioè egli non saperrebbe leuare la mano dalla tauola, con memorabile precepto, la troppa diligentia spesse uolte nuoce. Fu questo Appelle non di minore simplicità che arte. Nella disportione proponeua a'sse Myaphiode et simil facea delle misure con Asclepiodoro. Questo intra Appelle et Protogine interuenne. A Rodi habitaua Protogine doue andò Appelle desideroso di conoscere l'opere di colui le quali auea conosciute per fama. Giunto in Rodi inmantanente andò alla casa di Protogine quando esso Protogine non u'era, ma una vecchia guardante il luogo oue Protogine lauoraua. Era in detto luogo una grande tauola la quale era ingessata[62]) per disegnarla; rispuose la donna anticha, Protogine non essere in casa. L'anticha donna domandò Appelle chi egli era che'llo dimandaua, sança altro dire tolse uno pennello di quel luogo et fece uno tratto sottilissimo nella tauola. Tornato Protogine dalla donna fu riferito ciò che auea fatto. »Questo à fatto Appelle.« Tolto Protogine il medesimo colore et a'llato a quella linea ne fè un' altra molto più mirabile che quella d'Appelle. Allora Protogine disse alla donna: »quando esso ritorna digli ch'io el cercaua.« Et di poi Appelle tornando uedendo la linea di mano di Protogine essere molto più sottile che la sua, si uergognò essere uinto. Appelles rifece una altra linea tanto sottile che essa non potea essere più. Protogine ueduta la linea fatta per le mani d'Appelle tanto mirabilmente si confessò essere uinto. *Tengo che questo che Prinio scriue ueramente può essere uero*[63]*), ma molto mi marauiglo sencio in costoro tanta profondità [di scientia] d'arte et con tutte le parti del pittore [et di geometria] et dello scultore, mi pare certamente una debile dimostratione e'ssì fatto auctore questo recita la pruoua di costoro, parlo come scultore et certo credo douere essere così. Ma pure io parlerò con riuerentia di ciascuno lettore. Io narrerò il creder mio conciò sia cosa che Appelle compuose et publicò libri continenti dell' arte della pictura, essendo ito a Rodi a casa Protogine trouando la tauola apparechiata et uolendo mostrare Appelle la nobiltà dell' arte della pictura et quanto egli era egregio in essa, tolse il pennello et compuose una conclusione in prospettiua appartenente all'arte della*

pictura. Tornando Protogine subito conobbe quella essere cosa d'Appelle et egli come docto Protogine ne fece un' altra conclusione rispondente a quella. Tornando Appelle alla casa di lui, esso Protogine si nascose. Vide Appelle rifare un' altra conclusione di tanta perfectione et di tanta marauigla nell' arte non era possibile a Protogine agiugnere a essa. Et uergognossi d'essere uinto; nondimeno andando ritrouò Appelle. Aueua Appelle per usança et per grande occupatione esso auesse ogni dì compuorre qualche conclusione di nuouo appartenente all' arte. Et con grande studio sempre exercitaua l'arte però era tanto docto in essa. Misuraua l'opere sue come la natura a'llato alla uirtù uisiua. Piacque a Protogine quella tauola doue erano fatte le linie di mano d'Appelle fosse ueduta da tutto el popolo *ouero conclusioni appartenenti alla pictura: et spetialmente da' pictori et dagli statuarij et da quelli erano periti. Ciascuno si'llodaua marauiglosamente.* Consumossi detta tauola nelli incendij della casa di Cesare. Costui le sue opere sempre impublico poneua nella presentia del popolo. Esso staua in luogo remoto et notaua i uitij che 'l popolo diceua delle sue picture: esso diceua el popolo auere miglor giudicio che 'l suo. Vno el quale faceua e calzari biasimò l'opere d'Appelle. Allora Appelle domandò quale era il difetto, esso rispuose et disse essere ne' calçari. Conobbe Appelle esso diceua el uero; esso disse A'ppelle u'era un altro manchamento molto maggiore era nelle cosce di dette figura. Appelle el dimandò che arte e' faceua, disse faceua e' calçari, Appelle rispuose che non iudicasse da' calzari in sù. Grandissimo amore gli portò Alexandro. Comandogli Alexandro che Appelle gli ritraesse Campaspe ignuda, era femina bellissima et da Alexandro marauiglosamente era amata per la gran belleza era in lei. Vide apparecchiandosi Appelle per dipignerla, ancora Appelle innamorò di *Fol. 7r.*
lei, come huomo di grandissimo animo non minore che fosse lo 'mperio costei concedette et donolla ad Appelle. Non meno in questo acquistò Alexandro che se acquistato auesse una grande uictoria, imperò che uinse se el quale non solamente el suo letto ma ancora el suo effecto: non curando prima essere d'Allexandro imperadore ora essere del pictore. A'ppelle et Protogine et gl'altri suoi concorrenti fu molto benigno et misse in gratia a Rodi molto l'opere di Protogine et con

grandissimo preço, prima non erano tanto aprezate. Fè compagnia co·llui nelle cose d'Alexandro. Non gli fu in gratia Tolomeo la quale regnante tenea per força. El quale Appelle peruenne in Alexandria, fu inuitato da uno de' suoi concorrenti a·ccena col re Tolomeo et in quella uenne el re Tolomeo, domandollo chi l'auea inuitato che egli glele mostrasse. Allora Appelle tolse uno carbone et disegnò nel muro chi l'auea inuitato. El re di subito el conobbe. Fece moltissime opere, sono un numero infinito, fece molte opere, come sono gente paiono che spirino[64]), saette baleni tuoni pioue uenatij, molte cose difficili[65]). Fece una uena uscente della marina la quale tauola consacrò Augusto al tempo di Giulio Cesare, guastossi in una parte di detta tauola dall' acqua salsa[66]) nel uenire. Fu tanta la riuerentia era portata in que' tempi A·ppelle, nessuno la uolle mai racconciare; poi Nerone nel suo principato ne substituì una altra per memoria di quella di mano di Doroteo. Dipinse Allexandro Magno nel tempio di Diana Hephesia con marauiglosissima arte: ebbe ne grandissimo prezo. Dipinse la pompa di Migabixo sacerdote di Diana Ephesia. L'opere che e' fece furono di grande excellentia. A·ssamo è lodato Ahabrone, in Caria Menandro re, a Rodi Anceo, in Allexandria Grogostine, Tragedo.

22. Suo pari fu Ar(i)stide Tebano. Costui prima che alcuno altro dipinse l'animo et dichiarò e sensi degli huomini perturbatione; fu duro un poco ne' colori. Di costui è una presura d'una terra et picta una figura d'uno fanciullo abbracciante la poppa della madre ferita a morte; pare che·lla madre senta il fanciullo et tema ch'el fanciullo non poppi el sangue col lacte morto, la quale tauola transferì Allexandro Magno nella terra sua. Costui medesimo dipinse la battaglia co' Persi et cento huomini in quella tauola dipinse in quella battagla, per ogni huomo pattoui dieci mine dal tiranno de' faccenti chiamato Marco Nasone.[67]) Dipinse uno carro di quattro ruote correnti et uno supplicante colla uoce et cacciatori colla preda.

23. Dipinse Leontice pittore[68]) et Anapauomine nel tempio di Cerere e il seruo d'Apolline et per cagione di questa tauola la ignorantia di Iunio pictore perì, al quale era stata mandata perchè la tenessi[69]); et uedessi nel dì de' giuochi Apollini nel tempio della Fede

in Campidoglo del uecchio insegnante al fanciullo co·llira. Dipinse ancora uno infermo da tutti lodato sança fine; in questa si dice che fu tanto potente che 'l re Attalo comperò da chostui una tauola cento talenti.

24. Et similmente fiorì Protogene el quale per patria fu Sicanio et di gente uile et somma pouertà fu in lui nel principio che cominciò l'arte la quale è somma intentione et minore fertilità. Ancora si dice non sapere che gl'insegnassi. Alquanti dicono insino al cinquantesimo anno et delle sue tauole e alla uictoria e Aliso el quale è a Roma nel tempio della Pace et consecrato mentre che dipigneua si dice essere uissuto di lupini molli, imperò insieme sosteneua la fame e·lla sete acciochè e sensi per troppa dolceza no·llo guastasseno; a questa pic-tura dichono la richolorì quattro uolte acciochè essa difendesse dalla antichità.

25. Ancora Protogine a Rodi in una sua uilla presso alla terra dipigneua una tauola doue Demitrio mentre che e' dipigneua puose le stanze per ossediare Rodi et piglarlo, non mai costui si rimosse dall'opere sua infino a·ttanto fu chiamato dal re et domandato con che fidança egli stesse fuori delle mura. Protogine rispuose se sapere con quelli dentro di Rodi essere la battagla et non coll'arte. El re *Fol. 7v.* ordinò in sua tutela alcuni, rallegrantesi che egli potesse conseruare quelle mani alle quali già egli auea perdonato acciò che spesso e no·llo chiamasse il nimico. Andò a·llui et lasciati e suoi desiderij della uictoria trall'arme e colpi delle mura guardò l'artefice et la fama et seghuitò la tauola di quello tempo che egli la dipinse sotto el coltello. Costui dipinse Cydippe, et Tolomeo Filisco scriptore di tragedie, et fecelo posante, et dipinse Archyleta et Antigono re et il padre[70]) d'Aristotile phylosopho, el quale lui confortaua che dipignesse l'opere d'Allexandro Magno per etternità di tante chose. La subita d'animo ànno piacere a·ffare queste cose lo indussono ultimamente et dipinse Allexandro et insegne d'armi fece pari. In questa medesima età fu Asclepyodoro el quale lodaua Appelle nelle misure; [a] Marco Nasone per dodici di questi dette in ciascuno trecento mine et a ciascuno armato dette uenti mine.

26. Tra questi si debbe numerare Nichomaco figluolo d'Aristermo. Costui dipinse el rapimento di Proserpina la quale tauola fu in Campidoglo nel tempio di Minerua, in quello medesimo luogo doue Planco imperadore aueua posto alla uictoria uno carro a quattro ruote sospeso. Aulyce el primo agiunse el cappello; dipinse Apolline et Diana et Marte[71]) sedente insu uno leone et similmente nobile bacce et su sedentiui e satiri et dipinse Sylla la quale è nel tempio della Pace. In questa arte non e'fu un altro più ueloce. Et dicesi che Aristarco Tyranno de' Sycini tolse a dipignere uno sepolcro d'uno poeta excellente infra alquanti dì, e che il tiranno uenne innanzi al tempo ordinato et adirato che·llauorio non era fatto et in pochi dì egli finì quell'opera con marauiglosa presteça et arte. Costui ebbe discepoli et Aristide fratello et Aristide figluolo et Phylosenio Terretrio, (d)el quale Phyloxenio è una tauola da noll·essere posto a·llato alcuna altra cosa, dipinta A·ccasandro re, in questa si contiene la battagla d'Allexandro con Dario. Costui medesimo dipinse la lasciuia nella quale conuiuano tre silleni. Costoi seghuitò la presteça del maestro et trouò certi abbreuiamenti[72]) della pictura.

27. Tra costoro sono numerati Nichophone elegante et pulito in tal modo che in honorança era in lui la grauità dell'arte d'Apelle[73]). Ludione fu ne' tempi d'Agusto Cesare, fu quello che trouò l'arte della pictura in mura, prima non si usaua. Dipigneua paesi marine pescatori nauilij liti verdure[74]). Fu perito in questa arte[75]). Eraclide Macedone[76]) molta fama era in lui et nel suo principio fece una naue[77]) et prese presto re *(sic)*, egli andò A·thene oue in uno medesimo tempo era Metrodoro pictore et phylosopho. Nell'una et nell'altra scientia fu di grande auctorità. Et quando Lucio Paulo uinto presto mandò agli Atheniensi doue egli mandasse a imparare e suoi figluoli a uno phylosopho ottimo et similmente a·lloro addomandaua uno nobile pictore che facesse il suo triomfo, allora gl'Atheniensi scelsero per miglor phylosopho et miglor pictore il quale fu nell'una facultà et nell'altra, l'aprouarono in giudicio Metredoro essere, per Lucio Paulo esso mandorono. Eufranore[78]) [. . .] fu excellente et egregio innanzi a tutti gl'altri e fu nella olimpia 109 statuario. Costui lauorò ymagini *di*

crata et di marmo et fece colossi et (di) quello medesimo si parlò fra gli statuarij et scolpì uasi scisi. Costui fu docile et affaticossi innanzi a tutti gl'altri. In ogni generatione fu doctissimo. Costui prima si uede auere mostrato dignità di baroni[79]) et auere usurpato le misure[80]). Costui compuose uilumi delle simetrie et de'colori; l'opere sue magnifiche. Fra l'altre cose fece una battagla et questa e dodici iddij et Theseo. È in Ephesio una nobile tauola di lui nella quale era Vlyxe, simula la paçia al giogho, e il bue col cauallo et Palamides duca nascondente el coltello. In questo medesimo tempo fu Cydia del quale Ortensio oratore mercatò una tauola da Organauti cento quattordici talenti e a quella fece uno tempio alla sua uilla. De Ufranore fu discepolo Antidoto. Di costui è uno combattente A'thene et uno sonatore da çufoli. Di poche cose egl'è lodato. Diligente era troppo numero et seuero ne' colori, ma spetialmente si dice che egli aquistò fama per uno suo discepolo el quale fu chiamato Nicia Atheniense, el quale diligentissimamente dipinse le donne, egregiisimo in dare e lumi et *Fol. 8ʳ.* così l'ombre et spetialmente ch'elle sue picture delle tauole auessono eminentia. L'opere sue furono arecate da Nemea d'Asya a Roma. Delle quali tauole dicono essere stata posta nella cura di lui. Bacco fu posto nel tempio della Concordia, Jacinto ancora del quale Augusto Cesare [. . .] arecolla questa tauola presa che fu Allexandria, et per questo Tiberio Cesare consacrò a'llui et a Diana[81]). Ma in Epheso è uno sepolcro di lui di Meleagro sacerdote di Dyana Ephesia: et A'thene è la negromantia d'Omero[82]). Questa uolle Attalo re più tosto uenderla 60 talenti a'llui che donarla alla sua patria[83]). Fu costui ricco e fece grandissime picture nelle quali è Kalisone e Jo e Andromeda. Di questo medesimo Nicia Atheniense dette uno Allexandro excellente ne'portici di Pompeo e Alisone sedente. A costui si dà fede auere bene dipinto caualli, cani di Proserpina[84]). Questo è quello Nicia (d)el quale diceua Prositale, quando egli era domandato quali delle sue opere del marmo spetialmente egli lodasse, egli rispondea oue[a] Nicia porrà le mani.

[Eraclide[85]) Macedone, fu ancora in lui grandissima fama. El principio di costui fu dipignere naui et preso Presto re egli n'andò

A·thene doue in uno medesimo tempo era Metredoro pictore et phylosopho, nell'una et nell'altra scientia fu di grandissima autho⸗rità. Quando Lucio Paulo uinto Preseo domandò dagli Atteniensi oue e'mandassi e suoi figluoli ad appar(ar)e d'uno phylosopho ottimo: et similmente da·lloro addomandò un buono pictore el quale facesse et suo triompho, allora gl'Atheniensi scelsono per miglor phylo⸗sofo et per miglor pictore Metredoro, el quale nell'una facultà et nell'altra l'approuorono et giudicorono perfetto per Lucio Paulo.] Antemone Maronita di Glautione Corintio fu ne'colori molto austero et nella austerità fu giocondo sichè nella sua pictura rilu⸗cea la sua ruditione. Costui dipinse nel tempio di Leusina Phy⸗learco e A·thene dipinse la frequentia[86]) et dipinse Achille in abito uirginile et come Vlyxe se n'auide et dipinse molte altre cose et se non fosse morto nella sua giouineça ueruno sarebbe stato a·llui simile.

28. Tymoniaco Bisanto fu nella età di Cesare dictatore. Et a·llui dipinse uno Aiace et Medea i quali puose nel tempiò di Venere genitrice et comperogli ottanta talenti; di costui sono lodate Oreste et Figenia, Helena et l'altre; [in] lui appare nobile in uno gorghone fatto per lui excellentissimamente.

29. Aristolao fu figluolo et discepolo di Pausia et fu seue⸗rissimo pictore. Del quale sono Panimunda Pericle Medea Theseo, la ymagine della plebe Atheniense et una imolatione di buoi. *Fu diligentissimo*; et sono alquanti lodano et piace la diligentia di Meco⸗pane discepolo di quello medesimo Pausia, la quale intendono solo *e' dotti* in detta arte et altri pare duro *ne' colori* benchè molti sieno: ma Socrate ragioneuolmente a ognuno piace et a tali Isculapio e·lle figluole Cethygiagle.

30. Aristoclide dipinse el tempio d'Apolline a Delphij. Antiphylo è lodato in uno fanciullo soffiante nel fuoco. Androbio dipinse Syllo taglante l'ancore d'uno nauilio persico. Achymaco di⸗pinse Diosippo. Esyloco discepolo fu famosissimo per una lasciua pictura, dipinse Gioue partoriente Bacco, faciente tutti gl'atti fa una femina quando partorisce. Cleside dipinse la uolontà della reina Stratonice d'uno pescatore il quale si diceua ch'ella amaua et questo

fece perchè costei no·llo honoraua et non preçaua sua arte et pose quella tauola nel porto d'Ephesio. Esso si partì per acqua: essa subitamente fece leuare quella tauola[87]). Cratino faceua comedie A·thene, ancora dipinse Abrone, dipinse l'amicitia e·lla concordia e·lle ymagini degli idij. Leontiscio Arato uincitore col tropheo. Nicarco dipinse Venere tra·lle Gratie di Cupidine. Neade dipinse Venere ingegnoso et sollecito nell'arte et dipingnendo una battagla nauale fatta da' Persi. *Per infino a qui sono mostrati e principali pictori antichi*[88]).

31. *Dottissimo, in questo primo uilume*[89]) *ò explicato delle cose le quali bisognj essere amaestrato lo scultore ouero statuario e'l pictore, a·tte ò exposto auenga dio quale fu el primo origine et principio dell'arte statuaria et della pictura. Furon dette arti create dall'ombra del sole parato innanzi el sole alla forma uirile.* Gli Egyptij dicono essere stati essi s'accordano l'ombra del sole liniata intorno a detta ombra fosse *Fol. 8v.* il principio e'l primo origine dell'arte statuaria et della pictura. Flode fu lo inuentore et fu d'Egypto. *Costui diè principij al disegno et alla teorica di tanta dignità. In questo abbiamo racconti gl'antichi e egregij statuarij et pictori, ancora l'opere che per loro furono prodotte con grande studio et disciplina et ingegno, uennero a tanta excellentia d'arte, furon sì periti essi fecerono comentarij et infiniti uilumi*[90]) *di libri i quali dieron grandissimo lume a quelli che uennero poi, ridusseron l'arte con quella misura che porge la natura. Da costoro fu accresciuta in modo tale che prima nè poi furon creati tali ingegni nè di tanta perfectione.*

COMMENTARIO
II

ADUNCHE al tempo di Constantino imperadore et di Siluestro papa sormontò su la fede christiana[1]). Ebbe la ydolatria grandissima persecutione in modo tale, tutte le statue et le picture furon disfatte et lacerate di tanta nobiltà et anticha et perfetta dignità et così si consumaron colle statue et picture et uilumi et comentarij et liniamenti et regole dauano amaestramento a tanta et egregia et gentile arte. Et poi leuare uia ogni anticho costume di ydolatria constituirono i templi tutti essere bianchi. In questo tempo ordinorono grandissima pena a chi facesse alcuna statua o alcuna pictura et così finì l'arte statuaria et la pictura et ogni doctrina che in essa fosse fatta. Finita che fu l'arte stettero e templi bianchi circa d'anni 600. Cominciorono[2]) i Greci debilissimamente l'arte della pictura et con molta roçeza produssero in essa; tanto quanto gl'antichi furon periti, tanto erano in questa età grossi et roçi. Dalla edificatione di Roma furono olimpie 382.

2. Cominciò l'arte della pictura a sormontare in Etruria in una uilla a'llato alla città di Firenze la quale si chiamaua Vespignano. Nacque uno fanciullo di mirabile ingegno il quale si ritraeua del naturale una pecora; in su passando Cimabue pictore per la strada a Bologna uide el fanciullo sedente in terra et disegnaua in su una lastra una pecora. Prese grandissima amiratione del fanciullo, essendo di sì pichola età fare tanto bene; domandò ueggendo auer l'arte da natura, domandò il fanciullo come egli aueua nome. Rispose et disse: »per nome io son chiamato Giotto: el mio padre à nome Bondoni et sta in questa casa che è apresso,« disse. Cimabue[3]) andò con Giotto al padre, aueua bellissima presentia, chiese al padre el fanciullo, el padre era pouerissimo. Concedettegli el fanciullo a Cimabue menò seco Giotto et fu discepolo di Cimabue, tenea la maniera greca, in quella maniera ebbe in Etruria grandissima fama; fecesi Giotto grande nell'arte della pictura.

3. Arrechò l'arte nuoua, lasciò la roçeza de' Greci; sormontò excellentissimamente in Etruria. Et fecionsi egregiissime opere et spetialmente nella città di Firençe et in molti altri luoghi; et assai

discepoli furono tutti dotti al pari delli antichi Greci. Vide Giotto nell'arte quello che gli altri non agiunsono. Arecò l'arte naturale e·lla gentileza con essa, non uscendo delle misure. Fu peritissimo in tutta l'arte, fu inuentore et trouatore di tanta doctrina la quale era stata sepulta circa d'anni 600. Quando la natura uuole concedere alcuna cosa, la concede sança ueruna auaritia[4]). Costui fu copio(so) in tutte le cose, lauo(rò) in [. . .] (fresco), in muro, lauorò a olio, lauorò in tauola. Lauorò di mosayco la naue di San Piero in Roma[5]), et di sua mano dipinse la capella e·lla tauola di San Piero in Roma[6]). Molto egregiamente dipinse la sala del re Vberto de'huomini famosi[7]). In Napoli dipinse nel castello dell'uouo[8]). Dipinse nella chiesa, cioè tutta è di sua mano, della Rena di Padoua; è di sua mano una gloria mondana[9]). Et nel Palagio della Parte è una storia della fede christiana et molte altre cose, erano in detto palagio[10]). Dipinse nella chiesa d'Asciesi nell'ordine de'frati minori quasi tutta la parte di sotto[11]). Dipinse a sancta Maria degli Angeli in Ascesi[12]). A sancta Maria della Minerua in Roma uno crocifisso con una tauola[13]).

4. L'opere che per lui furon dipinte in Firençe: Dipinse nella badia di Firençe sopra all'entrare della porta in uno arco una meça nostra donna con due figure da·llato molto egregiamente[14]). Dipinse la capella maggiore e·lla tauola. Nell'ordine de' frati minori quattro capelle et quattro tauole[15]). Molto excellentemente dipinse in Padoua ne'frati minori[16]). Doctissimamente sono ne'frati *Fol. 9r.* Humiliati in Firençe era una capella, è uno grande crocifixo et quattro tauole fatte molto excellentemente; nell'una era la morte di Nostra Donna con angeli et con dodici apostoli et Nostro Signore intorno fatta molto perfectamente. Èui una tauola grandissima con una Nostra Donna a·ssedere in una sedia con molti angeli intorno; èui sopra la porta ua nel chiostro una meça Nostra Donna col fanciullo in braccio[17]). È in Sancto Georgio una tauola et uno crocifixo[18]); ne' frati Predicatori è uno crocifixo e una tauola perfectissima di sua mano, ancora ui sono molte altre cose[19]). Dipinse a moltissimi signori. Dipinse nel palagio del podestà di Firençe, dentro fece el comune come era rubato e·lla capella di sancta Maria Maddalena[20]).

Giotto meritò grandissima loda. Fu dignissimo in tutta l'arte, ancora nella arte statuaria. Le prime storie sono nello edificio il quale da'llui fu edificato, del campanile di sancta Reparata furono di sua mano scolpite et disegnate; nella mia età uidi prouedimenti di sua mano di dette istorie egregiissimamente disegnati[21]). Fu perito nell'uno genere et nell'altro. Costui è quello a chui, sendo da'llui resultata et seguitata tanta doctrina, a chui si de' concedere somma loda, per la quale si uede la natura procedere in lui ogni ingegno; condusse l'arte a grandissima perfectione[22]). Fece moltissimi discepoli di grandissima fama. E discepoli furon questi.

5. Stefano[1]) fu egregiissimo doctore[2]). Fece ne'frati di sancto Agostino in Firençe nel chiostro primo tre istorie. La prima una naue con dodici apostoli con grandissima turbatione di tempo et con grande tempesta et come appare loro Nostro Signore andante sopra all'acqua et come Sampiero si getta a terra della naue et con moltissimi uenti; questa è excellentissimamente fatta et con grandissima diligentia. Nella seconda la transfiguratione. Nella terça è come Christo libera la indemoniata a piè del tempio con dodici apostoli, molto popolo a uedere, le quali storie sono condotte con grandissima arte[3]). Et ne'frati Predicatori a'llato alla porta ua nel cimiterio uno sancto Tommaso d'Aquino fatto molto egregiamente, pare detta figura fuori del muro rilieuata, fatta con molta diligentia. Cominciò detto Stefano una capella molto egregiamente, dipinse la tauola et l'arco dinançi, oue sono angeli cadenti in diuerse forme et con grandissimi [...] (scorci), son fatti marauiglosamente[4]). Nella chiesa d'Asciesi è di sua mano cominciata una gloria fatta con perfetta et grandissima arte la quale arebbe, se fosse stata finita, marauiglare ogni gentile ingegno[5]). L'opere di costui sono molto mirabili et fatte con grandissima doctrina.

6. Fu discepolo di Giotto Taddeo Gaddi[1]) fu di mirabile ingegno, fece moltissime capelle et moltissimi lauorij in muro, fu doctissimo maestro, fece moltissime tauole egregiamente fatte. Fece ne' frati di santa Maria de'Serui in Firençe una tauola molto nobile et di grande maestero, con molte storie et figure, excellentissimo lauorio, et è una grandissima tauola. Credo che a nostri dì si truouino poche

tauole migliori di questa[2]). Fra l'altre cose e' fece ne'frati minori uno
miracolo di sancto Francesco d'uno fanciullo, cadde a terra d'uno
uerone, di grandissima perfectione: et fece come il fanciullo è disteso
in terra e·lla madre et molte altre donne intorno piangenti tutte il
fanciullo et come sancto Francesco el risuscita; questa storia fu fatta
con tanta doctrina e arte et con tanto ingegno che nella mia età non
uidi di cosa picta fatta con tanta perfectione. In essa è tratto del na⸗
turale Giotto et Dante e'l maestro che·lla dipinse, cioè Taddeo[3]). In
detta chiesa era sopra alla porta della sagrestia una disputatione di
saui e quali disputauano con Christo d'età d'anni dodici, fu mandata
in terra più che·lle tre parti per murarui uno concio di macigno; per
certo l'arte della pictura uiene tosto meno[4]).

7. Maso fu discepolo di Giotto; poche cose si trouano di lui
non sieno molto perfette[1]). Abbreuiò molto l'arte della pictura[2]).
L'opere che sono in Firençe: ne'frati di sancto Agostino in una capella
perfectissime era (sopra) la porta di detta chiesa la storia dello Spi⸗
rito sancto, era di grande perfectione[3]), et allo entrare della piaça di
questa chiesa è uno tabernacolo, u'è dentro una Nostra Donna co·m⸗
molte figure intorno, co·mmarauiglosa arte fatte[4]). Fu excellentissimo.
Fece ne'frati minori una capella nella quale sono istorie di sancto
Siluestro et di Constantino imperadore[5]). Fu nobilissimo et molto
dotto nell'una arte et nell'altra. Sculpì marauiglosamente di marmo,
è una figura di quattro (braccia) nel campanile[6]). Fu docto nell'uno
Fol. 9v. et nell'altro genere. Fu huomo di grandissimo ingegno. Ebbe mol⸗
tissimi discepoli, furono tutti peritissimi maestri[7]).

8. Bonamicho fu excellentissimo maestro, ebbe l'arte da natura,
duraua poca faticha nelle opere sue[1]). Dipinse nel monistero delle
donne di Faença, è tutto egregiamente di sua mano dipinto con mol⸗
tissime istorie molto mirabili[2]). Quando metteua l'animo nelle sue
opere passaua tutti gl'altri pictori. Fu gentilissimo maestro. Colorì
freschissimamente. Fece in Pisa moltissimi lauorij. Dipinse in Campo
santo a Pisa moltissime istorie[3]). Dipinse a sancto Pagolo a ripa
d'Arno istorie del testamento uecchio et molte istorie di uergini[4]).
Fu prontissimo nell'arte, fu huomo molto godente. Fece moltissimi

lauorij a moltissimi signori per insino alla olimpia 408(418?), fiorì (in?) Etruria molto egregiamente, fece moltissimi lauorij nella città di Bologna[5]). Fu doctissimo in tutta l'arte, dipinse nella badia di Settimo le storie di sancto Jacopo et molte altre cose[6]). Fu nella città di Firençe uno grandissimo numero di pictori molto egregij, sono assai i quali io non ò conti, tengo che·ll'arte della pictura in quel tempo fiorisse più che in altra età in Etruria, molto maggiormente che mai in Grecia fosse ancora.

9. Fu in Roma uno maestro el quale fu di detta città, fu dottissimo infra tutti gl'altri maestri, fece moltissimo lauorio, el suo nome fu Pietro Cauallini[1]); et uedesi dalla parte dentro sopra alle porte 4 uangelisti di sua mano in sancto Piero di Roma di grandissima forma, molto maggiore che el naturale, et due figure: uno san Piero et uno san Pagolo e sono di grandissime figure molto excellentemente fatte et di grandissimo rilieuo, et così ne sono dipinte nella naue da·llato; ma tiene un poco della maniera anticha cioè greca[2]). Fu nobilissimo maestro, dipinse tutta di sua mano Santa Cicilia in Tresteuere[3]), la maggior parte di sancto Grisogono[4]), fece istorie sono in santa Maria in Tresteuere di musayco molto egregiamente, nella capella maggiore 6 historie. Ardirei a dire in muro non auere ueduto di quella materia lauorare mai meglo[5]). Dipinse in Roma in molti luoghi[6]). Fu molto perito in detta arte. Dipinse tutta la chiesa di sancto Francesco[7]); in santo Pagolo era di musayco la faccia dinançi; dentro nella chiesa tutte le parieti delle naue di meço erano dipinte storie del testamento uecchio. Era dipinto el capitolo tutto di sua mano egregiamente fatte[8]).

10. Fu l'Orcagna[1]) nobilissimo maestro perito singularissimamente nell'uno genere et nell'altro. Fece il tabernacolo di marmo d'Orto San Michele, è cosa excellentissima et singulare cosa, fatto con grandissima diligentia, esso fu grandissimo architettore et condusse di sua mano tutte le storie di detto lauorio, èui scarpellato di sua mano la sua propria effigie marauiglosamente fatta, fu di prezo di 86 miglaia di f(iorini)[2]). Fu huomo di singularissimo ingegno, fece la capella maggiore di santa Maria Nouella et moltissime altre cose di⸗

pinse in detta chiesa[3]). Et ne'frati minori tre magnifiche istorie fatte con grandissima arte, ancora in detta chiesa una capella et molte altre cose picte di sua mano[4]). Ancora sono picte di sua mano due capelle in santa Maria de'Serui[5]); è dipinto uno rifettoro ne'frati di sancto Agostino[6]). Ebbe tre fratelli[7]), l'uno fue Nardo, ne'frati Predicatori fece la capella dello 'nferno che fece fare la famiglia degli Stroçi, seguì tanto quanto scrisse Dante in detto Inferno, è bellissima opera condotta con grande diligentia[8]). L'altro ancora fu pictore e'l terço fu scultore non troppo perfetto[9]). Fu nella nostra città molti altri pictori che per egregij sarebbero posti, a me non pare porgli fra costoro[10]).

11. Ebbe nella città di Siena excellentissimi et docti maestri, fra
i quali ui fu Ambruogio Lorençetti, fu famosissimo et singularissimo
maestro, fece moltissime opere[1]). Fu nobilissimo componitore, fra'lle
quali opere è ne'frati minori[2]) una storia la quale è grandissima et
egregiamente fatta, tiene tutta la pariete d'uno chiostro, come uno
giouane diliberò essere frate. Come el detto giouane si fa frate e il
loro maggiore il ueste et come esso fatto frate con altri frati dal mag⸗
gior loro con grandissimo feruore addimandano licentia di passare
in Asia per predicare a' Sarrayni la fede de' Christiani et come e detti
frati si partono et uanno al Soldano, come essi cominciorono a pre⸗
Fol. 10ʳ. dicare la fede di Christo; di fatto essi furon presi et menati innançi
al Soldano, di subito comandò essi fussono legati a una colonna et
fosseno battuti con uerghe. Subito essi furon legati et due comin⸗
ciorono a battere e detti frati. Iui è dipinto come due gl'anno battuti
et colle uerghe in mano et scambiati altri due essi si riposano co'
capelli molli, gocciolanti di sudore et con tanta ansietà et con tanto
affanno, pare una marauigla a uedere l'arte del maestro, ancora è tutto
el popolo a uedere cogl'occhi adosso agli ignudi frati. Eui il Sol⸗
dano a'ssedere al modo moresco et con uariate portature et con diuersi
abiti, pare uedere essi essere certamente uiui et come esso Soldano dà
la sententia essi siano inpiccati a uno albero. Eui dipinto come essi
ne inpiccano uno a uno albero, manifestamente tutto el popolo che
u'è a uedere sente parlare et predicare el frate inpiccato all'albero.

Come comanda al giustitiere essi siano dicapitati. Euui come essi frati sono dicapitati con grandissima turba a uedere a cauallo e a piede. Eui lo executore della giustitia con moltissima gente armata, èui huomini et femine, et dicapitati e detti frati si muoue una turbaz tione di tempo scuro con molta grandine saette tuoni tremuoti, pare a uederla dipinta pericoli el cielo e'lla terra, pare tutti cerchino di ricoprirsi con grande tremore, uenghossi gli huomini et le donne arrouesciarsi e panni in capo e gli armati porsi in capo e paluesi, essere la grandine folta in su e paluesi, pare ueramente che'lla grandine balçi in su paluesi con uenti marauiglosi. Vedesi piegare gli alberi insino in terra et quale speççarsi et ciascheduno pare che fugga, ognuno si uede fuggente. Vedesi el giustitiere cadergli sotto el cauallo et ucciderlo, per questo si batteçò moltissima gente. Per una storia picta mi pare una marauiglosa cosa.

12. Costui fu perfectissimo maestro, huomo di grande ingegno. Fu nobilissimo disegnatore[3]), fu molto perito nella teorica di detta arte. Fece nella facciata dello spedale[4]) due storie et furono le prime: l'una è quando nostra donna nacque, la seconda quando ella andò al tempio, molto egregiamente fatte. Ne'frati di sancto Agostino diz pinse el capitolo[5]), nella uolta sono picte le storie del Credo; nella faccia maggiore sono tre istorie. La prima è come santa Katerina è in uno tempio et come el tiranno è alto et come egli la domanda, pare che sia in quello di festa in quello tempio; èui dipinto molto popolo dentro et di fuori. Sonui e sacerdoti all'altare come essi fanno sacrificio. Questa istoria è molto copiosa et molto excellentemente fatta. Dall'altra parte come ella disputa inanzi al tiranno co' saui suoi et come e'pare ella gli conquida. Eui come parte di loro pare entrino in una biblioteca et cerchino di libri per conquiderla. Nel meço Christo crocifisso co'ladroni et con gente armata a piè della croce. Nel palagio di Siena[6]) è dipinto di sua mano la pace e'lla guerra, èui quello s'apartiene alla pace et come le mercatantie uanno sicure con grandissima sicurtà et come le lasciano ne' boschi et come e'tornano per esse. E'lle storsioni si fanno nella guerra stanno perfettamente. Eui una Cosmogrofia cioè tutta la terra abitabile. Non c'era allora

notitia della Cosmogrofia di Tolomeo, non è da marauiglare se·lla sua non è perfetta[7]). E tre tauole nel duomo molto perfette di sua mano[8]). È a Massa una grande tauola et una capella[9]). A Volterra una nobile tauola di sua mano[10]). In Firençe è il capitolo di sancto Agustino[11]). In sancto Brocolo in Firençe è una tauola e una capella[12]). Alla Scala doue si ritengono e gittati è una Nuntiata molto marauiglosamente fatta[13]).

13. Maestro Simone[1]) fu nobilissimo pictore et molto famoso. Tengono e pictori sanesi fosse el miglore, a me parue molto miglore Ambruogio Lorençetti et altrimenti dotto che nessuno degli altri. Torniamo à maestro Simone: di sua mano è nel palagio[2]) in su la sala una Nostra Donna col fanciullo in collo et con molte altre figure intorno molto marauiglosamente colorita. È in detto palagio una tauola molto buona[3]) e nella facciata dello spedale[4]) due storie fatte come Nostra (Donna) è isposata, l'altra come è uisitata da molte donne et uergini molto adorne di casamento et di figure. E nel duomo[5]) due tauole di sua mano; era cominciato sopra alla porta che ua a Roma una grandissima istoria d'una incoronatione. Vidila disegnata colla cinabrese[6]). Ancora è sopra la porta dell'opera[7]) una Nostra
Fol. 10v. Donna col fanciullo in braccio et di sopra è uno stendardo con agnoletti uolanti che·llo tengono et con molti altri Santi intorno, fatta con molta diligentia. Et stette al tempo della corte A·uignone et fè molte opere[8]). Lauorò con esso maestro Filippo, dicono ch'esso fu suo fratello, furono gentili maestri et loro picture furon fatte con grandissima diligentia molto dilicatamente finite, feciono grandissima quantità di tauole.

14. I maestri sanesi dipinson nella città di Firençe; uno maestro, el quale fu chiamato Barna[1]), costui fu excellentissimo fra gl'altri; è due capelle ne'frati di sancto Agostino[2]) con moltissime fra l'altre istorie et uno giouane ua a giustitiarsi, ua con tanto tremore della morte, è co·llui uno frate lo conforta, con molte altre figure; è riguardar l'arte usata per quello maestro o molte altre istorie; in detta arte fu peritissimo. A San Gimignano molte istorie del testamento uecchio[3]), e ne a Cortona assai lauorò[4]), fu doctissimo.

15. Fu in Siena ancora Duccio[1]), el quale fu nobilissimo, tenne la maniera greca; è di sua mano la tauola maggiore del duomo di Siena; è nella parte dinançi la incoronatione di Nostra Donna et nella parte di dietro el testamento nuouo. Questa tauola fu fatta molto excellentemente et doctamente, è magnifica cosa et fu nobilissimo pictore. Moltissimi pictori ebbe la città di Siena et fu molto copiosa di mirabili ingegni, molti ne lasciamo indietro per no ne abondare nel troppo dire[2]).

16. Ora diremo degli scultori furono in questi tempi. Fu Giouanni figluolo di maestro Nichola. Maestro Giouanni[1]) fece il pergamo di Pisa[2]), fu di sua mano il pergamo di Siena[3]) e'l pergamo di Pistoia[4]). Queste opere si ueggono di maestro Giouanni, e·lla fonte di Perugia[5]). [di] Maestro Andrea da Pisa[1]) fu bonissimo scultore, fece in Pisa moltissime cose a santa Maria a ponte[2]), fece nel campanile in Firenze sette opere della misericordia, sette uirtù, sette scientie, sette pianeti[3]); di maestro Andrea ancora sono intaglate quattro figure di quattro braccia l'una[4]). Ancora ui sono intaglate grandissima parte di quelli i quali furono trouatori dell'arti[5]). Giotto si dice sculpì le prime due storie. Fu perito nell'una arte et nell' altra[6]). Fece maestro Andrea una porta di bronzo alla chiesa di sancto Giouanni Batista nella quale sono intaglate le storie del detto sancto Giouanni[7]), e una figura di sancto Stefano che fu posta nella faccia dinançi a sancta Reparata dalla parte del campanile[8]). Queste sono l'opere si tru(o)uano di questo maestro. Fu grandissimo statuario, fu nella olimpia 410 (420)[9]).

17. In Germania nella città di Colonia fu uno maestro nell'arte statuaria molto perito[1]), fu di excellentissimo ingegno (nominato Gusmin), stette col duca d'Angiò, fecegli fare moltissimi lauorij d'oro; fra gl'altrij lauorij fè una tauola d'oro la quale con ogni sollicitudine et disciplina questa tauola condussela molto egregiamente. Era perfecto nelle sue opere, era al pari degli statuarij antichi greci, fece le teste marauiglosamente bene et ogni parte ignuda; non era altro manchamento in lui se non ch·elle sue statue erano un poco corte. Fu molto egregio et dotto et excellente in detta arte. Vidi moltissime figure

formate delle sue. Aueua gentilissima aria nell'opere sue, fu doc⸗tissimo. Vide di(s)fare l'opera la quale aueua fatta con tanto amore e arte pe' publici bisogni del duca, uide essere stata uana la sua fatica, gittossi in terra ginocchioni alzando gli ochi al cielo e·lle mani parlò dicendo: »o signore il quale gouerni el cielo et la terra et costituisti tutte le cose: non sia la mia tanta ignorantia ch'io seghui altro che te, abbi misericordia di me.« Di subito ciò che aueua cierchò di dispen⸗sare per amore del creatore di tutte le cose. Andò in su uno monte oue era uno grande romitorio, entrò et iui fece penitentia mentre che uisse; fu nella età, finì al tempo di papa Martino. Certi giouani e quali cercauano essere periti nell'arte statuaria mi dissono come esso era dotto nell'uno genere et nell'altro et come esso doue abitaua aueua picto, era docto et finì nella olimpia 438. Fu grandissimo disegnatore et molto docile. Andauano i giouani che aueuano uolontà d'aparare a uisitarlo pregandolo, esso humilissimamente gli riceueua dando loro docti amaestramenti et mostrando loro moltissime misure et fac⸗cendo loro molti exempli; fu perfectissimo, con grande humiltà finì in quello romitorio. Conciò sia cosa e'excellentissimo fu nell'arte et di santissima uita.

Fol. 11r. 18. Di Teopharasto seguiremo la sua sententia, confortando più gl'ammaestrati che e confidenti della pecunia, lo amaestrato di tutte le cose solo è ne pellegrino nelli altrui luoghi et perdute le cose fa⸗miliari et necessarie bisognoso d'amici et essere in ogni città citta⸗dino, alli difficili casi della fortuna sança paura potere dispregiare; et quello il quale non dalli presidij ma in inferma uita essere confitto. Et Epicuro non differentiatamente dica *(sic)*, poche cose alli saui tribuire la fortuna, le quali ouero maxime et necessarie sono, con pensieri dell'animo et della mente essere gouernate. Et ancora dissono questo più filosaphij. Non meno li poeti scrissono in greco l'antiche come⸗die et esse medesime sententie nelle scene pronuntiarono in uersi, come Eucrates, Chyonides, Aristophanos et maximamente ancora questi Alexo disse bisognare imperò laudati li Atheniensi che le leggi di tutti gli Greci constringono ubidienti dalli figluoli, delli Atheni⸗ensi non tutti se non quelli li quali li figluoli amaestrasson dell'arti.

Imperò che tutti li doni della fortuna quando si danno, da essa ageuolmente si ricolgono, e'lle discipline congiunte colli animi per niuno tempo manchano, ma rimangono stabilmente alla somma uscita della uita. Et così maxime et infinite gratie fo eo alli parenti, che prouanti la legge delli Atheniensi me curarono amaestrare me nell'arte et essa la quale non può essere prouata sança disciplina di lettera et fiducia di tutte le doctrine. Conciosia cosa adunque che per cura delli parenti et delle doctrine delli comandamenti auere accresciute l'opere delle lettere o uero delle discipline nelle cose filologi et filocine et nelle scripture delli comentarij me dilettare et esse possessioni nell'animo ò apparechiate delle quali questa è la somma de' frutti, nulla necessità essere più d'auere essa essere proprietà di richeça maximamente nulla desiderare. Ma per auentura assai giudicanti queste cose leggieri pensano quelli essere saui che di pecunia siano copiosi et pieni; a questo proposito contendenti con audacia agiunta colle richeçe la notitia sono seguiti. *E io, o excellentissimo, non ò a ubbidire la pecunia diedi lo studio per l'arte la quale da mia pueritia ò sempre seguita con grande studio et disciplina*[1]*). Conciò sia cosa ch'io abbia sempre i primi precetti ò cercato di inuestigare in che modo la natura procede in essa et in che io mi possa appressare a essa, come le spetie uenghino all'occhio et quanto la uirtù uisiua à opera et come [. . .] (le cose) uisuali uanno et in che modo la teorica dell'arte statuaria et della pictura si douesse condurre*[2]*).*

19. Nella mia giouenile età nelli anni di Christo 1400 mi partì [da] *1400*
sì pre'lla corution della aria da Firence et sì pel male stato della patria con uno egregio pictore el quale l'aueua richiesto il signore Malatesta da Pesero mi partì, el quale ci fece fare una camera la quale da noi fu picta con grandissima diligentia; l'animo mio alla pictura era in grande parte uolto, era ne cagione l'opere le quali el signore ci promettea, ancora la compagnia con chi io ero sempre mostrandomi l'onore et l'utile che e'si aquisteremo[3]). Non dimeno in questo istante da miei amici mi fu scritto come i gouernatori del tempio di sancto Giouanni Batista mandano pe' maestri i quali siano docti de'quali essi uoglono uedere pruoua. Per tutte le terre di Ytalia moltissimi doctri maestri uennono per met-

tersi a questa pruoua et questo combattimento. Chiesi licentia dal sig=
nore et dal conpagno. Sentendo el signore il caso subito mi diè licen=
1402 tia; insieme cogl'altri scultori fumo innanzi agli operai di detto tempio.
Fu a ciascuno dato quattro tauole d'ottone. La dimostratione uollono
i detti operai et gouernatori di detto tempio ciascuno facesse una
istoria di detta porta la quale storia elessono fusse la imolatione di
Ysaach et ciascuno de' conbattitori facesse una medesima istoria. Con=
dussonsi dette pruoue in uno anno et quello uinceua doueua essere dato
la uictoria. Furono e combattitori questi: Filippo di Ser Brunellesco,
Symone da Colle, Nicholò d'Areço, Jacopo della Quercia da Siena,
Francesco di Valdombrina, Nicholò Lamberti; fumo sei a'ffare detta
pruoua la quale pruoua era dimostratione di gran parte dell'arte
statuaria. Mi fu conceduta la palma della uictoria da tutti i periti et
da tutti quelli si prouorono mecho. Uniuersalmente mi fu conceduta
la gloria sança alcuna exceptione. A tutti parue auessi passato gl'altri
in quello tempo sança ueruna exceptione con grandissimo consiglo
et examinatione d'uomini dotti[3]). Vollono gli operai di detto gouerno
Fol. 11v. el giudicio loro scritto di loro mano, furono huomini molti periti tra
pictori et scultori d'oro et d'argento et di marmo. I giudicatori fu=
rono 34 tra della città et delle altre terre circunstanti: da tutti fu dato
in mio fauore la soscriptione della uictoria, e consoli et operai et tutto
il corpo dell'arte mercatoria la quale à in gouerno il tempio di sancto
1403 Giouanni Batista. Mi fu conceduto et determinato facessi detta porta
d'ottone pel detto tempio. El quale condussi con grande diligentia.
Et questa è la prima opera: montò collo adornamento d'intorno circa
a uentidua migliaia di f(iorini). Ancora in detta porta sono quadri uent=
otto: ne'uenti sono le istorie del testamento nuouo et da piè quat=
tro uangelisti et quattro dottori con gran quantità di teste humane
intorno a detta opera è condotta con grande amore diligentemente
con cornici et fogle d'edera et gli stipidi con grandissimo adorna=
mento di fogle di molte ragioni. Fu il pondo di detta opera migliaia
1414 trenta quattro. Fu condotta con grandissimo ingegno et disciplina[4]).
In detto tempo si fece la statua di sancto Giouanni Batista la quale
1417 fu di braccia quattro e un terço; puosesi nel 1414 d'ottone fine[5]).

20. Dalla comunità di Siena mi fu allogato due istorie sono
nel battesimo, la storia quando sancto Giouanni batteza Christo,
l'altra istoria quando sancto Giouanni è menato preso innanzi a He-
rode[6]). Ancora produssi di mia mano la statua di sancto Matteo, fu *1419–22*
braccia quattro et mezo d'ottone[7]). Feci ancora d'ottone la sepoltura
di messere Leonardo Dati generale de' frati Predicatori: fu huomo *1423*
doctissimo il quale trassi del naturale; la sepultura è di poco rilieuo,
à uno epitaphio a piedi[8]). Etiamdio feci produrre di marmo la sepoltura di Lodouico degli Obizi et Bartolomeo Valori i quali sono *1427*
sepulti ne' frati minori[9]). Ancora apparisce una cassa di bronzo in
sancta Maria degli Angnoli e quali u'abitano frati di sancto Benedetto; *1428*
in detta cassa sono l'ossa di tre martiri: Prothij Jacinti et Nemesij.
Sono scolpiti nella faccia dinançi due agnoletti, tengono in mano una
grillanda d'uliuo nella quale sono scritte lettere de' nomi loro[10]). In *ca. 1428*
detto tempo leghai in oro una cornuola di grandeça d'una noce colla
scorza nella quale erano scolpite tre figure egregissimamente fatte
per le mani d'uno excellentissimo maestro antico. Feci per picciuolo
uno drago coll'alie un poco aperte et colla testa bassa, alza nel mezo
il collo, l'alie faceano la presa del sigillo; era il drago el serpente noi
uogliamo dire, era tra fogle d'edera, erano intagliate di mia mano intorno a dette figure lettere antiche titolate nel nome di Nerone le quali
feci con grande diligentia. Le figure erano in detta cornuola uno uechio
a sedere in su uno scoglo era una pelle di leone et legato colle mani
drieto a uno albero secco, a piedi di lui u'era uno infans ginochioni
coll'uno piè e guardaua uno giouane il quale aueua nella mano destra
una carta et nella sinistra una citera, pareua lo infans addimandasse
doctrina al giouane. Queste tre figure furon fatte per la nostra età.
Furono certamente o di mano di Pirgotile o di Policreto: perfette
erano quanto cose uedessi mai celate in cauo[11]).

21. Venne papa Martino a Firenze, alogommi a'ffare una mitria *1419*
d'oro et uno bottone d'uno piuiale nel quale feci otto meze figure
d'oro et nel bottone feci una figura d'uno Nostro Signore che segna.
Venne papa Eugenio ad abitare nella città di Firenze, fecemi fare una *1438*
mitria d'oro la quale pesò l'oro di detta mitria libbre quindici, peso-

rono le pietre libbre cinque et mezo. Furono stimate da'gioellieri della nostra terra trentotto migliaia di f(iorini), furono balasci, zaffiri et smaraddi et perle. Furono in detta mitria perle sei grosse come auillane. Fu ornata con molte figure et con moltissimi adornamenti et nella parte dinanzi uno trono con molti angioletti intorno, è uno Nostro Signore in mezo, dalla parte di drieto similemente una Nostra Donna co' medisimi agnoletti intorno al trono; sono in compassi d'oro et quattro uangelisti et sono moltissimi agnoletti nel fregio ua da piè,
1428 è fatta con grande magnificentia[12]). Tolsi a·ffare dai gouernatori dell' arte della lana una statua d'ottone di braccia quattro et mezo [la quale statua] puosono nello oratorio d'Orto sancto Michele, la quale statua è fatta per sancto Stephano martire la quale secondo l'opere mie fu
1432–42 fatta con grande diligentia[13]). Allogoronmi a·ffare gli operai di sancta Maria del Fiore una sepultura d'ottone pel corpo di sancto Zenobi
Fol. 12r. di grandeza di braccia tre et mezo nella quale sono scolpite istorie di detto sancto Zenobi. Nella parte dinanzi è come e' risuscita el fanciullo el quale la madre gli lasciò in guardia tanto ch' ella tornasse di pellegrinaggio. Et come il fanciullo essendo la donna in cammino morì: et tornando lo addimanda a sancto Zenobi, et come esso lo risuscita et come un' altro fu morto dal carro. Ancora u'è come risuscita l'uno de'due famigli gli mandò sancto Ambruogio, morì in su l'alpe, et come il compagno si duole della morte sua et sancto Zenobi disse: »ua che dormi tu il trouerrai uiuo«; et come esso andò et trouollo uiuo. Nella parte di drieto sono sei agnoletti, tengono una grillanda di fogle d'olmo: euui dentro uno epitaphyo intaglato di lettere antiche in honore del sancto[14]).

1425–52 22. Fummi allogata l'altra porta cioè la terça porta di sancto Giouani la quale mi fu data licentia io la conducessi in quel modo ch'io credessi tornasse più perfettamente et più ornata et più riccha. Cominciai detto lauorio in quadri i quali erano di grandeza d'uno braccio et terzo, le quali istorie molto copiose di figure erano istorie del testamento uecchio: nelle quali mi ingegnai con ogni misura osseruare in esse cercare imitare la natura quanto a me fosse possibile, et con tutti i liniamenti che in essa potessi produrre et con egregij conponimenti et douitiosi con moltissime figure. Missi in alcuna istoria circa di figure cento; in quale istorie meno et in qual più. Condussi detta opera con grandissima diligentia et con grandissimo amore. Furono istorie dieci tutti in casamenti colla ragione che l'ochio gli misura e ueri in modo tale, stando remoti da essi appariscono rileuati. Ànno pochissimo rilieuo et in su e piani si ueggono le figure che sono propinque apparire maggiori e·lle remote minori; come adimostra il uero. Et ò seguito tutta questa opera con dette misure. Le storie sono dieci. La prima è la creatione dell'uomo et della femina, et come essi disubbidirono al creatore di tutte le cose. Ancora in detta istoria come e' sono cacciati del paradiso per lo peccato commesso, contiene in detto (quadro) quattro istorie cioè effecti. Nel secondo quadro è come Adamo et Eua ànno Caino et Abel creati piccoli fanciulli. Euui come e' fanno sacrificio: et Cayno sacrificaua le più triste e·lle più uili cose egli aueua. Et Abel le miglori e·lle più nobili egli aueua: el suo sacrificio era molto accepto a Dio et quel di Cayno era tutto il contrario. Eraui come Cayno per inuidia amaza Abel; in detto quadro Abel guardaua il bestiame et Caino lauoraua la terra. Ancora u'era come Idio apparisce a Cayno, domandalo del fratello ch'egli à morto; così in ciascuno quadro apparisce gli effetti di quattro istorie. Nel terzo quadro è come Noe escie dell'arca co' figluoli et colle nuore e·lla moglie et tutti gli uccelli e·lli animali, èuui con tutta la sua brigata fa sacrificio. Euui come e' pianta la uigna et come egli inebria et Cam suo figluolo lo ischernisce: et come gl'altri due suoi figluoli lo ricuoprono. Nel quarto quadro è come A·braam apparisce tre angeli et come n'adora uno: et come i serui et l'asino rimangono appiè del monte, et come egli à spoglato Ysaach et uuo·llo sacrificare e·llo agnolo gli pigla la mano del coltello et mostragli il montone. Nel quinto quadro è come a Ysaach nasce Esau et Jacob: et come e' mandò Esau a cacciare et come la madre amaestra Jacob et porgeli il caueretto e·lla pelle et poglele al collo et dicegli chiegga la benedictione a Isaach. Et come Isaach gli cerca il collo et truoualo piloso, dagli la benedictione. Nel sexto quadro è come Joseph è messo nella citerna da' fratelli. Et come e' lo uendono et come egli è donato a Pharaone re d' Egipto et pel sogno

che riuelò la grande fame doueua essere in Egipto el rimedio che Joseph diede et tutte le terre et prouincie scamporono: ebbono il bi= sogno loro. Et come e' fu da Faraone molto honorato. Come Jacob mandò i figluoli et Joseph gli riconobbe: et come e' disse loro che tornassero con Beniamin loro fratello, altrimenti non arebbono grano. Tornorono con Beniamin, esso fece loro el conuito et fece mettere la coppa nel sacco a Beniamin, et come fu trouato et menato inanzi a Jo= seph et come e' si diè a conoscere a' fratelli. Nel septimo quadro è come Moyses riceue le tauole in sul monte et come a mezo il monte rimase Josue et come il popolo si marauigla de tremuoti saette et tuoni. Et come il popolo sta a piè del monte tutto stupefatto. Nello ottauo quadro è come Josue andò a Giericho, uenne et puoseui Giordano et puose 12 padiglioni. Come andò intorno a Gerico sonando le trombe
Fol. 12v. et come in capo di sette dì caddono le mura et preson Gericho. Nel nono quadro è come Dauit uccide Golia et come e' rompono quelli del popolo d' Idio e Phylistei: et come e' torna colla testa di Golia in mano et come gli uiene inanzi il popolo sonando et cantando et di= cendo: Saul percussit mille et Dauid decem milia. Nel decimo quadro è come la reina Saba uiene a uicitare Salamone con grande compag= nia: è adornata, con molta gente intorno. Sono figure 24 nel fregio ua intorno a dette istorie, uanno tra·ll' uno fregio et l' altro una testa. Sono teste 24; condotta con grandissimo studio et disciplina delle mie opere è la più singulare opera ch' io abbia prodotta, et con ogni arte et misura et ingegno è stata finita. Va nel fregio di fuori il quale è negli stipidi et nel cardinale uno adornamento di fogle et d' uccelli et d' animali piccoli in modo conuenienti a detto adornamento. Ancora
1447 ua una cornice di bronzo. Ancora nelli stipidi dentro è uno adorna= mento di poco rilieuo fatto con grandissima arte. Et così è da piè la sogla, detto adornamento è d' ottone fine[15]).

23. Ma per non tediare i lectori lascerò indrieto moltissime opere per me producte. So che in detta materia non si può piglare diletto[16]). Nondimeno a tutti i lectori io addimando perdono et tutti abbino patientia. Ancora a molti pictori et scultori et statuarij ò fatto gran= dissimi honori ne' loro lauorij, fatto moltissimi prouedimenti di cera

et di creta e a' pittori disegnato moltissime cose[17]): etiandio chi auesse
auute a'ffare figure grandi fuori de la naturale forma, dato le regole a
condurle con perfetta misura[18]). Disegnai nella faccia di sancta Maria *1424–43*
del Fiore nell'occhio di mezo l'assumptione di Nostra Donna et disegnai gl'altri sono da'llato. Disegnai in detta chiesa molte finestre di
uetro. Nella tribuna sono tre occhi disegnati di mia mano. Nell'uno
è come Christo ne ua in cielo, nell'altro quando adora nell'orto, il
terzo quando è portato nel tempio[19]). Poche cose si sono fatte d'inportanza nella nostra terra non sieno state disegnate et ordinate di
mia mano. Et spetialmente nella edificatione della tribuna fumo concorrenti Filippo et io anni diciotto a uno medesimo salario: tanto noi
conducemo detta tribuna[20]). Faremo uno trattato d'architettura et *1415–33*
tratteremo d'essa materia[21]). Finito è il secondo comentario. Verremo
al terzo.

COMMENTARIO
III

SINGULARISSIMO, quelli li quali ne' uilumi più ampli dello ingegno li pensieri e'lli comandamenti ànno explicati, et agiunsono maxime et egregie auctoritadi a suoi scritti. E'lla quale cosa ancora ouero nelli nostri studij la cosa patirebbe acciò che per amplificationi in questi comandamenti l'auctorità s'acrescesse, ma questo a che modo si pensi non è expedito imperochè non si scriue della *scultura* o della *pictura* come di storia poetica. Le istorie tengono per se gli lettori imperochè gli ànno uarie aspettationi di nuoue cose et delli poetici uersi li metri e'lli piedi o nobili dispositioni di parole et di sententie intra le persone distincte pronuntiatione di uersi rallegrando li sentimenti delle genti produce sanza offesa alla somma terminatione delli scriptori. Et questo non può essere fatto nelle cosscriptione dell'*arte statuaria* et di nobili *scultori* et *pictori* che'lli proprij uocaboli della necessità conceputi nel consueto sermone nuocono alla oscurità et alli sensi. Adunque conciosia cosa essi per se non sieno aperti nelli nomi d'essi aprirsi nella consuetudine, allora ancora li lieti et uaganti scripture, se non si traggono per poche et per lucide sententie, e'ssi explichino con presteza et con moltitudine di sermone impediente farebbono incerti li pensieri delle genti. Et così le occulte nominationi e'lle misure dell'arte acciochè si dia alla memoria brieuemente, spero imperò che così (spedit)amente potranno esse cose riceuere. Non di meno conciò sia cosa ch'io pensassi distesa l'acuità per le publiche occupationi et per li priuati bisogni, ò giudicato di scriuere poco acciochè nello angoscioso spatio della uachuità esse cose li leggenti possino brieuemente piglare.

2. Doctissimo, nessuna cosa si uede sanza luce. Secondo *Platone* due sono e sentimenti existenti per li quali si fa la uia della sapientia cioè el uiso et l'audito. *Aristotile* dice nella metaphysica che solo il uedere ci mostra più differentia di cose: imperochè per quello noi inuestighiamo et cerchiamo certa sperientia di tutte le cose in cielo et in terra sono et però moltissimi phylosophi antichi mathematici, come fu *Archymede, Anchymus, Scopinas, Alfantem, Apollonio,*

Fol. 13^{r}. *Tolomeo, Vitulone* nel secondo libro et moltri altri dottori. I'truouo ch'el corpo lucido è quello lo quale è di sua natura è diffusiuo et expansiuo del lume. El corpo umbroso ouero oppaco è quello lo quale non à luce et non dà luogo al transito del lume. Ma lo corpo diafano è quello lo quale per la sua trasparentia et rarità permette che'llo lume per esso penetra. El primo è il sole e'l fuoco et alcune pietre pretiose: el secondo modo, el corpo upaco è quello che è terra o d'altra materia dura o tenebrosa. Lo terzo modo è lo corpo diafano: l'aria l'acqua il uetro il cristallo il calcedonio il berillo. La prima luce è quella la quale dipende principalmente dal corpo lucido infino a'ttanto truoua ostaculo, et chiamasi luce incidente: et di poi si rinuerbera in uerso l'altra parte doue non termina la prima lu. ce: et chiamasi questa la seconda luce et reflexa. Ma la luce minima è quella non si può diuidere in numero di luce et per diminutione mancha d'essere luce. Lo razo è una linia luminosa la quale nasce nel corpo luminoso o uero lucido et spargesi dello illuminare. Quello insieme cogl'altri razi de' quali razi si forma nella piramide luminosa la quale ànno l'angulo nel corpo lucido. La sua basis è nella parte del mezo la quale è alluminata. Ma la linia radiale è molto differente dallo razo. Se noi uogliamo parlare propriamente, ella non è illuminatiua ma essa è uisuale, delle quale linie si fa la piramide alla basa nel corpo lucido, all'angulo suo nel mezo dell'ochio. Ancora à differentia intra la linia recta

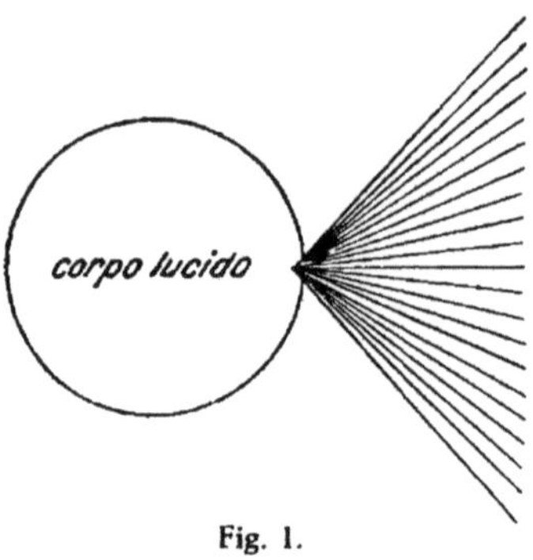

Fig. 1.

Fig. 2.

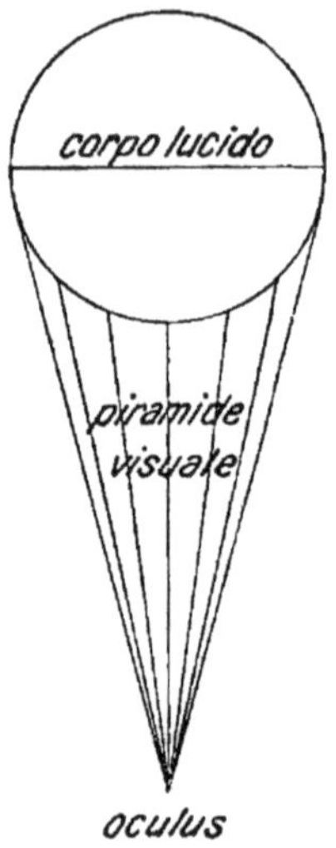

Fig. 3.

et la linia reflecta. La linia reflecta è composta di due linie le quali fanno al congiugnimento nel mezo l'angolo. Ma la retta non à curuatione nè angulo. Veggiamo ancora la cuspide secondo *e prospettiui e philosophij,* la luce la quale è più compresa e unita insieme e più forte che·lla luce che·ssi disgrega et dissipasi, come è famosissima auctorità nella *decima settima propositione.* Nel libro delle cagioni naturali d'*Aristotile*: et quanto la uirtù è più unita et più forte luce, tanto di lungi più multiplica e'l suo lume e·lla sua attuitade, come esso dimostra ancora per la 18 del primo d'*Euclide* insieme colla quarta. Et dice *Vitulione* quando manca il lume si genera l'ombra ouero le tenebre. Ma nota che *Aristotile* et *Alfacem* dice che gl'è differentia infra la luce et lume et splendore cioè razo ombroso. La luce è quella forma et qualità è infinita nel corpo lucido mediante la quale esso corpo è chiamato lucido et luminoso et non è di quello ma·llo lume è di quella qualità la quale dipende dalla luce et multiplicasi per lo mezo per cagione dello illuminare, quello per forma di piramide illuminatiua. Lo razo è quella linia che è detto innanzi. Splendore è una incidentia et reflexione di razi constretti a uno per lo quale [è] il lume è fatto molto excellente congiuntiuo del uiso, ma l'ombra è per contrario. Come ella à il lume superchio et grande: così all'ombra è uno lume diminutiuo molto piccolo e quasi difetto di lume. Ma la tenebre è totalmente priuatione di lume, non è possibile che·ssi uegga, nella tenebre come è possibile che·ssi uegga nell'ombra. Ma più uolte gli *autori* parlano non fanno sempre questa differentia, imperò che à uno intellecto l'uno per altro, come lume per la luce et la tenebre per l'ombra et per la grande similitudine di quelli: et per questo appare la differentia. Non so però che·llucido è quello che illumina et illuminoso quello che è illuminatò. Ma non constringere troppo il parlare nostro: noi parleremo comunalmente come gl'altri. Nota ch'io truouo solamente tre generationi d'ombre cioè la equale ouero colunnale e·lla piramidale acuta et la conuersa, la quale si chiama Chalatoydos. Io truouo scripto ancora che·lla generatione dello lume nello spatio largo e aperto disposto et molto subito è: quasi in uno istante però che la cosa à attuitade che è di essere in alcuno mezo, può essere

tarda et ueloce secondo la resistentia è grande o piccola. Solamente la resistentia è quella che tarda el mouimento e'lla operatione naturale, imperò ch'io non parlo della uoluntaria al presente: et questo è chiaro per tutto il *testo* di phylosophia quando non è alcuna resistentia, allora la operatione è subita quasi sanza tempo, conciò sia cosa che il mezo aereo sia attissimo a riceuere lo lume a fine di maggiore perfectione et non si nota alcuna altra resistentia: allo(ra) el lume si multiplicherà molto più tosto et subito. Ma quando l'aere è pieno di uapori grossi, questi sono pieni di resistentia allo lume. Et in quella uolta lo lume si difende, come per manifesta sperientia si uede quando la sparsione non è occupata, allora lo luminoso circularemente produce lo suo lume nel mezo, perchè di ciascuno punto del mezo del corpo lu-
Fol. 13v. cido si spande una piramide di illuminatione la quale tutte nel meço fanno una spera rotunda piena di lume. Et questo è chiarissimo per la figura quando lo lucido rotundo è. Ma se fusse longo, non sarebbe proprio circulare el circulo del lume, ma sarebbe propinquo. Et questo è secondo la figura. Noi parleremo di corpi luminosi quando peruerremo alla forma della statua uirile. Et così parleremo dell'ombre distintamente sopra le figure.

Noi trouamo el uiso quando à raguardato nella forte luce, fortemente si dorrà, perchè arà nocimento et arà pena. Et ancora i simulacri della intensa luce rimangono nell'occhio. Dopo il riguardamento fanno apparire tenebroso il luogo del minore lume infino a'ttanto che da l'ochio è diuenuta uana l'orma del maggiore lume. Similmente quando lo aspiciente à raguardato nel corpo del sole, si dorrà per la forte luce d'esso. Similmente quando à raguardato nello spechio terso et pulito sopra al quale scenderà lo splendore del sole: et sia il uiso in luogo doue la reflecta luce uerrà da esso specchio, si dorrà per lo lume della reflexione perueniente al suo uiso et non potrà guardare nè aprire gli occhi. Trouiamo quando lo aspiciente guarda il corpo biancho et mondo, sopra al quale scende la luce del sole et dimori un poco nello aspetto et poi rimuoua el uiso da esso et riguardi inuerso la parte ombrosa oue sia la luce debole, appena non comprenderà le cose uisibili et poi a poco a poco si scoprirà et tornerà il uiso in sua dispositione. Ancora quando l'aspiciente à riguardato nel fuoco et dimori in guatarlo un poco di tempo et poi dichini il uiso inuerso el luogo oscuro et di debole luce, gli interuerrà ancora quel medesimo. Ancora quando l'aspiciente à raguardato nel corpo bianco o mondo sopra del quale nascerà la luce del dì, et sia quella luce forte et non sia del sole, et raguardi et poi uolga il uiso inuerso il luogo oscuro, trouerrà la forma della luce et trouerrà con questo la figura. Et poi si lieui guardato arà uno terzo d'ora: trouerrà nel uiso suo e simulacri di quella luce: et poi si rimuoua da questa, ritornerà nella sua dispositione, et similmente sarà quando arà guatato nella intensa luce del sole o nel fuoco o nel corpo biancho. Similmente ciascuno ritornerà nella sua dispositione. Et similmente l'aspiciente sarà in casa guarderà el foro del tetto sarà scoperto, guarderà il cielo per quello luogo nella luce del dì et poi torni al luogo scuro, ritrouerrà la forma della luce: la quale lui comprenderà per lo foro del tetto saranno ancora la medesima forma e medesimi simolacri chiudendo gli occhi: et tutte queste cose significano che la luce à 'lcuna operatione nella nostra uisione. Vedrai ancora quando arai guardato [inuerso] nel uerdario, nel quale siano molto spesse l'erbe, oue sarà la luce insu esso del sole et dimori di guatare et poi uolga il uiso in luogo scuro trouerrà in quello luogo scuro la forma di quello uerziere cioè la luce uerde colorata di quelle erbe, se sarà in luogo debole, sarà misto colla luce con quella uerdura. Similmente guardando uno corpo azurro o giallo o sanguigno o uerde, similemente ciascuno nel suo colore ti mostrerrà quello medesimo effetto. Adunque i colori alluminati operano assai nel uiso. Ancora ueggiamo le stelle la notte et no'lle ueggiamo el dì. Nessuna differentia è tra e due tempi, se non che l'arte è mediante tra el uiso nostro e'l cielo: quando el dì è illuminato, noi non

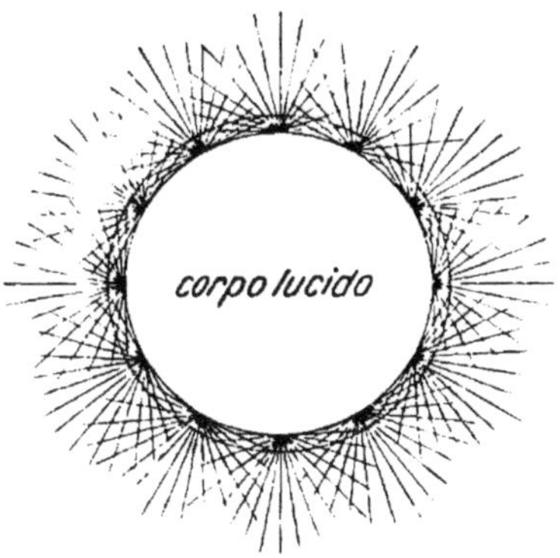

Fig. 4.

ueggiamo le stelle per cagione del lume. Quando la notte fia scura, allora si uedranno là doue non sarà la terra alluminata, si uedranno le stelle. Ancora al uedere molte uolte s'ascondono molte cose le quali paiono inuisibili per le sottili sculture et quando saranno nella luce debole o in luoghi oscuri. Et quando si trarranno a'luoghi luminosi o di forte lume e siano alla luce del sole, appariranno le cose che parranno nascose in quelle sculture che erano ne'luoghi oscuri nascose et nella luce debole, et similmente non può il uiso comprendere le sculture et piglare la compressione d'esse in luogo oscuro. Quando si traggono alla luce forte si comprendono dal uedere. Significasi adunque per questa dispositione che la luce forte manifestano molte cose de'uisibili et la luce debole occultano assai cose per la sua oscuratione. Ancora trouiamo come corpi densi colorati di colori scintillanti come azurrini et celesti in luoghi oscuri et in luce debole apparirrano in colori torbidi, et quando fussono in luogo luminoso et chiaro, appariranno scintillanti et chiari et tanto s'aumenterà la luce sopra di quello la scintillatione e·lla chiarità. Quando sarà la luce piccola, quello corpo sarà oscuro, et non distinguerà el uiso el colore d'esso et apparirà
Fol. 14ʳ. quasi nero. Ancora similmente se·llo aspiciente sarà di nocte al fuoco luminoso et sarà lo lume del fuoco steso sopra la terra et sarà in questo luogo uisibile sottili o ueramente uisibili nelli quali saranno cose sottilissime, et saranno in alcuna ombra non troppo forte: ma non ui fia fuoco in mezo tra'l uiso et quelli, allora guarderà comprendere quelli uisibili e·lle cose sottili: et poi si rimuoua del suo luogo in fino che sia il fuoco in mezo tra el uiso suo et quello uisibile. Allora quelli uisibili staranno nascosi, se egli saranno sottili o ueramente quelle cose saranno in esse et non comprenderà quegli. Quando il fuoco sarà in mezo et se il fuoco si coprisse dal suo uiso, comprenderà quegli uisibili subito e quali stauano nascosi a·llui, et se rimouesse el coprimento tra'l suo uiso e'l fuoco, ancora s'asconderebbono. Questa dispositione adunque significa che la luce forte orientale sopra del uiso et sopra dell'arte tra·ll'occhio e·lla cosa uisa uietano alcuna complessioni d'alcuni uisibili de'quali la luce si è debole. Ancora quando lo aspiciente à raguardato el corpo terso, et saranno in quel corpo sculture sottili

et saranno in quelle sculture diuersi colori come sono cha [. . . .] e quali sono composti di più colori, sarà lo aspiciente in luogo di temperata luce et sarà quello luogo opposito al sole oue sarà alcuna pariete alluminata et rifletterassi alcuna luce al uiso et trouerrà lo aspiciente la luce apparente e·lla superficie del corpo in luogo, doue si riflette più forte et più scintillante in questa dispositione, se·llo aspiciente guaterà quello corpo terso non uedrà in esso alcuna scultura che·lle sculture che sono nel luogo della forte luce scintillante di quello corpo; di poi se·llo aspiciente chinerà quello corpo da quello luogo sì che·lla reflessione si faccia ad altro luogo fuori del luogo del suo uiso, con questo sarà sopra di quello corpo una temperata luce, allora lo aspiciente comprende le sculture che sono in quello luogo ch'esso no intendeua nella reflexione dal corpo al uiso suo. Et similmente quando la luce sua si riflecte dalla pagina tersa nella quale sieno sculture sottili al uiso, non distinguerà el uiso quelle sculture sottili nè anche si uerificherà per insino che e'sia la luce non reflexa al uiso di quella pagina; et declinisi la superficie della pagina sì che el sito suo si rimuti et non si reflecta la luce da essa al uiso et comprenderà allora el uiso. Quando fosse el lume del sole apparirà il corpo denso et colorato di colore scintillante, se fusse posto apresso a quello uno corpo bianco d'una chiara biancheza et fusse quello corpo all'ombra nella luce debole apparirà sopra di quello colore del corpo, come auemo narrato di sopra: da poi sia approssimato a quello corpo biancho insino ch'esso sia allo lume del sole, si nasconderà quello colore che è sopra quello: se egli ritorna all'ombra, riapparirà resplendente sopra esso nella luce forte. Se si scurasse dal corpo et sia nel suo luogo per insino che·ssi indebilirà, che sopra lui apparirà el colore è in lui.

3. Ancora ò ueduto in una temperata luce cose scolpite molto perfette et fatte con grandissima arte et diligentia, fra·lle quali uidi in Roma nella olimpia quattrocento quaranta una statua d'uno Ermofrodito[1]) di grandeza d'una fanciulla d'anni tredici, la quale statua era stata fatta con mirabile ingegno. In detto tempo fu trouata in una chiauica sotto terra circa di braccia otto; per cielo della detta chiauica era a piano di detta scultura. La scultura era coperta di terra

per insino al pari della uia. Rimondandosi el detto luogo, era sopra a sancto Celso, in detto lato si fermò uno scultore, fece trarre fuori detta statua et condussela a sancta Cecilia in Trasteuere oue [doue] (el) scultore lauoraua una scultura d'uno cardinale et d'essa aueua leuato marmo per poterla meglo conducere nella nostra terra. La quale statua, doctrina et arte et magisterio non è possibile con lingua potere dire la perfectione d'essa. Esso era in su uno terreno uangato: in esso terreno era gittato uno pannolino: essa statua era in su detto pannolino et era suolta in modo mostraua la natura uirile et la natura feminile, et le braccia posate in terra el incrocicchiate le mani, l'una in su l'altra et distesa tiene l'una delle gambe col dito grosso del piè. Aueua preso el pannolino, in quella tirata del panno mostraua mirabile arte. Era sanza testa, nessuna altra cosa aueua manco. In questa era moltissime dolceze, nessuna cosa il uiso scorgeua, se non col tatto la mano la trouaua.

Ancora uidi in Padoua[2]) una statua, ui fu condotta per Lombardo della Seta; essa fu trouata nella città di Firençe cauando sotto terra nelle case della famigla de' Brunelleschi: la quale statua quando
Fol. 14v. sormontò la fede christiana fu nascosa in quel luogo da qualche spirito gentile, ueggendo tanta perfecta cosa et fatta con tanta marauiglosa arte et con tanto ingegno mosso a piatà, fece murare una sepultura di mattoni et dentroui sopellì detta statua et essa coperse con uno lastrone di pietra acciochè essa non fusse lacerata affatto. Ella fu trouata colla testa rotta et colle braccia et fu messa in detto sepolcro acciochè il resto non si lacerasse et in tale forma fu conseruata lunghissimo tempo nella nostra città cosi sepulta. Questa statua è marauiglosa fra l'altre scultur(e). Posa in sul piede ritto, à uno panno a meze le cosce, fatto perfettissimamente. À moltissime dolceze le quali el uiso no'lle comprende nè con forte luce nè con temperata, solo la mano a toccarla la truoua. È lauorata molto diligentemente; la quale fu traportata a Ferrara, et uno figluolo del Lombardo della Seta a cui era stata lasciata dal padre, la mandò a donare al marchese di Ferrara, el quale di scultura et di pictura molto si dilettaua.

Vna ancora fu trouata, simile a queste due, fu trouata nella città di Siena[3]), della quale ne feciono grandissima festa et dagli intendenti fu tenuta marauigliosa opera, et nella basa era scripto el nome del maestro, el quale era excellentissimo maestro, el nome suo fu Lisippo; et aueua in sulla gamba in sulla quale ella si posaua uno alfino. Questa non uidi se non disegnata di mano d'uno grandissimo pictore della città di Siena il quale ebbe nome Ambruogio Lorenzetti; la quale teneua con grandissima diligentia uno frate antichissimo dell'ordine de' frati di Certosa; el frate fu orefice et ancora el padre, chiamato per nome frate Jacopo et fu disegnatore et forte si dilettaua dell'arte della scultura et cominciommi a narrare come essa statua fu trouata, faccendo uno fondamento, oue sono le case de' Malauolti: come tutti gli intendenti et dotti dell'arte della scultura et orefici et pictori corsono a uedere questa statua di tanta marauigla et di tanta arte. Ciascuno (la) lodaua mirabilmente; e grandi picto (ri) che erano in quello tempo in Siena a ciascuno pareua grandissima perfectione fosse in essa. Et con molto honore la collocorono in su la loro fonte come cosa molto egregia. Tutti concorsono a porla con grandissima festa et honore et muroronla magnificamente sopra essa fonte; la quale in detto luogo poco regnò in su essa. Auendo la terra mol= tissime auersità di guerra con Fiorentini et essendo nel consiglo ragunati el fiore de'loro cittadini, si leuò uno cittadino et parlò sopra a questa statua in questo tenore: »Signori cittadini, auendo considerato dapoi noi trouam(m)o questa statua sempre siamo arriuati male, con= siderato quanto la ydolatria è proibita alla nostra fede, douiamo credere tutte le aduersità noi abbiamo, Iddio ce le manda per li nostri errori. Et ueggiallo per effecto che da poi noi honoramo detta statua, sempre siamo iti di male in peggio. Certo mi rendo che per insino noi la terremo in sul nostro terreno, sempre arriue= remo male. Sono uno di quelli consiglerei essa si ponesse et tutta si lacerasse et spezassesi et mandassesi a soppellire in sul terreno de' Fiorentini.« Tutti d'achordo raffermarono el detto del loro cittadino et così missono in essecutione et fu soppellita in su el nostro terreno.

4. Fra l'altre egregie cose io uidi mai è uno calcidonio[4]) intaglato in cauo mirabilmente el quale era nelle mani d'uno nostro cittadino, era il suo nome Nicholaio Nicholi: fu huomo diligentissimo et ne' nostri tempi fu inuestigatore et cercatore di moltissime et egregie cose antiche sì in scripture sì in uilumi di libri greci et latini, et in⸗fra·ll'altre cose antiche aueua questo calcidonio el quale è perfettissimo più che cosa io uedessi mai. Era di forma ouale, in sù esso era una figura d'uno giouane aueua in mano uno coltello, era con uno piede quasi ginocchioni in su un'altare e·lla gamba dextra era a·ssedere in⸗sull'altare et posaua il piè in terra el quale scorciaua con tanta arte et con tanto maesterio, era cosa marauiglosa a uederlo. Et nella mano sinestra aueua un pannicello el quale teneua con esso uno idoletto; pareua el giouane il minacciasse col coltello: essa scultura per tutti i periti et amaestrati di scultura o di pittura sança scordanza nell'una ciascuno diceua essere cosa marauiglosa con tutte le misure e·lle pro⸗portioni debbe auere alcuna statua o scultura, da tutti li ingegni era lodata sommissimamente. Non si comprendeua bene a una forte luce. La ragione è questa che le pietre fini e·llustrate essendo in cauo, la forte luce e·lla rerlexione d'esse occultano la conprensione. Detta scultura non si uedeua meglo che uolgere la parte cauata in uerso la
Fol. 15r. forte luce, allora si uedea perfettamente. Però non è da marauiglare, se i uederi(?) molte uolte si nascondono. Molte cose le quali sono in⸗uisibili per le sculture sottili, quando saranno in luce debole o in luoghi oscuri; o quando si traggono in luoghi luminosi o di forte lume o siano opposti alla luce del sole, appariranno le cose che sono in quello ch'erano nascose dalla luce debole o in luoghi obscuri. Similmente le sculture sottili non può el uiso comprendere la compositione d'esse in luogo obscuro. Significa addunque per questa dispositione che la luce forte manifesta molte cose de' uisi⸗bili. Ancora trouiamo molti corpi densi et colorati di colori scin⸗tillanti come azurrini o uinosi. Quando fossono in luogo obscuro et in luce debole appariranno i colori turbidi et se fossono in luce forte appariranno chiari et scintillanti. Et quando s'aumenterà la scintillatione del colore et della chiarità, o quando fosse uno di questi

corpi in luogo obscuro, non si distinguerà se non è una piccola luce, ne u'era al uiso el colore quasi nigro. Et quando si trae poi fuori a' luoghi luminosi e alla luce forte, apparirà il colore d'esso et sarà distinto da esse. Trouiamo ancora e corpi de' turbidi colori, quando la luce sopre essi è sì forte che i colori densi siano chiari, trouiamo essi s'aumentano, siano sì chiari. Trouiamo quando essi s'aumentano alla chiareza e scintillatione presso al uiso. Ancora trouiamo li corpi diafani colorati de' colori forti come sono uini coloratí di forte rossore, e quali sono in uasi diafani, quando e' fossono in luoghi oscuri o di luce debole, appariranno negri et obscuri et quasi non diafani. Et quando e' fosseno nella luce forte et nascono sopra essa luce del sole et diuentano chiari e colori d'esse, apparisce la diafanità e lucidi: ess'e fosse posto dalla parte contraria della parte della luce uno corpo chiaro et bianco, come auemo detto di sopra, se la luce fosse forte apparirà quella forma di quello colore nell'ombra et se'lla luce fosse debole, sopra d'esso apparirà nel sole et non e'apparirà sopra del corpo. Ancora trouiamo le penne del pagone e'llo panno che si chiama Amilialmon, et così si diuersifica nel colore appresso al uiso parte in del dì o uuoi in diuersi tempi secondo la diuersità della luce nascente sopra d'esso. Significa questa dispositione apparente il colore che i colori de' corpi colorati non si comprendono se non secondo la luce nascente sopra esso.

5. Conciosia cosa che la luce forte delle cose uisibili occultano alcune cose, le quali sono in alcuni uisibili et alcuna uolta le manifestano et alcuna nolta ne'corpi colorati e'colori si alterano secondo la diuersità della luce, la quale nasce sopra essa e'lla luce forte nascente sopra al uiso, alcuna uolta uietano el uedere dalla compressione d'alcuni uisibili, el uedere niente comprende tutti questi. Sia alluminato quello che comprende el uiso dalla cosa uisa, non è se non secondo la luce la quale non è in quella cosa ueduta: et secondo le luci le quali el uiso della compressione di quella cosa uisibile è sopra l'acie mezo el uiso e quella cosa uisa. Et perchè la luce forte uietano el uiso dalla compressione d'alcuni uisibili, sarà dichiarato da noi apresso al sermone nostro la qualità della uisione.

6. Acciochè niuna dubitatione occorra nelle cose che e'seguitano, è da considerare addunque la compositione dell'occhio, però che sanza questo non si può sapere nulla del modo del uedere, ma certi auctori dicono più, certi meno, in alcune cose ànno diuersità tra loro, però che li *auctori della prospettiua* si passano più generalmente cioè delle compositioni dell'occhio. Et presoppongono gli antichi phylosophi naturali et li auctori della medicina come *Tales Democrito Anaxagoras Xenophanes* et li altri phisici che ànno scritto le cose della natura, le quali *Socrates Plato Aristotiles Zeno Epicuro* et gli altri phylosophi fussono nella diterminatione di comportare la uita agli huomini: *Ipocrate Galieno Auicenna,* imperò che il parlare in questa materia è obscuro et non si intende, se non si ricorre ai naturali, perchè più pienamente et più copiosamente dimostrano questa materia. Et però è necessario dire alcuna cosa più non si truoua secondo *e prospettiui*, benchè sia troppo malageuole a uolere certificare queste cose et io cerco chiarirle. Ma acciò ch'io non triti superfluamente i principij di tutti gli oppinioni, io tratterò la compositione dell'ochio spetialmente secondo tre oppinioni d'auctori cioè *Auicenna* ne'libri suoi, et *Alfacen* pel primo libro della sua prospectiua, *Constantino* nel primo libro dell'occhio, però che questi auctori bastano et più certamente tractano quelle cose no(i) uogliamo. Non dimeno noi possiamo seguitare le parole di ciascuno però che alcuna uolta si contradicono per *la cattiua translatione.*

Fol. 15v.

7. L'occhio è composto di tele et corpi diuersi. Il principio è l'accrescimento di questo nella parte dinanzi e in essa sono i nerui oppotici faccenti il uedere cioè cauati et nascono dal ceruello. Et gli *auctori della prospettiua* agiungono ne'giudicij che essi fanno alla uirtù distintiua: non dimeno mediante il uedere quelli giudicij sono di uenti specie uisibili, saranno poi tocche da noi. Non si sa se questa uirtù detta distintiua sia tra'lle uirtù della anima: gli organi sono distinti nel ceruello. Et molte cose da essere tractate delle uirtù et potentie dell'anima sensitiua: però si conuiene cominciare dalle parti del ceruello et dalla uirtu sensitiua, acciò che noi trouiamo tutte quelle cose sono necessarie al uedere. E gli *auctori della prospectiua*

danno la uia e'l modo e dimostrarci come i nerui uisuali cioè del uedere descendono alle pellicule del ceruello et uengono dalla cotenna del carneo cioè del teschio. Ma niuno di questi dichiara tutte le cose in questa parte. Dico naturalmente come ogni medico e prospectiuo, et tutti i naturali phylosophi si concordano. Dicono costoro che il ceruello è inuolto da due pelli, che l'una si chiama pia mater et tocca il ceruello sança ueruno mezo. E·ll'altra si chiama dura mater che·ssa=costa alla concauità dell'osso del capo uocato craneum. Questa è più dura acciò che ella s'acosta all'osso del capo cioè alla concauità. Pia mater è più morbida et più suaue per la molleza et morbideza del ceruello: et la sustantia è midullare et untuosa, nella quale signoreggia uno humore il quale è chiamato flemma. À tre distintioni le quali si uocano taluni parti et diuisoni. La prima cellula è el senso comune: et due uirtù nell'una e il senso comune stante nella parte dinanzi d'esso ceruello. Come *Auicenna* in primo de anima; è come una fonte a rispecto degli altri sentimenti particulari et delle cose sensibili. Et si come il centro a rispetto delle linie che escono del centro alla circumferentia secondo *Arist(ot)ile* nel libro dell'anima, il quale senso giudica tutti gli altri sensi particulari et delle cose sensibili, imperò che questo senso giudica di tutti gli altri sensi: et non è compiuto in=nanzi alla spetie cioè la similitudine d'essa uenga al senso comune, et così dice degli altri sentimenti come si manifesta nel fine d'uno libro *d'Aristotile* chiamato de sensu et sensato dell'anima, et giudica questo senso della diuersità delle cose et differentia de'sensibili et però si conosce l'uno essere bianco e·ll'altro essere dolce, la qual cosa non può fare el uedere nè ancora il gusto, inperò e detti sensi non discernono le cose extreme: come uuole *Arist(ot)ile* nel secondo dell'anima, ma giudica el senso comune delle operationi de'sensi parti=culari imperò che il senso del uedere non conosce: ma il senso dell'udire se udire; ma questo conosce altra uirtù, la quale si chiama senso comune, sì come uuole *Aristotile* nel secondo libro del sonno et uigilia, il quale senso l'ultima operatione è di potere ritenere le spetie et similitudini che uengono dal senso particulare e di compiere per la sua temperata humidità et seccheza; la quale uirtù si chiama ima=

ginatione et arca et ripostorio sensus communis. Secondo *Auicenna* pone lo exemplo del suggello. La cui spetie si come per questo exemplo: et così el senso comune non di meno tutta la uirtù com= posta di queste due che occupano la prima cellula, è detta fantasia o uero uirtù fantastica. Però è manifesto per lo secondo dell'anima et per quello de sonno et uigilia et per lo libro de sensu et sensato che·lla fantasia et senso comune sono una medesima cosa secondo el suggetto e·lla sustantia: ma ànno differentia secondo l'essere cioè secondo la loro diffinitione et operatione. Così dice *Aristo(ti)le* che·lla fantasia e·lla imaginatione è una medesima cosa secondo la loro diffi= nitione, per la qual cosa la fantasia contiene un'altra uirtù differente cioè secondo la loro diffinitione, per la qual cosa la fantasia contiene un altra uirtù differente da essa, conciò sia chosa che'l senso comune è come il tutto dalla parte però che'l senso comune ritiene la spetie della cosa et ancora la riceue. La imaginatione seguita il giudicio
Fol. 16r. compiuto, il quale giudicio exercita la fantasia et similmente nella prima parte della ultima cellula del ceruello, nel quale è una uirtù che giudica e sensibili come è detto; la imaginatione e'l senso comune e'l senso particulare non giudica per se medesimo, se non di 29 cose sensibili, si come giudica il uedere della luce, del colore et il toccare del caldo e del freddo, humido et secco, lo udire del suono; lo odo= rato et l'odore e'l gusto e'l sapore, queste sono nuoue cose sensibili le quali s'apropriano a loro sensi, sì come io dissi, delle quali nuoue cose niuno sentimento più giudicare; ma restano le 20 altre cose sensibili cioè il sito la corporità la figura la grandeza la continuatione la diuisione la separatione el numero et mouimento o riposo l'aspreza et la dilicateza la diafanità la spesseza e·ll'ombra la belleza et la [pul= critudine] turpitudine e·lla similitudine et la diuersità. Tutte le cose sono composte di queste 20, fuori di queste alcune si compongono sotto a queste secondo l'ordine si pone sotto el sito, la pittura sotto alla scriptura, et così queste 20 infinite cose imperò che alcuna uolta si contradicono insieme per *la cattiua translatione.* Ma di tutti insieme io formerò una uerità concordandosi insieme tutti questi auctori cioè che due sono le parti della concauità dinanzi dal ceruello, le quali essi

chiamano uentriculi ouero concauità o uero cellule. Questi uentriculi o uero cellule non possono essere strumenti del senso comune et della imaginatione della quale è detto di sopra, imperò quegli sensi sono ordinati secondo prima et poi. Ma queste cellule sono poste secondo dice *Constantino*, a dextra et alla sinistra, però che tutta la parte dinanzi si può diuidere cioè la cellula del ceruello e'lla parte di drieto, sì come abbiamo detto: nondimeno essa cellula si diuide secondo *Constantino* a dextra et a sinistra et la parte dinanzi d'essa cellula cioè il luogo è il luogo del senso comune è alla parte dextra et sinistra di due cellule in modo distinte et diuise là doue due nerui escono dalla pia mater, la quale è uno panniculo el quale ricuopre l'una et l'altra cellula. Et l'uno di questi nerui come è detto esce dal lato dextro et l'altro esce dal lato sinistro di dette cellule. Queste due nerui si chiamano nerui opatici cioè concaui. Secondo i detti *auctori* comincia la concauità non dal mezo dalla parte dinanzi del ceruello, però che iui è lo strumento dello odorato che è uno neruo che à da duo lati a modo di due carrucole come due pezuoli di carne come alla sommità delle poppe simili secondo che insegna *Auicenna* nel libro degli animali. Ma secondo *Auicenna* et *l'auctore della prospettiua* et *Constantino* essi nerui escono dal fondo de'uentricoli ouero cellule et escono dalla parte dinançi: concorrono da dextra et da sinistra secondo tutti gli *auctori*, diuentano uno neruo et dopo la congiuntione un' altra uolta si diuidono. Et fu il meglo che questi nerui concorressono nel foro del teschio che è dinançi che di drieto. Ma ciascuno de'due modi sarebbono due fori nell'osso del capo et tanto più è fermo chon uno foro che con due, quanto meno è forato, adunque conciosiacosa la natura à opera a questo el miglore modo che la può. Adunque el concorso di nerui saranno nel foro del teschio. Ma questo impaccerebbe il uedere però che'l uedere sempre elegge le linie recte conciosiacosa che'llo osso dello occhio sia cauato inuerso la pariete dentro auente il foro che è dentro nel foro dell'occhio et distendesi nella concauita dell'osso, dello strumento col quale si mette el uino ne'uasi. Sit igitur A B C cancrum *(sic)* et sit dextra pars dalla parte dinanzi della concauità del ceruello et sit E sinistra pars et siano queste due parti dalla pia mater rauolte dal fondo dalla quale parte dextra eschino et da sinistra due nerui concorrino nel foro del teschio et poi si diuidano insieme sì che il neruo che uiene dall'occhio sinistro uada al dextro, il quale neruo sia F e'l neruo che uiene dal sinistro sia G, et questi nerui entrino ne' fori dell' ossa cauato acciò che·ssi spandano in quella cauità, si come è manifesto in questa figura. Ma è da intendere in questa figura come dalla pia mater si fanno et nascono due nerui, così ne nascono dalla dura mater et così dalla cotenna del teschio nella quale esso teschio è inuolto. Questi tre sono cauati et concorrono nel foro et fassi uno neruo che à tre tuniche ouero pannicelli neruali cioè tre coperte di neruo, et questo neruo così composto ua all'uno et all' altro occhio. À naturalmente el sito consimile rispetto del loro concorso nel foro: et l'uno et l'altro occhio à eguale distantia et lung-heza da esso neruo acciochè più certamente si facci il uedere. Adunque l'occhio à tre tuniche ouero pannicelli et à tre humori

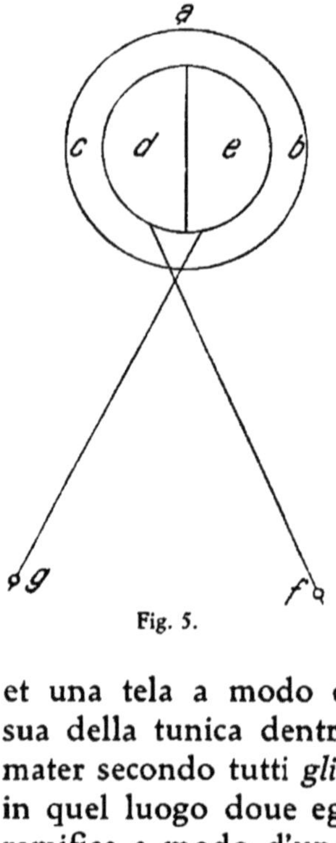

Fig. 5.

Fol. 16v. et una tela a modo della tela del ragnatelo. Et la prima tunica sua della tunica dentro del neruo la quale tunica uiene dalla pia mater secondo tutti *gli auctori,* et spandonsi dalla stremità del neruo in quel luogo doue egli entra nel foro dell'osso et questa tunica si ramifica a modo d'una rete cauata nella prima sua parte et però si chiama rete oretina secondo *Auicenna* nel terzo libro della medicina et secondo *Constantino* tunica, auendo uene et arterie et nerui sottili; poi la seconda parte di questa tunica è più spessa et densa come dice *Auicenna,* et distendesi spericamente insino alla parte dinanzi acciò che·lle spetie della luce et del colore et delle altre cose uisibili possino passare pel mezo dell'occhio infino al neruo che uiene pel mezo del ceruello, però che questo foro è contraposto dirittamente alla stremità del neruo dalla quale si spande la retina et però dice *Alacon* che in tutta questa tunica sono due fori, l'uno dinanzi et l'altro di drieto ėt che la stremità del neruo cauato et questa seconda parte d'essa tunica si chiama uuea però che·lla è simile alla uua, però che·lla lascia nella sua parte dinançi el foro si come si lascia nella uua, quando si leua del ramo d'apiccarla. Si come dice *Auicenna* nel terzo libro della medicina è della tunica del neruo la quale dalla dura mater secondo tutti si spande la seconda tunica de l'occhio, la quale à due parti, però che la prima parte si compone di nerui arterie et uene et chiamasi secundina però che·lla e simile alla secundina, et la seconda parte si spande insino alla parte dinanzi dell'occhio et apparisce questa parte manifesta cioè parte d'una spera che fa cierchio sopra la stremità dell'uuea. È come uno corno chiaro et però si chiama cornea. Et secondo dice *Auicenna* nel detto libro. Questa tunica si fa di quattro tuniche sottili corticali et sono come cortecce acciò che se l'una si scortecciassi, gli altri per questo non siano offesi. Et questo à fatto la natura così acciò che la tunica sia forte per le offese di fuori che uengono dall'aria, et non dimeno è molto diafano et trasparente acciò che·lla moltitudine delle sue tuniche non inpacci il passamento delle spetie delle cose uisibili. La terza tunica dell'occhio si fa di quella pellicella del neruo la quale uiene dalla menbrana del cancro *(cranio)* cioè del teschio. Et la prima sua parte si congiugne all'osso dell'occhio et però è dura et soda et però è detta scyros. Ma l'altra parte si distende insino alla cornea, imperò che questa tunica non è compiuta ma mancale una parte di sopra, è ripiena d'una carne grassa biancha si come noi ueggiamo di fuori nelli occhi, et chiamasi questa tunica consolidatiua o uero congiuntiua. Ma è da considerare diligentemente ch'è in uno modo solo tre tuniche et in altro modo sei. L'una et l'altra consideratione è uera et ragioneuole, però che se noi consideriamo le tuniche intere e·lle sono poste solo tre. Ma se noi consideriamo le parti di drieto delle tuniche diuise dalle parti dinanzi, nel nome et nello essere sono sei, imperò tre tuniche sono dalla parte dinanzi et tre dalla parte di drieto però che tre tuniche sono dalla parte dinanzi. Ma alquanti uoglono sieno più et alquanti meno, non per molte considerationi. Ma di queste cose non è da curare però che·lla loro dispositione è isforçata et uiolenta e suiasi dalla diritta ragione; et ancora alquanti ànno uisto sette tuniche, ma questo è falso però che essi ànno posto per tunica la tela che si chiama aranea, conciò sia cosa essa non sia tunicha che dicono essere tunica. Tutta la prima tunica dicono essere uuea et tutta la seconda chiamano cornea et tutta la terza chiamano consolidatiua. Onde *l'auctore della prospectiua* tutta la prima tunica chiama uuea, et così uoglono principalmente uedere seguendo nel modo del uedere. Imperò qui *l'auctore* cioè *Alacon* dice che l'uuea à due fori, l'uno dinançi et l'altro di drieto, che'l foro del neruo del quale comincia lo spandimento della concauità dell'uuea onde è la sommità del neruo con tutta la concauità infino al foro dinanzi è l'uuea secondo la uerità et questa tunica contiene in se tre humori et una tela piccola et sottile amodo della tela infino al foro di sotto di quella tunica et nasce una tela sottile et piccola amodo della tela del ragnolo et in questa si contiene quello corpo gratiale et cristallino o uero grandinoso et dirittamente composti a rispetto della stremità del neruo, et questo corpo è simile a uno uetro strutto et inliquidito et però si chiama humor uitreo, cioè simile al uetro. L'altra parte dinanzi è simile al ghiaccio et alla gragnuola et al cristallo, è più bianco che·llo umor uitreo. Et chiamasi la parte dinanzi gratiale, non è abiente altro humore proprio appresso allo *auctore della prospectiua:* ma appresso agli altri cristallino o uero grandinoso però ch'è simile a queste cose cioè al cristallo etc. Et tutto

Fol. 17r. il corpo contenuto disotto dalla tela si chiama da questa parte, et poi inuerso dalla parte dinançi dello occhio fuori della tela è uno humore simile allo albume dell'uouo che riempe la concauità della uuea et dall'una parte toccha dell' umore graciale et dall'altra parte entra nel foro dell'uuea et agiugne insino alla cornea. Sicche la parte conuexa sperica di questo humore tocca la concauità della cornea et lo humore albugineo et lo humore graciale e'l uitreo et la stremità del neruo saranno insieme consequenti cioè l'uno seguiterà dopo l'altro acciò che tutte le spetie delle cose passino pel mezzo di tutti questi humori insino al ceruello. Et però dice *Auicenna* nel libro degli animali: è retina mena il nutrimento secondo la uerità alle parti dell'occhio et contiene lo humore uitreo secondo che dice *Constantino* et lo *auctore della prospectiua* s'accordano uolente che'lla parte di sotto dell'uuea contenga l'umor uitreo nell'ultima parte d'esso, portante il sangue bene digesto nelle sue uene et arterie, per la qual cosa l'umore uitreo sia fatto et nutrito acciochè lo humor uitreo possa nutrire il cristallino humor, però che *Auicenna* dice nel terzo libro della medicina chell'umor uitreo è nutrimento del cristallino, e questo dice *Constantino* perchè lo humor cristallino è troppo bianco et chiaro, a'llui non si conuiene el sangue per nutrimento inmediato cioè sança mezo, ma à bisogno d'uno nutrimento mezano tra'l sangue et l'umore cristallino. Dice *Auicenna* che'll'umore albugineo è superfluità dell'umor del cristallino et però è contraposto nel sito rispetto del suo nutrimento che è l'umore uitreo: per questo el cristallo è in mezo di loro e'llo humore uitreo riempie tutta la concauità del neruo infino alla diuisione comune et è più spesso et denso che l'umore dinanzi graciale; nondimeno l'uno et l'altro è trasparente acciò che'lle spetie delle cose passino in loro, et lo humor cristallino si chiama pupilla et la uirtù uisiua cioè la luce si come il suggetto il quale è la uirtù uisiua, sì come nel suggetto il quale è prima inmutato bene non sia il suggetto radicale. Però che'l neruo comune è l'organo radicale è il principale et quiui si compie l'atto del uedere in quanto può la uirtù uisiua, si come dimostrano le cose che seguitano.

8. Da quinci innanci è da considerare della figura dell'occhio et delle parti sue et de'centri et delle tuniche dell'occhio e de'centri degli humori et d'esse trouati però che tutte queste esse sono al tutto necessarie sança le quali el modo del uedere non si manifesta. Sappi che tutto l'occhio ua alla forma sperica et così le tunici et li humori per la proprietà laudabili cioè degne di loda della figura sperica: però che questa figura è più di lungi et più rimossa dagli pericoli che non è la figura auente i canti, è più semplice di tutte le figure, è maggior di corpi supreme [. . .] cioè si come dice *l'auctore della prospettiua.* Ma innanzi a questa proprietà et l'altre sono state tocche, ma la parte graciale dinançi è parte di spera diuersa dalla spera dalla quale l'umore

uitreo e però non sono i corpi isperici compiuti ma sono parti di di= uerse spere. Et però conciosia cosa che queste spere si diuidino in= sieme, è necessario che esse abbino diuersi centri et conciò sia cosa che·lla concauità dello humor uitreo si è inuerso lo humor graciale, allora il suo centro è o inuerso la parte dinanzi dell'occhio et simil= mente il centro della parte dinançi dello humore graciale et nel pro= fondo dell'occhio, nondimeno questi centri sono sopra a una medesi= ma linea diritta che entra per lo foro dinanzi dell'uuea per lo foro che è nella stremità del neruo doue comincia a spandersi la retina. Addunque questi corpi sono ordinati in questo modo secondo gli *auctori della prospettiua,* cioè che dal foro dell'osso doue entra el neruo si distende per alcuno spatio et sempre si dilata et allarga per infino che uenga alla circunferentia della spera l'umore gratiale et rassodasi colla sua circunferentia. Et allora sopra la stremità del neruo si com= pone tutto l'umore graciale et contiensi nella parte di sotto. Et allora sopra alla stremità del neruo si compone tutto l'umore graciale et contiensi nella parte di sotto. Et allora sopra la stremità del neruo si compone tutto l'umore graciale et contiensi nella parte di sotto dell' uuea la quale *Alfacen* chiama el petto della concauità della uuea, nella ultima parte della quale è il foro che è stremità del neruo doue comin= cia l'uuea nell'ultima parte. Ma il mezo di tutto lo humore graciale cioè l'umore uitreo è nella bocca o principio del foro imperò che e·lla stremità del neruo contiene l'uuea: ma il mezo di tutto l'umore gra=
Fol. 17r. ciale contiene il mezzo di tutta la spera el mezo di tutto il graciale, si come dice *Alfacen,* che il mezo è l'umore uitreo et l'uuea è congıunta et rassodato colla circunferenzia della spera graciale et lo humore è contenuto nell'uuea et tocca la spera dalla parte dinanzi et questo humore riempie el foro infino al toccare della cornea, non che tocchi la cornea in uno punto per apiccamento et congiuntione della super= ficie, si come la spera che è dentro è contenuta da quella di fuori, ma perchè la superficie è piegata di sopra della cornea è contenuta colla superficie di tutto l'occhio et è contenuto secondo dice *Allacen,* con= uiene che·lle medesime spere abbino uno medesimo centro. Et perchè la superficie della cornea è cauata auente quella distantia et lungheza

della superficie di fuori piegata così conuiene che l'una et l'altra superficie della cornea et tutto l'occhio abbino uno medesimo centro secondo il libro di *Teodosio* delle spere. Et però tutte le spere ch'essi contengono insieme come eguale distantia l'una dall'altra ànno uno medesimo centro secondo la spera del mondo, e il cielo stellato e·lla spera del fuoco et similemente nelle altre spere, però che il centro del mondo è centro di tutte l'altre spere et perchè la superficie concaua è cauata dalla cornea e·lla superficie piegata di sopra dell'umore albugineo che è nel foro, e come due spere che·ll'una sia dentro et l'altra di fuori, è necessario che·lla superficie piegata di sopra dell'umore albugineo abbi uno medesimo centro colle predette cose: ma perche·lla superficie cauata colla cornea tocca l'uuea in uno punto et non si congiugne a·llei come la spera di fuori alla spera dentro, ma congiugnesi co·llei nella circunferentia del suo foro, necessario è che·lla cornea diuida l'uuea et però aranno diuersi centri. Et perche·lla cornea è maggiore spera che·ll'uuea et però che·lla cornea si continua colla superficie di tutto l'occhio e·ll'uuea è contenuta dentro alla spera della cornea. Et però è necessario che il centro della cornea sia più oltre nel profondo dell'occhio sì come è manifesto [per *Teodosio*] al senso ne'corpi sperici congiunti, come detto è questo et manifesto per *Teodosio* et *Alacen* dice in questo medesimo modo. Ma ora è grande dubitatione cioè quello che riempia lo spatio tra·lla spera minore si parte dalla maggiore et però molti stimano che·ll'umore albugineo si sparga di sotto alla concauità della cornea, cioè abbia uno medesimo centro colla cornea, allora esso humore si conterrà nella concauità della cornea si come spera apiccata et congiunta a·llei o uero equidistante. Ma ella non è equidistante però che essa spera dell'umore albugineo tocca la cornea. Addunque s'appiccherà nella sua concauità et riempierà lo spatio che è tra·ll'uuea e·lla cornea. Ma primamente contro a questo detto si è questo cioè che *lo auctore della prospettiua* non dice questo ma sempre dice che esso humore è dentro all'uuea. Però gli argumenti et le oppositioni fatte di sopra si soluono cioè che·lle parti de l'occhio non sono spere compiute, ma sono parti di spere, si come è manifesto delle parti dell'umore graciale et così delle altre spere che uanno in-

nanzi a·lloro che seruano a·lloro principalmente et si come la parte della cornea dinanzi et lo humore albugineo nel foro dell'uuea et come la parte dell'uuea dinanzi, onde qui non è da curare se non della spericità della tondeza delle parti. Et però conciò sia cosa che·llo *auctore della prospettiua* parli della spericità della cornea, questo non è se non è in quella parte che è necessaria al uedere cioè quella è nella parte dinançi dell'occhio. Ma altroue che dinanzi ella non è sperica, è bene l'uuea sì sperica nella parte di sopra, non dimeno non è sperica nella parte di sotto. Similmente lo humore albugineo non à spericità et tondeza d'uno medesimo centro colla cornea se non è il foro dell'uuea doue esso humore s'apicca, e la cornea però che è di sotto esso humero à uno medesimo centro coll'uuea, perchè le cose sono come detto è: et non è necessario che lo humore albugineo corra tra·lla cornea et l'uuea. Ma se fossino corpi di tondeza compiuta questo ch'io ò detto si richiederebbe, ma non è così. Et doue manco la cornea e·ll'uuea, la tunica consolidatiua si sparge et riempie ciò ch'è da riempiere ouero la cornea et l'uuea lascianti tondeza si dilatano et distendono et congiungonsi di fuori ouero dentro et all'uno et all'altro modo e riempiono ogni cosa bisogna riempiere. Et perchè la parte graciale dinanzi nel suo piegare della parte di sopra diuide l'uuea, similmente è necessario sia altro da quello dell'uuea et sia disotto nel
Fol. 18ʳ. profondo perchè tutto l'occhio et la cornea et l'umore albugineo ànno altro centro dall'uuea et nel profondo dell'occhio, si come alla parte dinanzi della graciale queste cose si richieggono, acciò che il uedere si faccia nella spera graciale, secondo che dice *Alfacen*. Meglo è che la parte graciale dinançi abbi uno medesimo centro con queste spere et per tutto l'occhio e·lla cornea et lo humore albugineo ànno altro centro et la parte graciale dinanzi ànno uno medesimo centro. Ma della parte graciale dinanzi più certamente si manifesterà nelle cose che seguitano, cioè conuiene che abbino uno medesimo centro col centro della cornea et di tutto l'occhio: quando si dimostrerà la fractione cioè il rompimento dello humor uitreo in questo mezo basti quello che detto è. Ma della spera consolidatiua si stima che ella abbi altro centro da tutte l'altre, cioè dentro nel profondo dell'occhio. Ma

l'auctore della prospectiua non dice questo, ma solo dell'uuea et dello humore uitreo nè insieme nè cogli altri auente uno medesimo centro. Ma arguendo alcuno che il centro della cornea et il centro dell'uuea non sono una cosa, dice che la spera dell'uuea non è in mezo della consolidatiua, ma era innançi alla parte della superficie dell'occhio e la superficie dell'occhio manifesto et spera maggiore della spera dell' uuea. Per la qual cosa el centro della superficie di questo occhio ma= nifesto sarà più dentro nel profondo che il centro dell'uuea, ma la superficie della cornea et dell'occhio ma sono una medesima cosa. Si come *l'auctore* presuppone, quiui è addunque el centro dell'uuea et della cornea non sono una cosa. Per la qual cosa s'arguisce dagli altri che il centro della superficie cauata della consolidatiua et della cornea non sono una medesima cosa, et per la eleuatione dell'uuea dal mezo della consolidatione si dimostra che l'uuea abbi altro centro dal centro della superficie dentro, si come è manifesto et ancora la superficie dentro, si come è manifesto, ancora la superficie non è pie= namente diritta sperica a tondeza, discende alla parte dentro dell'oc= chio in quella parte più che altroue et l'altra spera cioè la cornea et la consolidatiua fussono compiute, ma l'una et l'altra spera cioè la cornea et la consolidatiua e·lla parte di fuori della cornea sarebbono concentrice, cioè arebbono uno medesimo centro, ancora perchè la con= solidatiua non compiuta spericità et tondeza di fuori, si come dice *Alfacen*, però che essa consolidatiua pende in auçamento nella sua parte dinanzi et però non à dirittamente uno centro, dal quale tutte le linie menate dal centro alla circunferentia siano eguali, et però nè dentro nè di fuori è corpo d'alcuna altra spera, come sarà manifesto nella figura di sotto. Ma se noi uogliamo schifare una contentione, noi possiamo dire che·lla superficie di fuori della consolidatiua non è in tutto sperica, si come la superficie di tutto l'occhio non è in tutto sperica, imperò che l'occhio dalla parte dinanzi è un poco auzato et così tutto l'occhio non arà centro di spera nè ancora la superficie di fuori della consolidatiua. Ma se·lla superficie dentro della consolita= tiua sia sperica, quella non riempie tra·lla cornea et l'uuea ma·lla cor= nea ouero tira se alla superficie dell'uuea et profondasi declinandosi

et rimouendo dalla uera spericità et tondeza fuori che dalla parte di-nanzi ch'è contraposta all'oro; ouero l'uuea si inalça in gibbosità ouero in tondeza dalla parte di fuori ch'è contraposta al foro ouero l'uuea si inalza et esce in gibbosità cioè in tondeza dalla parte di fuori las-ciante la uera spericità. Ma benchè e centri siano diuersi nelle parti dell'occhio non di meno tutti sono in una medesima linea ch'è per-pendiculare et dirittamente sopra tutto l'occhio et sopra tutte le parti sue che passa pel mezo dell'uuea et per centri di tutte le parti, et passa pel mezo del foro del fermamento dell'occhio, per lo quale e' passa nella stremità del nerbo, sopra al quale l'occhio si compone, la quale linea è perpendiculare, è axe cioè fermamento dell'occhio, pel quale l'occhio uede infine di certeza e per la quale linea l'occhio discorre sopra a tutti i punti della cosa ueduta, acciò ch'esso occhio certifichi tutte le cose successiuamente et a poco, benchè esso comprenda infine una cosa con piena certeza. Et perchè questa linea è perpendiculare et diritto et fortissimo, come se auuto nelle cose abbiamo dette di sopra della multiplicatione delle spetie, et questo è necessario al uedere accio-chè egli comprenda certissimamente et fortissimamente quello è. Ad-dunque io farò una figura nella quale tutte queste cose sono dichia-rate come è possibile nella superficie ma la compiuta nel corpo figu-rato amodo d'uno occhio secondo tutte le cose predette et lo exem-
Fol. 18v. plo di questo può essere l'occhio del bue, del porco o d'altri animali siano grandi. Se alcune di queste cose che dette sono uuole fare pru-oua. Cominceremo la figura dell'occhio.

9. Ancora sappi secondo *Alfacen* che le tuniche et gli humori degli occhi le sue proprietà ànno laudabili et degne di loda, delle quali seguitano le utilitati del uedere. La prima utilità della cornea si è che'lla cuopre il foro della uuea acciò che'llo humore albugineo non esca fuori. È questo humore diafano cioè transparente, acciò che la spetie della luce et del colore passi per essa cornea: le quali spetie non passano sensibilmente se non pe'corpi diafani, si come è stato ueri-ficato di sopra nella multiplicatione delle spetie. Ma la forteza et du-reça d'essa cornea si è acciò che'lla non si corrompa tosto però che'lla è posta all'aria discoperta et puossi tosto corrompere per fumo et per

poluere et per simili cose: et però esso occhio à 4 tuniche sì come è dichiarato di sopra. Lo humore albugineo è diafano acciò che le spetie passino. Et oltre a·llui è la sua humidità: et per questo acciò che inhumidisca et bagni lo humore graciale et la tela aranea la quale è molto sottile et per troppa seccheza si potrebbe corrompere. Ma l'uuea è nera ne' più degli occhi acciò che l'umore albugineo et graciale sia oscuro sì che in essa uuea apparischino le spetie della luce et del colore debole, però che la luce debole molto apparisce et dimostrasi nè luoghi obscuri et sta nascosa ne' luminosi. Et è questa uuea un poco forte acciochè ella ritenga l'umore albugineo acciochè questo humore non sudi nulla di fuori, è spessa et densa et stretta acciò che·lla sia oscura et truouasi alcuna uolta glauca negli occhi degli huomini, ma molte uolte negli occhi de' caualli. Et questo auiene perchè il caldo naturale non può sufficientemente cuocere et insmaltire la materia dell' uuea et degli humori et però quegli occhi sono uno poco bianchi, però che la operatione del caldo debole nell' umido è cagione di biancheza. Ouero alcuna uolta adiuiene l'ochio bianco o glíauco per la compiuta et perfetta digestione della humidità et per uettoria della seccheza, come è manifesto nelle fogle degli alberi nello

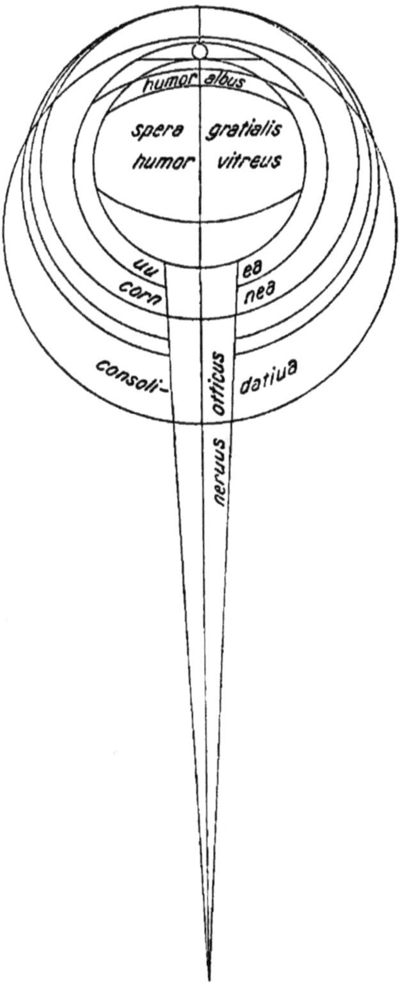

Fig. 6.

autunno et questa glaucità può essere ouero per l'auea però che l'uuea et l'auea l'occhio è glauco, se·lla è nera l'occhio è nero o uero la glaucità si può generare per gli humori, però che se essi saranno posti presso che fuor del cristallino se e' sarà di molta grandeza lo humore albugineo sarà poco, e se l'occhio sarà glauco, se il contrario non uenisse dalla tunica; et se l'umidità degli occhi saranno scure et lo humore cristallino uada inuerso dentro all'occhio et con questo lo humore albugineo sia molto sichè faccia obscuratione, sì come fa l'acqua molto profonda che tuffa et cuopre le cose, allora l'occhio sarà nero. Questo uuole *Aristotile* et *Auicenua* nel libro degli animali. Ma·lla parte graciale dinanzi à molte proprietà; la parte prima et principale si è che la uirtù uisiua è solo messa graciale secondo *Alacen* et gli altri *auctori* però che tutte l'altre cose sono messe innanzi a·llui. Cioè lo humore gratiale dinançi sono suoi strumenti et sono ordinati per lui: et però se esso è offeso et salui gli altri humori dello occhio, el uedere è guasto et perdesi, e se si rimane saluo e agli altri uenga lesione, purchè rimanga saluo l'umore graciale, la loro diafanità, el uedere non si guasta et però purchè rimanga la diafanità tra·lla graciale parte continuata colla diafanità dell'aria, el uedere non si guasta purchè rimanga saluo l'umore graciale dalla parte dinnanzi. Ancora lo humore dalla parte dinanza è humido acciochè più tosto riceua la spetie della luce et del colore, imperò che·lle cose ben secche malageuolmente le inprensioni delle figure in loro, et questo humore è sottigleza del corpo et fa alla sottigleza del senso ancora un poco diafano et transparente, acciò che riceua le forme della luce et del colore et passino infino al neruo per esso humore comune. Ancora è un poco spesso et denso acciò che in lui rimanga lungo tempo la spetie, tanto che apparisca alla uirtù uisiua et possi fare il giudicio d'essa spetie. Però che se esso humore fosse di troppa diafanità, allora le spetie passerebbono per esso et non rimarebbono in lui acciò ch'essi facessono alcuno giudicio, bene si conuenga che il detto humore sia un poco spesso et denso acciò che patisca dalle spetie passione che è di generatione di dolore et però noi ueggiamo che·lle luci forti ristringono et guastano el uedere et danno *Fol. 19r.* dolore. Ma ogni operatione di luce è d'una natura et similmente ogni operatione di colore se non è che alcuno è più forte et alcuno più debole. Addunque e il senso del uedere sempre patisce passione che è di spetie et generatione, benchè non comprenda sempre questo cioè quando la spetie sono temperate et non grandi et forti; ma la passione del dolore non si farebbe nel corpo se non fusse bene denso: però se auesse troppa rarità la spetie non ui rimarebbe, sichè potesse fare la operatione del dolore. La superficie d'esso humore graciale è di maggiore spera che l'umore uitreo acciò che la superficie sua fia equidistante cioè abbia eguale distantia dalla parte dinanzi del uedere, acciò che abbino uno medesimo centro che è centro di tutto l'occhio et della cornea et dell'umore albugineo, le quali cose seruono a esso humore a·llato del uedere. Et più che l'uuea meno la metà della spera della graciale dalla parte dinanzi, imperò che altrimenti non seguiterebbe che il suo centro fosse dentro nel profondo dell'occhio, si come è presupposto di sopra. Ma lo humore uitreo è più spesso et più denso dalla parte dinanzi della graciale: però che è di bisogno che·lle spetie non sono perpendiculari si rompino in questo humor uitreo tra·lla perpendiculare da essere menata et tirata dal luogo della fractione et rompimento tra·ll'andare diritto, della quale fractione nella parte dinançi trattando della multiplicatione della luce è assai detto, et se la fractione et la multiplicatione della spetie notata testè et la sua nobilissima proprietà si è che il senso che è la parte graciale dinançi si continua in lui per tutto il neruo ouero fino all'ultima cosa che sente, la quale è nel ceruello dinanzi, sì come dice *Allacen*. Et è da sapere che i detti due humori cioè graciale et uitreo sono raccolti in una tela però che essi non fussono trascorrebbono altroue et rimarebbono secondo una figura. È questa tela molto rara acciò che ella non nasconda le spetie. È sperica perchè contiene parte di spera benchè altre ragioni sieno di questo si come di tutto l'occhio et delle parti sue, ma il neruo sopra el quale l'occhio si compone è al tutto ottico, come dice *Allacen*, acciò che·lla spetie corra in lui infino al ceruello: acciò che lo spirito uisibile ci concorra el caldo naturale douuto in lui acciò della uirtù prima cosa che sente uenghino li [. . .] all'occhio. Però opticità è una medesima cosa colla concauità. E certamente la tunica

consolidatiua è più di fuori che l'altre: acciò che·lla raguni et conserui tutte le cose. Et è un poco humida acciò che i luoghi delle tuniche siano meglo apparecchiati in lei, però che più tosto e più ageuolmente piglano la figura del luogo in lei per la humideza che se ella fosse dura. Et ancora è humida acciò che·lla seccheça non uenga tosto nelle tuniche. Ancora è un poco atta a ritenere acciò che ella conserui et la faccia sia bella per lei. Le palpebre son fatte acciò che·lle conseruino et chiudino l'occhio nel sonno acciò che·lle faccino l'occhio riposare, quando egli è l'occhio affaticato da una forte spetie. È ancora bene che·lle spetie sieno temperate acciochè l'occhio non si affatichi tuttauia. À bisogno del chiudimento delle palpebre cioè del loro chiudimento. Ancora nuoce al uedere il fummo e·lla poluere et altre cose et però l'occhio à bisogno delle palpebre. Queste palpebre ànno ueloce mouimento acciò che tosto siano sopraposte all'occhio, quando le cose da nuocere la pressano. E cigli sono posti a temperare la luce quando il uedere è aggrauato: et per questo l'uomo che raguarda et raguna et strigne l'occhio suo acciò che e'possa guatare dal luogo stretto, quando la luce forte gli nocerà. Ancora conuiene siano due occhi per benignità del creatore acciò che se l'uno sia offeso l'altro rimanga. Ancora sono due acciò che·lla forma della faccia sia più gratiosa et più bella. Ma amenduni gli occhi sono simili nelle sue dispositioni et nelle sue tuniche et nelle figure delle sue tuniche et nel sito di ciascheduna tunica rispetto di tutto l'occhio. Et amenduni ànno una medesima positione: et simile è lungo per rispetto del neruo comune et del ceruello, et benchè le cagioni generali della tondeza dell'occhio siano date di sopra secondo la proprietà della spera, non dimeno fu di bisogno fussono tondi per due cose, cioè per lo mouimento ueloce di loro acciò che il uedere possa discorrere da una cosa uisibile a un'altra. Quando noi uorremo possa discorrere da una parte della cosa all'altra, acciò che ciascuna cosa sia compresa in piena certeza per questo mouimento ueloce. Ma tra tutte le figure la spera è data al mouimento. Ancora conuiene et fu di bisogno che gli occhi fussino tondi et le parti sue però che se l'occhio fusse di figura piana, la spetie della cosa
Fol. 19v. maggiore che non è l'occhio non potrebbe pendere perpendicular-

mente et dirittamente sopra di lui, però che·lle linee perpendiculari sopra il piano a diuersi et ciascuni punti sopra agli anguli retti, come è manifesto nella figura di sotto: però che le linie possono sopra al piano a diuersi e a ciascheduni punti secondo gli anguli retti, come è manifesto nella figura di sotto, però che le linie possono cadere perpendicularmente sopra a l'occhio. Abbi nome F G le quali uengano da una cosa uisibile che à nome C D la qual cosa è el quale à l'occhio, ma dal punto A e'l punto B non può uenire la spetie perpendiculari ma uiene agli anguli cioè canti obliqui et torti. Ma la operatione sensibile et tale come si richiede al uedere et non è se non è quando le spetie causano perpendicularmente sopra il uedere. Adunque quando l'occhio e corpi grandi in uno raguardare, come è quasi la quarta parte del cielo, manifesto è che l'occhio non può auere figura piana nè altra figura che sperica: però che sopra la piccola spera possono cadere infinite linee perpendiculari le quali uengono da uno corpo grande et uanno nel centro della spera. Et così il corpo grande può essere ueduto dal'occhio piccolino, se non è dall'una et l'altra forma et compressione et per la priuatione della qualità in esse è la diuersità. Addunque si comprende per el senso del uiso et per comprensione di ciascuna delle forme diuerse per la comperatione d'essi insieme et del senso della priuatione della qualità del sitiente. Già abbiamo compiuto et dichiarato la dichiaratione della qualità del sitiente, ancora è compiuta et dichiarata la qualità della comprensione et ciascheduna delle intentioni particulari le quali si comprendono per lo senso del uiso è dichiarato. Et dichiarata è d'alcuni intentioni parti=

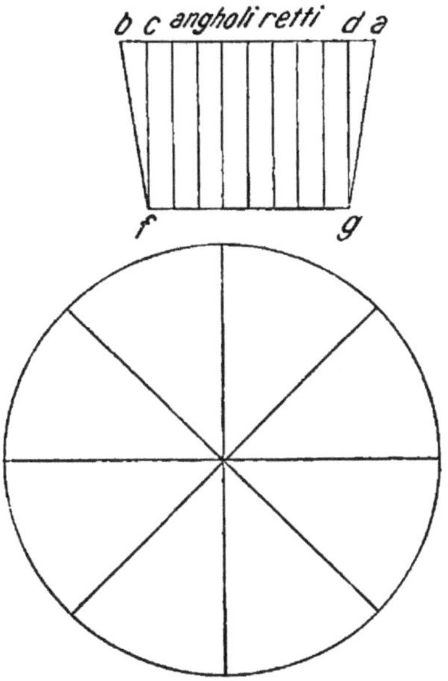

Fig. 7.

culari si comprendono per lo senso. Et alcune si comprendono per cognitione et alcune per arguitioni et significatione secondo la significatione e·lle uie di quelle le quali la dichiaratione noi abbiamo predette. Et queste sono quelle noi intendiamo in questa opera la quale noi abbiamo dichiarato, come il uiso comprende ciascuna intentione delle particulari del uiso, el uiso non comprende se non è le forme di uisibili le quali sono corpi. Ma le forme de' uisibili sono composte dalle intentioni particulari predette, come è la figura, la magnitudine, el colore, el sito, et l'ordine et la proportione et la misura et altre cose simiglianti. Addunque il uiso non comprende ciascuna delle sue intentioni delle comprensioni delle forme uisibili et niente intende a comprendere il uiso tutte le intentioni particulari, perchè nessuna delle intentioni particulari predette esso la perse tutte. Queste intentioni particulari non sono ricercate, non sono dimostrate da'dotti particularmente, come la nostra intentione in questa opera uolerla dichiarare et dimostra quanto a noi sia possibile, con tutte proportioni et misure et alcune proportioni et intentioni particulari delle quali si compongono le forme de'uisibili appaiono apresso a rispetto della cosa uisa et alcune non appaiono se non dopo lo riguardamento etc. È consideratione sottile come la scriptura sottile e·lla lineatione sottile et la diuersità de'colori non e' appaiono al uiso presso allo aspetto della cosa dopo lo sguardare e·lla forma della cosa uisa comprensiua per lo senso è quella la quale si comprende da tutte le intentioni particulari le quali sono delle forme della cosa la qual fia al uiso comprenderle. El uiso non comprende la uera forma della cosa uera se non per la comprensione di tutte le intentioni delle cose particulari le quali sono nella forma della cosa uisa. Perchè così è addunque uera, nelli quali sono intentioni sottili et così sono et non si comprende dal uiso se non dopo lo risguardamento, et ancora quando el uiso non ne arà compreso lo risguardamento et anche quando la intentione sottile se non per risguardare et non appare se non sottile al uiso, ello è aspetto primo. Et quando el uiso arà compreso alcuna cosa prima ma lo uiso no ne appare et non si truoua. Et la intentione no ne appare se non per lo aspetto ma per lo risguardamento. Quando

addunque il uiso arà compreso alcuna cosa uisa et non sarà in quella
alcuna intentione sottile, comprende la sua uera forma, se non certificherà quelle forme essere uere; et se non da poi arà auuta certa intentione et forte sopra ciascheduna parte della cosa uisa, arà certificato
che nessuna intentione sottile è in essa, et allora certificherà che la
forma la quale e'comprende è uera forma; secondo adunque ogni dis- *Fol. 20r.*
positione e'non certificherà el uiso la forma la quale è uera forma. Se
adunque ogni dispositione non certificherà nel uiso la forma della cosa
uisa per lo sguardare di tutti le intentioni le quali possono apparere, et
per lo sguardare di tutte le intentioni. Et tutto ciò s'è dichiarato; diciamo
della comprensione de'uisibili sarà secondo due modi, comprensione
partificiale o uuoi per intentioni o uuoi per guardare nelle profondità,
perchè quando el uiso raguarda la cosa uisa comprende la intentione
manifesta le qua(li) sono in esse: et lo aspetto di poi sia oltra di quello
arà guatato esso et considerato et compreso tutta la parte: comprenderà
la forma non certificata che sia la forma uera. Et che sia uera la forma
uera, ma ella non certifica che sia la forma uera, perchè così è la comprensione. Addunque da'uisibili dal uiso saranno in due modi: la
comprensione superficiale la quale il primo aspetto et la comprensione superficiale e'llo primo aspetto per la comprensione per lo risguardamento et la comprensione è comprensione non certificata, la
comprensione per intuitione cioè è in comprensione per la quale s'è
certificato la forma de'uisibili. Conciò sia cosa che questo sia dichiarato le distintioni delle linie radiali che le forme le quale dal uiso
dall'asse radiale et da questo el quale è preso dall'asse sono più
manifeste da maggior manifestatione et dalle forme le quali si comprendono dallo auanço della uerificatione o uuoi dell'altre uerificatione. Quando adunque il uiso ad alcuna cosa uisa non fosse in fine
di paruità cioè molte piccole et fosse d'alcuna quantità e'llo ui fosse
fisso nella oppositione d'essa appresso all'aspetto quello che'ssi oppone al mezo del uiso della cosa uisa, et fosse sopra all'asse o apresso
all'asse, sarà più manifesto [dell'altre] dell'altra parte che ridusse di sopra ouero risiduo. Et di sopra è dichiarato che questa intentione non
appare al senso quando la cosa uisa fosse di grande quantità. Quando

addunque el uiso arà compreso tutta la cosa uisa trouerà che la forma della parte opposita al mezo d'esso è più manifesta di tutte l'altri parti. Et quando arà uoluto certificare la forma della cosa uisa, si mouerà sicchè il mezo sia opposita a ciascheduna parte della cosa uisa per comprensione manifesta et certifica come e' comprende la parte opposita al mezo d'esso apresso all'aspetto della cosa uisa. Quandunque il sitiente arà uoluto certificare come e' comprende come [. . . . .] e el uiso apresso si che e' sia al mezo d'esso opposito. Et per questo comprende la forma di ciascuna delle parti della cosa uisa. Molto manifestamente è la uirtù distintiua, distinguerà tutte le forme ueniente ad esso, distinguerà i colori della parte et la diuersità della ordinatione d'essa. Et generalmente di tutta la cosa uisa composta di quella intentione. Et secondo adunque questo modo sarà la cerfiticatione di tutte le intentioni della cosa uisa et non certifica la forma di ciascuna delle forme delle parti la cosa uisa, se non secondo el moto et con questo è nato il moto el uiso dello sguardamento et farà l'asse radiale passare sopra tutte le cose radiali sopra a tutte le cose della cosa uisa. Et no ne apparirono se non per lo moto del uiso et per lo transito della asse o ueramente per lo sitiente radiale, le quali sono appresso a ciascheduna delle cose radiali le quali sono, et non per tutta la cosa uisa certificata apresso al sitiente che è il corpo d'essa fosse d'alcuna quantità, se non per lo moto del uiso o per la opposítione di ciascuna delle parti della cosa uisa nel mezo del uiso. Et quando la cosa uisa fosse molto piccola et non fosse opposita al mezo del uiso, la intuitione d'essa se non da poi che si mouerà il uiso per insino che'lla asse passi alla cosa uisa et peruenghi alla forma al mezo d'essa cioè al mezo del uiso, non si compierà la intentione se non di poi si mouerà il uiso per insino che l'asse passi et peruenga alla forma cioè nel mezo della cosa uisa; et perchè lo sguardamento e'l uiso comprende la forma uera forse sarà per esso o per distintione insieme e'lla comprensione. Addunque per la forma uera dalla cosa uisa et non si compierà se non per lo moto et non sarà se non per lo risguardamento, per lo quale certifica la forma della cosa uisa, non si compierà se non per lo moto del uiso quando il corpo fosse d'alcuna quantità, non si compierà dallo sguardamento, se non per lo moto della asse radiale in tutti li diamitri della cosa uisa. Et per questa intentione non uuole dire colui el quale opinaua et imagiuana, che la uisione non fusse se non per lo moto dell'asse radiale, et che nessuna cosa uisa si uederà tutta insieme, perchè esso intendeua dire la uisione tutta certificata la quale non può essere se non per intuitione et per lo moto del uiso et per lo moto dell'asse radiale sopra tutti li diametri della cosa uisa, per che modo el sitiente adunque certifica per intuitione et per moto et forma della cosa uisa et per che modo el uiso fosse opposito alla cosa uisa. Et apresso allo stremo de l'asse sarà l'estrema nella seconda dispositione più manifesta. La seconda dispositione più manifesta d'essa nella prima dispositione è tutta la cosa uisa per comprensione comprenderà la parte la quale è apresso della asse, cioè è appresso allo stremo per terça comprensione et sarà più manifesta nelle prime due dispositioni. Et con questa ciascuna lo sitiente in questa dispositione ciascuna dall'una dell'altra parte o uero dell'una delle parti, ciascuna per lo moto adunque del uiso sopra la parte della cosa uisa, aquista el sitiente due dispositioni, delle quali l'una è frequentatione della comprensione di tutta la cosa uisa. Fol. 20r.

10. Trattate abbiamo quelle cose che sono da essere preposte per lo modo del uedere; hora si conuiene considerare che cosa sia questo modo o in che modo si faccia la prima che si considera si è che'l uedere à bisogno della spetie cioè della similitudine, della cosa uisibile imperò che sança quella non si uede secondo che dice *Aristotile* nel secondo dell'anima: che uniuersalmente il senso riceue le spetie et similitudini delle cose sensibili acciò che·lla operatione del sentire si faccia. Ancora conuiene che la cosa che patisce sia assimigliata per la cosa che fa et adopera. Ma il senso del uedere è uirtù passiua, si come mostra *Aristotile* nel secondo libro dell'anima: et però conuiene sia assimiglato alla cosa che fa la quale è la cosa uisibile. Ma se·lla similitudine della cosa non è se non la spetie sua che si pigla per la similitudine, si come tutti i saui et dotti sanno, ancora la cosa fa sempre la sua spetie d'ogni parte secondo tutti e diametri. Ma obstaculo et contrapositione sia tra la spetie della cosa e'l uedere, l'atto del uedere non

gli fa ma quando ogni inpaccio e inpedimento si rimuoue si che la spetie uenga all'occhio: allora la cosa si uede: per la qual cosa si conuiene che'l uedere sia fatto per la similitudine et spetie della cosa: ma spetialmente per la spetie della luce et del colore et che colori adoperano nel uedere è manifesto: che quando alchuno arà guardato un prato uerde sopra del quale nasca la luce del sole et poi stia a raguardarlo et dopo a questo rimuoua il suo uedere et uada in luogo scuro et trouerrà in quello luogo la forma di quella luce colorata della uerdeza di quella erba di quello prato. Et se in questa e' raguarderà le cose bianche et nella ombra et nel luogo che abbi debole luce trouerrà et uedrà i colori delle cose mescolati. Et se esso raguardante chiuderà l'occhio in esso trouerrà la forma nell'occhio di quella uerdeza et se esso guarderà colore azurro o purpureo o altro colore forte come ciascuno può prouare. Addunque è necessario che il colore adoperi alcuna cosa nel senso del uedere: ma la luce adopera più nel senso del uedere et fa debole la operatione del uedere: ma la luce molto debole et piccola non muta el uedere si come è necessario: ancora non manifesta le cose. Ma la luce meçana conforta il uedere nella sua operatione et manifesta le cose che sono presso sufficientemente et però la spetie della luce maximamente si richiede al uedere. Et ancora noi ueggiamo l'aspetto e'l riguardare si è mutato il colore diuerso et apparisce al uedere si come nel collo della colomba secondo che la uolge il collo alla luce a diuersi siti, et così è della coda del pagone. Similmente fanno molte cose si come gli scogli di pesci, la aercia corrotta et putrida et alchuni altri uermini, l'uccello si chiama nocturna quando la luce nasce, sopra a queste cose la luce loro sta nascosa et uedesi in loro colore. Ma quando sono nelle tenebre la luce loro apparisce. Addunque prouato è ch'ella spetie della luce maximamente à opera nel uedere: et sança nessuna contradictione noi prouiamo che sança luce non si uede niente. Et però si conuiene la luce di fuori del sole o delle stelle o del fuoco sia presente nell'aria ouero la luce propria
Fol. 21r. dello occhio multiplicata si come adiuiene dell'occhio del gatto per la qual cosa si richiede la spetie della luce sempre bisognare. La seconda cosa sicchè non si fornisca el uedere nè termina negli occhi

secondo che insegnano tutti gli *auctori della prospettiua* imperò che due spetie diuerse insieme uengono agli occhi e·lla diuersità delle spetie fa diuerso giudicio, per la qual cosa e per diuerse spetie una cosa sarà iudicata essere due. Et similmente adiuiene per la diuersità del iudicante, però che in due occhi si fanno due diuersi iudicij. Adunque una cosa sarà stimata diuersa da se medesima, adunque conuiene sia un'altra cosa che senta et cognosca pel senso fuori degli occhi nel quale si comparte l'atto del uedere, del quale gli occhi sono strumentj i quali rendono a·llui le spetie della cosa uisibile. Et questo è uno neruo comune nella superficie del ceruello doue concorrono due nerui che uengono da due parti del ceruello dinanzi i quali dopo el corso si diuidono et distendono, infino agli occhi. Et quiui è la uirtù uisiua come nel fonte. Et perchè questa uirtù fontale è prima è una, alla quale le uirtù degli occhi sono continuate per lo mezo de'nerui ottici, per questa ragione una cosa può parere una, quanto è per questa cagione. Ancora conuien che due spetie uegnenti dall'occhio concorrino a uno luogo ne'nerui comune et conuiene che di quelle due spetie se ne facci una maggiore et più piena che non è l'una di quelle. Queste spetie non si diuidono poi che·lleno uengono a uno luogo allora perchè la uirtù è una e·lla spetie è una et fatto il giudicio da una cosa della qual chosa questo è segno che una cosa par due, quando le spetie uengono da due occhi a uno luogo nel neruo comune, et questo è manifesto però che'l sito naturale degli occhi si muta come se il dito sia posto sotto l'occhio o ueramente sia un poco mosso dal luogo suo, allora amendue le spetie de'due occhi non uengono da' due occhi in uno luogo, non uengono in uno luogo nel neruo comune, et allora una cosa par due, come aduiene del lusco che non à el sito simile degli occhi a rispetto del neruo comune et però le spetie degli occhi suoi ueranno a diuersi luoghi nel neruo comune se diligentemente non si guata et dirizi el sito d'essi occhi. Et però a esso lusco una cosa pare due, ma gli occhi composti bene et sani ànno uno simile sito per rispetto del neruo comune et però due spetie ueggono in uno medesimo luogo in lui. Et fassene una medesima spetie acciochè così uno solo giudicio per una cosa et per una spetie è una uirtù che sente.

Et la sperientia insegna che quando è offeso il neruo comune, el uedere si guasta negli occhi et non se guasta la uirtù nel neruo comune per l'offesa degli occhi. Et quando el neruo comune è unito et guarito, l'atto del uedere si fa negli occhi sani. Quando gli occhi sono sanati, e'si fa el uedere perchè la uirtù fu salua nel neruo comune. Ma perchè alla tendice che è l'ultima parte che sente nella parte dinançi del ceruello, così parrebbe ad alcuno che questa ultima cosa che sente fosse il senso comune, la imaginatione o la fantasia che sono nel ceruello come dinançi è detto prima spetialmente come è detto. Conciò sia cosa che quiui sia detto, il giudicio d'alcuna cosa sensibile non si compie innanzi che'lla spetie uenga al senso comune. Ma dire si debba che l'ultima cosa che sente può essere principio di tutti i sensi et così non par la ultima chosa che e'sente et quella che sente nel senso del uedere et questo ultimo sentiente è il senso comune. Nella parte dinanzi del ceruello altrimenti l'ultima cosa che sente è'l uedere, come abbiamo detto, è dello udire o dello odorare. Et negli altri si parlando d'uno senso particulare et così l'ultima cosa che uede è el neruo comune et per rispetto di due occhi che sono strumenti et sono prima mutati dalla cosa uisibile, si come le carruchole simili alla sommità della poppa sono che prima sono mutati dell'odore il neruo el quale esse carruchole sono continuate appresso alla parte dinanzi del ceruello et strumento radicale et fontale dello odore. Ma quando *Alacen* dice
Fol. 21v. che l'ultima cosa che sente è dalla parte dinanzi del ceruello et similmente si distende tra due stremità ouero sommità a'llato al ceruello e più presso che'l neruo del uedere è molto necessario all'animale che è sì confortato, che il ceruello sia confortato per lo odore et spetialmente nello huomo però che maggiore ceruello. Non solo gli occhi giudicano della cosa uisibile ma il giudicio comincia in loro sicchè maggiore corpo che altro animale. Si come dice *Aristotile* nel libro degli animali, et così è manifesto che la uirtù uisiua fontale nel neruo comune et similmente manifesto che gli occhi sentono et non solo il neruo comune, ma perchè gli occhi sono ordinati alla uirtù radicale et fontale et da quella procedono le uirtù et gli occhi et la uirtù sensitiua è continuata per tutto il neruo comune et dal neruo comune

agli occhi, si come dice *Alacen*, però una è l'operatione uisiua et non diuisa, la quale è terminata per gli occhi et per lo neruo comune, ben⸗chè *Alacen* dica che l'occhio è strumento della ultima cosa che sente et è mezo tra esso strumento e'lla cosa uisibile, non dimeno di ne⸗cessità l'occhio à giudicio et uirtù di uedere benchè non sia giudicio compiuto, però che l'angulo della quantità della cosa et non passa l'omore graciale. Et ancora l'ordine della cosa ueduta è fatto secondo il suo essere nella superficie dello humore graciale per lo quale ordine la cosa si conosce distintamente.

11. O nobilissimo, noi dobbiamo considerare sì come uerificato è ne' detti dinanzi, che la operatione naturale del uedere si termina per una piramide la cui punta et extremita è nella cose che patisce et la basa e'lla superficie della cosa che fa la spetie, però che così la uirtù uiene da tutta la cosa che adopera et è contraposta et quella che patisce come prima fu dichiarato, et questa contrapositione si fa acciò che'lla opera⸗tione sia forte et compiuta. Et però nel uedere si richiede acciò che la spetie uenga da tutta la superficie della cosa che essa fa: ma bene che nella alteratione naturale delle (. . . .) che patiscono, si richieggia che tutte le piramide uenghino a tutte le parti delle cose che patiscono, però ciascun punto della cosa che patisce si dee alterare, non dimeno nella alteratione del uedere si dee principalmente non si richiede se non che una piramide uenga della forma che fa la spetie et richiedesi che'l conio cioè la punta di quella piramide chaggia nello occhio, la quale piramide cade et uiene perpendicularmente sopra all'occhio, sic⸗chè tutte le sue linee sieno perpendiculari sopra a detto occhio. Però che particularmente non si richiede altro se non ch'el uedere distinta⸗mente et certamente et sufficientemente comprenderà essa cosa et di questo si può fa pruoua per una piramide nella quale sieno tante li⸗nee quanto sono parti nel corpo ueduto; la uirtù uisiua sopra le quali parti peruenghino tutte le spetie da ciascuna parte in fino alla parte dinançi dello humore graciale nel quale è la uirtù uisiua, et quelle li⸗nee saranno terminate a tutte le parti dello humor graciale nel quale è la cosa ueduta, fieno ordinate nella superficie del membro che sente, si come le parti sono ordinate in essa cosa ueduta acciò che'l giudicio

sia fatto distinto di tutte le parti et non confuso. Et queste linee sono perpendiculari sopra all'occhio acciò che le spetie essenti più potenti acciochè l'occhio possa meglo uedere et giudicare d'essa cosa fortemente et potentemente et sufficientemente secondo l'esser della cosa: però che l'occhio non giudica o e' giudica male per le linee che siano solo et non perpendiculari per la deboleza della spetie uegnente. Benchè quelle spetie non perpendiculari concorrenti colle perpendiculari sopra all'occhio più abbondante et meglo adoperino a cognoscere la cosa uisibile, sì come di sotto sarà manifesto. Ma assai è detto di sopra della perpendicularità et delle linee et delle spetie et perchè e·lleno si richieggono alla bontà della operatione et questo si disse nel trattato della multiplicatione delle spetie. Ma hora è da uerificare che nella superficie dello humore graciale auengha dio che·lla sia poca, si può fare diuisione di ciascuna cosa uisibile per

Fol. 22^{r}. ordinatione delle spetie uegnenti da esse cose uisibili, perchè la spetie della cosa quantunche sia grande si può ordinatamente porre in minimo spatio, però che tante sono le parti d'un minimo luogo o corpo quante sono le parti d'uno corpo grande, perchè ogni corpo si può diuidere sança fine et ogni cosa che à quantità secondo che grida la phylosophia et *Aristotile* lo pruoua nel VI. libro della physica che·lla diuisione che à alcuna quantità non finisce a cosa indiuisibile et non si compone di cosa indiuisibile. Et però tante parti sono in uno granello di miglo quante ne sono nel diametro della terra, la quale cosa è manifesta nella figura. E si fa uno triangolo o una piramide d'una grande basa che sia A B C et sotto la punta si tirata è fatta una linea a breuissima che abbi nome C D, et allora è manifesto che da ogni punto della linea A B si può menare una linea nel punto C; però che da uno punto a un'altro è lecito di tirare una linea diritta et per quella ragione per la quale dalla extremità della basa del triangulo si può tirare una linea nel punto C. Ancora si può tirare dagli altri suoi punti et da tutte le sue parti imperò che infinite linee si possono determinare a uno punto et questo è assai noto. Addunque se tutte queste linee agiungono al punto C, elle passano per li punti della linea data che à nome D. E conciò sia chosa che·lle non corrino innanzi al punto C, elle passeranno per tutti i punti della linea D im= però che se tutte queste linee o alcune passassino per uno medesimo punto, elle concorrebbono et congiugnerebbonsi innançi al punto C. Ma posto è di sopra el caso che no, perchè se il concorso di tutte le linee o d'alcune si facesse in alcuno punto della linea D E, sanza dubbio la loro coniuntione si diuiderobbono insieme in infinito et non concorrebbono mai nel punto C, come è manifesto in questa piramide.

12. Come è manifesto al senso in questa piramide più che all'altra et fa molto più breue à nome F G H, et però no ne auiene la con= fusione nel uedere quando la spetie grande uiene alla superficie dello humore graciale, perchè la spetie delle parti della cosa ueduta quan= tunche grandi elle siano, possono essere ordinate nella superficie dello humore graciale per la diuisione della quantità che procede sanza fine et che pone tante parti nel corpo grande quante sono nel piccolo. Ancora è ueduto di rimuouere un'altra confusione che si potrebbe fingere d'altronde per altra cagione, però che da ciascuna parte una cosa ueduta escono infinite spetie come è detto nelle [. . .] delle multiplicationi. Adunque allora ciascuna parte dello humore graciale uiene la spetie da tutta la cosa et uengono ciaschedune piramide le punte le quali sono in ciascuno punto dell'occhio et della cornea et della uuea le base di tutte et la cosa ueduta: et però ciascuno punto della cornea et del foro dell'uuea arà in se tutte le spetie delle parti confuse et mescolate, per la qualcosa sarà fatto el giudicio confuso et non è da dire che ciascuno punto dell'occhio si può diuidere sanza fine sicchè noi caggiamo nella gauillatione di prima, però noi pigliamo qui el punto della pupilla cioè della luce o uero la parte d'essa per una cosa minima che si può sentire nella diuisione, della quale diui= sione noi usiamo qui nella diffinitione delle parti del membro che sente secondo la diuisione delle parti della cosa ueduta, benchè a uno medesimo punto dell'occhio uenga la punta d'una piramide da tutta la cosa, benchè le spetie sieno mescolate da tutte le parti, non dimeno la spetie non uiene perpendicularmente a uno punto dell'occhio o della cornea et del foro dell'uuea uengono infinite spetie de dinanti

et perpendiculari alli anguli inequali. Et però conciò sia cosa che'l corpo dell'occhio sia più denso et più stretto che quello della aria è necessario secondo le leggi della frattione delle spetie determinate che tutte quelle linee declinanti siano rotte nella superficie della cornea; et per chadere le linee agli anguli inequali fa debile la spetie et ancora
Fol. 22v. la fractione d'esse et lo andare perpendiculare e forte, però la spetie che ua perpendiculare nasconde tutte le spetie declinanti d'essa si come la luce è maggiore et più forte nasconde molte luci deboli. Si come la luce del sole nasconde molte luci di stelle. Onde da esso punto e' uiene la linea perpendiculare al punto B et a quello medesimo B uiene la linea A B non perpendiculare conciosia cosa ella non uadia nel centro dell'occhio et però la spetie d'essa A sie nascosa, benchè le spetie d'essa A possino uenire dal punto B allo humore graciale per la linea B D rotta et però el giudicio si pigla delle linee perpendiculari le quali piglano ciascuno punto della pupilla cioè della luce dell'occhio. Et questa piramide è detta piramide uisuale et radiosa per la quale si fa principalmente il uedere et questo io dico per ben che i raçi che escono del punto della cosa della quale uiene la spetie perpendiculare al punto dello occhio non causa in quello punto dirittamente, non dimeno esse spetie possono giugnere dagli altri punti per la fractione nelle quali ellono causano nelle tuniche dello occhio a uno medesimo luogo dello humore graciale e del neruo comune, al quale la spetie perpendiculare uiene sopra all'occhio da uno medesimo punto, dal quale uengono le spetie declinanti, acciochè il uedere così sia fatto più abondantemente da ciascuna parte della cosa ueduta. Conciò sia cosa che ella sia ueduta per suoi razi retti et rotti. Ma di questo si farà mentione ne'capitoli. Et ancora io dissi per altra cagione che il uedere si fa principalmente per una piramide radiosa perchè solo questa piramide è perpendiculare sopra all'occhio et cade nel foro dell'uuea et è dirittamente contraposta al foro cioè el centro dell'occhio et però fa la uisione et l'atto dello uedere buono et principale, non dimeno le spetie possono uenire fuori di questa piramide all'occhio che caderanno sopra alla cornea et romperannosi tutte acciochè il uedere così sia fatto. Ma sarà debole però che le cose uedute

non perpendicularmente non appariscono manifeste all'occhio. Et poi noi possiamo qui considerare due piramide, cioè la piramide principale che cade nel foro dell'uuea o uero una piramide maggiore composta di questa principale et delle spetie che uengono dall'una et dall'altra parte del foro sopra alla cornea, la qual chosa tutta ragunata non si chiama piramide uisuale nè anche piramide radiosa benchè uegga per essa. Ma alcuna cosa principalmente et manifestamente si chiama piramide uisuale. [Et l'altra tortamente et debolmente] come è quello che cade dentro alla piramide uisibile Et l'altra è chiamata piramide uisuale tortamente et debolmente quella parte che cade fuori della perpendiculare. Onde la cosa può essere sì grande che alcuna parte di quella cadrà nella piramide uisuale et sarà bene ueduta et l'altre parti da' lati cadranno fuori della piramide sopra all'occhio et saranno male uedute o ueramente può auenire che una cosa mezana caggia nella piramide uisuale ell'altre cose saranno uedute da' lati. O uero può essere che più cose piccole cadranno nella piramide uisuale et dal lato similmente altre cose. Ma quella che cade nella piramide uisuale sarà sempre ueduto principalmente et manifestamente e niuna altra cosa: ma quella cosa sarà ueduta manifestamente nel fine della certeza alla quale sarà determinata l'asse cioè la linea del meço della piramide uisuale, perochè quella linea è perpendiculare sopra tutte le tuniche et gli homori degli occhi et passa per tutti i centri. Et però la spetie che uiene a essa asse cioè la linea diritta et fortissima et pienissima. Et fa certeza della cosa. Ma di questo si parlerà di sotto.

13. Ma anchora non è piccola dubitatione intorno alla dichiaratione della confusione del modo del uedere. Però secondo la uerità delle spetie degli occhi si mescolano in ogni punto del mezo però che de' colori extremi si fa il colore di mezo et di due cose d'una medesima natura specifica si fa una cosa, però che *Aristotile* dice nel IX° libro della methaphisica che·lle cose contrarie fanno una cosa mezana, si come fa il bianco el nero e il colore mezano, et due biancheçe con- *Fol. 23^r.* corrono in una quando sono in uno medesimo suggetto, però che in uno medesimo luogo e suggetto non si possono anouerare. Ma di quelle due si fa una biancheza. Concorrono in una [quando]. Ma

come auiene di colori così auiene delle spetie, però che la spetie della cosa è di quella natura della quale è la cosa che fa. Et però la spetie del colore è della spetie del colore et della generatione d'esso colore, però che la spetie et similitudine della biancheça non può essere sustan- tia et non può essere in altro predicamento che nella qualità: et non può essere in altra generatione nè in altra spetie spetialissima che nella biancheça. Et però che la spetie della biancheça non è nereza o uerdeza o altra qualità. Addunque si conchiude che la spetie della biancheça che è la sua similitudine sarà indiuiduo et una cosa predi- calmente della biancheza, per la quale cosa si come la biancheça si mescola colla nereça in uno medesimo suggetto, così la spetie e·lla si- militudine della biancheça si mescola colla similitudine della nereça. Et se questo è uero addunque la spetie della cosa uiene mescolata da ogni punto dell'aria all'occhio perpendicularmente, et tutta la piramide radiosa sarà mescolata dal luogo del mescuglo nella aria et questo è necessario. Ma la moltitudine de' *phylosophi* uuole in questa parte inpacciare et negare questo detto. Et dicono che la spetie della cosa à il suo essere spirituale nel mezo et nel senso inpongono questo ad *Aristotile* et *Aueroys* nel secondo libro dell'anima; et perchè queste spetie ànno l'essere spirituale et non materiale, però essi non osserua- no le leggi delle forme materiali et per questo non si mescolano però che·lle forme materiali si mescolano per l'essere materiale et però pon- gono diuerse spetie di luce nel meço sono anouerate come lumi in- finiti in uno medesimo punto dell'aria et sono distinte le spetie del colore. Et tutte queste spetie delle cose e per questo il senso del ue- dere può distintamente et chiaramente uedere le cose. Et questo è molto graue però che contiene molte cose false et da non essere udite però che e' si crede che sia di bisogno porre la diuisione del uedere la quale eglino stimano essere fatta, se le spetie delle cose non fusson distinte nell'aria. Addunque io saluerò prima la distintione del uedere acciochè si uegga non è necessario di errare in questo modo. Et poi rimouerò più ageuolmente l'errore predetto. Et sporrò gli *auctori* che paiono essere contrarij a questo.[5]) Dico addunque che le spetie et similitudine delle cose ànno l'essere materiale et naturale nel meço come è l'aria nel senso. Et dico che le spetie contrarie come sono quelle del biancho et del nero et de' colori meçani si mescolano insieme che è'l uero modo di mescuglo. Et dico che una è la spetie di due bianecheçe et di due luci et che dell'altre spetie o uero similitudini d'una medesima spetie predicalmente et dal luogo del mescuglo u'era la spetie mescolata all'occhio et tutta la piramide sarà mescolata. Ma la spetie d'una cosa uisibile alla principalmente et prima multiplicatione. Ma l'altre spetie ànno la multiplicatione accidentale. Ma la principale ouero prima multiplicatione è diritta rotta et reflexa cioè piegata, et uiene dalla cosa che ella produce, sì come è uerificato di sopra, ma la multiplicatione accidentale o uero secundaria non uiene dalla cosa che fa la spetie, ma uiene dalla spetie principale, si come del lume che uiene dagli anguli della cassa dallo raço del sole cadente dalla finestra o uero per la finestra. Et questa spetie secundaria è si debole che non à similitudine alla principale et non mena l'occhio in quella cosa dalla quale uiene la multiplicatione. Onde e' sente l'uomo in uno canto della casa auente la spetie secundaria della luce del sole nell'occhio non uede el sole. Ma [auendo] uede el raço cadente per la finestra, ma se egli porrà l'occhio al raço principale, allora uedrà el sole; dico adunque che come il raço perpendiculare nasconde tutti i raçi declinanti da lui che sono terminati co'llui, così el raço principale nasconde tutti i raçi accidentali. Onde nel punto che si chiama D è uno mescuglo della biancheza et della nereça et della rosseça. *Fol. 23v.* Et da questo punto uiene la spetie mescolata infino all'occhio sopra alla linea D, è uno mescuglo della biancheça et della nereça et della rosseça. Da questo punto uiene la spetie mescolata infino all' occhio sopra la linea D E. Ma nella linea D E non è la principale multiplicatione se non dal B A uisibile et non dal A nè dal C, ma da'lloro uiene la spetie accidentale et secondaria però che la moltiplicatione simile alla A et al C non uiene se non dalle spetie loro et non dal loro. Ma la principale multiplicatione nasconde tutte le multiplicationi accidentali, si come la spetie perpendiculare nasconde tutte le spetie declinanti che sono determinate co'llei, et così tutta la piramide è mescolata in ciascun luogo. Ma niuna mistione cioè mescuglo uiene all'occhio secondo la multiplicatione principale. Et questo è confermato per questa ragione che quando ànno diuersi colori, anno una medesima moltiplicatione principale, allora apparisce all'occhio il colore mescolato. Si come auiene quando il uetro o uero il cristallo o uero uno altro corpo trasparente è colorato et posto dinançi al uedere et un altro corpo denso et oscuro et sia dirietro a quello corpo trasparente diritto et quello è al uedere, allora la spetie dell'uno et dell' altro corpo andrà nel senso del uedere in uno medesimo luogo secondo la multiplicatione principale et però pare uno colore mescolato. Et però per lo contrario el colore semplice apparirà, quando uno colore moltiplica se medesimo secondo la linea principale ell'altro accidentalmente, benchè in uno medesimo questa multiplicatione si facci. Addunque se i *phylosophi* considerassino questa distintione del uedere, essi non porrebbono che le spetie non si mescolano nel meço, però caggiono in questo errore perchè non sanno saluare la distintione del uedere. Et non porrebbono che le spetie cioè diuisione d'esso uedere.

14. Et quando alcuni *philosophi* dicono che la spetie o uero similitudine della cosa à l'essere spirituale nel meço cioè nell'aria, questo non è piglando propriamente questo nome spirituale secondo che noi diciamo però che paiono. È manifesto che·lle spetie delle cose corporali non sono spirituali. Addunche è di necessità che abbino l'essere corporale et se ànno l'essere corporale, allora ànno l'essere materiale. Et però debbon seruare le leggi delle cose corporali et materiali. Et però el corpo e·llo spirito sono cose contrarie sança meço. Se ànno l'essere corporale, allora ànno l'essere materiale et però si debbono mescolare, quando sono d'una medesima spetie, però che·lle spetie et similitudini della cosa corporale. Ancora la spetie è uno mezo corporale et materiale. Et ogni cosa che è riceuuta in una altra cosa. Et secondo il modo et è per lo modo della che riceue. Si come si tratta.

15. La diffinitione la quale è tra' uisibili si comprende dal uiso per la distinctione delle forme de' due delli corpi de' due uisibili distinti preuenienti nel uiso, ma la distinctione la quale tra ciascheduni due corpi o che egli è luce o che u'è corpo colorato illuminato o sarà

oscurità. Quando è distinta o uero el uiso arà del colore del corpo o per la forma della scurità la quale è nello luogo. Distinctione peruiene nella parte del uiso giacente tra due forme de' due corpi peruenienti al uiso alla luce et al colore et alla oscurità e·llo corpo giacente tra due corpi continuati con ciascuno de' corpi. Se addunche el uiso non arà sentito che la luce o la scurità la quale è nel luogo della distinctione, non è il corpo continuato con ciascuno de' corpi equali nelle latora, non sentirà la distinctione, non è il corpo continuato con ciascheduno de' corpi e quali nella terra non sentirà la distinctione de' due corpi et obliqui al luogo della distinctione al luogo de' due corpi. Et ancora la superficie de' due corpi. Et ancor la distinctione forse sarà la obliquatione delle due superficie. La superficie dell'uno manifesta al uiso et ancora forse che no. Quando addunque la obliquatione de' due corpi o ueramente della superficie de' due corpi sarà manifesta al uiso la distinctione da due corpi; el uiso ad- [*Fol. 24r.*] dunche comprende la distinctione de' due corpi per la comprensione d'amendue e corpi. El uiso comprenderà la distinctione de' due corpi per la comprensione della luce, per luogo della distinctione per quello luogo e dalla parte di drietro delle due distinctioni per li due corpi. È diuerso o per la comprensione dello luogo della obscuratione dello luogo della distinctione comprendendo questo essere oscurità et non corpo continuato: et per la comprensione della obliquatione della superficie d'uno de' due corpi. Ogni cosa che comprende el uiso per la distinctione delli corpi non si comprende se non secondo alcuna di queste intuitioni e·lla distinctione sarà forse fra questi due corpi et non diuersi cioè che fra due corpi sono continuati. [Et per la comprensione della] secondo alcune parti et diuerse cioè che due corpi sono continuati secondo alcuni, come sono le dita et le menbra delli animali o·lle ramora dello albero. Et secondo alcuna dispositione non comprende la distinctione se non secondo e modi che noi abbiamo dichiarato. Et forse si comprende la distinctione de' corpi per la cognitione et per la scientia antecedente. Ma quella comprensione non è per lo senso del uiso, è alcuna dimostratione di corpo et ampla et alcuna uolta è stretta. La distinctione ampla non si asconde la maggior parte per la apparentia del corpo risguardante la distantia perchè quello corpo apparisce diuerso dall'uno et da l'altro delli corpi distinti. Appare la comprensione della luce et della uacuità dello illuminato respiciente della distantia. Ma la distantia poca et stretta non si discerne dal uiso se non nella remotione nella quale non si asconde dal uiso el corpo del quale la quantità della amplitudine della distantia non comprenderà el uiso. Et se la remotione de due corpi sia dalla remotione mediocre, el uiso arà compreso e due corpi uera comprensione imperò che·lla remotione mediocre è quella nella quale non si asconde in ogni modo la quantità sensibile a rispetto della quantità del tutto della remotione. La uera comprensione è quella la quale è la uerità della cosa uisa in tutto l'amplitudine della distantia· di tale quantità carente di proportione sensibile alla remotione della cosa uisa et carente la quidità sensibile rispetto degli due corpi distincti, perchè la distinctione sarà forse per quantità d'uno cappello. Ma questo diminuto o uuoi diminutione non togle però la distintione la distantia tra gli sensibili, però non si togle o uero non si comprende dal uiso per la distantia. Quando el uiso arà sentito comprende quello essere continuo auenga che in esso discretione allo auiso comprenderà la continuatione et la cognitione insino da poi che ciascheduno de' due corpi contigui diuerso dall'uno all'altro. Et giudicherà la continuatione e'l numero si comprenderà dal uiso. E·lla metà del numero perchè el uiso comprende in una hora molti uisibili distinti insieme, et quando el uiso è la metà del momento, el numero si comprende. Addunque per lo senso del uiso et per la comprensione di molti uisibili distinti quando el uiso gli arà compreso, insieme arà compreso la distinctione di quelli, arà compreso che ciascuni diuersi l'uno da l'altro. Secondo addunque questo modo si comprende questo modo. Si comprende el numero per lo senso del uiso. Ma molto si comprende dal uiso per comperatione della cosa mota.

16. El uiso quando arà compreso el uisibile mosso et quando arà compreso l'altro uisibile, comprenderà il uisibile d'esso mosso, quando l'altro uisibile comprenderà l'altro uisibile e'l sito d'esso per rispetto di quello uisibile mosso. Et quando el uisibile mosso et

quello altro uisibile non fosse mosso per lo moto del uisibile, per lo quale el uisibile di quello moto si diuersificherà a rispetto di quegli altri uisibili non mosso apresso al mosso. Al moto quando el uiso arà compreso, esso comprenderà el uisibile e'l sito. El uisibile arà compreso et comprenderà con esso el sito ad esso rispetto quello uisibile comprenderà el moto d'esso. El moto comprenderà addunque si comprende dal uiso per la comprensione della diuersità del sito della cosa uisa mossa a rispecto dell'altra. El moto addunque si discerne dal uiso secondo alcuni de' tre modi a rispecto della cosa uisa. *Fol. 24v.* Mosso ad uno uisibile primamente quando el uiso arà compreso la cosa uisa. Quando el uiso arà compreso el uiso della cosa uisa el sito d'esso arà mutato a rispetto della uisa et mota ad uno luogo uisibile. Et la remotione d'essa è quando el uiso fosse remoto cioè quieto: e'lla cosa uisa fosse mossa a rispetto è in esso uiso. Se addunque il moto della cosa fosse secondo lo spatio lato o uuoi largo, si muterà lo luogo d'essa et sentirà el uiso la mutatione dello luogo d'essa quiescente, el uiso sentirà el moto d'essa e'l moto della cosa uisa nella longitudine offensa. Tra essa e'l uiso o la cosa uisa si allongherà per lo moto del uiso che ella si appropinquerà. Et quando el uiso arà sentito quella parte di quella longitudine, quando fusse mutata, sentirà el uiso la mutatione d'essa existente e'l uiso nel suo luogo sentirà el moto. Addunque questo modo comprenderà el uiso ciascuno di questi modi. Ancora che'l uiso si muoua et questo sarà quando el uiso arà compreso o ueramente sentito la diuersità del sito, la quale diuersità muoue quella cosa uisa et tra'lle due diuersità del quale è el sito del uiso. Et quando addunque el uiso arà sentito la diuersità del uiso della cosa uisa della forma della cosa uisa mota, si muoue nel uiso per lo moto d'essa. Ma 'l uiso non comprende el moto pel moto della forma nel uiso solamente. Anche el uiso solamente non comprende el moto della cosa se non per comperatione della cosa uisa. A l'altri modi abbiamo dichiarati della cosa uisa quiescente. Alcuna uolta si muoue nel uiso con quiete di quella cosa uisa, et per questo el uiso no'lla comprende. Et alcuna uolta si muoue nel uiso con quiete di quella cosa uisa; per questo el uiso no'lla comprende. Quando el uiso la mouerà secondo la oppositione, si mouerà la forma et ciascheduna cosa uisa opposita al uiso nella superficie apresso al moto a rispetto del uiso. Addunque se 'l uiso della cosa fosse secondo lo spatio et perchè el uiso è già assueto al moto della forma colla forma et già assueto è colla quiete di quelle cose uise et non giudicherà el moto di quella cosa uisa per lo moto della forma fusse d'una cosa uisa, arà compreso a rispetto della diuersità del uiso et della forma et della cosa mota, arà prima compreso a rispetto dell' altra forma della cosa uisa per mutatione delle forme in uno medesimo luogo del uiso che sarà in luogo circulare el moto. Addunque non si comprende dal uiso se non (...). Addunque e modi noi abbiamo distinti. Ma'lla comprensione della qualità del modo per la comprensione dello spatio sopra al quale si muoue la cosa uisa moterà circularmente el uiso, comprenderà el moto d'essa esser circulare per amor della comprensione delle mutationi delle parti d'esse sequenti el uiso o ueramente alcuna cosa uisa o d'uno rispetto d'alcuna delle parti o uuoi alcune parti di diuersi uisibili l'uno dopo l'altro. Et la parte d'una parte d'una cosa dopo l'altra colla quiete della totalità cioè della totalità della cosa uisa nel suo luogo. Et se lo luogo della cosa fusse composto del moto circulare e'lle cose el uiso comprendino quello moto essere composto della comprensione della mutatione dell' opere della cosa mossa a rispetto del uiso a rispetto dell'altra cosa uisa colla comprensione del moto della totalità della cosa uisa del suo luogo della comprensione del moto del suo luogo. Secondo questi modi del uiso comprendendo la qualità del moto de' uisibili, el uiso non comprende el moto sotto il tempo, imperò chè non si fa se non in tempo. Et ogni parte del moto perchè ogni parte non è se non è in tempo, el uiso non comprende el moto per la comprensione della cosa uisa. Se per la cosa uisa compresa in due luoghi o secundo due siti. El luogo diuerso secondo due siti. Et secondo el luogo e 'l sito della cosa uisa et non si diuersifica se non è in tempo. Quando ell'arà compreso el uiso compresa la cosa uiso o in due modi diuersi o in duo siti diuersi non sarà [. . .] Et non sarà in due ore diuerse intra ciascun'ora o due. El tempo el uiso non comprende el moto se non è il tempo et ancora diremo nel tempo nel quale el uiso comprende el moto se non è nel tempo. Et ancora che'l tempo nel quale el uiso comprende el moto non sarà se non sensibile, perchè el uiso non com= *Fol. 25r.* prende se non el moto se non per la comprensione della cosa uisa in due luoghi diuersi in uno luogo dopo l'altro o secondo due siti di= uersi l'un sito dopo l'altro. Quando addunque el uiso comprende la cosa uisa et mota nello luogo primo et nel quale comprende innançi quella, subito sentirà el sentiente che quella hora nel secondo la quale comprende nel secondo luogo è diuersa da quella la quale comprende quella la quale e lo primo luogo fu compresa se sentirà la diuersità delle due ore. Et similmente quando arà compreso il moto per di= uersità del sito della cosa uisa mota per quando comprende la cosa uisa mota secondo el sito non comprende. Et non comprende allora secon= do el primo sito secondo auea compresa innançi, subito sentirà la diuersità di due ore delle quali sentirà el tempo che è tra quelle. El tempo addunque el uiso arà compreso il moto sensibile et necessaria= mente. E conciò sia cosa che tutte queste intentioni siano dichiarate, noi narraremo ora quello che si può adunare con quelle. Diremo addunque come il uiso comprende el moto per comprensione della cosa uisa mota secondo due siti diuersi in due ore diuerse tra le quali è tempo sensibile. Et questa è la qualità della comprensione del moto del uiso. El uiso comprende la qualità delli moti per la comprensione degli spatij sopra i quali si muouono i uisibili moti: quando addun= que el uiso arà compreso due uisibili moti, arà sentito che l'uno de' due spatij equali sono da' due uisibili si posano da e due uisibili si posano in uno medesimo tempo è maggiore; dello altro sentirà la uelocità della cosa uisa passante sopra il maggiore spatio. Et quando e due spatij sopra e quali si muouono due uisibili si passano in uno medesimo o uuoj passati in due moti: et similmente se el uiso la qua= lità di questo spatio e' sentirà la qualità. Et similmente quando due cose mote passeranno in duo medesimi tempi e quali tempi et la qua= lità degli spatij per li quali arà sentito la qualità de due moti. Già abbiamo detto come el uiso comprende el moto et la qualità e'lla ine= qualita. Ma la quiete si comprende, ma per comprensione della cosa

uisa in tempo sensibile in uno medesimo luogo secondo uno medesimo sito tra lo quale è quando in due hore diuerse tra·lle quali sia tempo sensibile: comprende la cosa uisa in quello tempo quiescente el moto si comprende e'l senso et la cosa uisa a rispetto dell'altra cosa uisa quiescente. Addunque questo modo lo quale el uiso arà comprensione della quiete delli uisibili dal uiso l'asperità si comprende dal uiso in maggior parte per la forma della luce apparente nella superficie del corpo aspro apresso, perchè l'asperità è diuersa dal uiso la qual cosa la luce quando nasce sopra la superficie di quello corpo la parte perueniente farà ombra nella maggior parte. Et quando uerrà nella parte profonda, saranno ancora con quella ombra, et la parte perueniente sarà manifesta alla luce discoperta al uiso. Et quando nelle parti profonde uenienti uengono l'ombre, l'ombre sono perminenti, non ui sarà ombra se diuersificherà la forma della luce, sopra quella sarà luci mote di consimile superficie. La forma addunque della luce nella superficie del corpo aspera et diuersa della forma della luce la quale à la superficie piana per la frequentatione della uisione della superficie aspera et piana de' corpi secondo el modo el quale era usato nelle superficie piane, giudicheranno le planitie nelle planitie di quello corpo e·lla superficie quando la asperità fosse extranea, saranno pereminenti d'alcuna quantità et così el uiso comprenderà la perminentia di quelle parti. Et comprenderà el sito della superficie de' corpi per la comprensione della distantia la quale è tra la parte, quando el uiso arà compreso la diuersità de' siti delle parti della superficie de' corpi per la comprensione della distantia la quale è tra·lle parti. Quando el uiso arà compreso la diuersità de' siti delle parti della superficie del corpo, comprenderà l'asperità d'esso sança indigentia a considerare la luce. Et ancor quando l'asperità fosse extranea et nasca sopra essa luce, sarà forma della luce nella superficie è grandissima diuersità. Vedrassi addunche per la diuersità della luce
Fol. 25v. la distantia della parte et del sito d'esse. Et per questo à paura la distantia del corpo. La asperità del corpo si è addunque la luce aspera appartenente alla superfluità del corpo, perchè l'asperità et diuersità del sito et la parte della superficie del corpo è perchè la diuersità del

sito et della superficie per la qualcosa la luce quando nasce sopra la superficie di quello corpo la parte perueniente faranno ombra nella maggior parte. Quando sarà sopra quello corpo, nasce la superficie di quello corpo la parte perueniente faranno ombra.

17. Et similmente l'amplitudine della faccia quando essa fosse proportionale alla quantità delli membri colla forma, sarà bella colla faccia purchè la faccia non sia molto larghissima e·lli membri della faccia siano proportionali alla quantità di tutta la faccia fusse di membri larga, sarà bella purch'ella non sia molto larghissima, e membri siano proportionali alla quantità di tutta. Quando la faccia fosse larga di grandissima largheza, li membri che sono in essa sarebbono piccoli et non proportionali alla quantità d'essa et non sare (bbe) bella, auenga che la quantità degli membri siano proportionali et la figura d'essa sia bella. Et similmente quando fusse piccola faccia et stretta e·lle membra d'esse fossono grandi cioè le membra della faccia, sarà la faccia brutta. Et quando le membra fossono proportionali alla quantità della largheza et della faccia, sarà la forma bella auenga che·lli membri per se non sieno belli. Ma la proportionalità solamente fa pulcritudine. Et quando addunche nella forma si congregheranno la belleça della figura di ciascuna pulcritudine parte d'essa, sarà belleça della quantità et della compositione d'esse e·lla proportionalità de' membri secondo le figure e la magnitudine de' siti et secondo questo ancora fossono proportionali a tutta la figura della faccia et la quantità sarebbe in fine di pulcritudine, sarebbe bellissima. Similmente la scrittura non sarebbe bella se non quando le lettere sue proportionali in figura et in quantità et in sito et in ordine et in tutti i modi de' uisibili colle quali si congregano con esse tutti le parti diuerse. Quando tu arai considerato le forme belle di tutti i modi delli uisibili, trouerrà che·lla proportionalità fa pulcritudine più che nessuna altra intentione congiunta per se. Et quando si considera la intentione e·lle intentioni belle le quali fanno il particulare per la loro congiuntione insieme et trouare che·lla pulcritudine la quale appare per la congiuntione di quelle et non è per la proportionalità, perchè ogni uolta non si numera o uuoi non si risguarderanno quelle intentioni. O sia la pulcritudine in alcuna

forma: et questa è per la pulcritudine. Non questo per la proportionalità la quale congit *(sic)* tra quelle intentioni e·lla pulcritudine. Addunque non è per la intentione particulare e·lla perfectione d'esse et della proportionalità et consonantia la quale si fa tra·lla intentione particulare. Già è dichiarato per tutto quello noi abbiamo delle forme. Et colla forma bella compresa dal uiso, perchè non sono belle se non per la intentione; la intentione particulare è per la intentione di quelle et per la proportionalità d'essa insieme. El uiso comprende le intentioni predette particulari son per lei composte. Quando addunque el uiso comprende alcuna cosa uisa et fusse alcuna intentione in quella cosa uisa particulare che faccia pulcritudine per se, et guati el uiso et quella intentione peruerrà la forma di quella intentione per se dopo lo risguardare appresso el sentiente, et comprende la uirtù distintiua della cosa uisa et comprende nella quale è quella distintione, perchè la forma di ciascuna cosa uisa è composta di molte intentioni et della intentione le quali sono in quelle, et non comprenderà la pulcritudine di quella. Quando arà distinto le intentioni le quali sono in quelle sarà alcuna intentione di quelle. Et secondo el modo fa belleça subito el uiso a preso allo risguardamento di quello guatare, comprenderà quella intentione, et se quando arà compresa quella comprensione, distinguerassi la uirtù distintiua et comprenderà la pulcritudine la quale è in essa. Et per questa comprensione comprenderai di quella cosa uisa. Et quando el uiso arà compreso alcuna cosa uisa in quella uisa *Fol. 26r.* fusse pulcritudine composta delle intentioni coniunte della nostra intentione o fusse risguardante, a quella arà compreso la intentione che sarà in quella. Et modo noi abbiamo distinto et dichiarato e·lla forma et la turpitudine è forma carente o uuoi bisognosa di ciascuna perfetta intentione, che già è predetto che·lla intentione d'esso particulare sono pulcritudine. E·lla consimilitudine et qualità di due forme et di due intentioni nelle cose le quali sono consimili. Quando el uiso arà compreso due forme et due intentioni consimili insieme, comprenderà la consimilitudine di quelle et della comprensione di ciascheduna delle due forme et della intentione per comperatione dell' una di quelle all' altra per la diuersità et per la comprensione della diuersità si comprendono dal uiso [. . .]

[. . .] nel libro delle cagioni. Et *Boëtio* el dice nel V. libro *Fol. 27r.* della consolatione della phylosophia. Addunche conuiene che la spetie della cosa abbia l'essere corporale. Ancora la spetie fa l'operatione corporale si come la spetie del caldo riscalda el corpo et diseccalo et fa'llo putrido, et così è dell'altre spetie et similitudini delle cose. Addunque conciò sia cosa che questa spetie facci el caldo uniuocamente cioè d'una medesima ragione et mediante il caldo fa poi l'altre cose, è necessario che questa spetie sia corporale però che'lla cosa spirituale non fa l'operatione corporale uniuocamente. Et massimamente questo fa che'lla spetie è d'una medesima natura et d'una medesima essentia col effecto compiuto della cosa che lo fa. Et questo effetto si fa quando la cosa che fa diuenta potente sopra quella che patisce, però che nel principio quando le legne si riscaldano mentre che sono legne ànno similitudine del fuoco et poi l'operatione è fortificata et la spetie si muoue a'ffare el fuoco compiuto. Quando el fuoco arà corrotto la natura specifica delle legne et diuenta fiamma et carbone, addunque la spetie del fuoco non à differentia e'l carbone dalla fiamma, se non come la cosa non compiuta dalla compiuta. Addunque è manifesto che'lle spetie delle cose corporali et materiali sempre aranno l'essere corporale et materiale. Onde stolta cosa è pensare el contrario. Addunque quando *Aristotile* et *Auerois* dicono che la spetie è similitudine della cosa, à l'essere spirituale nel mezo doue ella è nel nostro senso, è manifesto che questo nome spirituale si deriua dallo spirito et non propriamente, ma inpropriamente et per diuersa ragione. Et questo è uero però che'lla spetie si pigla per cosa inuisibile, sì come el idio è cosa inuisibile et non si comprende dal nostro senso. Et però noi riuolgiamo e nomi et chiamiamo cose spiritualj le cose che non si sentono et non si comprendono per gli nostri sensi, noi le chiamiamo cose spirituali. Ma questo è equiuocamente et per diuersa ragione, è fuori del uero et proprio sentimento della cosa spirituale. Onde la spetie et similitudine delle cose non caggiono sotto el senso forte et diligente per loro medesime. Conciò sia cosa che

niente si possa uedere se non la cosa densa cioè che à le parti molto strette, però che solo questa cosa può nel uedere passare. Ma la luce o uero la spetie del colore non si può uedere per se medesima nell' aria trasparente et chiara. Ma puossi uedere accidentalmente per la figura determinata della finestra della quale la luce è figurata et ancora è ueduta per cagione de' luoghi oscuri intorno, acciochè in questo modo el contrario è posto a·llato al suo contrario apparisca più ageuolmente. Similmente quando il razo del sole passa per lo uetro o per uno panno fortemente colorato, la spetie del colore apparisce nel corpo oscuro. Ma questo è in duo modi, prima accidentalmente per la troppa chiarità della luce per rispetto della luce del colore o per rispetto del corpo oscuro ch'è ancora opposto alla luce. Et nel corpo delle stelle si uede la spetie della luce del sole, ma non per se medesima, ma per la densità del corpo della stella che per la sua densita termina el uedere: è la cosa densa cagione della alluminatione, si come è noto di sopra. Addunque in questi casi la spetie della cosa ueduta accidentalmente alcuna uolta è ueduta per la troppa deboleça del uedere et per la negligentia dell'atto del uedere, si exporrà di sotto in certi casi et però che solo accidentalmente o per difetto del uedere o per negligentia le spetie delle cose uisibili possono essere comprese in alcuno modo, quasi a chaso. Et però non sono esse spetie dette uisibili nè sensibilmente nè con nome assoluto et libero. Et similmente auiene nelle cose che si toccano et odoronsi et nelle altre spetie delle cose sensibili, delle quali non cognoscono e sensi nè per se nè accidentalmente et però le spetie delle cose sono insensibili, et perchè elle sono insensibili però si chiamano spirituali. Ma questa spiritualità non è contraria allo essere corporale et materiale nelle cose materiali et corporali. Ancora che·lle spetie concorrono in una spetie. Et ueramente di più spetie se ne fa una et questo è manifesto per *Alacen* auctore della prospectiua et per *Tolomeo* e quali dicono questo; è an-
Fol. 27v. cora manifesto per quelle cose sono dette di sopra della prima cosa che sente in noi. Imperò che si conuiene che due spetie uegnenti dagli occhi adiuentino una in quella prima cosa che sente acciò che la cosa ueduta paia una et non due. Et *Alacen* dice nel primo che le luci non

sono mescolate nel meço doue sono. Et tale meço manifestamente insegna el mescuglo delle spetie nel terço libro. Ma *Alacen* uuole prouare per isperimento che diuerse luci non si mescolano nella aria. Quando tre candele sono dirimpetto a uno foro però che·lle luci appariscono allora di là dal foro distinte et diuise insieme, addunque elle sono distinte nel foro, come pare che dica *Alacen* qui et dice, che niuno s'intende el uero mescuglo et in altro modo si dice essere diuisione però che in uerità esse luci si mescolano nel foro. Ma perchè la luce ua con diritto andare, mentre che ella è multiplicata in uno medesimo meço, però chonuiene che·lla luce di ciascuna candela si come innança foro passa per diuerse linee diritte, così conuien che passi oltra al foro secondo la multiplicatione principale. Et però gli andamenti primi et principali si diuidono oltre al foro si come innançi el foro la multiplicatione accidentale di due candele corre colla multiplicatione accidentale della terça candela, et così si fa el mescuglo oltre al foro ma perchè la multiplicatione accidentale non pone in numero colla principale nè il uedere giudica di quella multiplicatione, perchè ella è occulta et nascosa per la principale. Et però a noi non apparisce confusione nel mescuglo ne'luoghi doue caggino e lumi delle candele. Addunque in certo caso et mescuglo. Ma è mescuglo de'lumi della luce accidentale colla principale. Et *l'auctore* niega la apparentia del mescuglo doue elleno caggiono, et questo io concedo e quiui; et non dimeno è il mescuglo ch'io dissi. Ma et nel foro conuiene ch'essi mescoli di mescuglo naturale. Et diuenti una luce non diuisa et questo non niega *l'auctore.* Ma se noi consideriamo le luci nel foro in quanto elle sono diritte agli andamenti principali diuisi dopo al foro, come io dissi innançi, così sono per rispetto di diuersi andamenti principali nelle quali esse luci sono da douere deriuare e andare esse son dette essere diuise et non distinte nel foro, ma essere distinte in questo modo et per esso è inteso equiuocamente et non è contrario alla uera missione o mescuglo assolutamente, ma questo e per effecto et non per forma imperò che solo questo [. . .] sono diuise nel foro et non perchè abbi el caldo in se. Addunque qualunche *antichi saui o phylosophi* dichino che·lle spetie della luce et del colore o altre spetie sieno in se distinte insieme nel meço, questo non è da intendere assolutamente et semplicemente, ma sono dette distinte esse specie però che sanno gli andamenti diuisi oltra al luogo del mescuglo si come innançi.[6])

18. Poichè la confusione del uedere è uacuata et dichiarata, ora è da dimostrare come gli altri inconuenienti siano schifati però che se i raçi della piramide uisuale concorrino nel centro dello humore graciale dinançi, allora conuiene siano diuisi insieme. Et quello che fu destro sia fatto sinistro et quello di sopra diuenti quello di sotto, et così tutto l'ordine della cosa ueduta sarà mutato, si come ageuolmente apparisce nella figura di sotto et così la spetie della cosa non uerrà al luogo suo, ma uerrà alla parte contraria et così dalla parte sinestra et delle altre differentie. Et però acciò che questo errore sia schifato acciò che'lla spetie della parte destra corra alla parte sinistra cioè alla sua parte. Et così dell' altre parti conuiensi considerare se alcuna cosa è tra lo humore graciale dinançi et tra il centro suo che impedisca questo concorso, et però la natura s'è ingegnata di porre lo humore uitreo innançi al centro humore graciale ch'è d'altra diafanità et trasparentia et altro centro acciò che'lla fractione cioè el rompimento si possa fare in lui, acciochè i raçi della piramide sieno dilungati dal concorso nel centro dello humore graciale di che passa per tutti e centri siano declinanti agli anguli obliqui sopra allo humore uitreo e d'una altra diafanità, conuiene che tutti i raçi si rompano nella superficie d'esso
Fol. 28ʳ. humore uitreo, si come è certificato di sopra nelle fractione et però lo humore uitreo è più denso dalla parte dinançi dello humore graciale; però che conuiene che'lla fractione tra l'andare diritto et tra'lla linea perpendiculare da essere tirata et mossa dal luogo della fractione, si come e fu manifesto nella multiplicatione delle spetie; per la qual cosa è bisogno che il raço M Q quando uiene nel punto Q nella superficie dello humore uitreo che à nome G D F non passi per diritto andare nel centro A dello humore graciale, dinançi el quale è G H F, ma bisogna che si rompa nel punto Q tra'llo andare diritto che è Q A et tra'l perpendiculare da essere menata dal luogo della fractione el quale è Q nello humore uitreo, la quale linea perpendi-

culare è B L: però che B L ua nel centro dello humore uitreo che è B, et così la spetie et la similitudine destra anderà sempre secondo la sua parte infino ch'ella uenga al punto del neruo comune che è C. Et non e' anderà secondo la parte sinistra a uno medesimo raço che à nome P V et non corre nel centro A dello humore graciale dinançi: ma ronperassi per lo andare diritto. Ma corrono le spetie uniforme nè in alcuno modo mutano il loro passamento retto sanza la torteça de' nerui sança linea fluat *(sic)* tortuosa, non secondo linea retta: sicut facit in corporibus mundi inanimatis, dum cum inanimatum sempre uadia per uia recta.

19. Vna linea contiene li centri di tutte le tuniche et di tutti gli humori et pruouasi perfetto inperò che non potrebbe altrimenti la luce entrare in tutte le tunici, la luce è in tutti gli humori o alcuno raço et non potrebbe non rotto et per consequente la certificatione non potrebbe essere per diportatione dell'occhio dallo extremo allo extremo, la qual cosa è falsa. Di tutti li raçi nascenti sopra il uedere è necessario uno solo trapassare non rotto. Per la qual cosa le spere [...] è impossibile con una linea più perpendiculare. Addunque la raggiosa della piramide sotto la quale la cosa si uede, tutta la cosa si uede tutta si rompe. Nello entrare della glaciale interiore è rotta quella linea la quale trapassa per tutti i centri la quale si chiama Assis, il uedere nel glaciale. Questo s'amaestra per isperimento imperò se gli altri in qualunche tunica o uero humore uenga offensione saluo alla glaciale, per medicina riceue la curatione et sanasi et restituisce el uedere. Et essa corotta si corrompe inrecuperabilmente il uedere. Per questo è fatto nella glaciale l'ordinatione della spetie, sì come della cosa che fuori la possibilità apparisce non ostante la piccoleça della graciale, imperò che tante sono le parti minime di grandeça quante sono le massime. E'lle spetie si riceuono la materia. Addunque qualunche cosa sia uisibile della quale si uegga la sua spetie distintamente et ordinatamente può essere riceuuta nello humore glaciale, la qual cosa se non fusse fatta, l'occhio distintamente non uedrebbe la cosa imperò che se'lla spetie delle due parti della cosa uisibile in essa medesima parte della glaciale si riceuano non si cognoscerebbono distintamente dalla cosa

per la confusione delle forme in essa medesima parte. La comprensione delle cosa uisibile è fatta per la piramide radiosa, la certificatione della apprensione et per l'asse trasportata sopra alla cosa uisibile. Però che'lla piramide radiosa impresa dall'occhio uisibile rapresentata la Fol. 28v. cosa all'occhio. Ma la certificatione è fatta del uisibile per lo giramento dell'occhio sopra alla cosa, la quale è fondamento della piramide, auenga idio però che tutta la piramide sia perpendiculare sopra alla pupilla dello occhio cioè della glaciale anteriore, per tanto non sopra tutto l'occhio onde quella perpendiculare che si dice Assis, la quale non si rompe rapresentata la cosa efficacemente. Et gli altri raçi ancora li quali sono più presso et più forti et più potenti nel rapresentare. Addunque a questo l'occhio si gira acciochè la cosa la quale è insieme a esso si rapresenta sotto la piramide, per questa perpendicularmente et successiuamente nascendo si discerna. Questa certificatione dice *l'auctore* del uedere che niuna cosa uisibile tutta insieme si uede ma nella mutatione della piramide. Onde dicono tutti e parlanti che ogni cosa la quale si uede sotto l'angulo o uero la forma del triangulo.

20. Non esser ueduta la cosa sotto qualunche angulo imperò conuiene la uisione sotto l'apuntatissimo degli anguli cioè l'angulo contingente imperò che quello angulo, si come pruoua *Euclidis,* è indiuisibile l'angulo sotto lo quale si uede per [. . .] si diuede per lo quale si compie la uisione della cosa. Et più largamente e diterminate la grandeça dello angulo sotto et quale può essere la uisione, imperò che'l diametro del foro dell'uuea, si come la notomia amaestrerrà, et quasi diametro come del discrittibile quadrato in tale spera uuea. Addunque se dagli extremi di questo foro della linea si menino al centro, costituiranno angulo retto. Questo apparisce imperò che dagli anguli del quadrato della menata linea ortogonalmente si se [. . .]. Addunque se nel centro dell'uuea fosse la uisione, si uedrebbe expressamente sotto l'angulo retto, se'l diametro del foro fusse lato del quadrato expressamente. Et era il centro dello occhio della piramide radiosa e'l uedere essere fatto sotto corta piramide per l'angulo incominciato delle predette cose. Questo apparisce imperò che tutti i raçi della piramide excetto che uno occorrente nella glaciale interiore si

ronpono, come è detto dal perpendiculare. Nè si constringono più oltre nel comune. Auenga idio addunque che·lli raçi se inchinino all'angulo, non pertanto s'appichano angularmente se non pure in=maginariamente. Onde quando la spetie peruiene allo humore uitreo cioè glaciale interiore secondo la legge degli spiriti maggiormente procede, che secondo la legge della dyapanitade, però che si inchina secondo la uia degli spiriti che ui sono al neruo comune cioè il neruo ottic[e]o. Addunque imperò quanto li raçi declinano più appuntato tanto più la spetie si rauna et costringesi, è necessità come per sequente se impedisca alcuna cosa, per questo la quantità della cosa si uegga minore nello occhio. Ma alla cognitione della cosa non basta, imperò che·lli raçi nascono sopra all'occhio si riuiuorisce [...]. Io dico si rinui=norisce imperò auenga idio che per li nascenti soli perpendicularmente la uisione è fatta et certificata et distinta principalmente. Per tanto certa cosa che auenga iddio che'l punto segnato nel uisibile se ueggia per lo suo raço toccante l'occhio perpendicularmente, niente di meno come apparisce per le dette cose, tutto il uisibile occupa tutta la pupilla et segno è'l mouimento perpendiculare cioè il raço nascente obliqua=mente et quello si cuopre più amplamente fuori della piramide radiosa, si ueggono alcune cose della piramide; l'angulo è di minor largheça [...] che abbiamo se·lle equale cose possono essere uedute con uno sguardare. Addunque quelli raçi equali uegnenti sopra all'occhio in alcuno modo muouono et toccano gli occhi per li raçi rotti nello entra=mento et declinanti al centro acciò cotali cose l'occhio debolmente si cognoscano. Et quelle cose le quali sono oggiette all'occhio agieuol=mente, più efficacemente si rapresentano e·ssi piglano et come è el punto rapresentato per diuersi raçi rotti.

21. La operatione del uisibile nel uedere essere dolorosa, questo si pruoua imperò che l'operatione uisibile è d'uno genere. Conciò sia cosa addunque che l'operatione sia offensiua et patisce dolore sensi=bilmente nel uedere nelle forçe delle luci seghuitando tutte le ope= *Fol. 29r.* rationi delle luci essere tali, auenga idio che non pendano et questo è l'argomento del *phylosopho* nel capitolo della qualità del uedere, et uedesi seghuire dal necessario: imperò che niuna cosa uisibile è tanto

diletteuole all'occhio che no'llo faccia stanco colla continuatione del riguardare, della quale stancheça si uede esser il procedente raguardare. Questo *phylosopho della prospettiua*, benchè e *philosophi* tractanti le cose naturali dichino imperò che la cosa sensibile è perfectione del senso. Addunque non u'è inducente a tristitia nell'atto del sentire. Sensia nel modo dello attiuo nè si uede costringere se il sensibile excellente induce dolore. Addunque meçanamente imperò che'l mouimento grande aggraua, il mouimento meçano gioua et allegra. Addunque si ristrigne quello che qui si dice alla prolungatione di qualunche uisione e brieue ragguardamento.

22. E *mathematici* ponenti essere el uedere fatto per li raçi risplendenti et nascenti dallo occhio superfluamente essere sforzati o uero raunati imperò ch'el uedere è fatto sufficientemente per lo predetto modo, per lo quale possono essere salue tutte le cose apparenti intorno al uedere. Addunque è soperchio si è porre li raçi. Questo dico seguitando l'orme dello libro dello *auctore della prospectiua*: auenga idio che *Alchindo* insegni altro del riguardamento. Altra cosa consentono e *Platonici* et altra cosa ueghono *i phylosophi* sapere i molti, *Aristotile* in sensu et sensato contra a *Platone* et altrimenti, nelli quali uenerabilmente si ueggono la qual cosa la uirtù della anima alcuna cosa adopererebbe nel lume dell'occhio altrimenti che qui sia inuestigato. Qualunque razi risplendenti et nascenti dall'occhio sopra il uisibile, è impossibile bastare alla uisione, la qualcosa si pruoua, imperò che se gli raçi si pongono a uscire dell'occhio sopra alla cosa uisibile quasi contingente o ueramente ritornano all'occhio o no. Se non ritornano, non è fatta la uisione per quelli, conciò sia cosa che l'anima non escie del corpo se tornasseno come ora sono gli animali. Or sono tutte le cose uisibili specchi reflectendo gli razi. Più largamente si ritornano cholla forma della cosa uisibile all'occhio essa luce imperò indarno [. . .] [o uero la forma uisibile all'occhio essa luce indarno] escono o uero la forma uisibile s'infonde per la uirtù della luce in tutto il meço. Non è addunque necessità che si richiegga quasi che'ssi richiegga de' razi più amplamente, come alcune cose per la uirtù dell' occhio si distenderanno infino alle stelle. Se ancora il corpo si dissolui

nelli spiriti il lume naturale dell'occhio per la sua raççositade comportare al uedere: imperò che·ll'occhio, come dice *Aristotile,* non solamente sostiene, ma ancora fa come splendienti corpi imperò che'l lume naturale è necessario all'occhio dal trarre le spetie uisibili et a compiere la proportione alla uirtù uisiua e imperò che·ssi diffondon la uirtù persolare, ma per lo lume dell'occhio. Quinci disse *Aristotile* che quando el mouimento è forte al di fuori è fatta la uisione. Et quando el mouimento è forte dentro, si come apparisce nel raço del sole brutta'l uedere: et non sofferrà se essere proportionato dal uedere et così addunque imperò che in alcuno modo è fatto il mandamento de' razi. Ma non nel modo *platonico* acciochè li razi mandati fuori dell'occhio non si disfaccino quasi in forma uisibile non tinti, ritornino nuntianti alcuna cosa all'occhio, ma operano alcuni razi nel uedere nel modo predetto. La qual cosa apparisce imperò che il uedere in tutte quante le co (se) è d'una ragione. Conciò sia cosa addunque che certi animali bastino per lo lume degli occhi a dolor uirtù multiplicatiua da essi possino essere ueduti di notte: per questo seguita lo lume dell'occhio opera alcuna è nel lume. Et non diffinisce alcuna cosa più oltre faccia se non seguendo l'orme di questo *auctore,* si come è detto, nulla essere ueduto sanza luce; imperò che il colore sança non può efficacemente raççare, imperò che la prima cosa in ogni generatione et di tutte le cose di poi et prima i raççamenti della luce, però ogni altra si cagiona da essa. Addunque il colore efficacemente non può raçare se non è alla luce alla mescolata. El punto più prossimano e·lla luce d'uno corpo più forte che nel più rimosso imperò che la multiplicatione del *Fol. 29v.* lume nel punto più rimosso per l'abondanza de' razi cadenti più obliquamente et per sequente de' deboli razi e·lla luce nel punto più riprossimano a forteça per congiugnimento de' raçi del suo fonte lo quale è maggiore. Le piramidi più brieui essere più lontane non procedenti da quella medesima base più forti et parte più deboli essere più brieui imperò chè egl'è necessità le ottuse più, si come apparisce per lo primo de *Euclide.* Ma nelli più ottusi de' raçi ad esse intersecando. Quanto l'angulo è più conale et più ottuso tanto maggiormente per li diuersi lati s'aprossima al pressamento. Verbi gratia. Sia la piramide ottusa A B C, conciò sia cosa addunque il lato A C nel D et B C, nel E conciò sia cosa addunque che l'angulo A C B sia pari all'angulo E C D, imperò è contraposto ad esso, tanto gli altri due appariscono essere minori, quanto questi due sono maggiori tanto gli altri appariscono essere minori, et tanto gli altri raçi come C D et tanto è più presso el raço B C et è conuerso et quanto l'angulo è maggiore è D C E et e·lla proprietà della luce acciochè quanto è presso all'altra sia fatta più fortemente l'una et l'altra. Addunque sono queste le più forti piramide più di lungi alla luce sono più brieui naturalmente ne sono per cagione di prima, *18ª propositione*; ma·llo contrario assegnata nella piramide più di lunge e·lla luce raunata intorno al [. . .] maggiormente che nel più brieue. Et per questo passa il più brieue semplicemente per tanto sono le più forti et più brieui. Ora sono poste le piramide più remote.

23. Ogni corpo uisibile auere raggi imperò che niun aaltra cosa è il raggio se non figura di cosa uisibile per lo porgimento fatto nel diritto, per tanto li corpi luminosi dicono principalmente raggiare che colli raçi illustrano l'altre cose. E il sole del quale [che] grandemente sono li raçi sensibili le linee raçose essere fatte nascenti dirittamente sopra all'ochio, la qual cosa è manifesta imperò che se·lle figure della cosa uisibile distintamente non scorgessero l'occhio non comprenderebbono le parti della cosa distinta nè potrebbe essere la distintione delle figure partiali et delle rapresentanti le parti alla cosa. Se non le distinte linee imperò che altrimenti insieme si confonderebbono et confusamente si rapresenterebbono le cose all'occhio più largamente dalle linee dirette fosse cessa la uisione intra la cosa uisibile e'l uedere. Addunque è lo opposito, la cagione l'occhio non ordinerebbe. Alla quantità non si de' piglare se egli non fosse ritondo imperò che più tosto per molte da essere preso necessariamente e la ritondeça cioè per la ageuoleça del mouimento dell'occhio. Et più se quella parte non si muta per la quale non si muta, non fosse sperica, non uedrebbe in uno aspetto se non quella cosa la quale apparisce pari ad esse, imperò che la uisione è per le diritte linee nascenti sopra el uedere perpendicularmente. Il concorso delle linee nascono nel centro dell'occhio,

come di sotto s'amaestra, imperò che se fusse della superficie piana non uerebbono le perpendiculari sopra a essa dalla superficie pari a'llui. Verbi gratia. Sia per impossibile la superficie piana dell'occhio A B, la cosa ueduta C D. Sia ueduta addunque dal punto si meni la perpendiculare la quale cade sopra il D, ancora dal punto A, si tragga fuori l'altra perpendiculare la quale caggia sopro il C. Addunque con= *Fol. 30r.* ciòsia cosa che A B C D siano pari momenti distanti, questo si pro= ponghi imperò che di poi niuno inconueniente seguita, sarà la linea A C perpendicularmente tratte per ypotesim dalla linea pari B D et per consequente la linea B A pari al D C, si come apparisce per la 33 et 34 de *Euclide.* Et così la cosa ueduta non può trapassare la lar= gheça del uedere, la qual cosa se ella è falsa, seguita che l'occhio non sia della superficie piana maggiormente della sperica nel centro doue della quale possono e raçi perpendicularmente cadere dal lungi con maggiore grandeça. E più la ritondeça la capacità dentro, imperò che la figura è capacissima delli corpi ysuprametrij cioè delle figure misureuoli, necessità è l'occhio loce aspramente alcune cose delli corpi constituenti mancare nel coprimento. Verbi gratia il grasso sodo cioè il biancho che circunda l'occhio, se tutto el circundasse, l'occhio uedrebbe niente, imperò che esso manca dalla diafanitade. Similmente la copritura delle neue il bianco dalla parte dinanci. Similmente la ghiaccia mancha dalla tondeça.

24. I corpi di diùerse superfici si righieggono dal necessario all'oc= chio da essere const(it)uito. Oue apparisce imperò che quella parte doue apparisce nella quale risplende la força uisiua è molto tenera et passi= bile imperò la guardatura è aquidosa et tenerissima compositione, altri= mentri imperò che non ordinerebbe alla sottigleça degli spiriti in= uisibili uegnenti dal cerebro. Altrimenti ancora le figure delle cose uedute non riceuerebbe essere sotto inmateriale et grosso, non po= trebbe essere riceuuto il toccamento di quelle se non in sottilissimo corpo et questo ageuolmente si corronperebbe, se non si circundasse dagli altri più forti. Quinci è la dispositione dell'occhio. Come sia la tunica di fuori la quale si dice consolidatiua forte et grassa a rite= nere l'occhio tutto nella dispositione sua intra'lla quale è la tunicha

si dice [. . .] imperò che·lla si dispone dall'aria et è diafana uia di sopra alle figure intra questa e·lla tunica la quale si dice uuea, imperò che·lla è nera et simile all'uua che si iscura in essa lo humore nel quale risplende il uedere: il quale humore se al quanto non oscurasse le figure uisibili non apparirebbe in esso, et questa tunica è forte sì che non suda per questo lo humore che è in essa si contiene auente nelle parti dinançi di lui el foro circulare acciochè trapassino per quelle le spetie del quale foro del diametro. E intorno la quantitade del lat[t]o del quadrato intra·lla spera uuea disentibile. Intra queste tuniche et lo humore albumeo all'albume dello uouo diafano cioè acciò che per esso humore liberamente acciò che·lle spetie si dipartino acciochè l'umido humidisca lo humore glaciale perchè la tela che·llo circunda non si corrompa per secheça intimo humore el glaciale è simile alla ghiaccia humido come della luce possibile et non per guardatura del sole ma per possibilitade del senso et è sottile acciochè ageuolmente si muoua. È alquanto spesso acciò che·lle spetie possino essere spesse in esso imperò che altrimenti sarebbono uane. Et questo humore si diuide in due parti. Ae. n. *(sic)* la parte dinançi portiore della maggiore spera concentrica a tutto el cerchio dell'occhio et parimente distinte alla parte dinançi del uedere. Ae *(sic)* ancora portiore che·lla parte si dice uitrea è dinançi et più sottile che·lla parte innançi a queste si circunda d'una tela la quale si chiama ragnea simile alla tela del ragnatelo. Lo officio della quale tela è contenere quello humore fluido. Et così secondo questo phylosopho, *l'autore della prospettiua.* L'occhio à tre humori et quattro tuniche come è detto, et altri che più diligentemente riguardano l'anatomia pongono si come si legge nel *libro delle electioni* che l'uuea à il nascimento della madre dura, le quali sono due tele circundanti del cerebro et suggiungono coll'occhio manifesta per tre humori et sette tuniche delle è congiuntiua ouero consolidatiua. Ancora diuidono la cornua in due parti. La prima si chiama cornua. La seconda scrosi. Et similmente diuidono l'uuea della quale l'una parte cioè quella dinançi si dice uuea et quella di drietro la parte secundina: similmente la
Fol. 30v. ragnea della quale la parte dinançi si chiama ragnea et quella

retina: così pertanto il diuidere non è cura a questa phylosophia la quale solamente considera quelle cose le quali s'appertengono ad excentritade o uero alla concentritato *(sic)* rompimento et diriçamento. Come è [il creatore] di necessità ridutta ad humiditade; gli occhi e sensi due sono per benignità del creatore imperò che se uiene offensione all'uno, all'altro rimanga e·llo origine loro e questo imperò che dalla parte del cerebro nascono e nerui ottici, come innanzi è detto, diritti o cauati e quali ramificano in due fori concaui sotto la fronte li quali s'alargano et è fatta la creatione dello occhio sopra la extremità de nerui. Addunque le spetie in tutti e raçi nascenti sopra le cose uisibili l'uno per l'altro si riceue, che se queste cose non si unisseno parrebbono due. Si come ancora per adrieto è manifesto imperò che·lle spetie parebbono due riceuenti per li due occhi nel comune neruo essere congiunte le spetie essere unite. E·lle spetie constituenti l'occhio è necessità alcune essere excentriche per la presteça. Queste cose appariscono che conciò sia cosa che·lla spetie della cosa uisibile piramidalmente nasca sopra all'occhio della quale le piramide il cono inmaginabile nel centro dell'occhio ne ua se niuna del dyafano li raçi concorrenti in quel centro et procedenti oltre si segherebbono nel centro. E·lle cose destre parebbono sinestre e·lle sinistre destre, soggiugne la natura cholla glaciale dinanzi ancora abbia il centro colla cornea et collo humore albugineo acciò che·lle spetie trapassanti esse per esse non si ronpino innançi che uenghino alla força sensitiua la quale risplende nella glaciale concorrente asse la quale è essa excentrica se·llo humore uitreo è più sottile che el glaciale dinançi disparsonsi li raçi dal perpendiculare et di quinci per la uia delli spiriti si trasporta la spetie per insino al luogo del giudicio interiore. Vna linea contiene li centri di tutte le tuniche et delli humori. Et questo si pruoua per effetto imperò che altrimenti non potrebbe entrare in tutte le tuniche et delli humori la luce nè alcuno raço. Tutte le tuniche e·lli humori nel luce non è alcuno razo ritornare se non è rotta et per consequente la certificatione non potrebbe essere per [qualunque raçi risplendenti et nascenti sopra l'occhio sopra il (ui)sibile. È impossibile bastare alla uisione la quale si pruoua imperò che se gli raçi si

pongono allo uscire dell'occhio sopra alla cosa uisibile quasi contingenda o ueramente ritornano all'occhio o no. Se non ritornano non è fatta la uisione per quella conciò sia cosa che'lla anima no ne esca del capo come or sono eglino animati. Or sono tutte le cose uisibili specchi refletti de li raçi più largamente si tornano colla cose uisibile cioè la ferma della cosa all'occhio essa luce imperò indarno escono o uero le forme uisibili si difendono per la uirtù della luce in tutto el meço non è necessario che ri richiegga quasi da messi delli raçi più amplamente, come alcune cose per la uirtù dell'occhio si distendono insino alle stelle; se ancora tutto il corpo si dissolue nelli spiriti il lume naturale dell'occhio per la sua raçosidate comportare al uedere imperò che'll'occhio come dice *Aristotile* non solamente sostiene ma ancora fa come i splendenti corpi imperò che il lume naturale è necessario all'occhio ad alterare le spetie uisibili et compiere la proportione uisibile alla uirtù uisiua imperò che'ssi diffondono per la uirtù solare ma per lo lume dell'occhio connaturale si contemplano all'occhio. Qui(n)ci disse *Aristotile* quando el momento è forte al di fuori è fatto e la uisione e quando el mouimento è forte dalla parte dentro si come apparisce nel razo del sole brutta il uedere. Et non profferà essere proportionato da uedere et così apparisce imperò che una apparisce imperò che in alcuno modo è fatto il mandamento de' razi: ma non nel modo *platonico* acciochè li razi mandati fuori dell'occhio non si disfaccino quasi in forma uisibile et non tinti ritornino nuntianti alcuna cosa intorno all' occhio. Ma operano i razi nel modo predetto la qual cosa ancora apparisce nel modo del uedere imperò ch'el uedere in tutte quante l'anime è d'una ragione. Conciò sia cosa adunque che certi animali bastino per lo lume delli occhi dare a colori uirtù multiplicatiua da essi possono essere ueduti di notte come lume et non diffinisco se alcuna cosa più oltre faccia se non seguitando l'orme di questo *auctore*,
Fol. 31ʳ. si come è detto e nulla essere ueduto sanza luce imperò che il colore sança luce può efficacemente raççare imperò che la prima cosa in ogni generatione è cagione di tutte le cose, di poi è prima el ragiamento della luce imperò ogni altra si cagiona da essa. Addunque el colore efficacemente può raçare [. . .] la luce alla mescolata] il uedere nulla

comprende se non è presentato dalla proportionale distantia. Per certo la distantia o uero il uisibile rimouimento si richiede alla uisione im= però che la cosa uisibile si sottoponga all'occhio non si profonda nella luce, per consequentia non pùo muouere il uedere. Io dico che se esso uedere sia luminoso come *nella 46ª.* è, toccho non è imperò il uisibile se non per la lume contemperato all'occhio si(a) proportionato all'occhio. Onde alcuni uecchi ueggono meglo nella maggiore distantia che nella minore imperò che il lume degli occhi loro il quale è molto ma non chiaro si rasserena nel discendere et essere nato alla spetie della cosa uisibile si profonde acciò che più efficacemente muoua. Et altri sono ancora el lume loro è poco et non sereno, et questi ueggono dal più prossimano. Et sopra tutti quanti gli altri li quali ànno gli occhi profondi ueggon dalla cosa più rimossa che gli altri pari imperò che li raçi luminati risplendenti dall'occhio non così dispargono si come dagli occhi pereminenti et raunanti sopra la cosa uisibile si porgono più forte gli oggetti soli dirittamente essere ueduti ageuol= mente. Questo apparisce per le predette cose imperò che'l uedere è fatto per la piramide radiosa dalla basa opposita sopra el u'edere nas= cente perpendicularmente, ancora è fatto il uedere per li raçi fuori della piramide nascenti sopra l'occhio. Ma sopra l'occhio non possono nascere se non quelli li quali [non possono nascere] caggiono se non nella super= ficie dell'occhio. Ma per lo contrario del suo occhio si rapresentano all'occhio. Dico dirittamente essere ueduti però che reflexiuamente alcune cose si ueggono negli specchi altrimenti come di sotto si di= mostra: niuna cosa se non proportionalmente in quanto la ragione della cosa è imperò che come apparisce di sopra, il uedere è fatto per la piramide radiosa della quale basa e˙lla cosa ueduta. E necessità quello che˙ssi uede essere quanto diminuto proportionalmente quanto non ne addunque imperò che tale suo ydolo non basterebbe all'occhio efficacemente inprimere, si come dice *la 43. propositione,* il corpo di excellente grandeza in uno sguardo si come apparisce *per la* 39. Ad= dunque o punto linia el punto à bisognio di quantità, la linia di lati= tudine, non è parte dell'aere à bisognio di quantità di latitudine abbi= sogni la linea caret di latitudine, non è parte dell'aere ma il punto

adunque à bisognio di quantità et la linea manca di latitudine el quale el punto si discuopre la luce et ancora la linea mancante di latitudine perchè niente è corpo. Corpo niente riceue luce se non è corpo et perchè niente riceue luce se non è corpo niente peruiene la luce nello aere el quale è tra'l foro el quale è istante el primo che peruiene alla luce el quale è tra'l foro e·lla parte d'esso. È diuerso dallo istante lo quale e si discuopre dalla parte d'esso el quale è intra·lla parte d'esso e diuerso lo istante e quale si discuopre. [El primo che·ssi.] Ma tra ciascheduno due istanti è tempo in mezo luce la quale è fuori del foro et dentro dal foro ma quello tempo molto si nasconde al senso per la uelocità del mouimento del foro et della luce et dello aere. Et similmente quando el uiso fosse opposito alla cosa uisa di poi che u'era così l'aere portante alle forme portante al foro della cosa uisa contingente la superficie del uiso da poi che niente fosse differente o uuoi portante alla forma. E dentro del concauo del neruo comune se non è in tempo. Ma 'l senso carente o uuoi bisognioso della uia della comprensione per la sua paruità et per lo suo errore et per la debilità sua a comprendere quello che infine della paruità; questo addunque è rispetto o del tempo o del uiso con uno istante et anche il menbro sitiente non sente la forma adueniente adesso se non quando da quelle patisse. Adunque non sente el colore in quanto colore nè ancora luce in quanto se non il colore in quanto colore se non poi che è apparito
Fol. 31v. dalla luce et dal colore. [Ma·lla passione della luce et della forma e della luce et del colore. Ma la passione della forma.] Ma la passione della luce e del membro sitiente et della luce et del colore et quanta alteratione benchè sia poca. Ma nessuna alteratione non è se non è in tempo. El uiso il colore non comprende se non è in tempo. El uiso ancora non comprende il colore altro in quanto alla forma della superficie et del menbro sitiente. E al concauo del neruo comune esso sarà comprensione del colore in quanto colore et la luce in quanto luce. La luce è in quanto el tempo sequente. El tempo il quale peruiene alla forma et dalla forma alla superficie del menbro sitiente et al concauo del neruo comune et ancora istante el primo peruenisse alla forma et alla superficie del uiso lo quale è primo istante nello

quale istante el primo differente dalla forma del primo puncto della superficie del uiso quando el uiso fusse opposito alla cosa uisa da poi non fosse istante così poi che·llo occhio auesse aperto le palpebre perchè elleno fosseno chiuse, el primo che contingesse da poi che l'occhio auesse aperte le palpebre perchè elleno fosseno chiuse così el primo che continge la superficie del uiso o uuoi la forma o dell'aere o uuoi dell'aere differente. La forma di quella cosa uisa è uno punto o linea concorrente di latitudine da poi l'una parte si fa insino aere differente. La forma parte dalla superficie. El uiso per lo quale peruiene la forma apresso el contatto di quello punto carente di quella quantità [o uuoi punto carente di quella quantità o ueramente punto carente di quella quantità] o uuoi di quella linea carente della quantità o uero linea carente della latitudine della superficie del uiso el punto carente della quantità innançi alla linea carente della quantità della superficie dell' aere differente dalla forma o uuoi dalla luce et del colore peruiene [a] niente uiene dalla forma et dal colore non sarà se non la superficie del uiso; perchè el minimo della superficie et del uiso peruiene alla luce et conferma del colore. E·ssarà se non la superficie per che uiene la luce e'l colore nel uiso o diuerso dallo istante il quale è primo istante al quale continge l'aere differente e·lla forma e·lla superficie del uiso quando el uiso fosse opposito alla cosa uisa arà aperto alle sue palpebre poi che·lleno fosseno state chiuse perchè non peruiene la forma della luce in alcuna parte del menbro sitiente, se non è in tempo perche·llo istante il quale accade el senso del colore doue appare in quanto luce, è diuerso dallo istante lo quale è differente dal uiso. Abbia (mo) detto che l'uomo conprende el uiso e·lla luce e'l colore et come conprende la quidità del colore el della luce et come e' conprende la qualità della luce.

25. El vedere non essere fatto se non per mezo dyafano, della qual cosa la ragione è che·lle spetie non si multiplicano se non per li corpi dyafani: la sottigleza de' quali ordine cholle forme da essere moltiplicati come sanza materia cioè sanza conditioni materiali. Come è possibile che·ssi appresentino o uero impressino all'occhio imperò pertanto che ogni cosa è prenditiua della influentia celeste. Certo che

ueruno corpo mancha al postutto per lo riguardamento. Conciò
sia cosa che comunemente al priore et superiore è inferiore di qui è
che niuna densità o corpo uieta al postutto per lo riguardamento et
trapassamento delle spetie auenga idio che a noi si nasconda. Di qui
dicono uedere i lupi ceruieri per mezo le parete. Ogni cosa ui è necessità trascendere nella densitade della qual cosa è la ragione. Imperò
che niuna cosa può essere colorata o luminosa se non la densa: più
largamente non potrebbe muouere la glaciale se nel riguardare la
trapassasse più che uerun'alt(r)a cosa si uede sanza luce et se quella
si uede prospicua si come l'aere: la luce non potrebbe essere perspi-
cua in essa et fissa in essa. Della quale sança mescolamento niuna
spetie può raççare. Come appare *nella 47*, imperò che·ssi muouono
insieme la luce e'l colore. Tutte le cose le quali si ueggono da essere
compreso nel tempo. Imperò in mutatione insensibile non è fatta se
non è nel tempo si come è le illusioni de' sensi amaestrano nella ueloce
Fol. 32r. amaestratione trasportante d'alcuni. Et più largamente la distinctione
appare della cosa non essere fatta se non nel tempo imperò si uede il
punto circulo [. . .] più il cielo uelocissimamente si muoue. Nè per
tanto si perpende se nel tempo recettibile più auenga idio che secondo alcuni la mutatione può essere fatta per tanto, questo di questa
phylosophia, come di sotto si dimostra, nel circulo pertanto la certificatione del uisibile. La cosa uisibile non è fatta se non nel tempo
della trasportatione della assis radiale sopra la cosa ueduta, come
appare di sopra *nella 38*, la uisione non essere fatta lucidamente sanza
la sanità dell'occhio. Imperò che questo si dice che·llo errore del
uedere alcuna uolta è dalla cagione exteriore per lo uscire della proportione alcune cose delle conditioni necessarie al uedere come per distantia o uero per oppositione: o uero alcuna per la cagione interiore
si come ouero per deboleza dello occhio ouero per la pocheza nelli
spiriti o uero per infettione dello occhio et delle humore istrano o
uero per alcuna offensione. Le uarie et molte intentioni uisibili et alcune primeramente et alcune secondariamente essere comprese certo
come detto è *22* sono le intentioni comprensibili: distantia, sito, essentia (. . .) Et così per tanto si comprende principalmente muouono el

uedere e'lla luce e'l colore sigilianti gli occhi alle sue spetie et per conꞏsequente l'altre di sopra nominate rapresentanti al uedere le qualifiꞏcano sotto quelle medesime. Non tutte le intentioni essere comprese dal senso spogliato el senso, imperò che alcune cose si comprendono non per lo senso ma per la comperante uirtute distintiua, per la argoꞏmentatione dentro mescolata riceuente [mente] altre cose. Ancora per lo aiuto della scientia acquistata. Verbi gratia. Piglinsi due cose indiuidue essere simili et la simiglianza nell'una et nell'altra è formalꞏmente, non si comprende per lo senso solo ma per cognitione dell'uno et dell'altro, similmente alla differentia de'colori et delle altre cose. Et più che'lla uerità non si comprende per lo senso solo ma per diꞏstintione delle parti d'essa la quale fa la forza distintiua mediante la uisiua et similmente le cose usate quando si ueggono subitamente uedute si cognoscono. Et questo non è se non per la relatione delle spetie riceuute all'abito della memoria. Et questo quasi per ragionaꞏmento nelle distintioni delle ragioni de'uisibili inrecettibilmente essere argumentato imperò che niuna cosa uisibile sanza distintione delle intentioni uisibili sança distintioni uisibili si cognosce ouero sança la collegatione et relatione. Li conoscitori alle cose uisibili tratte dalli sensi le quali non possono essere sapute sanza ragionamento, ma ànno bisognio del tempo recettibile la forza distintiua comunemente in queste cose comprese. Imperò arguisce per lo riguardamento alle cose notissime da se ne arguisce per compositione et ordinatione delle proꞏpositioni, imperò che'lla forza distintiua comunemente in queste cose nata arguire sança difficultade la quale aptitudine ancora naturalmente nasce la luce et il colore essere compresi dal senso spogliato, questo imꞏperò più si piglia però che l'ultimo consentiente. Si tinge di questi la luce e'l colore insieme coll'occhio intra mouimenti sola si discerne la uirtù distintiua. Et per certo toccano la'ppella *(sic)* et muouono secondo quella parte medesima. Addunque nel senso confusamente si riceuono essi per lo senso et non possono essere distinti. Adunque non si distinguono se non per la sperientia della luce et del colore et per la scientia aquistata.

26. La quiditade della luce et del colore non essere compresa dal ueder solo, questo dice la quiditade del colore la spetie del colore

cioè spetialissima la quale non si discerne se non per relatione alle forme consuete. Similmente la quiditade della luce imperò che sia luce del sole o uero della luna o uero del fuoco per iscientia si co= gnosce, et non per lo senso quando per tanto il colore in quanto luce dal senso spogliato si piglino niuna intentione uisibile fuori che'lla luce e'l colore essere compresa dal senso solo. Si come la quiditade e'l colore è infra tutte le differentie. E inmediatissima al colore. E'lla quidità della luce e'lla luce. Se adunque le quiditadi non si pigliano dal senso solo et l'altre qualunque intentioni, ma per distintione et

Fol. 32v. scientia per la quale cosa apparisce che è sole et la luce e'l colore et non la quidità della luce o uero sono el proprio oggetto del uedere el colore in quella cosa el quale di prima a essere compreso per la sua quiditade. Questo per le sopradette cose apparisce imperò che l'occhio per lo suo tangimento si piglia et non la sua quiditade. Questo ap= parisce imperò che il colorato posto sotto la luce oscura questo si piglia per iscientia et argumentatione. Questo ancora per isperentia imperò che posto sotto la luce el colorato oscura, solo la distantia di mezo è certificabile et questo è per li corpi intragiacenti et continuati et ordinati. Per certo la distantia uisibile non si comprende dal uedere ma si cogle per la ragione et per questa cosa [philosophia così pero che'lla cosa non si uede mediante le chiusure le quali tramezano el sito et per questa philosophia] amaestrante imperò che'lla cosa non si uede colle palpebre chiuse, el quale si uede non essere accostante al uedere le quasi uede quelle aperte. Consequentemente si coglie come quella cosa la quale si uede non sia accostata. Questo è posato nell'anima sanza necessità d'argomentatione che s'abbino a ridire. Ciascuna uisione dico addunque che'lla comprensione della quantità della distantia si piglia alla quantità de' corpi intragiacenti. Verbi gratia la nuola in piana terra si uede congiunta al cielo, nella terra montuosa si uede proxima alla terra imperò che in alcuno luogo non trapassano l'alteza de' monti. La certeça addunque della distantia de' nugoli s'achagiona per la appren= sione della cosa intragiacente, che se i corpi intragiacenti non sono ma confusi non potra certificare l'apprensione e'lla quantità di questa distantia più che non sia la distantia del meço no ne attinge el uedere a piena distintione delli corpi remoti intergiacenti per la deboleça delle spetie uisibili et per la distantia, come di sopra s'amaestra *nella 18. propositione.* Sarà certificata la quantità della distantia per la resolu⸗ tione dello spatio intragiacente alla grandeça della misura. Nota scien⸗ tialmente imperò che se le cose intergiacenti secondo el tutto parte parimente le incerte non mai per esse si certifica la certa distantia, adunque è necessità ritrouare in essa alcuna cosa certa. La quale la notitia per isperimento sia nota intorno a tutto quello spatio si resolua si come alla quantità del piede misuranti o uero d'alcuna la quale sia pronta alla imaginatione del misuratore. La distantia dello oriçonte apparire maggiore che di qualunque altra parte di qualunque emi⸗ sperio. Questo apparisce *per la* 63, imperò che per la distantia de' corpi la quantità si cognosce doue si uede maggiore grandeçe inter⸗ giacere à necessitade acciò che ancora maggior distantia intra·llo ori⸗ çonte imperò el uedente e·llo' intergiacere si uede tutta la largheça della terra nichil uedente. Nulla addunque incomperabilmente più distare l'oriçonte che qualunque altra parte del cielo; l'oriçonte appare acco⸗ stante alla terra, la ragione di questo però non si comprende lo spatio tra l'ultima parte uisibile et la terra o d'esso cielo. La lungheça de' raçi essere compresa dal uedere. La qual cosa apparisce per isperimento nelli specchi doue appariscon le cose in extremitade delle linee rag⸗ giali le quali stima tutte essere parte in continuo diretto el quale fa la parte quando muoue el uedere. Onde la spetie mouente l'occhio non solo mostra all'occhio esso oggietto ma ancora meço il raggio el quale essa spetie e·llo stremo nel quale non può essere fisso col raggio la spetie imperò che esso detto raggio è semigliança d'altro, per tanto questa propositione delli raggi uscente potrebbe essere preso fortissimo argumento. Il sito della oppositione della cosa ueduta per distintione essere compreso la mutatione del sito e inchiude tre cose: la diame⸗ trale oppositione della cosa et la oppositione per rispetto dell'occhio secondo la diretteça e·lla obliquitade et l'ordine insieme delle parti della cosa.

27. La remotione della cosa uisa dal uiso non si comprenderà per lo solo senso nella comprensione della remotione della cosa uisa

e comprensione del luogo della cosa uisa nel luogo della compren⸗sione della remotione d'essa solamente et per lo luogo della cosa: essa si fa per tre intentioni cioè per la remotione et per la parte et per la quantità. Addunque della remotione perche·lla è intentione della remotione è diuersa della intentione della remotione tra due corpi: è priuatione di contatto e·lla priuatione contatto è diuersa, non è la quantità di quello spatio la intentione della remotione, in quanto
Fol. 33r. è rimotione per lo sito del luogo et della qualità della comprensione di tutti a due. È diuersa della quant(it)à della comprensione dell'altro perchè la [con]priuatione del contatto è diuersa dalla parte. La com⸗prensione adunque del luogo della cosa uisa nel suo luogo consiste. La comprensione delle cinque cose cioè della comprensione della luce, la quale è in essa et della comprensione del colore d'essa et della comprensione della rimotione et della comprensione della parte d'essa et della comprensione della quantità della rimotione; insieme di queste si comprendono per se solamente: nè ancor si comprende l'uno dopo l'altro ma tutti si comprendono insieme. Essi si com⸗prendono per cognitione et non per argumentatione che si debba ritrarre, et per la comprensione della cosa uisa nel suo luogo più che il ragginare ponenti i raggi che·lla uisione serra per la extremità del raggio exeunti dal uiso o che peruengono dalla cosa uisa et che la uisione sarà per la istremità del raggio. E ànno contra a ragiona⸗menti de' *naturali,* dicente quando la uisione fosse per la forma ue⸗niente dalla cosa al uiso e quella forma peruiene dentro del uiso, et non ne ànno saputo questi che la uisione non si compie solamente per lo senso, ma per distintione et per cognitione et per argumen⸗tatione interanda appresso alla uisione. Se addunque la uisione fusse per lo solo senso, non si comprenderà la cosa uisa nel suo luogo, se non da poi che fusse peruenuta alcuna cosa fusse, non si comprenderà da esso et toccasse et sentisse quella, perchè la uisione non si compie per lo senso solo ma per distintione ma per cognitione, non fa di bisognio la comprensione della cosa nel suo luogo sentiente luogo extrinseco ad esso et contingente ad essa. Ritorniamo alla qualità della comprensione della uisione et diciamo la remotione della cosa

uisa non si comprende se non per distintione; con questa intentione no ne dalla intentione si riposa nell'anima secondo i precepti la frequentatione et la troppa intentione la quale si riposa nella anima sopra la uirtù distintiua, per la quale cosa non è bisognio nella sua comprensione di ciascuna cosa uisa circa alla uirtù distintiua ancora appresso di ciascuna cosa. Nè ancora questa interatione non è se non è nell'anima secondo e tempi passati. Sicchè non [. . .] dell' anima per li tempi passati per la troppa frequentatione et interatione d'essa sopra la uirtù distintiua, per la qual cosa non è bisognio nella sua comprensione d'argumentatione reiteranda appresso alla comprensione di ciascuna cosa uisa, per che modo circa la uirtù distintiua appresso alla comprensione et per che modo la intentione della remotione si come l'altre circunstantie della cosa uisa antecedente. Et perchè si distingue la qualità della remotione presso alle circunstantie et intentioni della qualità appresso di ciascuna cosa uisa, non comprende de la remotione le quali sono nella cosa uisa. Et per che modo la uirtù distintiua comprende la distintione secondo che io truouo. Quando el uiso fosse opposito alla cosa uisa là oue e' non fosse opposito, si comprende la cosa. Et quando el uiso arà compreso et aperte le palpebre fosson chiuse o fusson opposite ad alcuna cosa uisa, comprenderà quella cosa uisa: et quando arà chiuse le palpebre guasterà quella cosa uisa et la comprensione d'essa guasterà la natura dello intelletto, che quello auiene appresso alcuno sito et guastisi per esso, non è fisso dentro nè fermo dentro al uiso la natura dello intelletto et che quello appare appresso al chiudere esso non è fisso intra el uiso et quello è quel che fa entrare nel uiso. Et quando la uirtù distintiua comprende quello che auiene nel uiso per lo quale el uiso comprende la cosa che auiene nel uiso, quello non è cosa fissa fra el uiso et lo operante, esso è fuor del uiso et perchè la uisione si guasta appresso la clusione o uuoi el chiudere delle palpebre appresso alla motione dalla oppositione et così appresso allo aprire delle palpebre appressa della oppositione della uirtù distintiua et quella che nel uiso non è amplicato quello che è nel uedere. Et quando la uirtù distintiua et quando quello che si uede non è appli=

cato con quello che·ssi tra la motione. Et questo è qualità della com= prensione della remotione uisa, in quanto è remotione. Ma la uirtù Fol. 33v. distintiua non à bisognio nella comprensione della [dell'anima] remo= tione della cosa uisa a uedere quelle cose noi abbiamo diuise, perchè noi no ne abbiamo fatto qui se non per gran dichiaratione e·lla uirtù distintiua comprende qui la conclusione sança bisognio di quella diuisione; per la comprensione addunque della cosa uisa appresso la oppositione appresso allo aprire delle palpebre per distractione di quello appresso alla remotione della oppositione appresso alla con= clusione delle palpebre comprende la uirtù distintiua che·lla cosa ap= plicata col uiso et fuori del uiso ch'esso non è applicato col uiso se= condo questo modo, comprende la uirtù distintiua che tra·lla cosa sia remotione per la frequentatione di questa intentione e·lla reiteratione d'essa, se riposata nell'anima, sicchè non si schorge se lo riposamento è fuori del uiso et che tra ciascuna cosa ell·animo, perche·lla distantia comprende che·lla uisione et per la distintione è extrinseca dal uiso quando ell·istà quiescente nell'anima, intenderà la uirtù distintiua che ciascheduna cosa uisa compresa dal uiso è intra essa e'l uiso et tra esso è rimotione, et con questo come noi abbiamo detto di sopra, non si comprende la remotione, non si comprende la comprensione col sito. Et per che modo si comprende la cosa e·lluogo et la compren= sione della quantità della remotione dal uiso si diuersifica perchè alcune si comprendono dal senso del uiso et si certifica la sua quan= tità et alcune si comprendono delle quali la sua quantità non si certi= fica e·lla remotione addunque si diuersifica et certifica la sua quantità, et alcune si comprendono, et alcune si certificano in ciascuna cosa uisa la quantità della remotione e intra alcuna cosa e'l uiso, imperò che intra'lcuna cosa uisibile e'l uiso sono corpi ordinati et continuati. E tra alcuna e'l uiso non sono corpi ordinati et continuati i quali raguardano d'essi uisibili remotione. Li quali raguardano la remo= tione d'essi uisibili per quelli comprenderà quantità di quelli corpi, comprende la quantità delli spatij sono tra·lle extremità di quelli che tra diuerse stremità de'corpi risguarda la rimotione, la quale è tra'l uiso e·lla cosa uisa, delle quali l'una è la parte dello aspiciente et re=

motione della cosa uisa perchè risguarda lo spatio ch'è tra'lla cosa
uisa e'l uiso. Addunche comprende la quantità la remotione delle
cose uisibili delle quali la remotione risguarda i corpi continuati et
ordinati per la comprensione delle misure delli corpi ordinati risguardanti la remotione di quelli. Alcune cose delle cose uisibili et
mediocre meçana, alcune sono fuori della meçanita per uera comprensione certificata per uisibili, de' quali la remotione è mezana et tra
essi e lo uiso et non si comprende dal uiso per quella comprensione,
per la quale cosa el uiso arà compreso nelle nuuole nel piano et nelli
luoghi doue non siano e monti, oue stimerai che sia grande remotione
per rispetto de'corpi celesti, et quando e fossono continuate tra e
monti, forse si coprirranno la extremità de' monti dalle nuuole,
quando le nuuole distanti saranno fussero coperte et applicate alle
nuuole de' monti et paiano insino alla cima de' monti; per questo addunque experimento si uede che'lle nuuole et la loro remotione non
n'è istrana che più di quelle sono propinque all'alteça delle cime
delli monti, et quello si stima della remotione et stranietà et del quale
errore è dichiaratosi. Poi che'l uiso non comprende la mensura della
remotione delle nuuole nel piano che'lla mensura della remotione
delle nuuole si comprenderà dal uiso. Quando saranno tra'lli monti
appariranno le cime de' monti di sopra. Et anchora questo si truoua
in più uisibili i quali sono sopra la superficie della terra, cioè che'lle
mensure della terra cioè che'lle misure della remotione non risguardante li corpi ordinati et continuati [. . .] da questo. Et per quelli
addunque per li quali si manifesta questi cioè che'l uiso non comprende la quidità della cosa; se non quando la remotione d'essa fosse
risguardante li corpi ordinati et continuati quelli corpi arà certificato
le misure d'essi. Come manifesta lo sperimentatore della casa per la
quale non entra innançi l'ora della sperimentatione. Siano alcune
pariete di quella casa scritto o uuoi disegnato uno foro et sia dopo
quello foro uacuato, la quale uacuità esso non ne abbia ueduto innançi quella ora: siano in quella uacuità due parieti, l'una sia al foro *Fol. 34r.*
propinquo al foro assai tra gli due. Sia l'altro pariete el propinquo
et l'altro sia coperto et in parte assai remota. El pariete più apparente

sia el foro, è leuato dalla terra distante tanto quanto l'aspiciente arà guatata per esso, non ueggia la faccia della terra. La quale è dopo el pariete nella quale è il foro per lo sperimentatore. Quando sarà en= trato in questo luogo arà guatato in questo foro, uedrà insieme le due parieti et non comprenderà la remotione che è tra quelli. Ma se'lla remotione del primo pariete fosse grande remotione et stranea dal foro, comprenderà due parte et parrà che si tochino insieme et forse stimerà che sia uno pariete continuo. Et se il pariete primo fosse remoto dal foro mediocremente et scorga siano presso a'llui et contingenti, et non sarà certificato la remotione che siano due parieti stimerà la remotione che sia tra quelli, et quando arà compreso el primo pariete el uiso quando fosse mediocre quasi propinquo et non certificherà la remotione d'esso [fosse mediocre], la quale è tra questi due corpi per lo senso del uiso quando innanzi a quella. Ora non arà ueduto questo luogo et ancora gli due parieti. Forse che com= prende il uiso gli due corpi, come se essi si toccassino insieme, auenga che d'essi sapesse innançi la distantia la quale è tra quelli corpi così fatti, non comprende la quantità della remotione del primo corpo et con questo comprende la forma d'esso quando non comprende la quantità della remotione, se non comprende tutti li risguardi e'lla remotione. Et se non comprenderà el uiso la quantità della remo- tione della cosa uisa, certamente per la comprensione della forma della cosa uisa, se non per argumentatione. El uiso non arguisce sopra alcuna misura se non per comperatione di quella misura a quella già compresa dal uiso. E'lla misura allora compresa connessa è niente è per lo quale el uiso possa misurare la remotione della cosa uisa. Se el uiso arà mensurato la remotione per altre cose che per questi corpi, sarà la misuratione così et non certa. Non adunque si comprende la quantità della cosa uisa la remotione dal senso del uiso, doue sia lo risguardante, la remotione d'essa di corpi ordinati et continuati. Et comprende el uiso li corpi e'lle mensure et questa sperimentatione la quale noi abbiamo detto, à molte simigliançe da' uisibili, come di due arbori secondo che noi abbiamo detto nel luogo, o legno posto per trauerso al foro secondo che noi ab=

biamo detto, del pariete primo e·lla remotione de' uisibili distante insieme si comprendono dal uiso per la comprensione della uisione la quale è tra uisibili. La dispositione addunque della remotione de' uisibili insieme sono appresso al uiso come dispositione della remotione, perchè due cose distinte et ordinate tra quelle che fossono corpi ordinati et continuati, arà compreso el uedere di quelli corpi e·lle misure d' esse comprendere la quantità della distantia, la quale è tra quelle ueramente et similmente tra quelle due cose uise fossono corpi ordinati et continuati, et fussono di molta extranea remotione, sì che non potesse certificare la misura la quale è tra' corpi et la remotione. Addunque e uisi non si comprendono se non per la comprensione della uirtù distintiua perchè quello adiuiene alla uisione non ne auiene se non per extrinseca quantità della remotione de' uisibili, si comprendono per lo senso del uiso per uera comprensione. Se nella remotione de' uisibili i quali risguardano e corpi ordinati et continuati de' quali la remotione con tutto questo è meçana. El uiso ancor con questi comprende ordinati risguardando la remotione et certifica le misure di quelli corpi. Ma·lle misure et remotione non si certificano dal uiso in motione d'esse et non si certificano dal uiso.

28. Il primo addunque per distintione si cognosce imperò che la cosa si crede ageuolmente essere per questi oppositi, imperò che la sua forma nasce perpendicularemente sopra el uedere la qual cosa non potrebbe essere, se non si opponesse più che·lla oppositione di quello che si uede il sito della obli [. . .] essere compreso per comprensione di diuersitate di distantia delli istremi della cosa uisibile, imperò che conciò sia cosa che·lla cosa si certifichi secondo quello *Fol. 34ʳ.* s'amaestra nella *62. propositione*, è necessità acciò che se gli extremi si ritrouassino distare non egualmente acciò che·lla cosa riguardante obliquamente l'ochio si giudichi. La terça differentia obliquante l'occhio si giudichi la terça differentia del sito per l'ordine delle spetie essere compreso nell'occhio, imperò che così si cognosce l'ordine delli parti della cosa distinta come apparisce nella *62. propositione* et così si conosce l'ordine delle parti come apparisce nella *37.*

propositione. Et così si conosce l'ordine della cosa ueduta. La figura della cosa uisibile essere compresa per due ultime differentie del sito. Verbi gratia: Per la maggiore distantia del meço quanto si piglia delle stremità si piglia la concauità et così per lo contrario la con⸗uessità. Tutte le figure della incisione si comprendono per la com⸗prensione dello ordine delle parti della cosa uisa.

29. La figura della cosa molto distante no ne essere certificata della quale cosa la ragione è imperò che'lla distantia non può essere certificata et per consequente nè'l sito nè la figura. La quantitade dello angholo sotto el quale si uede la cosa non bastare alla quantità della cosa uisibile da essere presa, la qual cosa apparisce imperò che'sse nell'occhio si producono li diametri seganti se medesimi orthogonalmente et producansi insieme agli oggetti del diametro quasi ageuolmente all'altre cose, et per consequente l'occhio molto obliquamente raguardante sotto el minore angulo dal lungi apparirà all'occhio sì come apparisce in figura. Nè tanto minore quanto l'an⸗gulo, imperò che così no ne apparirebbe il circulo ma per la simig⸗lança della figura è falsa la comprensione della quantitade per la comprensione della piramide raggiosa procedere et per comperatione della basa alla quantità dello angulo et la lungheça della distantia. Addunque la cognitione sola della quantitade dell'angulo non basta alla quantità di scientia pertanto comporta a questo, sì come apparisce sopra alla *40. propositione*, et l'angulo si comprende per la dispo⸗sitione della forma nello occhio. Ma perchè essi raççi imperò perche dall'occhio si pigliano, come è amaestrato nella *66. propositione*, non è la certeça della notitia della quantitade se non rapportando eguale, imperò collo eguale la lungheça delli raççi alla basa eguale imperò che nella anima tanto più da insieme distare da l'angulo le linie procedenti quanto più prossimamente si dilungano, et per conse⸗quente tanto più maggiormente base contenere et che'lla uirtù ap⸗prensiua della quantità alla lungheça raguardi nel solo angulo per lo sperimento si pruoua, imperò che se colui che non à più che uno occhio riguarda alcuna grande cosa et certifichi la sua quantità et poi ponga la mano innançi all'occhio, essa mano si uedrà quella sotto

quello medesimo angulo sotto maggiore ouero sotto minore che non è, et ueduta la pariete nè per tanto apparirà a esso, quanto appare la pariete, imperochè meno è di lungi la certificatione della quantità abbracciatiuamente per mouimento dell'axis, si imperò che'lla apprensione presso è piu certa, imperò si diparte sopra le base et sopra lo spatio et intra l'angulo sotto la cosa, la quale si uede, come mostrare puote *per la 37*. Niuna quantità della inmoderata cosa distante è certificabile all'occhio. Imperò che'lla cosa distante l'axis il quale per lo suo mouimento certifica el uedere trasportato impiccola parte della cosa uisibile fa niuno angulo sensibile nel centro del uedere, imperò che, come di sopra apparisce, la cosa molto distante sotto gli anguli più appuntati si uede. Et però la traslatione dell'axis intra l'angulo appuntato non n'è da essere poca dal uedere nè assai dalla efficacie apprensione più certa. Ne'ssi certifica la quantità dello spatio intraiacente come manifesta *la propositione 62ª*, la distintione delle cose uisibili per distintioni delle forme raççanti essere tolta. Imperò che quando le spetie mouenti l'occhio sono diuerse, è necessità le cose apparire diuerse, se la distantia d'esse no ne asconde la diuersità dell'occhio. Dichiarirsi addunque per questa sperimentatione che'l uiso non comprende la quantità della magnitudine della cosa uisa alla quantità della remotione colla comperatione, benchè all'angulo et non solamente e se'lla comprensione della quidità della magni- *Fol. 35ʳ.* tudine gli segnerà, che due uisibili di diuersa remotione risguardante uno angulo presso al centro del uiso e quali paiono, et non è così la quidità della magnitudine della cosa uisa, non si comprende per la distintione se non per la imaginatione della piramide, per la quantità dell'angulo colla magnitudine d'essa insieme. Et questa è la qualità della comprensione della magnitudine della consuetudine del uiso. Ma la dimostratione della remotione de' uisibili quando arà sentito la forma et la remotione di quella cosa uisa subito imaginerà la quantità del luogo et della forma et della remotione et comprenderà per la cognitione d'amendue queste intentioni la magnitudine di queste cose uise. Ma niente di meno la quantità delle remotioni sono attribuite alla magnitudine la quale si comprende dal uiso.

Già è dichiarato che alcune quantità della remotione de' uisibili si comprendono certamente estimatiuamente si comprende dalla similitudine. Et quelli eguali si comprendono dalle similitudini, si comprendono dalla remotione del uisibile e certa remotione et la remotione è certificata quantità sono quelli, li quali risguardano e corpi ordinati et continuati et sì dal uiso et per la certificatione della quantità delli corpi ordinati et per la comprensione delli corpi continuati et risguardanti essi dal uiso per la certificatione della quantità sarà la certificatione della quantità d'ella remotione de' uisibili, i quali sono apresso alle stremità d'essi, et rimangono adunque a essere dichiarate, come el uiso comprende la quantità della remotione de' uisibili, risguardando e corpi ordinati e quali sono la maggiore parte e uisibili assueti e quali sempre si comprendono dal uiso, et più frequentemente sono le superficie della terra et lo corpo della terra giacente tra essi e corpi delli huomini aspicienti o uuoi el corpo dello huomo aspiciente, el quale è della parte della terra, intergiacenti i quali sono sopra la faccia della terra risguardante la remotione de' uisibili del uiso. Sempre se comprendono dal uiso sempre e la comprensione della parte della terra i quali sono in sulla superficie della terra, non è se non per la mensuratione d'esso insieme et dal uiso et dalla misura rimossa da esso alla parte della terra propinqua o quelle le quali le quantità sono certificate da poi dalla frequentatione della comprensione da esso per frequentatione della mensura di quello comprenderà la quantità delle parti della terra che è presso a piedi per la cognitione et per la simultatione e esse comprese già prima el uiso. Adunque quando aranno guatato la parte esso e'lla cosa uisa, cognoscerà la quantita d'esso per la frequentatione d'esso per la comprensione de'simili et questa intentione è per la intentione de uisibili assueti signati nella imaginatione et riposamento dell' anima, sichè l'uomo no ne insegne la qualità della quiescentia tra esso e 'l uisibile, et perchè il principio della comprensione della terra del quale la quantità si certifica el piede di quello è presso a piedi si comprende dal uiso et dal uiso e la uirtù distintiua per la mensura del corpo dello huomo per lo piè d'esso quando ua sopra a esso. Et per lo braccio d'esso quando istende il braccio o uuoi le braccia et quello è presso alla terra d'esso sempre si misura per lo corpo dello huomo; el uiso comprende questa misuratione et sente quello la uirtù distin⸗tiua et la uirtù distintiua intende quella et sente essa, la uirtù distin⸗tiua certifica per essa la quantità della parte della terra continuante el corpo dell'uomo, la quantità adunque della parte della terra sono intese appresso al sentiente et apresso alla uirtù distintiua e'lla quiete nell'anima lo uiso comprende questa parte della terra. Et sempre lo sentiente essente questa uerificatione la quale si distende dal uiso alla stremità di questa parte appresso alla comprensione del uiso et appresso la consideratione del corpo della terra dal uiso comprende la parte della superficie del membro nel quale peruengono le forme di questa parte, comprende questa continuata della parte delli anguli le quali risguardano queste parti della terra, contengono la quantità delle parti del uiso alla stremità delle parti della terra, et quando fosse massima la re(m)otione nello spatio, le parti picco(le) dello spatio le *Fol. 35ʳ.* quali sono nello (ul)timo dello spatio non si comprende, se non dal uiso nè ancora si di(st)ingueranno da(l ui)so, però non si distinguerà perchè (u)na piccola quantità in una ma(x)ima remotione si nasconde al ui(so). Quando addunque l'asse si (m)ouerà sopra lo spatio ma⸗ximo pas(se)rà la parte piccola dello sentiente (et) non sentirà el sentiente el moto d'esso perchè la parte piccola nella (r)emotione maxima el centro del ui(so) non fa l'angulo sensibile. Addun(q)ue l'asse radiale si mouerà sopra (l)o spatio remoto et sentirà el uiso (c)he esso arà già passato alcuna par(t)e dello spatio: non sarà la quan(t)ità della quale comprende per lo senso: ma sarà maggiore quantità et più s'[a] aumenterà la remotione dello spatio tanto mag⸗giormente quanto giacente tra'l uiso appresso all'ultimo dello spatio el quale ui stà nascoso el moto del ragio del uiso saranno maggiori quantità, perchè el uisibile è propinquo al uiso et alla remotione maxima la quale sono sopra alla faccia della terra, et non si certi⸗ficano dal uiso, perchè non certifica la quantità dello angulo lo quale risguarda questo spatio, perchè el sentiente arà sentito la uerificatione della quantità dello spatio, perchè la uisione pro⸗

pinqua è più certa uisione, perchè le forme d'esse sono più manifeste.

30. El sentiente arà compreso la quantità della remotione de'uisibili assueti per la comperatione degli anguli o uuoi dello angulo alla magnitudine della cosa uisa per la frequentatione della cosa, et comprende el sentiente la remotione della cosa uisa assueta per cognitione essere la quantità dello angulo che risguarda quella cosa uisa assueta appresso alla cognitione dello angulo, et di quella quantità di quella remotione et de'uisibili assueti è il segno della quantità di quella cosa uisa in quella dispositione et questa [dispositione] remotione non è se non modo di certificatione. Conciò sia cosa che tra questa remotione et questa certificatione non è diuersità maxima et per questa comprensione sono oppinati, cioè ànno pensato e *mathematici* che·lla magnitudine della cosa uisa si comprende per l'angulo. E uisibili addunque assueti quando sono nella remotione assueta, quando el uiso arà conosciuti questi arà conosciuto la quantità della remotione. Debbesi secondo questa uia trouare la uerità della cosa uera e·lla maggior parte del uero si certifica la quantità della remotione quello ch'el uiso comprende, si è addunque questo modo della quantità di quella, secondo e quali noi abbiamo dichiarati. Si comprendono la quantità della remotione de' uisibili dello senso distinte dal centro del uiso alla *Fol. 36r.* extremità delle parti della terra propinqua allo huomo, si comprendono dal sentiente et dalla uirtù distintiua è certificata dal senso, perchè essa longitudine di questa uerificatione sempre si mensura per lo corpo dell'uomo: se essa intentione addunque l'uomo fosse stato certo che auesse guatato la terra appresso a piedi, sarà ne la longitudine delle linee radiali secondo la remotione dell'uomo et la uirtù distintiua et certificasi da essa si mensurano per lo corpo dello huomo se lo huomo fosse certo che auesse guatato la terra: appresso la terra o uero a piedi sarebbe la longitudine delle linee radiali et secondo la quantità et remotione dell'uomo et la uirtù distintiua intenderà certamente che·lla remotione giacente tra'l uiso et la parte della terra et la rectione dello huomo e·lla longitudine de'luoghi continuenti collo corpo dello huomo sono intese et comprese le quantità appresso

alla uirtù distintiua certifica della parte della terra continuata et delle forme d'esse le quali sono [...] nella anima. Quando addunque el uiso arà guatato la parte la quale è apresso a' piedi, subito compren- derà la uerticatione pertinente alla stremità di quella parte, imaginerà la uirtù distintiua la quantità della longitudine della uerticatione perueniente alla stremità d'esse e della qualitità delli anguli i quali contiene quella uirtù di uerticatione, et comprenderà la quantita degli spiguli. La stremità di quella uertificatione certifica la quantità della parte d'essa per lo senso del uiso et dalla comprensione della remo- tione si comprendono dal uiso, et dalla comperatione della quantità radiale la quale si stendono alla stremità d'esse. Si stendono alle prime parti che seguitano l'uomo e così compera la uirtù distintiua e'lle linee radiali ueniente alla prima parte e'lla seconda la quantità la uegnatione del terço raggio per certa comprensione. Secondo ad- dunque questi modi comprenderà la uirtù distintiua, la quantità della parte della terra seguente la parte continente i piedi et ancora la parte contingente sempre. Ancora si mensurano per lo corpo dello huomo, perchè quando lo huomo sarà ito sopra mensura della terra sopra la quale è ito cogli piedi d'esso passo et così si chiama questa mensura uno passo secondo gli antichi, esso passo si comprenderà la uirtù di- stintiua: et passato lo luogo lo quale subito lo asentiente fu o uuoi è stato comprenderà la uertificatione continente e piedi. Sarà addunque la comprensione de'uisibili assueti sopra alla faccia della terra per cognitione et similitudine di quelli insieme et dirittamente per com- prensione della quantità della remotione, della quantità de' uisibili per aquisitione della ascensione et simigliança di quelli insieme colla uirtù distintiua. Non che questi comprendano quanti cubiti siano in ciascuna remotione et da ciascuna parte la quantità imaginata della terra et quelle determinare o farò comperatione o uuoi fare simili- tudine della qualità della remotione de'uisibili del comprendere. Da poi similemente a questo del cubito o di ciascuna quantità di mensura o uero dello angulo el quale e risguarda e lo spatio non certifica la quantità d'esso. Et ancora quando la remotione fusse massima, le parti piccole dello spatio fossero per modo non si comprendessino, le quali sono nello ultimo dello spatio non si comprendono dal uiso et non si distinguono per la grande remotione. Et secondo questi modi abbiamo dichiarato le quantità delle remotioni de' uisibili per lo senso del uiso. Et da poi che è dichiarato la qualità della comprensione della qualità della remotione et distinte da' uisibili. Et distinguamo ora la magnitudine la quale si comprende dal uiso et distinguono le comprensione della magnitudine le quali comprendono dal uiso, et distingueremo di quelli dal uiso. Diciamo addunque che·lla oppositi= one sopra alla quantità della superficie et la quantità degli spatij e quali sono tra uisibili et questi sono tutti e modi della quantità delli spatij, sono distinti tra uisibili distinti di tutti questi modi della qua= lità. Ma la quantità della cosa uisa, perchè el uiso non comprende tutta la cosa uisa se non dal uiso apresso a tutta la sua oppositione et comprende insino a tutto lo spatio della superficie appresso alla oppo= *Fol. 36v.* sitione, perchè el uiso non comprende tutta la superficie del corpo, non comprenderà la superficie auenga che'l corpo sia piccolo auendo presso la corporità d'esso, non comprenderà la quantità d'esse ma·lla figura della corporità solamente. Se addunque el corpo fusse mosso o che el uiso si muoua sì che el uiso muoua tutta la superficie del corpo per lo senso o significatione, allora la uirtù distintiua compren= derà la quantità della corporità d'essa per la seconda arguitione oltra alla arguitione la quale è apresso alla uisione, et similmente quando la uirtù distintiua comprenderà la quantità della corporità di cias= cheduna delle parti del corpo no·lla comprenderà se non per argui= tione seconda: altra arguitione la quale è presso o ueramente la uisione et la quantità. Addunque le quali e' comprende appresso alla com= prensione non sono le quantità delle superficie delle linie le quali noi abbiamo determinato solamente. È già determinato la comprensione della base et della piramide radiale continente la magnitudine et l'an= gulo della piramide: la quale apresso al centro del uiso e·lla longi= tudine della piramide, la quale è remotione della magnitudine della cosa uisa. Et già è dichiarato che alcune remotioni de' uisibili et la remotione d'essi certificata e la comprensione e·lla qualità della re= motione. Ma·lla quantità de' uisibili della quale la remotione è certi=

ficata per gli anguli e quali riguardano el uiso per la magnitudine d'essi da alcuna cosa uisa mouerà el uiso sopra alcuna cosa uisa certificante la quantità della magnitudine d'alcuna cosa mouerà el uiso sopra e diametri et così si mouerà l'asse radiale le quali sopra addunque tutte le parti della cosa uisa; se addunque la [cosa uisa] remotione fusse la remotione maxima, subito apparirà al senso lo ascondimento della forma d'essa et manifesterassi allo sentiente colla quantità non certificata. Et se·lla remotione della cosa uisa fusse dalla remotione della cosa uisa mediocre, subito apparirà lo senso alla certificatione della uisione d'essa e·lla certificatione della uisione d'essa. Addunque la uisione d'essa l'asse radiale si muoue sopra a questi uisibili in mensura quello uerrà in mensuratione et comprenderà le parti sue et per lo modo certificherà la quantità della superficie del membro sentiente nella quale peruiene la forma della cosa uisa. Et anche certificherà la qualità dello angulo della piramide del quale risguarda quella parte. Et quando arà uoluto certificare la remotione d'essa è sopra el corpo respiciente la quale è equale secondo el senso alla longitudine delle linee radiali. Quando lo sentiente arà certificato la quantità della remotione e d'essa, la quale secondo el senso è la longitudine delle linee radiali, et quando lo sentiente arà certificato la quantità della remotione et della cosa uisa e·lla quantità dell'angulo lo quale contiene la piramide continente la cosa uisa la quale certifica quella cosa uisa. El moto della asse sopra l'asse della cosa uisa non sarà per la giratione d'essa della asse dallo luogo del centro dopo lo moto d'esso sono le parti della cosa uisa, perchè già è dichiarato che questa linea è sempre estensa rettamente per insino al luogo della giratione del nerbo sopra al quale si compone l'occhio, el transito da esso non si muta dal uiso: ma tutto l'occhio si muta cioè si muoue nella oppositione della cosa uisa et nel meço del luogo e la intentione particulare perchè nelle nature d'esse sono mutabili et apparechiate alla passione di quella cosa che auiene ad esse ouuoi alla mutatione per di fuori, la quale è possibile a comprendersi dal uiso in tutte desse, auenga idio che in esse sia alcuna mutatione, conciò sia cosa che tutti e uisibili siano apparecchiati alla mutatione possibile a comprendersi

dal uiso. Nessuno addunque de'uisibili che'l uiso comprende prima compreso certificato addunque e uisibili apparecchiati alla mutatione possibile comprendersi dal uiso, nessuno uisibile ora era prima certi- ficato et compreso appresso la seconda comprensione del uiso, conciò sia cosa che·lla mutatione sia possibile in tutti e uisibili. Quando el uiso arà compreso alcuna cosa uisa la quale innançi arà compreso et arà risguardato quello et certificato, et quella forma sarà stata reme- morante della forma sua appresso alla comprensione cognoscere
Fol. 37r. quella in quella cosa uisa et auenisse essere in essa mutatione mani- festa, comprenderà quella mutatione appresso alla mutatione et alla uisione. Ma se·lla non sarà manifesta, cognoscerà quella cosa uisa e stimata quella cosa essere apresso alla cognitione secondo el modo primo: tutto questo reiterato lo sguardamento non sarà seghuito cioè no ne arà compreso che la forma la quale cognosceua innançi sia rimanente secondo el suo essere sia possibile che in essa contingesse mutatione alcuna, la quale non possa apparire reiterando la intuitione, non sarà certificata la comprensione d'essa per la consideratione di tutte le intentioni, non sarà certificata la comprensione di quella cosa uisa certificata la comprensione se non per intuitione di quella cosa uisa per intuitione, non sarà uera comprensione. El uiso non comprende la cosa uisa per uera comprensione se non per intuitione della cosa uisa appresso alla comprensione di quella cosa uisa, el uiso sarà per questi due modi secondo la uisione la quale è per intuitione et per la uisione comprende la intentione, la quale è nel primo aspetto della uisione, la quale per intuitione et per la uisione comprende la inten- tione manifestamente per la cosa uisa solamente et non si certifica per questo così fatto effetto la forma et chiamata fantastica alcuna uolta cognitione procedente et tale uisione è secondo fantasia et uisione procedente e uisibili e quali el uiso non cognosce appresso allo aspetto et con questo no ne arà guatato essa. E·lla uisione la quale è secondo la uisione la fantasia et cognitione per accidente è uisione de'uisibili e quali el uiso non cognosce, con questo no ne arà sguardato la inten- tione loro secondo la dispositione dell'uno et dell'altro d'essi no ne auesse per fantasia la uerità della cosa uisa e che abbia conosciuto

quella cosa o non e·lla uisione per intuitione sarà secondo due modi, uisione o per sola intuitione con cognitione procedente la uisione o ueramente intuitione de'uisibili, e quali inançi al uiso ne arà com⸗preso rememorante della comprensione, quando gli guata essi per uisione o per intuitione procedente la cognitione o uisione di tutti e uisibili o uisione auesse iterando la cognitione d'essi. Auessono con⸗siderato et cogitato tutte le cognitioni d'esse et auessono in esse ite⸗rando et essi considerando le quali sono in esse et questa diuisione si diuide in due cose delle quali l'una è uisione assueta de'uisibili assueti. Et questa parte sarà per segni, si comprendono per parua intuitione et per consideratione d'alcuna intuitione. Et questo non è modo nè comprensione di uerificatione o uuoi certificatione. Ma la parte se⸗conda è la quale sarà per seconda e sarà per fine d'intuitione di tutte le intentioni, le quali sono nella cosa uisa appresso alla comprensione di quella cosa uisa et cognitione procedente et sarà in maggiore tempo in parte sensibile. Et diuersifica el tempo secondo la intentione la quale è nella cosa uisa. Ma la parte seconda la quale sarà fine della intuitione et per consideratione di tutte le intentioni le quali saranno nella cosa uisa appresso alla comprensione et con cognitione proce⸗dente et sarà in maggiore parte in tempo sensibile, et diuersifica el tempo le intentioni le quali sono nella cosa uisa. E·lle uisioni le quali sono per li uisi assueti si comprendono per comprensione per la quale nella fine di certificatione, le quali sono nella cosa uisa con cognitione procedente essere in maggiore parte in tempo sensibile et diuersifica el tempo secondo la intentione le quali sono nella cosa uisa. E·lla uisione è per la quale la cosa uisa e per la consideratione di tutte le parti in rispetto al fine di quello et con tutti questi la comprensione de'uisibili. Et secondo addunque questi modi sarà comprensione et questo noi intendiamo di dichiarare questo capitolo. Et già abbiamo compiuto la diuisione di tutti li uisibili e·lle diuisioni di tutte le intentioni et con tutti questi modo la comprensione de'uisibili dal uiso secondo la fortitudine del uiso, quando el senso degli occhi si diuersifica secondo el uigore et debilità. [Et secondo questi modi sarà comprensione da uisibili. Et questo è quello intendiamo *Fol. 37v.*

uolere dichiarare in questo capitolo. Et già abbiamo compiute le diuisioni di tutti e uisibili et la diuisione di tutte le intentioni et con tutti questi modi sarà comprensione] per le quali peruiene el uiso e·lla comprensione e·lla intentione de' uisibili diuidino in tutti questi modi della diuisione. Noi intendiamo questo presente tratatto. Dichiarato è *nel primo trattato et nel secondo* come el uiso comprende la uisione secondo che gli sono se·lla comprensione fusse stata retta. Et come certifica la forma solamente et come comprende ciascuna delle parti cioè delle intentioni particulari et così certifica quello, ma in ogni cosa comprensibile dal uiso si comprende da esso secondo che è. Ma ancora ogni cosa che si uede dallo aspiciente esso essere compreso molte uolte el uiso essere ingannato. Molti di quelli i quali comprendono da e uisibili et comprendono quelli per altro modo da quelli che sono. Et forse si scorgie la sua deceptione forse non reputa quando sia ingannato. Se comprende bene el uiso diminuto arà compreso alcuna cosa per ispatio remoto, allora la misura d'esso apparirà minore che la uera misura. Et quando quella che fosse forte minore fosse propinqua al uiso, comprenderà la misura maggiore. Quando lo uiso arà compreso el quadrato o lo poligonio da longie, comprende la parte tonda. Se fosse di quali diametri se·ttu arai compreso la spera da remotissimo comprenderà quella piana et tali molti: quelle cose sono comprese dal uiso, per tale modo sono fallibili. Ora quando el uiso arà guatato alcuna stella, comprenderà quiescente auenga che·lla stella si muoua. Quando lo aspiciente torna alla scientia sopra quella stella, è serenosa appresso lo aspetto, quando l'aspiciente arà distinto, quello subito s'è acorto se essere ingannato di quello, arà compreso della stella quiescente o uuoi della parte della stella. Et quando alcuno arà guatato alcuno indiuiduo per la faccia della terra e molto da lungie: et quello indiuiduo fusse mosso per momento o uuoi per moto tardissimo et non lungo tempo et sia durato l'aspetto, comprenderà quello essere quiescente et se lo aspiciente non ne arà percetto innançi el moto di quello indiuiduo [non ne arà percetto in questo che se colui comprende] la oppositione d'essa non si auedrà allora quella essere precetto in questo che se colui comprende della quiete di quello indiuiduo.

Et così farà comprensione sarà decetto, non sarà detta se ingannarsi. Et arà el uiso addunque deceptione di quelli molti i quali ànno compreso che si iscorgie da esso. Et forse e *due trattati precedenti.* Et dichiarato come el uiso comprende le cose e uisibili secondo in questo capitolo è dichiarato, di quelle cose noi abbiamo detto che molte uolte uiene al uiso deceptione et molti di quelli comprendono. Rimane a dichiarare perche'lla deceptione auiene al uiso et quando et per che modo auiene al uiso et noi siamo contenti et quando et per che modo noi siamo contenti in questo *trattato* per delatione del uiso che in esse contiene. Abbiamo dichiarato le cagioni in questo et la diuersità et la direttione et come auiene in ciascuna deceptione. È dichiarato nel *primo trattato* che'l uiso niente comprende da'uisibili se non dalle certificationi reflexe delle linee radiali. Ancora ciascuno uiso et ciascuna cosa uisa la quale si comprende da' due occhi insieme non si comprende, se non quando la oppositione consimile et che quando ella fosse diuersa, allora uno comprenderà due. Ma ciascheduno de' uisibili assueti el quale sempre si comprenderà uno doue sia di bisognio, noi sempre dichiarare come uno uiso cioè come una cosa ueduta si comprende da' due uisi. L'uno in maggiore parte di tempo e in più dispositione come l'oppositione d'uno, se non d'amendue gli occhi in maggior parte di tempo et in più dispositione come la da uno se non d'amendue et più sarà consimile. E dichiaramo come l'appositione d'uno siano d'amendua e uisi sarà positione diuersa: quando auiene questo. E diciemo questo *nel primo trattato* et dichiaramo questo uniuersalmente et non determinatamente. Et diciamo quando l'aspiciente arà diriçato la pupilla a quella cosa uisa per direttione el quale e quando el uiso fosse sopra alla cosa uisa, allora l'uno *Fol. 38r.* et l'altro uiso sarà impositione cioè di quella cosa uisa. Mosso allora l'uno et l'altro uiso si mouerà sopra quello. Et quando lo aspiciente arà diriçato la pupilla alla cosa uisa, allora l'asse de'due uisi si congregheranno insieme in quella cosa uisa, si congiungono in alcuno punto di quella superficie et di quella lo aspiciente arà mosso el uiso per quella cosa uisa, allora quelle due assi si moueranno insieme sopra alla superficie di quellà cosa uisa et per tutte le parti sue uniuersalmente i due occhi sono equali in tutte le sue dispositioni. E·lla uirtù sensibile la quale è in essa elettione et la passione di quelli è sempre eguale et simile, se altro uiso fosse mosso a uedere, subito l'altro si mouerebbe a quella cosa uisa per quello medesimo moto. Et se altro uiso quiescerà ancora l'altro quiescerà. È dichiarato nelle predette cose che ciascheduno uiso à el centro del uiso piramidale imaginabili apresso alla uisione della quale el conio et centro del uiso e·lla basa è superficie che'l uiso comprende, ma questa piramide contiene le uertificationi per le quali comprende quella cosa uisa. Quando addunque due assi d'amenduni e uisi saranno congiunte da alcuna superficie in alcuno punto, le due assi sono d'amendue e uisi oppositi a due uisi. Allora le due assi saranno perpendiculari, saranno le base congiunte e oppositione consimile perchè è opposito a·mendue e meçi. Sono le due linie et saranno le superficie della cosa uisa tra ciascheduno punto in esso a' due centri di tutti li due uisi et saranno perpendiculari. Saranno tutte le due linie imaginabili tra due centri et due uisi e·llo punto le quali due assi si congiungono si diclinerà al punto della declinatione. Vna medesima parte al punto della congiuntione sopra all'una et all'altra asse, la remotione di queste due linee da' due assi sono equali perchè ogni due [. . .] da due centri et due uisi et ciascuno punto delli punti più proximo o uero più propinquo al punto della congiuntione el quale niente distà dalle due assi. Addunque se i centri della congiuntione saranno equali et non saranno tra quella diuersità sensibile quando la cosa non fosse molto propinqua al uiso e·lla distantia et similmente la dispositione di ciascheduno punto molto propinquo e·lla distantia d'essa fosse molta mediocre. Et similmente la dispositione di ciascheduno punto molto propinquo al punto della congiuntione cioè che ogni due linee eseunte da'due centri et da' due uisi et ciascheduno di loro non disferissono nella longitudine quanto al senso, forse saranno equali alla linea la quale copula la linea della congiuntione col punto declinante al quale escono due linee da' due centri et con due triangoli fatti di queste linee. Addunque due anguli equali sono appresso a' due centri de' duoi uisi sono si distendono alla superficie del uiso una linea comune et saranno sensibili et quasi in esse non sarà diuersità equali *Fol. 38v.* di sotto apresso alla superficie del uiso una linea comune et saranno equali et non sarà diuersità et questi due anguli sempre saranno minimi. Quando el punto sarà molto propinquo et alla cognitione delle due assi e·lle due linie esse no ne a ciascuno punto propinquo al punto della cognitione con due assi e gli anguli equali, allora la remotione delle linie exeunte da uno medesimo punto degli punti propinqui al punto della cognitione di due assi et de' due uisi sarà remotione e quali la positione di ciascuno punto della positione del uiso et di ciascuno punto della superficie et de' due uisi et positione consimili in parte et in remotione da' due assi. E·lla dispositione delli punti remoti dal punto delli declinanti ad una parte d'amendue sono l'assi et così fatti sono amendue gli anguli i quali sono tra due linie esienti et alcuno punto de essi forse che sono differenti in alcuna diuersità o in alcuna parte de' due uisi et positione consimile nella parte solamente ma non nella remotione compresa da' due uisi; quando ella fosse d'alcuna quantità de' propinqui diametri la positione di ciascuno punto apresso a'due uisi et positioni consimili de' uisi da due uisi et fossono di grandi diametri in due consimili positioni da' due uisi, quando la cosa uisa compresa fussero i diametri grandissimi di quello punto ne' quali si congiungono, sarà positione consimile apresso a'due uisi sarà consimile in parte et in remotione insieme. Ma e punti equali sono nella superficie di quella cosa uisa tanto maggiormente e a positione di quelli. Appresso a'due saranno consimile in parte et in remotione insieme. Ma i punti eguali si ritruouano di quella cosa uisa remota dal punto della congiuntione et declinanti d'amendue l'assi da una parte ànno proportione consimile et nella parte apresso a'due uisi e·lla remotione fosse consimile et forse che non la forma la quale è presso allo luogo della congiuntione di queste cose uise et di quelle che contiene la congiuntione di questa cosa uisa et di quello che è a·llui propinquo. E·sse instituisce li due luoghi di quelli consimile oppositione instituiranno le forme delle residue parti remote dal punto della remotione circundante le parti di consimile positione contiene della parte colla forma delle parti di consimile positione. Et così d'uniuerse due forme si instituisce e due luoghi de' due uisi tra i quali non n'è maxima differentia nella posi-tione, se ui sarà fra'lli stremi solamente essere poca differentia per la continuatione delli stremi co'due meçi i quali sono di consimile com-positione et questo sarà quando e uisi et due assi fossino fixi nella positione della cosa in uno punto d'essi. Ma quando e due uisi fossino moti et due assi fosseno translate et fosseno transportate da quello punto et saranno moti insieme per la superficie di quella cosa uisa propinqua, allora la oppositione di quello punto ciascheduno di quella cosa uisa è la oppositione delli punti propinqui et quello de' duo uisi propìnqui a rispetto de' due uisì appresso alla congiuntione delle due assi in quello sarà positione consimile molto alla forma di ciascheduna parte della cosa uisa apresso el moto e'lla intuitione sarà di consimile dispositione apresso a'mendue e uisi, similmente se quando el uiso comprende e uisibili separati in una medesima hora insieme a due asse insieme se sono congiunte in alcune d' esse non i diametri propinqui, allora la forma di quella cosa uisa fosse di quella quantità piccola si instituirà in due luoghi de' due uisi per sì fatto modo che tra'lla positione di quelli e non sarà differentia sensibile, ma la forma del uiso remoto cioè della cosa del uiso remota dal uiso nello quale due assi [. . .]

Fol. 39r. El meço equale è luogo del senso uiso e oppone a ciascuna parte della cosa uisa et quando tutto el uiso [. . .] della positione della cosa uisa allora ciascuna delle parti dell' assi ostenderà al uiso apresso al peruenimento della asse a essa. Et quando tutto el uiso si mouerà in tutto lo spatio d' essa cosa uisa, allora la forma di ciascuna cosa uisa sì stenderà al uiso presso l' asse fixo nel suo luogo et non si muterà da esso luogo in tutto l' occhio sarà la giratione d' esso in questa dispositione apresso al moto del concauo dell' osso, solamente quando el uiso arà uoluto guatare la cosa uisa arà cominciato di guatare nella stremità della cosa uisa sarà allora nello stremo della asse sopra la parte strema della cosa uisa. Adunque in questa dispositione la mag-gior parte di tutta la cosa nella superficie del uiso declinante obliqua dalla asse perchè la forma d' esso sarà in meço d' esso in luogo dell' asse nel uiso sarà l' auanço della forma obliqua ad alcuna parte della asse. Et poi quando el uiso si mouerà dopo quella dispositione sopra ad alcuno diametro, si trasferirà l' asse ad alcuna parte sequente quella d' essa et sarà della prima parte declinante et l' altro doue si pone allo luogo doue si muoue l' asse et da poi non cesserà la forma declinante et dominante che'lla asse che'ssi muoue sopra a quello diametro per infino che l' asse peruenga all' asse ultimo di quello diametro di quella cosa uisa. Se adunque la forma di quella cosa uisa sarà in questa dispositione obliqua al luogo opposito allo luogo della quale la supprema obliqua fuori che'lla parte ultima et strema la quale era sopra all' asse nel meço del uiso dell' asse, in tutto questo mouimento sarà fisso nel suo sito. Et sarà questo moto molto ueloce et in maggior parte è insensibile per la uelocità dell' asse perchè non si oppone el suo moto el termino dello angulo el quale risguarda quella cosa che risguarda lo uiso nè ancora sega la latitudine dell' angulo il quale risguarda quella cosa la quale è appresso al centro del uiso, se non per la comprensione della quantità della parte della superficie del uiso nella quale si figura la figura forma la cosa uisa per la imaginatione dello angulo et quale risguarda quella parte apresso al centro del uiso. El senso naturalmente comprende la parte della quantità del uiso nella quale si figurano naturalmente le forme et naturalemente i quali risguardano quelle parti uise sentiente non certifica la forma della cosa uisa se non per questo modo comprende ciascuna parte della parte della cosa uisa et per lo meço dell' asse et lo luogo della asse è per lo uiso per questo moto si muoue la forma della cosa uisa sopra alla superficie et così si muterà la parte della superficie del uiso il quale fa la forma perchè la forma della cosa uisa et quante uolte arà compreso lo sentiente la parte della cosa uisa et comprenderà con tutto questo apresso allo stremo dell' asse, comprenderà tutta la parte della cosa uisa et comprenderà la quantità della superficie. Et comprenderà tutti gli angoli che risguardano quella parte. El quale risguarderà questa parte apresso all' angulo che risguarda la uirtù distintiua intenderà la quantità dello angulo della quantità della remotione. Secondo questo modo e uisibili saranno la intentione de' uisibili. Et quando la magnitudine è delle cose uise sentirà la qualità di quelle quantità. Se·lla superficie di quella cosa uisa la quale el uiso comprende fosse obliqua sentirà la obliquatione d' esso per lo senso della inequalità et della quantità et della istranatione d' essa. Et se·lla superficie fusse dirittamente opposta et la qualità della remotione et così non si dirittamente opposita, sentirà la direttione per lo senso della qualità della remotione et così non si nasconde la quantità della magnitudine d'essa. La uirtù distint(iu)a comprende per la inequalità delli stremi dello spatio obliquo continente della obliquatione per la qual cosa sentire lo excesso della basa d' esso dello excesso sentirà della magnitudine delle base d' essa per la obliquatione et non si mescola la similitudine della quidità obliqua della magnitudine rectamente *Fol. 39v.* opposita se non quando la compositione fosse allo angulo e·lla magnitudine delle linee radiali giacenti tra'l uiso et la stremità della cosa uisa dubitata nella quantità. Non dubiterà la magnitudine della magnitudine et delli spatij e·lla quantità della magnitudine. Addunque delle linee et degli spatij si comprendono dal uiso per la comprensione della quantità della remotione et delli stremi d' essi et della comprensione d' essi. Et per la qualità remotissima et della inequalità è più remota et remotissima della remotione mediocre per rispetto della cosa uisa.

31. Quando la cosa uisa fosse obliqua e minore della remotissima della remotione mediocre per rispetto della cosa uisa quando ella fosse dirittamente opposita perchè la remotione mediocre a rispetto della cosa uisa auente nella quale non si nasconde al uiso la cosa uisa auente proportione sensibile a tutta la cosa uisa et quando la cosa uisa fosse obliqua. L'angulo quando contiene due raçi exeunte dal uiso all'altra parte medesima, et medesima remotione, quando la cosa uisa fosse si nasconde la remotione minore della remotione quando la cosa uisa fosse direttamente opposta al uiso la remotissima. Addunque delle remotioni meçane per rispetto della cosa fosse rettamente opposta a tutta la cosa uisa istà nascosa nello istremo et nella intentione minore per la quale istà nascosa quella cosa uisa, quando fosse direttamente opposta la magnitudine. Adunque di

queste cose uise delle quali le quantità si certificano dal uiso sono quelle delle quali la remotione è mediocre della quale la remotione risguarda e corpi ordinati et continuati. Et comprendesi dal uiso per la comprensione di quelli anguli della piramide radialmente conti⸗nente esse e'lla longitudine delle linee radiali. E'lle remotione a ris⸗petto del sito d'alcuna cosa uisa sono secondo el sito di quella cosa uisa nella obliquatione et latitudine et oppositione nella diretta oppositione. Et gli anguli non si certificano se non per lo modo del uiso risguar⸗dante el modo del uiso risguardante e modi de' diametri della super⸗ficie della cosa uisa oueramente lo spatio sopra la magnitudine lui arà uoluto sapere. Et certifica la remotione per lo moto sopra el corpo risguardante la remotione delli stremi et di quella superficie et di quello spatio et generalmente della forma della remotione et della forma della cosa uisa della quale la remotione è mediocre et con questo e risguardanti e corpi ordinati et continuati peruengono con⸗tinuamente nella imaginatione insieme apresso allo risguardante apresso della cosa uisa. Et così la comprensione comprenderà el corpo risguardante la remotione della cosa uisa secondo la quantità della forma d'essa certificata et continuata colla forma d'essa. Adunque la quantità di questi tali uisibili solamente si comprendono dal uiso per uera comprensione. Secondo addunque questo modo el quale noi abbiamo dichiarato si comprendono la magnitudine delle cose uise per lo senso del uiso perchè la cosa uisa si comprende nella propinquissima remotione minore della quantità sua uera. Noi di⸗chiaramo questo et dicemo la cagione d'essa apresso e sermone nelli errori del uiso per la distintione delle due forme de'due corpi inuisi⸗bili si comprendono distinti per li due uisibili distiniti peruenuti nel uiso. Ma la distintione la qual è tra ciascheduno de corpi de'due uisi⸗bili distinti nella intentione minore alla remotione mediocre la quale remotione risguarda e corpi ordinati et continuati. Et comprendesi dal uiso per la comprensione di quelli anguli della piramide radiale continente esse et la longitudine delle linee radiali e'lla remotione mediocre d'alcuna cosa uisa se non secondo el sito di quella cosa nella obliquatione et nella elucità et oppositione non si certifica se

non per lo modo del uiso risguardante sopra gli diametri della super= ficie della cosa uisa o ueramente sopra lo spatio de' quali la magni= tudine lui arà uoluto sapere et certificarsi della remotione et delli
Fol. 40r. stremj di quella superficie et di quello spatio aguagliante la forma della remotione mediocre risguardando la remotione della cosa uisa appresso alla comprensione della cosa uisa. Et così el uiso risguardante la remotione della cosa uisa apresso alla remotione della cosa certificata congiunta colla forma d'essa. E'lle qualità addunque di questi tali uisi= bili solamente si comprendono dal uiso per uera comprensione. Se ad= dunque questo modo el quale noi abbiamo dichiarato si comprendono la magnitudine delle cose uise per lo senso del uiso et per la cosa uisa, se comprende in maxima remotione della minore sua quantità uera. Noi dichiareremo questo et diremo la cagione d'esso apresso [. . .] si congiungono quando tutti e due uisi comprendono quella cosa uisa congiunta che sono due assi fissi s'istituirà e duoi luoghi da' duo uisi di consimile positione in parte solamente et non la remotione et non tutte le parti d'essi saranno di consimile positione nella remotione da due assi nè la forma sarà certificata da poi se due uisi fosseno moti a due assi et fossino congiunti a ciascheduno de' uisibili compreso in= sieme, allora la forma di'lloro constituta in dua luoghi di consimile dispositione per rispetto de'due uisi in parte et in remotione di cias= cheduno di quelli due uisibili. Et molte uolte si congiungono l'axi di tutte a due li uisibili et comprenderanno l'altra cosa uisa della quale la positione in rispetto d'amendua e uisi. Sarà diuersa la parte et questo sarà quando l'altra cosa uisa fosse propinqua ad amendue li uisi dal uiso dal quale si congiungono axi et fosson le due assi noi imaginati et quelli extensi dopo la congiuntione nel uiso nel quale gli si congiungono due assi, non coprirrà el uiso el quale è più remoto d'essi o ueramente coprirrà alcuna cosa di quello per questi modi. Adunque si fa la corretione de' uisibili a tutti a due e uisibili. Et ancora è dichiarato nel secondo trattato che l'asse radiale in ciasche= duno uiso o uuoi in ciascuna cosa uisa è una medesima linea la quale non si trasmuta, che passa el centro di tutte le tuniche a meço della curuatione et dal concauo del neruo sopra el quale si compone l'oc=

chio et apresso al forame el quale è nel concauo del capo ch'esso è inseparabile da tutti li centri che'lla positione d'esso apresso tutte le parti del uiso et positione è sempre una medesima cosa ene trasmutabile al moto del uiso: neanche apresso la quiete che la positione di due assi apresso due uisi et positione consimile a rispetto d'amendua e uisi d'amendue e nerui comune per la qual cosa l'ultimo sentiente comprende le forme delli uisibili et positione consimile. Imagineremo adunque una linea retta copulante o uuoi congiungente tra due centri et due forami i quali sono in concauità di due axi contentiui di due occhi. Et imaginiamo due linee eseunti centri di forami dell'ossa de' nerui. Et queste linee adunque si congiungono in meço della concauità del neruo comune perche'lla positione de' nerui a rispetto della concauità del neruo comune di queste è positione consimile alla positione di queste due linee apresso alla linea copulante tra due centri di due forami i quali sono nella concauità delle assi cioè di due ossa continenti di due occhi. E imaginiamo due linee eseunte da' due centri de' duo forami dell'ossa de nerui. Queste linee adunque si congiungono insieme in meço della concauità del neruo comune perchè la positione de' duo nerui el meço a rispetto della concauità del neruo comune è positione consimile alla compositione de' due di queste linee apresso alla linea copulante tra due centri de' due forami diuise in due parti le quali imaginiamo la linea exeunte dal punto el quale è el meço della concauità del neruo comune nel quale a due linee estense nella concauità del neruo comune et sono congiunte et stense al punto diuidente la linea copulante e due centri de' duo forami. Et imagineremo quella perpendiculare extensa rettamente nella parte opposita al uiso et così questa linea sarà fissa in uno medesimo istato et la positione d'essa non si trasmuterà perchè el quale è nella concauità del neruo comune nello quale e due linee extense in due concauità o ueramente in due meçi della concauità *Fol. 40v.*
de' due nerui sono congiunti a uno trasmutabile punto el quale diuidesi la linea copulante e duoi centri et de' duoi forami. E ancora uno punto non trasmutabile per la qual cosa la positione della linea transeunte per essi è una positione non trasmutabile. Sia addunque chia-

mata questa linea asse comune imaginiamo presso al punto di questa linea nella parte opposita al uiso alcuna cosa uisa de' due et delle due assi insieme congiugnersi lo punto della superficie della cosa uisa et due assi congiugnersi insieme delle quali l'asse comune congiugnersi nel punto della superficie nella quale l'asse comune occorre alla superficie di questa la quale l'asse comune occorre alla superficie di quella cosa uisa: et certamente così è possibile in ogni cosa uista [della] el sito due uisi e sito consimile. [Quando addunque due assi et così è possibile in ogni sito consimile.] Quando addunque fossono congiunte in alcuno punto dell'asse comune allora l'asse comune et la linea che copula e due centri della forma de'due ossi et de'due linee extense nella concauità de'due nerui, tutti sarebbono in una superficie. Et due assi passano per li centri de' due forami perchè passano per li due meçi della concauità de'due termini et dello luogo della piramide de'due nerui. Quando due assi fosseno congiunti nell'asse comune saranno tutte le superficie equali all'asse comune. Et similmente la linea seguente in quella che copula li centri della forma de'due ossi et di due assi et de'centri de'due forami per insino al punto della congiuntione equale e nell'asse comune sarano e quali e·lla positione di quelli apresso l'axe comune una forma del punto d'esso nello quale due assi concorrono si ficcano nel punto del centro. Ma niente dimeno la forma d'esso non sarà certificata se non dubitabile la forma. Addunque nel punto del uiso nel quale due assi concorreranno se si ficcherà in ogni dispositione nel punto del centro della concauità del neruo comunę et che'l punto del concorso sia nel comune asse o fuori di quello. Ma quello che rimane della forma del uiso nel circuito del punto del centro. Ma se el uiso fosse minimo corpo et di propinqui diametri et fosse nella comune asse propinquamente: allora la forma d'esso ficcherà nella concauita del neruo comune una forma alla positione di ciascheduno punto d'essa apresso a' duo uisi oppositione consimili come noi dichiaramo in prima. Ma se·lla cosa ueduta fosse di grande corpo et di rimoto corpo et di remoti diametri et con questo fosse nella asse comune, allora la forma è con questo la quale è appresso della comunitione di due assi che circumdano el punto della comunitione si·ssi ficcherà nello neruo co-mune una forma uerificata la forma delle parti residue si ficcherà con-tinuamente colla forma di questa parte per la qual cosa è la forma la figura di tutta la cosa uisa è una in tutta la dispositione, ma la forma delli stremi e di quelli i quali sono remoti dal punto del con-corso si ficcheranno alla sua forma i duo punti di consimile positione ne rispetto d'amendue e uisi nella fine della consimilitudine. Ma·lla forma di ciascheduno punto rimota dal punto del concorso si ficherà in amendui e punti d'amendui e uisi delli quali la positione apresso a' duo uisi oppositione consimile in remotione da'due assi ma la remo-tione de'duo assi ma la forma di quelli de'quali la remotione non è consimile si ficcano nella concauità del neruo comune in duo punti obliqui in una parte sempre saranno o se'l uiso fosse d'uno colore, allora a pena opererà che in nulla opererebbe per la similitudine della forma dei denti et del colore et della forma. Ma se el uiso auesse auuto diuersi colori o pitture o intentioni sottili, allora questa opera in esso, per la qual cosa la forma delli stremi essi dubitabili ouuoi dubi-tabili non certificata. Et quando la cosa uisa fosse di grande corpo e dia-metri remoti l'assi d'amenduni e uisi et fosson assi in alcuno punto d'es-so immobili, allora la forma d'esso apare e·llo luogo del concorso d'esso et quella sarà uicina saranno certificate che·ssi incominciano da esse fiano indubitabili. Ma li stremi o quello che si comincia da quello *Fol. 41r.* saranno certificate [ch'essi incominciano da essi] per due cagioni delle quali è che·lli stremi si comprendono per gli raçi remoti dall'asse per la quale cosa non saranno bene noti et manifesti per la seconda et per ciascheduna. Et perchè ciascheduna la forma di ciascuno punto d'esso non si constituisce nella concauità del neruo comune in uno punto, ma alcune cose sono per le quali si constituisce in due punti et non in uno. Quando adunque due assi fossono mote, tutte quelle parti sono di quella cosa, allora si certificherà la forma d'esso. Ma se'l uiso è fuori dell'asse comune et remoto da essa cioè la cosa uisa, allora la forma d'esso sarà certificata. Ma la positione di ciascheduno punto di quelli apresso tutti a' due uisi non è positione consimile per quella inequalità della remotione del punto di quella cosa uisa dal punto della superficie de'duo uisi li quali si instituisce due forme d'esso et di due assi. Quando adunque amendue si obligarono a questo uiso così fatto che quasi l'asse comune allora certificherassi la forme et similmente quando amendue e uisi aranno compreso molte cose uise insieme et l'asse d'amendue li uisi insieme fossono et concorressono in alcune di quelle cose fisse et fossero di quelle l'altre cose uise et concorressono due assi infino alla concauità del neruo comune, posto che in esse siano concorrenti quelle cose si comprendono dal uiso in quello stato che sono propinque dal uiso nel quale l'asse sono concorrenti; se questo fosse di minimo corpo la forma d'esso si instituisce nella concauità del neruo comune nel quale non sarà dubitatione maxima d'esso sarà propinqua. E'lla forma d'esse sarà propinqua al centro di quelli uisi o uuoi di quelle cose uedute le quali si comprendono dal uiso in quello stato fosse remoto dal uiso nel quale sono concorrenti due assi la forma di quello et saranno penetranti insieme perchè sono in una parte, per la qual cosa la inqualità la quale è tra'lle sue oppositione e'lla remotione non sarà maxima, auenga che anche due forme penetranti l'una et l'altra o la forma d'alcuna parte sarà dopia ouuoi la forma di questi uisibili in tutti questi uisibili sarà dubitabile in tutte le dispositioni per la dispositione delli raçi exienti da quello saranno remoti et concorrenti in esso, allora la forma si certificherà d'esso. Quando adunque l'asse di due assi concorrono in alcuno uiso et con questo due uisi aranno compreso l'altro uiso propinquo, adunque a' duo uisi nelli quali ora sono concorrenti due assi. Quando e più remoti fosseno tra due assi questa positione apresso e duo uisi saranno diuersi in parte perchè quando saranno tra due assi sarà a destro d'una asse et a sinistro da uno altro e raçi eseunti ad esso saranno in dextra dello altro uiso saranno in destro dall' altro asse. Et questi saranno sinistri le positioni saranno diuerse in parte perchè quando saranno tra due assi sarà el centro dell' una assa sinistro dell' altro uiso saranno destri l'altro saranno eseunti et così la positione d'esso apresso a' due uisi così fatti si instituisce in due luoghi di diuersa positione, sarà diuersa in parte alla forma della concauità del neruo comune et saranno da due latora del centro per la qual cosa saranno due forme et non e uisi sopraporrebbono a esse et similemente quando fosse la cosa ueduta in altra asse e fuori adunque et secondo adunque questi modi s'istituirà la forma de' uisi in duo uisi nella concauità del neruo comune; tutte quelle cose noi abbiamo dette si possono sperimentare et ueduta la certificatione traggasi una tauola dello legnio leggiere della quale la longitudine sia da uno cubito all' altro et indi sia circa di dita quattro et sia bene piana et de' quali e leggiere equidistante et sia in quella due diametri seghanti se equali e·llo luogo della segatione sentire fuori la linea retta perpendiculare sopra linea piana posta nello meço. Et tingasi questa linea di colori o uuoi di tintura lucida di diuersi colori acciò che apparischino bene, ma pure due diametri apparischino d'uno colore et con [. . .] nello legnio della latitudine la *Fol. 41*. tauola apresso della linea retta posta nel meço de' due diametri nella concauità ritonda con questa quasi piramide tanto quanto potrà entrare nel corno della asse tanto quanto la tauola si sopraporrà a quello per insino che toccano due anguli della tauola quasi due meçi della [e diametri a . b . c . d . el punto della sectione sia . q . e·lla linea extensa nel meço] della superficie de' due uisi ma pur non toccheranno. Sia manifesto addunque la figura: ma la tauola . a . b . c . d . e diametri . a . b . c . d . e'l punto della sectione sia . q . ella linea extensa nel meço della longitudine sia . h . q . g . e·lla linea del punto della sectione questa linea secondo anguli retti sia . k . g . t . e·lla concauità la quale è nello meço della latitudine della tauola et nel meço della latitudine la tauola sia quella . h . c . continuata dalla linea . m . h . n . fatta questa tauola in questo modo tolgasi cera bianca della quale si faccino indiuidui piccoli colonnati o uuoi colunnari et traghansi di diuersi colori l'uno et diriçisi uno delli indiuidui nel meço della tauola nello punto . q . et siano applicati alla tauola che quasi non si possano rimuouere dal suo luogo et siano istanti quasi non siano sancti ouuoi permanenti essi con uno stato o uuoi stare equale li due altri ritondi si riçino o siano ritti sopra li stremi delle linee late in due parti . h . t . et così i tre indiuidui saranno in una uertificatione. Et fatte queste linee lo sperimentatore di questa tauola la concauità la quale è nel meço della longitudine che è nel corno e tra'l naso et gli occhi quasi el corno del naso intra la concauità et sia apiccato çolla tauola et siano due anguli apresso a' due meçi della superficie de' due uisi propinqui et toccano quasi essi. Di poi debba lo sperimentatore guatare lo indiuiduo proposito nel meço e·lla pulita tenere sopra a quello et fortemente. Quando quello adunque lo sperimentatore arà guatato lo indiuiduo posto nel meço in questo indiuiduo et sopraporre o uuoi saranno sopraposti a duo diametri et saranno equidistanti a quelli et sarà asse comune el quale noi abbiamo determinato sopraposito alla linea estensa nel meço della longitudine della tauola la quale è linea . r . q . t . h . 3 . lo sperimentatore in questa dispositione de' guatare ogni cosa superficie di tutta la tauola, allora è trouato ciascuno de' tre indiuidui i quali ne' punti . b . q . t . è messo e trouerrà la linea . r . q . t . la linea . h . 3 . estensa nella longitudine della longitudine si trouerranno due secante se insieme apresso lo indiuiduo posto nel meço similmente de' diametri. Ancora quando lo sperimentatore guaterà quelli in questo stato si trouerranno quattro l'uno et l'altro cioè due equali. Da poi lo sperimentatore de' porre la pupilla contro all' altro degli indiuidui i quali sono in due punti b . t . acciochè due assi concorranno nello stremo. Da poi guati in questa dispositione et trouerrà in ciascuno de' tre indiuidui la linea posta nella latitudine, una ne trouerrà in meço estensa nella longitudine et ciascheduno de' diametri indiuidui posti sopra alla tauola rimoueranno indiuidui: quando addunque lo sperimentatore arà compreso queste linie e·lli indiuidui ueramente non è se non è una linea nel meço, ma paiono due trouate ciaschun' altra di due quattro et quattro sopra l' altra per la quale ueramente o similmente no ne arà rimosso e due indiuidui di questa linea arà posto uno sopra la parte del uiso delli diametri et l'altro oltre allo indiuiduo posto nel meço. Trouerrai quelli quattro perchè ciascheduno delli diametri aparirà due: per la qual cosa appariranno l'una sopra l'altra delle linee le quali sono d'uno diametro ueramente duo indiuidui l'uno la parte del uiso et l'altro allo indiuiduo posto nel meço et similmente sarà posto duo indiuidui sopra amendui e diametri. Da poi lo sperimentatore debba rimuouere due indiuidui et porre uno di quelli sopra la imagine della tauola oltre al punto . b . et riuolgasi la tauola alla sua positione, prima diriça la pupilla allo indiuiduo nel meço, allora trouerrai nel meço posto la positione sua nel punto . R . sopra allo punto R . come di sopra al punto remoto . R . come di sopra el punto . F . et diriça la pupilla perchè allotta l'indiuiduo posto nel punto . F . doue è lo sperimentatore et la pupilla posta nella linea retta in latitudine che due assi sono corrente nello indiuiduo nel meço in alcuno luogo posto nella linea retta in latitudine. Se adunque lo sperimentatore diriçerà la pupilla in quello stato allo indiuiduo della linea posta in latitudine o al punto posto fuori di quella linea . et concorreranno due assi fuori d'uno punto fuori della linea opposita in latitudine: allora lo indiuiduo posto nel meço, se allora l'uno et l'altro di quelli due se gli altri indiuidui fusseno in due punti k . t ., allora l'uno et l'altro apriranno due da poi che'llo sperimentatore al meço o uuoi allo indiuiduo o ueramente alcuno luogo opposito della linea in latitudine alcuno luogo opposito, subito la dispositione ritornerà come la prima figura. Addunque del punto . b . siano extratte linee . b . k . r . b . f . linea. Addunque . h . b . è maggiore l'angulo che'lla linea . b . t . c . equale alla linea . q . t . et l'angulo . t . b . q . è maggiore che l'angulo b . d . q . è maggiore dello angulo. Similmente se arà posto due indiuidui. Addunque l'angulo . R . a . q . è maggiore che . R . l . b . q . addunque la remotione della linea . a . r . z . dall' asse . a . q . è maggiore che l'angulo . a . q. Ma la differentia dell' asse è maggiore che . b . q . ma la differentia tra queste due remotioni è differentia di queste due remotioni è poca tra due anguli. R . a . q . R . B . et sempre si uede d'amendue e uisi. Vero apresso al punto . q . et due linee . a . q . b . r . sono equidistanti a due raçi exeunti allo indiuiduo el quale apresso al punto . R . Quando due assi fossino concorso lo indiuiduo el quale è apresso al punto . q . et similmente la dispositione dello indiuiduo el quale è apresso al punto . R . si sa o uuoi è saputo perchè e raçi eseunti adesso saranno nella uertificatione delle linee due . a . r . c . t . b . r . et in detta se uno de' due angoli . k . a . q . et . b . q . non diferiscono massimamente dello angulo . k . b . q . et non à sensibile quantità quando el punto . r . propinquo al punto k . et dichiarasi per *Fol. 42r.*

questa dispositione che·lla cosa uisa apresso due assi è una positione in parte la remotione delli raçi eseunti adesso da' duo uisi una cosa gli angoli . f . a . q . f . b . che sono diuersi di diuersità massima et l'indiuiduo è presso al punto aparirà quando due asse fosseno concorse o uuoi concorressono lo indiuiduo el quale è presso al punto . q . Dichiarasi a punto per questa dispositione che la cosa uisa alla quale alli raçi eseunti da' due uisi è diuersa remotione da' due per grandissima diuersità per due e si la positione in rispetto di due assi è una medesima positione in parte la positione della linea . h . q . z . a rispetto dell' asse de due uisi è positione diuersa in parte dello raço li raçi eseunti alla parte . h . q . dal uiso dextro. Sono sinistri dall' asse . a . q. Ma li raçi eseunti alla parte . q . z . del destro uisi sono destri dall' asse . a . q . e·lli raçi eseunti essi dal sinistro dall' asse . b . q . li raçi i quali escono a essi [sono destri alla asse] e·lli raçi eseunti alla parte . h . q . destro sono sinistri dalla asse . a . q . li raçi ueramente eseunti a questa parte dal sinistro uiso sono dextri dall' asse . b . q . ma li raçi eseunti . q . z . dal destro uiso sono destri dall' asse . a . q . li raçi eseunti adesso dal sinistro uiso sono sinistri dall' asse; li raçi i quali escono da esso sono di diuersa positione in parte et ogni punto di questa linea da' due uisi et da' due assi equali e questa linea et tutte quelle cose sono opposite sopra a quella oltre allo indiuiduo posto nel meço sito sempre parranno due, onde due assi saranno concorse in linie due posto lo meço. Dichiarati addunque di questa positione che si uede quando la positione dee essere a rispetto di due sono equali la remotione di ciascheduno e raçi due eseunte d'amenduni e uisi et d'alcuno punto d'essi saranno in due parti diuerse et et per le quali cose due forme diuerse per le quali ciascheduno punto d'essa si istituiranno in due punti della concauità del neruo comune
Fol. 42ᵛ. da due latora del centro et similmente è ancora la dispositione di tutti a due e diametri cioè li raçi eseunti et l'uno et l'altro d'esso dal
Fol. 43ʳ. uiso seguente essi saranno di meço del uiso propinqui all' asse et sopra l'asse e·lli raçi eseunti adesso dell' altro uiso saranno declinanti dall' altre asse. Ma quelli del destro uiso al sinistro diametro saranno sinistri dell' asse. Ma quelli che escono dal sinistro uiso et destro sa-

ranno destri dall' asse di questi diametri e i punti et tutte le cose poste sopra esse appariranno due oltre all' indiuiduo posto nel meço lo indiuiduo chiarisce. Addunque per questo che la cosa ueduta la quale a rispetto dello altro uiso per questo che la cosa ueduta la quale a rispetto dell' altro uiso è opposito al meço d'esso a rispetto ueramente l'altro è obliquo dal meço apare due, perchè la forma del punto la quale instituisce la sectione che è nel meço della tauola et guaterai allora le linie scritte nella tauola trouerrai due diametri et quattro et trouerrai con questo due di quelli quattro propinqui et due assi et due remoti da esso con questo seganti se sopra el punto meço che è punto della sectione de' duo diametri el quale è sopra l'asse comune, trouerrai l'uno et l'altro comune di quelli remoti più remoti dal meço quello si sia ueramente. Da poi quando lo sperimentatore arà coperto l'altro uiso ue derà due diametri et uedrà lo spatio tra essi più uera⸗mente che sia secondo la sua piramide quello che più amplo d'esso et la latitudine della tauola. Et aparirà che'l diametro remoto dal meço diametro el quale segue el uiso coperto per lo quale si dichiara e quali paiono propinqui quando el uiso nell' uno ne l'altro apparirà, ma la propinquità de' duo a quattro è perchè quando due assi con⸗corressono nello indiuiduo posto nel meço allora l'uno ell'altro di quelli diametri si comprenderà dal uiso seguente per li raçi molto propinqui all' asse per la qual cosa esse per queste saranno nella con⸗cauità del neruo comune molto propinquo al centro. Et sarà el punto della sectione di quelli in esso centro l'axe è al meço. Ma la remotione de' due a quattro è perchè l'uno et l'altro delli diametri si compren⸗dono ancora dell' altro uiso obliquo da esso per la qual cosa si com⸗prende ancora per li raggi remoti dall' asse a l'altro si comprendono per li raçi dextri remoti dall' asse et l'altro per li raçi sinistri dell' altra asse. Per la qual cosa le forme d'esse si istituiranno nella con⸗cauità del neruo comune figurasi remoto. Ond' e due diametri ànno due forme propinque asse et due forme remote perchè niente si com⸗prende la remotione dell'uno et de l'altro de' rimoti del meço maggiore che la sua remotione uera et perchè la remotione la quale è tra due diametri si comprendono d'amendue li uisi e ogni cosa ch'è propin⸗

qua al uiso si è in uerità maggiore qui et più remoti perchè quando guaterà per lo isperimentatore quando e cuopre uno uiso guaterà per lo altro, solamente trouerrà l'altro tra due diametri più largo che esse ueramente si comprende dall'uno et l'altro uiso molto propinquo. La cagione di questo si dichiara poi quando parleremo della deceptione; e ogni cosa uisa posta dalle dispositioni de' diametri i quali sono nella tauola delli indiuidui posti et oppositi sopra essa nel meço però che ogni cosa uisa posta sopra l'asse comune è compresa dal uiso per l'asse radiale si comprenderà nello suo luogo et comprendesi per uno uiso et per una asse la quale si comprende per due ueramente per amendue l'assi. Dichiarasi che ogni cosa uisa compresa uno uiso et per l'asse radiale che è uisibile et non è sopra l'asse comune si comprenderà in luogo propinquo all' asse comune che lo suo luogo uero è questo et ancora si seguirà in quelli e quali è ancora questo si segue et ancora e quali si comprendono per gli altri raçi oltre a l'asse, quando el uiso arà compreso la cosa uisa secondo che instituirassi una forma nella concauità del neruo comune in uno luogo continuo insieme secondo la continuatione della cosa uisa. El punto del uiso el quale è sopra l'asse radiale alla quale non sarà istato sopra all'asse comune apparirà in luogo propinquo alla comune asse che à nel suo luogo uero, allora gli altri suo(i) punti ancora apresso lo luogo più pro⸗pinquo alla comune asse nel suo luogo. Ma uero in questa dispo⸗sitione cioè si uedrà nel suo luogo uero. Ma questa di uolere auiene che quando quelli di duo uisi in alcuno uiso concrescono in più dis⸗positione dell' asse comune passerà quello uiso et non mai l'asse di
Fol. 43ᵛ quelli duo uisi apresso asse insieme et non si trasmuterà per questo quando la positione di quello uiso in rispetto de'uisi a rispetto uici⸗nanti et non fosse trasmutata alotta, non apparirà la transmutatione del suo luogo quando auenisse ne' uisi assueti. Quando addunque si considera questa uia predetta, dichiarera·ssi di quella isperientia. Et questo si segue in tutti e uisi i quali concorrono cioè l'asse de' due uisi i quali sono fuori dell' asse comune. Ancora fia di bisognio lo sperimentatore el pergameno tre carticelle piccole e quali et scriuer⸗rassi in una parola per iscriptura manifesta nello auanço quella me⸗

desima parte et in quella quantità et in quella medesima figura. Et ponga uno indiuiduo in meço della tauola come prima et ponga anchora l'altro indiuiduo il quale è a meço la tauola et l'altra nel punto . k . eapichi una scritta o ueramente carticella collo indiuiduo el quale è ancora nel meço della tauola nel . k . et conserui la sua positione colla carticella et ponga in su la tauola come fece da prima et diriçi la pupilla alla scritta la quale tu ai appiccata alla tauola la quale è nel meço dello indiuiduo et guati quella, allora certamente comprenderà la parte scritta sopra quella per certa comprensione. El comprenderà con questo in quella dispositione l'altra scritta e la parte scritta quella ma non bene dichiarata come è la parte simile a quella la quale è apresso allo stremo et meça scrittula quella, ma in meço d'essa auenga che sia consimile di figura forma et qualità, dapoi in questa dispositione fia di bisogno lo sperimentatore nella terça scrittula ma non seguente el punto . k . et ponga quella nella uertificatione di due scrittule le quali sono nella tauola della rectitudine della stensione della linea la quale è nella latitudine della tauola che nella superficie della tauola. Quanto al senso perchè fia remoto dalla tauola. Et questa si fatta uertificatione facciate osserui in se lo sperimentatore, acciò che la positione della terça scritta ouuoi cedula e·lla positione della parte che è nella tauola: allora finga amendui e uisi nella scrittula et postasi nel meço diriçi la pupilla a essa allotta comprenderà la terça scrittola o uero cedula. Ma comprensa la forma se non sarà molto remota comprende la forma della parte simile a quella che è in meço della tauola. Nè come truoua la forma della parte la quale è in essa apresso al punto . k . dominante amendue uisi aranno diriçato la pupilla alla scrittula o uuoi cedula quale è nel meço della tauola non come truoua la forma da poi rimuoua lo sperimentatore e·llo indiuiduo el quale è apresso al punto . k . la scrittula la quale tiene in mano per insino che lui l'apicca et congiugne allato alla scrittola collo indiuiduo posto apresso al uiso che la scrittula sia perpendiculare allato alla scrittola in mano infino o che lui l'apicca et congiunga insieme allato della scrittola apiccata collo indiuiduo posto nel meço presso al uiso che·lla scrittola sia perpendiculare sopra la linea posta in latitu-

dine et diriçi alla pupilla come prima alla seconda posita come prima nello meço comprenderanno due le parti le quali sono in due scrittole per compren[d]sione manifesta certificata et non sarà tra due forme delle due parti in dichiaratione et certificatione della differentia sensibile. Da poi lo sperimentatore truoua la scrittula la quale è nel meço et risguarda bene e due scrittole, quando sarà uenuto apresso al punto . k . allora trouerrà la forma della parte intelligibile: ma non tanto quanto era apresso alla applicatione colla seconda. Da poi lo sperimentatore acciò che la positione muoua la scrittula et rimuoua quella a poco a poco in latitudine. Considera bene et diriça la pupilla alla scrittola e nella tauola, allotta trouerrai la scrittola mota. Et quanto più si rimuoue dal meço tanto maggiormente si nasconde la forma di quella scritta d'essa. E ancora si cuopra el punto . T . e'llo sperimentatore el uiso si che la tauola in quella e diriça la pupilla e l'uno uiso el quale . k . alla scrittula posta nel meço come fè inprima, allotta certamente trouerrà quella nella seconda scrittula apresso al moto della linea: et quando peruerrà al punto . k . allora sarà in questo stato tra'lla sua certificatione apresso alla sua applicatione con quella che è nel meço differentia sensibile; da poi muoua questa scrittula ma guardi la scrittola posta nel meço, allora certifica che la scritta mota non si
Fol. 44r. uede et non si mouerà la declinatione apparirà addunque la quale è in essa per questa. Et manifesti sono da' uisibili facili dal uiso i quali si comprendono d'amendui e uisi e quali sono propinqui al concorso e più manifesto dal remoto del sesto del concorso delle duo assi a ne certificata auengasi conuenga, et che si comprenda da l'uno a l'altro uiso concorra a parte; ancora l'una et l'altra consideratione è manifestissima da' uisibili facili e quali si comprendono da uno uiso et quello si uede per l'asse radiale e quello che è propinquo e più manifesto e quello che è più remoto che'l uiso remoto che à la forma dubitabile et non certificata. Ancora appare ch'el uiso non appare ancora la cosa certificata, ancora appare che'l uiso non comprende ancora la cosa uisa el quale è per li diametri per uera comprensione in fino che muoua l'asse radiale sopra li diametri suoi. El uiso quando sarà fisso nella oppositione sua sarà fissa dall' asse radiale comprenderà el tutto

per uera comprensione el quale da e diametri ma solamente quello che sopra l'asse perchè è certificata comprensione acciò che della parte d'esso el quale è rimoto dall' asse comprende ma non certamente auenga che'l uiso [. . .] la cosa sia uisa sia facile et indifferentemente o sia la comprensione in amendui e uisi o in uno solamente et poi fia dal bisognio allo sperimentatore uno perchè à meno di quattro dita. E in ogni dimensione nel quale esso serua le linie di scrittura sottile ma pure è manifesta et intelligibile: et poi rimuoua lo indiuiduo posto sopra alla tauola et ponghi la tauola apresso al uiso come facesti prima et diriçati al pergameno sopra alla linea e poi posta in latitudine che nel meço della tauola diriçi la pupilla chon amendue e uisi al meço del pergameno et guati esso el perchè allora trouerranno la scrittura la quale era nel pergameno aperta et intelligibile. Ma la scrittura la quale nel meço del pergameno è piu manifesta et più che quella è nelli stremi. Et quando el uiso arà diriçato al meço del pergameno et non fosse sopra a ciascheduno suo diametro moto da poi obliquo lo pergameno che quasi seghi la linia opposita in latitudine nel punto opposito nel meço della tauola el quale è punto di sectione e'lla obliquatione al punto della sectione et diriçi la pupilla coll'uno et l'altro punto uiso al meço, uedrà certamente allora la scrittura più latente o uuoi più nascosa della prima. Di poi ancora obliqui per lo pergameno sichè quanto lo pergameno alla linea estensa nel meço della longitudine della tauola, allora la scrittura ch'è nel pergameno quanto fosse più obliquo tanto maggiormente si nasconderà la scrittura et quasi el pergameno sarà propinquo: allora trouerrai [. . .] e nel pergameno s'apropinqua alla linea stesa nel meço della longitudine allora la longitudine della tauola scritta la quale è nel pergameno apparirà molto dubitabile et non certifica. Da poi conuiene lo isperimentatore riuolgere el pergameno et coll' altro uiso allora trouerrai essa manifesta et leggibile et da poi obliqua lo pergameno come fece prima et guati con quello come fece prima con uno uiso: et allora trouerrà la scrittura più latente o uuoi nascosa. Quando era da presso era facile ma poi obliqui lo pergameno a poco et guatilo et trouerrà che quanto più si obliquerà tanto maggiormente si nasconderà quasi

che'l pergameno s'apropinquerà al diametro el quale segue el uiso aperto. Et diacharasi per questo con quello medesimo uiso; allora uedrai la scrittura la quale è nel pergameno se'ssi apropinqua è dubitabile e leggibile più che quando el pergameno sarà facile. Da poi quello noi uedremo quanto sa obliqua el pergameno tanto più si nasconderà la scrittura a parte, addunque per questa consideratione el uiso è piu manifesto el quale è facile sopra l'asse radiale et fusse fuori dell' asse el uiso quando è molto obliquo si nasconde posto non sia sopra all' asse radiale et facciasi la uisione per amenduni e uisi et adoperino solamente et conuiene lo sperimentatore rimuouere lo indiuiduo della tauola et riçare lo pergameno sopra allo stremo della tauola et sopraporre el fine d'essa similitudine ch'è . c . d . et diriça la pupilla coll'uno et coll'altro uiso al meço del pergameno perchè allora è trouata la scrittura leggibile e manifesta, allora certamente uedrai la scrittura più latente che prima in quella et similemente sarà conside-
Fol. 44ᵛ. rato con uno uiso; da poi lo sperimentatore porrà lo indiuiduo sopra el punto . ç . et diriçare lo pergameno della latitudine: el punto . ç . diriçare lo pergameno sopra all'altra parte della latitudine apresso lo stremo della tauola come fè la pupilla allo indiuiduo posto nel meço et guati lo pergameno et consideri la scrittura, allora uedrai la dispositione come uedeua quando era nel meço delta tauola; et considerasi come amenduni e uisi o con uno solamente radoppi conuiene lo sperimentatore le scrittole le quali noi auiamo perdute apresso allo stremo della tauola uedrà in se come parte; quando el pergameno era facile sopra . 3 . è più manifesto dal meço e più remota si nasconderà la parte. Ma pure uedrà che'lla remotione dal meço tanto più si nasconderà. Ma pure uedrà che'lla remotione dal meço apresso el quale ita nascosa la parte posta nel [meço] lo stremo per che la consideratione sarà nel meço della tauola per certo la remotione de' raçi e'lla proportione apresso la quale si nasconde la forma possa nello stremo del meço del uiso alla remotione alla positione del meço del uiso è una medesima remotione et consideratione allo stremo d'esso. Et similmente ancora se lo sperimentatore arà rimosso la tauola arà posto lo pergameno nello quale arà posto la scrittura o uuoi nello

quale è la longitudine oue possi leggiere in maggiore distantia et fosse facile altrimente al uiso et poi lo obliqui nello suo luogo et trouerrà la scrittura nascondersi ancora più si obliquerà et più si nasconderà se molta sarà obliquata, sichè la positione sua sarà propinqua alla positione delli raçi eseunti a meço d'essa, allora uedrai la scrittura nel pergameno molto latente per sì fatto modo non si può leggere et questo uedrai et considerai con uno et con amendui e uisi et considerisi con uno solamente et similmente quando arà fatto alcuna delle scritte più remoto si sono la longitudine piccole in luogo opposito al uiso più remoto si siano la longitudine della tauola e arà l'opposito facile altrimenti facile al uiso arai diriçato la pupilla a esso et coll'uno et coll'altro uiso arà posto l'altra scrittula obliqua destra et sinestra et arà diriçato essa sichè fia facile et trouerrà essa più latente; ma poi se alcuno mouerà la scrittula la oue diriça la pupilla trouerrà la parte la quale è nella scrittula la quale è nello stremo che quanto ella è più rimota dalla seconda scrittula tanto più si nasconde la forma della quale è fatta inleggibile per ogni modo et similmente arà considerato queste due scrittule con uno uiso trouerrà tale dispositione. Dichiarasi addunque di queste ouuoi per queste che'l manifestissimo de' uisibili in tutte le remotioni et quello che sopra all'asse delli raçi che quello che più propinquo et più manifesto del più remoto el uiso più remoto di maxima remotione è di forma dubitabile et non certificata dal uiso o sia la uisione per uno uiso ouuoi per amenduni e uisi o sia la cosa uisa sopra l'asse o fuori dell' asse perchè e uiso e obliquo si e sia dubitabile forma: auenga che'lla remotione sua sia mediocre auenga che'lla magnitudine sia compresa secondo che ella è perchè la forma del uiso oue s'istituisce nella superficie del uiso congregata per la sua obliquatione perchè quando el uiso fosse molto obliquo allora lo angulo el quale si stende sopra al centro del uiso sarà piccolo e'lla parte del uiso oue si istituisce la forma di quello uiso sarà minore della parte la quale istituisce la forma di quello et se sarà facile el uiso e'lle parti sue piccole sustentano apresso el uiso e quali insensibili per la massima obliquatione la parte piccola quando ella fosse obliqua, allotta le linie eseunti dal centro del uiso e'lli stremi di

quella parte si faranno quasi una linia per la qual cosa lo sentiente non comprende l'angulo contento tra esse nè ancora la parte la quale distinguono dalla superficie del uiso e'l uiso molto obliquo sarà dubitabile perchè la forma d'esso la quale si fingie nel uiso sarà congregata per maxima congregatione e·lle parti piccole sarebbono insensibili et però la forma d'esso sarebbe dubitabile et però in sì fatto uiso fossono sottile intentioni non si intendono se non per la latentia delle sue parti piccole et per la congregatione della forma. Ma'l uiso facile è per lo contrario, perchè la forma d'esso la quale s'istituisce nel uiso sarà ordinata et manifesta nella superficie delle parti sue piccole le
Fol. 45r. quali si possono comprendere per la latentia le parti sue piccole le quali si possono comprendere dal uiso et saranno ordinate et manifeste et non dubitabili uniuersalmente la intentione sottile e la parte è sottile et la ordinatione della parte del uiso per uera comprensione, se non quando la forma sia in prima nella superficie del uiso secondo el membro sentiente et se si istituisca ciascheduna parte d'esso nella parte sensibile della superficie del membro sentiente e quando el uiso fusse stato molto obliquo allora la forma d'esso non s'è inpremuta nel uiso nè ancora le forme d'alcune parti piccole nella figura et nella parte sensibile del uiso. Questo non si fa se non quando el uiso è facile et quando la obliquatione sua fosse piccola et fosse la remotione sua piccola con questa della remotione mediocre in rispetto della remotione la quale è in quello uiso; la comprensione addunque della magnitudine di quello uiso molto obliquo secondo che quando fosse in remotione mediocre auenga che la obliquatione sia maxima equale forma per quella forme del uiso la quale non si istituisce nel uiso solamente ma per ragioni fuori della forma cioè che per questo el comprendente comprende la diuersità cioè la differentia massima tra esse et subito la uirtù distintiua imagina la positione di quello uiso. Comprenderà la misura d'esso secondo la diuersità della remotione delli stremi et secondo la misura dello angulo el quale sottentra a quella parte apresso al centro del uiso non solamente di quella forma: quando la uirtù distintiua arà compreso la diuersità della remotione de' due nello obliquo arà compreso la obliquatione d'esso subito per-

cipierà la congregatione della forma arà compreso addunque la misura d'esso quando arà sentito la quantità della obliquatione non secondo el modo della forma e'lla parte parua, ma secondo la positione et sottili intentioni le quali sono nel uiso et non si possono compren⸗dere per ragione se'l uiso non arà sentito quella parte o quelle inten⸗tioni . o Lnascondimento addunque della forma quando ella sarà in remotione mediocre per la inprensione della forma nel uiso sente le sue parti piccole per la qual cosa la forma del uiso massimamente obliquo et dubitabile, ma la forma del uiso facile altrimenti è mani⸗festa. Questo è dichiarato nel sermone della dichiaratione della de⸗ceptione del uiso. E'ssi à dichiarare la cagione e'lle spetie d'esse.

32. L'abito fatto del uedere per linea retta et per iscientia ora è da uedere et da dire degli altri modi cioè per linee reflesse et fratte. Et che queste cose le quali sono dette delle parti della anima et della compositione delli occhi et de' passamenti delle spetie nelle tunici et omori delli occhi per insino al neruo comune et di tre modi è da cognosciere el solo senso per li soli sensi e'lla scientia e'l silogismo sono comuni uisioni fatte per linea reflexa et fratta addunque pauci sono di questi. È da dire inprima intorno al uedere et alla reflessione ricoglendo quando al giudicio del uedere humano la densità più in uedere le spetie in tutto o in parte la sua densità cioè l'aqua, e'l uetro e'l cristallo, imperò che ogni denso reflette la spetie. Ma non sia im⸗però uiolentia delle spetie in tutto, imperò le spetie si pigliano a ca⸗gione imperochè la densità impedisce el passamento suo cioè per altra uia e multiplicare è impossibile et doppio el senso è aspro et pulito la parte o uero el corpo è aspro et non à conformità all'uno et all'altro et quello gli piace fa la sua propria reflexione dissipante tutta la spetie allo occhio et non può uenire intera. Addunque non può fare sensibile reflessione nè rapresenta le cose uedenti, ma per qualitate et lenità nella superficie de' corpi pulcri et nelli specchi auendo ogni parte concordante in una actione et rende le spetie in⸗tere et sensibili infino all'occhio et fra la uisione manifesta in ueruno ancora non sarà perfetta si come quando l'occhio uede per linea retta imperò che'lla reflexione è indebolita la specie apresso alla moltipli⸗

catione. Quando le spetie passano pel meço della ispecchi fanno l'angulo è . A . equale angulo incidente el quale è . B . *per la LXXX*[a]
Fol. 45v. *primi elencorum* el quale dicit gli anguli essere composti è necessario e manifesto che gli anguli d'esse reflessioni cioè . d . sono equali all' angulo incidente. Quando et quale angulo constituesse infra lo spec= chio tale constituisce circa questo et a questo è prouato lieuemente così. Sit . a . b . c . speculum planum et . d . sia uisibile et sia l'occhio . a . b . c . equali et . d . et . d . a . et . e . et . c . siano perpendiculari et equali et . d . b . c . siano raçi di reflexioni, ora con . c . e . et . b . equali et . a . et . b . et . a . d . et anguli contenti infra elati sono equali. Imperò retti sono questo è manifesto per *IIII*[a] *primi elementorum* che gli anguli [. . . . . .] se reguardanti sono equali [per IIII[a] primi elementorum] sono equali . s . f . g . del quale è il proposito. Siano adunque e trianguli manifestamente el proposito sia ancora uno mag= giore . a . ad hoc anguli incidentie di reflexione siano a l'uno a l'al= tro non mutati cioè manifeste semper istà el proposito. Ma *l'autore del libro delli specchio* presuppone el triangulo essere simile. E ad= dunque la proportione sarà . c . b . et . a . b . si come . d . et . a . la re= flexione è . c . addunque . c . f . sono anguli equali et per questo è manifesto de' conuessi specchi et concaui, imperò a . k . b . fanno equale angulo collo specchio piano [saranno residui anguli] che è . d . c. Ma anguli contingenti e sono equali: addunque quelli separati . a . b . anguli constituti collo specchio piano saranno residui . s . f . g . e quali intendiamo in ogni modo del conuesso specchio imperò che a . b . collo specchio piano . g . f . faccino l'angulo equale, adunque aggiungansi anguli continui e quali saranno sempre equali siano . a . h . d . equali del quale è proposito così si faccia la demonstratione nel *libro delli ispecchi.* E in questo libro addunque *Alchin* de as= pettibus et in esso considerando diligentemente che nulla in niuno si uedrà in esso stima el uolgo, ma la cosa oggietta dalla quale uiene la spetie che così in molti modi come mostra *Alacen* nel IIII[o] libro oue nascono e termini delle linie . o . a . quando el uedere fia presso et in questo . a . uisibile sia manifesta però che termini delle linee reflexe si è . d . a . oltra di ciò le spetie non si uedranno se non è in caso per

accidentia sopra è posito el suo essere la spetie e altra macchia nello specchio impressa nello specchio o uero alcuna sua parte segnata. Addunque per lo uedere è fatto per reflexione. Addunque determina el suo del quale è falso e imperò sança gli occhi non uedrà sança reflexione altra spetie et questa reflexa non uerrà a esso sança reflexione apresso o siano ancora alcune spetie et questa reflexa non uerrà a esso per la sua qualità degli anguli incidenti et delle sue reflexioni sia il lume del quale uiene e reflexioni in molti modi. Addunque questi sostengono gli anguli della incidentia della reflexione. Conciò sia cosa che gli anguli e'l lume del quale uiene alla luna alle stelle essere luce del sole [el sole] e·lla superficie cioè apresso all'angulo de' *phylosofanti* estimano che uedendo la luna et le stelle et uedendo el sole perchè la imagine del sole è reflexa ne' nugoli rorida cioè stima et certo sì come è prouato di sotto. Et questa è scientia sperimentale. Ora ueggendo la nuuola uederemo el sole nulla non uedrà apresso al sordo non ne stima uedere el colore dello iride cioè dello arco colorato nè tale figura nè non è tale colore. Ma questo è certificato dopo al sermone. Ora in questa scientia n'e in uita el colore. Ma questo è certificato e che le cose no ne appariscono nel uedere et nel luogo suo imperò che'l uedere assueto per la linea retta e·lla cosa nella istremità sua, addunque non è onde nella curuatione della sua reflexione della curuatione et per questo stima sempre essere il raço uisuale nello luogo della imagine che noi chiamiamo apparitione delle cose in alcuno suo punto. Addunque questo fa che'l uedere fia dì fuori. Mettendo addunque in direttione le spetie delle cose in alcuno suo punto. Addunque non è sempre in ogni luogo ma in più è el concorso de' raçi uisuali cum catecho perpendiculare tutta la cosa sopra allo ispecchio quando non è ma quello solo raço de' uisibili imperò puote essere equidistante cum catecho nello specchio concauo, sì come quando conuerte con catecho oue esso à molti modi oue esso el suo concorso. Nunquam nello occhio alcuna uolta drieto al capo concorre nella superficie delli ispecchi oltra lo specchio ancora toccante tanto oltre apparisce la cosa quando è distante dallo specchio et qua secondo la diuersità delli ispecchi per li quali sono apresso a quella scendentia.

Fol. 46r. 33. Gli specchi addunque sono VII ne'quali *gli auctori della prospettiua* uariano cioè sperico piramidale et colunnaria di fuori et dentro pulita et questi sono VI se VII el piano è concauo et polito dentro et di fuori el piano el quale è pulito dentro come di fuori sono VII el primo può essere concauo dentro et di dentro essi sono VII e il piano imperò de' primi può essere concauo; si sono VI e'l piano nel uero à una dispositione uogli per sententia degli *autori della prospettiua, Tolomeo* et *Alfacen* riuolgere in quanto possono i modi del uedere per diuersità delli specchi piani. Addunque gli specchi minori uoglio per sententia in quanto e possono in breuità e modi del uedere per diuersità delli specchi piani gli errori accidenti imperò che·lle cose apparenti [. . .] adiuiene imperò che·lla cosa appare in figura et in quantità debita et solo ancora in sito uaria, imperò quello che è dextro apparirà sinestro et quello di sopra apparirà di sotto. Onde la torre nella auersa conciò sia cosa che la flexione della acqua è ancora nel piano e ancora ne' piani specchi comuni imperò errore è comune imperò che la cosa no ne appare nel luogo suo nè nel luogo della imagine. Noi diciamo apparitione la cosa nulla ancora et quelli chiamano uocabulo della cosa il luogo della cosa sança raço uisuale, sempre due cagioni distano manifeste appariscono in conuerso de' raçi uisuali con catecho e oltra di ciò gli altri specchi quanto la cosa uisa distà dallo specchio in altra non si ritruoua mai lei prouare si può per dimostratione. Imperò sia . a . la cosa uisa l'occhio . a . d . è un catecho raço . o . d . uisuali dico che . b . d . è equale conciò sia cosa addunque che . b . d . è distantia di congiuntione alla superficie delli specchi imperò . c . et . f . anguli eseunti retti sono et equali et . q . et b . equali saranno per la *LXXV . primi elementorum* et . h . et . c . sono equali imperò che sono anguli incidentie et reflexionis. Addunque manifesta che . c . et . q . equali conciò sia cosa addunque . c . et . q . anguli et trianguli . a . c . f . è lato intra l'giacente all'uno triangulo et l'altro si manifesta per la XXVI . primo *Euclidis* questi trianguli essere adequati in ogni cosa ergo . et . b . d . la teca *(sic)* erunt equalia perchè el uiso stima la cosa essere tanto oltre allo specchio continuamente et dirittamente e intorno allo specchio piano et per questo sopra detto

si conchiude gli errori molti e quali credono le spetie delle cose secondo uerità essere iui et diffundere se per meço dello speculo apparire iui, ma non è ispetie uisibile cioè detto è iui non è spetie uisibile cioè [...] et non entra nello specchio in che modo si faccia la uisione pel suo ingresso. Onde non è luogo della imagine essere in congiuntione de' raçi uisuali cum catecho per la uirtù existente e'lla sua. Ma per apparentia solo è sperico et di fuori puliti giudica el uedere apparire concorrenti e raçi uisuali colla linea dutta alla cosa nel centro della spera che concorrono può essere oltre allo specchio o uero dentro nella superficie delli specchi s'intende ne' colunnari et piramidali, ognuno à ancora errore che sono ne' piani adiuengono ne' conuessi quando frequentemente fa apparire la cosa uisa apparisce minore perchè sia alcuna uolta minore ancora appare equale o uero maggiore ma rarissime minori. Ancora apparisce minore in latitudine nella superficie delli specchi: imperò che'lla reflexione de' raçi apresso all' occhio concorrenti quando gli specchi piani gli raçi con esso occhio si conuertono quando gli specchi piani e raçi reflessi con esso maggiore disgregano perchè appaiono cioè si manifestano che brieuemente la superficie sia reflexione quando si rapresentano gl'idoli seguitando le conditioni delle reuerberanti superficii. In questi specchi addunque nulla appare secondo certa ordinatione diritta et torta. Conciò sia cosa ancora la reflexione sia appresso alla superficie conuessa de' raçi alla stremità delli stremi raçi e ancora molto maggiore distantia al centro dello occhio perchè la maggiore distantia cioè sono quelli e quali nella uertificatione è giudicato essere la cosa de' meçi della quale è la uertificatione, giudicando innessere rarissime ancora contingenti et retti appariscono quando appariscono nel uedere o nella superficie del uedere o nelle superficie nelle quali sono le linie uisuali nel centro delle spere delle quali dimostrano e *matematici* di fusione. Et sia addunque l'opera nelli specchi conuessi molto minore e la distantia delli idoli allo specchio la cosa ueduta conciò sia cosa in *Fol. 46v.*
piano sia ueduta equale è in conuesso, tosto concorrono e raçi cum catecho perchè in piano inquirenti e colunnari di fuori puliti accidenti conuessi et sperici in essi ancora le cose uise da lungi appariscono

minori che in conuesso in isperici grande apparisce, ma niuna è retta e molto concaua perchè è in conuesso. Ma notando è mai nessuno saranno reflexioni in longitudine di colonne ogni linea sança longitudine et ogni linea uisuale equidistante mai in alcune fiano reflexioni in longitudine di colonne excetto che·lla [. . .] dell' acqua arà reflexioni et arà longitudine et latitudine: et appare la linea uisa alquanto curua. Et quando reflette a trauerso le colonne et ora è imagine turpissima et breuissima et quando uero sia reflexione al meço sito et questo alla imagine s'apressa alla longitudine et quando à latitudine et così la piramide uerrà fuori pulita accidit: et similmente all'una et l'altra è errore che i conuessi ànno l'idolo minore et la cosa uisa et retta appare curua et diuersificasi in essa reflexione et longitudine colonnare cioè reflexione et longitudine piramidale che in ciò fia la reflexione e·lla longitudine piramidale cioè la latitudine cioè el meço del mondo dell'altre sue forme appare piramidi generalmente e in uero è che·lla spetie compresa per reflexione et similmente apropriata alla forma della forma della superficie delli ispecchi et in essi è ancora quanto la cosa à maggior distantia dallo specchio tanto esso uede meno et quanto più s'apropinqua tanto maggiore apparisce inter omnia specula. Maggiore deceptione è nelli sperici et concaui accidentia: è ancora in esse deceptione in quantità sì come nelli altri appariscono quando maggiori et quando minori et quando equalmente di fuori e questo in numero imperò quando appare uno quando due et quando tre et quando quattro secondo el diuerso sito sichè è numero. Impossibile è excedere in questi appariscono parte inordinata all' una et l'altra cosa. Quando appare di fuori quando è diuersa si comprendono conuexe et questo si pruoua nel *libro VI° capitolo VII°* et in questo standо della diuersità del sito apresso agli specchi in essi. Addunque gli specchi quando conciò sia cosa col catecho equidistante e raçi uisuali et ora è luogo quando col catecho et ora in luogo delle imagini col punto di reflexione, et questo imperò punto di reflexione è di uisibili et è comune la uirtù del meço apparisce dea *(sic)* oltra allo specchio ragioneuolmente di fuori cioè manifesto. Ma imperò che una è la forma continua et apparisce tutta nella meça distantia cioè in questo punto la reflexione del uisibile comune della uirtù del meço e questo concorre cum catecho e raço uniuersalmente appare le cose in esso concorso et questo è in diuersi modi. In giusto sito cioè in luogo delle imagini nelli specchi aliquando oltre aliquando di fuori cioè tra'l uedere et lo specchio cioè in questo centro del uedere et quando drieto all'occhio che ogni cosa apparisce nella figura suscritta: imperò la forma refletta . a . b . c . ad . a . et per essa el raço equidis- tante perpendiculare . t . d . et appare . m . c . et . m . reflectitur a . d . n . ad . a . concorrono perpendiculari in . L . et . R . si reflette al punto . c . all'occhio . a . apparisce in . s . et . q . cade in . g . reflette in . a . et con- corre ancora con cateco drieto allo occhio . s . in . o . et cade in . e . et reflettesi all'occhio in . o . et mai concorre . a . raço cum catecho menato a punto . ç . per . d . in questo centro l'occhio oue iui appa- risce . ç . in essi ancora ogni diuersità d'aparitione infino apprende la uerità delle imagini conciò sia cosa sança essi luoghi saranno oltra allo specchio cioè tra el uiso et lo specchio apparente nel centro dello occhio di drieto al capo apparisce et non si certifica el uedere non è enato a prendere uertificatione delle forme s'elle non saranno oppo- site, conciò sia cosa che gli occhi ancora nel centro delli specchi con- caui iui appariscono. Nulla ancora reflettono in centro se non quello che esce dal centro: sola alcuna perpendiculare in se rende. Sia an- cora posto l'occhio nella circumferentia ouero di fuori queste saranno non apparenti ma è reflexione in parte opposita. Si ueramente sia posto nella circunferentia nulla appariscono a essi quelli sono in *Fol. 47ʳ* semidiametro nel quale se ancora il uisibile el quale se pone nel centro del uedere non può reflexione et ancora le sue spetie non reflectano se non è soperasse del numero grande. È da sapere quando si situa l'occhio cioè A quare parti et fia reflessione delle forme è alcuna cosa e l'altra e diuersi luoghi saranno in concorso de' singulari raçi cum catecho. Quattro saranno le imagini et quando tre et quando due cioè a due et a una cioè suttilissime dichiarate *nel libro V°* parte IIª. Et nota che ogni dimostratione di luogo di reflexione prima questo cerchisi cioè l'angulo incidente et possa essere equale angulo di reflexione del quale possino essere tali punti sotto ogni sito e rispetto all'uno et a l'altro occhio et tutte le imagini simili appaiono essi ancora li raçi in diuersi luoghi concorrono essi perpendicularmente et di distantia sensibile. Quando è ancora di remotione di punti se non maggiori ànno occhio che a l'altro saranno luogo delle imagini diuerse a rispetto dell'uno et dell'altro occhio ma inperceptibilmente remoti del quale apparisce una. Notando che diuersi modi refletto gli specchi concaui da presso et da lunge distantia della quale si manifesta di fuori *LXXVII* . *propositione de speculis* uisibile ancora . e . d . caggiono nello specchio pe' raçi concorrenti in . z . in uerità . o . ancora a ogni punto fia reflexione se ancora soli se seganti concorreranno a tanta distantia negli occhi uisibili che intra raçi confluentia alcuna uolta appariranno altri che uniuersalmente ancora nella alteça et profondità che sono intra el raço confluentia apparente . e . euerse le quali ancor di fuori appaiono et rette si come *dice nella propositione* la quale manifesta imperò che il raço . b . a . che è eleuatione della reflessione apresso . e . del quale è superiore nella cosa uisa è superiore cum catecho et concorre imperò in . e . l . et . b . g . del quale è inferiore el raço et reflettesi apresso . d . punto inuisibile . e . d . et inferius concurrit cum catecho cioè inonde apparisce la cosa si come è. Ma . b . g . raço inferiore reflettesi insino apresso . R . sono superiori e uisibili . R . n . et . b . a . apresso . n . onde è necessario, . R . apparisce . in . f . et . n . m . c . et [cosa] la cosa auersa et concorre questa dimostratione iusta. In questo *primo libro* sotto la leuatione de' raçi el uedere e·lla eleuatione humilioribus. Si tamen considerando che *male* è afigurata questa dimostratione *nel libro delli specchi* imperò che catechi debbono cadere nel centro delle spere delle quali iui nulla è osseruato. Addunque i' pongo in questa retta figuratione speculi colunnari intra puliti accidunt simili cioè gli specchi concaui ancora in quantità delle cose uedute in numero delle imagini uersione de' uisibili fia ancora che·lla somigliança cioè gli speculi concaui ancora in quantità delle cose uedute in numero grande el quale è la uersione de' uisibili fia in diuersi modi di reflexione in essi cioè ne' colunnari esteriori in longitudine et in latitudine a sito meço e questo è apresso alla diuersificatione d'imagini uariate. Nihilominus el luogo della imagine secondo la diuersita del sito a rispetto delle colonne concaue et isperiche et piramidali concaue uariate ancora in esso reflessione accidunt similia cioè colunnari et sperici et concaui uarieranno ancora in esse reflexione cioè in piramidale in essere puliti cioè in longitudine et latitudine in meço modo egli sta et questo diuersificando la imagine in figura et in quantità. Et in questa già detta reflexione possiamo alcuna proporre nelli exempli spetialmente nelle cose naturali. Nam conciò sia cosa che detto sempre sia che·lla diuersità delle cagioni delle luci e reflexioni de' colori et delle cose apresso all'occhio apparire di diuersi colori et di diuersa luce et di rilucentia delle cose lucide et intelligentia che questo è per cagione et reflexione apresso all'angulo retto fortemente è atto della luce. Et quando è apresso minore che retto debolmente è molto acuto allora è molto debole et così la luce cade in diuersi modi può essere per manifestare o uero per occultare o uero mitigare de' colori ouero aumentare in diuersi modi: ciò è manifesto nel collo delle colombe o nella coda de' pagoni et in molte altre cose et non dimeno dicono che uerissimi colori sono nella coda del pagone, manifestamente contiene colore ma per lume intenuo. Imperò non è attenuitate in collo delle colombe imperò non a spessitudine et per grande uicinitate et noi non comprendiamo così el colore inuerso la luce è inuerso l'angulo ora manifesteranno el colore et quelli *Fol. 47ʳ.* maggiormente occulteranno et ora chiariranno uiuaciemente et ora scureranno et debiliteranno et così è in parte de'colori iridis. Ancora in ueritate non sono secondo apparentia imperò ancora sanno cagione della luce all'angulo determinato: e·lla generatione sua è per reflexione quando è uario per rispetto [. . .] cioè della scientia sperimentale insegnerà [. . .] uero et infirmi secondo *Aristotile* III° methafisice et secondo *Seneca* in libro de iride uedente esso andare innançi a·sse la sua cagione. *Seneca* aforma et dice che le spetie apresso a·sse uenienti cioè in riso *(sic)* d'esse sono deboli et però licet piccola e spessa la spetie non reflettere nel uedere et però dinançi a se queste fiano in altre et rendonsi all'occhio e a tutto el corpo uiuente si come uedessino nello specchio et questo solo fia nella uisione per le spetie delli occhi et non per spetie di cose uise se non è imperò che l'occhio con tutto l'uomo cioè con tutto el corpo suo uede la spetie degli occhi innançi reflectetur a ogni parte interiore del corpo et uedrassi lo huomo innançi imperò che il luogo è innançi alla imagine et innançi a ogni concorso de'raçi uisuali cum catecho. Qui ancora solo fia questo per la spetie delli occhi imperò che altre spetie delle parti del corpo e panni sono fortissimi cioè penetra l'aere difficilmente per essi. Et questo è perchè la uisione fa la spetie sua a'sse et questa uisione è debole imperò che sola la spetie degli occhi fia la spetie del uedere maggiore e questa è a debilitare per altra parte delli occhi e imperò che l'occhio interiore à sustantia. Se noi diciamo ora ch'e raçi uisuali siano difficili inuerso el cielo o nella profondità dell'aere uel in principio celesti cioè nel primo distinto e può essere refletta similmente in acqua profonda: ora l'uomo uedrà se quando a lunge raguarderà l'acqua dalla lunge non è [. . .] dicendo che non adiuiene se non l'aria sia propria a questo denso alquanto de' quali gli ebrij possono essere per humidità et uapore del uino e resoluto nel uino. Onde e mali et fetidi uapori sono sempre essi in aere pe' quali l'aere è infecto apresso a essi e denso possono gli ispecchi così essere nelle parti sue per quello non farà in altra parte l'aere et remotione. Et similmente aere terra è fatta densa da' uapori resoluti dalla terra et dalla acqua. Addunque all'una et all'altra cagione densità può essere aere propinquo et auere l'uno et l'altro specchio. Addunque per la difformità nelle parti dell'aere auiene che una parte a l'uno et l'altro delli specchi et l'altra non per rispetto delli occhi ebrij et infermi, ma per rispetto degli occhi forti raguardanti in acqua et parte imagini a l'uno specchio et agli altri uengono uniforme in densità et similmente alla lunga nella spera del cielo et non uiene iui per tema della imagine densa la quale uince gli specchi. Posso auere una spera retta e iui multiplicare infino che manchino sança reflexione. Quia si dicatur che l'occhio forte uiene e trapassa el uapore in aria uengono esse forme in densitate et similmente alcune nella spera del cielo et non uiene [. . .] per densità ouero per eterna della imagine all'uno et l'altro specchio per la pia [. . .] politure uel duas uel tres: quantunche fusse grande in piano politure et non è ancora la distantia intorno a L migliaia sì come insegna *el libro de'crepuscoli* sì come può in-

segnar de'uisibili infermi et gli altri insegnare de' crepuscoli de uisis
ebriorum et gli altri stimare se per uiso retto la nostra spetie in aere
e per oggetto et altrimenti stimati per uiso retto quando l'occhio raguarda et dimitte le palpebre et uede la candela passar el raço a modo
della piramide esso conio esso raço è in candela et disparge el raço
molto sensibilmente et per la superficie della candela et dispersione
de' raçi uuole molto [...] quando candele cadunt supercilia et peli
illi politi sunt. Quando uero l'uomo raguarda alcuno splendido cioè
cruce de ellero sopra el campanile ouero torre alta e uedrà alcuno
corpo molto scintillante quando e raçi del sole ouero della luna cagiono
sopra quelli reflettendo nel uedere de' quali la cagione è sensibile
uariando gli anguli pel moto delle stelle imperò cioè per la distantia
d'elle a noi, non incominciono e·lloro moto et ancora per meço della
chiarità de' corpi et della loro distantia tali scintillamenti noi non *Fol. 48r.*
possiamo giudicare delle cagioni delle luci secondo gli angoli uariati
al moto delle stelle. E ancora uedrai uenire el raço et ancora secondo
la diuersità del luogo et così scintillare e·ssia ancora la imagine retta
della quale el centro essere centro del mondo et la circunferentia
essere el cielo cioè el moto ora la luce e raçi extensi nel centro infino alla
circunferentia non è apparente muouere seu baculi fissi nel centro et
ancora dutti a circunferentia non appariscono muouersi apresso alla
circumferentia della distantia per la distantia de' uisibili ancora uedranno uisibilmente muouere circa al centro apresso all'occhio posto
proprio per la distantia del uedere et appropriamente i raçi cadenti
sopra a questa cosa inferiore cioè la cosa et questi di sotto fanno sensibilmente circa al centro apresso allo occhi(o) posto per quello similmente e raçi del sole cadenti la uariatione delli anguli cioè del sole
no ne apparire ouuoi el moto del sole no ne apparire là oue el moto
della scintillatione; le quali cose premisi in precedentibus me douere
dire apresso a' *prospettiui* delle quali imagini una sarà del sole et l'altra delle stelle existenti presso al sole. Ma stella fixa essere non può
imperò ch'el sole la occulta no essa in alcuno de' pianeti. Quando
a' pianeti indistanti quando più quando meno. Ma la imagine sempre
è uniforme la distantia e sempre cioè apresso al lume della luna sì

come apresso al lume del sole accidit al lume delle candele che non leggono la sperientia la quale non è istella che apparisca se non doppia. Ma è copia la imagine del sole o uero della luna o uero delle candele doppie nello ispecchio reflexe imperò che la superficie della acqua è ispecchio e apresso a quello fia una imagine et un' altra allo specchio estimerai che quella che è nella acqua fia maggiore e sensibilmente quando e raçi che fanno altra imagine molto debilitare [la spetie non possa essa] per questo del quale che nel primo frangie nella superficie e dell'acqua donde reflette allo specchio. Tertio frangitur dalla superficie e dell'aere ma la reflexione e·lla frattione molto è debilitata la spetie non possa essa rapresentare la cosa sofficientemente. Addunque e·lla imagine in quella debilitare è minore et minore sensibilmente apparisce, ma la intentione mia imagina et signoreggia che la imagine maggiore per reflexione dello specchio imperò che lo specchio è denso et composto di sotto di piombo s'iui la sua parte della quale impedisce el passamento delle spetie onde riceua la imagine et rende l'acqua per la sua rarità a meno di natura. Addunque è da dire che la sua debilitatione la rende la imagine. Che l'oggiecto sia delle diffinitioni è da dire che la debilitate che auiene per essa non si fa minore imagine che apresso all'acqua fermamente la quale porta seco lo specchio essere come fuori dell'aqua. Stima ancora el uulgo che in tutto uera sia che nello specchio fratto apparisce tutta la imagine la quale sarà parte fratta ma non se essi non sono quando parte fratte recipiente oue el sito diuerso se non ritiene all'uno et all'altro sito che aranno specchio intero et non apparisce se non è una imagine imperò che·lle spetie uenie[ni]enti fiano una rimane et una sarà intera nello specchio fratto purchè la parte ritiene el sito suo. Onde imperò el punto delle reflexioni è uno luogo e nel quale e' cade. Quando u'era parte nelli specchi fratti riceuono in diuerso sito ora le spetie necessarie numero imperò che·lluogo non riceue nel quale diuersi punti di reflexioni diuerse et in diuersi luoghi. Addunque diuerse appaiono le imagini.

34. Manifesto è che quando la uisione fia per linea retta et manifesta et reflexa ora nel terço manifestando è in che modo fia per re-

fratta cioè questo fia difficile. Per li altri ancora già auiamo grande dispositione apresso alle scientie per le predette cose perchè in molti conuiene questo. Conciò sia cosa che questi in parte che della uisione retta detto è in che modo è necessario lo humore frangis *(sic)* in humore uitreo omnes [preter] excetto che l'asse della piramide radiosa che passa per le centra delle tunice excepto è delli humori equali non frangono alcuni radij della piramide uisuale sopra la cornea nè è humore albugineo nè sopra lo humore albugineo e lo humore sopra glaciale quando tutta la piramide cade perpendicularemente sopra a *Fol. 48v.*

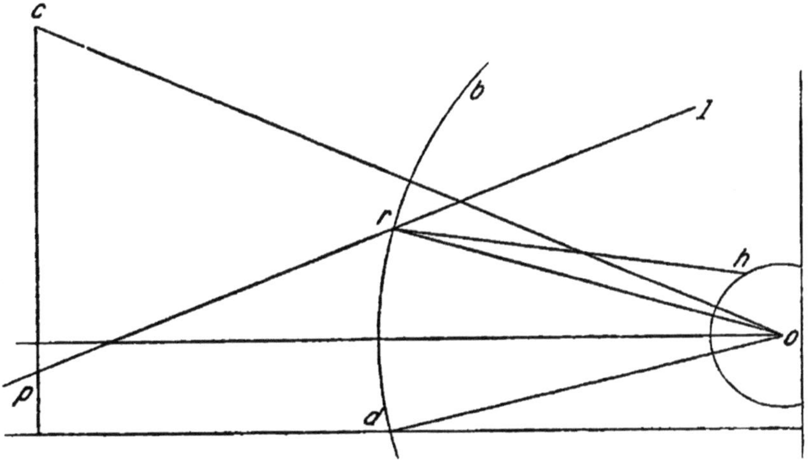

Fig. 8.

questi tre corpi et anderanno e raçi ne'centri loro se non concorreranno nelli humori loro cioè III. punti. Item necessario è apresso d'esso ascenda el conio della piramide et fia certa piramide et è troncata. Possono ancora molti uedere per terra chi [...] essa piramide ma non per raço reflexo sopra a l'occhio imperò che allora si partiranno da'llui. Et però per frattione. Nam sit . a . c . la parte innançi glaciale et . b . d . cornea . c . o . la piramide radiale ora . p . n . et uieni in= uisibili fuori della piramide uisuale et non cade perpendicularmente sopra alla cornea et non entra sopra al foro della uuea cioè se'lla entrasse non anderebbe alla glaciale ma passerebbe a'llato all'occhio si come . a . d . l . apunto quando la uirtù uisiua non sarà se non è in glaciale non uedranno . p . raço . p . l . ma ancora imperò la cornea più densa che l'aire [...] et non cade perpendicularmente, auenga idio si speçi lo ingresso; addunque dal punto di fuori della piramide radiale caggia el raço di fuori della piramide uisuale cioè . q . d . non andrà in . s . ma speçerassi in . d . nel punto della cornea intra el passamento retto che è . n . l . in tra'l perpendiculare ducenda al luogo della fractione la quale è . n . o . è ui fratto infino ad . f . punto della glaciale et così si uedrà . p . perpendiculare . d . o . infino ad . f . punto in glaciale che così uede . p . inter refractionis usque ad . R . punto in glaciali et così si uedrà . p . usque ad . f . punto glaciale se non si uedrà . p . intra el passamento retto al quale è . n . l . intra perpendiculare adducendo al luogo delle fractioni el quale è . n . o . ouuoi la frattione infino apresso . b . punto dello humore glaciale et se non uedrai . p . intra el passamento retto el quale è . n . l . è intra el perpendiculare ducendolo al luogo delle frattioni el quale è . n . o. e iui è fractione apresso . b . se no ne uedranno el punto della glaciale se non è uedranno . p . intra el ritornamento el quale è . n . o . e iui è la reflexione infino apresso el punto bene si uedranno le quali cose sono nella basa quando quelle per raçi retti et perpendiculari e in ogni modo è apresso . q . se no ne' quelli onde è manifesto secondo la figura. Similmente del quale si uede per raço retto perpendicularmente eodem modo e de . q . come è manifesto e'lla figura similmente della quale si uedrà per raçi retti el raço retto et reflexo si uedrà necessario. Similmente per raço reflexo si uedranno necessarii et similemente pe' raçi fratti et se no ne è centro si uede imperò che in duo modi è questo et certamente la uisione non è . p . punto uedrà per raço perpendiculare . p . g . el quale ua in centro . o . et ogni uno uedrà perpendiculare imperò . p . a . non ua in . d . ma speçasi in . a . punto della cornea intra'l passamento retto . a . d . inter perpendiculare . a . c . infino in . e . punto nella superficie dello humore glaciale et non solo uedrai . p . per uno raço fratto ma per infinito ancora apresso in questo . p . può fare declinante alla superficie della cornea la quale non solo uedranno, ma per infiniti raçi di sotto declinanti alla superficie della cornea della quale frange et cade in forma cioè uiene apresso alcuno punto glaciale in . b . punto cornee in tale passamento retto che è . b . perpendiculare la quale è . b . o . el quale ua in . s . punto della glaciale si è de infinitis. Ideo adhuc è migliorato et compiuta la uisione per questi modi de' raçi fratti e quali ogni cosa infinita uedrai: la quale uedrà per raço fratto infinito. La scientia del quale ogni cosa uisa si uedrà per raço retto perpendiculare oltra di ciò la scientia è el quale uidetur per questo quod obliuiscitur foramini può uedere fratte et non si uedranno rette et quando

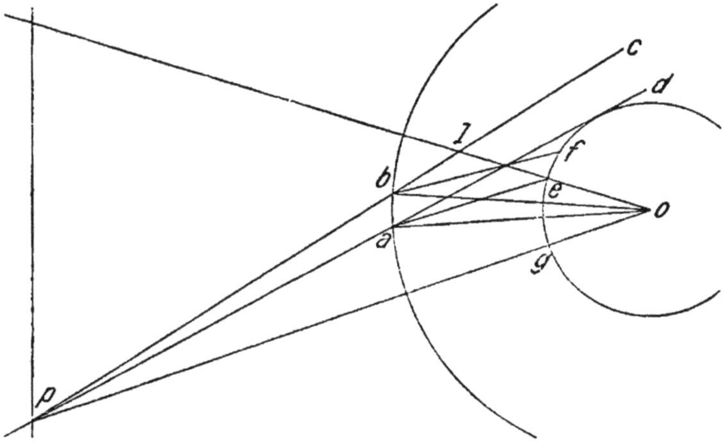

Fig. 9.

si uedranno rette . s . alcuna uolta lo obstaculo della piccola latitudine cioè si interpone festuca peruastans contra allo occhio intra esso alcuno uisibile impedisce el transito delle spetie alcune parti dello diretto et ora i raçi declinanti et ora caggiono sopra alla cornea apresso a quella cosa imperò fuorchè una perpendiculare la qual cade se no ne *Fol. 49r.* essere obstaculum caggiono infinite declinanti. Addunque el uedere solo si uede per raçi reflexi et non per retto ciò è manifesto per isperientia se i quali intra l'occhio suo alcuna festuca ouero alcuna cosa presso si può sperimentare. La scientia uera che la uisione per la frattione è in concorso de' raci uisuali sicome è detto de reflexione.

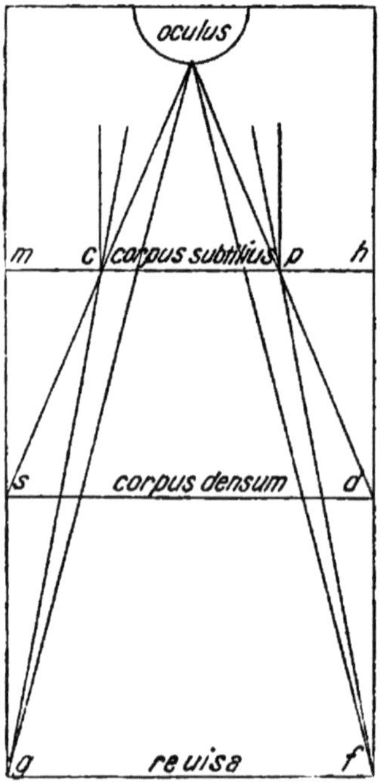

Fig. 10.

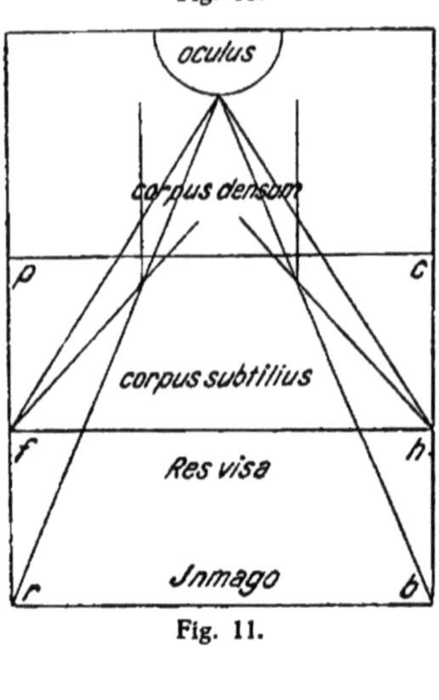

Fig. 11.

35. Manifesto può essere per modi uarii in che modo ancora ogni diuersità delle sue apparitioni comprendiamo mani⸗festissimamente considerare in che modo ne'corpi piani concaui conuessi[is]accidit. In queste cose è diuersità secondo questo che l'occhio è in meço ouero densiori e·lla cosa uisa è conuersa si uero oculus in più sottile perspicuo infra l'occhio e·lla cosa uisa sia el meço denso come l'acqua in su⸗perficie piana o uero el cristallo o'l uetro eius alta prospicua, allora le cose apparis⸗cono da lunge maggiore per che sia an⸗cora el uedere sotto maggiore angulo per quelli che sia 'menduni uniforme e·lla sua demostratione è manifesta in questa figura. imperò per . f . el uisibile si uedrà. M. Sutti⸗liore ancora è conuerso minor . d . oue è el raço uisuale . a . d . et concorre cum ca⸗techo . f . h . et similmente apparirà in . c . ouero . a . c . raço uisuale concorrono con . g . m . cum catecho; dico che tutta la cosa è addunque . g . f . a·ppariranno nel luogo . c . d . propincuo all'occhio onde uedranno sotto maggiore angulo, perchè sono quasi uno corpo, imperò sotto angulo . a . b . e uedrannosi perchè duo corpi in angulo sotto . a . g . f . si uedranno per uno meço sança fractione. Ma se l'occhio sarà in densiore meço sança fractione nella cosa uisa imperò sotto minore si uedrà el tuo. Imperò che la cosa uisa in suttiliore an⸗cora è conuerso, imperò che la cosa uisa si uede minore che'l tuo, imperò che sotto

minore angulo si uedranno tuo, imperò che la remotione apparirà in . o . f . et uedrassi in . h . et . f . et in . k. Tralla cosa uisa sia tra . o . f . appariranno in . k . b . imperò che raçi uisuali . a . b . concorrono in . h . cum catecho . h . et il raço . a . d . concorre in . k . cum catecho . f . p . k . sotto minore angulo si uedranno per uno meço, imperò la cosa si uedrà tutta sotto . d . a . b . angulo per la frattione et sança frattione si uedranno . f . a . o . minore angulo.

36. Ma se non saranno i corpi piani ueghono: ma la sperica allora è grandissima diuersità, imperò la concauità è inuerso gli occhi o uero la conuessità, allora saranno quattro modi imperò che sono due modi e·sse gli ochi sono in più sottile medio et concauo e duo modi saranno in più sottile meço. Addunque gli occhi in suttiliore meço e nella concauità degli occhi et saranno inuerso l'occhio, potesse essere intra el meço del centro et della cosa uisa, cioè che'l centro dentro allo occhio e·lla cosa uisa non fra che·lla uisione del centro in meço densiore ouero più sottile. Idem est centrum all'uno et all'altro et ancora la concauità così all'una parte come all'altra nel meço della parte densa o uero della parte sottile imperò che l'uno et l'altro è centro dell'uno et concauità dell'una et è l'altra concauità sperica continente *Fol. 49v.* ponga ognuno di questi modi et porremo lo exemplo in figura si come manifesta farà pe' canoni singularmente la piccholeça et la singulare magnitudine et per questo ogni cosa si manifesta in figura singularmente che questi si pongono secondo l'ordine d'otto articoli predetti. Se addunque gli occhi saranno in suttiliore nella meça concauità sarà a rispetto degli occhi tra'l centro e·lla cosa uisa se uedranno le cose propinque perchè sarà per l'angulo uisuale sarà ancora maggiore perchè esse linee rette trarrano all'occhio sança fractione apresso alla stremità della cosa e sotto maggiore angulo. Ancora la imagine è la cosa di questa, ma se l'occhio sarà in più sottile meço: et la concauità sarà in uerso l'occhio et sarà in uerso l'occhio el centro densiore meço la concauità del sito è in uerso el centro comune del corpo concauo et la cosa ancora si uedrà propinqua. Ma l'angulo sarà minore et la imagine minore. Ma se l'occhio nel meço più denso oltre al suo luogo remoto et sotto minore angulo et

maggiore imagine el uero centro de' corpi concaui saranno in tra'l centro e·lla cosa ueduta et l'altre conditioni remanenti apresso a questa cosa uisa uedranno la remotione sotto l'angulo maggiore e la imagine. Sia ancora la conuessità ne' corpi che saranno in uerso l'occhio et saranno così quattro modi et ancora due modi, se l'occhio sarà in suttiliore et se l'occhio sarà in più grosso. Se addunque l'occhio in più sottile meço e·lla conuessità del meço nelle quali le cose sono et saranno in uerso gli occhi allora può la cosa essere tra'l centro et l'occhio, o uero el centro tra la cosa ueduta et l'occhio, se la cosa in tra'l centro et la cosa, allora la imagine sarà propinqua et maggiore dell' angulo maggiore. Se addunque el centro sarà dentro all'occhio e·lla cosa uisa. Ma il luogo della imagine e·ll'angulo maggiore: ma el luogo magno remoto sarà ancora remotione. Sia l'occhio in più denso meço e·lla cosa uisa sia intra l'occhio e'l centro e·lla cosa uisa et minore angulo sia angulo in più denso meço e'l centro sia tra'l densiore et centrum sarà intra l'occhio et la cosa la imagine più remota et minore: sotto minore angulo si uedrà la quantità dello occhio, sotto el quale uedrà la cosa et cognoscerà essere minore la quale douerrebbe essere in meço et essere unum quando contiene l'angulo el quale farà le linee nel passamento retto [. . . .] essere minori perchè l'angulo [degli altri anguli] sotto el quale si uedrà la cosa essere maggiore appresso ch'esso sarà meço uno, imperò che ora si uede sotto apresso all'angulo b. a. c. con sotto le linie rette si uede sotto le linee rette in figura seguente sotto l'angulo o. p. q. si uedranno in meço d'esse le linie rette et saranno sotto maggiore angulo perchè sarà angulo di linee contento et di linee fratte sotto el quale si uedrà per metà due secondo el modo intendendo e in ogni cosa seguendo la figura.

Fol. 50ʳ. Exemplum quando oculus est in medio subtiliori cuius concauitas est uersus oculum et oculus est inter centrum et uisibile. Exemplum quando oculus est in medio suttiliori cuius concauitas est uersus rem uisam. Exemplum quando oculus est in densiori medio cuius concauitas est uersus oculum et oculus inter centrum et rem uisam. Exemplum quando oculus est in suttiliori et res in densiori cuius conuessitas est uersus oculum et res uisa est inter oculum.

Exemplum quando oculus est in densiori medio et res in sub-tiliori cuius conuessitas est uersus oculum et res uisa est inter oculum et centrum. Exemplum quando oculus est in densiori parte et res in subtiliori parte medio cuius conuexitas est uersus oculum et centrum est inter rem et oculum. Exemplum quando oculus est in subtiliori medio et res in densiori. Exemplum quando oculus est in densiori parte et res in subtiliori medio cuius conuexitas est uersus oculum et centrum est inter rem et oculum. *Fol. 50v.*

37. *Alacen* nel quinto capitolo delle imagini della forma della cosa uisibile la quale el uiso comprende oltre al corpo diafano che deferisce al uiso nella sua diafanità dalla diafanità dello aere, quando el uiso fosse obliquo dalle perpendiculari exeunti da quello uisibile alla superficie di quello corno diafano. Et la forma la quale comprende el uiso nel corpo diafano della cosa uisa la quale è oltre a esso corpo no ne è essa cosa uisa la quale el uiso allora comprende la cosa uisa nel suo luogo nè nella sua forma, ma in altro luogo et in altro modo re-flexiuamente comprende quella cosa nella sua oppositione. Et questa forma fia detta imagine. Et questa si comprende per la reflexione et per la experientia per ragione ueramente al predetto capitolo fia manifesto per la cosa uisa che fia nel corpo diafano di diuersa diafanità dallo aere si comprende dal uiso la reflexione, quando el uiso fosse dalla perpendiculare exeunte dalla cosa uisa sopra alla superficie del corpo diafano, quando el uiso arà compreso tale uisibile reflexamente non fia nella oppositione d'esso nè comprende esso nella sua rettamente nè anche sente esse se non fuori del suo modo et luogo per la ex-perientia che si può comprendere e si può cognoscere abbia dinançi rette et perpendiculari nel meço del quale abbi posto alcuno uisibile manifesto o uuoi alcuno con uno diametro et stesse di lunge per infino che arà ueduta la cosa uisa nel profondo del uaso et dipoi sia di lungi della cosa uisa per insino che no ne abbia ueduta la cosa a poco, allora nel principio cioè nel cominciamento della occultatione istia nel suo luogo per insino arà ueduta la cosa et comandi all'altro che infonda l'acqua nel uaso et esso dimori nel suo luogo et non si muoua dal sito ou'era prima; quando guarderà l'acqua la quale era nel uaso uedrà la *Fol. 51r*

cosa uisa dipoi che no·lla uedeua et uedrà quella nella oppositione d'essa fia manifesto che·lla forma la quale rende nel uaso la forma fosse nello luogo del uiso, allora el uiso comprenderebbe la cosa uisa; nel secondo stato comprende la cosa uisa nella sua oppositione et non è existente essa al uiso opposita per questo et per l'uno et per l'altro modo cioè per ragione et ancora per experientia et ancora la imagine della cosa uisa. Quando el uiso comprende reflexamente et non fia in luogo della cosa uisa. Et da poi dico che·lla imagine di ciascuno punto che el uiso comprende reflexamente fia nel punto el quale fia differentia comune alla linea per la quale la linea della forma peruiene al uiso alla perpendiculare exeunte dal punto uiso sopra alla superficie del corpo diafano. Et questo si dichiara per experientia in questo modo. Per diametro non sia minore d'uno gomito del quale ciò faccendo el quale è sopra alla superficie d'esso quanto più potrà truoui el centro d'esse et caui essi diametri interseganti se tra·lloro quanto più arà potuto et segnisino cioè sieno segnati col ferro, acciò che apparischino imperò che quelle linee appariscono in uno corpo biancho come ceruigia mista con molto latte, el punto del centro sia nero. Et questo comprenda el uaso largo come lo catino et ponga nel luogo del catino et sia luminoso et infonda nel uaso l'acqua minore del diametro del circulo et maggiore del semidiametro [semicirculo] d'esso et misurisi questo o uuoi con questo circulo medesimo per insino che·lla acqua passi el centro del circulo del detto diametro in due o in più segnati nel primo uaso che si l'acqua coprente alcuna parte dell'uno diametro et dell'altro dell'acqua et degli aspetti per insino a tanto che·lla acqua si riposerà nel uaso, allora metti al circulo ligneo ouuoi del legnio o nel uaso riçi lo circulo sopra di quello et ponga la superficie d'essa nella quale sono le linie segnate dalla parte del uiso, dapoi muoua il circulo per infino che i diametri suoi sieno perpendicularii sopra alla superficie della acqua, dapoi lasci el uiso suo et riçi el uaso per infino che el uiso sia propinquo alla equidistantia della superficie dell'acqua agli orli del uaso et sopra alia superficie del circulo e la sperientia certamente sarà secondo questo modo. Et questo addunque fatto guatici el centro del centro del circulo et lo diametro della perpendiculare et poi guati el diametro del circulo decliue del quale la parte fia preeminente et trouerrà esso incuruato del quale la circuatione sarà apresso alla superficie della acqua a quella parte che fia in tra l'acqua contiene con quella la quale fia fuori della acqua l'angulo ottuso, trouerrà l'angulo della parte del diametro della perpendiculare trouerrà quello che fia trall'acqua retto continuo, per la quale cosa fia manifesto *Fol. 51v* che·lla forma del punto el quale fia forma del centro del circulo cioè la forma la quale el uiso comprende, non è apresso al centro del circulo, allora sarebbe nella rettitudine del diametro decliue e in uerità della cosa è a così fatto sito. Quando addunque el uiso comprende questo punto fuori della rettitudine del diametro decliue et dello angulo la quale contiene la parte del diametro decliue et dello angulo el quale contengono le parti del diametro decliue seguitano el diametro perpendiculare, allora el punto el quale fia forma del centro fia eleuato dal centro perchè el uiso comprende questo punto nella rettitudine del diametro della perpendiculare sopra alla superficie della acqua sarà questo punto el quale è el centro eleuato et quando fia nella rettitudine della perpendiculare exeunte dal centro sopra alla superficie della acqua et decliuerassi dalla curuatione del centro decliue e·lla continuatione d'esso che ogni parte el quale el punto della parte decliue fia intra l'acqua el diametro fia eleuato dal uiso in luogo et dapoi conuiene lo sperimentatore riuolgere el circulo ligneo per insino che el diametro decliue si facci perpendiculare sopra alla superficie della acqua era perpendiculare sopra alla faccia della superficie; da poi lasci la superficie del uiso suo et guati et la trouerrà la forma del centro nella rectitudine del diametro el quale fia allora perpendiculare sopra alla superficie della acqua fuori della rectitudine della quale era la forma del centro quando era decliue et trouerrà la forma fuori della rectitudine del diametro del quale per una era perpendiculare sopra alla superficie dell'acqua et trouerrà l'angulo incuruato apresso alla superficie dell'acqua. E·llangulo della incuruatione sarà la parte del diametro decliue et se nel circulo fussono più diametri. E uolgerà lo sperimentatore lo circulo per insino a·ttanto che ciascuno d'essi fusse perpendiculare successiuamente sopra alla superficie dell'acqua. Et fosse el diametro el quale seguita quello diametro decliue et alcuna parte d'essa fosse di fuori dell'acqua: allora truoua la forma del punto el quale fia centro del circulo sempre in rectitudine del diametro perpendiculare: e'lleuata dalla rectitudine decliue et sempre trouerrà quello el quale fia intra l'acqua recto. Et per tutte cose fia manifesto che'lla forma di ciascuno punto compreso dal uiso nel corpo diafano più grosso del corpo dello aere si comprende fuori del sito eleuato dal suo luogo nella rectitu= dine della perpendiculare exeunte da quello punto la superficie sopra al corpo diafano. Et quando la linea la quale continua el centro del uiso con quello punto non fusse perpendiculare sopra alla superficie del corpo diafano, ogni punto si comprende dal punto uiso nella oppo= sitione d'esso in rectitudine della linea recta perpendiculare si stende la forma al uiso. Lo punto addunque il quale reflexiuamente si com= prende nella oppositione d'esso et nella rectitudine della linea recta per la quale la forma peruiene al uiso. Et questo si dichiara per speri= mentatione della comprensione delle cose uisibili secondo la reflexi= one per lo strumento predetto. Et se'llo sperimentatore arà chiuso la seconda forma la quale fia nello strumento allora non compren= derà la cosa uisa la quale comprendeua secondo reflexione. Et quan= do chiuso arà la seconda forma niente altro arà fatto se non segare la linea recta imaginabile la quale nasce dal centro del uiso allo luogo della reflexione per la quale fia manifesto che'lla forma la quale si stende dal uiso al corpo allo luogo della reflexione per la quale fia manifesto diafano, nel quale fia la cosa uisa et reflectesi nel corpo diafano per lo quale fia el uiso et si stende per la linea retta escie dal centro del uiso al luogo della reflexione et ogni punto el quale si comprende dal uiso al corpo diafano più grosso che sia el corpo dello aere: se el centro del uiso fosse più fuori che la perpendiculare exe= unte da quello punto sia el corpo diafano si comprende da quello punto el quale fia differentia comune alla linea alla quale fia differe= ntia sopra alla linea alla (quale) peruiene la forma al uiso alla per= pendiculare eseunte al punto uiso sopra alla superficie del corpo diafano el quale è dalla parte del uiso. Et se lo sperimentatore la imagine della cosa uisa, per la quale la forma si reflecte dal corpo più

sottile al corpo più grosso prenda uno peço di uetro el quale equidi- *Fol. 52r.*
stante auente nella longitudine otto dita et nella largheça quattro et
nella spessitudine et prenda il circulo ligneo predetto et segni nello
dosso di quello la corda nella longitudine di X. braccia et parta quella
in due parti e quali et continue l'altra stremità della corda col circulo
cioè col centro d'esso la linea recta, ancora passi l'una parte et l'altra
et questi due diametrj sono segnati col ferro o uuoi nel ferro paia la
perpendiculare el corpo bianco d'altro modo di corpo, dappoi di paia
la perpendiculare ponga el uetro et l'ago sopra al dosso del uestimen-
to nella extremità della longitudine d'esso alla metà della corda et
distingua del uetro tre dita delle quali due fuori del uetro tre dita
due ne saranno dalla parte del diametro decliue fuori del circulo et
rimane della longitudine nel uetro uno dito oltre al diametro perpendiculare sopra alla corda sarà la perpendiculare et fia il corpo del
uetro secondo questo si'o al circulo applichi el uetro secondo questo
sito al circulo ligneo d'applicatione scissa cioè forma fia addunque el
diametro della perpendiculare sopra alla extremià del uetro equidistante all'altro diametro, sarà decliue sopra a queste due la superficie
di poi comune che'llo sperimentatore ponga dinançi dal circulo nello
quale fia la stremità del uetro auente da parte del suo uiso ponga
l'altro uiso differentia tra el comune et la circunferentia et la extremità del uetro la quale fia stremità dello diametro propinquo al uiso
quanto più potrà si che e' non uedrà per quello della superficie alcuna
cosa oltre alla extremità del diametro decliue el uetro el circulo di
poi cuopra quello che si pone all'altro uiso della superficie del uetro
colla bonita la quale applica sopra alcuna parte del uetro si che comprende el uiso el quale continge el uetro e'l circulo, da poi cuopra
quello che s'oppone all'altro uiso della superficie del uetro colla bonita per la quale [...]ca sopra alcuna parte del uetro si che e' comprende el diametro decliue che fia [...] el quale continge el uetro
et non uegghi oltre a questra linea et uegga la linea bianca all'uno
et all'altro uiso et esso in questo sito existente guati et ueggia P linea
bianca perpendiculare sopra alla superficie del centro. Et da poi ponga el uetro et fia che'lla parte ma arà l'angulo dalla parte della cur-

uatione et dalla parte della [. . .] apresso alla superficie del uetro et prenderà quella parte decliue la quale fia sotto el uetro nella rec-titudine el uiso certamente tocca la superficie del uetro del diametro della perpendiculare una parte el diametro una parte fia sotto el uetro et un'altra fuori del uetro della stremità del diametro la parte ad-dunque sotto el uetro è una parte fuori del uetro e'l diametro della parte che fia dalla parte del centro si comprende amendue e uisi se-condo reflexione. Et certamente le linee le quali dal centro del uiso contingente del uetro quando si stendono nel corpo del uetro quando peruengono alla superficie del uetro che fia dalla parte del centro tutte saranno decliuie sopra alla superficie del uetro. La parte ad-dunque che uiene cioè fia dalla parte del centro del diametro della perpendiculare, si comprende dal uiso contingente el uetro secondo la reflexione le linee ueramente le quali escono dall'altro uiso alla superficie si peruiene dal uetro et saranno decliuie sopra alla superficie del uetro che fia dalla parte del centro [et saranno ancora decliue so-pra a detta superficie] et sarà ancora decliue l'altro uiso ancora com-prende la parte del diametro della perpendiculare là qual sia dalla parte del centro et saranno ancora decliue sopra detta superficie in due reflexioni e·lla parte superiore sança reflexione con tutto questo et l'altro comprende questo diametro recto. Et se lo sperimentatore coprisse l'altro uiso che auesse guatato per lo uiso che fia dalla parte et uerrà el uiso suo tutto el uetro comprenderà esso retto con tutto che comprenda esso secondo reflexione. La cagione di questo che ogni punto del diametro della perpendiculare quando si comprende dal uiso secondo reflexione si comprende nel suo luogo; ma quando si comprende dal uiso secondo nello luogo che fia nella rectitudine della perpendiculare che escie da quello sopra alla superficie del uetro. Et questo diametro sia perpendiculare che n'escie da ciascuno punto
Fol. 52ᵛ. d'esso alla superficie del uetro et nessuno punto si comprende reflexi-uamente se non sopra esso quando [sopra quello] sopra esso quando sopra el uiso. Quando addunque comprende questo diametro recto comprende la forma del centro nella rectitudine di questo diametro la forma del centro la quale comprende el uiso toccha el uetro et fia del

centro sopra alla superficie del uetro. Et quando arà compreso nelle linie et nella curuatione et comprenderà la parte d'esso la quale nasce dal centro che fia dal punto d'esso ma non nel suo luogo. Et perchè nel *secondo* abbiamo dichiarato quando la luce si distende nel corpo diafano si distenderà per moto uelocissimo. Nel *quarto capitolo* di questo abbiamo dichiarato della luce nel corpo diafano sopra alla perpendiculare exeunte dal punto nel quale si distende la luce sopra alla superficie di quello corpo diafano del moto sopra alla linea la quale è perpendiculare sopra a questa perpendiculare e'lla forma si distende dal punto uiso reflexiuamente al luogo della reflexione che fia forma della luce existente nel punto uiso et mista colla forma del colore sempre si stende sopra alla linea decliue sopra alla superficie del corpo diafano. Questa forma addunque si stende al luogo della reflexione con moto composto del moto sopra alla perpendiculare la quale fia sopra alla superficie del corpo diafano, et da poi trasportata o uuoi translata fia di questa perpendiculare con moto composto delli predetti due moti. Et questo punto certamente si comprende dal uiso nella rectitudine si comprende dalla linea per la quale la forma peruiene al uiso. La forma addunque existente nel luogo della reflexione peruiene ad esso per lo moto della forma per la quale si muoue per linea perpendiculare sopra alla superficie del corpo diafano, da poi fia translata et questa perpendiculare sopra alla superficie del corpo diafano et da poi misura da questa perpendiculare per lo moto in rectitudine dalla linea per la quale la forma peruiene al uiso e'lla forma che fia sopra alla perpendiculare existente sopra alla superficie del corpo diafano: et poi si muoue in rectitudine al uiso della forma la quale si stende al punto uiso nella rectitudine della perpendiculare exeunte da esso sopra alla superficie del corpo diafano in fino che peruenga al punto della sectione tra questa perpendiculare e'lla linea per la quale la forma si stende al uiso. La forma addunque del punto la quale el uiso comprende reflexiuamente oltre al corpo diafano et per lo moto della forma la quale peruiene al uiso del luogo della imagine della quale perchè sia in moto della forma la quale el uiso comprende rettamente et sança reflexione et fia lo luogo el quale distà dal uiso quanto el punto della imagine della quale el sito in rispecto del uiso el sito della forma la quale fia nel luogo della imagine el uiso comprende quel punto secondo reflexione in luogo della imagine. Questa fia la cagione per la quale la forma peruiene al uiso et sega la perpendiculare exeunte dal punto sopra alla superficie del corpo diafano. Et questo è certamente dichiarato: diciamo che nessuno uisibile compreso dal uiso oltre alcuno corpo diafano el quale deferisca in diafanità dal corpo del quale dalla parte del uiso, se el corpo fusse delli corpi comunemente in sino a una sola imagine li corpi ueramente diafani exeunti usano come el cielo e·ll'aere e'l uetro et l'acque e·lle pietre diafane e·lla superficie del cielo la quale fia dalla parte del uiso sperica et concaua onde ogni superficie la quale è pura la quale è seccha et fa in essa la linea circulare la quale fia dalla parte del uiso sperica concaua ogni superficie fia della parte dell'aere la quale toccha quella superficie conuessa sichè ella si sega dalla superficie la quale è dalli uetri, e·lle pietre diafane le figure ansuete sono ritonde o piane onde elle si seghino onde ànno equali circuli o linee recte et universalmente diciamo che ogni punto compreso dal uiso oltre a ciascuno corpo diafano del quale la superficie che·ssi oppone al uiso è una superficie si sega dalla superficie equale si farà nella della linea recta circulare et non a questo punto se non è una imagine. Nè ancora si comprende dal uiso se non è uno punto solamente. Sia addunche el uiso . a . el punto uisibile . b . el corpo diafano oltre el quale fia . b . sia quello nella superficie del quale sia *Fol. 53r.* . g . et sia la diafanità di questo corpo più grosso della diafanità del corpo fia dalla parte del uiso et sia la superficie . d . e . et cauiamo dal punto alla perpendiculare . a . g . fuori d'essa secondo el punto . b . fosse nella linea . a . g . t . el punto . b . g . t . allora el uiso . a . comprende nella linea . b . retta et sança reflexione. E·lla forma . b . quando si stende per . b . g . n'escie al corpo che fia nella rettitudine . b . g . c . b . et . b . g . et fia perpendiculare sopra alla superficie del corpo diafano el quale fia dalla parte del uiso. Addunque . a . comprende . b . nel luogo della rectitudine . g . b . Diciamo addunque che el punto . b . fuori di questa linea non si reflecte se·lla forma . b .

ad . a . che se possibile fia reflectasi la forma . b . ad . a . ad . t . chauiamo la superficie nella quale fia la perpendiculare . a . g . b . el punto addunque nella superficie del corpo diafano la linea retta del corpo diafano sia addunque . g . d . t . et chauiamo dal punto . t . perpendiculare la linea . g . d . et sia . b . t . l . sarà addunque . k . t . l . perpendiculare . a . g . b . e'llo punto . b . sarà addunque nella superficie del corpo diafano et continuo . b . t . et cauiamo quella ad . b . et sarà addunque l'angulo . t . quello el quale contiene la linea per la quale si stende la forma e'lla perpendiculare exeunte dal luogo della reflexione sopra alla superficie del corpo diafano perchè el corpo dalla parte . a . è più sottile di quello et della parte . b . quando peruiene ad . t . si reflecterà alla parte contra a quella nella quale fia la perpendiculare . t . k . non addunque peruiene la forma reflexa alla linea . a . b . ma sia dalla parte reflexa al punto . a . che fia impossibile; non è addunque si rifletterà la forma . b . ad . a . d . c . t . nè ancora d'altro punto . a . non comprenderà . b . o ueramente se non dalla rectitudine . a . g . b . non addunque comprende esso se non da uno punto solamente. Et questo abbiamo uoluto dichiarare. Se addunque fosse di fuori da . a . g . t . cauiamo la superficie nella quale . a . g . t . el punto . b . addunque fa perpendiculare sopra alla superficie del corpo diafano et facciasi nella superficie di questo corpo la linea . g . d . retta no ne addunque si rifletta la forma . b . addunque se non passa per due punti la superficie perpendiculare sopra alla superficie del corpo diafano et [facciasi nella superficie di questo corpo la linea . g . d .] e'lla superficie transeunte perpendiculare . a . t . punto . b . la superficie la quale se non è una solo tanto la forma addunque non si reflette ad . a . se non dalla linea . g . d . riflettasi la forma . b . ad . a . dal punto . c . et continuamo due linee . b . c . b . a . c . a . et cauiamo di . c . la perpendiculare . c . h . per certo el corpo el quale fia dalla parte . a . fia più grosso di quello el quale si stende la forma al luogo della reflexione . b . c . t . c . h . a . chauiamo direttamente el corpo fia directamente . a . c . e'lla parte . c . per infino che corra alla linea . b . k . segherà certamente . c . r . h . et correrà addunque a quello punto . m . addunque sarà immagine del punto b et certamente ch'el corpo fia dalla

parte . b . più sottile di quello el quale fia dalla parte . a. Dico ad⸗dunque che . b . non è . a . imagine se non . m . a . addunque impossibile fia . n . et sarà addunque nella perpendiculare . b . k . c . infra'l punto . b . et quello el quale fia dalla parte . b . è più sottile di quello che fia dalla parte . a . fia addunque tra due punti . m . b . oueramente oue sta . m . contenemo . a . n . et sarà addunque la linea . g . c . m . o . c . addunque sia punto di reflexione et contenemo . b . c . et passa per in⸗sino ad . l . et cauiamo da . o . la perpendiculare . f . c . g . la linea ad⸗dunque . b . o . fia addunque . b . c . et fia linea . o . a . et sarà tra due linie . c . l . et fia la reflexione et certamente fia la parte perpendicu⸗lare. Se addunque . n . fusse tra due punti . m . b . allora el punto . o . sarà tra due punti . m . b . allora el punto . o . sarà tra due punti . c . k. L'angulo addunque . o . b . k . fia minore angulo che . c . b . k. Addunque l'angulo . l . e . f . fia minore dello angulo . c . b . k . l'angulo della reflexione . a . o . f . e dopo l'angulo come abbia⸗mo tractato nel *terço capitolo* di questo tractato. Ma l'angulo . a . e . f . fia equale all'angulo . a . n . k . addunque . a . n . k . la qual cosa fia impossibile se certamente . n . fusse infra . m . allora sarà tra due punti . o . k . et sarà l'angulo . o . b . k . maggiore dello an⸗gulo . t . c . k . et . b . k . l'angulo addunque . e . b . k . angulo . t . c . h . addunque l'angulo . l . o . a . fia maggiore dell'angulo . a . c . h . et anche l'angulo . a . n . h . fia maggiore dell'angulo . a . n . k . che fia impossibile . m . n . addunque non è imagine . b . nè altro punto
Fol. 53ᵛ. fuorj che . in . b . addunque non è imagine se non . m . et questo fia quello che noi abbiamo uoluto. Ma a due linie circulari conuexe et concaue prometteremo questo che quando due corde saranno segate nel circulo l'angulo et la sectione equale all'angulo fia apresso alla circunferentia. Quando concordauano due archi per li quali distin⸗guemo quelle due corde esse due linee aranno segato el circulo di fuorj dal circulo della sectione sarà equale all'angulo el quale fia apresso alla circunferentia el quale corda lecexo *(sic)* della maggiore di quelli due archi distingue et diuidono quelle due linie sopra all' altro. Per gratia dello exemplo. Nel circulo . a . b . g . seghinosi in⸗sieme le due corde . a . b . d . a . b . g . seghinsi le due corde . a . g . c .

b . d . m . e . dico addunque che'llo angulo . a . c . b . fia equale allo angulo el quale fia nella circunferentia che risguardano e due archi . a . b . g . d. La probatione di questo caueremo del . b . la linea . h . b . i . equidistante alla linea . a . g . e'll'arco . d . r . fia equale a' due archi. Addunque l'arco . g . d . fia comune et l'arco addunque . d . r . fia equale a' due archi . a . b . g . d . l'arco risguarda l'angulo . d . b . i . fia equale. Et ancora continuamo . d . r . et sarà addunque l'angulo . h . b . c . equale a' due anguli risguardano oueramente sono riguardati da due archi . b . d . r . et dall'angulo risguarda l'arco . d . k . et . b . r . et l'arco . r . g. Et questo fia quello noi abbiamo uoluto dichiarare. Et se'lla linea . h . b . r . fosse contingente l'angulo del circulo allora . e . b . i . sarà equale all'angulo cadente nella portione . b . a . d . et sia arco . b . g . o . a . c . b . risguarderanno l'angulo apresso alla cir⸗cunferentia equale allo angulo . b . a . d . c . b . i . et l'angulo . c . b . i . fia equale all'angulo equale fia apresso la quale risguarda l'arco . b . g . a . o . e'll'arco . b . g . fia equale all'arco . b . a . perchè el diametro el quale sarà . d . a . fia perpendiculare sopra alla linea . a . g . per la qual cosa diuiso in due parti equali addunque sarà equale addunque a' due archi . b . a . g . d . b . angulo . b . c . a . fia l'angulo el quale è apresso alla circunferentia la quale risguardano e due archi . b . g . et . a . ad et questo fia quello che noi abbiamo cer⸗cato. Ancora fia . c . fuori del circulo . a . b . et . g . d . da . c . decliui seganti al circulo . a . b . g . d . et siano . c . a . d . c . b . g. Dico addunque che'll'angulo . g . c . d . fia equale all'angulo fia apresso alla circunferentia la quale risguarda lo excesso dell'arco . d . g . sopra all'arco . a . b . la dimostratione di questo fia et caueremo la linea equidistante dalla linea . b . g . sarà addunque l'arco . r . g . equale all'arco . a . b . et sarà l'arco . d . r . excesso dello . g . b . sopra alla circunferentia . d . a . r . et questo fia quello noi abbiamo uoluto dichiarare. Queste dichiarate siano del uiso el punto . a . et sia el punto . b . ma'l punto d'alcuno uisibile sia oltre al corpo diafano più grosso del corpo del quale fia nella parte del uiso et sia la superficie del corpo diafano el quale fia nelle parti del uiso et sia la superficie addunque per due punti . a . b . passa la superficie perpendiculare

sopra la superficie del corpo diafano et passa per quelli la superficie
perpendiculare sopra la superficie del corpo diafano nel quale si re=
flette la forma . b . ad . a . se non è una solamente. Questa addunque
superficie del corpo diafano segni el circulo . g . c . d . del quale el
centro fia . r . et continuamo . a . g . d . la linea addunque . g . c . d .
sarà perpendiculare sopra alla superficie del corpo diafano el punto
certamente . b . che sarà fuorj della linea . a . g . d . o in essa . s . c . b .
addunque fosse nella linea . g . d . el uiso che comprenderà . b . retta=
mente sança reflexione. Certamente la forma la quale si stende per
la linea . g . d . rettamente nel corpo diafano che fia dalla parte del
uiso . a . perchè la linea . g . d . fia perpendiculare sopra alla superficie
del corpo diafano dalla parte del uiso. Addunque perche'lla linea
. g . d . si stende rectamente nel corpo diafano che fia dalla parte del
uiso sopra alla superficie del corpo diafano. Et addunque . a . com=
prende . b . nel suo luogo certamente. Addunque dico che'lla forma
. b . che fia linea . g . d . non si si riflette mai ad a . di questo è la di=
mostratione perchè el punto o che sarà nel centro o che sarà fuori
del centro. Se addunque se esso fia . b . alla circunferentia . g . c . d .
e'lla rectitudine d'esso si stende nel corpo diafano che fia dalla parte
del uiso certamente che ogni linea exeunte dal centro del circulo . g .
c . d . è perpendiculare sopra alla superficie del corpo et non escie del
Fol. 54^{r}. centro del circulo . g . c . d . dalla linea retta al uiso . u . la linea . r .
a . addunque la forma . b . la quale è nel centro et non si reflecte ad
. a . dalla circunferentia . g . c . d . se . b . fosse nel centro. Et si uera=
mente fosse fuori del centro o che sarà nella linea . r . g . in . r . d . sia
addunque prima . r . g . insarà . r . g . o che sarà in . r . d. Sia addun=
que prima la linea . r . g . dico ch'ella forma . b . che fia linea . g . non
si riflette ad . a . che se fosse possibile rifletta si da esso punto . c . con=
tinuerà . b . c . et chiamo quello da . h . et continuamo . b . e . cauiamo
da . h . ad . h . et continueremo . r . c . et cauiamo esso ad . h . r . c . et
chauiamo . a . d . t . sarà addunque la linea esso . a . d . t . sarà addun=
que la linea . r . c . t . perpendiculare sopra la superficie del corpo dia=
fano che fia dalla parte del uiso la forma addunque quando si stende
la linea . b . e . riflettesi nel punto . c . passa perpendiculare . t . c .

alla parte . h . cioè alla parte contraria. Et quella nella quale fia la perpendiculare della forma addunque . b . non peruerrà ad . a . se⸗condo reflexione se . b . fosse nella linea . r . g . ancora sia . b . m . la linea . d . r. Dico addunque la forma . b . m . si riflecte ad . a . che se fia possibile si riflette da . e . et continueremo . c . r . et continuamo per infino . a . d . t . et reflettasi la forma . b . ad . a . per la linea . c . a. Sia addunque l'angulo . r . c . a . sarà al angulo et quale contiene la linea per la quale perpendiculare . r . c . t . sarà l'angulo della reflexi⸗one l'angulo el quale addunque contiene la linea per la quale si stende la forma et la perpendiculare exeunte dal centro al luogo della reflexione addunque . r . c . a . fia minore dell'angulo . r . c . t . e'lla linea . b . r . che fia minore addunque della linea . a . c . r . maggiore dell'angulo . r . c . t . el quale prima era minore che fia impossibile; addunque la forma . b . non si riflette ad . a . d . a . c. Nè da altro punto della circunferentia . g . c . d . non si comprende dal uiso per reflexi⸗one per la qual cosa non si comprende se non uno solo punto. Et ancora sia . b . di fuori della linea . g . c . d . et cauiamo la superficie nella quale fia la perpendiculare . a . d . el punto . b . non si reflette ad . a . se non è in questa superficie et non passa certamente per due punti . a . b . la superficie perpendiculare sopra alla superficie del corpo diafano se non quella la quale passa per la linea . a . d . et non escie per la linea . a . d . la superficie la quale passa per . b . se non una solamente. Queste superficie addunque segni nella superficie del corpo diafano el circulo . g . c . d . la forma addunque . b . non si ri⸗flecte ad . a . se non dalla circunferentia . g . c . d . riflectasi addunque . d . a . c . dico addunque che non si reflecterà da altro punto se non come fia detto non sarà se non nella circunferentia . g . c . d. Sia ad⸗dunque . m . et continuamo le linee . b . c . e . a . nè ancora se non è una imagine et se . a . fosse nella perpendiculare exeunte da . b . el centro della spera comprenderà . a . m . nella rectitudine perpendicu⸗lare et fia manifesto che'lla forma . a . non si manifesterà et che'lla forma . a . non si rifletterà ad . b . per la qual cosa fu manifesto che'lla forma . b . quando fosse nella perpendiculare non si rifletterà ad . a. Quando addunque el corpo fusse più grosso dalla parte del uiso

della cosa uisa, allora la cosa uisa no ne arà se non è una imagine et una forma solamente. Et questo noi auemo uoluto reiterare o uogliamo dire rifare la figura et poniamo nella circunferentia . g . c . d . el punto della parte . g . sia et cauiamo la linea equidistante e˙lla linea . a . d . et sia la linea . a . d . et continuamo la linea . r . e . et cauiamo quello per insino ad . h . et sia la proportione per la quale l'angulo contiene quanto el uiso cioè el senso gli anguli della reflexione la quale richiede . r . e . k . l'angulo che contiene la linea per la quale si stende la forma colla perpendiculare si possa cauare all'angulo della reflexione e quali fussono tra' due corpi diafani di diuersa diafanità le linie [. . .] per quegli si diuersificano de quali la diuersità quanto al senso a fine el quale e senso et scenderà et non comprenderà la
Fol. 55ʳ. quantità. Et uedrà la quantità della reflexione et comprenderà certamente el centro della luce transeunte per due corpi nella rettitudine della linea per la quale la luce si˙ssi stende come fusse sperimentato questo per lo sperimento per questo per lo strumento poniamo l'angulo . k . c . t . sarà addunque l'angulo . r . k . c . doppio all'angulo . k . c . t . et sia la proportione . r . c . k . et l'angulo . r . c . k . et l'angulo r . k . r . sarà maxima proportione tra l'angulo el quale contiene la prima linea et la perpendiculare tra l'angulo della reflexione: ma la linea . c . k . come ora era colla linea . a . d . concorreranno addunque . m . b . et cauiamo da . c . la linea equidistante . k . concorrerà addunque con . r . g . fuori del circulo dalla parte . g . siaci concorso . m . a . chauiamo . b . c . per insino . a . d . l . et sarà addunque l'angulo . r . c . k . l'angulo . l . c . h . all'angulo el quale . c . b . di reflexione el quale exige ouuoi el quale requisisce all'angulo . l . c . h . se addunque l'angulo . l . c . h . fosse addunque . b . in alcuno uiso el corpo diafano el quale el conuesso sia dalla parte . a . et fosse continuato da . c . per insino ad . b . et non sia distante appresso alla circunferentia . g . c . d . dalla parte . b . allora la forma si stenderà per la linea . b . c . et rifletterassi . c . a . et comprendesi dal uiso . a . per la uertificatione . a . c . et l'angulo . a . c . h . si può diuidere in più portioni d'esse le quali siano state tra gli anguli della reflexione anguli equali contengono la perpendiculare colle prime linee siano stati tra due

corpi diafani. Sia addunque la linea . a . b . saranno più punti de' quali le forme si stendono allo arco . g . e . et reflectonsi ad . a . alla forma di tutta la linea nella quale fia le prime linee che siano state quando el uiso fosse nella superficie de' corpi diafani o più grosso la quale fia della parte del uiso sperica conuexa el uiso fusse del circulo del quale el conuesso fusse più rimoto dal uiso che al punto più remoto da due punti della asse et della sectione fatta tra'lla perpendiculare e'lla circunferentia el corpo diafano grosso el quale dalla parte uiso fusse continuo per insino nel luogo el qual fia la cosa uisa et non fusse deciso appresso al circulo esso circulo el quale fia dalla parte della cosa uisa et reflexamente, allora el uiso potrà comprendere quella cosa uisa reflexamente et rettamente e'lla imagine di questa cosa uisa arà centro del uiso ancora una linea . a . g . d . riuolgessino la figura . a . c . b . nel circuito . a . b . e'lla parte della superficie del corpo diafano el quale fia della cosa uisa fosse sperica, allora el punto la circunferentia nella superficie del circulo conuessa la quale fia della parte del uiso dalla quale circunferentia . b . ad . a . ma la imagine era una cioè centro del uiso. La imagine della cosa uisa ancora fia una et fia positione auiene che'l uiso comprende la forma della cosa uisa apresso el luogo della positione ouero della reflexione, per quella cosa noi abbiamo detto nella conuersione dalli speculi appresso al luogo della reflexione per quella cagione la quale noi abbiamo detta nella conuersione delli speculi. Quando fosse la conuersione della circunferentia in alcuna spera et fosse la imagine del centro del uiso di questa cosa uisa questo fia quello noi abbiamo uoluto. Ancora sia cioè reitereremo . a . el uiso sia . b . oltre al corpo diafano più grosso di quello nello quale fia el uiso et sia la superficie dalla parte del uiso circulare concaua del quale la concauità sia dalla parte del uiso. Et dico addunque che . b . h . a . è una sola imagine et una forma solamente appresso . a . et sia el centro della concauità . g . et continuamo . a . g . et aremo quella rettamente per insino ad . r . et sarà addunque . a . r . perpendiculare sopra alla superficie concaua et . b . sarà entro . a . r . o che sarà di fuori. Sia . a . addunque la prima a . et sia la linea . a . r . a . addunque comprenderà . b . nella rettitudine

. c . a . b . conciò sia che . a . b . sia perpendiculare sopra alla superficie
concaua nè mai sopra essa reflexiuamente e·ssia fia possibile riflettasi
la forma . b . ad . a . et da . c . et cauiamo . b . c . per insino ad . t .
l'angulo addunque ad . t . l'angulo addunque fia quello el quale con=
tiene la linea per la quale si stende la forma et la perpendiculare ex=
eunte dal luogo della reflexione perchè el corpo è dalla parte . a . più
sottile di quello et della parte . b . sarà reflexione dalla parte contra=
ria in quella la quale fia la linea. Addunque quando si riflecte si ri=
muoue dalla linea . e . g . la linea non correrà colla linea . b . a . la linea
addunque . c . t . b . a . per alcuno modo la forma addunque . c . b . non
Fol. 55ᵛ. si riflecte ad . a . addunque non si comprenderà reflexamente ma com=
prenderassi rettamente ad . m .; addunche se sarà appresso al uiso se non
è una forma et questo fia quello noi abbiamo uoluto et ancora reiteremo
la figura et sia . b . fuori della figura linea . a . r . et caueremo la super=
ficie nella quale fia . a . r . et . b . questa superficie fia perpendiculare
sopra alla superficie concaua et non si riflecterà la forma . b . a . d . a .
se non quella superficie si diriçerà certamente perpendicularmente
sopra alla superficie concaua alcuna superficie equale la quale passa
per . a . per insino a quella che passa . a . r . ma per . a . r . per . b .
non passa solamente una forma addunque . b . non si riflecterà nella
superficie . k . alcuna exeunte per la linea . a . r . c . per . b . solamente
se non una forma addunque . b . non si riflecterà et sia . l . differentia
comune tra questa superficie et . t . c . la concaua addunque non si
riflecterà per altro modo, riflecterassi da altro punto la forma che fosse
possibile riflectersi da . m . et continuamo linee . a . k . b . h . a . m . b .
n . g . m . et cauiamo le linee . k . b . rettamente per infino ad . l . c .
g . n . che non si reflecteranno . d . h . rettamente ad . l . et . g . h .
ad . o . et finiamo la circunferentia . h . c . d . et seghiamo . b . g . d .
a . g . m . k . a che sarà . m . g . onde una delle due linee . g . d . g . k .
se addunque fosse . a . m . g . allora la forma . b . non si riflecterà ad
. a . le linee certamente che continuano el corpo circulare con . g . per=
pendiculare sopra alla superficie del corpo el quale fia dalla parte
. a . la reflexione non sarà per essa perpendiculare ma da essa forma
addunque . b . non si riflecterà da . a . ma da essa addunque . b . fosse

. r . c . g . d . allora la linea che sarà tra due linee . h . a . h . g . imperò che·lla linea due linie . m . a . m . g . e certamente la reflexione fia dalla parte contraria e·lla parte perpendiculare e·llo corpo diafano el quale fia dalla parte del uiso è più sottile el quale fia dalla parte della cosa uisa et se la linea fosse tra due linee . h . a . h . g . r . a . fosse la linea . g . d . allora l'angulo . b . h . a . sarà dal punto . d . et così l'angulo . b . m . sarà della parte . g . h . r . oltre alla linea . c . a . g . h . l . sarà l'angulo cioè dal punto . k . et dalla linea . h . g . l . et sarà l'angulo . t . h . g . o sarà maggiore o sarà minore. Sia equale . a . m . n . et sarà equale all'angulo . a . t . h . t . così . l . n . m . a . sarà minore dello angulo . o . h . t . la quale cosa sia impossibile; tutto l'angulo . a . m . n . sarà minore che . h . a . h . t . dello angulo . a . h . g . sarà diminutione dello angulo . h . g . m . dall'angulo . h . a . m . et cauiamo due linee . a . b . m . dall'angulo . h . g . a duo punti dall'angulo . h . a . m . cauiamo et . a . h . m . h . a duo punti . c . e . et sarà . h . m . quello el quale risguardano nella circunferentia due archi . h . m . c . e . et l'angulo . g . n . h . et sarà la diminutione dall'arco sarà archi . h . m . c . e . duplicato da due archi . h . m . c . diminutione dall'arco . c. Addunque la diminutione dello arco . h . m . dall'arco . c . e . fia addunque maggiore l'angulo risguarda el quale risguarda la circunferentia et la diminutione dello arco . h . m . c . e . diminutione . h . m . dallo arco . c . e . fia addunque maggiore dello angulo . h . a . m . sopra all' angulo . h . n . m . l'excesso fia maggiore dello angulo . h . m . lo excesso dell'angulo . b . m . a . sopra all'angulo . b . h . a . m . c . h . b . m . minore sopra all'angulo . b . h . a . fia minore che . c . h . a . che l'angulo . h . m . lo excesso dello angulo . b . h . a . sono due anguli . h . b . m. Addunque questi due anguli insieme sono minori dello angulo . h . a . m . la qual cosa fia impossibile. Se . a . fosse nella linea . g . k . allora la linea . h . t . sarà tra due linee . h . g . h . a. Et similmente la linea . n . m . sarà tra due linee . h . g . h . a. Et similmente la linea . n . m . sarà tra due linee . m . g . h . a . sarà l'angulo . b . m . a . sarà dalla parte . k . et sarà . b . m . f . r . a linea . g . m . cioè dalla parte . d . dalla linea . g . m . o . et l'uno et l'altro angulo . c . b . g . n . m . g . fia quello el quale contiene la linea per la quale si stende

la forma e·lla perpendiculare et l'uno et l'altro angulo . c . h . g . et . m . n . a . sarà angulo di reflexione. Se addunque . v . h . g . n . m . g . sarà equale all'angulo allora l'angulo . t . h . g . m . c . q . g . b . l . a . et sarà equale . n . m . a . et così l'angulo . b . m . a . la qual cosa fia impossibile et se sarà minore. Se ueramente fosse maggiore allora l'angulo . t . h . a . sarà maggiore dello angulo . t . h . a . minore dello
Fol. 56ʳ. angulo . m . i . a . angulo . b . mai che fia impossibile . v . a . b . a . et sarà minore allora l'angulo . t . h . a . sarà minore dello angulo . g . m . m . addunque è così tutto l'angulo . g . m . a. Addunque l'angulo . h . g . m . sarà minore dello angulo . h . a . m . et sarà diminutione dello angulo . h . g . m . et dello angulo . h . a . m . et minore che l'an= gulo . h . g . m . a. Come prima abbiamo dichiarato e·lla diminutione dell'angulo . t . h . a . dallo angulo . u . m . a . r . et fia minore che la diminutione dello angulo . g . h . a . dallo angulo . g . h . a . dalla di= minutione dello angulo . g . m . a . et fia addunque minore della di= minutione dello angulo . h . g . m . dall'angulo . h . a . m. Addunque la diminutione dello angulo . t . h . a . dall'angulo fia minore . g . h . m . n . a . allora dall'angulo . m . n . a . c . minore che l'angulo et la diminutione . t . h . a . dall'angulo . m . n . a . fia excesso . b . h . a . sopra a l'angulo . b . m . a . sono due anguli simili et sono minorj dello angulo: questi due anguli sono simili sono minori . h . a .m . la qual cosa fia impossibile. Se . a . fosse fuori della linea . r . d . alla parte . k . el corpo nel quale fia . a . et sarà minore dello angulo . n . m . a . et tutto . g . h . a . di tutto l'angulo . g . m . a. Ma sguarda nella cir= cunferentia lo excesso dell'arco . h . m . sopra all'arco . r . g . i . ad= dunque l'arco . h . sopra all'arco . r . g . addunque . h . m . duplicato fia minore dello excesso dell'arco . h . m . sopra all'arco . r . g . che fia minore della linea fia impossibile addunque se·llo punto . b . fosse della linea . h . g . allora la forma sua non rifletterà ad . a . se non è ad uno punto solamente per la qual cosa non arà se non una imagine solamente sarà di drietro nella reflexione come nella precedente ab= biamo detto rimirato o uuoi dichiarato questo fia quello noi abbiamo uoluto. Si ueramente abbiamo dichiarato el corpo più grosso che'l diafano el più grosso dalla parte del uiso et più sottile dalla parte

della cosa uisa. Et quella medesima figura permanente . a . b . et . n . a . ancora la cosa uisa non arà se non una imagine sola. Et questo si di⸗terminerà come nella conuersa della settima figura. Et tutte quelle cose che noi abbiamo dichiarato dal conuexo et dal concauo. Seguesi nella superficie del circulo et seguesi nella superficie sperica et colun⸗nare oltre alla reflexione circulare et della circunferentia del circulo non sia humile superficie sperica et colunnare oltre alla reflexione. Et questo noi abbiamo detto et questa sono e uisibili e quali noi ab⸗biamo detto e quali si comprendono dal uiso oltre a corpi diafani. La parte del uiso fia una figura et sì ueramente el corpo diafano diuerso o di non consimile diafanità, allora se'lla imagine si uerifica et se'lla superficie del corpo diafano la quale fia dalla parte della cosa uisa fosse diuersa, allora li luoghi ancora della imagine della cosa uisa si diuersifano conciò sia delle forme della reflexione della superficie del corpo si diuersifano et ancora se alcuno guardassi a una piccola spera o ueramente alcuno corpo piccolo ritondo o colunnare del uetro o del corallo o altro corpo diafano uisibile, trouerrà la imagine di quello per altro modo della cosa uisa, sia in se forse trouerrà la ima⸗gine della cosa uisa oltre et così forse dubiterà sopra questo in tale reflexione non fia, ma sono et certamente la cosa uisa si stende dalla cosa alla spera o ueramente colunnare per insino e sarà peruenuto alla superficie d'esso, da poi si riflecte dalla sopra o uero dalla colonna la comprensione di così sarà in due diuerse reflexioni per la qual cosa la imagine d'essa sarà diuersa dalla imagine di quello che si com⸗prende per una reflexione. Noi parliamo di questo della deceptione la quale si fa per uiso et reflexione.

38. Capitolo *sexto*, per che cagione o uuoi ragione el uiso com⸗prende i uisibili secondo reflexione. Nelli precedenti *trattati* abbiamo già dichiarato che quando la forma si riflecte da alcuno corpo diafano o altro corpo di diuersa diafanità si stende per linea retta per insino che peruenga alla superficie del diafano nel quale fu di poi in quello altro corpo diafano per l'altra linea recta contiene colla prima linea l'angulo et colla forma si stende per questa altra linea per la quale ouero niente sopra esso si riflette la forma nel secondo corpo qua⸗

Fol. 56v. lunche sia el secondo corpo per infino al punto della sectione tra due linie rette si riflette et fia manifesto per isperientia che se alcuno arà guatato alcuno corpo diafano el quale sia differente nella sua diafa- nità dalla diafanità dell'aere, comprendesi tutte queste cose le quali si pongono al uiso et si coprirrà l'altro uiso et guaterà et comprenderà ogni cosa o sia quello corpo aere o sia acqua o uetro. Et similmente se l'uomo arà posto el uiso entro in alcuno corpo più grosso dell'aere et del uetro et del cristallo, uedrà ogni cosa che sono oltre a quelle che sono nell'aere. Et se lo aspiciente arà mosso dentro al sinistro lato e in ogni parte no'lla rimosso esso molto dal suo primo luogo, ancora comprenderà tutte queste cose le quali in prima comprendeua et sia el uiso molto nell' aere o in uetro, ma già abbiamo dichiarato per ch'è sperientia et dimostratione che niente comprende el uiso di quelle cose le quali sono oltre a' corpi diafani e quali differiscono dalla aere et la cosa uisa secondo reflexione fuori che uno punto el quale fia nella perpendiculare exeunte dal centro del uiso sopra alla superficie del corpo diafano. Addunque ogni punto compreso dal uiso oltre al corpo diafano fuori che quello punto predetto el quale si pretende la forma la quale si stende da quello punto della super- ficie al corpo diafano el quale fia : et rifletterassi dalla superficie di quello corpo. Et quando uno uiso comprende tutti quelli ouero tutte quelle cose le quali sono oltre al corpo diafano ogni punto exeunte oltre a quello corpo diafano, si stende la forma d'esso per la linea retta alla superficie del corpo diafano et non si riflecterà a quello uno uiso fuori che a quello punto di fuori. Et quando le forme di tutti quelli punti i quali sono in tutti e uisibili existenti oltre al corpo dia- fano si riflectono ad uno medesimo tempo al centro del uiso alla forma del punto la quale existe appresso al centro di quello uiso. Quando sarà alcuno uisibile si riflecterà a tutti e uisibili oltre al corpo diafano opposito in quello medesimo tempo el per quel medesimo modo similmente fia di ciascuno punto el quale fia apresso al centro del uiso fosse moto da ogni parte e non fosse rimoto dal suo sito comprenderà e suoi uisibili. Addunque la forma di ciascuno uiso o uuoi uisibili quando fosse oltre alcuno corpo diafano si stende alla superficie del corpo diafano oltre al quale riflectesi allo punto in uerso d'esso che·ssi oppone adesso dal corpo dello aere et non è alcuno tempo appropriato a questo che quello et questo proprio della natura della luce et del colore che sono ne' uisibili che·ssi stendono in ciascheduno puncto et da ciascheduno punto et da ciascheduno corpo lucido per la linea retta la quale si stende da quello punto di ciascheduno corpo lucido per la linea retta la quale si stende da quello punto et si refletta in ogni corpo diafano diuersa, fuori che al punto fia la perpendiculare et ogni forma et ciascuno punto et di ciascuno si stende in corpo diuerso dallo aere et si stende in quello corpo nel quale consiste et reflectesi nello uniuerso corpo dell' aere opposito a quella forma et sarà a ciascheduno punto dell' aere alla forma di ciascheduno uisibili existente in alcuno corpo diuerso existente diafano alla cosa uisa et quella forma si stende a ciascuno punto della cosa uisa al corpo el quale istà et riflettesi apresso alla superficie di quello corpo et peruiene a quello atto d'alcuno corpo diuerso et diafano da cosa uisibile el uiso comprende quella cosa certamente la forma di quello existe appresso a quello punto del centro del uiso per questo che ancora sia el uiso che auesse compreso alcuna cosa uisibile oltre alcuno corpo diafano diuerso dell' aere et da poi fosse rimosso dal suo luogo dextro et sinistro perchè nel suo luogo fosse rimoto o uero opposito al corpo diafano et alla cosa la quale e oltre sempre comprenderà quella cosa, onde ancora più aspicienti comprendono una cosa in cielo et nella acqua in uno medesimo tempo et questo fia ancora in uno medesimo corpo di ciascheduno cioè che alla forma della cosa uisa si congrega o uuoi si congiugne appresso a ciascheduno punto del corpo nel quale fia certamente la forma di ciascuno punto d'esso si stende per la linea recta. La forma addunque di ciascheduno punto del corpo diafano nello quale fia la cosa uisa della forma di ciaschuna cosa lucida si congrega et unisce appresso a ciascuno punto del corpo diafano nello quale fia quella cosa uisa e·lla forma di ciascuno corpo diafano diuerso *Fol. 57r.* non interuenisse alcuno impedimento alla forma della cosa uisa la quale fia apresso a ciascuno punto del corpo diafano distendesi a quello punto reflexiuamente quando è tra ciascuno punto dell' aere et ciascheduno uiso si stende alcuno corpo diafano in uerso l'aere del quale la basa fia quella cosa uisa et sarà la piramide reflexa et sarà la forma di quello apresso a ciascuno punto del corpo diafano diuerso et distendesi ime a quello punto reflexiuamente, quando tra ciascheduno punto dell'aere reflexiuamente è alcuna cosa uisa si distende ad alcuno corpo diafano diuerso l'aere piramide diuersa reflexa della quale el capo fia punto nell' aere del quale la basa fia quella cosa uisa et sarà la reflexione d'essa alla superficie del corpo diafano diuerso l'aere. Quando si comprende dal uiso e dalla cosa e ueramente dalla forma nella piramide reflexa adunata appresso al punto della asse existente nel centro del uiso : per questo modo si comprende el uiso quelle cose reflexiuamente. Nel *capitolo* certamente della imagine abbiamo dichiarato che ogni uisibile si comprende dal uiso oltre alla imagine et il luogo della imagine fia el . g . punto nel quale se aranno secato insieme la linea radiale e'lla perpendiculare exeunte dal punto del uiso nello quale la forma existente e'lla forma alla perpendiculare exeunte dal punto uiso, addunque saranno imaginati da ciascuno punto. Se addunque saranno imaginati da ciascuno punto la perpendiculare e'lla superficie del çorpo diafano nello quale fia la cosa uisa. Aremo alcuno corpo exeunte dal uiso alla superficie del corpo diafano dal punto uiso saremo ingannati che questo corpo seghi la piramide reflexa et quella superficie del corpo diafano si seghino et fia imagine di quella cosa uisa. Se addunque fosse allora el corpo delle imagini con tutte le perpendicularj el quale sarà la superficie per la qual cosa la imagine agiugne poco sopra alla cosa uisa, allora el corpo imaginato sarebbe piramidale; el capo fia centro della sperica et quanto più si stende alla superficie del corpo sperico tanto più s'allargherà alla sectione tra la cosa uisa et la superficie sperica, allora sarà la imagine più larga di quella cosa uisa et se la sectione fosse oltre alla cosa uisa, allora la imagine sarà piu stretta che la cosa uisa. Et se la cosa uisa fosse oltre alla superficie sperica, allora sarà el corpo imaginato due piramide opposite delle quali el corpo del centro della sperica, per la qual cosa el luogo della sectione non caderà intra'l corpo imaginato et la piramide in luogo della sectione la

qual fia la imagine sarà maggiore del uiso o forse minore o fosse equale,
se'l corpo diafano fosse sperico et la concauità d'esso della parte del uiso,
allora el corpo imaginato del quale el corpo fia centro della sperica
quanto più addunque è centro più si stende tanto più s'applica alla
superficie continua piccola, sarà imaginata al centro d'essa spera et sì
ueramente è lo luogo della sectione di questo corpo della piramide
reflexa più propinqua fusse al centro della concauità della cosa uisa
o se essa sarà la imagine minore d'essa cosa uisa, sarà più remota del
centro della concauità della cosa uisa. Et quando una cosa uisa si
comprende da più uisi in uno momento o uero in un batter d' occhio,
tutte le imagini le quali possono comprendere quelli uisi saranno in
quello tempo in uno corpo imaginato che fia perpendiculare sopra
alla superficie d'uno corpo diafano et una cosa uisibile si comprende
da uno huomo sopra alla superficie del corpo diafano. Et una cosa
uisibile si comprende da uno huomo in uno tempo oltre al corpo
diafano diuerso dalla diafanità del corpo nello quale fia el uiso con
amendue e uisi et niente di meno si comprende quella una che l'uomo comprende alcuna cosa di quelle che sono in cielo o nella acqua
o nel uetro che auesse coperto a uno el uiso, niente di meno comprenderà quello et quell' altro per qualche cosa fia manifesto che una
cosa sia existente oltre al corpo diafano diuerso dall'aere, si comprenderà con amendue e uisi et con uno uiso. La cagione di questo come
noi abbiamo detto nel terço d'*Alacen* come ogni punto di ciascuno
comprensibile certamente con amendue e uisi ne' quali fossono congiunti due raçi dell'uno et dell'altro di consimile positione quanto a *Fol. 57v.*
due assi del uiso esse fussono aggregate li raçi di diuersa positione
a rispetto dell'uno uiso et dell'altro sono molte rade come noi abbiamo detto nel terço d'*Alacen*. Quello che si comprende rectamente
nel uiso come sono nell'aere et comprendesi rettamente la positione
di questa forma o d'alcuna cosa uisa la quale fia imagine a rispetto
del uiso come positione si uedranno rettamente. Onde la positione
di queste imagini a rispetto del uiso fiano in maggior parte consimile in ogni parte della imagine che'ssi congregano due raççi diuisi
di consimile positione per la qual cosa appare una parte d'una ad

amendue e uisi et acciò che più euidentemente si dichiarj, diciamo che ogni punto di quello che si comprende reflexiuamente si comprende nel luogo della imagine che fia el punto della sectione tra la perpendiculare exeunte da questo punto sopra alla superficie del corpo diafano nello quale fia quella cosa uisa et tra'lla linea radiale per la quale si stende la forma al uiso . La forma del uiso quando l'aspiciente arà preso el punto d'alcuna cosa con amendui li uisi et dalli uisi et nella perpendiculare exeunte da quello punto el quale è in una medesima cosa cioè in una medesima linea et quando la forma di quel punto della superficie delli uisi de'quali el sito dell'asse a rispetto del uiso le forme si stendono all'uno et all' altro de' uisi et peruengono a' due centri de' due uisi auenti la positione consimile dall'asse comune, sempre fia in una medesima superficie con quella essa alcuna cosa comprende con amendue e uisi in uno medesimo tempo per uera comprensione, allora l'asse concorrono in quello punto di quella cosa per la qual cosa sono in una medesima superficie. Ancora la oppositione de' uisi naturalmente fia consimile et non escie naturale se non è accidentalemente o per uiolentia per qual cosa l'asse loro sono in una medesima superficie e'l principio dell'asse è ne in uno punto el quale fia nel meço della concauità comune axe existenti due uisi . El uiso naturale à oppositione sopra a l'asse et saranno in una medesima superficie et sieno e moti quiescenti la positione dell'uno de' uisi fosse mutata a rispetto dello altro per alcuno impedimento alla cosa parrebbe l'uno due come nel primo abbiamo dichiarato; due assi addunque saranno in medesima superficie per la qual cosa due raçi auenti simile positione a' due assi sarà uno in una medesima superficie due linee: addunque perchè le quali si stendono da uno punto a' due luoghi di consimile positione sono in una medesima superficie, ma le imagini da uno punto o uuoi da quello punto a rispetto de' due uisi, ma le ima(gini) sono in quelle due linee. Addunque sono in una medesima superficie quando le imagini di quel punto sono nella perpendiculare exeunte da quel luogo punto sono nel luogo della sectione tra'lla superficie le quali sono le linee radiali le quali fiano una superficie in tra la perpendiculare la quale fia una linea et la sectione da uno punto a rispetto di due uisi quando peruengono a due luoghi di consimile positione sono uno punto per la qual cosa segherà colla imagine di tutta la cosa uisa a rispetto de' due uisi: sarà una la imagine et una la positione et fosse consimile per la qual cosa essa si comprende una d'amendue e uisi. Ma se'lla positione fusse poco diuersa parrà una non ueramente ma gauillosamente et se'lla diuersità della positione fosse molto, allora la forma della cosa apparirà due: ma questo si fa rarissime uolte. Questa addunque fa la qualità della comprensione del uiso dalli uisibili secondo la reflexione queste cose io le dichiaro; diciamo uniuersalmente che ogni cosa la quale si comprende dal uiso si comprende reflexiuamente; queste cose io le dichiaro. Et sia il uiso e'l uisibile in uno medesimo corpo diafano o diuerso o sia el uisibile nella positione del uiso et comprendasi da quello reflexiuamente, niente certamente si comprende sança reflexione fatta appresso alla superficie del uiso; e'lle tuniche del uiso le quali sono cioè la cornea o là s'agiunga alla glaciale. Sono addunque et diafane et più spesse dell'aere. Et già è dichiarato che le forme che sono nell'aere et in altri corpi diafani si stendono in que' corpi sì che occorressono nelli corpi di diuersa diafanità et se nelli quali sono si riflectono in *Fol. 58r.* quello corpo diafano. Addunque di quello la forma la qual fia nell' aere sempre mai si stende nell'aere; quando addunque l'aere arà tocco la superficie d'alcuno uiso allora quella forma fia nell'aere si riflette nella superficie del uiso; così si riflecterà per ogni modo nella superficie della cornea ouuoi nel corpo albugineo la reflexione propriamente de' corpi diafani; le forme addunque di quelli si oppongono al uiso sempre si reflectono nelle tunichi del uiso. Et già fia manifesto che quando le forme si distendono sopra la linea perpendiculare et sopra el secondo corpo diafano pertransino et passino rettamente nel secondo corpo. Addunque di quelli che si oppongono alla superficie del uiso et passeranno rettamente nelle tunici del uiso et quelle che fussono di quelle stremità delle linee radiali perpendicularj sopra la superficie del uiso che soppongono de'quali alcuni sono presso alle stremità delle linee radiali et alcune di fuori et tutte le linee ra=

diali le quali sono perpendiculari sopra la superficie delle tunici del uiso se contengono nella piramide della quale el capo fia centro del uiso del quale la basa fia nella circunferentia dell'uuea et della forma et quando più si stende questa piramide et rimuouesi dal uiso tanto maggiore s'amplifica et allargasi et tutte le forme di quelli che sono intra la piramide si distendono in rettitudine delle linee radiali et passano nelle tunici del uiso rettamente et questa piramide fia detta piramide radiale; le linee le quali si stendono in questa piramide delle quali le stremità sono presso al centro sono dette linee radiali. E·lle forme le quali sono dette di fuori di questa piramide non si stendono mai per alcuna delle linee radiali; niente di meno si stendono per le linee rette che sono tra esse superficie e'l uiso et la cosa che fia opposita alle forme et l'uuea et le forme che·ssi distendono per quelle linee si reflectono dalla diafanità delle tunici del uiso et la forma di ciascuno punto d'essi che sono in tra·lla piramide si stende alla superficie del uiso et alla forma di ciascuno punto d'esso che soppone alla forma dell'uuea nella piramide la quale el capo fia quello punto del quale la basa fia la superficie che·ss' oppone al forame dell'uuea et una linea di quei che·ssi imaginano in questa piramide et fia linea radiale. Et tutte l'altre che non sono in questa piramide non sono radiali, nessuna di queste fia perpendiculare sopra alla superficie delle tunice del uiso et la forma di ciascuno punto di quelli che sono infra la piramide si distende infra ogni linea la quale cide in ogni piramide della quale el corpo in quel punto nel quale la basa fia superficie della cosa uisa la quale s'oppone al forame dell'uuea et per una di queste linee passa l'uuea et passa la forma la quale si stende per quelle tunice del uiso in rettitudine et tutte le forme extende nello auanço nella piramide et l'altre si reflectono nel uiso et le tunice del uiso non passano rettamente tutte quelle cose; addunque le quali si pongono alla parte della superficie del uiso che s'oppone alle forme dell'uuea di quelle che sono nell'aere o in cielo o in acqua o in simili luoghi, ma di quelli si conuertono in corpi tersi et mondi et puliti che peruengono a quella parte della superficie del uiso tutte si riflectono nelle tunici et nelle forme di quegli che sono intra la piramide passano

rectamente nelle tuniche si stendono sopra alla piramide che rimangono dall'uniuerso di questa parte della superficie. Resta addunque
a dichiarare che le forme le quali si riflectono nelle tunici del uiso
si comprendono dal uiso et si'ssi sentono dalle uirtù sensibili in
prima che abbino dichiarato che se el membro sensibile sente da
ciascuno punto della superficie ogni forma perueniente ad essa, allora
sentirebbe la forma delle cose miste. Onde del membro sensibile
non sente le forme sança la rettitudine delle linee perpendicularj
sopra alla superficie d'essa solamente per la qual cosa passano le
forme de' uisibili nè ancora si mescolano appresso a esse. In questo
trattato abbiamo dimostrato apresso a esso le forme reflexe non si comprendono se non nelle perpendiculari exeunte dalli uisibili sopra la superficie delli corpi diafani. Addunque le forme reflexe dal uiso nelle
tunici del uiso non si comprendono dal uiso se non è nella perpen- *Fol. 58v.*
diculare exeunte dal uiso sopra la superficie sopra la perpendiculare
dalli uisibili exeunti dal centro sopra la superficie delle tunici del
uiso exeunti et queste perpendicularmente le linee exeunti dal centro
del uiso: le forme tutte reflexe nelle tunici del uiso si comprendono
dal uiso in rettitudine nelle linee exeunti dal centro del uiso delle
forme. Addunque tutti e uisibili che'ssi oppongono alla parte della
superficie che s'oppone alle forme dell'uuea existono in questa parte
della superficie del uiso, si riflectono nella diafanità delle tunice, peruengono al membro sensibile che fia l'umore glaciale; si comprende
la uirtù per le linee rette che continuano el centro del uiso et se è
uisibile secondo che la forma di ciascuno punto et di ciascuna cosa
uisa opposita alla superficie del uiso che'ssi oppone alla forma dell'
uuea existe nello uniuerso della superficie di questa parte et peruiene
allo humore glaciale et allora quello humore sente la forma ueniente
a'sse et alla uirtù sensibile comprende ogni cosa che peruiene alla
glaciale et alla forma del punto del uiso sopra alla linea continuata
al punto et al centro del uiso con quello punto; per questo modo addunque comprende el uiso tutti e uisibili. In questo capitolo abbiamo detto che quelli che'ssi oppongono alla superficie del uiso alcuni
sono intra la piramide et alcuni dì fuorj et quando à detto la super-

ficie del uiso: intendi per infino a ora et da quinci innançi la parte opposita alla superficie della linea inuisibile. Addunque i quali sono intra la piramide radiale si comprendono dal uiso et la rettidine delle linee radiali rettamente incitamente si stendono al uiso et alla rettitudine. Queste linee sono perpendiculari le quali escono da' uisibili punti e quali sono tra la piramide sopra alla superficie delle tunici del uiso et queste che sono fuori della piramide radiale si possono ancora chiamare radiali le quali si comprendono dal uiso delle forme reflexe [. . .] s'asomigliano alle linee radiali in questo perchè escono dal centro del uiso. Resta addunque a dichiarare per che sperientia el uiso comprende quelle che sono fuori della piramide radiale della quale el capo fia centro del uiso del quale la base fia circunferentia del forame dell'uuea lo quale fia forame piccolo nel meço della nigredine dell'occhio et se alcuno prendesse uno sottile ago et mettesse la stremità nella stremità et lo stremo cioè postremo e tra'lla palpebre del uiso: allora uedrà la stremità dell'ago nelli lagrimali et abbia posto quella nello occhio arà applicato nello lato della enegrecia dell' ochio, appresso uedrà la stremità dell'ago ancora tutte quelle cose che equidistanno alla cosa da' luoghi continenti el uiso, dico di quelli de' quali le linee exeunti al meço della superficie del uiso segano l'asse della piramide radiale et se lo huomo riçerà el suo indice nella parte della sua faccia appresso alle sue palpebre et simile sappi ch'era lo indice colla palpebra inferiore, sicchè la superiore dell'indice sia equidistante alla superficie d'esso indice per inductione potiamo indurre et dimostrare et comprendere quelli che sono fuori della piramide reflexiuamente con tutto che comprendano quelli rettamente; per tutto questo modo piglia uno ago più sottile et se egli nello luogo più opposito al pariete bianco chiudi uno delli occhi et poni l'ago per oppositione dell'altro occhio et fa l'ago appropinquare sichè s'appicchi alle palpebra ouuoi [. . .]. Et poni l'ago in oppositione del meço del uiso et guardi el pariete opposito et allora uedrai l'ago come corpo diafano nel quale fia alquanta densità et uedrai ciò che fia oltre al luogo, allora uedrà l'ago come corpo diafano et uedrai lo pariete fia la latitudine corpo moltiplice o uuoi di molte fatte a'llatitudine dell' ago et la cagione. Nel *secondo* di questo *tractato* fu dichiarato, cioè che·lla cosa uisibile fosse molto propinqua al uiso apparirà molto maggiore che la sua sia et quanto ella fosse piu propinqua tanto più parrebbe maggiore et la diafanità fia perchè el uiso fia dopo et l'ago è corpo denso perchè cuopre quello: ma perchè l'ago è molto propinquo al uiso imperò che il coperto della parte moltiplica e·lla latitudine e la piramide certamente della quale si è centro del uiso et la base fia latitudine dell'ago et con questo el uiso comprende ciò che fia oltre all' ago ne arà coperto oltre al uiso alcuna cosa dal pariete: ma comprende quello che fia oltre quasi al corpo diafano. Et quando l'ago fusse opposito al meço uiso: allora non coprirà tutta la superficie del uiso, la forma addunque alcuna cosa dalle latora dello ago alcuna cosa d'esso nè ancora exeunte all'ago non peruiene mai alla uisone nè alla comprensione non uiene mai del uiso la forma conciò cosa non peruenga retto dal centro del uiso. Sia addunque et non comprenda quello che si compone o che si oppone all'ago del pariete se non rettamente a quello allotta che si oppone o no conciò sia cosa che addunque si comprende o no rettamente manifestamente fia esso comprenderà reflexiuamente per la forma la quale si reflecte dalle latora dello ago et dalla superficie del uiso. Et ancora fia manifesto per lo sperimentatore in luogo dello ago auesse posto alcuno corpo lato del quale la latitudine fosse stata maggiore all'uuea cioè alla forma, allora niente per ueruno modo della pariete nè ancora uedrà quello corpo diafano ma denso, addunque la pariete si comprende oltre all'ago per la sua sottilità et non si comprende oltre al corpo suo piano che peruiene all'ago della superficie del uiso perchè la superficie fia dalle forme la quale si riflette dalle tunici del uiso et perchè si riflette dal uiso reflexiuamente in rettitudine perpendiculare: imperò che quello che comprende reflexiuamente si comprende in rettitudine perpendiculare imperò che quello che·ssi comprende dalla forma d'esso per la reflexione delle linee exeunti dal centro del uiso che continuano et quello el quale si oppone all'ago della pariete et queste linee segano coll'ago el uiso comprende l'ago et la rettitudine di quelle per la qual cosa tutta la forma comprenderà quasi oltre al

Fol. 59r.

corpo diafano nello quale fia alquanta densità et se·llo sperimentatore arà scritto nella base sottilmente che arà applicato alla pariete el ri⸗ moto fosse dalla pariete in quanto potesse l'ago et la scrittura auesse posto imprima che arà guatato la boccha in sulla oppositione del meço uiso come fece prima arà guatato la bambagia, allora potrà leg⸗ giere la scrittura che auesse posto l'ago oppositione di meço, ma quasi non uedrà quella oltre al uetro o oltre al corpo diafano nello quale fia alcuna densità. Se addunque el uiso non comprendesse quel che s'oppone all'ago della bambagia secondo la reflexione, allora alcuna cosa si nasconderebbe della scrittura molto maggiormente ma la quantità della latitudine della diafanità perchè comprende la cosa per la remotione della bambagia dal uiso ma perchè non si asconde al uiso; ma si manifesta alcuna cosa d'essa scrittura manifesto fia esso com⸗ prendente quello che si oppone all'ago. Ma questo non si può fare ret⸗ tamente, resta addunque che si faccia reflexiuamente et solo lo speri⸗ mentatore arà rimosso l'ago et non guasterà la reflexione la quale era in prima et non era per cagio(ne) dell'ago ma pergiscerà la reflexione imperò che·ssi riflette dal luogo dell'ago quando lo sperimentatore arà rimosso, comprenderà quello che·ssi oppone al uiso più manifesta⸗ mente et comprenderà quello ma infestamente et reflexiuamente come comprendeua quando era coperto dall'ago con questo reflexiuamente che innançi che rimouesse del quale è sperientia manifesta che quello s'oppone al uiso di quelle che sono oltre alla piramide radiale si com⸗ prendono dal uiso dal quale le forme peruengono al uiso rettamente et conuersiuamente o reflettiuamente tutte si comprendono appresso alla reflexione oueramente appresso alla superficie del uiso, alcune si comprendono secondo la comprensione fatta della superficie del uiso: quella si comprende addunque si comprendono rectamente et riflexa⸗ mente et però quello che·ssi oppone rettamente al meço del uiso è più manifesto che quello che fia nel circuito del meço et quando el uiso arà compreso alcuni delle latora comprenderà quello fia nel meço più manifestamente di quello el quale fia nelle latora. Et questo ab⸗ biamo dichiarato nel *secondo trattato* et abbiamo dichiarato come questo si potesse sperimentare et diciamo come la cagione di questo fia in quelli sono tra le piramide radiali et in quelli che sono in essa reflexione, la cagione addunque uniuersale in questo che quello s'oppone al meço del uiso ancora è più manifesto che quello è nel circuito et per quello s'oppone al meço uiso si comprende rettamente et reflexiuamente insieme, ma questo cioè che ogni cosa che'ssi comprende dal uiso si comprendere flexiuamente et non fia detto per alcuno delli *antichi passati*.

39. Descritte sono queste figure circa el modo del uedere per *Fol. 59*[v]. fractione si possono di fuori in ogni uedere nel primo della bacchetta la quale si uede rotta quando apparisce nell' aqua et l'altra metà in aria e'l baculo di questo è ancora questione appresso a *phylo(so)fanti* quando disputano de quolibet non si solue appresso a' uulgari perchè non sanno ancora la te(r)ça parte di *prospettiui* quando ancora l'occhio è in ogni meço: conciò sia nella parte superiore del baculo si uedranno in questa per uedere retto si come ma quando l'occhio è in meço più sottile a rispetto le parti di sotto el baculo el quale è nell'acqua el primo che è nel meço del piano sopra detto ouero el quinto del meço del denso: la qual cosa è la conuexità et è inuerso l'occhio et in questo luogo et non è il uedere del quale noi parliamo questi nell' acqua de' fiumi et delle fosse consuete quando licet l'acqua à naturale superficie con essa qualunque saranno per questo sempro ua al luogo di sotto et di sopra è dichiarato tamen ancora l'acque consuete de' fiumi et delle fonti et dell' altre concauità appresso ànno quanto a noi superficie superiore plana et in qualunque modo noi parliamo è manifesto che'lla cosa ueduta nell' acqua appare appresso a noi propinqua all' occhio perchè sia el suo luogo uero et maggiore come in qualunque figuratione, addunque appare el baculo el quale è nell' acqua no ne apparirà el uedere contrario et diretto et altre parti in contrario et diretto et altre parti propinque all'ochio . Addunque è necessario el baculo apparire in figura curua et angulare ad essere fratto lo ingresso dell' acqua el quale è manifesto. Nam sit . b . baculo, . a . l'occhio et . h . m . superficie dalla quale . b . farà la spetie sua infino apresso . e . ma non è in . o . andrà per passamento retta ma frangerà nel meço della sottile insino appresso . a . perni ci sta *(sic)* retto sia infra

la fractione del perpendiculare ducendo al luogo della fractione el quale è . g . c . ma la cosa apparirà in conuerso de'raçi uisuali cum cateco; cathecus est . b . d . h . a che concorreranno e raçi uisuali . a . c . m . d . punto del cateco addunque . b . nella stremità del baculo et uedrassi in . d . et all' uno modo quella particella più che in acqua in questo del quale è in acqua il uedrai in diretto questo . d . addunque tutto el quale apparisce quanto l'uomo può uedere in acqua apparirà in linea . n . d . perchè uedrà tutto el baculo fracto in . f . n . d . addunque in linea curua all' angulo . n . m . sarà fratto in superficie della aere si come ora si uede in acqua per *canoni* de'sapere i costumi in fra l'acqua e'l piano corpo per lo canone quarto e'lla sua figura ouuoi l'occhio in meço della densità della sua concauità et in uerso l'occhio; similmente adiuiene si metta in alcuno uaso si piglino cioè già in fra'l uaso si uedrà et messo sia in acqua et in fondo cioè dice nel principio delli *specchi* et questo ciascheduno possa sperimentare e *canoni* memora cioè nel primo de' piani et V°. de' concaui manifestato è per questo che l'occhio in suttiliore nel meço della cosa in grosseça manifesta che'lla cosa apparisce propinqua eleuato inuerso l'occhio oue el concorso de' raçi uisuali col cateco et appare maggiore che però uede el uedere maggiore che la cosa opposita nel uaso eleuata al fondo del uaso infino appresso alla superficie dell'aqua non è questa altra figuratione la quale che nel predetto luogo fatta è addunque in quella basta soluero. Riguardiamo el sole ouero la luna et le stelle in oriente ouero in occidente mediante e uaporj aquatici si come appariscono di state et nello atrucio noi ueggiamo nella luminaria del sole, ma non è in prima conciò sia cosa la sua figura oue l'occhio è in meço suttiliore et la cosa in meço densa della sua concauità et inuerso l'occhio et intra 'l centro et la cosa uisa intra 'l centro suo e'l centro di quella concauità inuerso l'occhio sarà intra esso el centro della cosa uisa imperò che el suo uapore sperico sarà col centrico
Fol. 60ʳ. mundo imperò che equalmente addunque non può quella maggiore figuratione essere in maggiore propinquità et essere sotto maggiore angulo uedersi addunque maggiore et propinquo apparere la cosa; si uero obicitur che la imagine minore che'lla cosa della quale dicono

alcuni che minore debbe apparere il uedere dicendo che maggiore anguli propinqui, però uale in questa parte la cosa et però ancora propinqua perchè è sotto maggiore angulo si uede. Già è dichiarato che i raçi delle stelle non sono uapori et nubili et non sono in oriçonte ma sono nel meço del cielo ma in quello meço el sole quando è proprio nel meço de' cieli in meço non è in solite quantitate addunque questo est proprium ortum et occasum et alcuna probabilmente è instrutto nelle cose di *prospettiua* stimarono non essere uapori ma cagione delle sue cose: per questa obiettione decepti saranno perchè altra cagione dare non possono imperò che questa che è prima assegnata e di grandeça delle stelle in oriçonte ouera questa ancora per apparença della grandeça et appresso al tempo che sempre à cagione temporale a che noi ueggiamo quando l'aere à sereno seco in ortu et occasu mancano e uapori, allora le stelle ànno el sole in quelli tempi ànno apparitione grande nel sole grande se addunque appresso a' raçi delle stelle . Addunque è che uapori sono nella cosa et cagionano appresso all' angulo obliquo, addunque frangono in superficie dell'aere secondo el tenore de' *canoni* detti ma quando la stella è a meço del cielo, uengono e raci appresso alla rettitudine delli anguli e quali non si frangono quando la stella è in oriente, così ogni raçi de'pianeti frangono intorno al tropico et cancro el primo abito è [. . . . . .] nel centro del mondo ma inuerso oriçonte concedendo, ma ancora molto meno frangrano, ma la imagine si piglia appresso alla perpendiculare quando la stella è in meço del cielo, addunque cioè allora apparisce maggiore quantità pel uapore, non è ancora insolita grandeça di questa noi parliamo maggiormente, ma ancora gli anguli delle fractione sono maggiori ab incisu recto fa el quale di sopra è detto. Ora si piglia el terço canone tertio de *spericis* de' corpi di quali la concauità e, inuerso dell' occhio et nella densa in meço quando è elementare et la cosa in suttiliori et è l'occhio intra' l centro e'l uisibile appariranno le stelle minori, quando saranno minori in meço quando è sotto minore angulo el sarà erro(re) nello giudicio del uedere appresso alle stelle sì diciamo della imagine et al lunge maggiore, addunque appariranno maggiori l'uno dell' altro sono di lungi oltre alla cosa addunque la

imagine distante si uedrà addunque maggiori appariranno imperò che sopra all' abito e ch'essa la quale si uede distante maggiore uedendo et dicendo la quantità delli angulo et però uogliono in queste apparitioni che sotto minore l'angulo si uede la stella non ostante la grandeça à preso secondo minore angulo non ostante la grandeça della imagine apresso del quale pel meço che *gl'inprospettiui* usano la trasparença de' corpi intragiacenti non principiano la distantia delle imagini imperò che le remotioni ànno el primo abito et non cognosce al uedere se non è nel principiare de' corpi intragiacenti cioè nel luogo delle imagini sia la cosa inmotiore apparirà questo uedere per errore et ancora secondo la uerità el uedere non piglia la remotione addunque non de la cosa apparere maggiore per questo. Se'l [uero] huomo raguarda la lettera o altra cosa minuta o uero cristallina ouero altro prospicuo o spere proposte così la proportione delle spere è minore della cui conuexità sarà inuerso l'occhio et l'occhio sarà in aria di lungi meglio uedrà la lettera et apparirà la lettera maggiore imperò secondo e *canoni* quinti de sperico modo quod . b . intra la conuessità della quale è in uerso l' occhio ogni cosa si concorda a grandeça imperò che li anguli maggiori sotto e quali si ueggono ancora le imagine. E maggiore e·lluogo della imagine propinqua imperò che la cosa è tra·ll'occhio e'l centro: addunque lo strumento è utile. I uecchi auendo l'occhio debile imperò la lettera quantunque ella sia parua la possono uedere in magnitudine. Si ueramente la proportione sia maggiore la spera ouuoi la metà allora secondo el *canone sexto* piglia maggior grandeça d'angoli et maggiore imagini ma propinquità d'esse imperò che·l'luogo delle imagini è oltre alla cosa esso che centro delle spere è intra l'occhio et la cosa et la imagine et oltr'alla cosa ch'è c'entro delle spere è
Fol. 60ᵛ. intra 'lcuna cosa, addunque non uale questo strumento addunque se essere minore proportione della spera et li strumenti de' corpi piani de' cristalli secondo el *primo canone* de' piani delle spere concaui possono fare questo alcuna ma intra ogni proportione minore della quale la conuessità è in ogni occhio euidente che·cci mostra grandeça per tre simili aggregationi cioè si può notare alcuni altri exempli ne' quali moltitudine di sapientia resplende si come è: ma perchè el pre=

sente parlare è più per gratia di persuasione che di comporre trattato et perciò basti questo che al presente è detto.

40. O Sacratissimo mio, i sette sauij Tales Milesio ànno confessato *Fol. 61r.* l'acqua essere il principio di tutte le cose et Eraclito il fuoco. Gli sacerdoti delli magi l'acqua e'l fuoco. Euripide auditore di Naxagora el quale chiamorono gli Ateniensi philosopho scienico, l'aere et la terra cesa *(sic)* delle conceptioni delle pioue celeste non seminata el parto delle genti et di tutti gli animali nel mondo auere procreati et quelle cose le quali d'esse fossino uscite quando si dissoluessino constrette dalla necessità de' tempi in esse medesime ritornare et quelle le quali d'esse rimanessero ancora nelle regioni del cielo ritornare nelle cose interiori riceuere per la dissolutione mutata in essa ricidere la proprietà e nell'acqua innançi che'lla fissa è stata et Pitthagora Empedocles Carinos phisici et phylosophi dissono questi principij essere quattro proposono: aria, fuoco, terra et acqua e'lli accostanti d'esse intra'sse per naturale figuratione accostamenti d'essi delle discordançe delle generationi fare la qualitade et abbiamo pensato non solo le cose nascenti di questi procreati essere, ma ancora tutte le cose essere notricate sança essi nè crescere nè riguardare imperò che corpi sança lo spirito ritornati non possono auere uita, se l'aria influente collo risplendimento non farà gli accrescimenti et le continue remissioni temente el caldo non sarà nel corpo giusta compositione non sarà spirito d'animale uiuente nel diriçamento fermi et li cibi et le forçe non potranno auere temperamento del caldo et ancora si per lo cibo terrestro le membra del corpo non si nutricano, saranno sança la podestà dello humore secco et sança sangue dal cuore delli principij dell'umore terrestrio. Addunque la diuina mente quelle cose le quali fussono necessarie alle genti non constituì de edificare, si come sono le perle et l'altre pietre pretiose et l'oro et l'ariento ne' quali ne' corpi è la natura disidera, ma sança quelle le quali la uita de' mortali non può essere difesa et fusse sança l'ordine che la natura è constituito et così quello mancha di queste. Quello per auentura mancha nel corpo a distruere l'aria assegnata à preparato ad aiuto del caldo del sole l'impeto del fuoco trouato dal caldo del sole. Ancora li terreni frutti

delle esche prestanti in copia con superuacue desiderationi pasce et nutrica gli animali pascendo continentemente et da quelle non solo il bere mandando infinite necessità in gratuita per uso presta utilitade; perciò ancora quelli che portano e sacerdoti negli costumi delli Egiptij per podestà di licere insistere a tutte le cose et così collo tridio il quale al templo della casa con casta religione si ripossa, allora in terra procumbenti colle mani leuate al cielo nelle inuentioni fanno gratie nella benignità et quando dalli physici et dalli phylosophi a' sacerdoti si iudichino per la podestà. O singularissimo, abbiamo explicato et diffinito le cagioni e mancamenti quanti sono ne' corpi humani perdono gli spiriti et rimangono sança l'anima. Resta addunque trattare solamente del numero dell'ossa secondo *Auicenna*. O nobilissimo, sança la notitia dell'ossa del corpo humano non è possibile a potere comporre la forma della statua uirile.

41. Ossa carnea sunt ossa coronale siue frontis. Ossa duo petrosa, os baxillare. Ossa mandibularia sunt duo: sive os mandibule inferioris et mandibule superioris: licet quodlibet istorum quasdam, contineat commensuras; ossa dentium in quibusdam XXXII in quibusdam uero XXVIII, duo duales et duo quadruplices superius in eodem inferius duo canini superius et in tonde molaris buti aquae parte sunt; in quibusdam quatuor, in aliis quinque. Ossa colli sunt septem spondiles, ossa pectoris sunt XII spondiles continentes ex omni parte XII costas quarum superiores sunt complete inferiores super quodam uero sunt quinque mendose. Ossa alcatim sunt V spondiles sub quibus sunt etiam alia ossa illis spondilibus similia, sub quibus spondilibus catilloginosis quod uocatur alchosos in anteriori parte pectoris est unum os quod uocatur torax cum quo coniunguntur septem coste complete super quod est unum aliud os quod uocatur forilia uel furcula. In spatula est unum os tantum equale auctoris sine partis brachii propinquae brachio est unum os tamen rotundum
Fol. 61v. aliud uero sine partis sunt secundum diuersas: cuius dico sunt ossa quae uocantur forilia. Manu plurima sunt ossa secundum diuersas eius partes: etiam in prima parte propinquiori brachio quae uocantur rascita sunt septem ossa ordinata in duabus actibus; idem aduenit

sibi proprium aliud os. In secunda uero parte quae uocatur planta sunt quatuor ossa coniuncta digitis. In tertia parte quae digitos continet sunt per XV ossa: cum quilibet digitus contineat tria ossa. In qualibus est unum os manuum quot in alia parte corporis. In quolibet crure sunt duo ossa quorum unum siue domesticum est maius siue [. . .] sed iunctura ossi cuius col et coste est unum os rotundum ad modum rotulae et est genu. Pedis plurima sunt ossa quorum primum clauiculae: secundum est os calcanei. Alius est ibi os concauum quod nauicular uocatur; rasciae sunt quatuor ossa quibus annectitur os cruris: petinis uero unumquodque habet tria ossa apto police quod ante habet duo. Et haec de ossibus secundum *Auicennam*.

42. Particule quae testificant super ea sensus in corpore humano sunt speties due: una est membrorum consimilium. Igitur haec est diffinitio istius partis. Et diffinitio totius est diffinitio una sicut sunt ossa et caro: quia quelibet pars carnis de necessitate est caro et quaelibet pars ossis est os . Et secunda est membrorum compositorum: quarum partes non assimilantur partibus, sicut manus quae composita est ex carne musculis osse et corde . Et membra simplicia sunt ossa et musculi et corda et nerui et ligamenta et caro est asungia seu pinguedo et cutis et uili sanguis et flemma et malinconia et collera et spiritus et iste est uapor porrectus in corde et cerebro. Et nos incipimus in rememoratione compositorum. Ossa capitis absque dentibus sunt XVIII; sex quorum appropinquata in carneo et locum in quibus coniunguntur ossa, haec mandibulis superioribus et in auribus et duo in mandibulis inferioribus et unum quidem nominatur gebeet et hoc est os quod est sub carneo et diuidit inter ipsum superiores mandibulas. Et omnia haec ossa coniunguntur similiter coniunctione seratili: quae nominatur in arabico deraum preter duo ossa inferioris mandibule que coniunguntur coniunctione nodali. Dentes sunt in una quaque mandibula XVI quorum duo anteriores nominati sunt duales et in arabico tetinea et duo alii ex utroque latere superioris et inferioris quadrualis et in arabico dicuntur quirabitar; et duo superiores et inferiores ex utroque latere dicuntur caruculares et V ex utroque latere dicuntur caniculares et duo superiores et inferiores ex utroque latere

dicuntur caniculares et V ex utroque latere seu dextro et sinistro nominantur molares: sed a quibus de natura molarium differt unum et sunt quatuor tantum radices molarum inferioris infendibulae sunt et unaqueque radix aliorum dentium est una cuilibet: ergo inueniemus iam quae ossa capitis sunt ossa LI congiunguntur in capite apud foramen quod est [. . .] posteriori parte spondilis colli: et sunt spondilia septem, sunt perforata ex utroque latere et spondilia nunc coniunguntur cum ipsis et sunt V et duobus et ipsorum quae sunt spondilia anterioris pectoris eoque ibi finiuntur eorum termini et V istorum sunt spondilia nominata in lingua greca adusos et in arabico alcatem; ergo inuentus est quia inuentus est numerus omnium spondilium a carneo usque ad omnes nominata sunt spondilia XXXIIII. Si aliqui sunt qui habent minus unus sive XXXIII et plus, hoc est XXXV; aliqui sunt qui habent unum minus, sunt XXXIII. Et huic spondili inferiori coniungitur os nominatum baig et istud compositum est ex tribus partibus quae assimilantur spondilibus adhuc in hoc coniunguntur sive in osse . a . g . t . h . inferiori parte ipius os nominatum cauda et ipsum compositum est ex particulis tribus peciis siue partibus et tertia pars istius est uere cauda et est quasi cartillaginosum. Et haec omnia spondilia coniunguntur coniunctione nodali preter spondilia primi et coniunguntur preter spondilia duo colli prima. Sed spondile quod coniungitur cum ipso ligatur duobus foraminibus spondilis . a . g . t . h . ossa duo utroque latere unum in multis est planta osse quae nominatur in arabico acaluarie; ibi pendent testiculi et haec sunt omnia ossa partis posterioris. Sed ossa anteriora uel interiora a superiori parte occipitis sunt ossa duo in arabico nominata [. . .] ossa spatularum et ossa manuum et ossa umbilicalia quae nominata sunt unica et ossa pedum. Sed tarcochas est os gibbosum exterius et concauum interius cuius unum est duobus suis capitibus iungitur cu(m) umero et cum capite brachium nominati haseth et alia est nominata aseth et alia extremitas coniungitur in altitudine pectoris et in loco foraminis colli: et ideo quia spatula posita est supra dorsum ampla et in ipsa coniunctum est caput quod
Fol. 62r. est cartillaginosum et quanto plus appropinquat cathertos tanto plus rotundatur et est in ipso concauitas quaedam in quam subintrat ca-

put brachium nominat(um) aseth. Sed ossa pectoris composita sunt ex quattuor ossibus, in extremitatibus inferioribus sunt cartillagines; ossa uero costatum sunt enim in uno quoque latere grossiori sunt VII coste quarum extremitates uniuscuiusque coniungit posterius cum capitibus cartillaginosis et V istarum non congregantur pectori et nominantur coste posteriores et ideo quando premuntur caedo [...] in parte inferiori pectoris non est aliquando nisi solum os umbilicale quod moriatur inferioris. Ossa manus sunt tria ossa sive os brachii sunt nominati sed istud est unum exterius gibbosum. Interius uero concauum et habet caput unum quod intrat in concauitate spatulae et alia extremitas intrat [...] et habet spondile unum simile rotae et in arabico nominatur bachita et in illo subintrat extremitas ossis [in] nominati in arabico gonat superior et ossa gonat et sunt duo, longitudo quorum est a manu nominatum rascet. Sed unum istorum est paruum, nominatur genat inferior et habent ista in duabus extremitatibus suis et parte rascet additiones aedificatas et compositas ex ipsis et inter rasdet et ipsam est nodus; et rascet est ex ossibus VII ordinantibus in duobus ordinibus et haec sunt ossa fortia absque medullis et sunt curta curuata, ut adueniat suae coniunctionis pulcritudo formae ad formam rascitatorum et ex IIII^{or} ex istis ossibus uel istorum ossium compositum est gonachmanus et tales eum uoca(n)t menstramanus et ipsum coniungitur radici rascet ligaturis fortibus; quinque sunt digiti manus, habent ossa XV, quilibet digitus tres et nominatur in arabico alsiolemath quorum pars unius coniungitur ossi primarum ligaturarum fortium et primum policis coniungitur extremitas gonath superioris ligatura ampla conuenienti motui ossa XXXVIIII. Principium ipsius est os testiculorum et est os exterius gibbosum interius concauum et hii habent extremitate unam rotundantem se in suo ascensu et nominatur pronium generatum testiculorum et alia extremitas inferioris partis quae intrat in foramine çonat maioris duorum çonatuum cruris et duorum ipsorum çonatuum longitudo est ad genu usque ad os calcanei minor, uero ipsorum çonaat inferior et minor çonat superioris extremitatis duorum çonatuum tangunt simul calcaneum et ibi in pede nascuntur nota tria concuruatiua ossis testiculorum in coxa flectitur uel curuatur in parte posteriori et in curuatiua alterius ossis foraminis çonaath maioris est ligatura genu et super eadem ligatura est os circulare et est rotundum et est in ipso cartillaginitas et nominatur oculus genu, coniungitur in calcaneo interiori et nominatur alcochi et inferiori parte est os calcanei et in istis duobus ossibus coniunguntur rasseth et ipsum compositum est ex duobus ossibus et postea coniunguntur huic scubath pedis et istud compositum est ex tribus ossibus et fabricatum et aedificatum aedificatione conuenienti sibi et positam coniungitur uib stabath pedis et ipsum compositum est duobus ossibus et postea secuntur ossa digitorum quae nominantur sonath et unicuique digito tres preter policem qui non habet nisi duo ossa. Ergo inuentum est sensu . G . *(?)* quod ossa hominum uel hominis sunt XLVIII, ab ossibus paruis quae replent spatia iunturarum quae nominantur in arabico scristimania et absque osse epligotis quod nominatur in arabico alchacutrab et absque osse cartillaginose quod dicunt aliqui anotheantores quod est in corde et nos non abreuiamus loqui supra forma compositionis istorum ossuum nisi propter unum modum in istis imaginatiua per uiam estimationis est breuis et parua compositione earum rerum existentium in ipsis. Et sensibiles sunt duarum spetierum sive pulsatiles et non pulsatile sed composite sunt omnes ex duabus tunicis praeter unam: et unaquaeque est similis alteri quod contestura interioris tunice et iste sunt fortiores et contestura exterioris tunice tendit in longitudinem et iste uene apparent per uiam sensus quae exeunt a corde nisi quia exeunt ad concauitatem sinistram sunt arterie exeunt concauitatem sinistram et sunt arteriae epatis. Et de ossibus *Aueroijs* haec dicta sufficiant.

Fol. 62v. 43. O nobilissimo, questo possiamo considerare delli antichi statuarij et de' pittori li quali auessono per eterna memoria le dignità et la gratia della commendatione sono state a chi uiene poi, si come Mirone, Policreto, Pidia, Lisippo et gli altri li quali ànno seguita la nobiltà della arte, imperò come nelle grandi città ouero agli re ouuero agli nobili cittadini ànno compiute l'opere: così ànno riceuuto questo et non con minore studio et ingegnio et astutia furon da' nobili cittadini con humil fortuna non meno egregiamente ànno fatte l'opere perfette, nulla memoria ànno seguita non dalla industria nè dalla astutia dell' arte: ma dalla felicità furono ingannati come Elas Atheniense, Chyon Corinto, Ymagieo Foceo, Paras Epeseo, Beda Bisantio, ancora più altri et non meno ancora li pictori come Aristomone, Tassio, Polide et Andromate, Nicheo et altri grandi li quali nella industria et nello studio della arte et nella astutia manco, ma nel bisognio della cosa familiare o la debileça della fortuna o uero nel dubitare della certeça de' contrarij sopra stati contasto alla loro dignità nè per tanto è da marauigliare se per ignorantia della arte si obscurano le uirtù, maximamente è da sdegnare quando ancora spesse uolte per gratia di conuiti si lusinghi dalli ueri iudicij et dalle false approbationi. Addunque come piacque a Socrate se così li sentimenti et le sententie et le scientie per discipline acresciute prospicue et lucide fussono non potrebbono gratia nè dubitança. Ma se alcuno con uere et certe fatiche delle doctrine peruenisseno alla somma scientia oltre auere certe fatiche oltre excesso l'opere da esse si darebbono imperò che esse cose non sono illuxtre et apparenti nello aspetto come noi pensiamo non come bisognerebbe. Et considero più tosto e non amaestrati che li amaestrati per gratia soprastare giudicante non esser da combattere colli non amaestrati, per la dubitatione a questi comandamenti fatti mostrerremo la uirtù della nostra scientia et così, o sapientissimo, nel primo uolume a'tte dell'arte et quali uirtù et con quali discipline bisogni esser accresciuto lo *scultore* e'l *pittore*, ò exposto le cagioni perchè così bisognia sugiugnere le cagioni perchè così bisognia essere amaestrato della ragione della somma *scultura* per participatione o distributione et delle diffinitioni. Ò determinato ancora il *pittore* colle medesime determinationi et participatione conuie(ne) che ciascheduno medesimo genere segua però sono d'uno medesimo el *pittore*, medesima theorica allo *scultore* et al *pittore* e'l medesimo ingegnio misure all'uno et all'altro et la medesima proportione. Et cominceremo a dare forma alla statua uirile con quella arte et diffinitioni et proportioni et simetrie che usarono e nobilissimi statuarij et pictori antichi et porremo la figura del circulo come per loro fu trouata antichamente colle gismetrie *(sic)* et misure, però ò explicato con somma di-

15*

ligentia imperò che così compone la natura el corpo dell'uomo come l'osso del capo dal mento alla somma fronte l'ime et radice del capello essere la decima parte. Ancora è la palma della mano dello articolo et dallo stremo meço dito et altretanto da essa fine delle radici ime de' capelli si fa la fronte ancora della terça parte è il piede della alteça del corpo dell'uomo cioè della sesta e il gomito della quarta parte. Ànno le loro misure et proportioni per le quali usando gli antichi pictori et nobili statuarij ànno seguite grandi et infinite laudi. Ancora il meço centro del corpo dell'uomo naturalemente è l'umbilico sendo el punto della sexta, intorno farà il cierchio toccante la mano lo meço dito d'essa et ancora e piedi uedesi d'essa statua essere tanto l'alteça quanto la largheça, toccando sempre la stremità del cierchio, come abbiamo detto di sopra et così abbiamo detto le misure secondo che parlano gli antichi secondo truouo et secondo *el nobile el quale esso* scriue de' nobili statuarij et antichi pictori.

44. Ancora non è da partirsi dalla forma de' nobili antichi statuarij nè dalla inuentione et forme data del cerchio de' pictori i quali ànno con nobili misure et nobilissime simetrie et con grandissima arte et ingegnio (. . .) et seguiremo la forma come per loro è stata ordinata della misura del cierchio et porremo in esso la statua uirile come essi ànno fatto gli antichi statuarij et seguiremo in gran parte loro. Cominceremo all' osso del capo cominciando a dare a ciascuna la
Fol. 63ʳ. parte che a essa tocca per alteça o per largheça come e periti o perfetti et antichi statuarij et nobili pictori. Cominceremo. La testa porremo diuisa in tre parti, cominciando l'ime et radice de' capelli per insino al cominciare delle ciglia, è una, et per la prima parte. La seconda parte è il naso et la terça è il mento et questa è la fine della testa et è partita in nove parti et meço secondo gli antichi statuarij. Molti sono che pongono dieci et molte se ne truouano di nove et meço et questa è certamente la perfetta misura; sono teste $9^1/_2$. Diuide in questa forma: in prima ella comincia da l'ima fronte de' capelli et porremo la testa, abbiamo una; porremo dalla forcella della gola per insino alla forcella del petto sono 2, et dalla forcella del petto per insino al bellico sono 3; per insino alla natura sono 4. Dal pettignone

insino a tutta la coscia sono teste $2^1/_2$; ciascuna coscia è lunga teste $2^1/_6$. Dalla coniunctura del ginocchio e tutta la gamba per insino alla chiauatura del tallone cioè la chiauatura doue comincia el piede sono teste 2. Tutta la gamba dalla chiauatura per insino in terra ... [... è finita l'alteça della statua uirile] et da terra per insino alla chiauatura del piede [a terra] è una meça testa et una meça dal mento alla forcella del petto [un' altra meça testa].

45. Abbiamo per alteça poste tutte le misure della statua uirile; verremo alla largheça di ciascuna sua parte; cominceremo alle misure della testa et così explicheremo per l'altitudine ogni sua parte, partiremo in quadri nove detta testa et daremo a ciascuno quella parte tocca. In ciascheduna la prima parte tocca alla fronte, el secondo tocca al naso, el terço si piglia per lo mento. I quadri che sono da ciascuna parte seguono gli occhi et così a ciasuna parte, se alluoghi quella parte gli tocca in detti noue quadri allogati per detta testa doue toccano gli orecchi di rimpetto agli occhi fuori de' noue quadri. Et ancora le cose sopra all' ima fronte fuori de' detti noue quadri. Ciascheduna parte si ponga nel suo lato, et così abbiamo partito la testa in quadri noue, come è detto. Per l'altitudine et per lungheça partiremo dalla forcella della gola per insino al mento per quadri medesimi della medesima grandeça sono quelli della testa, pigleremo tutta la gola in detti quadri aremo partita in latitudine et in alteça tutta la parte della gola; ora pigleremo dalla forcella della gola per insino alla chiauatura della spalla. Ora pigleremo la largheça della spalla e così piglerò la largheça da l'una spalla all' altra; aremo la largheça d' amendue, sarà teste due detta statua larga nelle spalle. Ora pigleremo teste due et una testa et uno $^1/_8$, arà di latitudine cioè di grosseça una testa et meço et così lunga. Tutta la mano è grossa una meça testa, sono tutte della statua. Si certa che da esse essere principio sono sopra alla terra. La largheça ne' fianchi sarà nella cintura arà di largheça grosseça una testa $^1/_8$. La coscia arà di latitudine el dosso del piede. Tutto el piede et così è lunga la gamba nella polpa. Compiute le misure uirile, euidentemente nasce ogni cosa di tutte le cose, le quali sono el modo che tennono e nobilissimi statuarii et pictori dell' uomo

lo quale si uede in tutte l'opere: si ueggono, del corpo si colgono, come è il dito e·sse membra . . . [Abbiamo detto delli antichi, e quali cercorono la nobiltà dell'arte non meno le ragioni del corpo essere necessarie dalle membra. Il palmo della mano, il piede, il gomito . . .] Si stribuiscono imperfetto numero, e Greci dicono Teloton et li an-
Fol. 63v. tichi statuirono numero perfetto imperò dalle mani è il numero delle dita dal palmo trouato il piede et si nell'uno palmo et nell'altro per li articoli della natura sono dieci compiuti. Ancora è piaciuto a *Platone* essere il numero per questa cosa che·ssi compie da singulari le quali si dicono apressa a' Greci monades et con li discussi et insieme XI et XII et sono fatti quelli che sopra staranno et non possono essere per effetto insino a tanto che discussi peruengono all' altro. Ma e mathematici contra e disputanti per questa cosa dissono essere per effetto il numero el quale si dice essere sei partitioni de essi sei partitioni si conuengono all'altro al quale si dice sei, che questo è il numero et la partitione et così se stanti uno trienti, due semisse, tre besen il quale dicono dimeron quattro, quintario il quale dicono pentametron cinque, sei il compimento conciosia cosa che al supplimento cresca sopra sei per l'asse et agiugnimento l'effetti allora sono fatti ouero che nella terça parte agiunta che è il terçario che si dice epistedoro per meça agiunta quando sono fatti noue sexquialtero el quale si chiama [. . .] per due parti agiunte et così è fatto hesaltero e pidemaceron uel numes. D'undici che agiunti sono cinque el quintario e quali dicono epipenteron et XII agiunti sono due cinque simplici numeri di plasiona, ancora che il piè abbia ancora la sexta parte della alteça della statua uirile così ancora quello che si compie nella statua uirile. Et nel numero delle piedi del corpo si ueste della alteça così ancora quello che si compie del numero de' piedi sei uolte della alteça terminoron esso statuirono per effetto al gomito esso considerarono et sei nelle palme apparire XXIIII dita apparire et per questo si uegono le città greci essere in numero constituite per di sei palmi nella quadragina userebbono il numero alli metalli segnati come si segnano l'asse per lo quale sei li chiamano obolos et li quadranti delli obboli le quali altri dicono dicalta et altri tricalta dicono per dita

XXIIII nella [nel dragina] dramma constituire. Et li nostri fecerono per dicon per dita XXIIII nella dragina prima antico numero et nel danaio denos di rame et statuirono per questa cosa ratione el nome per insino al dì d'oggi danaio. La compositione del nome adunque si conuiene per la consideratione dell'uno et dell'altro numero et di questa cosa gli autori trouarono el piede dal gomito: imperò che quando sono detti e palmi doue si lascia el piede di quattro palmi el palmo à quattro dita et così si fa acciò che esso abbia quattro dita pari et così si faccia gli abbi XVI dita pari altrettante [. . .] il danaio oltre alla misura delli antichi statuarij et sommi et perfetti pittori et la inuentione delle misure date per loro et poste symetrie loro con tanta diligentia et dare a' membri a ciascuno ogni loro proportione et ogni perfetta misura ànno dato con tutte le ragioni et simetrie si danno o possonsi dare alla statua uirile secondo e nobili statuarij et pictori antichi et come il numero et nome del denario e'l nome dell'oncia et del passino, e'l piede et gomito, e'l braccio et passo, la canna, la perticha, lo stadio et porremo la statua dinançi.

Et gli antichi puosono el circulo et missono la statua uirile supina dentro al circulo distendendo le braccia et piedi dentro al circulo toccante solamente del palmo el dito di meço et così de' piedi tenendo le gambe aperte toccando ciascuna la parte del circulo la qual *Fol. 64r.* cosa mi pare difficile però che l'uomo non si può tanto aprire nelle gambe, esso possa toccare el circulo. Molto s'apre l'uomo nelle braccia: non si può tanto aprire ne' piedi. Ancora non mi pare del centro sia el bellico, parmi debba essere doue è 'l membro genitale et doue e' nasce ouero ou' è la inforcatura humana. Ancora mi pare el suo centro non possa in altro luogo poter porsi altro che in detto luogo.

Iui è 'l centro della statua uirile et cominceremo et è noto da' grandi et sommi statuarj; cominceremo dalla somma vertice oue è il principio del nascimento de' capelli raccogliendo di tutta la statua tutte le misure a parte quanto a me sarà possibile et misureremo explicarle tutte con ogni diligentia sarà possibile, et cominceremo alla uertice del capo doue nasce el principio de' capelli imi misureremo et cominceremo a tutta la statua uirile la forma d'essa inforcatura.

46. O egregio maggior mio, non ò da altri giudicij seguitanti interposto el nome mio; proffero questo corpo nè d'altrui le cose pensate uituperante ò statuito per me approuare; ma fò infinite gratie maximamente a tutti gli scultori et a tutti i pictori et certamente a tutti gli *scrittori* rendo gratie che con egregie astutie d'ingengno però ànno tanto celato agli altri con altra generatione et abbundanti copie ànno apparecchiate: onde noi sì come attingenti l'acqua dalla fonte alli proprij propositi traducenti abbiamo a scriuere più facunde et più expedite facultadi, confidenti a tali auctori et siano nuoue institutioni agguagliare addunque tali entramenti d'essi: le quali ragioni al proposito mio ò pensato prepararti di poi come incominciai a trapassare imperò per [. . .]

Aghatarco in Athene [. . .] amaestrante fece tragedie alla scena esse comentario lasciò però Monisti et Democrito et Anaxagora di quello medesimo scrissono a che modo bisogni alla schiera delli occhi delli radij per distendimento il luogo certo al centro constituirono sì come alle linee rispondere per ragione naturale sì come di certa cosa certe imagini picte et 'dificij le spetie rendeua nella diritta pupilla della fronte erano constituite colla forma erano in se posti e termini d'esse con tanta arte et ingegnio cioè si giugneua oue Aghatarco auea fermo l'ochio in detta opera reudeuano le linie come rende naturalmente la uirtù uisiua. Et colti e termini ueri di dette linee et nelle diritte ànno affigurato in certi altri luoghi moltissime altre cose mostrando di quanto ualore è detta arte et di quanta marauiglia essa inganna la natura humana: chi con diligentia cerca l'arte della pittura farà le medesime che furono picte per Aghatarco et Monisti et Democrito et Anaxagora phylo(sofo) delle symetrie, Theodoro della casa ionica.

Ritorniamo alla statua uirile, el tutto è teste X. dal cominciare da l'ima fronte del nascimento de' capelli per insino al fine di tutta colla uertice ch'è la decima parte d'una testa. Partiremo la testa in parti tre; l'una fia la fronte, la seconda fia il naso, la terça sarà il mento. Per insino al naso muouesi la gola dal mento alla forcella et
Fol. 64v. comincia la gola per insino al mento salesi detta gola una meça testa.

Dalla forcella della gola per infino alla forcella del petto è una testa. Dalla forcella del petto per insino al bellico si fa una altra testa. Per infino alla natura e iui è il centro dell' uomo doue comincia la infor⸗catura dell' uomo. Et arà la chiauatura della coscia per insino al gi⸗nocchio sono teste due, uno sesto di testa comincia la chiauatura del ginocchio per insino alla chiauatura del piede; dal ginocchio per in⸗sino al piede à teste due. Dal tallone per insino in terra è una meça testa. Finito di misurare tutta la statua uirile per alteça per latitudine, si uede il campo pieno di quadri gradj tanto quanto la testa e puoi pigliare la latitudine da essi gradi [. . .]

APPARAT ZUM TEXTE

Mit AM. ist der Anonymus Magliabecchianus ed. *Frey* bezeichnet

Seite 3: Oben am Rande das Ex Libris des einstigen Besitzers: Di me Cosimo di Mattio B(ar)toli no. 65.

Seite 3, Zeile 11: darci wiederholt (vom Kopisten?).

Seite 4, Zeile 15: Hs. hat istoriorico.

Seite 4, Zeile 31: Der Schluß dieses und der Anfang des folgenden Satzes sind vom Kopisten irrtümlich noch einmal zu einem sinnlosen Satz verbunden worden.

Seite 5, Zeile 25: Das Eratosthenes des vitruvian. Textes fehlt.

Seite 7, Zeile 10: più doppelt geschrieben.

Seite 7, Zeile 19: podesta. Vorher hat der Kopist irrtümlich angesetzt zu post..

Seite 7, Zeile 25: vorher uariata getilgt.

Seite 8, Zeile 7: nach doctrine: et none invidiosamente getilgt.

Seite 8, Zeile 28: Hier irrtümlich der Anfang des an zweiter Stelle folgenden Satzes (Et però come grandi).

Seite 9, Zeile 24: da doppelt.

Seite 9, Zeile 32: im Manuskript verbessert aus soprastante und giudicante.

Seite 10, Zeile 13: Hs. hat da Marato.

Seite 10, Zeile 16: Ofitile. Landin hat Prassitele.

Seite 11, Zeile 7: Vor triumpho: tempio getilgt.

Seite 11, Zeile 30: ero romani (sic!).

Seite 12, Zeile 8: si trouai (trouasi?)

Seite 12, Zeile 14: d.i. a Tene (A'ttene) wie häufig bei Ghib.

Seite 13, Zeile 10: Hs. hat ale.

Seite 15, Zeile 7: vorher eldico gestrichen.

Seite 15, Zeile 14: Im. Ms. ist verschrieben ginocano.

Seite 16, Zeile 8: fece Alexandro zweimal.

Seite 17, Zeile 9: Opere di marmo e di rame von Kop. anscheinend aus dem folgenden Satze herübergenommen und dann getilgt.

Seite 17, Zeile 10: Ebenso Policreto.

Seite 18, Zeile 6: il fanci(ullo) durch Kopistenfehler doppelt geschrieben.

Seite 19, Zeile 10: nach lungo: auere alle cose pensate vorweggenommen und getilgt.

Seite 20, Zeile 2: 831 Schreibfehler für 83.

Seite 21, Zeile 8: statt scrisse hat die Handschrift serse.

Seite 21, Zeile 17: vor fanciullo: stre (zu strangolante).

Seite 22, Zeile 2: lasciate wiederholt.

Seite 22, Zeile 10: nach acquistò: la gloria gestrichen.

Seite 22, Zeile 23: nach si: curta gestrichen.

Seite 23, Zeile 3: per douere — nel quale am Rande nachgetragen

Seite 23, Zeile 17: nach fu: das folgende il mostro gestrichen.

Seite 23, Zeile 32: et essere adiuenute wiederholt.

Seite 26, Zeile 10: uena verschrieben oder mißverstanden statt Venere.

Seite 28, Zeile 7: nach et: Silla gestrichen.

Seite 29, Zeile 9: vor Cydia: cido et d..

Seite 29, Zeile 21: vor questa: presso che fu.

Seite 30, Zeile 10: nach sichè: nella austerità wiederholt und vom Kop. gestrichen.

Seite 31, Zeile 2: Hs. hat statt essa esse. Vorher subitamente, das gestrichen wurde.

Seite 31, Zeile 9: Dottotissimo.

Kommentar II. In der Numerierung der Kapitel bin ich Frey's Edition gefolgt.

Seite 35, Zeile 8: nach poi ergänzt *Frey:* per (das vielleicht nur vom Kopisten verschrieben wurde).

Seite 35, Zeile 22: nach lastra: et diseg . . . . .

Seite 35, Zeile 26: vor Cimabue ein kleines, später eingefügtes a.

Seite 35, Zeile 25: Biondone AM.

Seite 35, Zeile 31: aus coll'arte korr.

Seite 36, Zeile 7: Im Orig. Lücke; hier aus dem AM. vorliegenden „originale" Ghibertis ergänzt.

Seite 36, Zeile 10: Roberto AM.

Seite 36, Zeile 20: AM altre statt due.

Seite 36, Zeile 21: Interpunktion des Originals: frati minori. Quattro capelle et quattro tavole molto excellentemente dipinse in Padoua . . . Obige Interpunktion nach *Frey*.

Seite 36, Zeile 24: et AM.

Seite 36, Zeile 30: so AM, der aber statt et: *con* uno crucifisso hat.

Seite 37, Zeile 20: alla doppelt und gestrichen.

Seite 37, Zeile 24: Die Handschrift hat hier eine Lücke; scorci aus dem AM. ergänzt.

Seite 37, Zeile 26: historia AM.

Seite 37, Zeile 27: Vor marauiglare ergänzt *Frey* fatto.

Seite 38, Zeile 16: *Frey* liest perfectissim(a); in der Handschrift deutlich wie im Text.

Seite 38, Zeile 16: *Frey* ergänzt hier (sopra) la porta nach dem AM.

Seite 38, Zeile 23: braccia aus dem AM.

Seite 39, Zeile 2: in erg. *Frey*.

Seite 39, Zeile 12: Die Handschrift hat porti.

Seite 40, Zeile 9: nach molti: pictori gestrichen.

Seite 42, Zeile 24: vor fratello: disce(*polo*) gestrichen.

Seite 42, Zeile 29: *Frey* ergänzt nach capelle: dipinse.

Seite 42, Seite 31: Ich ziehe diesen Satz im Gegensatz zu *Frey* zum vorhergehenden. Auch der AM. liest so.

Seite 43, Zeile 13: das di vor maestro Andrea ist offenbar ein Mißverständnis des Kopisten, wodurch dieser Satz zu dem vorhergehenden gezogen wird. Das „Original" des AM. hatte diesen Fehler wohl nicht. S. den Kommentar.

Seite 43, Zeile 25: 420 nach dem AM.

Seite 43, Zeile 27: So AM. wahrscheinlich nach dem „Originale".

Seite 43, Zeile 31: nach statuarj: ne gestrichen.

Seite 44, Zeile 2: disfare bessere Lesart des AM.

Seite 44, Zeile 21: e doppelt vom Kopisten geschrieben.

Seite 45, Zeile 21: Lücke. Mit *Frey* le cose zu ergänzen.

Seite 46, Zeile 3: Interpunktion der Hs.: mi diè licentia insieme cogl' altri scultori fumo innanzi . . .

Seite 46, Zeile 11: Val d'Ambrina AM.

Seite 47, Zeile 9: Albizi AM.

Seite 47, Zeile 28: di mano doppelt geschrieben.

Seite 48, Zeile 5: Der Kopist hat hier durch ein Versehen die später vorkommenden Sätze „nel fregio era da pie sono in conpassi d'oro et quattro uangelisti" folgen lassen, aber wieder getilgt.

Seite 48, Zeile 11: Das später folgende „è fatta per sancto Stephano" vom Kopisten falsch (vor puosono) eingesetzt.

Seite 48, Zeile 18: vor cammino hatte der Kopist ursprünglich in pelegrinag(gi)o geschrieben.

Seite 48, Zeile 21: vor famigli ursprünglich fanciulli geschrieben und getilgt.

Seite 49, Zeile 12: *Frey* ergänzt nach detto (quadro), das dem Kopisten wahrscheinlich wegen des folgenden quattro in der Feder geblieben ist.

Seite 49, Zeile 31: Ysaach in der Hs. aus Jacob korr.

Seite 55, Zeile 11: vor parole: pie di gestrichen.

Seite 55, Zeile 16: vor conceputi: della.

Seite 55, Zeile 23: Konjektur. Die Hs. hat scipidamente.

Seite 58, Zeile 18: vor forma: statua getilgt.

Seite 61, Zeile 34: *Frey* emendiert il piano.

Seite 62, Zeile 2: sissi (fermò).

Seite 63, Zeile 15: nach ciascuno ergänzt *Frey*: la.

Seite 64, Zeile 3: vor era: el quale wiederholt.

Seite 64, Zeile 22: i uederi. So auch *Frey*; doch ist die Lesung fraglich.

Seite 66, Zeile 16: Vor superfluamente in der Hs. superficialmente gestrichen.

Seite 68, Zeile 20: Handschrift hat *del* toccare.

Seite 71, Zeile 5: si come in der Handschrift doppelt.

Seite 73, Zeile 21: Però—radicale vom Kopisten doppelt geschrieben.

Seite 85, Zeile 11: diciamo—uisibili vom Kopisten zweimal geschrieben.

Seite 107: Fol. 26v. ist leer.

Seite 111, Zeile 10: nach recta ist Raum für eine Zeichnung gelassen.

Seite 116 (cap. 22): Auch hier ist wieder Raum für eine Zeichnung gelassen.

Seite 124, Zeile 10: prospicua korr. aus prospettiua.

Seite 125, Zeile 7: Vor scientia distantia getilgt.

Seite 126, Zeile 8: luce aus l'altre korr.

Seite 126, Zeile 20: philosophia bis: per questa philosophia am Rande nachgetragen (an falscher Stelle).

Seite 133, Zeile 3: nach La dispositione addunque: de' uisibili in der Handschrift getilgt.

Seite 137: Auf fol. 35v. ist ein breiter Raum für eine (nicht ausgeführte) Figur gelassen worden. Am Rande ist einiges weggeschnitten.

Seite 144, Zeile 3: Die Worte con tutti questi modi sarà comprensione durch Punkte getilgt.

Seite 144, Zeile 30: Aspetto aus „aspiciente" korr.

Seite 145, Zeile 13: Im lat. Text Alhacens (III, 2) steht *verticationibus*.

Seite 146, Zeile 15: Nach perpendicu≈lari ist in der Handschrift Raum für eine Figur gelassen.

Seite 146, Zeile 31: vor congiuntione: longitudine getilgt.

Seite 147, Zeile 14: Im lat. Text *con≈iunctioni.*

Seite 148, Zeile 21: Hier ist Raum für eine Zeichnung gelassen, die Hs. macht den Vermerk: Figura.

Seite 149, Zeile 25: vor moto: modo getilgt.

Seite 149, Zeile 27: vor quante uolte: comprenderà getilgt.

Seite 150, Zeile 32: nach opposta: al uiso getilgt.

Seite 152, Zeile 16: non tutte corr. aus contiene.

Seite 155, Zeile 23: Die Stelle in Klammern in der Hs. getilgt.

Seite 157, Zeile 17: Die eingeklam≈merte Stelle ist gestrichen.

Seite 160, zu fol. 42ᵛ: Die am Rande angemerkten „Fighure" fehlen; die ganze übrige Seite ist leer.

Seite 161, Zeile 8: Nach diametri: quali getilgt.

Seite 164, Zeile 28: nach radiale: per uera comprensione getilgt.

Seite 166, Zeile 16: lo indiuiduo korr. aus el punto.

Seite 167, Zeile 14: Se alcuno ist durch Versehen doppelt geschrieben.

Seite 167, Zeile 27: Die nach s'istituisce folgenden Worte: la forma di questo uiso sarà minore della durch untergesetzte Punkte getilgt.

Seite 167, Zeile 30: uiso sarà — di quello am Rande nachgetragen.

Seite 170, Zeile 10: Nach sono: con≈tenti gestrichen.

Seite 170, Zeile 21: saranno — an≈guli getilgt.

Seite 171, Zeile 21: nach onde: curu≈atione getilgt.

Seite 172, Zeile 5: può essere con≈cauo oben am Rande nachgetragen.

Seite 177, Zeile 17: che aus el quale korr.

Seite 178, Zeile 19: uapori korr. aus uaporibus.

Seite 178, Zeile 34: Der hier erwähnte Libro de' crepuscoli ist gleichfalls eine Schrift *Alhazens* (zusammen mit der Optik in *Risners* Thesaurus gedruckt), was hier als Nachtrag zum Quellenver≈zeichnis Ghibertis erwähnt sei.

Seite 179, Zeile 28: nach là oue: scin≈tillatione getilgt.

Seite 180, Zeile 18: vor oggiecto: og≈getto getilgt.

Seite 186, auf Fol. 50ʳ· und 50ᵛ ist bei allen diesen Beispielen Raum für die (fehlenden) Zeichnungen gelassen.

Seite 189, Zeile 7: nach fia: forma korr. aus centro.

Seite 191, Zeile 29ff: Schrift teilweise gänzlich verwischt.

Seite 193, Zeile 24: dalla korr. aus per la.

Seite 193, Zeile 33: nach la quale: peruiene getilgt.

Seite 194, Zeile 1: sito korr. aus punto.

Seite 194, Zeile 12: nach concaua: ogni superficie fia dalla parte dell'aere getilgt.

Seite 197, Zeile 14: nach circunferen≈tia . d . a . et questo fia getilgt.

Zu Seite 200: Fol. 54^{v} ist leer gelassen.

Seite 201, Zeile 8: vor sectione superficie getilgt.

Seite 205, Zeile 5: vor circulo: concauo getilgt.

Seite 206, Zeile 24: nach riflecterà: se non è gestrichen.

Seite 207, Zeile 21: rimoto korr. aus rimosso.

Seite 207, Zeile 23: una cosa: korrigiert aus più cose.

Seite 208, Zeile 12: nach imagine: el luogo della imagine gestrichen.

Seite 211, Zeile 15: nach sança: quello gestrichen.

Seite 213, Zeile 12: nach exeunte: dal uiso gestrichen.

Seite 213, Zeile 21: vor parte: superficie gestrichen.

Seite 217, zu cap. 39: Raum für die (fehlende) Figur freigelassen.

Seite 218, Zeile 13: vor piglino: metti getilgt.

Seite 220, Zeile 7: nach intragiacenti gestrichen: cioè nel luogo delle imagini sia la cosa.

Seite 221: Der Rest von fol. 60^{v} ist leer.

Seite 221, Zeile 30: nach natura: à constituito et cosi gestrichen.

Seite 224, Zeile 12: nach XXXIIII: et huic spondili inferiori coniungitur os nominatum gestrichen.

Seite 226, Zeile 8: vor aedificatum: aedifatura getilgt.

Seite 227, Zeile 3: nach ancora: più altri gestrichen.

Seite 227, Zeile 28: el pittore zweimal.

Seite 229, zu cap. 45: Im Texte zu diesem Abschnitt ein (leer gelassener) Kreis eingezeichnet.

Seite 230, Zeile 2: Die Sätze sind hier anscheinend durch Schuld des Kopisten arg durcheinander geraten.

Seite 230, Zeile 8: articoli aus antichi korr.

Seite 231, Zeile 1: nel dragina am Rande eingeschaltet.

Seite 231, Zeile 15: nach come: el nome gestrichen.

Seite 231, Zeile 28: Im Text ist abermals ein (leer gelassener) Kreis eingezeichnet.

Seite 232, Zeile 8: vor facunde: faccende getilgt.

Seite 233, Zeile 9: vor testa: tesa getilgt.

Seite 233, Zeile 10: Hier bricht die Handschrift ab.

VANTO e possibile auno che scriva di scultura e honestissimo o
amente lamonitione delfica. chosa divina checci amonisce risparmia
re iltempo usando tutte laltre chose sança risparmio nelle chose ne
cessarie alla vita non avendo riguardo ne dipecunie ne daltre chose
che paino pretiose: solo attendiamo aquelle chose lequali gli antichi
cianno lasciate scritte. et noi anchora assottigliandoci antrove inven
tioni non sata sança frutto: et facilmente dagli altri transferiamo. Ma
iltempo che e imutabile et flusso non chome chosa vile dissipiamo sança riguardo. Et
questo usando lanatura ildi darci darci virtu dopeiare sempre alchuna chosa
utile plavita presente: et lanotte singulante mente essendoci conceduta aptissimame
te adesercitio danimo. Onde colui che solo giustamente e chiamato savio non pmette
etiamdio quel tempo ce dato arequie del corpo noi eldormiamo tutto. Tanta cura pare che
abbia che lamente chella nocte non sia lungamente otiosa. Et choloro iquali scrivono alcu
na cosa overo ciamoniscono et insegniano & questo fanno pnostra utilita & non consu
mano inparole non necessarie: Non curano difare plixi ne trattati pdimostrare lalor
profonda peritia: pero che cio facciendo lascierebbono iloro libri pieni dexcessi et disuper
fluitadi. Contro alla sententia degliantichi philosofi iquali rectamente diffinirono esse
necessario sapere lemisure deltempo si come deltermine & diffinitione diphylosofia Que
sta sententia chi diligentemente cura di mettere i pratica prolera grandi utilitadi della
amonitione delphyca non meno che dastrone & hosio & darchita & daristotile & deglal
tri che scrissero simile alloro. lequali dottrine dicostoro & diloro simili agiovani studiosi
non sono inutili pe primi elementi & principii machi vuole mettere inpratica alchuna
cosa sono altutto dilungi & rimote dalla speculatione apeiua. Onde non sança ragione
pare che abbia loro detto kalamo dindia pernatione ma greco phylosophe. Noi siamo si
[illegible] iquali p picchole cose consumano parole molte ma di cose grandissime [illegible]
[illegible]
Et questo diligentissimamente [illegible]

no [illegible] precepti [illegible] reposito comprehendere & ricordare
Et questo diligentissimamente potra ciascuno comprehendere per gli comentarij di dionisio & di coloro che piu seguitarono Allexandro come furono scultori & pittori & etiandio que gli gli quali erano degli strumenti bellici dassediare e quali gli furono scritti da pyrro maccedone. Ma perche non paia che noi conseguitiamo la lunghezza dello scrivere la quale noi biasimiamo torniamo al proposito dicendo prima alchuna chosa per coloro che vogliono acerbamente volere correggere le compositioni de vocaboli. Pero che mi pare achi e intento a questa compositione spesse volte cascare del proposito. Soccrate oratore nella oratione scritta da llui a filippo per dargli consiglo se dovere pigliare alcuna impresa impero che prima fu determinata quella guerra prima che egli compiesse el consiglio. Onde egli dice cosi. Essendo io intento a questa opera pervenisti di fare la pace prima chio finissi lo ratione. Parmi ancora sia bene subbidire achi da recta doctrina. Onde etiamdio kalistene istoriorico dice esse necessario achi dispone scrivere alchuna cosa secondo la proprieta della persona et dellopera adapti le parole corrispondenti alluna cosa & allaltra. In ogni sermone che si fa di questa arte giudico esse breve & aperto si come scultore o pittore & come cosi non apartenente a precepti di rectorica. Conviene che llo scultore etiamdio el pictore sia ammaestrato in tutte queste arti liberali

Gramatica
Geometria
Phylosophia
Medicina
Astrologia
Prospectiva
Istoriofrico
Notomia
Teorica disegno
Arismetrica

LORENZO GHIBERTIS DENKWÜRDIGKEITEN

(I COMMENTARII)

Zum ersten Male nach der Handschrift der Biblioteca Nazionale in Florenz vollständig herausgegeben und erläutert von

JULIUS VON SCHLOSSER

ZWEITER BAND

KOMMENTAR

Mit einer Tafel in Lichtdruck

IM VERLAG VON JULIUS BARD
BERLIN 1912

ENTWURF DES ORIGINALEINBANDES VON F. H. EHMCKE
DRUCK DER SPAMERSCHEN BUCHDRUCKEREI LEIPZIG

VERZEICHNIS DER HÄUFIGER GEBRAUCHTEN ABKÜRZUNGEN

Ghiberti ed. Frey = Sammlung ausgewählter Biographien Vasaris. Zum Gebrauche bei Vorlesungen herausgegeben von Carl Frey. III. Vita di Lorenzo Ghiberti. — Con i commentarj di Lorenzo Ghiberti e con aggiunte e note. Berlin 1886.

Billi ed. Frey = Il Libro di Antonio Billi. Herausgegeben von C. Frey. Berlin 1892.

Anon. Magliabecchianus ed. Frey = Il codice Magliabecchiano cl. XVII, 17 ed. C. Frey. Berlin 1892.

Idem ed. Fabriczy = Archivio storico Ital. S. V., vol. XII. (1893).

Gelli ed. Mancini = Archivio storico Ital. S. V., vol. XVII. (1896). 34—62.

Vasari ed. Milanesi = Le vite de' più eccellenti pittori, scultori ed architetti scritte da Giorgio Vasari. Con nuove annotazioni e commenti di Gaetano Milanesi. 9 voll. Florenz 1878.

Baldinucci = Mail. A. Notizie de' professori del disegno da Cimabue in quà. Opere di Filippo Baldinucci. 14 voll. Milano, Classici Italiani. 1811.

Kallab, Vasaristudien = Vasaristudien von Wolfgang Kallab. Mit einem Lebensbilde des Verfassers aus dessen Nachlasse herausgegeben von Julius v. Schlosser. Quellenschriften f. Kunstgesch. u. Kunsttechnik. N. F. XV. (und separat Wien 1908.)

Quellenbuch = Quellenbuch zur Kunstgeschichte des abendländischen Mittelalters. Ausgewählte Texte des vierten bis fünfzehnten Jahrhunderts. Gesammelt von Julius v. Schlosser. Quellenschriften N. F. VI. Wien 1896.

Prolegomena = Lorenzo Ghibertis Denkwürdigkeiten, Prolegomena zu einer künftigen Ausgabe von Julius v. Schlosser. Kunsthistorisches Jahrbuch der k. k. Zentralkommission für Kunst- und historische Denkmäler (auch separat Wien 1910).

EINLEITUNG

Die folgenden Seiten sind eine zum Teil wörtliche Wiederholung der einschlägigen Kapitel aus meiner im kunstgeschichtlichen Jahrbuche der k. k. Zentralkommission 1910 S. 105 ff. publizierten Abhandlung: Lorenzo Ghibertis Denkwürdigkeiten. Prolegomena zu einer künftigen Ausgabe (auch separat Wien 1910 erschienen), die ich hier mit Zustimmung der Redaktion des Jahrbuchs in stark überarbeiteter Form nochmals vorlege.

DER große Traktat des *Lorenzo Ghiberti* liegt bis heute noch in keiner würdigen, geschweige denn vollständigen Ausgabe vor. Wenn die Nationalbibliothek in Florenz, was Gott verhüten möge, von einer Katastrophe heimgesucht würde, gleich der, der die Bibliothek in Turin zum Opfer gefallen ist, würden auch Ghibertis Kommentare unwiederbringlich verloren sein[1]). Zwar ist der, nach seinem materiellen Inhalte wichtigste zweite Kommentar mit ein paar Bruchstücken des dritten seit Cicognara wiederholt ediert worden, doch immer in höchst mangelhafter Form und an ziemlich versteckten Stellen, bis endlich *Frey* ihn sorgfältigerweise als Anhang zu seiner Schulausgabe von Vasaris Ghibertibiographie abgedruckt und leichter zugänglich gemacht hat. Auch dieser Druck ist jedoch nur ein Korollar, keine selbständige und vollständige Edition; für die Erklärung und Aufhellung des Textes ist noch sehr viel zu leisten. Der ganze erste Kommentar, sowie fast der gesamte dritte, mit Ausnahme jener Kapitel über die Antiken ist hier zum erstenmal veröffentlicht.

Woher schreibt sich nun diese Vernachlässigung, die doch als eines der ärgsten Versäumnisse der modernen Forschung aufs Kerbholz geschrieben werden muß? Es sind zwei Gründe, ein äußerer und ein innerer, die dafür aufgezeigt werden können.

Der eine ist schon vor mehr als drei Jahrhunderten von Vasari (in der zweiten Auflage) ausgesprochen worden (Ed. Sansoni II 247): Scrisse il medesimo Lorenzo un' opera volgare, nella quale trattò di molte varie cose, ma si fattamente, *che poco costrutto se ne cava. Solo* vi è per mio giudizio *di buono*, che dopo hauere ragionato di molti pittori antichi e particolarmente di quelli citati da Plinio, fa menzione breuemente di Cimabue, di Giotto e di molti altri di que' tempi. Et ciò fece con *molto più breuità che non doueua, non per altra cagione* che per cadere con bel modo in ragionamento di se *stesso a raccontare*, come fece, minutamente a una per una tutte l' opere sue. Nè tacerò, che egli mostra il libro eser stato fatto da altri e poi nel processo dello scriuere, come quegli *che sapea meglio* disegnare, scarpellare e gettare di bronzo *che tessere storie*, parlando di se stesso, dice in prima persona: „Io feci, io dissi, io faceua e diceua". Dieses Urteil des Aretiners ist ebenso anmaßend als ungerecht. Wie Vasari selbst, oft in der schleuderhaftesten Weise, seinen Vorgänger benutzte, hat *Kallab* in seinen Vasaristudien (153 f.) kurz und treffend dargelegt; Messer Giorgio durfte am allerwenigsten in dieser Weise von Ghiberti sprechen und seine Dürftigkeit schelten, wo er ihm, gleichwie der Magliabecchianus, den besten

[1]) Das Wiener Hofmuseum besitzt jedoch, dank dem Entgegenkommen des italienischen Unterrichtsministeriums und den Bemühungen des trefflichen Leiters des deutschen kunsthistorischen Instituts in Florenz, Prof. *H. Brockhaus*, seit einigen Jahren eine vollständige photographische Kopie des Kodex.

und sichersten Teil seiner Kenntnisse über das Trecento verdankt. Mit Recht macht *Kallab* geltend, daß Vasari „die starke persönliche Note, die er an den Bildwerken Ghibertis empfand, aus seinem Selbstbekenntnisse nicht herauszuhören vermochte". Dafür fehlte ihm das Organ; auch seine eigene Biographie, die er der zweiten Auflage eingefügt hat, gehört zu den schlechtesten Partien seines Buches und entbehrt allen persönlichen Reizes. Aber Vasaris Anwürfe des Ungeordneten, stilistisch Unfertigen, der Ärmlichkeit und Nutzlosigkeit von Ghibertis Schriften sind im Gedächtnisse der Nachfolgenden haften geblieben; während man bis ins XVIII. Jh. hinein eine Reihe älterer Quellenschriftsteller ausgegraben oder neu ediert hat, sind sie erst von dem emsigen Sammler der alten Kunstliteratur, dem Grafen Leopoldo Cicognara, beiläufig und fragmentarisch im Rahmen seines großen Werkes veröffentlicht worden.

Namentlich auf dem ersten und dritten Kommentar lastet bis heute Vasaris Stigma des Unnützen und Ungeordneten; wie er selbst Ghiberti als bloße Materialiensammlung angesehen und benutzt hat, so ist auch darin die spätere Kunstgeschichtschreibung seinen Spuren gefolgt. *Gaye* macht sich das abschätzige Urteil des Aretiners wenigstens in bezug auf den ersten und dritten Kommentar zu eigen, und selbst der letzte Biograph Ghibertis, *Perkins*, meint, der Traktat sei mehr des Künstlers als des inneren Wertes halber interessant (p. 99), ein Zeichen, wie wenig er, was sein Buch auch sonst beweist, in das innere Wesen der Zeit und des Mannes, den er schildern wollte, eingedrungen ist. Es ist richtig, vom archäologischen Standpunkte aus lehrt uns der erste Kommentar nichts, der dritte wenig, aber ist das, wie schon *Frey* mit Recht hervorhebt, ein Standpunkt, den wir der Renaissanceliteratur gegenüber einnehmen dürfen? Es sind Dokumente zu der Geschichte dieser Zeit und eines ihrer hervorragendsten Künstler überhaupt, und deshalb von unschätzbarem Werte. Der erste Kommentar ist die früheste Pliniusbearbeitung, die überhaupt jemals unternommen worden ist, und schon darum von großem Interesse; der dritte, der fast vier Fünftel des Ganzen umfaßt, bildet freilich ein schweres Bündel für den Herausgeber. Aber das ist noch kein Grund allein, ihn vermodern zu lassen; man hat ihn überhaupt noch niemals auf seine Quellen und seinen Inhalt hin geprüft, freilich eine recht schwierige Arbeit, die Vertrautheit mit der Geschichte der mittelalterlichen Physik voraussetzt, und leider auch hier nicht geleistet werden konnte. Auch an dem *Schriftsteller* Ghiberti ist endlich seit Vasaris leichtsinnigem Verdikt das Odium der Formlosigkeit und Unbildung haften geblieben; erst in der letzten Ausgabe ihres trefflichen Handbuches der italienischen Literatur (1905) haben *d'Ancona* und *Bacci* auch ihm, und mit vollem Rechte, eine Stelle unter den Sprach- und Literaturzeugen Italiens eingeräumt; auf ihr Urteil wird noch zurückzukommen sein.

Diese Vernachlässigung trifft aber nicht nur den Schriftsteller, sondern auch den *Künstler* Ghiberti, namentlich in seinem Verhältnisse zu den großen Zeitgenossen Brunellesco und Donatello. Jahrhundertelang ist ihm, seit der von einem vertrauten Freunde Brunellescos verfaßten Tendenzschrift (durch *A. Moschetti* neuerdings wieder mit Nachdruck dem Antonio Manetti vindiziert), seine Bedeutung als Architekt bestritten, seine Stellung neben Filippo in der gehässigsten und verleumderischesten Weise verkümmert worden, bis die von *Guasti* publizierten Dokumente und namentlich die ausgezeichnete Monographie *C. v. Fabriczys* die wahre Sachlage aufgedeckt haben. An Neidern hat es Ghiberti schon bei Lebzeiten nicht gefehlt, hat er doch um seinen ehrlichen Namen einen Prozeß führen müssen. Besonders merkwürdig ist auch hier wieder das auffallend geringe Interesse, das die moderne Kunstforschung, der doch alles eher als Mangel an Produktivität nachzusagen ist, für ihn zeigt. Während über den jüngeren Donatello, der selbst aus Ghibertis Gießeratelier hervorgegangen ist, der Akademie aller jungen Kräfte in Florenz, eine wahre Flut von Monographien und Einzelstudien sich ergossen hat, die *Milanesi* schon bei der Zentenarfeier 1887 in einer eigenen Bibliographie verzeichnen konnte, ist die Literatur über Ghiberti seltsam dürftig und, einige wenige Ausnahmen abgerechnet, auch in historischer Rücksicht äußerst unzulänglich. Die einzige größere Darstellung seines Lebens und Wirkens, die wir überhaupt besitzen, die 1885 von *Ch. Perkins* veröffentlichte Monographie, genügt weder als Darstellung noch als Materialsammlung, und ist heute schon recht gealtert. Darin liegt ein Symptom.

Es ist Ghiberti gegangen wie den großen Linien- und Dekorationskünstlern der Renaissance überhaupt. Wie an Stelle der noch vom Klassizismus der Winckelmann- und Goethezeit hochgeschätzten Bolognesen, endlich Raffaels selbst, den das XVII. Jh. auf den Thron Michelangelos erhoben hatte — nicht ohne merkwürdige und symptomatische Gegenrede, die in Venedig und durch Velazquez laut wird —, allmählich zuerst die Quattrocentisten, dann die impressionistischen Maler der Niederlande und Spaniens bis zur letzten Neuheit der literarischen Commis-voyageurs, dem Greco, hinab, getreten sind, so hat Ghiberti dem Donatello weichen müssen, sì che la fama di colui è oscura.

Aber wir dürfen nicht vergessen, daß Ghibertis Ruhm den des jüngeren Genossen durch Jahrhunderte überstrahlt hatte: nicht ohne Grund war das schöne Wort Michelangelos von den „Türen des Paradieses" im Gedächtnisse der Nachwelt haften geblieben, während das, was derselbe Michelangelo an Donatello als geistesverwandt geschätzt und gepriesen hatte, mit dem Kultus des im XVII. Jh. so sehr geschmähten und verkannten Großmeisters selbst unterging. Schon *Cicognara* hatte in seinem klassizistischen Dogmatismus über Donatellos Naturalistik als einen Irrweg den Stab gebrochen; und diese Tradition hält sich auch noch bei einem so tiefblickenden und vielerfahrenen Manne, der mitten in der Romantik stand, wie *C. F. v. Rumohr*. In einer höchst merkwürdigen Stelle seiner unsterblichen „Italienischen Forschungen" (II 235 f.) zieht er eine Parallele zwischen beiden Künstlern, die durchaus zu ungunsten des großen Realisten von reinstem Etruskerblut ausfällt. Er erscheint ihm „ein untergeordneter Geist", dessen Verdienste rein in der Beherrschung der Technik — und da nicht einmal der Gußtechnik — liegen, als ein Mann, dessen Geist eben so arm als roh war; die Bewunderung Michelangelos für ihn weiß er sich nur aus dessen Jugendeindrücken heraus zu erklären. Und auch *Jakob Burckhardt* behandelt in seinem Ur-Cicerone von 1860 den Künstler, der ihm innerlich ebenso fremd bleibt, wie Michelangelo, auch ganz ähnlich wie diesen — als ein Verhängnis für die italienische Skulptur.

In einem sehr geistreichen, und darum heute, wie es scheint, fast schon vergessenen Schriftchen: Über den Gemütsausdruck des Antonius hat der uns vor kurzem entrissene *F. Laban* den Einfluß des theoretischen und künstlerischen Milieus auf die Schätzung und Betrachtung der Kunstwerke in einem einzelnen höchst prägnanten Falle geschildert. Dieser Einfluß ist, wie in so vielen anderen Fällen, auch in dem Wandel der Ansichten über Ghiberti und Donatello zu spüren. Es ist die Bewegung des Naturalismus und Subjektivismus in der bildenden Kunst wie in der Literatur der zweiten Hälfte des XIX. Jhs., die, von Frankreich ausgehend, über Europa hinflutete und jetzt eben in der stets retardierten Kunst der Musik ihre letzten Ausläufer zu haben scheint. Diese Flut, die heute schon in Rückstauung begriffen ist, hat auch die realistischen und impressionistischen Künstlerphänomene, die den älteren Generationen wider den Strich gingen, zu Ehren gebracht, vor allem auch Donatello. Die Literatur über ihn ist seit *H. Sempers* gelehrten, aber wenig lebendigen Untersuchungen (1875) in stetem Wachsen begriffen und hat sehr wertvolle Resultate gezeitigt; ihre Aufzählung würde heute schon ein Buch füllen, während die Literatur über Ghiberti, wie man gleich sehen wird, kaum zwei Seiten beansprucht; freilich war auch, um einen schnurrigen Ausdruck J. Burckhardts zu gebrauchen, den „Attribuzlern" hier allzuwenig Nahrung und Anlockung geboten, bei einem Künstler, dessen Werke gering an Zahl und in sicherster Weise bezeugt sind. Und doch überragt dieser Mann, als Künstler, als der erste Bronzetechniker von Florenz, als Schriftsteller und Theoretiker, nicht zuletzt als einer der frühesten Sammler antiker, ja hellenischer Kunst eine eminente Erscheinung in der italienischen Renaissance, durch Universalität seines Geistes und seines Strebens seinen Zeitgenossen, der über die Grenzen seiner Kunst niemals hinausgehen konnte und wollte, dem stets ein Rüchlein seines Steinmetzenateliers anhängt, genau so wie ihn schon die alte Anekdote schildert. Heute rückt die Zeit wieder langsam heran, wo man, in innerem Zusammenhange mit der Wandlung künstlerischer Anschauungen in weitestem Sinne, auch zu Erscheinungen gleich Ghiberti, wieder ein inneres und vertiefteres Verhältnis gewinnen wird. Es ist kein Zweifel, daß Ghiberti, der in seiner Kunst schon rein äußerlich an die toskanische Gotik und an Andrea Pisano sich anschließt, der in den Künstlern des Trecento seine eigene Ahnenreihe schildert, jener einen großen Kulturströmung Italiens angehört, die mit Bewußtsein auf die Schönheit und die strenge Komposition des künstlerischen Ausdruckes hingestrebt hat, auf Dinge, die ihren unvergleichlich konsequenten Ausdruck in der klassizistischen objektiven Ästhetik mit ihrem für uns heute schon ungewohnten und veralteten Begriffsschema der „schönen Kunst" gefunden haben. Wir sind heute vielleicht schon imstande, durch den siegreich bestandenen Kampf mit dem Platonismus, auch ihr gerecht zu werden, ohne einen Rückfall in dogmatische Vorurteile befürchten zu müssen; dann wird auch Ghiberti wieder auf den Platz rücken, der ihm neben Donatello gebührt.

II

DIE Originalhandschrift der „Kommentare" aus den letzten Lebensjahren des Meisters ist verloren; die einzig erhaltene, noch dem XV. Jh. angehörige Kopie, ehemals im Besitze von Vasaris Freund Cosimo Bartoli, befindet sich in der Biblioteca Nazionale in Florenz (Magliabechiana Cod. XVII 33). Sie ist sorgfältig von einer geübten Hand geschrieben, aber mit geringem Verständnis kopiert, voll von Schreibfehlern, Auslassungen und Wiederholungen. Aus gewissen Zusätzen (Name des Kölner Bildhauers Gusmin u. a.) hat *Frey* mit Recht geschlossen (vgl. s. Ausgabe p. 99), daß dem Anonymus Magliabecchianus eine andere Kopie als die uns heute bekannte vorgelegen hat. Jedenfalls hatte sie einen *besseren* Text; es ist nicht ausgeschlossen, daß der Anonymus noch das Original selbst benutzen konnte, so hat er z. B. im Leben des Andrea Pisano die sinngemäßere Olympiadenzahl 420 (= 1347) statt Ol. 410 der Kopie Bartolis, worüber unser Kommentar zu vergleichen ist. Der Zweifel *Kallabs*, ob Vasari nicht in der ersten Auflage eine andere Handschrift als die im Besitze Cosimo Bartolis benutzt habe (Vasaristudien p. 151 und 157), ist bezeichnend für die kritische Vorsicht meines verstorbenen Freundes; der Beleg findet sich nämlich in einem Zusatze der *zweiten* Auflage zu dem schon in der ersten aus den Kommentaren übernommenen Passus über Ghibertis Jugendzeit. (Secondo che racconta egli medesimo in un Libro di sua mano doue ragiona delle cose dell' arte, il quale è appresso al reverendo messer Cosimo Bartoli, gentiluomo Fiorentino.) Ich halte aber diesen Zweifel für wenig begründet. Eine ältere hypothetische, von *Kallab* K genannte Quelle, die der Magliabecchianus, Gelli und Vasari unabhängig voneinander benutzt haben müssen, hat gleichfalls Ghibertis Materialien verarbeitet; doch in sehr schleuderhafter und häufig mißverständlicher Weise [1]).

[1]) Vgl. die Erläuterungen zum II. Kommentar passim, besonders die Noten 11 u. 12 zu Ghibertis Selbstbiographie.

Unsere Handschrift bricht unvermittelt mitten in der Proportionslehre ab; es ist wohl anzunehmen, daß der Tod den greisen Künstler überrascht hat. Natürlich ist aber auch die Möglichkeit nicht ausgeschlossen, daß unsere Kopie unvollständig ist. Daß die Originalhandschrift in die letzten Lebensjahre des Künstlerautors gehört, ergibt sich aus der Erwähnung seiner Spätwerke; aus dem Umstand, daß er sein letzes urkundlich beglaubigtes (freilich ziemlich unbedeutendes) Werk, das 1450 bestellte Tabernakeltürchen von S. Maria Nuova, nicht erwähnt, könnte geschlossen werden, daß wenigstens dieser Teil seiner Erinnerungen vor diesem Jahre niedergeschrieben wurde.

Bis auf die vorliegende Gesamtausgabe existierte kein vollständiger Abdruck des Ganzen; selbst der wichtigste Teil, der zweite Kommentar, ist bis auf *Cicognara*, der ihn in seiner großen Geschichte der Plastik (Prateser Ausgabe von 1823, IV 208ff.) zum ersten Male mitgeteilt hat, ungedruckt geblieben. Den hier fehlenden Anfang trug dann *Rumohr* im Kunstblatt 1821 sowie in seinen Italienischen Forschungen (I 290) nach. Bruchstücke des dritten Kommentars, die Antikenbeschreibungen enthaltend, hat dann *Gaye* im Bull. dell' Istituto Rom 1837, p. 67—70 veröffentlicht; das weitere sowie der erste Kommentar überhaupt sind bis heute unediert geblieben. *G. Milanesi* hat weiter 1846 in seiner ersten bei Le Monnier in Florenz erschienenen Vasariausgabe (vol. I) wiederum den zweiten Kommentar vollständig gegeben, endlich *Frey* alle bisher edierten Stellen, sorgfältig nach der Handschrift revidiert, in seinen ausgewählten Biographien des Vasari (III 33f.) wiederholt. (Auf *Frey* beruht der teilweise Abdruck in meinem Quellenbuche zur Kunstgeschichte, Wien 1896, unter Nr. LIV.) Eine französische Übersetzung dieses Materials hat *Perkins* als Anhang zu seiner obenerwähnten Monographie gegeben.

Über Ghibertis Traktat existierte bis vor kurzem keine selbständige Abhandlung; den älteren Generationen in Italien war er vollständig unbekannt, nicht einmal der gelehrte Lanzi zitiert ihn in der trefflichen, seiner Malergeschichte angehängten Bibliographie. Die ersten Nachrichten gab wieder *Cicognara* a. a. O. Zu beachten sind auch *Gayes* Notizen in Schorns Vasariübersetzung, Stuttgart 1832 II 1, 129, Anm. 49. Wenig Neues bringen die Anmerkungen in *Milanesis* Vasari, Ed. Sansoni II, 248. Das meiste und beste findet man in *Freys* Ausgabe des Cod. Magliabecchianus XVII 17 (Berlin 1892) p. XXXIX f., sowie des Libro di A. Billi (ib.) p. XVII f., besonders jedoch in *Kallabs* Vasaristudien p. 151f. Ghibertis Olympiadenrechnung behandelten zuerst *Hermanin*, Gli affreschi di P. Cavallini (Gallerie Naz. Ital. V. 1902, p. 81f.) und *K. Rathe*, Der figurale Schmuck der alten Domfassade in Florenz, Wien 1910, S. 123f. Über Ghiberti als Schriftsteller ist zu vergleichen *D' Ancona* und *Bacci*, Manuale della lett. ital. N. ediz. Florenz 1905, II 54 (mit Proben). Die erste zusammenfassende Behandlung des Themas habe ich endlich in meinen obenerwähnten *Prolegomena* gegeben.

Zu Ende des zweiten Kommentars kündigt Ghiberti einen besonderen Traktat über die Architektur an. Dieser Vorsatz scheint jedoch nicht ausgeführt worden zu sein, um so weniger, als der Tod dem greisen Künstler die Feder noch vor Vollendung seines großen Traktats aus der Hand genommen zu haben scheint. Jedenfalls kann er nicht ohne weiteres mit dem sogenannten Zibaldone des Buonaccorso di Vittorio Ghiberti († 1516) in der Magliabecchiana (XVII 2) identifiziert werden, da dieser Nachrichten und Zeichnungen von Kunstwerken enthält, die erst nach Lorenzos Tod 1455 entstanden sind (Preise der Grabmäler Pollajuolos von 1493 in S. Peter, aber auch Preise der eigenen Arbeiten Ghibertis). Er war, wie der Traktat auch, im Besitze Cosimo Bartolis, dessen Großvater Matteo laut einer Eintragung ihn von Buonaccorso Ghiberti zum Geschenk erhalten hatte. (Über die Art, wie der mit dem jungen Vasari befreundete, 1542 ermordete Sohn Buonaccorsos, Vittorio, den Nachlaß des großen Ahnen vergeudete, cf. Vasari, Ed. Sansoni II 242). Über den Zibaldone selbst sind zu vergleichen *Cicognara*, *Gaye* (bei *Schorn*) und *Frey* ll. cc., besonders aber *Milanesi*, Ed. Sansoni II 247, n. 2, und jetzt ein Aufsatz von *Corwegh*: der Verfasser des kleinen Cod. Ghiberti, Mitt. des kunsthist. Inst. in Florenz IV (1910), der die Autorschaft dem Buonaccorso selbst vindiziert und die Zeit der Abfassung zwischen 1472 und 1483 fixiert. Einige Skizzen nach Grabmälern daraus hat *Burger*, Das florentinische Grabmal, p. 399, publiziert. Gedruckt sind nur Auszüge in französischer Übersetzung mit Konkordanzen aus Vitruv bei *Perkins*, Ghiberti a. a. O. Diese Vitruvepitome könnte noch am ehesten — nach dem, was wir von Ghibertis Arbeitsweise wissen — auf ihn selbst zurückgehen und eine Vorstudie zu dem geplanten Architekturtraktat sein.

Der Vollständigkeit wegen soll endlich noch „Lorenzo Ghibertis Chronik seiner Vaterstadt", eine romantische Mystifikation von August *Hagen* erwähnt sein, die indessen bei ihrem Erscheinen (Leipzig 1833) für authentisch gehalten worden ist, so z. B. von *Grillparzer* (Werke XVI 117).

III

IN der Um- und Selbstschau, die der große Bildner der Pforten des Paradieses am Abende seines Lebens vornahm, seinen drei „Kommentarien", ist uns weitaus das originellste Werk der italienischen Kunsthistoriographie vor Vasari erhalten. Daß er es wirklich in den letzten Lebensjahren als sein Testament an die Nachwelt verfaßt hat, das beweist die Nennung seiner Spätwerke, des Zanobischreines (urkundlich vollendet 1446, *Gaye*, Carteggio I 543), der zweiten Baptisteriumstür, deren Reliefs ein Jahr später fertiggestellt wurden, endlich und vor allem, falls unsere Auflösung der Olympiadenrechnung stimmt, sein von ihm selbst genannter Aufenthalt in Rom im gleichen Jahre 1447. Es steht also, wenn wir Cenninis einer ganz andern Zeit und Geistesrichtung angehöriges Rezeptenbuch ausnehmen, ehrwürdig am Eingange der florentinischen und damit der italienischen Kunstliteratur, ja der Europas überhaupt, denn Albertis Bücher über die Baukunst fallen erst gegen das Jahr 1452, auch der Kunstroman des ausgewanderten Florentiners Filarete ist später entstanden. Nur die Schrift Albertis De pictura ist älter (von 1439 datiert).

Ghibertis Traktat wendet sich an einen vornehmen und gelehrten Mann, wie aus verschiedenen Anreden (so zu Beginn und Schluß des ersten Kommentars, verschiedene Male im dritten), hervorgeht; ob dabei an einen Medicäer gedacht werden kann, an Cosimo, für den er den Märtyrerschrein aus S. Maria degli Angeli (1428) gemacht und vielleicht auch die Marsyasgemme gefaßt hat, ob etwa an einen Mann gleich Niccolò Niccoli, den er in seinem dritten Kommentar als Sammler und Gelehrten mit hohen Worten preist und dessen berühmten Chalcedon mit dem Raub des Palladiums er ausführlich beschreibt, wird wohl niemals mit Sicherheit zu eruieren sein. Jedenfalls weist manches auf den Kreis dieser beiden, in ihren humanistischen Bestrebungen eng verbundenen Männer. Nur hier konnte Ghiberti aller jener Handschriften habhaft werden, die er in seinen Denkwürdigkeiten so ausgiebig benutzt hat; Niccolis berühmte Büchersammlung ist ja später von Cosimo Medici in das Markuskloster übertragen und als erste öffentliche Bibliothek von Florenz den Studien nutzbar gemacht worden (*Voigt*, Wiederbelebung des klassischen Altertums [3], I 296f.; *Müntz-Mazzoni*, Precursori p. 80f.). Wir werden später sehen, daß Ghiberti eine griechische Schrift des Taktikers Athenaeus benutzt hat; damals war aber gerade Florenz Mittelpunkt der griechischen Studien, dort waren am Anfange des XV. Jhs. Chrysoloras, Palla Strozzi, Leonardo Bruni, Traversari u. a. als Übersetzer tätig (*Voigt* a. a. II 163). Vespasiano di Bisticci berichtet in seiner Vita des Niccoli (Vite ed. *Bartoli* p. 474), daß der vollständige Plinius auf Betreiben Niccolis durch Cosimo in Lübeck erworben wurde; auch das ist für Ghiberti als den ersten Pliniusübersetzer ein nicht unwichtiges Moment.

Schon der Titel des Werkes, den er wiederholt nennt: *Commentarii*, trägt seinen antiken Ursprung zur Schau; er geht keineswegs, wie man meinen könnte, auf die Scholiastenliteratur, die sich um Aristoteles wie später um Dante gebildet hatte, zurück. Darauf weist schon im Gegensatze zu der für die Dante-Erklärungen üblichen *italienischen* Form: Commento, die unvolkstümlich latinisierende Form: Commentario. Es ist der aus dem römischen Altertume überkommene Name, der uns aus dem berühmtesten Beispiele, Caesars Denkschriften de bello Gallico und de bello civili, geläufig ist, und den wir deshalb am besten der ursprünglichen

Bedeutung gemäß mit „Denkwürdigkeiten" übersetzen werden. Übernommen hat ihn aber Lorenzo wohl zweifellos aus seinem *Vitruv*, der ihn sehr oft gebraucht I 1, 4: litteras architectum scire oportet uti commentariis memoriam firmiorem efficere potuit; VI Prooem. 4 – aus der Stelle, die Ghiberti selbst übernommen hat – philologis et philotechnis commentariorum me scripturis delectans (vgl. a. VII Prooem. 1 u. 14, wo Denkschriften alter Architekten mit diesem Namen bezeichnet werden usf.). Der Begriff tagebuchartiger Notizen, aus eigener Lebenserfahrung heraus, liegt schon im antiken Ausdrucke, der mit den florentinischen „Ricordi" korrespondiert; von Kunstschriften im Sinne Vitruvs selbst gebraucht ihn Ghiberti in seinem eigenen Texte, wo er von dem gleichmäßigen Untergange antiker Kunstpraxis und Theorie spricht (Comm. II 1: si consumaron colle statue e picture e vilumi e *comentarii*, e liniamenti e regole, dauano *amaestramenti* a tanta . . . arte). Es ist derselbe Name, den Enea Silvio Piccolomini, Papst Pius II., für seine Memoiren adoptiert hat, ebenso Lionardo Bruni für seine Bearbeitung der griechischen Geschichte Xenophons; auch Ciriaco d'Ancona nennt so seine Tagebücher, Vespasiano di Bisticci gelegentlich seine Viten[1]). Er war also den Toskanern damaliger Zeit durchaus geläufig, und Ghiberti hat ihn mit vollem Bewußtsein seines Inhaltes gewählt. Denn es sind nationale Denkwürdigkeiten des Gesamtlandes, der engeren Heimat, schließlich des eigenen Lebens, die der Künstlerautor der Nachwelt überliefern will.

IV

GHIBERTI eröffnet sein Werk mit einem langen Exordium (fol. 1–2v. der Handschrift). Mit reichlicher Berufung auf antikes Schrifttum wird ausgeführt, daß auch in einer Abhandlung über die bildende Kunst Kürze des Ausdruckes am Platze sei.

Aber schon die zahlreichen Zitate aus zum Teil verlorenen Schriftstellern der Antike lassen vermuten, daß dieser Abschnitt unmöglich von ihm selbst herrühren kann. Tatsächlich verdanke ich auch meinem werten Kollegen *W. Kubitschek* den sehr interessanten Nachweis, daß dieses Prooemium eine wörtliche Übersetzung aus einem alten Kriegsschriftsteller ist, aus der Schrift *περὶ μηχανημάτων* des (älteren) Athenaeus, die von den Belagerungsmaschinen der Diadochenzeit handelt (vollständiger Abdruck bei *Wescher*, Poliorcétique des Grecs, Par. 1867, p. 3ff., älterer Druck mit lateinischer Übertragung in dem Sammelwerke von

[1]) Auch an den Titel der bei Muratori (SS. RR. Ital. XI.) gedruckten Stadtbeschreibung von Pavia (um 1320), den *Commentarius* de laudibus Papiae wäre noch zu erinnern.

Thevenot, Veterum mathematicorum Opera, Par. 1693 1f.). Es ist die Vorrede des alten Autors, die Ghiberti ohne Namensnennung übernommen hat; er folgt darin ganz der Gepflogenheit der alten Autoren, vor allem des, wie wir gleich sehen werden, von ihm selbst reichlichst geplünderten Vitruv, der in seinem X. Buch (über die Maschinen) zwei andere Kapitel des Athenaeus (über die testudines c. 14 u. 15) wörtlich übernommen hat.

Diese Feststellung ist für uns von nicht geringem Wert. Wir erhalten gleich zu Beginn ein Bild von Ghibertis charakteristischer Weise zu arbeiten. Das Interesse, das gerade die Künstler am Fortifikations- und Kriegsingenieurwesen genommen haben, ist bekannt genug; Italien ist ja geradezu das Vaterland des modernen Festungsbaues geworden. Um so mehr mußte alles derartige, das aus der verehrten Antike kam, Anteil erregen. Ghiberti hat natürlich den griechischen Text nicht selbst benutzen können, es muß ihm eine lateinische Übersetzung vorgelegen haben; wir kommen schon hier auf die Frage eines Helfers, die freilich vorerst ungelöst bleibt. Eine lateinische Übersetzung des Athenaeus ist mir nicht bekannt geworden; *Christ* erwähnt (Griech. Literaturgesch. 4 A. 1907, S. 907 n. 2) jedoch einen Sammelband der griechischen Taktiker in der *Laurenziana*. Daß der Renaissance zuweilen noch Texte vorgelegen haben, die heute verloren sind, beweist das Buch des Heron über die Kriegsmaschinen, das nur in der lateinischen Übersetzung des Francesco Barozzi (Venedig 1572) erhalten ist (*Wescher* a. a. O. p. XI).

Im einzelnen paßt Ghiberti (wie er das später auch mit Vitruv tut) die Vorlage natürlich seinen bestimmten Zwecken an. An Stelle der μηχανική setzt er die scultura[1]), an Stelle des Marcellus, dem Athenaeus' Traktat gewidmet ist, ein farbloses o honestissimo. Selbst der Schluß, wo Ghiberti sagt, er spreche als Bildhauer und Maler unbekümmert um die Vorschriften der Rhetorik, ist lediglich eine persönliche Aneignung seiner Vorlage. Wir werden später ein noch charakteristischeres Beispiel finden. Die antiken Namen sind vielfach verstümmelt oder mißverstanden, wohl auch durch Schuld der Kopisten. „Astrone" und „Hosio" des Textes sind aus Straton und Hestiaios (oder Hestios) der Vorlage verballhornt; der indische Philosoph „Kalamoist" der oft in der antiken Literatur erwähnte Gymnosophist Kalamos. „Dionecho" folgt der Lesart Διηνέχου der Codices, wofür die moderne Edition Δημμάχου (aus Strabon) einsetzt. Der „Socrate oratore" ist natürlich der Rhetor Isokrates.

Eigentum Ghibertis selbst ist jedoch dann das folgende, den Geist der humanistischen Renaissance verratende Einschiebsel, eine Aufzählung der Disziplinen, in denen der bildende Künstler bewandert sein soll: Grammatik, *Geo-*

---

[1]) Ebenso sind die scultori e pittori im Alexanderzug aus Eigenem hinzugesetzt; die Vorlage hat nichts davon.

metrie, Philosophie, Medizin, Astrologie, *Perspektive*, Historie, *Anatomie*, *Theorie der Zeichnung* (Teorica del disegno), Arithmetik. Im allgemeinen war auch hier sowie für die ganze Folgezeit der Renaissance Vitruvs Vorbild maßgebend, der zu Beginn seines Werkes ähnliche Forderungen formuliert; in seine Spuren lenkt Ghiberti auch sogleich ein: die Einleitung *Vitruvs* zu seinem ersten Buche ist die teils wörtlich benutzte, teils verkürzte und den besonderen Zwecken angepaßte Vorlage für die weiter folgenden Ausführungen Ghibertis gewesen (fol. 1 v.–2 v., nach Vitruv I 1, al. 1. 3 bis 16). Aber die Art, in der Ghiberti dies alles vorträgt, ist trotzdem neu, seiner Zeit und ihm selbst angehörig. Schon die prospectiva ist ein eigener Zusatz, den er an Stelle der von Vitruv geforderten Gesetzeskenntnis setzt. Von dem Gedanken des verehrten alten Lehrmeisters ausgehend, Theorie und Praxis müßten im innigen Bunde stehen, verlangt Ghiberti die wissenschaftlich fundierte Zeichnung (Vitruvs „graphia") als Grundlage für den Maler wie den Bildhauer (el disegno è il fondamento et teorica di queste due arti). Schon Cennini hat fast die nämlichen Worte, die dann für immer dem Korpus der italienischen Kunsttheorie einverleibt bleiben (Tratt. cap. 4, el fondamento dell' arte, e di tutti questi lavorii di mano principio è il disegno e l' colorire). Es ist die in Florenz entwickelte moderne Perspektive, die Pollajuolo später auf seinem Papstgrab in St. Peter kühn als achte freie Kunst zu den sieben alten gesellt (wie dies Luca Pacioli in seiner Divina proportione schon literarisch getan hatte, gegenüber der alten Rivalin Musik, vgl. *Solmi*, Le fonti dei manoscr. di L. da Vinci p. 223) und der Ghiberti hier größere Dignität zu geben sucht, mit einem Aufwande von angeblichen Gewährsmännern, die er auf gut Glück in den alten Quellen aufgestöbert hat. Dazu gehört vor allem die Erwähnung des *Phidias* fol. 2 r.: Fidias d'ingegno mirabile edificò in Grecia magnificamente la casa di Palas et nobilemente ornata fu d' istorie per le sue mani, egregiamente fatte furono et [si?] dice che esso ne fece ne' suoi *commentarii* memoria et di molti altri edificii che per lui furono edificati et ordinati, che chi le singule cose fare in tutte l'arti et doctrine colle sue industrie et exercitationi alla somma chiareça produceua questo etc. In diesem klassisch-gelehrten Prunk steckt noch ein gutes Stück mittelalterlicher Mirabilienphantastik.

Charakteristisch ist auch, wie Ghiberti die von *Vitruv* verlangte Kenntnis der Medizin durch eine andere Renaissancewissenschaft, die praktische *Künstleranatomie* erweitert: „Et avere ueduto *notomia* acció chello scultore sappi quante ossa sono nel corpo humano uolendo comporre la statua *uirile* et sapare e muscoli sono nel corpo dello huomo et così tutti nerui et legature sono in esso." (1 v.) Ein Programm, das er dann im dritten Kommentar durchzuführen wenigstens versucht hat. Fol. 2 r. werden auch seine Gewährsmänner Avicenna und Galienus in den Text des Vitruv eingeschaltet.

V

NACH dieser Einleitung geht unser Autor auf die historische Überlieferung der Kunst über. Vorausgeschickt ist wieder ein kurzes Bruchstück aus *Vitruv* (VII, Praef. 1) über die Kunstschriftstellerei der Alten, dem ein ebenso kurzes Fragment aus *Plinius* (35, 15) über die Erfindung der Malerei in Ägypten sich anschließt, hierauf ein neuerliches Exzerpt aus *Vitruv* (III, Praef. 1—3) über die Schätzung der Kunst. Was dann folgt und den ersten Kommentar bis zu Ende füllt, ist die älteste Behandlung der antiken, für Italien nationalen und vorbildlichen „klassischen" Kunst, die überhaupt seit dem Altertum wieder versucht worden ist, ein Kompendium aus den Kunstbüchern (XXXV—XXXVI) der Naturalis Historia des alten *Plinius*, das trotz seiner Lückenhaftigkeit und seiner Mißverständnisse nicht gering geachtet werden darf; gehört doch der Mann, der dies unternahm, zu den frühesten und verständnisvollsten Antikensammlern der Renaissance.

Ghiberti war auf das lateinische Original des alten Autors angewiesen, den, wie wir vermuten können, übrigens auch schon Villani gekannt und genutzt hat; erst geraume Zeit nach ihm hat Landino seine Pliniusübersetzung (Ven. 1476; die Editio princeps des Urtextes ist ebenda 1469 erschienen) herausgegeben, die jedoch ebenfalls auf einem sehr schlechten Texte beruht, an dem dann die Folgezeit genug zu bessern fand. Die zahlreichen Fehler und Mißverständnisse des oft sehr schwer verständlichen Plinustextes, über den auch Landin gelegentlich klagt, die kuriosen Verstümmelungen der Namen sind übrigens wohl nicht durchwegs Ghiberti selber, sondern auch seinem Kopisten aufs Kerbholz zu setzen[1]); schließlich dürfen wir das Ganze nicht vom Standpunkte der heutigen Philologie ansehen, sondern als ein für die innere Geschichte der Renaissance höchst bedeutendes Dokument, was älteren Beurteilern, wie z. B. dem ganz in Materialforschung befangenen *Gaye* entgangen ist. Viele Textverstümmelungen erklären sich aus der fehlerhaften Handschrift, die Ghiberti benutzt haben muß; er teilt sie auch häufig mit Landin. Die Pliniuscodices haben eben in ihrer Filiation solche Mängel fortgeschleppt, und es war Aufgabe der neuern Phililogie, hier heilend einzugreifen. Eine jetzt in Paris befindliche Handschrift des XV. Jahrhunderts (Cod. Par. 6801, in Sillig's Ausgabe mit h bezeichnet) weist besonders zahlreiche Fehler dieser Art auf, die sich auch bei unserem Autor finden, so daß man auf den Gedanken geraten könnte, diese Handschrift sei seine Vorlage gewesen. Ob Ghi-

[1]) Zuweilen passieren ihm ganz ergötzliche Entgleisungen. fol. 6v kommt ein Maler „Grapide" vor, der dem antiken Kunstausdruck Graphis (Zeichnung) bei Plinius 34, 68 seinen Ursprung verdankt. Ghiberti hätte sich seiner freilich aus Vitruv I Praef. 4 erinnern können, wo er ihn richtig übersetzt hatte. Ebenso verdanken die Maler „Ulixes" aus Macedonien (fol. 6r) und „Junius" (fol. 7v) ihr Dasein lediglich Verballhornungen des plinianischen Textes.

berti selbst oder ein gelehrter Freund die Exzerpte aus Plinius angelegt hat, wird wohl niemals auszumachen sein. Auf einen solchen des Griechischen kundigen oder kundig sein wollenden Berater deutet die merkwürdige falsche Übersetzung, die Ghiberti (fol. $4^{r.}$ nach Plin. 34, 55) von Polyklets Doryphoros als „fanciullo portante doni" (δῶρα für δόρυ) gibt; einige Codices haben freilich „dorophoros". Ghibertis sonstige, selbständig künstlerische Verwertung der antiken Schriftquellen, seine noch zu erwähnende Olympiadenrechnung usw. enthält aber so persönliche und zugleich neue Züge, daß wir unbedenklich der ersteren Annahme zuneigen möchten.

Ghiberti hat den plinianischen Text mit Verständnis und Einsicht bearbeitet. Während der alte Autor in der Weise, wie sie später noch in den Kunstkammern herkömmlich ist, die „artificialia" dem Inhalte seiner großen Naturenzyklopädie einordnet, also die Bronzebildnerei bei den Erzen, die Malerei bei den Erden usw. behandelt, hat Ghiberti einen ganz bestimmten kunsthistorischen Plan befolgt. Er berücksichtigt die Geschichte beider Künste, dell' uno e l' altro genere; vorausgesandt ist die kurze Übersicht der *Tonplastik* (plastice fol. $2^{v.}$—3, Plin. XXXV, 151—157), als der vorbereitenden Technik für den *Bronzeguß* (statuaria). Hier spricht der *Bronzebildner*, der ja Ghiberti so gut wie ausschließlich gewesen ist; man sieht, mit welchem Eifer er aus Plinius (nach Varro) das von Pasiteles überlieferte Wort aufnimmt, die Tonplastik sei die Mutter aller Bildnerei überhaupt (fol. 3 oben). Die Geschichte der Erzbildner folgt hierauf nach Plinius' XXXIV. Buch, § 10–86, (fol. $3^{r.}$–$5^{r.}$); bei dem alphabetischen Künstlerkatalog des Plinius (§ 86 ff.) bricht Ghiberti ziemlich unvermittelt ab. Ein neuerliches Exzerpt aus *Vitruv* (VII, Praef. 11–14) über die Schriftquellen zur Geschichte der alten Kunst bildet dann die Überleitung zur *Geschichte der Malerei* (nach Plinius XXXIV, § 53 bis 142, fol. $5^{r.}$ s. f. — fol. $8^{v.}$), mit manchen Auslassungen, aber auch bemerkenswerten eigenen Zusätzen. Die Geschichte der *Marmorplastik* (sculptura), die bei Plinius XXXVI, 9 ff. behandelt ist, hat Ghiberti merkwürdigerweise nicht aufgenommen.

Eigentümlich und von höchstem Interesse sind die Zusätze, die Ghiberti da und dort zum Texte des Plinius macht. Er steht dem antiken Schrifttum, den „commentarii" und „uilumi", dessen Reichtum ihm aus Plinius wie aus der Bibliographie des Vitruv (die er ja selbst übernahm) bekannt war, mit größter Verehrung gegenüber; wiederholt bezeichnet er sie als die lautere ursprüngliche Quelle für alle Folgezeit (so fol. $4^{v.}$ s. f.: Ancora a tutti gli scultori con infinite gratie et con egregie astutie d' ingegni per antico ànno colato agli altri con altra generatione et con abondanti copie ànno apparecchiate come noi si come attingenti l' acqua dalle fontane alli proprij propositi traducenti abbiamo a scriuere più faccende, et più spedite facultà; *confidenti a tali autori possiamo nuove institutioni aguaglare).* Dieses Schrifttum der alten Künstler, deren theoretische, in eigenen

Abhandlungen niedergelegte Erfahrung hervorzuheben er nicht müde wird[1]) — und die er, wie wir oben sahen, frei mit der Überlieferung schaltend, sogar dem alten Phidias unterschiebt — ist unmittelbar Ausgang und Vorbild für ihn selbst gewesen; in dem Zusammenhange dieses ersten Kommentars nennt er auch das einzige Mal seine beiden antiken Gewährsmänner: Vitruv (fol. 5r.) und „Prinio" (fol. 6v., der charakteristische Toskanismus, der auch aus Polycletus Policreto macht); wir werden noch später sehen, wie seine eigene Terminologie namentlich von Plinius abhängig ist. Aber sowie er Atelierausdrücke und Kunsterfahrungen seiner eigenen Zeit und Umgebung in den Text des Plinius hineinträgt, wie er Vitruvs Proportionslehre kritisiert (s. weiter unten), so erweist er sich auch diesem verehrten alten Schrifttum gegenüber stets als selbständig denkender Beobachter. Charakteristisch für Ghibertis noch zu erwähnendes Verhältnis zum Novellistischen in der Überlieferung ist da besonders die Auslegung, die er der berühmten und vielkommentierten Anekdote vom Wettstreit des Apelles mit Protogenes (Plin. 34, 81 f.) gibt. Mit aller gebührenden Bescheidenheit — „ich rede als Bildner", sagt er selbst — kann er nicht umhin, die Anekdote, so wie sie Plinius erzählt, für eine recht schwache Erfindung zu halten, die des großen Malers Apelles, der auch als *Theoretiker* über seine Kunst aufgetreten ist, nicht würdig sei. Deshalb meint er, die beiden Maler hätten sich nicht in kindischer Weise überboten, wer eine haarfeinere Linie zu ziehen imstande sei, sondern Protogenes habe ein *perspektivisches Problem* auf die Tafel gezeichnet, dem Apelles dann ein noch künstlicheres und schwierigeres entgegensetzte. Das ist recht im Geiste der Renaissance, wenn auch schwerlich in dem der Antike, gedacht. Der *Künstler* Ghiberti hat über die Jahrhunderte hinweg das eigentlich Künstlerische in dem Schaffen seines berühmten Handwerksgenossen viel wahrer und tiefer erfaßt als die naive volkstümliche Anekdote und deren gelehrte Interpreten.

Dieses erste Kompendium der antiken Kunstgeschichte schließt, an den mythischen, von Plinius (33, 16) bloß *genannten* Erfinder der Zeichnung, Philocles, anknüpfend, mit folgenden für den Autor und seine Zeit charakteristischen Worten: „F(i)locle fu lo inuentore et fu d' Egypto. Costui diè principij al disegno et alla *teorica* di tanta dignità. In questo abbiamo racconti gl' antichi e egregij statuarij et pictori, ancora l' opere che per loro furono prodotte con grande studio et disciplina et ingegno, uennero a tanta excellentia d' arte, furon sì periti, essi fecerono *commentarij* et *infiniti uilumi di libri:* i quali dieron *grandissimo lume a quelli che uennero poi,* ridusseron l' arte *con quelle misura che porge la natura.* Da costoro fu accresciuta in modo tale *che nè prima nè poi furon creati tali ingegni nè di tanta perfectione*" (fol. 8v.).

[1]) Aussprüche wie der des Pamphilos (Plin. 34, 76), daß ohne Geometrie und Arithmetik keine Bildkunst möglich sei, mußten auf die Künstler der Renaissance mit ihrem wesensverwandten Streben tiefen Eindruck machen; es war die Autorität des Altertums, die hier sprach.

Mit seiner Bearbeitung der alten Kunstgeschichte, so dürftig sie ausgefallen sein mag, steht Ghiberti als Ahnherr an der Spitze der italienischen Kunstgeschichtschreibung, wenn auch sein aus äußeren und inneren Gründen schwer zugänglicher Traktat, der niemals gedruckt worden ist, keine weiter ausgreifende Wirkung hatte. Sein Beispiel findet bis auf Vasari herab, der sich für seine zweite Auflage bei Adriani ein Kompendium aus Plinius bestellte, bis zu Borghini, Dati und den Späteren immer wieder Nachfolge. Die nächste Pliniusbearbeitung, des Anonymus Magliabecchianus, die *Frey* abgedruckt hat, ist allerdings schon viel ausgiebiger, auch besser geordnet; freilich hatte sie ganz andere Hilfsmittel als der ganz auf sich selbst angewiesene Ghiberti, und konnte schon die gedruckten Ausgaben, sowie Landins Übersetzung benutzen. Der Charakter des Brouillons, den Ghibertis Arbeit trägt, ist endlich schon hier deutlich genug; er übersetzt dieselbe Pliniusstelle gelegentlich zweimal, an verschiedenen Stellen (vgl. Note 85 zu Kommen. I).

VI

DER *zweite* Kommentar, weitaus der originellste und wertvollste, hat wegen seines stofflichen Reichtums immer am meisten Beachtung gefunden[1]). Ghiberti gibt hier seine eigene Selbstbiographie, die erste, die wir überhaupt in literarischer Form von einem Künstler besitzen, denn die formlosen Ricordi, die von ungefähr gleichzeitigen oder wenig späteren Künstlern, wie Neri di Bicci, Alessio Baldovinetti, Maso di Bartolommeo erhalten blieben, sind trockene Geschäftsnotizen, die sich guter Florentiner Handwerks- und Haussitte einfügen und keine weiteren Prätensionen haben. Die Autobiographie selbst ist aber in Florenz, wo die Memoirenliteratur, ganz abgesehen von Dantes einzig dastehender Vita Nuova, sehr früh und merkwürdig genug beginnt, schon vor Ghiberti, im XIV. Jh. vertreten; ich verweise nur etwa auf die Hauschroniken des Donato Velluti oder des Lapo da Castiglionchio. So wachsen Ghibertis Memoiren durchaus aus dem Milieu seiner Vaterstadt hervor; aber es vergeht ein Jahrhundert, bis wieder ein bildender Künstler, Stadt- und Berufsgenosse Ghibertis, zur Feder greift, um sich ein Denkmal zu setzen, das dauerhafter seinen Nachruhm sichert, als Stein, Gold und Erz, die er doch mit beträchtlicher Meisterschaft sich gefügig gemacht hat: Benvenuto Cellini.

---

[1]) In den meinen Prolegomenis beigefügten Tafeln ist der ganze zweite Kommentar, diese eminente Urkunde der neueren Kunstgeschichte, vollständig faksimiliert wiedergegeben. Die hier beigegebene Tafel bringt die erste Seite der Handschrift zur Anschauung.

Ghiberti schickt der eigenen Lebensgeschichte gleichsam seine künstlerische Ahnenreihe, das Trecento auf toskanischer Erde voraus; es liegt darin etwas von der Art, wie sich Goethe mit seinen Vorgängern in der Farbenlehre auseinandersetzt. Damit hat aber der große Erzbildner sich auch an die Spitze aller neueren Geschichtschreiber der Kunst gestellt; denn Villanis kurzes Elogium ist keine geschichtliche Erzählung, und Ghibertis jüngerer Zeitgenosse, L. B. Alberti, lehnte historische Interessen mit souveräner Ostentation von sich ab: poi che noi non come Plinio recitiamo storie, *ma di nuovo fabrichiamo una arte di pictura* (De statua ed. *Janitschek*, p. 93).

Ghiberti ist von einem ganz bestimmten Begriffe der geschichtlichen Entwicklung ausgegangen, der allerdings nicht durchaus sein geistiges Eigentum allein ist und dessen Keime schon bei Boccaccio und Villani zu finden sind; er heftet sich namentlich an die Auffassung der Kunst des „Mittelalters" zwischen den beiden Blüteperioden der Antike und des Rinascimento der Kunst[1]). Ghibertis Werk bezeichnet eine wichtige Etappe in der Entwicklung dieser bedeutenden und folgereichen Gedankenreihe. Worauf er im allgemeinen hinaus will, nach der hinter ihm liegenden Zeit eines supponierten Tiefstandes von Kultur und Kunst, wird sofort in dem kurzen, aber inhaltsreichen Einleitungskapitel zum zweiten Kommentar deutlich; er beklagt den Verlust nicht nur der alten Kunstwerke, sondern auch der theoretischen und historischen Überlieferung (*vilumi e comentari* e lineamenti e regole che davano amaestramento a tanta et egregia e gentil arte). Auch auf diesem Gebiete will Ghiberti wieder ein Erbe des Altertums antreten, gerade das tun, was Alberti, umgürtet mit dem ganzen Stolze des „ewigen Dilettanten", von sich abgelehnt hat, „recitare la storia". Diesem Geiste ist auch seine naive *Olympiadenrechnung* entsprungen, mit der er seinen Text an ein paar Stellen aufputzt, über sie geben die folgenden Erläuterungen zum II. Kommentar (Note 2) ausführliche Nachricht.

Ghibertis knappe Kapitel sind die ersten Künstlerviten, die wir überhaupt besitzen, die älteste und authentischeste Quelle für das Trecento. Über die Grenzen Toskanas ist er im allgemeinen ebensowenig hinausgegangen, als er die Kunst der Lebenden berücksichtigt, von sich selbst abgesehen, auf dessen Wirken er wie auf ein abgeschlossen ruhendes zurückzusehen scheint; nur zweimal greift er über diese Grenzen hinaus, wenn er die Kunst des Römers Cavallini und des vermutlich in Neapel wirkenden Kölner Bildhauers schildert. Das ist von Wichtigkeit. Denn Ghiberti benutzt im Gegensatze zu seinen Nachfolgern, wie Billi, dem Anonymus der Gaddischen Bibliothek, Gelli, vollends Vasari, trotz dessen ausgebreiteter Autopsie, so gut wie gar keine schriftlichen Quellen, immer das vorbildliche, als simile herangezogene und direkt plagiierte Schrifttum der Antike

---

[1]) Vgl. darüber meine Prolegomena 163 ff.

ausgenommen; auch daß er Villanis' kurzes Kapitel gleich den Späteren ausgebeutet hätte, ist nirgends nachzuweisen. Das liegt nicht etwa an ungenügender Überlieferung; wir haben einfach nicht die mindeste methodische Berechtigung, andere als mündliche Quellen, und auch diese nur in bescheidenem Maße, bei Ghiberti vorauszusetzen. Die einzige Quelle, die ihm bis jetzt mit einiger Sicherheit nachgewiesen werden kann, ist die volkstümliche Reimchronik des Pucci (vgl. Comm. zu Giotto n. 21), falls nicht auch hier eine direkte bodenständige Tradition vorliegen sollte. Schreibtischarbeit ist ihm eben auf diesen seinem eigensten Gebiete, abgesehen von den Vitruventlehnungen, die für sich stehen, völlig fremd, sehr zum Unterschied von allen Späteren. Im I. und III. Kommentar wo er schulmäßige Bahnen wandelt, huldigt er freilich ausgiebig dem kompilatorischen Zug seiner Zeit; aber auch hier verleugnet er seine Selbständigkeit durchaus nicht. Er ist eben ein echter Künstler, der durchaus auf der Anschauung ruht, aus persönlichem Augenschein berichtet, tatsächlich Denkwürdigkeiten aus seinem inneren Künstlerleben gibt. Darum sind seine Berichte auch so sachlich und wahrheitsgetreu, nur in ganz wenigen Fällen durch mangelhafte Erinnerung oder unzureichende Tradition getrübt, derart, daß seine Angaben fast sämtlich der neueren Kritik standgehalten haben. Er ist unser Kronzeuge für das Trecento. Die Orte, die er außerhalb Florenz nennt, kennt er offenbar selbst; *Siena*, für das er besondere Vorliebe hat (A. Lorenzetti, Simone, Duccio, Gio. Pisano, Comm. III: Venus von Siena), *Pisa* von dem er im Gegensatze dazu auffallend wenig weiß (Bonamico, Gio. und Andrea Pisano), *Massa* und *Volterra* (A. Lorenzetti), *S. Gimignano* und *Cortona* (Barna), *Pistoia* (G. Pisano) – außerhalb Toskanas *Rom*, wo er eigener Angabe nach in seiner 440. Olympiade (1447) geweilt hat (Giotto, Cavallini, Comm. III: Hermaphrodit von S. Celso), *Assisi* (Giotto, Stefano, Cavallini), das er wie *Perugia* (A. Pisano) auf dem Wege nach Rom aufgesucht haben kann, endlich wohl auch *Neapel* (Giotto, „Gusmin"), wo er seine Gewährsmänner, die Schüler des Kölner Meisters, getroffen haben wird. In Oberitalien nennt er außer *Pesaro*, wo er selbst im Jahre 1400 für den Malatesta gemalt hat (Komm. II, 19), und *Bologna*, das nur flüchtig und in einer Weise erwähnt ist, die zeigt, daß dem Autor die Autopsie fehlt (Bonamico), bloß *Padua* (Giotto), wo er seiner ausdrücklichen Angabe (Comm. III) nach, selbst war und die antike Statue des Lombardo della Seta, die später an den Marchese von Ferrara (Lionello?) geschenkt wurde, gesehen hat. Durch einen Brief, den er selbst 1424 nach Siena richtet (*Milanesi*, Doc. San. II 119) ist sein Aufenthalt in diesem Jahre in *Venedig* bezeugt, wohin er samt seinen Gesellen vor der in Florenz ausgebrochenen Pest geflüchtet war. Diese Beschränkung auf die engere und weitere Umgebung ist auch für die Folgezeit eine Richtschnur der toskanischen Kunstliteratur geblieben. Noch Vasari nimmt in seiner ersten Auflage grundsätzlich nur Verstorbene auf, deren Ruf sicher begründet ist, deren Wirken der Vergangenheit und der Geschichte angehört. Das Schweigen Ghibertis über oberitalienische Kunst, die er doch, wie wir sehen, aus eigener Anschauung gekannt haben muß, ist ebenfalls ein Symptom. Das toskanisch-römische Zentrum überhaupt hat sich Oberitalien gegenüber trotz des italienischen Gemeingefühles immer als ein besonderes gefühlt, wie umgekehrt auch die lombardische „Nation“; der kontinentale Teil Italiens hat stets stärker nach dem Hinterlande jenseits der Alpen gravitiert, andere Traditionen gehabt als der insulare Teil; der verschiedene Rassencharakter der Gallia cisalpina und des Veneterlandes gegenüber dem etruskisch-latinischen Süden spielt hier sicher mit. Vor allem sind die Tendenzen in der bildenden Kunst namentlich ganz verschieden orientiert; und der Gegensatz, häufig polemisch zugespitzt, zieht sich tief in die kunsthistorische Literatur hinein. Haben die Lombarden die toskanische Hegemonie in Sprache, Schrifttum und Kunst nur widerwillig anerkannt und häufig genug dagegen revoltiert, so haben namentlich die Toskaner, trotz aller Schärfe und Weite des Blickes, die sie vor den anderen auszeichnet, jene Sonderart niemals verleugnet, die ihnen von Römerzeiten an bis auf das moderne parlamentarische Italien herab anhängt, und immer ein wenig jenes Gefühl im tiefsten Busen getragen, das Athener und Hellenen von Nichtathenern und Barbaren schied. Noch Vasari ist oft unglaublich schlecht über Oberitalien unterrichtet, auch er wurzelt völlig im zentralen Milieu, und man merkt es seinem Werke, namentlich in der ersten Auflage an, wie die Nachrichten über oberitalienische Werke nur gleichsam wider Willen aufgenommene Korollarien sind. Der regionale und munizipale Charakter der zahllosen, nach Vasari und in Anlehnung an ihn geschriebenen Sammlungen von Künstlerviten ist bekannt genug; der Kampanilismus der Florentiner steht da doch auf einer höhern Warte, auch die römischen Sammelwerke des XVII. Jhs. sind dagegen beschränkt, trotz aller Universalität des Kunsttreibens in der ewigen Stadt, und es sind wieder Toskaner, die, wie Baldinucci und Lanzi, die ersten allgemeinen Künstler- und Kunstgeschichten geschrieben haben.

Die Florentiner und Sienesen stehen also für Ghiberti in erster Linie; in der Auswahl der Künstler ist Ghiberti allein seiner künstlerischen Überzeugung gefolgt und hat nur die wirklich bedeutenden Meister hervorgehoben: Giotto und seine unmittelbaren Schüler: Stefano, Taddeo Gaddi und Maso (die drei, deren Wertung in Florenz auch schon durch Villani festgelegt worden war, ohne daß aus diesem Umstande eine Benutzung des ältern Autors durch Ghiberti abgeleitet werden dürfte), dann Bonamico, Orcagna, Andrea Pisano, dazu Cavallini, Duccio, Ambrogio, Lorenzetti, Simone Martini und Lippo Memmi, Barna (dieser wohl, weil er in Florenz tätig war); Wertungen, die auch für die folgende Zeit aufrecht geblieben sind. Ghiberti sagt uns selbst mit dürren Worten (II 10, 11), daß er sich lediglich von bestimmten subjektiven Wertmaßstäben leiten läßt: furon nella nostra città molti altri pictori, che per egregii sarebbon posti; *a me non pare porgli fra costoro.* An die dissertationshungrigen Kunsthistoriker eines fernen Zeitalters hat er dabei leider nicht gedacht. Auffallend wortkarg ist er über seine engeren Kunstgenossen, die pisanischen Bildner (wie überhaupt über Pisa); von Nicola Pisano meldet er nur den Namen. Ausführlicher schreibt er über Giovanni und besonders über seinen eigenen Vorgänger Andrea Pisano; den Orcagna hat er ganz sachgemäß schon bei den *Malern* behandelt. Dagegen sind die *Sienesen* sehr ausführlich bedacht, mit einem innern Anteile, der auf eine besondere Neigung schließen läßt.

Namentlich gilt dies von Ambrogio Lorenzetti, dessen Biographie die ausführlichste von allen ist, ausführlicher sogar als die Giottos selbst; wie sehr Ghiberti ihn schätzt, beweist, daß er ihn, entgegen dem Urteile der sienesischen Künstler selbst, *über* Simone Martini stellt. Das will bei dessen durch Petrarca begründeten literarischen Ruhm sehr viel heißen und zeigt die Unabhängigkeit von Ghibertis künstlerischem Urteile, dem auch wir beistimmen. Hier ist auch die einzige Stelle, wo er entgegen seiner sonstigen Art, ausführliche Beschreibungen des Inhalts der Gemälde gibt. Ghiberti hat zu Siena besonders enge Beziehungen gehabt; es ist der einzige Ort außerhalb seiner Heimatstadt, für den der vielbeschäftigte Erzbildner einen Auftrag übernommen und — allerdings nach jahrelangem Zögern — ausgeführt hat; er war mit dortigen Künstlern, wie Gio. Turini, Goro und anderen nahe befreundet, wie aus seinen erhaltenen Briefen in der Angelegenheit des Taufbrunnens von Siena (1424—1425) hervorgeht. Aus Siena stammt auch der einzige Gewährsmann, den er namentlich anführt, der uralte Karthäuser Goldschmied Fra Jacopo, dessen Erinnerung noch in die heroische Kunstperiode seiner Heimat zurückreichte. Für die Kunst des Römers Cavallini, dem erst in neuester Zeit wieder die gebührende Beachtung zuteil geworden ist, ist Ghiberti bei weitem die wichtigste Quelle.

Ghibertis Schätzung der heimatlichen bodenständigen Kunst ist hoch genug; die Blüte der Malerei im Toskana des Trecento erscheint ihm *bedeutender* als im alten Griechenland selbst; ein bemerkenswertes Zeugnis des Selbstgefühls, da ihm sonst die antike Kunst, vor allem die hellenische, als höchster Wertmaßstab erscheint, ganz im Sinne seiner Vorläufer, Dondi, Villani und anderer. Giotto ist al pari delli antichi greci, und selbst der deutsche Bildhauer wird den Alten gleichgesetzt, trotz der mangelhaften Proportionen seiner Figuren.

Ghibertis kunstgeschichtliche Wertungen ruhen durchaus, wie noch aus seinen Interpretationen antiker Denkmäler deutlich werden wird, auf der lebendigen Anschauung der Kunstwerke selbst, das literarische Element, die reich entwickelte Anekdote, die populäre und die Tradition der Sakristeien und Ciceroni spielen bei ihm eine durchaus nebensächliche Rolle[1]); er enthält sich ihrer mit

[1]) Ein solcher Fall, wo er deutlich auf die Tradition hinweist II, 16: Giotto, si dice, sculpì le prime due storie (vergl. aber II, 4, wo er von den Vorzeichnungen Giottos, die er noch gesehen hat, berichtet).

Absicht, wie besonders bei Bonamico Buffalmacco klar wird, dessen Eulenspiegelrolle mit deutlichem Hinblicke auf Boccaccio knapp angedeutet (fu uomo molto godente), aber mit keinem Worte näher ausgeführt wird. Es sind eben nicht Äußerlichkeiten des äußeren Lebens, die unseren Künstlerautor interessieren, in wesentlichem Gegensatze zu Vasari und der von ihm ausgehenden langlebigen Richtung; Ghiberti verläßt nirgends den sicheren Boden des künstlerischen *Ausdruckes;* die *Werke* sind ihm die Biographie der Meister, auch in ihren unmittelbarsten Zeugnissen, den Handzeichnungen, die er als erster heranzieht (bei Giotto, Lorenzetti, Simone Martini, dann die Abgüsse nach Modellen des Kölner Bildhauers), nicht ihr *Leben*, wie es sich in anekdotischen Zügen der Erinnerung der Laien eingeprägt hat. So nennt er gewissenhaft die Werke des von ihm hochgestellten Bonamico, den er nicht einmal, und sicher mit Absicht, bei seinem populären Spitznamen nennt, als wollte er mit Gewicht hervorheben, daß dieser Schalksnarr der populären Tradition ein sehr ernster und ernst zu nehmender *Künstler* gewesen ist, während bei Vasari das Schlinggewächs der Anekdote wieder das künstlerische Bild des Mannes überwuchert und verdeckt, der uns leider noch heute ein bloßer Name ist. Ghibertis strenge Künstlerzucht kommt ferner in den Kapiteln über Giotto zum Vorschein; auch hier spielt er mit keinem Worte auf dessen novellistische Rolle an; die einzige Anekdote, die er erzählt, hat wirklich künstlerischen Hintergrund, wie ihr Nachleben beweist: die Entdeckung des jungen Malergenies durch Cimabue. Daß er von diesem selbst nicht einen persönlich-künstlerischen Zug weiter, nicht ein Werk anführt, zeugt, wie schon oben gesagt wurde, auf das stärkste dafür, daß dieser spätere Heros der Florentiner Malerei für Ghiberti durchaus im Zwielichte anekdotischer Überlieferung stand und nichts Greifbares hatte. Nicht die übliche leichtgeschürzte Art der Novelle und Anekdote, sondern feierlichen Legendenton, wie *Kallab* richtig hervorhebt, zeigt dann der Bericht über den geheimnisvollen Kölner Bildhauer, der beim Anonymus Gaddianus den änigmatischen Namen „Gusmin" trägt; in der Tat hat Chamisso hier den Stoff zu einer eindrucksvollen Ballade gefunden. Aber dieser Künstler ist eine zeitgenössische Figur, er stirbt in der 438. Olympiade, ein Dezennium vor Ghibertis römischem Aufenthalt (1447).

Diese nordische Episode ist ein merkwürdiges Denkmal; Ghiberti blickt hier über die Grenzen seiner Heimatkunst hinaus, auf ein Gebiet, das für die Italiener der Renaissance stets, bis in die Tage Michelangelos hinein, eine seltsame Anziehungskraft besessen haben muß, wenn sie sich ihm gegenüber auch im Grunde nicht viel anders verhalten mochten als Europa im XVIII. und XIX. Jh. der Chinoiserie und der Kunst Ostasiens gegenüber. Namentlich im Norden und Süden der Halbinsel, in Venedig wie in Rom und Neapel, hat die *niederländische* Kunst (der der Bildhauer aus *Köln* ja nahe genug gerückt ist) auf dem Gebiete der *Musik* die Hegemonie, während die das ganze übrige Europa beherrschende niederländische Malerei hier zum mindesten den Charakter der Modekunst hat. Noch zu Ghibertis Lebzeiten hat Facius die ersten Würdigungen niederländischer Künstler geschrieben, eher als jemand in ihrer eigenen Heimat an dergleichen gedacht hat. Wie frühe der Einfluß dieser in ganz Italien verbreiteten und noch von Marc Anton Michiel hochgeschätzten Bilder kleineren Formats, der Zierden intimer Studios beginnt, wie lange er in der monumentalen Kunst Italiens, namentlich in der Landschaft gedauert hat, bis er im XVI Jh. durch den Einfluß des deutschen Kupferstichs abgelöst wird, das ist noch gar nicht genügend untersucht.

Ghiberti hat, wie wir wissen, selbst als Maler begonnen; und die Malerbiographien nehmen bei ihm den breitesten Raum ein; es ist bedeutend, welchen starken Eindruck ihm die großflächige, monumentale Weise der sienesischen Kunst gegenüber der kleinlicheren Kompartierung seiner Florentiner macht. Ghibertis Interesse hat einen tiefen Hintergrund: die sienesische Kunst hat viel mehr als die Giotteske von Florenz intensiv und extensiv gewirkt. Ihrem Einflusse begegnet man sowohl in Neapel als in der altveronesischen Schule, in Typen wie in Raumgestaltung, und auf dem Wege über Avignon hat sie vor allem den großen Umschwung in der französischen Kunst, die Abwendung vom nationalen gotischen Flächenstil herbeigeführt.

Diese Künstlergeschichte des Trecento bildet nun, wie schon Vasari, freilich mit unverständigem Tadel, hervorhebt, die Einleitung zu Ghibertis eigenen Lebens- und Kunsterinnerungen. Er schickt ihnen ein in recht verderbtem Zustande überliefertes Prooemium voraus, das noch dem letzten Herausgeber *Frey* viel Kopfzerbrechen gemacht hat. Trotz der anscheinend persönlichen Färbung der Stelle – der Autor dankt seinen Eltern, daß sie ihm liberale Bildung hatten zuteil werden lassen – ist sie indessen keineswegs Ghibertis geistiges Eigentum, daher auch nicht für seine Biographie zu verwenden, sondern lediglich, wie schon die Zitate aus antiken Schriftstellern beweisen, (Theophrast, dann Epikur, Eukrates, Aristophanes, Alexis), die Ghiberti gar nicht gekannt haben *kann*, eine wörtliche Anleihe aus der alten Literatur, und zwar aus Vitruvs Einleitung zu seinem sechsten Buche (ed. *Rose* VI 2–5). Ghiberti hat sich die Stelle ganz in der naiven Weise seiner Zeit, der der Begriff des Plagiats nahezu fehlt, angeeignet, nur der letzte Absatz über das von Jugend auf betriebene Studium der Naturform, sein Programm, die optische Theorie der bildenden Künste begründen zu wollen (dritter Kommentar), gehört ihm selbst an; er hat dies an Stelle des ebenso persönlich gefärbten Bekenntnisses Vitruvs über seine Rolle als Architekt gesetzt (Diedi lo studio per l' arte, laquale da mia pueritia ò sempre seguita con grande studio e disciplina. Concio sia cosa ch' io abbia sempre i *primi precetti* ò cercato di investigare, in che modo la *natura* procede in essa, et *in che modo io mi possa appressare a essa*, come le spetie venghino all' occhio, et quanto la uirtù uisiua à opera, et come le uisuali uanno et in che modo la *Teorica* dell' arte statuaria e della pictura si dovesse condurre).

Dieses bald naive, bald reflektierte Aneignen antiken Gutes ist für die italienische Renaissance so charakteristisch wie möglich. Wir werden noch sehen, in welch merkwürdiger Weise Ghiberti selbst sich plinianische Ausdrücke (compendiare—abbreviare) für seinen Zweck zurechtlegt; ebenso gehört ja seine Olympiadenrechnung hierher. Wie später Vasari den Plinius für seine Zwecke ausbeutet, dafür haben wir ein merkwürdiges Beispiel im Leben des Verrocchio (III 373). Dort wird berichtet, daß dieser zuerst den Abguß über der (lebenden und toten) Natur aufgebracht und damit auch dem geschickten Wachsbildner Orsino für seine „boti" unter die Arme gegriffen habe. Die ganze Geschichte ist notorisch falsch, denn die Kenntnis des Naturabgusses reicht mindestens in spätgiotteske Zeit zurück und war selbst dem nordischen Mittelalter bekannt[1]). Das Ganze ist eben nichts weiter als die Übertragung einer bekannten Stelle des Plinius (XXXV 44) auf moderne Verhältnisse, wo von Lysistratus, Lysipps Bruder, genau das nämliche, freilich ebenso ohne historischen Grund, berichtet wird. Die Fälle ähnlicher Assimilierung antiken Gutes in der bildenden Kunst selbst sind ja Legion, von Niccolò Pisano und Ghibertis Aneignung eines Torso auf seinem ersten Werke angefangen. Die Schule Raffaels und die späteren Manieristen des XVI. Jh. sind ja darin besonders weit gegangen. Daß aber ganz das gleiche auch für die Dichtung gilt, beweist unter anderem das gerade in dieser Richtung am meisten charakteristische und berühmteste Werk dieser Spätzeit, Tassos Gerusalemme liberata. Argante tritt als Abgesandter des Königs von Ägypten vor Gottfried von Bouillon (c. II str. 89):

Indi il suo manto per lo lembo prese
Curvollo e fanne un seno, e' l seno sporto
Così pur anco a ragionar riprese
Via più che prima dispettoso e torto:
O sprezzator de le più dubbie imprese
E guerra e pace in questo sen t' apporto;
Tu' sia l' elezione . . .

Es ist der berühmte Gestus des Fabius Maximus vor dem Rate zu Karthago.

Was dann folgt, ist freilich im höchsten Sinne persönlich: der einfache, schlichtwürdige Bericht über ein arbeitsames Leben, von dessen äußeren Schicksalen fast nichts erwähnt ist. Nur das, wofür zu leben ihm wert gewesen ist, seine künstlerische Produktion, zieht an uns vorüber. Kein Ausfall gegen Konkurrenten und Rivalen wird laut, zum großen Unterschiede von der späteren Tendenzschrift über Brunellescos Leben, die uns Ghibertis Bild als Architekten

---

[1]) Vgl. darüber meine „*Geschichte der Porträtbildnerei in Wachs*". Wien 1910. (S. A. aus dem Jahrbuche der hunsthistor. Sammlungen des AH. Kaiserhauses.)

in einem mißgünstigen Hohlspiegel verzerrt überliefert hat. Freilich ist Ghibertis Selbstgefühl, wie bei jedem echten und großen Künstler, festbegründet; wenn er von seiner berühmten Paradiesespforte, die er selbst la più singolare opera seiner Hand nennt, die stolzen Worte gebraucht, die er übrigens auch auf andere Ältere gerne anwendet: sie wäre condotta con grandissimo ingegno e disciplina, so ist er nicht nur durchaus im Recht, sondern bleibt einfach und bescheiden gegenüber der Weise, in der die Humanisten seiner Zeit sich selbst und untereinander beräucherten. Liegt auch in seinen Worten: poche cose si sono fatte d'importanza nella nostra terra, che *non sieno state disegnate et ordinate di mia mano* zweifellos eine Übertreibung, so wissen wir doch, daß er zum Teil wenigstens berechtigt war, so zu sprechen, und dürfen nicht vergessen, daß sein Gießeratelier das erste und größte in Florenz, eine wahre Hochschule gewesen ist, in der die besten Meister seiner Zeit, von Donatello und Michelozzo bis auf Benozzo Gozzoli gelernt haben. Seinen gemäßigten Realismus hebt er hervor: imitare la natura, quanto a me fusse possibile; in der Tat hängt ja dieser Lobredner und Nachfolger der großen trecentistischen Gotik stärker mit der Tradition zusammen als irgendein anderer; doch vergißt er nicht, das neue perspektivische Prinzip, zu dessen Begründern er gezählt werden muß, kräftig zu betonen. Natürlich und einfach spricht er durchaus in der ersten Person; Vasari hat ihn auch hier weder ordentlich gelesen noch verstanden, in seinem lächerlichen Vorwurfe, daß er aus der Rolle falle, indem er, des Schreiberhandwerkes ungewohnt, aus unpersönlicher in persönliche Redeform einlenke. In der Schilderung seines Lebens geht er streng chronologisch vor, vielleicht gestützt auf das Tagebuch, das noch Baldinucci gesehen und benutzt hat.

Am Schlusse des zweiten Kommentars kündigt Ghiberti rückblickend auf seine langjährige Tätigkeit neben Brunellesco, die ihm genug kleinlichen Neid und Feindschaft eingetragen hat, eine eigene Schrift über die *Architektur* an; (faremo uno trattato d' architettura e tratteremo d' *essa materia*) — wobei es nicht ausgeschlossen ist, daß die letzten Worte sich auf einen Rechenschaftsbericht über den Kuppelbau von S. Maria di Fiore beziehen sollen. Ob Reste seiner Vorarbeiten dafür in dem sogenannten Zibaldone der Ghibertischen Familie erhalten sind, ist fraglich; die Exzerpte aus Vitruv, die sich hier finden, erinnern wohl an die Art, wie Ghiberti die Kunstbücher des Plinius kompendiert hat.

VII

IN dem nun folgenden *dritten* Kommentar, an Umfang dem größten der Handschrift (fol. 12ᵛ·–64ᵛ·), verbreitet sich Ghiberti in umständlichster Weise über die theoretischen Grundlagen der zeichnenden Künste, seine Thesen durch eine Anzahl dem Texte eingefügter schematischer Zeichnungen erläuternd. Ein kurzes Prooemium geht vorauf, das die Schwierigkeiten der kunsttheoretischen Terminologie auseinandersetzt, ein Thema, das bekanntlich Alberti (wie später in Deutschland Dürer) lebhaft beschäftigt hat und das durch die zahlreichen griechischen Termini Vitruvs diesen um die echte alte Kunst in ihrem Sinne bemühten Männern nahe genug gerückt war.

Tatsächlich erweist sich aber die ganze Stelle wieder als eine simple Übersetzung aus *Vitruv*, und zwar aus dessen Einleitung zum V. Buche (Ed. Rose, V. 3). Dann beginnt Ghiberti mit der Darlegung der *Optik*[1]). Es ist durchaus antikes Schulwissen, das hier in ganz mittelalterlich scholastischer Weise kompiliert ist. Wie für die vorausgehende Zeit, so waren Gewährsmänner auch noch für die Renaissance *Ptolemäus*, dessen Optik bis ins XVII. Jh. in einer lateinischen Übersetzung (des sizilianischen Admirals Eugenius) aus dem Arabischen bekannt war, der Araber *Alhazen* (Jbn al-Haitam gest. 1038)[2]) und der im XIII. Jh. schreibende Pole *Witello*[3]), der auch von Lionardo wie von Luca Pacioli (nach dem noch erhaltenen Exemplar der Laurenziana in Florenz, vergl. *Solmi*, Le fonti dei manoscritti di L. da Vinci, pag. 295) benutzt worden ist; die beiden zuletzt genannten großen Traktate liegen in *Risners* Thesaurus opticae (Basel 1572) gedruckt vor (vgl. *Rosenberg*, Geschichte der Physik, Braunschweig 1882, I 78 f.). Die Editio princeps der lateinischen Optik des Ptolemäus ist erst in neuester Zeit durch *Govi* (Turin 1885) veranstaltet worden. (Vgl. *Hirschberg*, a. u. a. O. I, 157 ff.).

Alle diese Autoren nennt Ghiberti unter seinen Quellen, teils ausdrücklich mit ihrem Namen, teils unter der Kollektivbezeichnung auctori oder philosophi

---

[1]) Sicherlich nur auf diesen und nicht auf einen selbständigen Traktat bezieht sich Gellis Äußerung (vite ed. Mancini S. 49): Dette (Lorenzo) da giovane opera alla matematica, dove non fecie poco frutto secondo che si vede in uno *libro di prospetiva che eglj compose.* (Prospettiva im mittelalterlichen und auch Ghibertis Sinn als *Optik*.)

[2]) Über eine italienische Übersetzung aus dem Trecento in der Vaticana vgl. *Narducci* im Bollettino di bibliografia e di storia delle scienze matematiche e fisiche IV, Roma 1871, 7 ff.; über Alhazen ist zu vergleichen *Wilde*, Geschichte der Optik, Berlin 1838 I, 69 f sowie *Hirschberg*, Gesch. der Augenheilkunde. Lpz. 1879 I, 157 ff.

[3]) Vgl. über ihn *Curtze* im Boll. d. bibliografia IV, Rom 1871, 49, sowie die ausführliche Abhandlung von *Bäumker* über W. in den Beiträgen zur Gesch. der Philosophie des Mittelalters. Münster 1908. (III, 2). Ich verdanke diesen wie manchen andern Hinweis meinem verehrten Kollegen von der medizinischen Fakultät, Prof. Dr. Max *Neuburger*.

della prospectiva. Einen andern alten Optiker, den charakteristischer Weise noch Lionardo benutzt hat (*Solmi* a. a. O. 226) und von dem 1504 zu Venedig eine durch L. Gauricus besorgte Ausgabe erschienen ist, Johann *Peckhams* († 1292) Prospectiva communis, scheint Ghiberti nicht gekannt zu haben.

Die Vorlage, der er im allgemeinen folgt, ist jedoch ohne Zweifel die sehr bedeutende und auch von allen Spätern (wie Witello) weidlich ausgenutzte Optik des Arabers *Alhazen*, die in vielen Punkten einen bedeutenden Fortschritt über das von Ptolemäus kodifizierte Wissen der Griechen darstellt, namentlich was die Behandlung der Sehtheorie anlangt. Ghiberti hat ihn an vielen Stellen wörtlich benutzt, so gleich zu Anfang des ersten Buches über die Wirkungen des direkten Lichts auf das Auge (fol. 13v.; vgl. die bei Narducci a. u. a. O. 7 gegebenen Proben). Auch der große noch zu besprechende ästhetische Exkurs über die Proportionalität ist wörtlich, wenn auch mit Auslassungen, aus Alhazen übernommen (l. II. c. 59, in Risners Thesaurus p. 63); der mitgeteilte Text mag zum Vergleich mit Ghibertis Übersetzung dienen. Man kann daraus ersehen, wie es mit dieser bestellt ist; Mißverständnisse und Fehler sind nicht selten; manche Ausdrücke sind direkt lateinisch oder in latinisierenden Formen wiedergegeben — alles das teilt übrigens Ghiberti mit den lateinischen Übersetzern aus dem Arabischen, die ihrerseits mit den Texten recht willkürlich verfahren sind und namentlich die arabischen Bezeichnungen greulich verstümmelt haben. Dazu kommen Lücken, Wiederholungen, die wohl zum guten Teil auf das Schuldkonto des Schreibers unserer Kopie fallen und den ohnehin schwer verständlichen Text noch unlesbarer machen.

Trotz vielfacher Bemühungen war es mir nicht möglich, eine geeignete Kraft unter den spärlich gesäten Historikern der mittelalterlichen Optik (unter denen *Hirschberg* in Berlin und *Albertotti* in Padua an erster Stelle stehen) zu gewinnen, der Muße und Neigung gehabt hätte, sich mit der sehr mühsamen und voraussichtlich recht undankbaren Revision und Erklärung des Ghibertischen Textes zu befassen. Ich habe daher lange geschwankt, ob ich überhaupt den dritten Kommentar in seiner Gänze mitteilen sollte, zumal er ja das Volumen der Publikation so sehr vermehrt. Wenn ich ihn hier nun trotzdem, lediglich in einem rohen Abdrucke, vorlege, so geschieht es aus den im Eingang vorgebrachten Erwägungen heraus. Ghibertis umfängliche Arbeit ist so wenig als die in seinem ersten Kommentar geleistete vom Standpunkt moderner Wissenschaft zu beurteilen; sie ist ein *historisches* Dokument, für ihre Zeit und für das eigene Seelenbild ihres Künstlerautors. Und es ist eine Ehrenpflicht der modernen Forschung, ein jahrhundertlanges Versäumnis gut zu machen, und Ghibertis großen Traktat, dem trotz seiner Fehler und Schwächen monumentale Bedeutung zukommt, endlich in einer Gesamtausgabe festzuhalten. Das wenige, was ich selbst, jeglichen kompetenten Wissens auf diesem schwierigen Gebiete ermangelnd, hier vorzubringen habe, möge man im folgenden mit der gebührenden Nachsicht in Empfang nehmen.

Ghiberti ist der erste und bis auf Lionardo der einzige Künstler, der sich in solchem Umfang mit der wissenschaftlichen Optik, als der Voraussetzung der großen Angelegenheit der Renaissance, der Perspektivlehre, beschäftigt hat. Schon das allein sichert seiner weitschichtigen Arbeit ein gewisses Interesse. Sein Führer ist, wie schon gesagt, *Alhazen*; sein Vorgehen diesem gegenüber aber ist durchaus seinem Verhalten gegen Plinius, als der Vorlage zum ersten Kommentar, zu vergleichen. Er folgt auch hier keineswegs sklavisch dem Text seines Autors; neben langen wörtlichen Entlehnungen finden sich Stellen, die ganz frei behandelt sind. Der Zusammenhang der Vorlage ist nirgends gewahrt, sogar in recht übler Weise zerrissen; das Ganze trägt eben überall den Charakter eines Brouillons, eines Studienheftes, vorbereitenden Entwurfes. Ghiberti tritt aber auch hier seinem Führer, wie dem Plinius und Vitruv, selbständig gegenüber; er nennt, abgesehen von jenen drei auctori di prospectiva (so fol. 16r.) d. i. Ptolemäus, Alhazen und Witello eine Reihe von andern, antiken und neueren Autoren, die im Text seiner eigentlichen Vorlage, Alhazen. nicht vorkommen, und deren Ansichten er gegeneinander abwägt (eine solche Stelle z. B. fol. 13r. s. f.). Zuweilen hebt er Widersprüche hervor, so fol. 16r., wo er ausdrücklich über den schlechten Text (la cattiua translatione) seiner Vorlage Alhazen klagt und — eine ganz persönliche Äußerung, — hinzufügt; io formerò una uerità concordandosi insieme tutti questi auctori. (Die Stelle bezieht sich auf die zwanzig Kategorien Alhazens, l. II, c. 11.) Trotzdem also das Ganze eine schulmäßige Kompilation aus ältern Quellen ist, die mit Ghibertis sonstiger, uns schon aus dem ersten Kommentar her vertrauten Arbeitsweise wohl im Einklang steht, so scheint doch eine nicht völlig belanglose Eigenart und Selbständigkeit des Autors vorzuliegen, über die ich freilich aus Mangel an zuständigem Wissen nichts Näheres aussagen kann. Vor allem müßten auch seine unmittelbaren Vorläufer auf diesem Gebiete in ihrem Verhältnis zu ihm untersucht werden. Hier sind zu nennen die Optik des Florentiners *Paolo dell' Abaco* (um 1366) und die Quaestiones perspectivae des *Biagio von Parma*, von denen eine 1428 datierte, also mit Ghiberti zeitgenössische Kopie auf der Laurenziana liegt. (Vgl. *Brockhaus* in seiner Ausgabe des Gauricus s. 36). Die von 1399 datierte Abschrift auf der Marciana von Venedig (Cod. CCCXXXV. ms. Lat. fondo antico Contarini 335; eine moderne Kopie auch auf der Bibliothek von Parma) habe ich einsehen können, ohne jedoch, was freilich nichts besagen will, eine Verwandtschaft mit Ghibertis Text finden zu können. In beiden Traktaten handelt es sich, wie kaum zu bemerken nötig ist, nicht um die moderne Perspektive des Florentiners, sondern um die rein mathematisch-physikalische Theorie der Optik, die ja auch Ghiberti selbst noch mit dem alten Namen der prospectiva bezeichnet.

Von antiken Autoren zitiert Ghiberti eine ganze Reihe. Zunächst *Platon* mit seiner Meinung über die zwei vorzüglichsten Sinne: (fol. 12$^{v.}$ s. f. die „Lehren der Platoniker" 29$^{r.}$); gerade mit ihm war man ja in der Zeit und Umgebung Ghibertis eifrig beschäftigt, Niccolo Niccoli gab sich als Platoniker, und die Übersetzertätigkeit eines Chrysoloras, Lionardo Bruni, Palla Strozzi (vgl. *Voigt*, Wiederbelebung des klass. Altertums [3] I, 228, 290; II, 166) hatte längst begonnen. L. B. Alberti ahmte mit Glück platonische Dialoge nach, die man sogar lange für genuin gehalten hat.

Sehr oft ist *Aristoteles* mit verschiedenen Schriften zitiert, was bei der Rolle des „Philosophen" im Mittelalter kein Wunder ist. Ghiberti nennt u. a. seine Bücher über die Metaphysik (12$^{v.}$, 22$^{v.}$, 47$^{v.}$), die Tiergeschichte (18$^{v.}$), de anima (l. II, 15$^{r.}$, 20$^{v.}$, 23$^{r.}$), die Physik (l. VI, 22$^{r.}$) und führt auch sonst des öfteren seine Meinungen an (so besonders im Abschnitt über den Bau des Auges fol. 29$^{r.}$ u. ff.). Auch die Optik des *Ptolemäus* wird ein paarmal zitiert (27$^{v.}$, 46$^{r.}$).

Die Zitate aus den vielbenutzten „Elementen" der Geometrie *Euklids*, einer Quelle für Abend- und Morgenland, auf denen die Renaissancetheoretiker weiterbauten, hat Ghiberti wohl nur aus Alhazen selbst übernommen (fol. 13$^{r.}$, 28$^{v.}$, 29$^{r.}$, 30$^{r.}$, 34$^{v.}$, 44$^{v.}$, 47$^{r.}$). Die alten Ärzte *Hippokrates* und *Galen* zitiert er kurz, nur nach Hörensagen („Galieno" 15$^{r.}$), wohl auch die Schrift des Mathematikers *Theodosius* von Tripolis, über dessen Sphaericae man *Cantors* Vorlesungen über Geschichte der Mathematik Lpz. 1880 I, 346 nachschlagen mag. Von lateinischen Schriftstellern zitiert er außer seiner Hauptquelle *Vitruv* (in der Proportionslehre 62$^{v.}$) nur die vielgelesene Consolatio philosophiae des *Boethius* (l. V, fol. 27$^{r.}$), und die Naturlehre des *Seneca* (Libro de iride, fol. 47$^{v.}$). Denn *Constantinus* (Africanus), der aus Karthago stammende, um 1100 als Mönch in Montecassino gestorbene Kompilator, dessen meist aus dem Arabischen übersetzte Schriften im Mittelalter viel gebraucht und noch 1536 in einer Gesamtausgabe zu Basel ediert wurden, gehört gleich dem Optiker *Witello* (42$^{v.}$), schon dem neueren Schriftwesen an (vgl. über denselben ausführlich bei *Neuburger-Pagel*, Handbuch der Geschichte der Medizin. Jena 1902 I, 643 ff.). Ghiberti hatte ihn übrigens schon im Eingang zum I. Kommentar genannt, benutzt ist er neben Avicenna und Alhazen bei der Schilderung des Sehapparates (15$^{r.}$, 16$^{r.}$). Rein gelehrtes Geflunker, womit Ghiberti — man erinnere sich seiner Vitruvplünderungen — seine Arbeit aufputzt, ist die Berufung auf „antichi Saui" (28$^{v.}$), wie Archimedes, Scopinas (von Syrakus), Apollonius (von Perga), die neben Alhazen (Alfantem in der Kopie), Ptolemaeus und Witello (fol. 12.$^{v.}$) aufgeführt werden. Diese Namen hat Ghiberti einfach aus dem ersten Kapitel von *Vitruvs* erstem Buche übernommen. Der ebendort genannte „Anchymus" wird der Archytas Vitruvs (I, 1) sein, kaum der spätantike Diätetiker *Anthimus* (über ihn *Neuburger-Pagel*, a. a. O. I, 631). Eine ähnliche phantastische Stelle findet sich noch fol.

$15^{r.}$; dort werden als phylosophi naturali et li auctori della medicina Talos (Thales), Anaxagoras, Xenophanes, Sokrates, Plato, Aristoteles, Zeno, Epikur (neben Hippokrates, Galen und Avicenna!) zitiert. Auch das ist eine einfache Herübernahme aus Vitruvs Prooemium zu seinem VII. Buch. Hippokrates wird übrigens auch von Vitruv (I, 1) genannt.

Das *arabische* Schrifttum ist für Ghiberti durch die Optik des *Alhazen*, seine unmittelbare Vorlage, die Hauptquelle. Er zitiert diese auch überaus häufig, sehr oft mit direkter Anführung der einzelnen Bücher ($44^{r.}$, $51^{r.}$, $56^{r.}$, $57^{r.}$). Dann benutzt er ein anderes Grundwerk des Mittelalters, *Avicennas* (Ibn Sina † 1037) berühmten, von Gerhard von Cremona übersetzten Canon Medicinae, aus dessen anatomischem Teil er einen lateinischen Auszug gibt (fol. $15^{r.}$, $16^{r.}$, $17^{r.}$, $50^{r.}$, $61^{r.}$ ff.). Zahllose Drucke des Werkes sind bis ins XVII. Jahrhundert hinein hergestellt worden (*Neuburger-Pagel*, a. a. O. I. 605 f.).

Der berühmte arabische Kommentator des Aristoteles, *Averroës* (Ibn Roschd † 1198) wird zusammen mit seinem Autor zitiert ($23^{r.}$; $27^{r.}$). Endlich wird des vielgelesenen Polyhistors *Alchindus* (El Kindi, 813–873) gelegentlich mit einer von Alhazen abweichenden Meinung gedacht ($29^{r.}$).

Es ist im höchsten Grade bemerkenswert, wie weitausgreifend und hingebungsvoll Ghiberti um die exakte Begründung einer Sache bemüht war, in deren praktischer Durchführung er neben Brunellesco und Donatello als klassischer Zeuge erscheint. Denn diesen Männern lag die unmittelbare Anwendung der durch älteres Schulwissen überlieferten mathematischen und physikalischen Lehrsätze auf die *Kunst* am Herzen. Aus dem gesamten Altertum, dessen Künstler sich, wie später noch die Niederländer des XV. Jhs., an empirischen Regeln genügen ließen, ist dergleichen nicht überkommen. Die Begründung der *künstlerischen* Perspektive ist ausschließlich ein Werk der Toskaner, gelehrter Künstler wie künstlerisch angeregter Gelehrter; daneben einzelner Altlombarden, die aber ihre eigenen Wege gegangen sind. Die Art, wie sie sich auch rein theoretisch mit den Problemen auseinandergesetzt haben, muß immer wieder Bewunderung erregen. Wie Lionardo den Italienern das erste Beispiel vollendeter wissenschaftlicher Prosa gegeben hat, so war es ein bildender Künstler, Piero della Francesca (gest. 1492), der im Zusammenwirken mit dem gelehrten Mathematiker, Euklidübersetzer und Freunde Lionardos, Luca Pacioli, in seinen drei, auf Euklid ruhenden Büchern de perspectiva pingendi zuerst das ganze Gebiet mit exakt wissenschaftlicher Methode und strengem sachlichen Ernst bearbeitet hat. Sein Werk, das einen bedeutenden Fortschritt über die dilettantische und stark empirische Weise L. B. Albertis darstellt, hat sofort hohe Anerkennung gefunden; für uns ist der wohl zweifellose Anteil des gelehrten Landsmannes Pieros, Pacioli, der sogar des Plagiats beschuldigt worden ist, wichtig. Denn in einem ähnlichen Verhältnis zu einem gelehrten Freunde und Helfer werden wir uns wohl auch Ghiberti denken können.

Ghiberti handelt zuerst von den Phänomenen der Licht- und Schattenlehre, der Sehpyramide, und geht dann zu der physiologischen Beschreibung des Auges und des Gehirns, sowie der Schilderung des Sehvorganges überhaupt über (fol. 12v. ff.). Auch hier müssen wir, wie bei der ganzen Besprechung des sehr schwierigen Textes, die Frage offen lassen, wie weit er, von seinem Führer Alhazen abgesehen, fremde Vorlagen übernommen und ausgenutzt hat. Daß dergleichen durchaus in seiner Art liegt, wissen wir von der Konstatierung reichlicher Anlehen bei Vitruv her. Aber eigenstes Eigentum des großen Bildners, der zugleich ein eifriger Verehrer und selbständiger Sammler alter Kunst gewesen ist, läßt sich hier schon mit Gewißheit konstatieren. Das sind die merkwürdigen Beschreibungen von Antiken, die Ghiberti nach den Darlegungen über die Wirkung freien und gedämpften Lichtes auf Bildwerke (fol. 14 u. ff. der Handschrift) einschaltet. Abgesehen von ihrem archäologischen Wert sind sie *künstlerische* Dokumente allerersten Ranges; es ist das erstemal, daß ein bildender Künstler seine Anschauungen über alte Kunstwerke literarisch fixiert hat. Hier finden sich jene Berichte über den Hermaphroditen, dessen Auffindung in Rom Ghiberti selbst erlebt hat, wie denn sein Fundbericht an sachlicher Genauigkeit nichts zu wünschen übrig läßt. Dann kommt die in Florenz bei den Häusern der Brunelleschi gefundene Venusstatue, die durch Lombardo della Seta nach Padua gebracht wurde, wo Ghiberti sie noch gesehen hat, bevor sie in den Besitz des Markgrafen von Ferrara übergegangen war; auch hier ist der Fundbericht höchst gewissenhaft. Weiter die kunst- und kulturgeschichtlich so merkwürdige, schon leicht legendenhaft gefärbte Erzählung von der Statue des Lysipp zu Siena, die Ghiberti aus dem Munde seines alten Gewährsmannes, des Künstlermönchs Fra Jacopo hat; das zerstörte Original hat er nicht mehr gesehen, wohl aber die Studie des Ambrogio Lorenzetti danach. Endlich der Bericht über den berühmten Chalcedon des Niccolò Niccoli in Florenz, mit dem Raub des Palladiums. Wie schon bemerkt, sind dies die einzigen Fragmente aus dem dritten Kommentar, die bisher durch den Druck zugänglich gemacht worden sind. Diesen Beschreibungen ist die im zweiten Kommentar (Kap. 20) gegebene Schilderung des mediceischen Marsyas-Cameos, den Ghiberti dem „Pyrgoteles" oder „Polyklet" zuschreibt, inhaltlich durchaus an die Seite zu stellen.

Das lebhafte Interesse des *Sammlers* Ghiberti, dessen Augenmerk schon in so früher Zeit merkwürdig genug der *griechischen* Kunst zugewendet war, tritt hier scharf hervor; auf diese Seite seines Wesens kann hier nicht eingegangen werden; ich habe sie in einer älteren später anzuführenden Abhandlung ausführlich darzulegen versucht. Wie früh Ghibertis Ruf auch auf diesem Gebiete begründet war, lehrt jedoch der Umstand, daß der Archäolog Ciriaco d'Ancona ihn sowie Donatello eigens aufsuchte, um die in ihren Ateliers bewahrten Antiken zu sehen.

In die Darstellung der Sehtheorie schiebt sich ziemlich unvermittelt ein ästhetischer Exkurs über die *Proportionen* ein (fol. 25v.—26), der ebenso unvermittelt abbricht (fol. 26v. ist leer gelassen). Er ist eine nicht vollständige, nur teilweise Übersetzung aus *Alhazens* Optik (II, 59). Wichtig für die italienische Kunstliteratur ist aber, daß der Lehrsatz, die *Schönheit* beruhe auf der Proportionalität (la proportionalità fa pulcritudine), aufgenommen und formuliert wird; Erläuterung findet er durch die Beispiele des schönen, d. h. im Verhältnis der Teile zum Ganzen wohlproportionierten menschlichen Angesichts und der ebenso gestalteten *Schrift*. Es sind zwei Themen, die die spätere Literatur in ausgiebigster Weise bearbeitet hat; die These an sich ist antikes Erbgut. Der einzige Satz, der uns an verlorener Stelle aus der ersten Künstlerschrift dieses Gegenstandes, Polyklets berühmtem Kanon, erhalten geblieben ist, spricht diesen mit antiker Spekulation wie mit antiker Atelierpraxis gleichmäßig zusammenhängenden Gedanken knapp und klar aus: *Το γὰρ εὖ παρὰ μικρὸν διὰ πολλῶν ἀριθμῶν γίγνεσθαι* (*Diels* im Arch. Anzeiger 1889, 10). Auch an das metrologische Relief in Oxford sei hier erinnert[1]). Wie sehr die italienische Kunstliteratur allenthalben von älteren Gedanken zehrt, beweist am besten die endlose, bis ins 18. Jahrhundert fortgeschleppte Makulatur des „Paragone", d. h. des Rangstreites zwischen den Künsten, besonders Malerei und Skulptur, die sich ihrem Geiste nach durchaus an die mittelalterlichen Streitgedichte, die Contrasti und Tenzonen, anschließt[2]).

Der optische Traktat geht hierauf in breiter Ausführlichkeit weiter; die eigentliche Perspektivlehre im modernen Sinne spielt aber bei Ghiberti, der auch darin, trotz seiner eigenen praktischen Bestrebungen, den Zusammenhang mit dem Trecento nicht verleugnet, keine Rolle. Zuletzt wird wieder nach Alhazens IV. und V. Buch die Lehre von den Spiegelbildern behandelt. Erst am Schlusse des Manuskriptes lenkt der Autor auf andere Themen ein. Zunächst gibt er (fol. 61r.) einen kurzen Abriß der *Anatomie* des menschlichen Skelettes, wie er selbst sagt, nach Avicenna (dessen Libri canonis, noch lange die Grundlage der anatomischen Studien bildend, zuerst in Mailand 1473 gedruckt worden sind); die Stelle ist auch nicht im Volgare, sondern im lateinischen Text, wie er dem Künstler vorlag, gegeben. Es ist ein Auszug aus dem arabischen Autor, mit weidlich verstümmelten arabischen Bezeichnungen, dessen Herkunft ich nicht anzugeben weiß. Die Einleitung dazu, die Lehre von den Elementen behandelnd, ist jedoch wieder eine Übersetzung aus *Vitruv* (ed. *Rose* 1. VIII, Prooem. 1—4). Zum Schlusse (fol. 62v.—64v.) folgt endlich die Fortsetzung der früher begonnenen *Proportionslehre*, abermals mit einer aus verschiedenen Proömien des *Vitruv* mosaikartig zusammengesetzten Kompilation (ed. *Rose* III, 1, 1—9; VII, 1, 10—12)

[1]) *Michaelis* im Journ. of hellenic studies IV 335.

[2]) Sehr lehrreiche Zusammenstellung bei *Steinschneider*, Rangstreitliteratur. Abhd. der Wiener Acad. Bd. 155 (1906).

beginnend, wobei Ghiberti ohne weiteres die Anrede seiner Vorlage an den „Imperator" durch „Sapientissimo", den „architectus" durch sein „pittore e scultore" ersetzt. Vitruvs berühmtes Kapitel über die Proportionen (in seinem III. Buch) ist ja der Ausgangspunkt für die gesamte Renaissancespekulation auf diesem Gebiete geblieben. Das Lehrbuch des römischen Baumeisters ist zwar, allgemeiner Annahme nach, erst 1414 in Montecassino neu aufgefunden worden (vgl. *Burger*, Vitruv und die Renaissance, Rep. f. Kunstw. XXXII, 201). Abgesehen jedoch davon, daß es, wie wir aus einem merkwürdigen nach Fulda gerichteten Briefe Einhards wissen (vgl. des Verf. *Schriftquellen* z. Gesch. d. karolingischen Kunst, Nr. 16), in karolingischer Zeit bekannt und gelesen war, gehen die Handschriften, unter denen der Codex Harleianus des Britischen Museums der älteste ist, auf Klosterbibliotheken des 9.—12. Jhs. zurück (vgl. *Roses* Ausgabe p. IV f. speziell über den verlorenen, aber noch erschließbaren Fulder Codex in „schottischer" Schrift). Daß wenigstens das wichtige, die antike Praxis seit Polyklet kompendierende Kapitel Vitruvs über die Proportionen das ganze Mittelalter hindurch bekannt geblieben ist, dafür kann ich ein paar merkwürdige Tatsachen anführen, die, soviel mir bekannt, noch nicht verwertet sind. Daß das byzantinische Malerbuch vom Berge Athos die vitruvianischen Proportionen hat, wollen wir nicht besonders hoch anschlagen, denn es kann gerade hier, wie an manchem andern Orte, auf abendländisch-italienische Vorlagen späterer Zeit zurückgehen. Aber wichtig ist, daß auch das Kompendium der giottesken Werkstatt, wie es in *Cennino Cenninis* bekanntem Traktate vorliegt, in seinem Proportionskapitel (c. LXX.) auf Vitruv fußt; die Einschreibung der menschlichen Figur in den Kreis, die Dreiteilung des Gesichtes nach Nasenlängen weisen auf die antike Quelle, wie denn Cennini auch die schon in Dantes Convito gepriesene Poetik des Horaz gekannt zu haben scheint[1]). Freilich muß er nicht mit Notwendigkeit aus dem alten Autor selbst geschöpft haben; in die größte und berühmteste Enzyklopädie des scholastischen Mittelalters, *Vincentius von Beauvais* (Speculum naturale 1. XXVIII, c. 2, in der Ausgabe von Douai 1624, I, 1994), ist das *wörtliche* Zitat der Proportionenlehre aufgenommen, ein Beweis, daß zumindest den Gelehrten der Scholastik das Werk Vitruvs, auch in zahlreichen Bibliotheken des Nordens, wie wir schon wissen, handschriftlich vorhanden, wohl bekannt war. Aus dieser Quelle stammen dann auch sicher die merkwürdigen, zum Teil phantastisch-mystischen und kaum mit der Kunstpraxis zusammenhängenden Körpermaße in den Visionen der heil. Hildegard von Bingen, die *Herwegen* (im Rep. f. Kunstw. XXXII, 445) kürzlich bekannt gemacht hat, soweit sie eben vitruvianischen Ursprungs sind. Auch Filippo Villani kennt Vitruv[2]).

---

[1]) Vgl. Proleg. 130.
[2]) Proleg. 132.

Ghiberti ist nun allerdings über den alten Autor beträchtlich hinausgegangen; er gibt detailliertere Maße des Körpers an als dieser. Darin berührt er sich mit seinem Zeitgenossen L. B. Alberti, der freilich in seiner Schrift de statua viel pedantischer zu Werke gegangen ist. Merkwürdig ist, wie Ghiberti auch hier noch mit dem Mittelalter zusammenhängt. Schon Cennini hatte die *Frau* aus der Proportionslehre ausgeschieden, weil sie kein „Ebenmaß" besitze, ein Gedanke, der noch in neuester Zeit, nicht nur in dem schrulligen Paradoxon Schopenhauers, wiederholt aufgeflattert ist. Hier ist es zum Teil Tradition aus dem rein männlichen Kanon der reifen hellenistischen Kunst (der auch bei Vitruv sich ausschließlich auf den *Mann* bezieht), zum weitaus größten aber die Feindschaft der Kirche gegen das Weib, das die Erbsünde in die Welt gebracht hat und das in ihrem Bereiche zum Schweigen und Dulden verurteilt ist. Es steht damit im Einklang, daß Cenninis Anatomie an dem Bibelglauben festhält, wonach der Mann eine Rippe weniger als die Frau hätte. Darüber ist nun Ghiberti freilich hinaus; aber auch er hat noch ausschließlich die „forma virile" im Auge. Das ist nicht ohne Interesse bei dem Bildner so vieler feiner Frauengestalten, unter denen sich aber keine einzige monumentale Figur, auch keine Madonna, findet.

Die Proportionslehre Ghibertis ist im einzelnen nicht leicht verständlich; der Text ist gerade hier voll von Unklarheiten, überdies, wie es den Anschein hat, durch den Kopisten vielfach verderbt. Die Mängel des ersten Entwurfes sind hier, am Ende der Arbeit, besonders deutlich. Ghiberti setzt wiederholt an, gibt im einzelnen verschiedene Fassungen seines Systems; man sieht in seine Gedankenwerkstätte, in das Entstehen seines unvollendet gebliebenen Werkes hinein. Im allgemeinen dürfte sich folgendes feststellen lassen. Ghiberti geht, wie die anderen nach ihm, von Vitruv aus, dessen Stelle er zunächst nach seiner Weise ziemlich wörtlich überträgt; auch da ist der Name des alten Lehrmeisters nirgends genannt, es ist immer nur von den unvergleichlichen Theorien der „nobilissimi statuarij et pictori antichi" die Rede. Mit der berüchtigten verderbten, schon von Lionardo und Dürer emendierten Stelle über die Maße von Kopf und Brust zusammen sind ein paar Sätze ausgeblieben (in *Roses* Edition p. 64, 1. 8—13); vielleicht weil auch Ghiberti nicht über den Sinn des Ganzen ins klare zu kommen vermochte? Der Text schließt sich dann wieder an Vitruvs Worte an: ab ea fine ad imas radices capilli frons efficitur item tertiae partis. Hierauf läßt Ghiberti seine eigenen Aufstellungen folgen. Zunächst holt er die vitruvianische Dreiteilung des Gesichtes nach, die er früher übergangen hatte, und gibt nunmehr nach flüchtiger Erwähnung eines Kanons des Gesamtmaßes von zehn Gesichtslängen (teste) einem solchen von $9^1/_2$ den Vorzug (fol. 63). Als die einzelnen Maße (die fol. 64 noch einmal mit im einzelnen verschiedenen Details wiederholt werden) ergeben sich, soweit der Text verständlich ist, die folgenden:

	Ghiberti. Gesichtslängen	*Varronischer Kanon.* (Dürer) Gesichtslängen	*Malerbuch vom Athos.* Gesichtslängen	*Cennini.* Gesichtslängen	*Filarete* (ed. Oettingen) Buch I S 54 („Dorische" Statur)	*Gauricus Vasari* Introd. della scult. I. *Armenino* II, 5 Gesichtslängen
Vom Haaransatz bis zur Kehle (forcella della gola, Vasari und Armenino sagen fontanella della gola)	1	1	1	Viso . . . 1	1	1
Von da (von der Halsgrube) bis zur forcella del petto	1	} . . 2		Forcella della gola bis zum magone (stomaco) 1	1	
Bis zum Nabel	1		} . 3	Bis z. Nabel 1	} . 2	} . . 3
Bis zur Scham (natura, pettignone)	1	1		Bis z. nodo della coscia 1		
Die Oberschenkel (bis zum Knie), (jeder Schenkel selbst $2\frac{1}{8}$ von der Spaltung an)	$2\frac{1}{2}$	2	2	2	2	2
Die Unterschenkel (bis zu den Knöcheln)	2	2	2	2	2	2
Der Fuß vom Knöchel bis zur Sohle	$\frac{1}{3}$	$\frac{1}{3}$	1(?)	$\frac{1}{3}$	$\frac{1}{2}$	$\frac{1}{3}$
			9			
Dazu der Abstand von der Kehle bis zur Halsgrube	$\frac{1}{2}$	$\frac{1}{3}$		Gola . . . $\frac{1}{3}$	$\frac{1}{2}$	Hals . $\frac{1}{3}$
	$9\frac{1}{2}$			$8\frac{2}{3}$		
Ferner:		Dazu:				
Schulterbreite	2	Scheitel $\frac{1}{3}$			$\frac{1}{12}$	Scheitel $\frac{1}{3}$
Länge der Hand	1	Knie . $\frac{1}{3}$			$9\frac{1}{2}$	9
Breite der Hand	$\frac{1}{2}$	$9\frac{1}{3}$				

Dieser Kanon geht nicht auf Vitruv zurück, ist aber mit einem andern angeblich aus der Antike unter dem Namen des Varro überlieferten Kanon ($9\frac{1}{3}$ Teile) verwandt, den u. a. Philander in seinem Vitruv-Kommentar (Straßburg 1550) mitteilt[1]). Er ist jedoch, wie *Weixlgärtner* (Kunstgesch. Anzeigen 1906, 21 f.)

[1]) In der antiken Literatur scheint er nicht überliefert zu sein. *Kalkmann*, Proportionen des Gesichtes in der griechischen Kunst (53. Winckelmannprogr. 1893) p. 11, sagt ausdrücklich, daß außer dem Vitruvianischen — der vermutungsweise auch auf Varro zurückgeführt wird — kein anderer Kanon aus dem Altertum erhalten sei. Die Stelle Philanders lautet (p. 108): Non defuerunt qui in novem partes et unius tertiam hominis corpus partientes *(cuius rei laudant auctorem Varronem)*, constituunt partem unam a mento ad radices imas capillorum, duas

gezeigt hat, schon dem Gauricus bekannt und findet sich auch in zwei Proportionsfiguren Dürers, die zweifellos auf *italienische* Vorbilder zurückgehen (abgebildet bei *Bruck*; Das Skizzenbuch von Albrecht Dürer in der kgl. öff. Bibliothek in Dresden, Tafel I und II und danach in meiner Prolegomenis zu S. 158). Seine früheste Spur ist aber, wie wir jetzt sehen, bei Ghiberti, denn der sehr verwandte Kanon von 9 Gesichtslängen, der im Malerbuch vom Berge Athos (ed. *Didron* p. 52) überliefert ist, wird wohl ein späteres Einschiebsel sein und wie das gleich darauf folgende *νατουράλε* aus Italien stammen; Cenninis Kanon von $8\,^2/_3$ Gesichtslängen steht ihm nahe. Offenbar handelt es sich um ein in den Werkstätten altüberliefertes bequemes Hilfsmittel; Vitruvs Kanon ist viel komplizierter. Das ist nun von Bedeutung; Ghiberti schreitet auch auf diesem Gebiet als Wegweiser voran, er ist älter als Alberti und die übrigen Proportionslehrer. Was er sucht, gibt er selbst (so fol. $62^{v.}$) an: die Symmetrie der Alten, die für Plastik und Malerei gleichmäßige Geltung hat (Cominceremo a dare forma alla statua virile, con quella arte et *diffinitioni* et *proportioni* et *simetrie*, che usarono e nobilissimi *statuarij et pictori antichi)*.

Dabei ist er aber, wie die Frührenaissance überhaupt, keineswegs in striktem Autoritätsglauben befangen, trotz aller Verehrung für die vorbildliche Antike. Er erhebt zwei Einwände gegen Vitruvs Aufstellungen (fol. $64^{r.}$); einmal bezweifelt er die Möglichkeit, daß bei der Einschreibung der menschlichen Figur in den Kreis die Beine derart gespreizt werden könnten (mi pare difficile, perchè l'uomo non si può tanto aprire nelle gambe, esso possa toccare el circulo). Das ist auffallend, denn noch Lionardo hat dieses Schema ohne Zwang gezeichnet. Verständlich wird der Einwand jedoch aus dem zweiten; Ghiberti verlegt nicht wie Vitruv den Mittelpunkt der im Kreis eingeschriebenen Figur in den Nabel, sondern in die Scham. Wahrscheinlich hängt das gerade mit dem von ihm modifizierten varronischen Kanon zusammen, nach dem die Länge der Beine $2\,^1/_6 + {}^1/_2$ Gesichtslängen beträgt (s. o.). Mag nun dieser Tadel Vitruvs auch nicht besonders schwer wiegen, er beweist doch Ghibertis Selbständigkeit. Er unterläßt es jedoch nicht, seine Dankbarkeit gegenüber den alten Autoren ausdrücklich zu betonen (fol. $64^{r.}$). Leider sind seine Hilfszeichnungen in der auf uns gekommenen Kopie gerade an diesen wichtigen Stellen nicht erhalten.

Ghiberti teilt (fol. $63^{r.}$) seine Proportionsfigur in ein *Netz* von Rechtecken ein; neun solcher „quadri", wie er sie nennt, kommen auf das Gesicht, doch so, daß der Scheitel und die Ohren außerhalb des Gradnetzes bleiben. Auf die zum Teil sehr unklaren Details können wir hier nicht eingehen. Wichtig ist jedoch

a summo pectore ad umbilicum, ab hoc ad genitalia unam, ab istis per femora ad genu duas, infra genu per tibias ad malleolos duas. Rursus unam tertiam a radicibus capillorum ad verticem statuunt, tantundem a mento ad summum pectus; epigonasidi sive mylae, quae iuncturam femoris et tibiae operit, tantundem tribuunt, a malleolis ad plantam pedis tantundem.

das Ganze, weil es wieder die erste Spur von Praktiken ist, die bei den Späteren, namentlich bei den Altmailändern, wie Foppa, dann bei Pacioli, Lionardo, endlich bei Dürer und in Barbaros Vitruvkommentar sich finden und darauf abzielen, den Kopf und die ganze Statur aus einem Gradnetz zu konstruieren, Dinge, die schon in der gotischen Bauhütte des alten Villard in abstraktester, geometrisch-ornamentaler Form auftreten [1]). Lomazzo (Idea c. 4 und Trattato VI, c. 14), der Foppas Traktat noch gekannt hat, führt dessen quadrature del corpo umano auf eine literarische Reminiszenz aus der Antike zurück, auf Plinius' Bericht über die quadratae staturae der Alten, die Lysipp abänderte (34, 65: non habet Latinum nomen symmetria quam diligentissime custodit nova intactaque ratione quadratas veterum staturas permutando, vgl. Lomazzo a. a. O.: Vincenzo Foppa, il quale forse aveva letto quello che in tal modo squadrava Lisippo statuario antico, con quella simmetria, che in latino non ha nome alcuno). Es ist ein Mißverständnis, aber auch Ghiberti könnte schon die Stelle (die er in seinem Traktat fol. 4v. so umschreibt: costui diligentissimamente osservò le simetrie et le misure in ogni minima cosa) bei seiner stets betonten Ergebenheit für die pictori et statuarii antichi in diesem Sinne aufgefaßt haben. Jedenfalls spielt der durch Plinius und Vitruv überlieferte Gedanke der Symmetrie, um den ja auch die Baukunst der Frührenaissance so eifrig bemüht ist, eine große Rolle; Cristoforo Landini schreibt in seiner Apologie sogar dem alten Cimabue nichts weniger als die Auffindung der „vera proportione, quale e Greci chiamano symmetria" zu, frei nach Plinius.

Diese Symmetrie zu finden ist nun auch Ghiberti bemüht; wie sich seine praktischen Ergebnisse mit der theoretischen Überlegung zusammenfinden, dafür gibt das oben erwähnte, aus Alhazen entlehnte Kapitel über die Proportionalität Zeugnis. Hier beginnt im Anschluß an Älteres schon die Renaissanceästhetik. Für Ghiberti liegt die *Schönheit* in der Ordnung der Teile; sein Streben als schaffender Künstler liegt deutlich in dieser Richtung, sehr zum Unterschied von dem Wege, den Donatello mit solcher Energie betreten hat.

Es sind zwei Themen, die er dort berührt, wie wir sahen, die schöne Proportionalität des menschlichen Gesichtes und die der Schrift. Auch da schreitet er den späteren Theoretikern voran, die, von Francesco di Giorgio Martini, Luca Pacioli und dem Kreise Lionardos an bis zu Dürer und den Franzosen des XVI. Jhs., wie Geoffroy Torry (vgl. *Wickhoff* im Jahrbuch der Kunstsammlungen

---

[1]) Für eine noch frühere Zeit hat jetzt *Buberl*, Die romanischen Wandmalereien im Kloster Nonnberg in Salzburg (Kunstgesch. Jahrb. 1909, Heft I II) das Vorhandensein von *konstruierten Köpfen* nachgewiesen. Die Hilfslinien sind sogar noch heute zu erkennen. Daß die malerische Praxis in einer Zeit, wo man den Karton noch nicht kannte, ohne dergleichen Hilfskonstruktionen nicht auskommen konnte, hat übrigens schon Vasari erkannt (v. di Sim. Martini I 558).

des Allerhöchsten Kaiserhauses XXII 240) das Alphabet aus den Proportionen des menschlichen Gesichtes konstruieren.

Das Gradnetz Ghibertis war ein wichtiger praktischer Behelf für Vergrößerung und Verkleinerung. Der Künstlerautor deutet das selbst in den letzten Worten seines Traktates an, bei denen die Feder seiner arbeitsmüden Hand entglitten zu sein scheint: finito di misurare tutta la statua virile per alteça per latitudine si vede il campo pieno di quadri grandi tanto quanta *la testa* e puoi pigliare *la latitudine* da essi gradi [. . .]. Gauricus gibt ein ziemlich umständliches und nicht einmal einwandfreies Verfahren an (*Brockhaus* p. 26); wir wissen aber aus Ghibertis eigenem Munde, daß er den Künstlern seiner Zeit nicht nur Modelle und Vorzeichnungen, sondern auch die Anleitung, überlebensgroße Figuren herzustellen, gegeben hat. Kommentar II, 23: Etiandio chi auesse auute affare *figure grandi fuori de la naturale forma*, (ho) dato le *regule a condurle con perfetta misura*. Das bestätigt nun sein dritter Kommentar. Sein Atelier ist nicht nur die erste Hochschule des Bronzegusses in Mittelitalien gewesen; lange bevor Alberti, Martini, Piero della Francesca und Pacioli ihre Traktate schrieben, hat er seine theoretischen Studien nutzbar gemacht, zu deren endgültigen literarischen Fixierung der große Meister nicht mehr gekommen ist.

Mit der Proportionslehre bricht der dritte Kommentar, brechen Ghibertis Denkwürdigkeiten überhaupt ab; man möchte meinen, daß nicht der Kopist daran die Schuld trägt, sondern daß sie ihm unvollendet vorgelegen sind. Der Tod hat wohl dem betagten Meister die Feder aus der Hand genommen. Freilich ist das nur eine unbeweisbare Vermutung.

Wir fügen hier, das früher gesagte zusammenfassend, eine Übersicht der einzelnen Bestandteile von Ghibertis Kommentaren an:

fol. 1: *Einleitung*. Über die Notwendigkeit der Kürze im Vortrag. Übernommen aus *Athenaeus*' *Περὶ μηχανημάτων* (ed. Wescher, p. 3—7). Grundlagen der *Wissenschaft* der Malerei; Übersicht ihrer Teile.

fol. 1v.—2r.: Bildung und Aufgaben des Künstlers, zum Teil Paraphrase nach *Vitruv*, de arch. I 3 bis 16 passim, (ed. Rose) zum Teil wörtliche Übersetzung.

fol. 2r.—8v.: I. Kommentar. Antike Kunstgeschichte.

fol. 2r. s. f.: Einleitung aus *Vitruv* VII Praef. 1—2 über antike Künstlerschriften.

fol. 2v.: Erfindung der Zeichnung nach *Plinius*, Hist. nat. XXXV § 15. Exzerpt aus *Vitruv* III Praef. 1—3 über die Schätzung der Kunst.

fol. 2v. s. f.—3r.: Geschichte der *Tonplastik* im Altertum nach *Plinius* XXXV 151—156.

fol. 3r.—5r.: *Geschichte des antiken Bronzegusses* nach *Plinius* XXXIV § 10—86.

fol. 5r.: Übersicht der antiken *Schriftsteller über Kunst* aus *Vitruv* VII Praef. 11—14.

fol. 3v.—8v.: *Geschichte der antiken Malerei* aus *Plinius* XXXIV § 53—142.

fol. 8v.—12v.: II. Kommentar. Geschichte der neueren Kunst und des eigenen Lebens.

fol. 8v.: *Verfall der Kunst im Mittelalter.*

fol. 8v.—19v.: Malerei in *Florenz. Giotto* und seine Nachfolger *Stefano, Taddeo Gaddi, Maso, Bonamico. Pietro Cavallini* in *Rom. Orcagna* und seine Brüder.

fol. 9v. s.—10v. s.: *Malerei in Siena. Ambrogio Lorenzetti, Simone Martini* und *Lippo, Barna, Duccio.*

fol. 10v.: *Bildhauer. Die Pisani. Giotto. Andrea Pisano. Der Kölner Bildhauer.*

fol. 11—12v.: *Ghibertis Selbstbiographie.*

fol. 11: Einleitung aus *Vitruv* VI Praef. 2—5. Über die Erziehung des Künstlers.

fol. 11—12v.: *Ghibertis Leben.* Zum Schlusse: Ankündigung des *Architektur=traktats.*

fol. 12v. s. f.—64v.: III. Kommentar. Theorie der Kunst.

fol. 12v.—60v.: System der *Optik* unter vorwiegender Benutzung *Alhazen's.*

fol. 12v.: Einleitung. Über die Schwierigkeit der Nomenklatur aus *Vitruv* V Praef. 1—3.

fol. 12v.—14: *Licht und Schatten.*

fol. 14—14v.: *Beschreibung von vier antiken Denkmälern:* des Hermaphroditen von S. Celso in Rom; der in Florenz ausgegrabenen Venusstatue; der Venus=statue des Lysipp in Siena; der Gemme des Niccolò Niccoli.

fol. 14v.—19: *Beschreibung des menschlichen Sehapparates* (nach *Avicenna, Alhazen, Constantinus Afer*).

fol. 19v.—25v.: *Darstellung der Sehtheorie.*

fol. 25v.—26: Ästhetischer *Exkurs* über die *Proportionen (Gesicht und Alphabet)* aus *Alhazen* II, 59.

fol. 26—61r.: *Fortsetzung der Optik* nach Alhazen u. a.

fol. 61r.: Einleitung über die *Elemente.* Übersetzung aus *Vitruv* VIII Praef. 1—4.

fol. 61r. s. f.—62r.: *Anatomie* des Knochengerüstes. Im (lateinischen) Auszug nach *Avicenna,* Lib. canon. L. I. Fen I Doctr. V. cap. 1 seqq. (Ed. Ven. 1544).

fol. 62v.: Nochmalige Einleitung aus *Vitruv* III Praef. 2—4 (s. o. Übersetzung verändert). *Proportionslehre Vitruvs* III 1, 2—3 (im Auszug).

fol. 62v. s. f.—63r.: *Entwurf von Ghibertis Proportionslehre.* Einteilung des Körpers in 9½ Gesichtslängen. Einteilung in das *Gradnetz.*

fol. 63r. s. f.— 63v.: Über die *Maße* der Alten nach *Vitruv* III 1, 5—8.

fol. 64r.—64v.: Kritik der vitruvianischen in den Kreis eingeschriebenen Figur. Dankbarkeit gegen die Lehre der Alten. Antike Schriftsteller über Perspek=tive und Proportionslehre aus *Vitruv* VII Praef. 11—12 (s. o. fol. 5r.; doch neue Übertragung). Neuerliche Aufnahme des vitruvianischen Kanons (Dreiteilung des Gesichts, Körper nach Gesichtslängen). *Quadrieren* und Übergang zur Praxis der *Vergrößerung.* (Schluß fehlt).

VIII

GHIBERTIS Denkwürdigkeiten sind seit dem Altertum, aus dem uns bloß Vitruvs Werk überkommen ist, wenn wir von dem Traktat des nur halbschlächtigen L. B. Alberti absehen, die erste Künstlerschrift. Denn Villard de Honnecourts merkwürdiger Versuch einer gotischen Proportionslehre, sein „Livre de pourtraicture", und vollends die Rezeptenbücher des Mittelalters, von Heraclius und Theophilus bis auf Cennino Cennini, überschreiten kaum die Schwelle der Werkstatt. Sie sind aber auch der erste große Versuch eines Künstlers, sich im Geiste der neuen Kunst, wie Ghiberti selbst sagt, mit deren theoretischen Grundlagen sowohl als mit ihrer geschichtlichen Vergangenheit auseinanderzusetzen, dabei durchaus persönlich, wie denn die Selbstbiographie des Autors den zusammenhaltenden Schlußstein des Ganzen bildet und der alte Name „Commentarii" mit Einsicht und Bedacht gewählt ist. Persönlich und dem ersten unvollendeten Entwurf, wie er uns vorliegt, entsprechend sind auch Sprache und Stil, was selbst die zahlreichen Fehler der Kopie nicht verhüllen können; fast immer lebendig, auch im Überschwang der gern gebrauchten Superlative, oft köstlich naiv, in den zahlreichen Elisionen und Anakoluthen, eine Sprache, die völlig den Eindruck hervorruft, wie wenn ein lebhaft empfindender Mann, ganz erfüllt von seinem Gegenstande, sich in eindringlicher Rede zu äußern pflegt. Gewiß, vieles ist ungelenk, fast unverständlich, nicht immer durch Schuld des Kopisten, gar in den Übersetzungen aus fremden Autoren, wie dem recht nach Herzenslust geplünderten Vitruv; aber daraus ist kein Schluß abzuleiten, um so weniger, als man diese fremden Bestandteile gar nicht erkannt hat. Das Urteil von kompetenten Beurteilern, wie der italienischen Literaturhistoriker *d'Ancona* und *Bacci*, ist vollkommen zutreffend: Questi suoi ricordi sono notevoli per la viva e schietta seppur spesso scorretta dicitura, *propria dei popolani Fiorentini* di quell' età (Manuale II, 55). Ganz eigentümlich sind Ghibertis schon oben erwähnte Bildbeschreibungen; ihr charakteristischestes Beispiel findet sich in der vita seines Lieblingshelden, des Sienesen Ambrogio Lorenzetti (II 11, Fresken in S. Francesco). Sie sind höchst anschaulich, aber ganz naiv; der Schilderer *erlebt* die Szene, die vor seinem inneren Auge ersteht, als wirklichen Vorgang und stellt sie in ihrem epischen Verlauf dar.

Was Ghiberti für die Kunstgeschichte seiner Heimat geleistet hat, ist von höchster Bedeutung: ganz abgesehen von dem einzigen Materialwert seiner Nachrichten, die durchaus aus erster Hand stammen und nicht, wie bei den Späteren, durch ein literarisches Medium gegangen, getrübt und hybrid sind. Alles ruht bei ihm auf Anschauung; er berichtet nur, was er gesehen hat. Daß ihm Fehler unterliefen, ist begreiflich, da er, in seinem hohen Alter, allein auf die Erinnerung gewiesen war; trotzdem sind sie sehr selten. Weniger zutage liegen seine Verdienste auf dem theoretischen Gebiet, namentlich gegenüber L. B. Alberti. Seine kompilatorische Arbeitsweise, die Art, wie er Plinius, Vitruv, Athenaeus, die alten Optiker, Mediziner und Mathematiker sich aneignet, läßt das, was an ihm selbständig ist, leicht verkennen; wir haben aber gesehen, wie er diese seine Selbständigkeit wahrt und zu eigener Ansicht vorzudringen sucht. Daß er seine wichtigen Quellen, Plinius, Alhazen und vor allem Vitruv, den er direkt plagiiert, nur gelegentlich flüchtig nennt, liegt im Geiste der Zeit[1]). Auch Dürer ist nicht anders verfahren, trotz seiner ausdrücklichen (und berechtigten) Beteuerung der Selbständigkeit; wir wissen heute, daß er Vitruv, Alberti, die alten Mailänder Perspektiviker sicher benutzt hat, in einem Grade, daß auch ihn die spätere Renaissance des Plagiates bezichtigen konnte; genannt hat er sie in seinen zum Druck bestimmten Werken nirgends.

Dann ist nicht zu vergessen, daß Ghiberti ein Künstler, nicht ein gelehrter Mann war, wenn auch ein humanistisch gebildeter Autodidakt, von bewunderns-werter Breite und Tiefe seiner Kenntnisse, die, namentlich was die ältere Literatur anlangt, nicht geringes Staunen erwecken. Er trägt seine Gelehrsamkeit ab und zu etwas naiv zur Schau. Im Leben des A. Lorenzetti, seines Lieblings, erwähnt er eine mappa mundi (Kommentar II 12), nicht ohne hinzuzufügen, ihre Unvoll-kommenheit dürfe nicht wundernehmen, da damals die Kosmographie des Ptole-mäus noch nicht bekannt gewesen sei. Das ist recht aus dem gesteigerten Be-wußtsein der Renaissance heraus gesprochen. In jener merkwürdigen Übergangs-zeit vom XIV. zum XV. Jh., in die Ghibertis Jugend und Lehrjahre fallen, war die Handschrift des Ptolemäus aus Konstantinopel in Palla Strozzis Besitz gelangt und hat sogleich, von Francesco di Lapacino illustriert, ihre ungemein lang-dauernde Wirkung begonnen (*Voigt*, Wiederbelebung des klassischen Altertums, 3. A., I 225). Daß Ghiberti im Gegensatz zu seinem großen Rivalen Brunellesco des Lateinischen wohl kundig war, das lehren nicht nur größere und kleinere lateinische Stellen in seinem Traktat, Bibelzitate oder der Passus aus Avicenna, den er im Urtext übernimmt, sondern auch der Gebrauch einzelner gelehrter Worte, wie des schon oft erwähnten „commentarii", oder des Ausdruckes „infans", den er als archäologisches Fremdwort, uns Heutigen wohl verständlich, bei seiner Beschreibung einer antiken Gemme (II 20) anwendet. Vor allem lehrt das aber seine mühevolle Übersetzungsarbeit aus antiken und mittelalterlichen Autoren der lateinischen und der (durch die Araber vermittelten) griechischen Kulturwelt, geraume Zeit bevor diese durch gedruckte Texte und Übertragungen allgemein

[1]) In Leonardo Brunis Kommentaren über griechische Geschichte, einer einfachen Be-arbeitung von Xenophons Hellenika, ist der Name des alten Autors nirgends genannt. Freilich hat schon in einem ähnlichen Falle, in Brunis Bearbeitung des Prokopius, der fleißige Historiker des Mittelalters Flavio Biondo, das Plagiat erkannt und hervorgehoben (*Voigt*, Wieder-belebung[3] II 172).

zugänglich geworden waren. Auch im Besitze eines so fein ausgebildeten Organs, wie es das Toskanische, dank der großen Literatur des Trecento und seiner volgarizzamenti, damals schon war, bedeutet es keine Kleinigkeit, über derlei Dinge im Volgare zu reden; noch Alberti hat zunächst zu der Gelehrtensprache, dem Latein, gegriffen. Was vor Ghiberti auf dem Gebiet der bildenden Kunst vorliegt, wie Cenninis Traktat, reicht über den überlieferten Handwerksjargon kaum hinaus; Ghiberti hat sich seine Kunstsprache zum größten Teil selbst schaffen müssen.

IX

DARUM verlohnt es sich wohl, einen Blick auf diese *Terminologie* zu werfen. Wir geben im Anhang einen Indiculus Ghibertianus und bedienen uns dieser Zusammenstellung, um seine Sprache im Überblick zu charakterisieren.

Vor allem ist das Sprachgut zu scheiden, das Ghiberti aus der vorausgehenden Zeit, in die seine Jugend fällt, dem Trecento, übernommen hat, dann das, was er aus seiner eigenen Zeit und ihren veränderten Kunstbedingungen hinzugebracht und was er endlich voraussichtlich selbst geprägt hat. Die Kunstsprache der Giotteske, wie sie sich in den Ateliers fixiert hatte, liegt in dem Lehrbuch des Cennini kodifiziert vor. Atteggiare (für Attitude der Figuren), casamenti (Architekturstaffage), mezza figura, forma und formato (für Abgüsse), l'ignudo, luce forte e temperata, maniera im Sinn von Stil, misure für die Proportionen des menschlichen Körpers, il naturale für das Modell (auch im Malerbuch vom Athos), rilievo für die plastische Modellierung, storia für jenes Genre, das dann in der späteren Renaissancetheorie an die erste Stelle rücken sollte und noch heute an unseren Akademien, im Fach der Historienmalerei, einen freilich sehr verstümmelten Rest der alten Dignität zu wahren strebt — alles das sind termini technici, die Ghiberti fertig gemünzt übernommen hat. Disegno und colorito, die beiden großen Lehrstücke der späteren Theorie, schon von Cennini als die Grundpfeiler aller Praxis angeführt, gehören auch dazu. Andere Ausdrücke erhalten bei dem Quattrocentisten schon eine neue Nuancierung. So nicht nur das „naturale", sondern auch „esempio", das Cennini noch durchaus im mittelalterlichen Sinne als „simile" gebraucht, Ghiberti im modernen von „Entwurf"; piano, bei Cennini noch einfach vom Malgrunde gebraucht, bei Ghiberti, im Sinne der neuen perspektivischen Bestrebungen, die verschiedenen Abstufungen des Raumbildes bezeichnend. Comporre, bei Cennini einfach auf das technische Verfahren überhaupt gehend, wird bei Ghiberti schon auf die formale Gliederung des Kunstwerkes bezogen (compositore). Teorica, ein Ausdruck der scholastischen Wissenschaftslehre, erscheint bei Ghiberti endlich schon in der Bedeutung von Kunsttheorie, die ja bei ihm ihren Ausgangspunkt hat. Der „arte nuova" (II, 2), Ghibertis eigener Zeit, gehören jedoch weiter die Ausdrücke an, die sich auf die bewußt verfolgten und auf theoretischer Basis begründeten Bildwirkungen beziehen: conclusione di prospettiva, wie das letztere Wort in diesem *neuen* Sinne überhaupt, das mit dem Sprachgebrauch der alten Optiker — der auctori oder philosophi di prospettiva, wie sie Ghiberti selbst noch im III. Kommentar nennt — wenig mehr gemein hat; misura und misurare in diesem selben neuen Sinn, scorcio und scorciare für Verkürzung, pesare von der Balancierung der Figuren u. a. Auch dilettarsi in der modernen Bedeutung des Liebhaberwesens gehört hierher.

Das eigentümlichste, für Ghiberti und seine Zeit bezeichnende Element ist aber der Einfluß der *antiken Kunstsprache;* er kommt deutlich aus seiner Beschäftigung mit den alten Autoren, vor allem mit Plinius, in zweiter Linie aus dem so fleißig geplünderten Vitruv her. Dazu gehören die Ausdrücke commentarii, volumi, die schon den tiefen Eindruck verraten, den die antike Kunstliteratur, wie er sie in ihrem einstigen Reichtum eben aus jenen beiden Gewährsmännern kennen gelernt hatte, auf den Künstlerautor ausgeübt hat. Sie, deren Untergang er nicht minder beklagt als den der alten Kunstwerke selbst (II 1), ist ja das voranleuchtende Vorbild und der Sporn für seine eigenen Bestrebungen. Aus Plinius stammt eine ganze Reihe von Lieblingsworten Ghibertis, mit denen er das künstlerische Schaffen zu charakterisieren sucht. Das sind z. B.: diligente und diligentia, doctrina, doctore (Lehrer), finito (consummatus), nobile, perfetto, perito (von der Kunstkennerschaft), prestissimo (velocior), copioso (numerosus). Auch l' uno e l' altro genere, das Ghiberti so häufig als zusammenfassenden Ausdruck für die beiden Schwesterkünste der Malerei und Plastik hat, dürfte mit Plinius' genera zusammenhängen, der damit freilich die *Stilarten* der alten Kunst meint; die „liniamenti" verraten in diesem Zusammenhang wohl deutlich ihre Herkunft aus demselben; das öfter gebrauchte provedimenti, womit Ghiberti auch Plinius' „proplasmata" übersetzt, ist jedenfalls nicht ohne Einfluß von daher; dem modernen italienischen Sprachgebrauch liegt, so viel ich weiß, die Bedeutung „Modell" ferne. Eine Reminiszenz an Plinius ist sicher das Wort infans, das Ghiberti in seiner lateinischen Form bei einer Gemmenbeschreibung verwendet, in unbewußtem Archaisieren, so wie etwa moderne Archäologen von „Epheben" sprechen. In seltsamem Gegensatz dazu steht das mittelalterlich-feudale „baroni", womit Ghiberti den „heros" bei Plinius wiedergibt. Der Empfindungsinhalt des antiken Wortes ist damit für den Italiener, der noch in den Ausgang der glänzenden Chevalerie hineinreicht, sehr glücklich wiedergegeben; die Erinnerung an die Barone und Paladine der vielgelesenen Karl- und Artuszyklen, an die neuf preux der bretonischen Tiraden klingt vernehmlich an.

Das merkwürdigste Beispiel dieser Anlehnung an die antike Kunstterminologie ist aber der eigentümliche Ausdruck, den Ghiberti zur Charakterisierung von Masos Stil gebraucht und der auch in den Magliabecchianus hinübergewandert ist: *abbreviò* molto l'arte della pictura. Er ist sicher aus Plinius herübergenommen, der von den picturae compendiariae des Philoxenos spricht, ein Terminus, den Ghibertis Übersetzung wirklich mit „abbreviamenti" wiedergibt. *Winter* hat in seiner schönen Studie über das pompejanische Alexandermosaik — in dem eine Komposition des Philoxenos erhalten sein dürfte — gezeigt (München 1909, S. 8), wie dieser Ausdruck zu verstehen ist; nicht als Charakteristik eines rascheren Malverfahrens, sondern als einer Etappe in der Bewältigung perspektivischer Tiefenwirkungen. Es ist das Prinzip, die Figuren des Hintergrundes als impressionistisches Sehbild, durch die Überschneidungen der vordern gedeckt, „unvollständig", „abgekürzt" darzustellen und dadurch den Schein einer bedeutenden Massen- und Tiefenwirkung hervorzubringen, ein Prinzip, das sich in schematischer Form, als richtige „Abbreviatur" für die Darstellung von Volksmengen durch das ganze frühe Mittelalter, namentlich auch im byzantinischen Stil, erhalten hat.

Dergleichen widerstreitet aber den alten Kunstprinzipien der klassischen Kunst in dem Sinne der älteren römischen Kunstkenner, die die *Deutlichkeit* der körperlichen Erscheinung wie der Komposition, also ein begriffliches Element, über alles geschätzt haben, so sehr, daß sie darin, dem Wesen nach, an dem Standpunkte der primitiven vorderasiatischen Kunst festhalten, die, um ein Schulbeispiel zu gebrauchen, von der assyrischen bis zur sassanidischen Kunst herab die Bogensehne des pfeilschießenden Königs hinter seinem Kopfe verschwinden läßt, um den Kontur des Gesichtes nicht zu unterbrechen. Noch Quintilian hat in einer bedeutenden, von *J. Lange* angezogenen Stelle (Inst. or. VIII 5) die Klarheit des rednerischen Stiles, der nicht durch Häufung der Redeteile beeinträchtigt werden soll, durch ein Beispiel aus der Malerei erläutert: die Sonderung der Figuren auf der Tafel durch angemessene Intervalle, so daß der *Schlagschatten* der einen nicht auf die andere fällt. Die Überschneidung wird also ähnlich, wie in der älteren Kunst die Verkürzung, als ein die „Daseinsform" (im Sinne *Hildebrands*) störendes Element empfunden. Auch Quintilian bekennt sich eben wie fast alle Literaten des I. Jhs. n. Chr. zu jener konservativen, akademisch-antiquarischen Richtung, die in den festgefügten Formeln einer älteren, als klassisch empfundenen und fixierten Kunst ihr Ideal erblickt, allen Neuerungen abhold, wenn nicht verständnislos gegenübersteht. Plinius gehört ihr ebenfalls an, der an einer merkwürdigen Stelle den Tod der Kunst (ars moriens) beklagt und zu ihr in dem rein äußerlichen Verhältnisse des echten Literaten steht; aber auch ein Praktiker wie Vitruv, der gegen den neuen Stil der dekorativen Wandmalerei als logische und physische Absurdität im Namen des „decorum" bittere Vorwürfe erhebt (VII 5), von einer ganz unzuständigen Seite her; wir kennen diese Jeremiaden über den Verfall der Kunst, die dem begrifflich orientierten Literatengeist als zu wenig oder zu sehr natürlich erscheint, aus unserer eigenen Zeit, aus den Tiraden von Naturforschern wie *Dubois-Reymond* über die physiologische Unmöglichkeit von Flügelwesen usw. In diese Reihe tritt nun aber auch ein wirklicher, konservativer Kunstkenner, Petronius (Satyricon, c. 2); seiner Äußerung über die picturae compendiariae, das far presto „ägyptischer Frechheit" (audacia), entnehmen wir nicht nur, daß es sich um ein allgemein übliches Schlagwort der damaligen Kunstkritik handelt, sondern die unverhohlene Opposition, die wieder, wie stets, mit dem Gedanken des *Verfalles* hantiert. Es ist ein Kunstprinzip, um das gestritten wird; wie selbst ein Künstler gleich Lionardo, der die Wirkungen des Pleinair – als Naturforscher – wohl erkannt und studiert hat, um des Ideals der Hochrenaissance, des rilievo, der klaren plastischen Modellierung halber, jene gleichwohl verwirft und nicht in das Gebiet der Kunst einbezogen haben will. Nur ist es bei ihm eine künstlerische Überzeugung, die aus seinem eigenen Schaffen hervorwächst, was in jenen Laienurteilen eine erstarrte Formel ist, die der Kunst die Wege vorzuschreiben sich erdreistet.

Was nun Ghiberti selbst mit diesem merkwürdigen Ausdrucke abbreviare, dessen Vorgeschichte wir skizziert haben, hat sagen wollen, wird wohl kaum jemals mit Sicherheit auszumachen sein. Er, der Künstler, hat damit gewiß etwas sehr Gegenständliches gemeint; er ist noch nicht Literat genug, wie die Späteren, um mit einer bloßen erborgten Redeformel Staat zu machen. Daß er ein besonderes Malverfahren gemeint hat, wie man es früher auch für jene picturae compendiariae angenommen hat, scheint uns nicht wahrscheinlich; obwohl Ghiberti selbst als Maler begonnen hat und in den Werkstattraditionen der Giotteske aufgewachsen war, liegen ihm alle technischen Erörterungen, wie sie z. B. Vasari gerne vorbringt, fern; es handelt sich ihm nicht um das Handwerk, gleich Cennini, sondern um den künstlerischen Ausdruck und die Qualität. Es wird ein besonderes Merkmal in der Kompositionsweise Masos gewesen sein, das ihm ebenso aufgefallen ist als die kräftig-plastische Modellierung und die Kühnheit der Verkürzungen bei Stefano oder das lebhafte Kolorit Buonamicos. In der Tat zeigt das einzige erhaltene Werk Masos, die Silvesterkapelle in S. Croce, den reich staffierten Historien Taddeo Gaddis gegenüber eine gewisse Lockerheit und Durchsichtigkeit der Disposition.

Die künstlerische Terminologie Ghibertis ist von nicht geringer Wichtigkeit; ist er doch neben Alberti der erste Schriftsteller Italiens, der das Volgare in ganz anderer Weise als Cennini historischen und stilistischen Erörterungen über die Kunst dienstbar gemacht hat.

Für uns Heutige ist es vor allem auffallend, daß in der Kunstsprache Ghibertis das Wort schön–bello nur sehr sparsam vertreten ist, es kommt in seinem historischen Texte nur ein einziges Mal vor. Das Inferno Orcagnas in der Strozzikapelle nennt er bellissima opera; wir würden gerade an dieser Stelle dieses Prädikat nicht erwarten und nicht anwenden. Das beweist, daß bello, ebenso wie buono (tavola molto buona des Simone II 13, 5) für Ghiberti kein „ästhetischer" Eindrucksterminus ist, sondern daß er damit auf den großen *Kunstverstand*, die technische und stilistische Vollendung des Gemäldes, die eigens hervorgehobene Bearbeitung des aus Dante stammenden Sujets zielt. Im übrigen gebraucht er den Ausdruck bei den Proportionen, also in einem wesentlich verschiedenen Fall, wo es sich in erster Linie um ein Naturschönes handelt. In der Tat ist das, worauf Ghiberti losgeht, durchaus und einzig der künstlerische *Ausdruck*, den er immer und immer wieder hervorhebt, ist die *Meisterschaft*, die vollendete Technik und Komposition (II 14, 3 von Barna: con molte altre figure è riguardar l' arte, usata per quello maestro, o molte altre istorie, in detta arte fu peritissimo). Ghiberti spart mit dem Lobe nicht, er häuft die Superlative als echter Südländer, seine Lieblingsworte sind egregiamente, perfectamente, doctissimamente, excellentemente, meravigliosamente finito, prontissimo, maestero nobile, dignissimo, zum Teil schon der antiken, plinianischen Terminologie angehörig wie nobilità und dignità, seine Epitheta für die antike Kunst, grosso e rozzo für ihr Gegenbeispiel, die mittelalterlich-griechische (II 1) sind. Mirabile arte zeigt die Gewandbehandlung des Hermaphroditen (III 4), die formalen Feinheiten desselben, die nur die „sehende Hand" erkennen läßt, nennt er „dolcezze" (III 1 u. cf. 2, 6). An Giotto wird die gentilezza seiner auf das Naturwahre gerichteten Kunst (arte naturale) hervorgehoben; den Gegensatz dazu bildet natürlich wieder die grossezza der vorangehenden byzantinischen Periode. Denn die Beherrschung der natürlichen Form ist das vornehmste Kennzeichen des neuen Stiles, der von Giotto begründeten arte nuova (II 3); im Sinne Ghibertis, wenn auch kaum in dem des alten Meisters, haben wir dazu die *misure* (von Giotto II 3, non uscendo delle misure) zu rechnen, d. i. die bewußte, theoretisch gefestigte Anwendung der Maße, ohne die ein Kunstwerk weder schön noch wahr sein kann; das ist der Sinn, der sich aus Ghibertis eigener Behandlung der Proportionslehre ergibt. Der Ausdruck ist doppeldeutig; Ghiberti zielt damit sowohl auf die Symmetrie des Plinius und Vitruv, die er im ersten Kommentar mit diesem Worte wiedergibt, obwohl Plinius gesagt hatte: non habet latinum nomen symmetria (34, 65, vgl. Ghib. III 4, *misure* et *proportioni* che debbe auere alcuna scultura), wie auf die (perspektivischen) mensurae des ersteren. Misure, d. i. die richtigen Proportionen weist der kölnische Bildner seinen Schülern (II 17, 3), mögen auch seine eigenen Figuren „un poco corte" gewesen sein; und in diesem Sinne ist es auch gemeint, wenn Ghiberti von seiner Anleitung, Figuren „con perfetta misura" zu vergrößern, spricht. Das sind die „Maße", deren Ghibertis Zeitgenossen von Brunellesco und Alberti an durch mühsame Nachmessungen und Aufnahmen der antiken Denkmäler Herren zu werden strebten und nach denen noch Dürer mit leidenschaftlichem Sehnen sucht, als nach einem Universalelixier der Kunst, das ihn die mißgünstigen Wälschen unter geheimnisvollem Schleier ahnen lassen. Seine eigenen perspektivischen Bestrebungen im Relief kennzeichnet Ghiberti mit demselben Ausdrucke II 22, 2: mi ingegnai con ogni *misura* osservare in esse cercare, imitare la natura quanto a me fusse possibile ib. 5.; i casamenti colla ragione che l' occhio gli *misura* e veri in modo tale, stando remoti da essi appariscono rilevati. 8: ho seguito questa opera con delle *misure*. Das sind die Studien, die den Grund zur „Teorica dell' arte" legen; das wissenschaftliche Element, das in der toskanischen Frührenaissance von Ghiberti, Brunellesco und Alberti bis auf Leonardo so stark hervortritt, spiegelt sich in den Epitheta: docto, dottissimo, dottore, mit denen Giotto, A. Lorenzetti, Bonamico, Stefano (fu egregissimo dottore) bedacht werden. Vollends Giotto ist der Wiedererwecker der durch fast 600 Jahre begraben gewesenen doctrina (II, 3); disciplina und magistero sind kongruente Begriffe dafür. Auf die technische Ausführung im besonderen richten sich die Ausdrücke: diligente, ein Lieblingswort Ghibertis, das auf Plinius zurückführt, pronto, dilicato bei Bonamico. Copioso, das sich dem numerosus bei Plinius vergleichen läßt, geht auf den Reichtum der Erfindung und Komposition. Diese selbst wie auch Zeichnung und Kolorit (bei Bonamico II, 8) gehören zu den ständigen Kategorien der späteren Kunstkritik, die schon Ghiberti in seiner Weise anwendet. Ambrogio Lorenzetti ist nobilissimo disegnatore und componitore (II, 2 und 12, ebenso der Kölner II, 17); egregii et dovitiosi componimenti rühmt Ghiberti seinen eigenen Reliefs mit bedeutendem Selbstgefühl nach (II, 22).

X

ES ist ein *Künstler*, der aus diesen frühesten und ehrwürdigsten Künstlerdokumenten der Renaissance zu uns spricht, rein von der Seite des künstlerischen Ausdruckes an seinen Gegenstand herantretend. Darin und in seinem völligen Freisein von aller papiernen Tradition steht er weit über den nachfolgenden Literaten, wie Billi und vollends dem Anonymus Magliabecchianus, die über schriftliche Quellen verfügen und sie, wie einst der alte Plinius, oft in widerspruchvollster Weise kontaminieren, wie dieser auch häufig starken Mangel an Autopsie an den Tag legen. Jene schreiben nach Vorlagen, Ghiberti gibt nichts, was er nicht gesehen oder erlebt hat; einzig die Erinnerung oder die lebendige Tradition ist sein Leitfaden. Sachliche Unrichtigkeiten sind ihm äußerst selten nachzuweisen, wie denn die moderne Stilkritik — soweit sie ernst zu nehmen ist — seine Zuschreibungen fast durchaus akzeptieren muß. Seine historische

Glaubwürdigkeit habe ich einem kritiklosen modernen Angriffe gegenüber an einem speziellen Fall, dem berüchtigten Giottinoproblem, darzutun versucht[1]). Verzeihliche Irrtümer sind es auch, wenn er die Fresken Barnas aus dem *alten* Testament in S. Gimignano mit dem neutestamentlichen der Gegenseite verwechselt oder Lippo Memmi den *Bruder* (statt Schwager) Simone's nennt. Gelegentliche Irrtümer sind begreiflich, vor allem bei einem in hohem Alter schreibenden Manne, der durchaus auf seine Erinnerung angewiesen war und nicht wie ein moderner Kunstkritiker seinem Gedächtnisse durch Reproduktionen aller Art zu Hilfe kommen konnte. Auch da handelt es sich meist um Kleinigkeiten, wie wenn er die Haupttafel von Duccios Dombild (Krönung Mariae) falsch angibt oder die sette opere di misericordia statt der sieben Sakramente auf den Campanilereliefs nennt. Dafür hat er ebendort ein anderes Sujet, das die neuere Forschung bis in die neueste Zeit immer wieder verkannt hat (obwohl Vasari ihm gefolgt ist), durchaus richtig bestimmt: die Folge der Planeten. Schwerer würde es wiegen, wenn er, wie es den Anschein hat, die berühmte Fonte von Perugia, ein Werk Nicola und Giovanni Pisanos, seinem unmittelbaren Vorläufer Andrea Pisano wirklich zugeteilt haben sollte. Aber das beruht, wie man wohl mit Sicherheit sagen kann, auf einer falschen Lesung der uns allein vorliegenden Kopie. Das Original Ghibertis hatte den Brunnen richtig im Oeuvre *Giovannis* aufgeführt. (Vgl. die Erläuterungen zu Gio. Pisano n. 1). Daß er für *uns* wichtige Werke wie Nicolas Pisaner Kanzel, Orcagnas berühmte Tafel der Strozzi-Kapelle, Taddeo Gaddis Baroncelli-Kapelle, oder die Werke *Pietro* Lorenzettis *nicht* erwähnt, erklärt sich aus seiner *persönlichen* Stellung dem alten Kunstwerke gegenüber, es stand ihm auch noch ein viel reichlicheres Material zu gebote, als uns Heutigen oder selbst schon Vasari.

An zahlreichen Stellen vermögen wir noch seine Angaben durch urkundliche oder sonstige Behelfe nachzuprüfen. Der Name von Giottos Vater Bondone ist (trotz eines nicht berechtigten Zweifels Rumohrs) einwandfrei überliefert. (Komm. zu Giotto n. 2); Ghibertis Angaben über ein Kruzifix Giottos in S. Maria Novella werden durch noch erhaltene Urkunden bestätigt (ib. n. 19); ebenso, daß Stefano wirklich in derselben Kirche tätig gewesen ist (Stefano n. 4). Ebenso stimmen seine Angaben über Orcagna und dessen Bruder mit dem urkundlichen Befund (Orcagna n. 7). Die Scalafresken Ambrogio Lorenzettis sind durch die noch überlieferte Inschrift gesichert (A. Lorenzetti n. 4., nur erwähnt Ghiberti dessen Bruder Pietro nicht); urkundlich bestätigt werden auch seine Angaben über andere heut verlorene Werke des Meisters, so über die Bilder im Sieneser Dom (ib. n. 8); auch der Aufenthalt Ambrogios in Florenz ist sicher

---

[1]) Siehe Prolegomena, Corollarien S. 180 ff.: Zur Frage von Ghibertis historischer Glaubwürdigkeit.

erwiesen (ib. n. 11); die Inschrift seiner verlorenen, aber von Ghiberti erwähnten Tafel in S. Procolo hat noch Cinelli gelesen (ib. n. 12). Ebenso sind die aufgeführten Werke Simone Martinis teils inschriftlich, teils durch Urkunden gesichert.

Auch sonst haben Ghibertis Angaben fast durchweg der modernen Stilkritik Stand gehalten. Er ist, wie es ja bei seiner zeitlichen Stellung auch erklärlich ist, fast überall besser unterrichtet als die Nachfolger, die ihn abschreiben (zuweilen sehr schlecht, wie die hypothetische Quelle K.) und Kontrebande einschmuggeln, die in vielen Fällen — längs noch nicht in allen — von der spätern Forschung als solche erkannt worden ist. So ist er z. B. über Giottos Tätigkeit in Padua, in Neapel, in Assisi besser unterrichtet als jene, er weiß von den (in der paduanischen Lokaltradition festgehaltenen) Arbeiten in der Ragione zu melden, hat aber dafür nicht apokryphes Gut, das schon bei Billi auftaucht, wie die Incoronatafresken in Neapel, die Fresken der Oberkirche in Assisi (in Vasari's *zweiter* Auflage). Wo diese Nachfolger über ihn hinausgehen, — das gilt ganz besonders auch von Vasari's Nachrichten über Siena — sind mit wenigen Ausnahmen ihre Angaben falsch oder in hohem Grade verdächtig. Gewährsmänner, wie den alten Künstlermönch Fra Jacopo in Siena oder die Schüler des Kölner Meisters Gusmin, macht er gelegentlich namhaft; im allgemeinen hat er sich überall auf seine eigenen Augen, die fast immer scharf gesehen haben, verlassen. Ein sehr merkwürdiger Fall ist, daß er trotz der (in diesem Falle sogar durch den urkundlichen Befund gestützten) Lokaltradition, der später auch Vasari gefolgt ist, die Ergebnisse der modernen Stilkritik vorausnimmt und die Kanzel zu Siena, deren Entrepreneur Nicola bloß gewesen ist, schon dessen Sohn Giovanni zuteilt. (S. Gio. Pisano n. 3).

In dieser unbedingten Zuverlässigkeit liegt denn auch sein besonderer Wert als Quelle, nicht nur in seinem zeitlichen Verhältnisse zum Trecento, aus dem er selbst noch hervorgegangen ist. Das ist auch bei seiner Stellung gegenüber Vasari hervorzuheben, dessen viel geringeres Künstlertum unter dem Wuste literarischer Tradition, vorgefaßter Schulmeinungen häufig ganz verschwindet. Und ebenso unterscheidet ihn von seinen Nachfolgern der vollständige und ausdrückliche Verzicht auf alles Anekdotische und Novellistische, der in der Biographie des Bonamico so auffallend hervortritt; der uomo godente, wie er ihn knapp und kurz nennt, hat mit seinem Gegenstande nichts zu tun, desto mehr aber der bedeutende Künstler, den Ghiberti in ihm erkennt und verehrt. Nur die echt künstlerisch typische Anekdote vom jungen Giotto und die in feierlichem Legendentone vorgetragene Geschichte eines Zeitgenossen, des Kölner Bildhauers, sowie der so höchst merkwürdige Bericht über die Statue des Lysipp in Siena machen davon eine Ausnahme; man wird aber leicht erkennen, daß es sich hier nicht um exoterische Seiten des Kunstwesens handelt; es sind keine leichtgeschützten anekdotischen Fiorituren, sondern Dinge von tiefer innerer Bedeutung.

Überall und stets hat Ghiberti das *künstlerische* Wesen im Auge. Nichts ist dafür bezeichnender als seine Antikenbeschreibungen im letzten Kommentar, Meisterstücke, in denen er lediglich das rein künstlerisch gegebene Motiv behandelt, ohne sich um die gelehrte Interpretation im mindesten zu kümmern; eine Sache, die bei dem eifrigen Sammler und Verehrer der Antike verwunderlich sein könnte. Aber trotz aller mühsam errungenen Gelehrsamkeit, von der er in seinem Traktate keine kleine Probe gegeben hat, liegen ihm eben, sobald die Kunst selber in Frage kommt, abgesehen von ihrer theoretisch-physikalischen Grundlage und ihrem historischen Verlaufe antiquarisch inhaltliche Interessen so fern als möglich. Bewundernswert ist die Feinheit und Eindringlichkeit, mit der er die „taktilen" Werte dieser Antiken unter bestimmter Beleuchtung schildert; er ist in Wahrheit ein Bildner mit „sehender Hand" nach Goethes schönem Worte, wie er denn mit besonderem Nachdruck hervorhebt, daß bei bestimmten Feinheiten (dolcezze) des plastischen Werkes das Auge allein nicht mehr ausreicht, sondern das Tastgefühl supplierend eintreten muß. Nur die künstlerische Person interessiert ihn noch außerdem, darum nennt er bei einem ausgezeichneten Werke, der Marsyasgemme, vermutungsweise Namen der alten, ihm so teuren Kunstgeschichte; eben darum wird der Name des „letto di Policleto", jener seltsamen Antike, die in seinem Besitze war, wohl auf ihn selbst zurückgehen. Nicht daß Ghiberti gegen den Stoff des Kunstwerkes, im Sinne moderner, hyperartistischer Tendenzen, gleichgültig gewesen wäre; er hebt auffallende Züge wie die Porträts auf einem Fresko Taddeos oder das Künstlerbildnis des Orcagna auf seinem Tabernakel hervor. Und bei den Fresken seines Lieblings Ambrogio Lorenzetti in S. Francesco zu Siena, in der Beschreibung seiner eigenen Baptisteriumstüren gibt er, wie schon erwähnt worden ist, ausführliche Inhaltsangaben, schildert diskursiv, selbst oft in die erzählende Zeitform fallend, die dargestellten Vorgänge, mit einer lebensvollen Anschaulichkeit, der man anmerkt, wie die Bilder vor seinem geistigen Auge entstehen und sich in Handlung umsetzen. Diese Beschreibungen sind eine sehr beachtenswürdige Partie seines Traktates.

Alles in allem genommen offenbart sich also der große Künstler auch in dem *Schriftsteller* der späten Lebensjahre. Ihm ist das völlig zu eigen gewesen, wonach Goethe, im leidenschaftlichen Sehnen seiner jungen Jahre, die Arme vergeblich ausgestreckt hat:

> Was hilft dir das Gebildete
> Der Kunst rings um dich her,
> Wenn liebevolle Schöpferkraft
> Nicht deine Seele füllt
> Und in den Fingerspitzen dir
> Nicht wieder bildend wird!

ANNALEN DER LEBENSGESCHICHTE GHIBERTIS

1378. Geburt Lorenzo Ghibertis als Sohn des Cione di Ser Buonaccorso und der Madonna Fiore aus Val di Sieve. (Supplik Ghibertis von 1444 um Anerkennung seiner bestrittenen ehelichen Geburt an die Signoria, bei Gaye I, 148.) Über seine angebliche Abstammung von der alten Adelsfamilie der Ghiberti vgl. Baldinucci, Mail. A. V, 29ff. Er kommt zu dem Goldschmiede Bartolo di Michele (Bartoluccio), der später durch Heirat mit der Mutter zugleich sein Stiefvater wird, in die Lehre und nennt sich — nach einem in Italien nicht seltenen Künstlerbrauch — nach ihm Lorenzo di Bartolo. Die Urkunde seiner Legitimierung vollständig bei Gualandi, Mem. orig. IV, 17f.

1400. Der junge Ghiberti flüchtet vor der großen Pest und den Unruhen in Florenz nach Oberitalien und ist als Gehilfe eines Malers tätig, mit dem er ein Zimmer im Kastell des Malatesta von *Pesaro* ausmalt. (Ghib. Komm. II, 19.) Dieser Genosse heißt bei Gelli (Vite ed. Mancini 49) Piserino (?). Ghiberti kehrt nach Florenz zurück, um an der Konkurrenz für die zweite Baptisteriumstür teilzunehmen.

1401(2). Bei der Konkurrenz für die zweite Tür (Frist ein Jahr) erhält Ghiberti vor seinen Mitbewerbern Filippo Brunellesco, Simone da Colle, Niccolò (Spinelli) d'Arezzo, Jacopo della Quercia, Francesco di Valdombrina, Niccolò Lamberti den Preis (Komm. II, 19). Sein Probestück mit dem Opfer Abrahams befand sich in der Arte de' mercatanti (Vita anon. di Brunellesco, ed. Holtzinger, p. 13); heute ist es im Museum des Bargello.

1403, 23. November. Kontrakt der Opera mit Ghiberti über die zweite Tür von S. Giovanni. Unter den Gehilfen erscheinen Lorenzos Ziehvater Bartolo, dann der junge Donatello und Bernardo Ciuffagni (Komm. II, 19). (Urkunden aus dem jetzt verlorenen Libro della prima e seconda porta bei Patch-Cocchi, La porta principale del Battistero; Frey, Vas. I, 353f.)

1404, 10. November. Ghiberti erscheint neben Brunellesco in der Sachverständigenkommission für die Änderung der Strebe- mauern der Chortribünen des Domes (Guasti, La cupola di S. Maria del Fiore, Flor. 1857, doc. 425).

1406, 16. Februar. Ghiberti und Brunellesco werden ihres Amtes als Konsulenten der Opera wieder entsetzt (Guasti doc. 434).

— Tod von Ghibertis Vater Cione. Bartolo heiratet Monna Fiore (Gaye I, 148).

1407, 1. Juni. Neuer Kontrakt mit Ghiberti wegen der zweiten Tür (Patch-Cocchi). Unter den Mitarbeitern sind Bartoluccio und Donatello nicht mehr erwähnt, dagegen Michelozzo und (als garzone) Paolo Uccello.

1409, 3. August. Ghiberti wird in die Goldschmiedezunft aufgenommen (Milanesi, Vas. II, 259).

1414. Bronzestatue des Täufers an Orsanmichele. Bez. u. dat. 1414, Komm. II, 19. Vgl. das Ausgabenbuch Ghibertis bei Baldinucci, V, 40. Das Mosaik der Figur eines Propheten darüber vom Anon. Magl. 71 gleichfalls Ghiberti zugeschrieben.

1415. Vittorio Ghiberti geboren (nach der Denunzia Ghibertis von 1446, bei Gaye I, 107, wo er sein Alter auf 68 Jahre, das seiner Frau Marsilia auf 45, das der Söhne Tommaso und Vittorio auf 30 und 31 angibt; vgl. aber auch die abweichenden, jedoch offenbar irrigen Angaben in Ghibertis Denunzia von 1427 (Gaye I, 105).

1416. Tommaso Ghiberti geboren (s. die obigen Angaben Ghibertis).

— Ghiberti mit zwei Gehilfen in *Siena*. (Milanesi, Docum. Sen. II, 91.)

1417, 20. Mai. Zwei Bronzereliefs für den Tautbrunnen von *Siena* (Taufe Christi, Johannes vor Herodes) bei Ghiberti bestellt. Komm. II, 20, Milanesi, Docum. Sen. II, 89. Neun Briefe Ghibertis in dieser Angelegenheit nach Siena (1424—1425), bei Milanesi a. a. O. 119f. Giuliano di Ser Andrea (Mitarbeiter an der ersten Tür) als Gehilfe; Gio. Turini (an den ein Brief gerichtet ist, der für Ghibertis Verhältnis zu den sienesischen Künstlern wichtig ist) hat sich erboten, die letzte Hand anzulegen.

1417. Ghiberti macht Entwürfe für zwei Silberleuchter, die der Goldschmied Guariento für Orsanmichele ausführen soll (Milanesi, Vas. II, 259).

1418. Ghiberti reicht zwei Modelle für die Domkuppel ein. Guasti, Docum. 29, 30.

1419. Papst Martin V. in Florenz. Ghiberti entwirft die Stiege für seine Wohnung in S. Maria Novella (Milanesi II, 260), und fertigt eine Mitra und eine Mantelschließe (mit einem segnenden Christus) aus Gold für ihn an (Komm. II, 21, vgl. Vas. II, 236).

— Vertrag für den S. Matthäus aus Bronze an Orsanmichele. Doren, Ital. Forsch. I. 1f. (Libro del pilastro). Nach dem Zibaldone des Buonacorso Ghiberti (Perkins, Ghiberti 147) hat er 650 fl. gekostet.

1420. Datum der Matthäusstatue (Inschrift).

— 16. April. Bestellung Ghibertis, mit Brunellesco und Battista d'Antonio, zum Provveditore des Kuppelbaues. Guasti Docum. 71, Komm. II, 23.

1421. Mißglückter Guß des Matthäus (Libro del pilastro).

1422. Vollendung des Matthäus (L. del pilastro).

1423. Ghiberti wird in die Compagnia dei Pittori aufgenommen. (Nach dem Libro antico der Campagnia im Besitze Mannis. Anm. zu Baldinucci V, 28).

— Fra Leonardo Dati †. Ghiberti entwirft die Bronzeplatte für sein Grabmal in S. Maria Novella. Komm. II, 20.

1424, 4. April. Ghibertis Entwürfe für die Glasfenster des Doms. Komm. II, 23, Milanesi, Vas. II, 260. Poggi, Il. Duomo di Firenze p. LXXXIff.

— 9. April. Einweihung der zweiten Tür (Gaye I, 106).

— Oktober—Dezember. Ghiberti flüchtet mit seinen Gesellen vor der Pest nach *Venedig*. Briefe nach Siena in der Angelegenheit des Taufbrunnens (Milanesi, Docum. Sen. II, 119; vgl. auch Poggi a. a. O. Doc. 549f.). Damals wird auch der Aufenthalt in *Padua* anzusetzen sein, von dem Ghiberti, Komm. III, 2 (Venusstatue des Lombardo della Seta) spricht.

1425, 2. Jänner. Vertrag mit Ghiberti wegen der dritten (Paradieses)tür mit den Geschichten des A. T. Mitarbeiter Michelozzo, später (1427) auch Tommaso und Vittorio Ghiberti, Bernardo Cennini, sowie Benedetto Gozzoli (1444). (Urkunden bei Frey, Vas. I, 357 ff.; Milanesi, Nuovi docum. p. 90, n. 107.) Im Memoriale des Pietro Cennini von 1475 wird die starke Beteiligung seines Vaters Bernardo Cennini, dann Michelozzos, Lucas della Robbia, Donatellos in der fast 50 Jahre sich hinziehenden Arbeit betont. Programm des Lionardo d'Arezzo für die Tür bei Brockhaus, Flor. Forschungen, wo auch die Dokumente vollständig zusammengestellt sind.

— 28. Juni. Ghibertis Gehalt als Provveditore der Domkuppel vorübergehend (wohl wegen der Arbeit an der Tür) eingestellt. Guasti, Docum. 74, vgl. Fabriczy, Brunellesco p. 112.

1426, 4. Februar. Brunellesco wird mit der unmittelbaren Bauleitung betraut; Ghiberti erhält außerordentliche Erleichterungen. Guasti, Docum. 75, Fabriczy a. a. O.

1427, 12. Mai. Die Reliefs für Siena sind fertig, aber noch nicht vergoldet. Milanesi, Docum Sen. a. a. O. cf. Gaye I, 104.

— Filippo di Cristofano führt die Grabplatte für den 1424 gefallenen Lodovico degli Obizi in S. Croce nach Ghibertis Entwurf aus. Ghib. Comm. II, 20; Brockhaus im Jahresbericht des Flor. Instituts 1905/06.

1427. Bartolommeo Valori †. Ghibertis Entwurf für sein Grabmal in S. Croce. Komm. II, 20, cf. Gaye I, 105.

— 28. Dezember. Ghibertis Immatrikulation in der Steinmetzenzunft (Milanesi, Vas. II, 260).

1428. Datum des Schreines der drei Märtyrer (für Cosmo Medici in S. Maria degli Angeli), schon im Vorjahre bestellt. Gaye I, 104, Komm. II, 20 (jetzt im Museo Nazionale).

— (?) Bronzestatue des heil. Stephanus in Orsanmichele. Komm. II, 21 (über die Technik s. Vas. II, 233). Die Urkunden bei Passerini, Curiosità Fior. I. (Orsanmichele p. 44f.)

— (?) Ghiberti versieht den Marsyascarneol der Medici mit einer kunstvollen Fassung. Komm. II, 20 (vgl. Frey, Magliabecch. 275f. und den Berliner Bronzenkatalog n. 290).

1429, 22. September. Ghiberti erhält zusammen mit Brunellesco den Auftrag, ein Modell des Domes herzustellen. Guasti, Docum. 61.

1432. Zeichnung für den Rahmen und die Marmoreinfassung von Fra Angelicos Triptychon für die Arte dei Linaiuoli (Uffizien). Ausführung durch Jacopo Papero legnajuolo und den Steinmetzen Jacopo di Bartolo da Fiesole; Gualandi, Mem. IV, 109.

— 20. März. Konkurrenz für den Schrein des heil. Zanobi (im Dom zu Florenz) ausgeschrieben, aus der Ghiberti als Sieger hervorgeht. Kontrakt der Opera bei Poggi, Duomo p. XCVf.

— 27. Juni. Ghiberti erhält (zusammen mit Brunellesco) den Auftrag für den Schlußring der Kuppel. Guasti, Docum. 247—248.

1433, 31. Jänner. Ghiberti scheidet endgültig aus der Dombauleitung aus. Fabriczy, Brunellesco p. 93, vgl. Komm. II, 23.

1434. Ankauf von Bronze in Venedig für den Zanobischrein. Poggi a. a. O.

1435. Konkurrenz (mit Brunellesco und Agnolo d'Arezzo) für die Chorschranken des Domes, aus der Brunellesco als Sieger hervorgeht. Cavallucci, S. M. del Fiore 183. Zur selben Zeit Anordnung der Altäre in den Chorkapellen. Cavallucci ibid.

1436, Jänner. Ghiberti nimmt (neben Brunellesco) an der Konkurrenz für die Laterne der Domkuppel teil. Guasti doc. 269, 273.

1437. Die oberen Reliefs der Paradiesestür sind vollendet (Patch-Cocchi).

— Mahnung der Opera an Ghiberti wegen des Zanobischreines. Poggi a. a. O.

— ca.? Ciriaco d'Ancona besucht Ghiberti in seinem Atelier, um seine Antiken zu sehen. Biogr. Scalamontis bei Colucci, Antichità Picene XV, 91.

1438. Papst Eugen IV in Florenz. Ghiberti fertigt eine goldne Mitra mit Figuren für ihn an. Komm. II, 21, cf. Vas. II, 236.

1439. Erneuerung des Vertrages für den Bronzeschrein des heil. Zanobi. Die beiden Reliefs der Schmalseiten sind fertig. Gaye I, 543. (Ghiberti erhielt dafür — im Reinertrag? — 314 fl. Tratt. d'Architettura bei Perkins, p. 147.) Komm. II, 21.

1442. Jänner. Vollendung des Zanobischreines. Poggi a. a. O.

1443, 20. Jänner. Ghiberti nimmt an einer Kommission für die Glasfenster im Tambour der Kuppel teil. Guasti Docum. 202.

— Glasfenster (Ölberg) nach Entwurf Ghibertis von Bernardo di Francesco für die Domtribuna ausgeführt. Komm. II, 23. (Urkunde bei Semper, Mitt. d. Z. Komm. 1872, 19; Poggi, p. LXXXI.)

— Es sind noch vier Storie für die zweite Tür ausständig (Patch-Cocchi).

1444. Prozeß Ghibertis wegen seiner Legitimierung von der Signoria zu seinen Gunsten entschieden. Baldinucci, Mail. A. V, 37f.; Gaye I, 148. Gualandi, Mem. IV, 17.

1444. Glasfenster für den Dom (Himmelfahrt). Komm. II, 23. Semper a. a. O.; Poggi a. a. O.

1445. Glasfenster für den Dom (Darstellung im Tempel). Komm. II, 23. Semper a. a. O.; Poggi a. a. O.

1447, 24. Jänner. Die Einrahmung der zweiten Tür in Arbeit gegeben.

— 19. August. Die Reliefs der zweiten Tür sind vollendet (Patch-Cocchi).

—? Ghiberti in *Rom* bei der Auffindung des Hermaphroditen von S. Celso anwesend. Komm. III, 1. Werke Ghibertis in Rom, die Gelli flüchtig erwähnt, sind nicht bezeugt.

1450, 30. Juni. Ghiberti arbeitet ein Bronzetürchen für das Tabernakel Bernardo Rossellinos für S. Maria Nuova (noch an Ort und Stelle). Urkunden bei Poggi, Miscell. d'Arte 1903, 106.

— ca.? Ghiberti ist mit der Abfassung seiner Kommentarien beschäftigt.

1452, 16. Juni. Feierliche Einweihung der Paradiesestür (Urkunden bei Brockhaus a. a. O.).

— Ghiberti und seine Söhne sind an dem Rahmen für die zweite Tür (und die ältere des A. Pisano) beschäftigt. Gaye I, 408.

1455, 26. November. Ghibertis Testament.

— 1. Dezember. Tod Ghibertis und Begräbnis in S. Croce (Milanesi, Vas. II, 249).

PARALLELSTELLEN

Zu GHIBERTI I, 1: Athenaei *περὶ μηχανημάτων.* Praef. ed. Wescher, p. 3.

Ὅσον ἐφικτὸν μὲν ἀνθρώπῳ τοὺς ὑπὲρ μηχανικῆς ποιουμένῳ λόγους, ὦ σεμνότατε Μαρκέλλε, ἐμνήσθην τοῦ Δελφικοῦ παραγγέλματος ὡς ἔστι θεῖον τι τὸ ὑπομιμνῆσκον ἡμᾶς χρόνου φείδεσθαι· ὡς ἔστι σχεδὸν εἰπεῖν ἅπαντα καταχρώμεθα ἀφειδῶς εἰς τὰς κατεπειγούσας τῷ βίῳ χρείας. Καὶ χρημάτων μὲν καὶ τῶν ἄλλων τῶν δοκούντων ἡμῖν εἶναι πολυτελῶν μὴ τὴν τυχοῦσαν ἐπιστροφὴν καὶ φυλακὴν ποιησώμεθα, ἀλλὰ τοῖς τῶν ἀρχαιῶν προσέχωμεν συντάγμασι· καὶ αὐτοί τε μικρὸν ἐπιτείναντες ἑαυτοὺς οὐκ ἀσκόπως εὑρήσομεν καί παρ' ἄλλων ῥαδίως ἂν μεταλάβωμεν. Τοῦ χρόνου δὲ μεταβλητοῦ γε ὄντος καὶ ῥευστοῦ ἀφειδοῦμεν, ὡς εὐχερὲς τὸ τέλος· καὶ ταῦτα τῆς φύσεως νέμειν μεν ἡμέρας δύναμίν τινα εἰωθυίης εἰς τὸ κατεργάσασθαί τι τῶν ἐν τῷ βίῳ χρησίμων, ὕπνον δὲ νυκτὸς ἀλλὰ πάντως ἀκαριαῖον. Ὁ γὰρ μόνος κληθεὶς δικαίως ποιητὴς οὐδὲ τὸν δοθέντα παρὰ τῶν θεῶν εἰς τὴν ἀνάπαυσιν ἡμῖν τοῦ σώματος ὕπνον παννύχιον εὕδειν ἐᾷ· οὕτω πολλὴν φαίνεται ποιούμενος πρόνοιαν τοῦ μὴ καταργεῖσθαι τὴν διάνοιαν ἐπὶ πολὺν χρόνον. Οἱ δὲ γράφοντές τι ἢ παραγγέλλοντες ἡμῖν καὶ τῆς ὠφελείας εἵνεκα δοκοῦντες αὐτὸ πράττειν, οὐκ ἂν εἰκότως πολυγραφοῦντες, εἰς οὐκ ἀναγκαίοις λόγοις καταναλίσκουσι τὸν χρόνον, ὅπως ἐμφήνωσι τὴν ἑαυτῶν πολυμάθειαν· παρεκβάσεων γὰρ πληρώσαντες ἀπολείπουσι τὰ βιβλία· καὶ ταῦτα τῶν ἀρχαίων φιλοσόφων, καλῶς εἰρηκότων τὰ τοῦ καιροῦ μέτρα δεῖν εἰδέναι ὡς ὑπάρχοντος ὅρου τῆς φιλοσοφίας. Τουτὶ γὰρ ἄν τις εἰς πραγμάτων λόγον ὠφεληθεὶς ἀπέλθοι, ἐπιμελῶς ἐπιστήσας ἑαυτὸν ἐκ τοῦ Δελφικοῦ ἐκείνου παραγγέλματος ἢ ἐκ τῶν Στράτωνος καὶ Ἑστιαίου (Ἑστίου Codd.) *καί Ἀρχίτου καὶ Ἀριστοτέλους καὶ τῶν ἄλλων τῶν παραπλήσια ἐκείνοις γεγραφότων. Νεωτέροις μὲν γὰρ φιλομαθοῦσιν οὐκ ἄχρηστα ἂν εἴη τοῦ στοιχειωθῆναι· τοὶς δὲ βουλομένοις ἤδη τι πράττειν μακρὰν παντελῶς ἂν εἴη καὶ ἀπηρτισμένα τῆς πραγματικῆς θεωρίας. Ὅθεν οὐ κακῶς δόξειεν ἂν πρὸς αὐτοὺς εἰρηκέναι Κάλανος ὁ Ἰνδός· Ἑλλήνων δὲ φιλοσόφοις (Ἑλλ. δὲ φιλόσοφος* Codd.) *οὐκ ἐξομοιούμεθα παρ' οἷς ὑπὲρ μικρῶν πραγμάτων πολλοὶ λόγοι ἀναλίσκονται· ἡμαῖς δε, φησὶν, ὑπὲρ τῶν μεγίστων ἐλάχιστα εἰώθαμεν παραγγέλλειν, ὅπως εὐμνημόνευτα πᾶσιν ᾖ. Κατανοήσει δ' ἄν τις τοῦτο ἀκριβέστατα ἐκ τῶν Δηϊμάχου (Διηνέχου* Codd.) *Περσικῶν καὶ τῶν δι' αὐτοῦ ἀκολουθησάντων Ἀλεξάνδρῳ, καὶ ἔτι τῶν ὑπὸ Πύρρου τοῦ Μακεδόνος γραφέντων πολιορκητικῶν ὀργάνων, ὅσην τὴν διαφορὰν παράλληλον ἐκεῖνος ἔχει. Ἀλλὰ γὰρ ἵνα μὴ καὶ αὐτοὶ πολυγράφοι φαινώμεθα ἐπανάξομεν ἐπὶ τὸ προκείμενον, ὀλίγα προσπαραστησάμενοι διὰ τοὺς εἰωθότας εὐθύνειν πικρῶς τὰς συνθέσεις τῶν λέξεων. Οὐ γὰρ ὑπολαμβάνω καθήκειν ἐξεθ-*

γαζόμενον αὐτὰς ὑστερῆσαι τῆς προθέσεως· καθάπερ συνέβη Ἰσοκράτει τῷ ῥήτορι ἐν τῷ συμβουλευτικῷ ἐπιστολίῳ τῷ πρὸς Φίλιππον αὐτῷ γραφέντι· ἐλύθη γὰρ πρότερον ὁ πόλεμος ἢ ἐκεῖνος ἐτέλεσε τὴν συμβουλίαν. Λέγει γ' οὖν αὐτὸς οὕτως. Ὄντος γὰρ ἐμοῦ περὶ τὴν πραγματείαν ταύτην, ἔφθητε τὴν εἰρήνην ποιησάμενοι πρὶν ἢ με ἐξεργάσασθαι τὸν λόγον. Ἔτι δε καὶ καλῶς ἔχειν μοι δοκεῖ τοῖς ὀρθῶς παραινοῦσι πείθεσθαι περὶ τῶν τοιούτων. Ὁ μὲν γὰρ ἱστοριογράφος Καλλισθένης φησί δεῖν τὸν γράφειν τι πειρώμενον μὴ ἀστοχεῖν τοῦ προσώπου ἀλλ' οἰκείως αὐτῷ τε καὶ τοῖς πράγμασι λόγοις θεῖναι. Ὁ δέ γε περὶ τοιαύτης τέχνης γινόμενος πᾶς λόγος συντομίας τε καὶ σαφηνείας ἐπιδεῖσθαι μοι δοκεῖ, τῶν δε ῥητορικῶν παραγγελμάτων οὐκ οἰκεῖος εἶναι.

Zu GHIBERTI I, 2: *Vitruv* de arch. ed. Rose I, 1, 1.

Architecti est scientia pluribus disciplinis et variis conditionibus ornata, cuius iudicio probantur omnia quae ab ceteris artibus perficiuntur opera. Ea nascitur ex fabrica et ratiocinatione. Fabrica est continuata ac trita usus meditatio, qua manibus perficitur e materia cuiuscumque generis opus est ad propositum deformationis; ratiocinatio autem est quae res fabricatas sollertia, ratione proportionis demonstrare atque explicare potest. Itaque architecti qui sine litteris contenderant, ut manibus essent exercitati, non potuerunt efficere ut haberent pro laboribus auctoritatem, qui autem ratiocinationibus et litteris solis confisi fuerant, umbram non rem persecuti videntur. At qui utrumque perdidicerunt, uti omnibus armis ornati citius cum auctoritate quod fuit propositum sunt adsecuti. Cum in omnibus rebus, tum maxime etiam in architectura haec duo insunt, quod significatur et quod significat. Significatur proposita res de qua dicitur, hanc autem significat demonstratio rationibus doctrinarum explicata. Quare videtur utraque parte exercitatus esse debere qui se architectum profiteatur. Itaque eum etiam ingeniosum oportet esse et ad disciplinam docilem. Neque enim ingenium sine disciplina aut disciplina sine ingenio perfectum artificem potest efficere. Et ut litteratus sit, peritus graphidos, eruditus geometria, historias complures noverit, philosophos diligenter audierit, musicam scierit, medicinae non sit ignarus, responsa iurisconsultorum noverit, astrologiam caelique rationes cognitas habeat.

Vitruv I, 1, 16.

Itaque faciliter contra eas disciplinas disputare possunt, quod pluribus telis disciplinarum sunt armati. Hi autem inveniuntur raro, ut aliquando fuerunt Aristarchus Samius, Philolaus et Archytas Tarentini, Apollonius Pergaeus, (Eratosthenes) Cyrenaeus, Archimedes et Scopinas ab Syracusis, qui multas res organicas et gnomonicas numero naturalibusque rationibus inventas atque explicatas posteris reliquerunt.

Cum ergo talia ingenia ab naturali sollertia non passim cunctis gentibus sed paucis viris habere concedatur (officium vero architecti omnibus conditionibus debeat esse exercitatum . . .).

Vitruv I, 1, 7.

Philosophia vero perficit architectum animo magno et uti non sit adrogans, sed potius facilis aequus et fidelis sine avaritia, quod est maximum, nullum enim opus sine fide ed castitate fieri potest. Ne sit cupidus neque in muneribus accipiendis habeat animum occupatum, sed cum gravitate suam tueatur dignitatem bonam famam habendo. Et haec enim philosophia praescribit. Praeterea de rerum natura quae graece physiologia dicitur philosophia explicat, quam necesse est studiosius novisse, quod habet multas et varias naturales questiones (ut etiam in aquarum ductionibus . . . quorum offensionibus mederi nemo poterit) nisi qui ex philosophia principia rerum naturae noverit.

Item qui Ctesibii (Thesbia Codd.) aut Archimedis et ceterorum qui eiusdem generis praecepta conscripserunt leget, sentire non poterit nisi his rebus a philosophis erit institutus.

Vitruv I, 1, 10, passim.

Disciplinam vero medicinae novisse oportet propter inclinationes caeli quae Graeci climata dicunt . . . Ex astrologia autem cognoscitur oriens occidens meridies septentrio, etiam caeli ratio, aequinoctium solstitium astrorum cursus. Quorum notitiam si qui non habuerit, horologiorum rationem omnino scire non poterit.

Ib. 11–13.

Cum ergo tanta haec disciplina sit condecorata et abundans conditionibus variis ac pluribus, non puto posse se iuste repente profiteri architectos nisi qui ab aetate puerili his gradibus disciplinarum scandendo, scientia plerarumque litterarum et artium nutriti pervenerunt ad summum templum architecturae. At fortasse mirum videbitur inperitis, hominis posse naturam tantum numerum doctrinarum perdiscere et memoria continere. Cum autem animadverterint omnes disciplinas inter se coniunctionem rerum at communicationem habere, fieri posse faciliter credent. Encyclios enim disciplina uti corpus unum ex his membris est composita. Itaque qui a teneris aetatibus conditionibus variis instruuntur, omnibus litteris agnoscunt easdem notas communicationemque omnium disciplinarum, et ea re facilius omnia agnoscunt. Ideoque de veteribus architectis Pytheos (Pythios Codd.) qui Priene (primus Codd.) aedem Minervae nobiliter est architectatus, ait in suis Commentariis architectum omnibus artibus et doctrinis plus oportere posse facere (quam qui singulas res suis industriis et exercitationibus ad summam claritatem perduxerunt. Id autem re non expeditur). Non enim debet, nec potest esse architectus grammaticus uti fuerat Aristarchus (nec musicus ut Aristoxenus, sed non amusos) nec pictor ut Apelles, sed graphidos non imperitus, nec plastes quemadmodum Myron (seu Polyclitus, sed rationis plasticae non ignarus), nec denuo medicus ut Hippocrates (sed non aniatrologetos), nec in ceteris doctrinis singulariter excellens, sed in is non inperitus. Non enim in tantis rerum varietatibus elegantias singulares quisquam consequi potest, quod earum ratiocinationes cognoscere et percipere vix cadit in potestatem. Nec tamen non tantum architecti non possunt in omnibus rebus habere summum effectum, sed etiam ipsi qui privatim proprietates tenent artium non efficiunt ut habent omnes summum laudis principatum. Ergo si in singulis doctrinis singuli artifices neque omnes sed pauci aevo perpetuo nobilitatem vix sunt consecuti, quemadmodum potest architectus, qui pluribus artibus debet esse peritus, non id ipsum mirum et magnum facere ne quid ex is indigeat, sed etiam ut omnes artifices superet, qui singulis doctrinis adsiduitatem cum industria summa praestiterunt. Igitur in hac re Pytheos errasse videtur, quod non animadvertit ex duabus rebus singulas artes esse compositas, ex opere et eius ratiocinatione. Ex his autem unum proprium est eorum qui singulis rebus sunt exercitati, id est operis effectus, alterum commune cum omnibus doctis, id est ratiocinatio (ut medicis et musicis . . .)

Zu GHIBERTI I, 3: *Vitruv* VII, praef. 1f.

Maiores cum sapienter tum etiam utiliter instituerunt, per commentariorum relationes cogitata tradere posteris, ut ea non interirent sed singulis aetatibus crescentia voluminibus edita gradatim pervenirent vetustatibus ad summam doctrinarum subtilitatem. Itaque non mediocres sed infinitae sunt is agendae gratiae, quod non invidiose silentes praetermiserunt, sed omnium generum sensus conscriptionibus memoriae tradendos curaverunt. Namque si non ita fecissent, non potuissemus scire quae res (in Troia fuissent gestae . . .)

Plinius, Nat. hist. XXXV, § 15 (ed. Sillig).

Aegyptii sex milibus annorum apud ipsos inventam (picturam) priusquam in Graeciam transiret adfirmant vana praedicatione, ut palam est, Graeci autem alii Sicyone, alii apud Corinthios repertam, omnes umbra hominis liniis circumducta. . . . inventam liniarem a Phylocle Aegyptio vel Cleanthe Corinthio. Primi exercuere (Aridices Corinthius et) Telephanes Sicyonius sine ullo etiamnum hi colore, iam tamen spargentes lineas intus . . .

Vitruv III, praef. 2f.

Maxime autem id animadvertere possumus ab antiquis statuariis et pictoribus, quod ex his qui dignitatis notas et commendationis gratiam habuerunt, aeterna memoria ad posteritatem sunt permanentes, uti Myron Polycletus Phidias Lysippus ceterique qui nobilitatem ex arte sunt consecuti. Namque ut civitatibus magnis aut regibus aut civibus nobilibus opera fecerunt, ita sunt adepti. At qui non minore studio et ingenio sollertiaque fuerunt nobilibus, et humili fortuna civibus non minus egregie perfecta fecerunt opera, nullam memoriam sunt adsecuti, quod hi non ab industria neque artis sollertia sed a felicitate fuerunt deserti, ut Teleas Atheniensis, Chion Corinthius, Myagrus Phocaeus, Pharax Ephesius, Boedas Byzantius etiamque alii plures. Non minus item pictores, Aristomenes Thasius, Polycles et Andron Ephesii, Theo Magnes (Andramithes nitheo magnis Codd.) ceterique, quos neque industria neque artis studium neque sollertia defecit, sed aut rei familiaris exiguitas aut imbecillitas fortunae seu in ambitione certationis contrariorum superatio obstitit eorum dignitati. Nec tamen est admirandum si propter ignotitiam artis virtutes obscurantur, . . .

Vitruv III, praef. 1 seqq.

Delphicus Apollo Socratem omnium sapientissimum Pythiae responsis est professus. Is autem memoratur prudenter doctissimeque dixisse, oportuisse hominum pectora fenestrata et aperta esse, uti non occultos haberent sensus, sed patentes ad considerandum. Utinam vero rerum natura sententiam eius secuta explicata et apparentia ea constituisset. Si enim ita fuisset, non solum laudes aut vitia animorum ad manum aspicerentur, sed etiam disciplinarum scientiae sub oculorum consideratione subiectae non incertis iudiciis proberentur, sed et doctis et scientibus auctoritas egregia et stabilis adderetur. Igitur quoniam haec non ita sed uti natura rerum voluit sunt constituta, non efficitur ut possint homines obscuratis sub pectoribus ingeniis scientias artificiorum penitus latentes quemadmodum sint iudicare. Ipsique artifices si pollicentur suam prudentiam, si non pecunia sint copiosi seu vetustate officinarum habuerint notitiam, aut etiam gratia forensi et eloquentia non fuerint parati, pro industria studiorum auctoritates (non) possunt habere ut eis quod profitentur scire id credatur.

Vitruv III, praef. 3.

Maxime indignandum, cum etiam saepe eblandiantur gratia conviviorum a veris iudiciis falsam probationem. Ergo ut Socrati placuit si ita sensus et sententiae scientiaeque disciplinis auctae perspicuae et perlucidae fuissent, non gratia neque ambitio valeret, se si quis veris certisque laboribus doctrinarum pervenissent ad scientiam summam, eis ultro opera traderentur. Quoniam autem ea non sunt inlustria neque apparentia in aspectu, ut putamus oportuisse, et animadverto potius indoctos quam doctos gratia superare, non esse certandum iudicans cum indoctis ambitione, potius his praeceptis editis ostendam nostrae scientiae virtutem.

Plinius N. H. XXXV, § 151.

Fingere ex argilla similitudines Butades (Bucadas Codd.) Sicyonius figulus primus invenit Corinthi filiae opera, quae capta amore iuvenis, abeunte illo peregre, umbram ex facie eius ad lucernam in pariete lineis circumscripserit, quibus pater eius impressa argilla typum fecit et cum ceteris fictilibus induratum igni proposuit; eumque servatum in nymphaeo, donec Mummius Corinthum everterit, tradunt. Sunt qui in Samo primos omnium plasticen invenisse Rhoecum et Theodorum tradant multum ante Bacchiadas Corintho pulsos, Damaratum vero ex eadem urbe profugum, qui in Etruria Tarquinium regem populi Romani genuit, comitatos fictores Euchira Diopum (Heucira pum Codd.) Eugrammum; ab iis Italiae traditam plasticen.

Plinius H. N. XXXV, § 156.

Laudat (Varro) et Pasitelen (Epistelem Codd.) qui plasticen matrem coelaturae statuariae sculpturaeque dixit, et, cum esset in omnibus his summus, nihil nunquam fecit antequam finxit.

Ib. § 155.

proplasmata (Arcesilai).

Praeterea elaboratam hanc artem Italiae et maxume Etruriae (et Volcanium Veiis accitum, cui locaret Tarquinius Priscus Iovis effigiem in capitolio dicandam).

Plinius H. N. XXXV, § 153.

Hominis autem imaginem gypso e facie ipsa primus omnium expressit . . . Lysistratus Sicyonius frater Lysippi . . .

Zu GHIBERTI I, 4: *Plinius* H. N. XXXV, § 154.

Plastae laudalissimi fuere Damophilus (Demophylus Cod.) et Gorgasus (Gorganus Cod.), iidem pictores, qui Cereris aedem Romae ad circum maxumum utroque genere artis suae excoluerant, versibus inscriptis graecis quibus significarent ab dextra Damophili esse, ab laeva Gorgasi; ante hanc aedem Tuscanica omnia in aedibus fuisse auctor est Varro et ex hac cum reficeretur . . . (155) idem magnificat Arcesilaum Luci Luculli familiarem, cuius proplasmata pluris venire solita artificibus ipsis quam aliorum opera. Ab hoc factam Venerem genitricem in foro Caesaris et priusquam absolveretur festinatione dedicandi positam (eidem a Lucullo $\overline{HS}$ $\overline{LX}$ *signum felicitatis locatum).*

Zu GHIBERTI I, 5: *Plinius* H. N. XXXIV, § 10.

Proxuma laus Aeginetico (aeri) fuit . . . (exemplar) Deliaci (aeris) autem Juppiter (in Capitolini Jovis tonantis aede).

13. *Prisci limina etiam ac valvas in templis ex aere factitavere . . .* 14. *(triclinia aerata) abacosque (et monopodia) Cn. Manlius (Manilius Codd.) Asia devicta primmum invexisse triumpho suo . . . (L. Piso auctor est.)*

15. *Transiit deinde ars volgo ubique ad effigies deorum. Romae simulacrum ex aere factum Cereri primum reperio ex peculio Sp. Cassi quem regnum adfectantem pater ipsius interemerit. Transiit et a dîs ad hominum statuas atque imagines multis modis. Bitumine antiqui tinguebant eas (quo magis mirum est placuisse auro integere.) hoc nescio an Romanum fuerit inventum . . . Effigies hominum non solebant exprimi nisi aliqua inlustri causa perpetuitatem merentium, primo sacrorum certaminum victoria maxumeque Olympiae, ubi omnium qui vicissent statuas dicari mos erat, eorum vero qui ter ibi superavissent ex membris ipsorum similitudine expressa (quas iconicas vocant).*

Zu GHIBERTI I, 6:

17. *Athenienses nescio an primis omnium Harmodio et Aristogitoni tirannicidis publice posuerint statuas; hoc actum est eodem anno quo et Romae reges pulsi. Excepta deinde res est a toto orbe terrarum humanissima ambitione et in omnium municipiorum foris statuae ornamentum esse coepere prorogarique memoria hominum et honores legendi aevo basibus inscribi, (ne in sepulchris tantum legerentur.) Mox forum et in domibus privatis factum atque in atriis (honos clientium instituit sic colere patronos.)*

18. *Togatae effigies antiquitus ita dicabantur. Placuere et nudae tenentes hastam . . . Graeca res nihil velare, at contra Romana ac militaris thoracas addere. Caesar quidem dictator loricatam sibi dicari in foro suo passus est; nam lupercorum habitu tam noviciae sunt, quam quae nuper prodiere paenulis indutae. Mancinus eo habitu sibi statuit, quod editus fuerat. Notatum ab auctoribus, et L. Attium (Accium Codd.) poetam in Camoenarum aede maxuma forma statuam sibi posuisse cum brevis admodum fuisset. (Equestres) utique statuae Romanam celebrationem habent, orto sine dubio a Graecis exemplo; sed illi celetas tantum dicabant in sacris victores, postea vero et qui bigis vel quadrigis vicissent. Et nostri currus nati in iis qui triumphavissent . . .*

Zu GHIBERTI I, 7:

25. *Invenitur statua decreta et Taraciae Gaiae sive Furetiae (Suffe=tiae Codd.) virgini vestali, ut poneretur, ubi vellet (quod adiectum non minus honoris habent quam feminae esse decretam).*

26. *Invenio et Pythagorae et Alcibiadi in cornibus comitii positas, cum bello Samniti Apollo Pythius iussisset fortissimo Graiae gentis et alteri sapientissimo simulacra celebri loco dicari . . .*

27. *Primus tamen honos coepit a Graecis nullique arbitror pluris statuas dicatas quam Phalereo Demetrio Athenis, siquidem CCCLX statuere nondam anno hunc numerum dierum excedente (quas mox di=laceravere); statuerunt et Romae in omnibus vicis tribus Mario Grati=diano (Gratiabano Codd.) . . .*

Zu GHIBERTI I, 8:

30. *Lucius Piso prodidit M. Aemilio C. Popilio iterum coss. a cen=soribus P. Cornelio Scipione M. Popilio statuas circa forum eorum qui magistratum gesserant sublatas omnis praeter eas quae populi aut senatus sententia statutae essent, eam vero quam (apud aedem Telluris) statuisset sibi Sp. Cassius . . . (etiam conflatam a censoribus).*

Zu GHIBERTI I, 9:

31. *Extant Catonis in censura vociferationes mulieribus statuas Ro=manis in provinciis poni; nec tamen potuit inhibere quominus Romae quoque ponerentur, sicuti Corneliae Gracchorum matri quae fuit Africani prioris filia. (Sedens huic) posita (soleisque sine ammento insignis) in Metelli publica porticu, quae statua nunc est in Octaviae operibus.*

Zu GHIBERTI I, 10:

32. *Publice autem ab exteris posita est Romae C. Aelio (Caelio Codd.) tribuno plebis (lege perlata) . . . Iidem postea Fabricium donavere . . . (et adeo discrimen omne sublatum) ut Hannibalis etiam statuae tribus locis visantur in ea urbe . . .*

Zu GHIBERTI I, 11:

33. *Fuisse autem statuariam artem familiarem Italiae quoque et ve=tustam indicant Hercules ab Evandro sacratus ut produnt in foro boario, qui triumphalis vocatur atque per triumphos vestitur habitu triumphali;*

praeterea Janus Geminus a Numa rege dicatus, qui pacis bellique argu-mento colitur digitis ita figuratis ut CCCLXV dierum nota aut per signi-ficationem anni, temporis et aevi esse deum indicent; signa quoque Tus-canica per terras dispersa quae in Etruria factitata non est dubium. (Mirumque mihi videtur, cum statuarum origo tam vetus Italiae sit) lignea potius aut fictilia deorum simulacra in delubris dicata usque ad devictam Asiam, unde luxuria . . .

38. *Evecta supra humanam fidem ars est successu, mox et audacia. In argumentum successus unum exemplum adferam . . .*

39. *Moles quippe excogitatas videmus statuarum, quas colosseas vo-cant (turribus paris). Talis est in Capitolio Apollo, translatus a M. Lucullo ex Apollonia Ponti urbe, XXX cubitorum, quingentis talentis factus; talis in campo Martio Iuppiter a divo Claudio Caesare dicatus . . . talis et Tarenti factus a Lysippo XL cubitorum. Mirum in modum, quod manu ut ferunt mobilis . . .*

41. *Ante omnis autem in admiratione fuit Solis colossus Rhodi, quem fecerat Chares Lindius Lysippi supra dicti discipulus. (LXX cubitorum altitudinis fuit.) Hoc simulacrum post quinquagesimum sextum annum terrae motu prostratum, sed iacens quoque miraculo est. (Pauci pollicem eius amplectentur; maiores sunt digiti quam pleraeque statuae). Vasti specus hiant defractis membris. (Spectantur intus magnae molis saxa, quo-rum pondere stabiliverat eum constituens. Duodecim annis tradunt) effec-tum CCC talentis (quae conligerant ex adparatu regis Demetrii relicto morae taedio obsessae Rhodo). Sunt alii centum numero in eadem urbe colossi (minores hoc, sed ubicumque singuli fuissent nobilitaturi locum) praeterque hos deorum quinque quos fecit Bryaxis (Bryxasis Cod.).*

43. *Factitavit colossos et Italia; videmus certe (Tuscanicum) Apollinem in (bibliotheca) templi Augusti quinquaginta pedum (a pollice), dubium (aere mirabiliorem an pulchritudine) . . . fecit et Sp. Carvilius Iovem qui est in Capitolio . . .*

Zu GHIBERTI I, 12:

45. *Verum omnem amplitudinem statuarum eius generis vicit aetate nostra Zenodorus Mercurio facto civitate Galliae Arvernis) per annos decem HS CCCC manipreti (magno pretio Codd.) . . . Romam accer-*

situs a Nerone, ubi destinatum illius principis simulacro colossum fecit CX pedum longitudine, qui dicatus Soli (Solis Codd.) venerationi est (damnatis sceleribus illius principis).

46. . . . *Zenodorus scientia fingendi caelandique nulli veterum postponeretur.*

48. . . . *Alexandri quoque Magni tabernaculum sustinere traduntur solitae statuae, ex quibus duae ante Martis Ultoris aedem dicatae sunt, totidem ante regiam.*

Zu GHIBERTI I, 14:

49. *(Minoribus simulacris signisque innumera prope artificum multitudo nobilitata est,) ante omnis tamen Phidias Atheniensis Iove Olympio facto ex ebore quidem et auro, sed et ex aere signa fecit. Floruit autem Olympiade LXXXIII, circiter CCC nostrae urbis anno, quo eodem tempore aemuli eius fuere Alcamenes, Critias, Nesiotes (Nestotes Codd.), Hegias (Hecleas Codd.), et deinde olympiade LXXXVII Agelades (Hagellades Codd.), Callon, Gorgias (Corrigias Codd.) Lacon; (rursus LXXXX, Polyclitus, Phradmon) (rursus Phradmon omitt. Codd.) Myron, (Pythagoras) Scopas, Perellus (Perellius Codd.). Ex his Polyclitus discipulos habuit Argium, Asopodorum, Alexim, Aristiden, Phrynonem, Dinonem, Athenodorum, Demean, Clitorium, Myronem Lycium. Nonagesima quinta olympiade floruere Naucydes, Dinomenes (Dinomedes Codd.) Canachus, Patroclus; centesima secunda Polycles, Cephisodotus, Leochares (Levihares Codd.), Hypatodorus (Hypotodorus Cod.); centesima quarta Praxiteles, Euphranor; centesima septuma Aetion (Echion Codd.), Therimachus.*

Zu GHIBERTI I, 15:

51. *Centesima tertia decuma Lysippus fuit, cum et Alexander Magnus, item Lysistratus frater eius (Lysisan atrusi, Lysias et trosius Codd.), (Sthennis), Euphron, Eucles (Euphronides Codd.), Sostratus, Ion, Silanion, (in hoc mirabile, quod nullo doctore nobilis fuit; ipse discipulum habuit) Zeuxiaden (Zeusiaden Codd.); centesima vicesima prima Eutychides, Euthycrates, Laippus, Cephisodotus (Chepis sicrotus Codd.), Timarchus, Pyromachus. Cessavit deinde ars ac rursus olympiade CLVI*

revixit, cum fuere longe quidem infra praedictos, probati tamen Antaeus, Callistratus, Polycles (Pollides Codd.), Athenaeus, Callixenus, Pythocles, Pythias, Timocles (Tymoles Codd.) . . . Venere autem et in certamen laudatissimi, quamquam diversis aetatibus geniti, quoniam fecerant Amazonas; quae cum in templo Dianae Ephesiae dicarentur, placuit eligi probatissimam ipsorum artificum qui praesentes erant iudicio, cum adparuit eam esse, quam omnes secundam a sua quisque iudicassent. (Haec est Polycliti), proxuma ab eo Phidiae, tertia Cresilae (Cresillae Codd.) quarta Cydonis (Cydonii Codd.), quinta Phradmonis (Pradmonis Codd.).

54. *Phidias praeter Iovem Olympium, quem nemo aemulatur, fecit ex ebore aeque Minervam Athenis, quae est in Parthenone stans, ex aere vero praeter amazonem supra dictam Minervam tam eximiae pulchritudinis ut formae cognomen acceperit. Fecit et cliduchum et aliam Minervam, quam Romae Paullus Aemilius ad aedem Fortunae huiusce diei dicavit, item duo signa quae Catulus (Catullus Codd.) in eadem aede palliata et alterum colossicon nudum, primusque artem toreuticen aperuisse atque demonstrasse merito iudicatur.* 55. *Polyclitus (Polycletus Codd.) Sicyonius Ageladae discipulus diadumenum fecit (molliter iuvenem C talentis nobilitatum), idem et doryphorum (dorophorum Codd.) (viriliter puerum); fecit et quem canona artifices vocant, liniamenta artis ex eo petentes veluti a lege quadam, solusque hominum artem ipsam fecisse artis opere iudicatur; fecit (et destringentem) se et nudum (talo [telo] incessentem) duosque pueros item nudos talis ludentis (qui vocantur astragalizontes) et sunt in Titi imperatoris atrio, — hoc opere nullum absolutius plerique iudicant, — item Mercurium qui fuit Lysimacheae, Herculem, qui Romae hagetera (hacetam Codd.) arma sumentem, Artemona (qui periphoretos appellatus est). Hic consummasse hanc scientiam iudicatur (et toreuticen sic erudisse ut Phidias aperuisse) . . .*

57. *Myronem Eleutheris natum Ageladae et ipsum discipulum (bucula maxume nobilitavit celebratis versibus laudata) . . . fecit et canem et discobolon et Perseum (et pristas) et satyrum admirantem tibias et Minervam, Delphicos pentathlos, pancratiastas, Herculem qui est apud Circum maxumum in aede Pompei Magni.*

Fecisse et cicadae monumentum ac locustae (carminibus suis Erinna significat); fecit et Apollinem

Zu GHIBERTI I, 16:

59. *(Vicit eum) Pythagoras Rheginus . . . (fecit) item Apollinem serpentemque eius . . . et Libyn puerum ferentem tabellam eodem loco [Olympiae] et mala ferentem nudum; Syracusis autem claudicantem, cuius ulceris dolorem sentire etiam spectantes videntur . . .*

Zu GHIBERTI I, 17:

60. *Fuit et alius Pythagoras Samius, initio pictor, cuius signa (ad aedem Fortunae huiusce diei septem nuda et senis unum) laudata sunt . . .*

Zu GHIBERTI I, 18:

61. . . . *(Rhegini [Pythagorae] autem discipulus et filius sororis fuisse) Sostratus. Lysippum Sicyonium (Sitiomorum Codd.) Duris negat ullius (Tullius Codd.) fuisse discipulum, sed primo aerarium (fabrum Codd.) . . . Pluruma ex omnibus signa fecit, (ut diximus) fecundissimae artis, inter quae destringentem se, quem Marcus Agrippa ante thermas suas dicavit, mire gratum Tiberio principi . . .*

63. . . . *in primis vero quadriga (cum Sole Rhodiorum); fecit et Alexandrum Magnum multis operibus, ab pueritia eius orsus. Quam statuam inaurari iussit Nero princeps delectatus admodum illa; dein cum pretio perisset gratia artis, detractum est aurum . . .*

64. . . . *idem fecit Hephaestionem Alexandri Magni amicum quem quidam Polyclito adscribunt (cum in centum prope annis ante fuerit); item Alexandri venationem, quae Delphis sacrata est, Athenis satyrum, (satyrorum Codd.) turmam (Alexandri), in qua amicorum eius imagines summa omnium similitudine expressit; hanc Metellus Macedonia subacta transtulit Romam; fecit et quadrigas multorum generum. Statuariae arti plurumum traditur contulisse, capillum exprimendo, capita minora faciendo quam antiqui, corpora graciliora siccioraque, per quae proceritas signorum maior videretur. (Non habet Latinum nomen) symmetria, quam diligentissime custodit nova intactaque ratione (quadratas veterum staturas permutando) volgoque dicebat, ab illis factos, quales essent homines, a se quales viderentur esse). Propriae huius videntur esse argutiae operum,*

custoditae in minumis quoque rebus. Filios et discipulos reliquit laudatos artifices Laippum et Boedan (Bedam Codd.) sed ante omnis Euthycraten, quamquam is constantiam potius imitatus patris quam elegantiam austero maluit genere quam iucundo placere. Itaque optume expressit Herculem Delphis et Alexandrum Thespiis (Thesphim Codd.) venatorem et proelium equestre, simulacrum ipsum Trophonii (Stroponi Codd.) ad oraculum quadrigas conpluris, equom (cum fiscinis), canes venantium. 67. *Huius porro discipulus fuit Tisicrates et ipse Sicyonius sed Lysippi sectae propior, ut vix discernantur complura signa.*

68\. . . . *celebrant Telephanem Phocaeum ignotum alias, quoniam Thessaliae habitaverit et ibi opera eius latuerint; alioqui suffragiis ipsorum aequatur Polyclito, Myroni, Pythagorae; laudant eius (Larisam et spintha=rum pentathlum et Apollinem). Alii non hanc ignobilitatis fuisse causam, sed quod se regum Xerxis atque Darei officinis dediderit existumant.* 69. *Praxiteles quoque (marmore) felicior, ideo et clarior fuit; fecit tamen et ex aere pulcherrima opera: (Proserpinae raptum) item Catagusam et Liberum patrem, ebrietatem nobilemque una satyrum (quem Graeci peri=boëton cognominant) et signa quae ante Felicitatis aedem fuere Venerem=que quae ipsa aedis incendio cremata est Claudi principatu (marmoreae illi suae per terras inclutae parem). Item stephanusam (stephusam Codd.), spilumenen, (spellium enen Codd.) oenophorum, Harmodium et Aristogito=nem tirannicidas, quos a Xerxe Persarum rege captos victo Perside Athe=niensibus remisit magnus Alexander. Fecit et puberem Apollinem (subre=penti lacertae comminus sagitta) insidiantem quem sauroctonon vocant. Spectantur et duo signa eius diversos adfectus exprimentia flentis matro=nae et meretricis gaudentis (hanc putant Phrynen fuisse . . .)* 71. *Ipse Calamis et alias quadrigas bigasque fecit . . .* 72. *Alcamenes (Alchimenes Codd.) Phidiae discipulus et marmorea fecit et aereum (pentathlum qui vocatur ancrinomenos), at Polycliti discipulus Aristides quadrigas bigas=que . . .* 73. *Bryaxis Aesculapium et Seleucum fecit, Boedas (Bedas Codd.) adorantem Batton, Apollinem et Iunonem qui sunt Romae in Concordiae templo.* 74. *Cresilas volneratum deficientem, in quo possit intellegi quan=tum restet animae, et Olympium Periclem dignum cognomine; mirumque in hac arte est quod nobiles viros nobiliores fecit. Cephisodotus (Cephi=*

sodorus Codd.) Minervam mirabilem in portu Atheniensium et aram ad templum Iovis Servatoris in eodem portu, cui pauca comparantur. 75. Cana=chus Apollinem nudum . . . Chaereas Alexandrum Magnum et Philippum patrem eius fecit, Ctesilaus (Desilaus Codd.) doryphoron (dorophoron Codd.) et amazonem volneratam; Demetrius Lysimachen quae sacerdos Minervae fuit (LXIIII annis) idem et Minervam quae musica appellatur; dracones in gorgone eius ad ictus citharae tinnitu resonant. . . . Daedalus et ipse inter pictores laudatus pueros duos destringentis se fecit, Dinomenes Prothesilaum et Pythodemum (Phitodemum Codd.) luctatorem. Euphra=noris (Alexander) Paris est in quo laudatur, quod omnia simul intelle=gantur, iudex dearum, amator Helenae et tamen Achillis interfector; huius est Minerva Romae quae dicitur Catulina (Catuliana Codd.) intra capitolium a Qu. Lutatio (Luctatio Catulo Codd.) dicata et simulac=rum Boni Eventus dextra pateram, sinistra spicam (ac papavera) tenens; item Latona puerpera Apollinem et Dianam infantis sustinens in aede Concordiae; fecit et quadrigas bigasque et cliduchon (cliticum Codd.) eximia forma, et Virtutem et Graeciam (egregiam Codd.) (utrasque colos=seas), mulierem admirantem et adorantem, item Alexandrum et Philip=pum in quadrigis. Eutychides Eurotan in quo artem ipso amne (ipsamine Codd.) liquidiorem plurumi dixere. (Hegiae) Minerva Pyrrusque rex laudatur (et celetizontes pueri), et Castor et Pollux ante aedem Iovis Tonantis . . . Isidoti buthytes. 79. Lycius Myronis discipulus fuit . . . Leochares aquilam sentientem quid rapiat in Ganymede (et cui ferat parcentemque unguibus etiam per vestem) puero (puerum Codd.), Auto=lycum pancratii victorem, propter quem Xenophon symposium scripsit, Iovemque illum tonantem in Capitolio ante cuncta laudabilem, item Apol=linem diadematum . . . 80. Naucerus luctatorem anhelantem fecit, Nice=ratus (Niscerates Codd.) Aesculapium et Hygiam qui sunt in Concordiae templo Romae. Pyromachi (Phyromachi con. Keil.) quadriga ab Alcibiade regitur. Polycles Hermaphroditum (nobilem) fecit; Pyrrus (Hygiam et) Minervam. Phanis (Phenis Codd.) Lysippi discipulus epithynasan (ephi=drysan Codd.). 81. Styppax Cyprius uno celebratur signo (splanchnopte); 82. . . . Silanion Apollodorum fudit (fecit Codd.) . . . Strongylion Amazonem quam excellentia (crurum eucnemon appellant) . . . item fecit puerum quem amando Brutus Philippensis cognomine suo inlustravit. (Theodorus) qui labyrinthum fecit, (Sami) ipse se ex aere fudit . . . Xeno= crates (Tisicratis) discipulus, ut alii Euthycratis, (vicit utrosque copia signorum) et de sua arte composuit volumina . . . 84. (Atque ex omnibus quae retuli) clarissima quaeque in urbe iam sunt dicata a Vespasiano prin= cipe in templi Pacis . . . 85. Praeterea sunt aequalitate celebrati artifices, sed nullis operum suorum praecipui (Ariston . . .) . . . 86. Nunc percen= sebo eos qui eiusdem generis opera fecerunt ut Apollodorus, Androbulus, Asclepiodorus, Aleuas philosophus . . . 87. Colotes . . . item Cleon et Cenchramis et Callicles (Gallicles Codd.), et Cepis, Chalcosthenes . . . Daippus . . . Damocritus et Daemon (Demon Codd.) philosophos . . .

Zu GHIBERTI I, 19: *Vitruv* l. VII, praef. 11–14.

Agatharchus Athenis Aeschylo docente tragoediam scaenam fecit et de ea commentarium reliquit. Ex eo moniti Democritus et Anaxa= goras de eadem re scripserunt quemadmodum oporteat ad aciem ocu= lorum radiorumque extentionem certo loco centro constitutas lineas ratione naturali respondere, uti de incerta re certae imagines aedificiorum in scaenarum picturis redderent speciem et quae in directis planisque fron= tibus sint figurata, alia abscedentia alia prominentia esse videntur. Postea Silenus de symmetriis doricorum edidit volumen, de aede Iunonis quae est Sami dorica Theodorus, de ionica Ephesi quae est Dianae Chersi= phron (Cresiphon Codd.) et Metagenes, de fano Minervae quod est Priene ionicum Pytheos, item de aede Minervae dorica quae est Athenis in arce Ictinos et Carpion, Theodorus Phocaeus de tholo qui est Del= phis, Philo de aedium sacrarum symmetriis et de armamentario quod fecerat Piraeei portu; Hermogenes de aede Dianae ionica qua est Mag= nesiae pseudodipteros et Liberi Patris Teo monopteros, item Arcesius (Argelius Codd.) de symmetriis corinthiis et ionico Trallibus Aesculapio quod etiam ipse sua manu dicitur fecisse, de Mausoleo Satyrus et Pytheos (Phiteus Codd.), quibus vero felicitas maximum summumque contulit munus. Quorum enim artes aevo perpetuo nobilissimas laudes et sempi= terno florentes habere iudicantur, excogitatis egregias operas praestiterunt. (Namque singulis frontibus singuli artifices sumpserunt certatim partes ad ornandum et probandum) Leochares, Bryaxis, Scopas (Scaphas Codd.), Praxiteles, (nonnulli etiam putant) Timotheum, quorum artis eminens excellentia coegit ad septem spectaculorum eius operis pervenire famam. Praeterea minus nobiles multi praecepta symmetriarum conscripserunt, uti Nexaris, Theocydes, Demophilos, Pollis, Leonidas, Sillanion, Melampus, Sarnacus, Euphranor. Non minus de machinationibus, uti Diades, Archytus, Archimedes (Archymedes Codd.) Ctesibios (et esibios Codd.) Nymphodorus, Philo Byzantius, Diphilos (Diphylos Codd.), Democles (Demodes Codd.), Charias (Charidas Codd.), Polyidos, Pyrros, Agesistratos (Agesistratas Codd.). Quorum ex commentariis quae utilia esse his rebus animadverti, collecta in unum coegi corpus, et ideo maxime quod animadverti in ea re ab Graecis volumina plura edita, ab nostris oppido quam pauca. Fuficius (Sufficus Codd.) nimirum de his rebus primus instituit edere volumen, item Terentius Varro (de novem disciplinis, unum de architectura) . . . Namque Athenis Antistates, et Callaeschros (Callecheros Codd.) et Antimachides et Pormos architecti (Pisistrato aedem Iovi Olympio facienti fundamenta constituerunt) . . .

Zu GHIBERTI I, 20: *Plinius*, N. H. XXXV § 54.

Non constat sibi in hac parte Graecorum diligentia multas post olympiadas celebrando pictores quam statuarios (ac toreutas), primumque olympiade nonagesima, cum et Phidiam ipsum initio pictorem fuisse tradatur clipeumque (Olympiumque Iovem Codd.) Athenis ab eo pictum, praeterea in confesso sit LXXX tertia fuisse fratrem eius Panaenum (fratrem eius, paen Codd.) qui clipeum intus pinxit (Elide) Minervae, quam fecerat Colotes discipulus Phidiae et ei in faciendo Iove Olympio adiutor. 55. Quid quod in confesso perinde est Bularchi pictoris tabulam in qua erat Magnetum proelium . . . 56. . . . aliquanto ante fuisse Hygiaenontem (Hygiemonem Codd.) Dinian (Dimono Codd.), Charmadan (Cramandam Codd.) et qui primus in pictura marem a femina discreverit Eumarum Atheniensem figuras omnis imitari ausum quique inventa eius excoluerit Cimonem Cleonaeum. (Hic catagrapha invenit, hoc est obliquas imagines) et varie formare vultus respicientis, suspicientis vel despicientis (articulis membra distinxit, venas protulit praeterque in veste rugas et sinus invenit). Panaenus (Paneus Codd.) quidem frater Phidiae etiam proelium Atheniensium adversus Persas apud Marathona factum pinxit; adeo iam colorum usus increbruerat adeoque ars perfecta erat, ut in eo proelio iconicos duces pinxisse tradatur, Atheniensium Miltiadem (Mitridatem Codd.), Callimachum, Cynaegirum, barbarorum Datim, Artaphernem. 58. *Quin immo certamen enim picturae florente eo institutum est Corinthi ac Delphis, primusque omnium certavit cum Timagora Chalcidense, superatus ab eo Pythiis (Pythis Codd.) quod et ipsius Timagorae carmine vetusto adparet (chronicorum errore non dubio). Alii quoque post hos clari fuere ante nonagesimam olympiadem, sicut Polygnotus Thasius qui primus mulieres tralucida veste pinxit, capita earum mitris versicoloribus operuit plurumumque picturae primus contulit, siquidem instituit os adaperire, dentis ostendere, voltum ab antiquo rigore variare. Huius est tabula in porticu Pompei quae ante curiam eius fuerat (in qua dubitatur an ascendentem cum clipeo pinxerit an descendentem), hic Delphis aedem pinxit, hic et Athenis porticum (quae Poecile vocatur gratuito) cum partem eius Micon mercede pingeret; vel maior huic auctoritas, siquidem amphyctiones quod est publicum Graeciae concilium, hospitia ei gratuita decrevere. Fuit et alius Micon, qui minoris cognomine distinguitur, cuius filia Timarete et ipsa pinxit.* 60. *Nonagesima autem Olympiade fuere Aglaophon (Aglaus Cephon Codd.), Cephisodorus, (Erillus), Evenor pater Parrasii et praeceptor (maximi pictoris, de quo suis annis dicemus) omnes iam inlustres, non tamen in quibus haerere expositio debeat festinans ad lumina artis, in quibus primus refulsit Apollodorus Atheniensis LXXXXIII olympiade. Hic primus species exprimere instituit primusque gloriam penicillo iure contulit; eius est sacerdos adorans et Aiax fulmine incensus (quae Pergami spectatur hodie); neque ante eam tabula ullius ostenditur, quae teneat oculos. Ab hoc artis fores apertas Zeuxis (Zeusis Codd.) Heracleotes intravit olympiadis XCV (anno IV audentemque iam aliquid penicillum — de hoc enim adhuc loquamur) ad magnam gloriam perduxit, (a quibusdam falso in LXXXIX olympiade positus; confuisse necesse est) Demophilum Himeraeum et Nesea Thasium, quoniam utrius eorum discipulus fuerit ambigitur. In eum Apollodorus suprascriptus versum fecit artem ipsis ablatam Zeuxim ferre secum. Opes quoque tantas adquisivit ut in ostentatione earum Olympiae aureis litteris in palliorum tesseris intextum nomen suum ostentaret; postea donare opera sua instituit, quod nullo pretio satis digno permutari posse diceret sicuti Alcmenam Agragentinis, Pana Archelao (pan erdelao, rohelao Codd.). Fecit et Penelopen, in qua pinxisse mores videtur, et athletam (athlean Codd.), adeoque in illo sibi placuit, ut versum subscriberet celebrem ex eo invisurum aliquem facilius quam imitaturum. Magnificus est et Iuppiter eius in throno adstantibus dîs et Hercules infans dracones strangulans, Alcmena matre coram pavente et Amphitryone. (Reprehenditur tamen ceu grandior in capitibus articulisque), alioqui tantus diligentia, ut Agragentinis facturus tabulam quam in templo Iunonis Laciniae publice dicarent inspexerit virgines eorum nudas et quinque elegerit' ut quod in quaque laudatum esset pictura redderet; pinxit et monochromata ex albo. Aequales eius et aemuli fuere Timanthes Androcydes (Androgides Codd.) Eupompus Parrasius.* 65. *Descendisse hic in certamen cum Zeuxide traditur et, cum ille detulisset uvas pictas tanto successu ut inscaenam aves advolarent, ipse detulisse linteum pictum ita veritate repraesentata, ut Zeuxis alitum iudicio tumens flagitaret tandem remoto linteo ostendi picturam atque intellecto errore concederet palmam ingenuo pudore, quoniam ipse volucres fefellisset, Parrasius autem se artificem.* 66. *Fertur et postea Zeuxis pinxisse puerum uvas ferentem ad quas cum advolassent aves, eadem ingenuitate processit iratus operi et dixit: „uvas melius pinxi quam puerum; nam si et hoc consummassem aves timere debuerant". Fecit et figlina opera quae sola in Ambracia relicta sunt, cum inde Musas Fulvius Nobilior Romam transferret. Zeuxidis manu Romac (Helena) est in Philippi porticibus, et in Concordiae delubro Marsyas religatus.*

GHIBERTI I, 21: *Plinius* N. H. XXXV, § 67:

Parrasius Ephesi natus et ipse multa contulit; primus symmetriam picturae dedit, primus argutias voltus, elegantiam capilli, venustatem oris, confessione artificum in liniis extremis palmam adeptus. Haec est picturae summa subtilitas; corpora enim pingere et media rerum est quidem magni operis sed in quo multi gloriam tulerint; extrema corporum facere et desinentis picturae modum includere rarum in successu artis invenitur; ambire enim se ipsa debet extremitas et sic desinere ut promittat alia post se ostendatque etiam quae occultat. Hanc ei gloriam concessere Antigo=

nus et Xenocrates qui de pictura scripsere, praedicantes quoque, non solum confitentes et alia. Multa (alia multa Codd.) graphidis vestigia extant in tabulis ac membranis eius, ex quibus proficere dicuntur artifices; minor tamen videtur sibi conparatus in mediis corporibus exprimendis... 70. Pinxit et archigallum, quam picturam amavit Tiberius princeps atque (ut auctor est Deculo) HS LX aestumatam cubiculo suo inclusit; pinxit et Thressam (Chressam Codd.) nutricem infantemque in manibus eius, et Philiscum et Liberum patrem adstante Virtute et pueros duos in quibus spectatur securitas et aetatis semplicitas, item sacerdotem adstante puero cum acerra et corona. 71. Sunt et duae picturae eius nobilissimae, hoplites (hoplitites Codd.) in certamine uter decurrens ut sudare videatur, alter arma deponens ut anhelare sentiatur; laudantur et Aeneas Castorque ac Pollux (in eadem tabula), item Telephus, Achilles, Agamemnon, Ulixes. Fecundus artifex, sed quo nemo insolentius et arrogantius usus sit gloria artis; namque et cognomina usurpavit, habrodiaetum se appellando aliisque versibus principem artis et eam ab se consummatam, super omnia Apollinis se radice ortum et Herculem (qui est Lindi) talem a se pictum, qualem saepe in quiete vidisset; ergo magnis suffragiis superatus a Timanthe Sami in Aiace armorumque iudicio herois nomine se moleste ferre dicebat, quod iterum ab indigno victus esset. (Pinxit et minoribus tabellis libidines, eo genere petulantis ioci) se reficiens, nam Timanthi vel plurumum adfuit ingenii; eius enim est Iphigenia oratorum laudibus celebrata, qua stante ad aras peritura, cum maestos pinxisset omnis praecipueque patruum et tristitiae omnem imaginem consumpsisset, patris ipsius voltum velavit quem digne non poterat ostendere. Sunt et alia ingenii eius exemplaria, veluti Cyclops dormiens in parvola tabella, cuius et sic magnitudinem exprimere cupiens pinxit iuxta Satyros thyrso pollicem eius metientis (mentientes Codd.) atque in unius huius operibus intelligitur plus semper quam pingitur, et cum sit ars summa, ingenium tamen ultra artem est; pinxit et heroa (heroas Codd.) absolutissimi operis (artem ipsam complexus viros pingendi) quod opus nunc Romae in templo Pacis. 75. Euxinidas hac aetate docuit Aristiden praeclarum artificem, Eupompus Pamphilum Apellis praeceptorem. Est Eupompi victor certamine gymnico (cymnico Codd.) palmam tenens,

Ipsius auctoritas tanta fuit ut diviserit picturam in genera tria, quae ante eum duo fuere, Helladicum et Asiaticum apellabant; propter hunc qui erat Sicyonius (diviso Helladico tria facta sunt, Ionicum, Sicyonium, Atticum. Pamphili cognatio et proelium ad Phliuntem ac victoria Atheniensium, item) Ulixes (in rate); ipse Macedo natione, sed primus in pictura omnibus litteris eruditus, praecipue arithmetica et geometria, sine quibus negabat artem perfici posse, docuit neminem talento minoris annuis ӾD, quam mercedem et Apelles et Melanthius dedere ei. 77. Huius auctoritate effectum est Sicyone primum, deinde in tota Graecia, ut pueri ingenui omnia ante (graphicen hoc est) picturam (in buxo) docerentur recipereturque ars ea in primum gradum liberalium. Semper quidem honor ei fuit, ut ingenui eam exercerent . . . 78. Clari etiam CVII olympiade exstitere Aetion ac Therimachus; Aetionis sunt nobiles picturae Liber pater, item Tragoedia et Comoedia, Semiramis ex ancilla regnum apiscens, anus lampadas praeferens (et nova nupta verecundia notabilis). 79. Verum et omnis prius genitos futurosque postea superavit Apelles Cous (quos Cod.) olympiade CXII; picturae plura solus prope quam ceteri omnes contulit, voluminibus etiam editis quae doctrinam eam continent. Praecipua eius in arte venustas fuit, cum eadem aetate maxumi pictores essent; quorum opera cum admiraretur omnibus conlaudatis, deesse illam suam Venerem dicebat (quam Graeci Charites vocant); cetera omnia contigisse, sed hac sola sibi neminem parem. 80. Et aliam gloriam usurpavit, cum Protogenis opus immensi laboris ac curae supra modum anxiae miraretur; dixit enim omnia sibi aut illo paria esse aut illi meliora sed non se praestare, quod manum de tabula sciret tollere, memorabili praecepto nocere saepe nimiam diligentiam. Fuit autem non minoris simplicitatis quam artis; Melanthio (Miamphio Codd.) dispositione cedebat, Asclepiodoro de mensuris (hoc est quanto quid a quoque distare deberet). 81. Scitum est inter Protogenen et eum quod accidit: ille Rhodi vivebat, quo cum Apelles adnavigasset avidus cognoscendi opera eius fama tantum sibi cogniti, continuo officinam petiit; aberat ipse, sed tabulam amplae magnitudinis in machina adaptata una custodiebat anus; haec foris esse Protogenen respondit interrogavitque a quo quaesitum diceret; „ab hoc", inquit Apelles adreptoque penicillo liniam ex colore duxit summae tenuitatis per tabulam; reverso Protogeni quae gesta erant anus indicavit. Ferunt artificem protinus contemplatum, subtilitatem dixisse Apellem venisse, non enim cadere in alium tam absolutum opus, ipsumque alio colore tenuiorem liniam in ipsa illa duxisse abeuntemque praecepisse, si redisset ille, ostenderet adiceretque hunc esse quem quaereret; atque ita evenit, revertit enim Apelles et vinci erubescens tertio colore linias secuit nullum relinquens amplius subtilitati locum. At Protogenes victum se confessus in portum devolavit hospitem quaerens, placuitque sic eam tabulam posteris tradi omnium quidem sed artificum praecipuo miraculo. Consumptum eam priore incendio Caesaris domus in Palatio audio . . . 84. *Apelli fuit alioqui perpetua consuetudo numquam tam occupatum diem agendi, ut non liniam ducendi exerceret artem, quod ab eo in proverbium venit. Idem perfecta opera proponebat in pergula transeuntibus atque ipse post tabulam latens vitia quae noterentur auscultabat volgum diligentiorem iudicem quam se praeferens; feruntque reprehensum a sutore, quod in crepidis una pauciores intus fecisset ansas, eodem postero die superbo emendatione pristinae admonitionis cavillante circa crus, indignatum prospexisse denuntiantem, ne supra crepidam sutor iudicaret (quod et ipsum in proverbium abiit). Fuit enim et comitas illi, propter quam gratior Alexandro Magno . . .* 86. *Honorem ei clarissimo perhibuit exemplo; namque cum dilectam sibi e pallacis suis praecipue, nomine Pancaspen (Campaspen Codd.), nudam pingi ob admirationem formae ab Apelle iussisset eumque, dum paret, captum amore sensisset, dono dedit ei, magnus animo, maior inperio sui, nec minor hoc facto quam victoria aliqua. Quippe se vicit nec torum tantum suum sed etiam adfectum donavit artifici; ne dilectae quidem respectu motus, cum modo regis ea fuisset, modo pictoris esset. (Sunt qui Venerem anadyomenen ab illo pictam exemplari putent.)* 88. *Apelles et in aemulis benignus Protogeni dignationem primus Rhodi constituit . . . Ea res concitavit Rhodios ad intelligendum artificem, nec nisi augentibus pretium cessit . . .* 89. *Non fuerat ei gratia in comitatu Alexandri cum Ptolemaeo, quo regnante Alexandriam vi tempestatis expulsus, subornato fraude aemulorum plano regio invitatus ad cenam venit indignantique Ptolemaeo et vocatores suos ostendenti, ut diceret a quo eorum invitatus esset, adrepto carbone exstincto ex foculo imaginem in pariete deliniavit, adgnoscente voltum plani rege inchoatum protinus . . .* 90. *Sunt inter opera eius et exspirantium imagines . . .* (92. *Pinxit et Alexandrum Magnum fulmen tenentem . . . .*) (. . . . 96. *pinxit et quae pingi non possunt, tonitrua, fulgetra, fulgura . . .*) 91. *Venerem exeuntem e mari divos Augustus dicavit in delubro patris Caesaris, quae Anadyomene vocatur . . . cuius inferiorem partem conruptam qui reficeret non potuit reperiri; verum ipsa iniuria cessit in gloriam artificis. Consenuit haec tabula carie aliamque pro ea substituit Nero principatu suo Dorothei manu . . .* 92. *Pinxit et Alexandrum Magnum fulmen tenentem in templo Ephesiae Dianae viginti talentis auri . . .* 93. *Pinxit et megabyzi sacerdotis Dianae Ephesiae pompam . . . Mirantur eius Habronem Sami, Menandrum regem Cariae Rhodi, item Antaeum, Alexandreae Gorgosthenen tragoedum . . .*

GHIBERTI I, 22:

98. *Aequalis eius fuit Aristides Thebanus; et omnium primus animum pinxit et sensus hominis expressit (quae vocant Graeci ethe), item perturbationes, durior paulo in coloribus. Huius pictura oppido capto ad matris morientis ex volnere mammam adrepens infans, intelligiturque sentire mater et timere ne emortuo lacte sanguinem lambat, quam tabulam Alexander Magnus transtulerat (Pellam) in patriam suam.* 99. *Idem pinxit proelium cum Persis, centum homines tabula ea conplexus pactusque in singulos minas denas a tyranno Elatensium (Flatiensium Codd.) Mnasone (Marco Nasone Codd.); pinxit et currentis quadrigas et supplicantem paene cum voce, et venatores cum captura.*

GHIBERTI I, 23:

99. *Et Leontion Epicuri (Leonticen pictori Codd.), et anapauomenon (propter fratris amorem, item Liberum patrem et Ariadnen spectatos Romae) in aede Cereris, tragoedum et puerum in Apollinis; cuius tabulae gratia interiit pictoris inscitia, cui tergendam eam mandaverat M. Iunius praetor sub die ludorum Apollinarium. Spectata est et in aede Fidei in Capitolio senis cum lyra puerum docentis; pinxit et aegrum sine fine laudatum, tantumque arte valuit ut Attalus rex unam tabulam eius centum talentis emisse tradatur.*

GHIBERTI I, 24:

101. *Simul, ut dictum est, et Protogenes floruit. Patria ei Caunus (Sicaunus Codd.) gentis Rhodiis subiectae. Summa paupertas initio artisque summa intentio et ideo minor fertilitas. Quis eum docuerit, non putant constare. Quidam et navis pinxisse usque ad quinquagesimum annum; . . .* 102. *palmam habet tabularum eius Ialysus qui est Romae dicatus in templo Pacis. Cum pingeret eum, tradit urmadidis lupinis vixisse, quoniam simul et famem sustinerent et sitim, ne sensus nimia dulcedine obstrueret. Huic picturae quater colorem induxit contra subsidia iniuriae et vetustatis . . .*

GHIBERTI I, 25:

105. *Erat tunc Protogenes in suburbano suo hortulo hoc est Demetrii castris, neque interpellatus proeliis inchoata opera intermisit omnino nisi accitus a rege interrogatusque qua fiducia extra muros ageret respondit scire se cum Rhodiis illi bellum esse, non cum artibus. Disposuit rex in tutelam eius stationes, gaudens quod manus servaret quibus pepercerat; et ne saepius avocaret, ultro ad eum venit hostis relictisque victoriae suae votis inter arma et murorum ictus spectavit artificem, sequiturque tabulam illius temporis haec fama, quod eam Protogenes sub gladio pinxerit . . .* 106. *Fecit et Cydippen et Tlepolemum et Philiscum tragoediarum scriptorem meditantem, et athletam, et Antigonum regem et matrem Aristotelis philosophi, qui ei suadebat ut Alexandri Magni opera pingeret propter aeternitatem rerum. Impetus animi et quaedam artis libido in haec potius eum tulere. Novissime pinxit Alexandrum (ac Pana); fecit et signa ex aere, (ut diximus).* 107. *Eadem aetate fuit Asclepiodorus, quem in symmetria mirabatur Apelles; huic Mnaso (v. supra) tyrannus pro duodecim diis dedit in singulos mnas tricenas, idemque (Theomnesto) in singulos heroas vicenas.*

GHIBERTI I, 26:

108. *His adnumerari debet et Nicomachus Aristidi (Aristodemi Codd.) filius ac discipulus; pinxit raptum Proserpinae, quae tabula fuit in Capitolio in Minervae delubro (supra aediculum Iuventatis) et in eodem Capitolio quam Plancus inperator posuerat, Victoria quadrigam in sub-*

lime rapiens. Ulixi primus addidit pileum. Pinxit et Apollinem ac Dianam, deumque matrem in leone sedentem, item nobilis Bacchas obreptantibus satyris, Scyllamque quae nunc est Romae in templo Pacis. Nec fuit alius in ea arte velocior tradunt namque conduxisse pingendum ab Aristrato Sicyoniorum tyranno quod is faciebat Telesti poetae monimentum, prae=finito die, intra quem perageretur, nec multo ante venisse tyranno in pae=nam accenso, paucisque diebus absolvisse et celeritate et arte mira. Dis=cipulos habuit Aristonem (Aristidem Codd) fratrem et Aristiden filium et Philoxenum Eretrium (deretrium Codd.), cuius tabula nullis post=ferenda, Cassandro regi pictat continuit Alexandri proelium cum Dario; idem pinxit et lasciviam in qua tres Sileni comissantur. Hic celeritatem praeceptoris secutus breviores etiamnum quasdam picturae compendia=rias invenit.

GHIBERTI I, 27:

111. *Adnumeratur his et Nicophanes elegans ac concinnus ita ut venustate ei pauci comparentur; cothurnus ei et gravitas artis multum a Zeuxide et Apelle abest* . . . 116 . . . *Studio (Ludio Codd. Edd.) divi Augusti aetate qui primus instituitam amoenissimam parietum picturam, villas et porticus ac topiaria opera, lucos, nemora, collis, piscinas, euripos, amnis, litora, qualia quis optaret* . . .

135. *Est nomen et Heraclidi Macedoni; initio navis pinxit captoque Perseo rege Athenas conmigravit, ubi eodem tempore erat Metrodorus pictor idemque philosophus in utraque scientia magnae auctoritatis. Itaque cum L. Paulus devicto Perseo petiisset ab Atheniensibus ut ii sibi quam probatissimum philosophum mitterent, ad erudiendos liberos, item picto=rem ad triumphum excolendum, Athenienses Metrodorum elegerunt pro=fessi eundem in utroque desiderio praestantissimum, quod ita Paulus quo=que iudicavit* . . .

128. . . . *Euphranor (Isthmius) olympiade CIV, idem qui inter fictores dictus est nobis; fecit colossos et marmorea et scyphos sculpsit, docilis ac laboriosus ante omnis et in quocumque genere excellens ac sibi aequalis. Hic primus videtur expressisse dignitatis heroum et usurpasse symmetriam* . . . *volumina quoque composuit de symmetria et coloribus. Opera eius*

sunt equestre proelium, duodecim dii, Theseus . . . Nobilis eius tabula Ephesi est, Ulixes simulata insania bovem cum equo iungens et palliati (Palamedes Codd.) cogitantes, dux gladium condens. Eodem tempore fuit et Cydias cuius tabulam argonautas HS CXLIV Hortensius orator mercatus est eique aedem fecit in Tusculano suo, Euphranoris discipulus Antidotus. Huius est clipeo dimicans Athenis et luctator tubicenque inter pauca laudatus. Ipse diligentior quam numerosior et in coloribus severus maxume inclaruit discipulo Nicia Atheniense, qui diligentissime mulieres pinxit; lumen et umbras custodiit atque ut eminerent e tabulis picturae maxume curavit; opera eius: Nemea advecta ex Asia Romam (a Silano), quam in curia diximus positam, item Liber pater in aede Concordiae, Hyacinthus, quem Caesar Augustus delectatus eo secum deportavit Alexandrea capta, et ob id Tiberius Caesar in templo eius dicavit hanc tabulam, et Danaen (Diana Codd.). 132. *Ephesi vero est megabyzi (Megalysi Codd.) sacerdotis Ephesiae Dianae sepulchrum, Athenis necyomantea (necromantia Codd.) Homeri; hanc vendere Attalo regi noluit (voluit Codd.) talentis sexaginta potiusque patriae suae donavit abundans opibus; fecit et grandis picturas, in quibus sunt Calypso, et Io, et Andromeda, Alexander quoque in Pompei porticibus praecellens et Calypso sedens. Huic eidem adscribuntur quadripedes; prosperrime (prosperarime Codd.) canes expressit. Hic est Nicias, de quo dicebat Praxiteles interrogatus, quae maxume opera sua probaret in marmoribus: quibus Nicias manum admovisset . . .* 135. *Est nomen et Heraclidi Macedoni (v. supra) . . .* 133. *Niciae conparatur et aliquando praefertur Athenion (Artemon Codd.) Maronites Glaucionis Corinthii discipulus, austerior colore et in austeritate iucundior, ut in ipsa pictura eruditio eluceat. Pinxit in templo Eleusiae Phylarchum et Athenis frequentiam (quam vocavere syngenicon), item Achillem virginis habitu occultatum Ulixe deprendente, . . . quod nisi in iuventa obiisset, nemo conpararetur . . .*

GHIBERTI I, 28:

136. *Timomachus Byzantius Caesaris dictatoris aetate Aiacem et Medeam pinxit (ei et M. pinxit Codd.) ab eo in Veneris genetricis aede positas, octoginta talentis venumdatas (talentum atticum ꭓ VI taxat M. Varro); Timomachi aeque laudatur Orestes, Iphigenia (in Tauris et Lecy-*

thion agilitatis exercitator) . . . praecipue tamen ars ei favisse in Gorgone visa est . . .

GHIBERTI I, 29:

137. *Pausiae filius et discipulus Aristolaus e severissimis pictoribus fuit, cuius sunt Epaminondas, Pericles, Medea, (Virtus), Theseus, imago Atticae plebis, boum immolatio. Sunt quibus et Nicophanes (Mechopanes Codd.) eiusdem Pausiae discipulus placeat diligentia, quam intelligant soli artifices, alias durus in coloribus et sile multus — nam Socrates iure omnibus placet — tales sunt eius cum Aesculapio filiae Hygia, Aegle, (et hygiagle Codd.) Panacea.*

GHIBERTI I, 30:

138. *. . . non silebuntur et primis proximi: Aristoclides qui pinxit aedem Apollinis Delphis; Antiphilus puero ignem conflante laudatur . . .* 139. *Androbius pinxit Scyllum ancoras praecidentem Persicae classis . . . Alcimachus Dioxippum (Diosippum Codd.) . . .* 140. *Ctesilochus (et Esilocus Codd.) (Apellis) discipulus petulanti pictura innotuit, Iove Liberum parturiente (depicto mitrato) et muliebriter ingemescente inter opstetricia dearum . . . Ctesicles (Clesides Codd.) reginae Stratonices iniuria; nullo enim honore exceptus ab ea pinxit volutantem (voluntatem Codd.) cum piscatore quem regina amare sermo erat eamque tabulam in portu Ephesi proposuit, ipse velis raptus; regina tolli vetuit (utriusque similitudine mire expressa). Cratinus comoedos Athenis (in Pompeio) pinxit . . .*

141. *Habron (Abron Codd.) Amicitiam et Concordiam pinxit et deorum simulacra; Leontiscus Aratum victorem cum tropaeo . . . Nearchus (Nicareus Codd.) Venerem inter Gratias et Cupidines . . .* 142. *Nealces (Neacles Codd.) Venerem, ingeniosus et sollers iste, siquidem cum proelium navale Persarum (et Aegyptiorum) pinxisset . . .*

(v. s. fol. 3r. = Plinius XXXV, 15).

GHIBERTI II, 18: *Vitruv*, de arch. L. VI. praef. 2 seqq.

Non minus eam sententiam augendo Theophrastus, hortando doctos potius esse quam pecuniae confidentes ita ponit, doctum ex omnibus solum neque in alienis locis peregrinum neque amissis familiaribus et necessariis inopem amicorum sed in omni civitate esse civem difficilesque fortunae sine timore posse despicere casus, at qui non doctrinarum sed felicitatis praesidiis putaret se esse vallatum, labidis itineribus vadentem non stabili sed infirma conflictari vita. Epicurus vero non dissimiliter ait pauca sapientibus fortunam tribuere, quae autem maxima et necessaria sunt, animi mentisque cogitationibus gubernari. Haec ita etiam plures philosophi dixerunt, non minus poetae qui antiquas comoedias graece scripserunt, easdem sententias versibus in scaena pronuntiaverunt, ut Eucrates, Chionides, Aristophanes, maxime etiam cum his Alexis, qui Athenienses ait oportere ideo laudari quod omnium Graecorum leges cogunt parentes ali (om. Codd.) a liberis, Atheniensium non omnes nisi eos qui liberos artibus erudissent. Omnia enim munera fortunae cum dantur ab ea faciliter adimuntur, disciplinae vero coniunctae cum animis nullo tempore deficiunt, sed permanent stabiliter ad summum exitum vitae. Itaque ego maximas infinitasque parentibus ago atque habeo gratias, quod Atheniensium legem probantes me arte erudiendum curaverunt, et ea quae non potest esse probata sine litteratura encyclioque doctrinarum omnium disciplina. Cum ergo et parentium cura et praeceptorum doctrinis auctas haberem copias disciplinarum, philologis et philotechnis rebus commentariorumque scripturis me delectans eas possessiones animo paravi, e quibus haec est fructuum summa, nullas plus habendi esse necessitates eamque esse proprietatem divitiarum maxime, nihil desiderare. Sed forte nonnulli haec levia iudicantes putant eos esse sapientes qui pecunia sunt copiosi. Itaque plerique ad id propositum contendentes audacia adhibita cum divitiis etiam notitiam sunt consecuti. Ego autem, Caesar, non ad pecuniam parandam ex arte dedi studium, sed potius tenuitatem cum bona fama quam abundantiam cum infamia sequendam probavi . . .

GHIBERTI III, 1: *Vitruv.* de arch. l. V. praef. 1 seqq.

Qui amplioribus voluminibus, imperator, ingenii cogitationes praeceptaque explicaverunt, maximas et egregias adiecerunt suis scriptis auctoritates. Quod etiam velim nostris quoque studiis res pateretur, ut amplificationibus auctoritas et in his praeceptis augeretur, sed id non est quemadmodum putatur expeditum. Non enim de architectura sic scribitur uti historia aut poemata. Historiae per se tenent lectores. Habent enim novarum rerum varias expectationes. Poematorum vero metra et pedes ac verborum elegans dispositio et sententiarum inter personas distinctas ad versum pronuntiatio prolectando sensus legentium perducit sine offensa ad summam scriptorum terminationem. Id autem in archi=tecturae conscriptionibus non potest fieri, quod vocabula ex artis propria necessitate concepta inconsueto sermone obiciunt sensibus obscuritatem. Cum ergo ea per se non sint aperta nec pateant eorum in consuetudine nomina, tum etiam praeceptorum late vagantes scripturae, si non contra=hantur et paucis et perlucidis sententiis explicentur, frequentia multitu=dineque sermonis inpediente incertas legentium efficient cogitationes. Itaque occultas nominationes commensusque e membris operum pronunti=ans, ut memoriae tradantur, breviter exponam. Sic enim expeditius ea recipere poterunt mentes. Non minus cum animadvertissem distentam occupationibus civitatem publicis et privatis negotiis, paucis iudicavi scri=bendum, uti angusto spatio vacuitatis ea legentes breviter percipere possent.

GHIBERTI III, 17: *Alhazen*, Opticae Liber II, cap. 59. s. f. (Risner, Thes. Opt. p. 65.)

Et similiter amplitudo faciei, quando fuerit proportionalis ad quan=titates membrorum faciei, erit pulchra: scilicet quod facies non sit in fine amplitudinis, et membra faciei sint proportionalia ad quantitatem totius faciei. Quoniam quando facies fuerit ampla maximae amplitudinis, et membra quae sunt in ea, sunt parva, non proportionalia ad quantitatem eius: non erit facies pulchra, quamvis quantitates membrorum sint pro=portionales et figurae eorum sint pulchrae. Et similiter quando fuerit parva facies et stricta, et membra eius fuerint magna, membra dico faciei, erit facies turpis: et cum membra fuerint proportionalia inter se et pro=portionalia ad quantitatem amplitudinis faciei, erit facies pulchra, quam=vis membra per se non sint pulchra: sed proportionalitas tantummodo facit pulchritudinem. Cum ergo in forma congregabitur pulchritudo figurae cuiuslibet partis eius, erit pulchritudo quantitatis et compositionis et pro=portionalitas membrorum secundum figuras, et magnitudines, et situs: et fuerint praeterea proportionalia ad totam figuram faciei et quantitatem eius, erit in fine pulchritudinis. Et similiter scriptura non erit pulchra, nisi quando fuerint literae eius proportionales in figura, et quantitate, et situ, et ordine. Et similiter est cum omnibus modis visibilium: cum quibus congre=

gantur partes diversae. Et cum consideraveris formas pulchras de omnibus modis visibilium: invenies quod proportionalitas facit pulchritudinem magis, quam aliqua alia intentio, vel etiam aliquae coniunctae per se. Et cum considerabuntur intentiones pulchrae, quas faciunt intentiones particulares per coniunctionem earum inter se: invenietur, quod pulchritudo, quae apparet ex coniunctione illarum inter se, non apparet nisi propter proportionalitatem illarum intentionum coniunctarum inter se. Quoniam non, quandocunque adunabuntur illae intentiones fit pulchritudo, sed in quibusdam formis fit, et in aliis non. Et hoc est propter proportionalitatem, quae contingit inter illas intentiones. Pulchritudo ergo non est, nisi ex intententionibus particularibus. Iam ergo declaratum est ex omni, quod diximus, quod formae pulchrae comprehensae a visu: non sunt pulchrae, nisi ex intentionibus particularibus, quae comprehenduntur per sensum visus et ex coniunctione earum inter se et ex proportionalitate earum inter se. Et visus comprehendit intentiones particulares praedictas simplices et compositas. Cum ergo visus comprehenderit aliquam rem visam et fuerit aliqua intentio in illa re visa particularis, faciens pulchritudinem per se aliquam et intueatur visus illam intentionem per se: perveniet forma illius intentionis post intuitum apud membrum sentiens et comprehendet virtus distinctiva pulchritudi nem rei visae, in qua est illa intentio. Quoniam vero forma cuiuslibet rei visae est composita ex multis intentionibus earum intentionum, quarum divisionem praediximus: cum ergo visus comprehenderit rem visam, et non distinxerit intentiones quae sunt in ea: non comprehendet pulchritudinem eius; et cum distinxerit intentiones, quae sunt in ea et fuerit aliqua intentio earum, quae sunt in ea, secundum modum facientem pulchritudinem in anima: statim visus apud intuitionem illius intentionis comprehendet illam intentionem per se. Et cum comprehenderit illam intentionem per se, perveniet illa comprehensio apud membrum sentiens; et sic virtus distinctiva comprehendet pulchritudinem, quae est in ea, et per istam comprehensionem comprehendet pulchritudinem illius rei visae. Cum ergo visus comprehenderit aliquam rem visam, et in illa re visa fuerit pulchritudo composita ex intentionibus coniunctis, et fuerit visus intuitus illam rem visam et distinxerit intentiones, quae sunt in ea: et comprehenderit intentiones quae faciunt pulchritudinem per coniunctionem earum inter se, aut proportionalitatem earum inter se; et pervenerit illa comprehensio apud membrum sentiens, et comparaverit virtus distinctiva illas intentiones inter se: comprehendet pulchritudinem illius rei visae compositam ex coniunctione intentionum quae sunt in ea. Visus ergo comprehendet pulchritudinem, quae est in visibilibus ex compositione illarum intentionum inter se secundum modum, quem declaravimus.

60. *Turpitudo vero est forma carens intentione qualibet pulchra. Quoniam enim iam praedictum est, quod intentiones particulares facient pulchritudinem . . .*

61. *Consimilitudo autem est aequalitas duarum formarum aut duarum intentiorum in re, in qua sunt consimiles. Cum ergo visus comprehenderit duas formas, aut duas intentiones consimiles, simul comprehendet consimilitudinem ex illarum comprehensione cuiuslibet duarum formarum, vel intentionum, et ex comparatione alterius illarum ad alteram. Visus ergo comprehendit consimilitudinem in formis . . .*

GHIBERTI III, 40: *Vitruv.* de arch. l. VIII. praef. I seqq.

De septem sapientibus Thales Milesius omnium rerum principium aquam est professus, Heraclitus ignem, Magorum sacerdotes aquam et ignem, Euripides auditor Anaxagorae, quem philosophum Athenienses scaenicum appellaverunt, aera et terram eamque a caelestium imbrium conceptionibus inseminatam fetus gentium et omnium animalium in mundo procreavisse et quae ex ea essent prognata cum dissolverentur temporum necessitate coacta, in eandem redire, quaeque de aere nascerentur item in caeli regiones reverti neque interitiones recipere et dissolutione mutata in eam recidere in qua ante fuerant proprietatem. Pythagoras vero, Empedocles Epicharmos aliique physici et philosophi haec principia esse quattuor proposuerunt, aerem ignem terram aquam, eorumque inter se cohaerentiam naturali figuratione e generum discriminibus efficere qualitates. Animadvertimus vero non solum nascentia ex his esse procreata sed etiam res omnes non ali sine eorum potestate neque crescere nec tueri. Namque corpora sive spiritus redundantia non possunt habere vitam, nisi aer influens cum incremento fecerit auctus et remissiones continenter. Caloris vero si non fuerit in corpore iusta comparatio, non erit spiritus animalis neque erectio firma, cibique vires non poterunt habere coctionis temperaturam. Item si non terrestri cibo membra corporis alantur, deficient et ita a terreni principii mixtione erunt deserta. Animalia vero si fuerint sine umoris potestate, exsanguinata et exsucata a principiorum liquore interarescent. Igitur divina mens quae proprie necessaria essent gentibus non constituit difficilia et cara, uti sunt margaritae aurum argentum ceteraque quae neque corpus nec natura desiderat, sed sine quibus mortalium vita non potest esse tuta, ea fudit ad manum parata per omnem mundum. Itaque ex his, siquid forte defit in corpore spiritus, ad restituendum aer adsignatus id praestat. Apparatus autem ad auxilia caloris solis impetus et ignis inventus tutiorem efficit vitam. Item terrenus fructus escarum praestans copiis supervacuis desiderationes alit et nutrit animales pascendo continenter. Aqua vero non solum potus sed infinitas uso praebendo necessitates, gratas quod est gratuita praestat utilitates. Ex eo etiam qui sacerdotia gerunt moribus Aegyptiorum, ostendunt omnes res e liquoris potestate consistere. Itaque cum hydria aqua ad templum aedemque casta religione refertur tunc in terra procumbentes manibus ad caelum sublatis inventionis gratias agunt divinae benignitati.

Cum ergo et a physicis et philosophis et ab sacerdotibus iudicetur ex potestate aquae omnes res constare (putavi . . . de inventionibus aquae . . . scribere).

GHIBERTI III, 43: *Vitruv.* de arch. III. praef. 2—4.

Maxime autem id animadvertere possumus ab antiquis statuariis et pictoribus . . .

Gleichlautend mit der Stelle oben Fol. 2 v. (S. 67 zu Ghiberti I, 3), doch mit veränderter Übersetzung und Hinzufügung des Schlusses (§ 4):

Itaque, imperator in primo volumine tibi de arte et quas habeat ea virtutes quibusque disciplinis oporteat esse auctum architectum exposui, et subieci causas quid ita earum oporteat eum esse peritum, rationesque summae architecturae partitione distribui finitionibusque terminavi.

GHIBERTI III, 43: *Vitruv.* de arch. III. 1, 2.

Corpus enim hominis ita natura composuit uti os capitis a mento ad frontem summam et radices imas capilli esset decimae partis, item manus palma ab articulo ad extremum medium digitum tantundem (caput a mento ad summum verticem octavae, cum cervicibus imis ab summo pec= tore ad imas radices capillorum sextae [a medio pectore om. Codd.] ad summum verticem quartae). Ipsius autem oris altitudinis tertia est pars (ab imo mento ad imas nares, nasus ab imis naribus ad) finem medio superciliorum tantundem, ab ea fine ad imas radices capilli frons efficitur item tertiae partis. Pes vero altitudinis corporis sextae, cubitus quartae (pectus item quartae). Reliqua quoque membra suas habent commensas proportiones, quibus etiam aliqui pictores et statuarii nobiles usi magnas et infinitas laudes sunt adsecuti. . . . 3. Item corporis centrum medium naturaliter est umbilicus. Namque si homo conlocatus fuerit supinus manibus et pedibus pansis circinique conlocatum centrum in umbilico eius, circumagendo rotundationem utrarumque manuum et pedum digiti linea tangentur. Non minus quemadmodum schema rotundationis in corpore efficitur, item quadrata designatio in eo invenietur. Nam si a pedibus imis ad summum caput mensum erit eaque mensura relata fuerit ad manus pansas, invenietur eadem latitudo uti altitudo . . .

GHIBERTI III, 45: *Vitruv.* de arch. l. III. 1, 5 seqq.

Nec minus mensurarum rationes quae in omnibus operibus videntur necessariae esse, ex corporis membris collegerunt, uti digitum palmum pedem cubitum, et eas distribuerunt in perfectum numerum, quem Graeci teleion dicunt, perfectum autem antiqui instituerunt numerum qui decem dicitur. Namque ex manibus digitorum numero ab palmo pes est inventus. Si autem in utrisque palmis ex articulis ab natura decem sunt perfecti, etiam Platoni placuit esse eum numerum ea re perfectum qui ex singulari= bus rebus, quae monades apud Graecos dicuntur, perficitur decussis. Simul autem undecim aut duodecim sunt facti, quod superaverint, non possunt esse perfecti, donec ad alterum decussim perveniant. Singulares enim res particulae sunt eius numeri. Mathematici vero contra disputantes ea re perfectum dixerunt esse numerum qui sex dicitur, quod is numerus habet partitiones eorum rationibus numero convenientes sic, sextantem unum, trientem duo, semissem tria, bessem quem dimoeron dicunt quattuor, quintarium quem pentamoeron dicunt quinque, perfectum sex. Cum ad superlationem crescat, supra sex adiecto asse ephecton (effectum Codd.), cum facta sunt octo quod est tertia adiecta tertiarium alterum qui epitritos dicitur, dimidia adiecta cum facta sunt novem sesquialterum qui hemiolios appellatur, duabus partibus additis et decussi facto bessem alterum quem epidimoeron vocitant, in undecim numero quod adiecti sunt quinque quintarium quem epipempton dicunt, duodecim autem quod ex duobus numeris simplicibus est effectum diplasion. Non minus etiam quod pes hominis altitudinis sextam habet partem id est ex eo quod perficitur pedum numero corporis sexis altitudinis terminatio, eum perfectum constituerunt, cubitumque animadverterunt ex sex palmis constare digitisque XXIIII. Ex eo etiam videntur civitates Graecorum fecisse et quemadmodum cubitus est sex palmorum, in drachma (dragma Codd.) qua nummo uterentur aereos signatos uti asses ex aequo sex quos obolos appellant, quadrantesque obolorum, quae alii dichalca nonnulli trichalca dicunt, pro digitis viginti quattuor in drachma constituisse. Nostri autem primo fecerunt antiquum numerum et in denario denos aeris constituerunt, et ea re compositio nominis ad hodiernum diem denarium retinet. Etiamque tertia pars quod efficiebatur ex duobus assibus et tertio semisse, sestertium vocitaverunt. Postea autem quam animadverterunt utrosque numeros esse perfectos et sex et decem, utrosque in unum coiecerunt et fecerunt perfectissimum decussis sexis. Huius autem rei auctorem invenerunt pedem. A cubito enim cum dempti sunt palmi duo, relinquitur pes quattuor palmorum, palmus autem habet quattuor digitos. Ita efficitur uti habeat sedecim digitos et totidem asses aeris ratius denarius. (Ergo si convenit ex articulis hominis numerum inventum esse et ex membris separatis ad universam corporis speciem ratae partis commensus fieri responsam, relinquitur, ut suspiciamus eos qui etiam aedes deorum inmortalium constituentes ita membra operum ordinaverunt ut proportionibus et symmetriis separatae atque universae convenientes efficerentur eorum distributiones.)

GHIBERTI III, 46 = Vitruv. de arch. VII, praef. (s. o. p. 78.)

ERLÄUTERUNGEN ZUM TEXTE GHIBERTIS

COMMENTARIO
I

Vorbemerkung. In *Kursiv* gedruckte Stellen sind eigene Zutaten oder Veränderungen Ghibertis gegenüber dem Text des Athenaeus (wie im folgenden des Vitruv oder Plinius).

1) *Constantino Arabico*, d. i. Constantinus Africanus aus Karthago (Ende des XI. Jahrh.), einer der Gründer der medizinischen Schule von Salerno; als Mönch von Montecassino gestorben. Seine medizinischen Schriften, meist Übertragungen aus dem Arabischen, sind noch 1536 zu Basel gedruckt worden. Vgl. *Steinschneider*, Die europäischen Übersetzungen aus dem Arabischen, Sitzungsber. der kais. Akademie der Wissensch. in Wien. Phil. Hist. 1904, CXLIX, 9. Ghiberti benutzt diesen Autor auch in seinem III. Kommentar.

2) *Aphacon*. Welcher Schriftsteller mit diesem offenbar verstümmelten Namen gemeint ist, ist schwer zu sagen. Vermutlich ist *Alhazen (Alacen, Alacon* in der Handschrift) gemeint.

3) *Tolomeo*, d. i. Cl. Ptolemaeus, der berühmte Astronom und Verfasser einer vielbenutzten Optik, deren Original verloren und nur in lateinischer Übersetzung (des Eugenius Amiratus, 1154) aus dem Arabischen bekannt ist. (Ed. princeps von *Govi*, Turin 1885; vgl. *Hirschberg*, Gesch. d. Augenheilkunde, Leipzig 1879, I, 157 ff.)

4) *celtica* heißt bei Galen und anderen alten Ärzten (cf. Constantinus Afric. de gradibus l. (ed. Basileae 1539, p. 348), eine Heilpflanze (Valeriana celtica). Hier muß indessen ein astronomischer T. t. gemeint sein.

5) *Phidias*. Eigener Zusatz Ghibertis. Über des Phidias Kunstschriften ist aus dem Altertum nichts überliefert.

6) *Avicenna* et *Galieno*. Wieder eigener Zusatz Ghibertis zu Vitruv. Avicenna ist der berühmte arabische Arzt und Philosoph, eine Quelle Ghibertis für den III. Kommentar, wo auch sein hier angedeutetes Programm (für die Anatomie) ausgeführt ist.

7) Mit provedimento übersetzt Ghiberti das plinianische proplasmata (unmittelbar vorher im Text § 155 proplasmata des Arcesilaus, die die Künstler mehr schätzten als ausgeführte Werke anderer). Landin hat in seiner Pliniusübersetzung an dieser Stelle: forme.

8) Der Zusatz über die Praktiken bei Abnahme einer Lebensmaske stammt aus der Atelierpraxis Ghibertis selbst. Schon Cennini (ed. *Milanesi* cap. 182) hat die Sache ausführlich erläutert. Die Verbindung des Tarquinius mit Lysistratus ist natürlich von Ghiberti in den Pliniustext hineingelesen.

9) Die Geschichte der Tonplastik (Plin. XXXV, § 151–158) ist von Ghiberti nur fragmentarisch exzerpiert worden; ebenso der Beginn der *Bronzeplastik*. (XXXIV, 9 ff.)

10) Ghiberti verwechselt, wie man sieht, den Götterberg Olymp mit Olympia, wie er gleich weiterhin die Tyrannenmörder Harmodios und Aristogeiton selbst zu Tyrannen macht!

11) Den nächsten Abschnitt bei Plinius XXXIV (§ 20—24) über alte römische Ehrenstatuen hat Ghiberti nicht aufgenommen.

12) Den folgenden Abschnitt des Plin. (28—29) über das Alter der Ehrenstatuen hat Ghiberti wieder ausgelassen.

13) Ghiberti hat die Pliniusstelle mißverstanden, die Statue des Sp. Cassius wurde eingeschmolzen.

14) Mißverständnis; es ist von den Galerien (opera) der Octavia die Rede.

15) Längerer Passus aus Plinius ausgelassen, wodurch die Stelle unklar wird.

16) Die folgende Pliniusstelle (§ 35—39) über die Statuenmenge des Altertums ist ausgelassen.

17) Eigener Zusatz Ghibertis, auf eigener Anschauung Roms bei seinem dortigen Aufenthalt (1447?) beruhend. Es handelt sich hier um zwei Stücke, die in der Mirabilienliteratur eine Rolle spielen, die Reste des angeblich von Papst Silvester zerstörten Bronzekolosses des Zenodor; die Hand mit der Kugel führte den populären Namen der „palla Sansonis". Sie waren bis 1471 tatsächlich auf dem Platze vor S. Gio. in Laterano zu sehen; dort bildet sie auch Ciriaco d'Ancona hinter dem „caballus Constantini", der Marc-Aurel-Statue, ab (*Hülsen*, Roma antica di Ciriaco d'Ancona, R. 1907, T. VII). 1471 übertrug sie Sixtus IV. nach dem Konservatorenpalaste, wo sie sich noch heute befinden; der Kopf gilt jetzt als der Domitians. (*Michaelis* in den Röm. Mitt. 1891, 14, vgl. *Stevenson* in den Annali dell' Ist. 1877, 381).

18) Mißverständnis Ghibertis; der Text sagt: dicatus Soli — venerationi est, d. h. die Statue wurde nach dem Sturz Neros dem Sonnengott geweiht. Den nächsten Abschnitt, wo Plinius sich über den Verfall der Gießerkunst in Rom verbreitet, hat Ghiberti ausgelassen. Der folgende Satz über die vier Statuen am Zelt Alexanders d. Gr. ist irrig auf Zenodorus bezogen.

19) An *erster* Stelle nennt Plinius die Amazone des Polyklet, was Ghiberti übersehen hat.

20) Ghiberti hat sich an die ihm vorliegende Handschrift gehalten, die (wie manche andere) statt doryphoros: dorophoros hat; ein des Griechischen kundiger Berater (Niccoli?) hat ihm die falsche Übersetzung geliefert. Landin hat richtig Doriphoro.

21) Seltsame Kombination Ghibertis aus Plinius; fecit et (destringentem) *se* et nudum (telo incessentem), was auf zwei verschiedene Bildwerke geht.

22) Woher Ghiberti diese Angaben hat, weiß ich nicht zu ergründen. Im Text des Plinius stehen sie nicht, und sind auch nicht anderweitig überliefert.

23) Die Stelle über die berühmte Kuh Myrons fehlt bei Ghiberti.

24) Neuerliche mißverständliche Kontamination Ghibertis. Landin hat die Stelle richtig übersetzt. Die Würdigung von Polyklets Stil hat Ghiberti nicht aufgenommen. Auch die Liste der Werke des Pythagoras hat Ghiberti erheblich gekürzt.

25) Die Stelle ist arg verderbt, doch hat hier die fehlerhafte Interpunktion der Ghiberti vorliegenden Handschrift Schuld daran, aus der auch Tullius statt ullius (so mehrere Codd.) stammt. Landin hat denselben Fehler: Lisippo Sicionio figluolo di Sostratio fu discepolo di Pyctagora Rhegino e figluolo d'una sua sorela. Dure lo niega, Tulio l'afferma.

26) Dasselbe Mißverständnis wie oben bei Polyklet!

27) Auch Lysipps Werke sind nur unvollständig aus Plinius übernommen.

28) Bei Plinius ist aber umgekehrt Tisicrates Schüler des Euthycrates; seine Werke nennt Ghiberti nicht.

29) Auch diese Stelle hat Ghiberti (falls in seiner Vorlage nicht das marmore des Plinius gefehlt hat) mißverstanden.

30) Bei Plinius ist jedoch von einem Brand unter Claudius, dem diese Statuen zum Opfer fielen, die Rede.

31) et rannidoli: wohl ein böser Schreibfehler für die tirannicidae des Plinius, der aber eher dem unaufmerksamen Kopisten Ghibertis zur Last fallen dürfte.

32) Die Werke des Calamis sind übergangen. Ein mißverstandener Rest davon wohl die „quadriga di Chalimede". Das wird begreiflich, wenn auch Landin die Pliniusstelle über Calamis nur unvollständig wiedergibt und zur Rechtfertigung (wie öfter) ausdrücklich bemerkt: Texto *mendoso* in latino.

33) Das Policreto ist wohl dem Abschreiber aus dem folgenden Satz über Aristides in die Feder geraten.

34) non, das den Sinn ganz entstellt, wohl gleichfalls eine Kopistensünde.

35) Kuriose Übersetzung Ghibertis für das lateinische Jupiter Servator.

36) Mißverständnis aus Luctatio Catulo (statt Q. Lutatio), das mehrere Handschriften haben. Landin hat die Stelle richtig übersetzt (dedicato da Qu. Luctatio Catulo).

37) purpurea aus puerpera des Plinius, vielleicht bloß Kopistenfehler; auch Landin hat puerpera.

38) Erklärt sich aus den Var. der Codd.; Landin hat die Stelle überhaupt nicht, sondern einfach uno plytico (sic) di bella forma.

39) Die sonderbare Übersetzung erklärt sich wohl aus der Var. ipsamne der Handschrift. Landin hat gleichfalls wenig verständlich: molti stimorono essa arte più liquida.

40) Dieselbe Kontamination (aus den Codd.) bei Landin: Buteo Licio. Der Priester heißt Lycius, der buthytes (i. e. *βουθύτης*, d. h. Ochsenschlächter) ist ein Werk des vorher genannten Isodotus, den Ghiberti ebenso wie Hagesias und manchen andern in seiner Künstlerliste ausgelassen hat. Landin hat sich die Pliniusstelle: Hagesiae in Pario colonia Hercules, Isodoti buthytes, Lycius Myronis discipulus ... folgendermaßen zurechtgelegt: Agesia è lodato per la colonia in *marmo* pario.

41) Dasselbe Mißverständnis (aus puerum — für puero — der Codd.) auch bei Landin: antholico fanciullo.

42) Arges Mißverständnis aus fecit (das ein Cod. Paris. für fudit hat); Ghiberti macht daraus ein Schülerverhältnis. Landin hat die Stelle (gleichfalls mit fece) richtig aufgefaßt.

43) Monisti als Eigenname? (aus dem mißverstandenen moniti bei Vitruv entstanden).

44) Die Stelle ist heillos verderbt, ob durch Ghiberti selbst oder den Kopisten, ist nicht zu sagen.

45) Dies sind keine Kunstschriftsteller mehr, sondern, wie aus dem Text Vitruvs, den Ghiberti nachlässig exzerpiert hat, hervorgeht, die Architekten des Zeustempels unter Pisistratos.

46) Die Marmorplastiker (Plinius XXXVI, 9—37) hat Ghiberti aufzunehmen vergessen.

47) Arge Konfusion: nach dem plinianischen Texte wurde vielmehr Panaenus von Timagoras besiegt. Der dritte Konkurrent bei Ghiberti „Frytio" ist aus einem Mißverständnis der „Pythien" (Pythis einiger Handschriften) bei Plinius entstanden. Landin hat denselben Irrtum: El primo che combattè fu Pythe. Chostui combattè con Timagora Chalcidense et fu vincto da lui.

48) Die Pliniusstelle ist verkürzt und mißverständlich wiedergegeben, ebenso bei Landin, der gar den Micon zum *Vater* (patre aus partem) des Polygnot macht.

49) Die Übersetzung Ghibertis ist merkwürdig genug; er hat hier den Begriff species, den er in der Terminologie der Optik so oft, dem Sprachgebrauch seiner Quellen folgend, anwendet, — in der Bedeutung des Sehbildes — mit künstlerischer Intuition umschrieben. Die Pliniusstelle ist bis auf die neueste Zeit herab fast niemals richtig verstanden worden, in der alten Übersetzung von *Külb* (Stuttg. 1855) ist z. B. species noch mit „Gesichtszügen" wiedergegeben. Erst *Brunn* hat in seiner Künstlergeschichte (III, 72) die richtige Deutung gefunden: species als Übersetzung des griechischen εἴδη im Gegensatz zu σχήματα, wie sie noch Polygnot darstellte, die Wirkungsform gegenüber der Daseinsform, das, was die malerische *Illusion* hervorbringt, die Modellierung durch Licht und Schatten, also was eben den Apollodor nach Plinius Wort zum ersten wirklichen *Maler* gemacht hat. Eine andere Deutung, die mir nicht ebenso plausibel ist, auf perspektivische Wirkungen, bringt *Pfuhl* im Jahrb. des Arch. Inst. 1910, 12. Ghiberti hat aus seiner Künstlerschaft heraus das malerische rilievo als Errungenschaft des alten Meisters erkannt; es ist allerdings drollig, daß er in dieser Auffassung durch ein Mißverständnis seiner Vorlage bestärkt wurde. Den Absatz über Apollodor leitet Plinius nämlich mit den Worten ein: omnes inlustres (d. h. die vorher behandelten Maler) non tamen in quibus haerere expositio debeat festinans ad lumina artis in quibus refulsit Apollodorus. Das bezieht Ghiberti nicht auf die „Leuchten der Kunst"

von Apollodor ab, sondern auf bestimmte Kunstmittel, eben das rilievo; das folgende species schien ihm — und darin hatte er instinktiv das Richtige getroffen — damit zusammenzuhängen. Landins Pliniusübersetzung, der auch der Anon. Magl. folgt (*Frey* p. 12, 6) später G. B. Adriani bei Vasari (I, 26) geben species ganz farblos-pedantisch mit bellezze (figure bellissine) wieder. Auch hier steht Ghiberti in der Art, wie er seinen alten Autor mit Künstlereinsicht liest, selbst in den Mißverständnissen hoch über den Nachfolgern, die lediglich Literaten mit antiquarischen Interessen waren.

50) So legt sich Ghiberti aus seiner Zeit heraus Plinius' monochromata ex albo — als weiß grundierte Tafel zurecht.

51) Eigener Zusatz Ghibertis, der sich die Pliniusstelle wieder in seiner Künstlerweise zurechtlegt.

52) Ghiberti hat relegatus statt religatus gelesen.

53) Die beiden alten Gewährsmänner des Plinius sind hier als Künstler und Nachfolger des Parrhasios aufgefaßt, gegen den Wortlaut des Textes.

54) Kurioses Mißverständnis des Pliniustextes; aus dessen graphis — ein Wort, das Ghiberti bei Plinius und Vitruv finden konnte und dort auch richtig übersetzt hat — wird ein *Maler* Grapyde. Ein ähnliches Mißverständnis hat übrigens auch Landin in der gleich folgenden (von Ghiberti ausgelassenen) Stelle über den Demos von Athen etc. (§ 69), wo die Worte des Plinius *minor* tamen videtur sibi in mediis corporibus exprimendis auf Myron bezogen werden (Mirone nientedimeno è comparato a lui). Der Magliabacchianus, der auf Landin fußt, hat deshalb auch einen „Maler" Myron in seiner Künstlerliste (ed. *Frey*, p. 15).

55) Die bei Plinius ständige Bezeichnung des Dionysos als Liber Pater hat Ghiberti diesmal falsch aufgefaßt und macht daraus den Vater des (Komödiendichters) Philiscus (Philisthenes); auch die Personifikation der Virtus hat er falsch verstanden und nimmt sie für ein moralisches Epitheton; er scheint das ganze als eine Wochenstubenszene betrachtet zu haben, wie sie ihm aus den heiligen Geschichten her geläufig war, während es sich um *drei* verschiedene Werke des Parrhasius handelt. Landin jedoch hat nutricem, wie seine Vorlage, die Ed. princ. des Plinius (Ven. 1472) richtig bringt, verlesen und macht eine Cressa „meretrice" aus dem alten Votivgemälde.

56) Der Kopist hat wohl terribile aus turibulo, das im Text Ghibertis stand, verlesen.

57) Diese wie die folgende Stelle sind heillos verderbt, vielleicht durch den Kopisten, der auch einen ganzen Satz nachgetragen hat. Sogar der Name der Hauptheldin in dem berühmten Gemälde des Timanthes, der Iphigenie, fehlt.

58) Die Handschrift des Ghiberti muß, wie einige Codices, mentientes (statt metientes) gehabt haben, daher die sinnlose Übersetzung.

59) Merkwürdige Übertragung des Ausdrucks „heros" bei Plinius. (Landin hat una heroe, scheint sich also auch nicht viel dabei gedacht zu haben). Ghiberti hat übrigens den Empfindungsinhalt des antiken Wortes für seine Zeit, die noch voll von Erinnerungen aus dem Zeitalter der Chevalerie, an die neuf preux, Karls Paladine usw. war, gar nicht übel wiedergegeben.

60) Aristoteles aus Aristides verlesen.

61) Abermals ein Künstler, der nie existiert hat und nur einer Verballhornung des plinianischen Textes sein Dasein verdankt.

62) ingessata, aus der Atelierpraxis des Quattrocento heraus gedacht, wie Ghiberti das gerne tut. Landin übersetzt farblos antiquarisch: acconcia per dipignervi.

63) Eine der bedeutsamsten Stellen dafür, wie der Künstler Ghiberti seinen Plinius liest, so ganz anders als die spätern Laienautoren mit ihren rein antiquarischen Interessen, von Landin bis auf Dati herab. Bei aller Verehrung für seinen alten Autor „Prinio" (in der charakteristisch-toskanischen Sprachweise, wie Policreto schon bei Dante) kann er nicht umhin, die Anekdote, wie die beiden Künstler sich in haarfeiner Strichelei überbieten, ein wenig läppisch zu finden. Was er an die Stelle setzt, ist ganz aus dem Künstlertum der Frührenaissance heraus erdacht; er nimmt an, es seien künstlerische, *perspektivische* Probleme gewesen, in denen sich die beiden Rivalen überboten hätten. Auch das berühmte nulla dies sine linea erklärt er im folgenden in dieser Weise. Man sieht, wie ihm und seiner Zeit diese Probleme am Herzen lagen.

64) spirare kann ital. atmen und sterben (expirare) bedeuten; aus der Form der Stelle ist aber fast zu vermuten, daß Ghiberti eher von dem uralten Concetto des „lebendigen" Bildes beeinflußt war. Der Pliniustext bezieht sich wohl auf Grabgemälde vgl. *Sellers*, Plinius p. 126.

65) Die Biographie des Apelles ist um viele von Plinius erzählte Details gekürzt und nicht gerade glücklich kompendiert. Der Schluß (Plinius § 92—97) fehlt ganz.

66) Eine Interpretation Ghibertis, die durch den Pliniustext nicht gerechtfertigt ist.

67) Falsche Auflösung des Namens Mnaso, so auch in einer Pariser Handschrift des Plinius. Landin hat richtig Mnasone, nach der Ed. princ.

68) Mißverständnis für Leontion Epicuri, (ein Porträt der berühmten Freundin des Gartenweisen) — eine Anzahl von Codd. hat Leonticen (oder ähnlich) *pictorem*. Auch Landin hat diese unsinnige Lesart (Leontione pictore). Mit anapauomine wußte Ghiberti nichts anzufangen, er nahm es offenbar für einen Eigennamen. Landin hat nach der Ed. princ., die der Lesart eines Par. Cod. anapauomenon propter fratris amorem *morientem* folgt, die richtige Deutung der Stelle getroffen, um die sich die Archäologen sehr bemüht haben; es handelt sich um das Grabgemälde eines Mädchens. (*Sellers*, Plinius p. 135).

69) Auch dieser Maler Junius ist im Quidproquo, das Landin nicht hat; die ganze Stelle ist mißverstanden und zeigt, wie Ghiberti sich den Text häufig sehr unbekümmert zurechtlegt.

70) Verlesen aus matrem des Textes.

71) Verlesen für deûmque (i. i. deorum) matrem; auch Landin hat dieselbe auf einen Kopistenfehler zurückgehende Übersetzung, wobei eine ganz phantastische Vorstellung herauskommt: Mars als Löwenritter!

72) Damit gibt Ghiberti den vieldiskutierten Ausdruck des Plinius: picturae compendiariae wieder. Landin übersetzt wortgetreu certe vie brevi et compendiarie del dipignere. Über das Wort, das einen term. techn. der alten Kunstliteratur bildet, u. a. auch bei Petronius vorkommt, vgl. Proleg. 158ff. *Winter* hat in seiner Publikation des pompejanischen Alexandermosaiks (München 1909, s. 8) — in dem möglicherweise die Komposition des Philoxenos erhalten ist — eine sehr ansprechende Deutung gegeben, auf ein Kunstmittel, das sich in schematischer Form bis ins Mittelalter erhalten hat: die Figuren des Hintergrundes durch die Überschneidung der vordern gedeckt, „abgekürzt" wiederzugeben, um dadurch den Schein großer Massen- und Tiefenwirkung hervorzubringen. Auf perspektivische Darstellungsweise rät dagegen neuerlich *Pfuhl* im archäolog. Jahrb. 1910 (über Apollodoros). Der Terminus ist für uns wichtig, weil ihn Ghiberti in seinem II. Kommentar, zur Charakterisierung des Stils Maso's verwendet; ein bedeutendes Zeugnis für den Einfluß der antiken Kunstterminologie auf ihn.

73) Den folgenden längeren Abschnitt bei Plinius über die Genremaler (§ 111—116) hat Ghiberti ausgelassen, ebenso den Abschnitt über Studius (die Codd. und ältern Ausgaben Ludius) stark gekürzt.

74) Der französische Ausdruck „verdure" ist im XIV. bis XV. Jh. stehend für jene Gattung von Teppichen, in denen die niederländische (und mit ihr wohl im Zusammenhang die italienische) Frührenaissance ihrer Lust an Blumenmalerei nachgab. Ein charakteristisches Beispiel u. a. bei *Müntz*, La tapisserie 135. In Italien waren die Arazzi überall zuhause, namentlich auch in der guardaroba der Medici. Ghiberti hat seinen Ausdruck sicher aus diesem für das Italien des ausgehenden Mittelalters so bedeutsamen Milieu. Hier sei nur, abgesehen von den botanischen Elukubrationen in den „burgundischen" Miniaturhandschriften, namentlich den Livres d'heures, an gewisse Porträts Pisanellos, an den Rahmen von Gentiles Altartafel mit der Anbetung der Könige, an die Werkstatt der Robbia und vor allem an die Einrahmung von Ghibertis Baptisteriumtüren selbst erinnert.

75) Die römischen Maler, die bei Plinius ziemlich ausführlich behandelt sind (§ 118—121), hat Ghiberti merkwürdiger Weise ausgelassen, ebenso die Enkaustik, Pausias, die Blumenmalerin Glykera (§ 122—128).

76) Ghiberti springt hier sogleich auf Herakleides und Metrodor (Plin. § 135) über, die er dann noch einmal behandelt.

77) Plinius sagt, daß Herakleides seine Laufbahn als Schiffsmaler begonnen habe.

78) Hier holt Ghiberti einen früher ausgelassenen Abschnitt des Plinius nach (§ 128 f.).

79) Zu dieser Stelle ist aut früher gesagtes zu verweisen (n. 59).

80) So gibt Ghiberti — wie öfter — den Ausdruck symmetria des Plinius wieder; er denkt dabei an die Proportionslehre seiner eigenen Zeit.

81) Für Danae.

82) Odyssee XI.

83) Der Sinn der Stelle ist (besonders durch das voluit statt noluit der Handschrift) arg mißverstanden. Landin hat den richtigen Text.

84) Ghiberti faßt die quadrupedes des Plinius als cavalli auf; Landin erklärt ausdrücklich quadrupedi cioè animali di quattro piedi. Das folgende cani di Proserpina ist ein böses Mißverständnis des (vielleicht undeutlichen) Textes. Sollte sich Ghiberti an Darstellungen der Hekate erinnert haben?

85) Hier folgt nochmals der Abschnitt über Herakleides und Metrodor, doch mit veränderter Übersetzung. Das beweist wohl, daß Ghibertis Arbeit langsam und stückweise gefördert wurde; er vergaß, daß er den Abschnitt schon einmal (s. n. 76) übertragen hatte. S. a. u. die Vitruvstellen, die mehrmals wiederkehren. Deutliche Wiederholungen und neue Ansätze finden sich namentlich im III. Kommentar; es sind Mängel, wie sie eben einem ersten Entwurf anhaften.

86) Auch Landin hat (unter Verstümmelung des ihm unverständlichen griechischen Terminus in »Polygenneton«) einfach die lateinische Bezeichnung übernommen. Es handelte sich um das Gemälde einer feierlichen Versammlung.

87) Ghiberti verkehrt hier den Sinn des Pliniustextes in sein Gegenteil.

88) Den alphabetischen Künstlerkatalog des Plinius (§ 137—144) hat Ghiberti nur auszugsweise wiedergegeben; er bricht ziemlich unvermittelt, als wäre ihm die Arbeit lästig geworden, bei Nealces ab und schließt mit einem kurzen Rückblick auf die Geschichte der alten Malerei seinen I. Kommentar.

89 u. 90) vilumi — commentarii — der Ausdruck Ghibertis für Künstlerschriften, der ihm aus Plinius und Vitruv her geläufig war, wohl auch aus seiner eigenen Zeit. S. die Einleitung. Die Bezeichnung seiner eigenen Denkwürdigkeiten als commentarii findet sich erst am Schluß des zweiten Kommentars.

COMMENTARIO
II

KUNSTGESCHICHTE DES MITTELALTERS

1) Der folgende kurze Abschnitt ist die erste zusammenhängende Behandlung jener Zeit, die man seitdem das „Mittelalter" – als habe es keine selbständige Bedeutung zwischen den beiden großen Blütezeiten der Kunst – zu nennen pflegt. Vgl. meine Proleg. 163ff. Die Barbarentheorie, den Keimboden für das spätere Schimpfwort der „Gotik", das gleichfalls dann zu einem term. techn. der Kunstliteratur geworden ist, hat Ghiberti noch nicht; sie klingt zuerst bei Filarete an und ist vollständig in der anonymen (Manettis?) vita des Brunellesco entwickelt. Ghiberti leitet, wohl aus einer Erinnerung an den Bilderstreit, den Verfall der Kunst aus den Vorschriften gegen den heidnischen Götterkult, und aus der Bilderfeindlichkeit der ersten christlichen Kaiser her; deren Edikte und Novellen seit Theodosius mußten diesen Glauben unterstützen. Damit, meint Ghiberti – und er hat ja zum Teil recht – ging die antike Kunsttradition in Praxis wie in Theorie (statue e picture – vilumi e commentarii – liniamenti e regole) gänzlich verloren. Das ist der Punkt, wo eben die Renaissance anknüpft. Der Ausdruck vilumi = volumina war Ghiberti ebenso wie commentarii von seinen Gewährsmännern Plinius und Vitruv her für Künstlerschriften geläufig; die reiche Menge verschollenen Gutes, das diese erwähnen, mußte das Interesse der Renaissance mächtig erregen. Ghiberti setzt als Epoche des Mittelalters (und auch darin weist er den folgenden bis heute die Wege) die offizielle Anerkennung des Christentums durch Konstantin (311). Dieser Kunstverfall (*finita* che fu l'arte) dauert mehr als ein halbes Jahrtausend, 600 Jahre; auch das ist ein Concetto, dem ungemein langes Leben beschieden war. Erst im XI.–XII. Jahrhundert – die Rechnung stimmt nicht ganz bei Ghiberti – beginnen die *neueren* Griechen, als wahre Karrikaturen der Alten, wieder mit schwachen Kunstäußerungen. Es ist die von uns so genannte byzantinische Renaissance seiner Heimat Toskana, an die Ghiberti hier denkt, keineswegs an die Kunst im oströmischen Reiche, dessen Zeitgenosse er noch war; auch die späteren, besonders scharf Vasari, unterscheiden die gute *alte* Kunst, das nationale Idol, als maniera antica scharf von der schlechten neueren der Griechen, der vecchia. Bei Filarete heißt diese moderna, der dabei an das Spiegelbild der maniera greca, die maniera barbara (tedesca, gotica) denkt, deren Formen auf seine Zeit und ihn selbst noch von Einfluß waren. Die beiden großen Pole der mittelalterlichen Kunst, Byzanz und Paris, sind damit auch in unserem Sinn gut hervorgehoben.

2) Hier taucht zum ersten Male Ghibertis merkwürdige Olympiadenrechnung auf. Übernommen hat er sie natürlich, wie schon der Text des ersten Kommentars zeigt, zunächst aus seiner Quelle für die alte Kunstgeschichte, aus Plinius; er selbst verrät uns aber an dieser Stelle, daß die Epoche *seiner* Olympiaden, wie er sie gelegentlich für die neuere Kunstgeschichte verwendet, nicht die der alt-

griechischen Rechnung (776 a. Chr.) ist, sondern in echt national-italienischer Weise ab urbe condita (753 a. Chr.) läuft. So ist die vorliegende Stelle wohl ungezwungen zu verstehen. Auch da scheint er nicht unbeeinflußt durch Plinius, der neben die Olympiaden seiner griechischen Quellen häufig die *römische* Zeitrechnung stellt (vgl. H. N. 34, 49, Phidias . . . floruit ol. 83 circiter 300 urbis nostrae annum). *Frey* (Magl. p. XLV) hat es für ein vergebliches Bemühen erklärt, den Schlüssel dieses Kalküls finden zu wollen; schon der Anon. Magl. hat sich über ihn vergeblich den Kopf zerbrochen, wie aus einer Anmerkung zum Leben des Gusmin hervorgeht (*Frey*, p. 88, n. 1): dichiarare meglio le olimpie così per libro, doue ne dice. Aber *Frey* verzweifelt wohl zu rasch. Zuerst hat *Hermanin* (Gli affreschi di P. Cavallini, Gall. naz. Ital. 1902, 81 f.) den Versuch gemacht, gerade von Ghibertis selbstbezeugtem Aufenthalt in Rom her das Rätsel der Olympiadenrechnung zu lösen.

Dieser Versuch ist mit Scharfsinn durchgeführt, aber gleichwohl seiner Künstlichkeit wegen als verunglückt zu betrachten. *Hermanin* meint, daß Ghiberti wohl die altgriechische Rechnung vom Jahre 776 a. Chr. beibehalten habe, sich aber in seiner Datierung in den Hundertzahlen geirrt habe, so daß also statt Ol. 440 Ol. 540 zu lesen wäre. Er verlegt demnach den römischen Aufenthalt Ghibertis in das Jahr 1400; so scharfsinnig die Hypothese ist, daß er sich dort die Inspiration zu den im Konkurrenzrelief schon so sichtbaren antiken Neigungen geholt habe, und daß der Bildhauer, der bei S. Celso den Hermaphroditen fand und nach S. Cecilia in Trastevere bringen ließ, wo er an einem Kardinalsgrabe arbeitete, mit dem Meister (Magister Paulus?) des Grabmals Hertford (1397) identisch sei, ist sie doch aus äußeren und inneren Gründen nicht stichhältig. Zunächst ist der Bildhauer Ghibertis wohl sicher ein *Toskaner*; ausdrücklich wird gesagt, daß er die Absicht hatte, die merkwürdige Antike „in nostra terra" zu überführen, und daß er zu diesem Zwecke, des leichteren Transportes halber, die schwere Standplatte abgemeißelt habe. Dann wissen wir von Ghiberti selbst, daß er im Jahre 1400 wegen der in Florenz herrschenden Epidemie nach *Oberitalien* ging und mit einem Genossen in Pesaro weilte, wo ihn die Kunde von der Konkurrenz für das Baptisterium erreichte. Vor allem ist aber *Hermanins* Berechnung falsch, denn nach seiner Annahme der Ol. 540 (statt 440) ergibt sich nicht 1400, sondern 1384, in welchem Jahre Lorenzo erst ein Knabe von 6 Jahren war. Auch mit den Daten des Kölner Bildhauers und des Herzogs von Kalabrien, in dessen Diensten jener stand, ist dieser Kalkül nicht zu vereinbaren; hier handelt es sich nach Ghibertis eigenen ausdrücklichen Worten um eine zeitgenössische Geschichte: Ghiberti berichtet aus dem Munde von „giovani", die Schüler jenes Meisters gewesen waren. Gusmins Todesjahr Ol. 438 (= 538 nach *Hermanins* Ansatz) ergäbe jedoch 1376, in dem Ghiberti noch gar nicht geboren war, und jedenfalls noch weniger seine Gewährsmänner, die „giovani". Für Bonamico und

A. Pisano kommt man aber mit diesem Kalkül (Ol. 508 und 510) gar auf die Jahre 1256 und 1264 zurück, während sich die Daten, wie noch gezeigt werden wird, als *Geburts-* resp. *Todesdaten* der beiden Meister rechtfertigen lassen.

Ich meine nun, daß Ghiberti unmöglich die echte hellenische Olympiade von je vier Jahren gemeint haben kann, sondern bewußt oder unbewußt das altrömische Lustrum von je *fünf* Jahren adoptiert hat, wie eine einfache Nachrechnung sogleich zeigen wird. Diese Ansicht hat neuerdings auch *K. Rathe* (Der figurale Schmuck der alten Domfassade in Florenz, Wien 1910, S. 123 f.) ausgesprochen; er meint, daß Ghibertis Berechnung aus spätantiken Quellen, wo angeblich der gleiche Fehler vorkommen soll, stamme, was mir indessen wenig glaubhaft erscheint. *Rathe* identifiziert den „Gusmin" neuerdings mit Piero Tedesco, ohne seine These besser begründen zu können als sein Vorgänger *H. Semper*; auch hat er zwei Olympiadenstellen übersehen, die freilich belanglose bei Bonamico und die um so wichtigere über Ghibertis römischen Aufenthalt.

Nach diesem Kalkül ergeben sich folgende Zahlen für die fünf von Ghiberti im zweiten und dritten Kommentar angesetzten Olympiaden:

Comm. II 1, Ol. 382 (p. U. c.). Beginn der griechischen Renaissance = 1157 (1157–1161 p. Chr.) (382 × 5 = 1910 – 753 = 1157).

Dies Datum 1157 ist nun freilich konventionell; mit dem Wirken des hl. Franziskus (1186–1226) setzt aber die griechische „Renaissance" auf italischem Boden ein; ihre ältesten Denkmale sind die großen Kruzifixe und Madonnenbilder auf den Tramezzi der toskanischen und umbrischen Kirchen, wobei wir auf das vielumstrittene Datum 1223 der Madonna des Guido da Siena gar nicht weiter eingehen wollen.

Comm. II 8, Ol. 408. Zeit des Buonamico = 1287 (fece moltissimi lavorii – *per insino all' Ol. 408*). Die Zahl ist wahrscheinlich (s. u.) in Ol. 418 (= 1337) zu emendieren.

Comm. II 16, Ol. 410. Zeit des Andrea Pisano = 1295 (fu nell' Ol. 410).

Beide Zahlen sind viel zu hoch angesetzt, falls nicht in beiden Fällen ein Schreibfehler Ghibertis selbst oder des Kopisten vorliegen sollte; Buffalmacco wird in der Florentiner Malerrolle zum Jahre 1351 genannt, doch ist das Datum problematisch (s. u.). Andrea Pisano ist 1348 gestorben. Indessen hat der Anonymus Magliabecchianus, der häufig *bessere* Lesarten aufweist, und dem noch das *Original* Ghibertis selbst vorgelegen sein kann, an der zweiten Stelle das viel besser passende Datum Ol. 420 (= 1347), das mit dem Todesjahre des großen Vorgängers Ghibertis ziemlich genau zusammenfällt.

Comm. II 17, Ol. 438. Tod des Kölner Bildhauers Gusmin = 1437.

Comm. III 3, Ol. 440. Ghibertis Aufenthalt in Rom; zur selben Zeit (in detto tempo) Auffindung des Hermaphroditen von S. Celso = 1447.

GIOTTO

1) Hier beginnt die berühmte, zuerst von Ghiberti in dieser Form erzählte, und typische Anekdote von der Entdeckung des schafehütenden Wunderkindes. Älter ist die Version in einem anonymen Dantekommentar um 1400, nach der der kleine Giotto sich heimlich aus der Leineweberbottega nach Cimabues Werkstatt stiehlt. Ghibertis viel poetischere und die Phantasie anregende Fassung der alten Lokalsage, die noch in *Ruskins* Überschrift eines Kapitels seiner Mornings at Florence (The shepherds tower) nachklingt, hat sehr viel Glück gemacht. Der Libro des Antonio Billi (der sie bei Giotto, da er Ghiberti nicht kennt, indessen *nicht* hat) überträgt sie schon auf Andrea del Castagno. Vasari bringt sie nicht nur — nach Ghiberti — bei Giotto in romanhaft erweiterter und ausgeschmückter Form, sondern auch — nach Billi — bei Andrea del Castagno, und hat sie außerdem in der ersten Auflage (1550) auf Andrea Sansovino, in der zweiten (1568) noch auf Beccafumi angewendet. Ja, noch in allerneuester Zeit wurde sie von Giovanni Segantini erzählt und geraume Zeit hindurch für bare Münze genommen. Auch der Anon. Magl. und Gelli haben sie gleich Vasari in verschiedenartiger Ausschmückung aus Ghiberti entlehnt. Über die Künstleranekdote im allgemeinen ist Proleg. 118 ff. zu vergleichen. Die zahlreichen Geschichtchen, die sonst in Florenz von Giotto erzählt und durch Boccaccio und Sacchetti, ganz abgesehen von den Kommentatoren Dantes, literarisch fixiert wurden, hat Ghiberti in seiner charakteristischen Knappheit und bei seiner Zurückhaltung dem anekdotischen Element gegenüber nicht aufgenommen; sie schienen ihm wohl, und mit Recht, über den *Künstler* Giotto, auf den es ihm allein ankam, zu wenig auszusagen.

2) Der Name von Giottos Vater ist urkundlich festgestellt; vgl. *Davidsohn* im Rep. f. Kw. XX, 374. *Rumohr* hat aus dem sehr merkwürdigen Zusammentreffen, daß ein *sienesischer* Geschäftsträger namens Giotto di Bondone (zwischen 1301 und 1321 erwähnt, 1306 auch in Florenz anwesend) urkundlich nachgewiesen ist, vermutet, daß der in Siena wohlbewanderte Ghiberti aus dieser Sachlage den Vaternamen Giottos konstruiert habe (Ital. Forschungen II, 41). Das ist jedoch unrichtig; Ghibertis Zuverlässigkeit erweist sich auch hier. Der Name Giotto, eine Abkürzung für Ambrogiotto oder Angelotto, kommt übrigens in Toskana auch sonst vor.

3) *Cimabue* ist bei Ghiberti nichts als ein Name. Der Künstlerautor führt kein einziges Werk von ihm an, obwohl er Cimabues Zeit- und Kunstgenossen, Duccio in Siena, Cavallini in Rom ausführlich bespricht. Schon *Rumohr*, der die ganze Cimabuelegende in seinen Ital. Forschungen II, 14 ff. klaren Blicks durchschaut hatte, legt auf dieses Schweigen mit Recht großen Nachdruck. Es ist auch ein sehr beachtenswerter Umstand, dem fast die gesamte neuere, an Vasaris Rockschößen hängende Forschung viel zu wenig Gewicht beimißt. Werke dieses

Cimabue, der in Wirklichkeit gar nicht Giovanni, wie schon Filippo Villani hat, sondern Cenni (Bencivenni, Nebenform von Benvenuto) di Pepi heißt, weiß man überhaupt erst zu Beginn des XV. Jahrhunderts zu nennen. Billi, der bekanntlich von Ghiberti — gewöhnlich zu seinem Schaden — unabhängig ist, hat schon ein ziemlich umfangreiches Oeuvre des allein durch Dante berühmt gewordenen Malers, der dann durch Vasari an die Spitze der italienischen Künstlergeschichte rückt, eine Rolle, die ihm bei Ghiberti, dem Kronzeugen für das Trecento, noch keineswegs zukommt. Die wenigen auf Cimabue bezüglichen Urkunden sind zusammengestellt bei *Strzygowski*, Cimabue und Rom, Wien 1888, p. 158 und 207 f. Ein Cimabove pictor de Florentia wird 1272 als Zeuge in einer aus dem Nonnenkloster S. Andrea delle Fratte in Rom ausgefertigten Urkunde genannt, ein Cenni dictus Cimabu pictor qd. Pepi de Florentia de Populo S. Ambrogii arbeitet 1301 am Dommosaik von Pisa und erhält 1302 eine Bestellung für eine Tafel im Spital ebendort. *Milanesi* hat übrigens (freilich des apokryphen Vornamen Giovanni halber) die Identität dieser beiden Maler bezweifelt (vgl. *Strzygowski*, a. a. O. 135 f.). Über die Entwicklung der Cimabuelegende ist die grundlegende Schrift von *Wickhoff*, Über die Zeit des Guido von Siena (Mitt. des Inst. f. österr. Gesch.-Forschung 1889, X.), sowie Proleg. 118 f. zu vergleichen.

4) Sentenzen, wie sie hier Ghiberti in knappster Kürze hinsetzt, sind die Vorfrucht der umständlichen rhetorischen Exordien zu den einzelnen Viten Vasaris. Der Magl. übernimmt und erweitert bereits diese, wie andere allgemeine Betrachtungen Ghibertis (ebenso Villanis und der »Apologie« Landins).

5) Altberühmtes Werk des Giotto an bedeutender Stelle, die sogenannte Navicella, bereits von Fil. Villani wie allen Späteren hoch gepriesen. Schon Baldinucci hat die urkundliche Notiz über die Bestellung durch den Kardinal Stefaneschi († 1342) mitgeteilt; der Preis betrug 2200 Goldgulden. Die Stelle (aus einem vatikanischen Martyrolog) ist bei *Frey*, Magl. 226 und bei *Venturi*, Storia V, 294 neuerdings abgedruckt. Über die Zuverlässigkeit dieser relativ späten Notiz ist jedoch *Rintelen*, Giotto, (München 1912) p. 211 zu vergleichen. Das von R. sowie andern genannte Jahr der Ausführung (1298) steht aber *nicht* in der Urkunde. Der Aufenthalt Giottos in Rom wird in das Jubeljahr 1300 gesetzt. Das Mosaik, das 1630 völlig durch eine Restauration umgestaltet worden ist (vgl. *Frey* a. a. O.) befindet sich noch in der Vorhalle von S. Peter. Alte Zeichnungen zeigen seinen ursprünglichen Zustand; am besten die voraussetzlich älteste auf Schloß Chatsworth (Abb. bei *Venturi* V, 293).

6) Chorkapelle und Altartafel des alten S. Petersdoms in Rom, ebenfalls vom Kardinal Stefaneschi (laut dem obengenannten Dokument) bei Giotto bestellt (der allerdings dort nur als Autor des Mosaiks und der Altartafel genannt ist, bei der Tribuna fehlt der Name). Billi erwähnt nur die Tribuna und „altre cose". Der Magl. übernimmt in seiner gedankenlosen Art einmal die Tribuna

aus Belli, dann nochmals die cappella und die tavola aus Ghiberti. Gelli hat wie Billi nur die Tribuna (und die Navicella), ebenso Vasari in der i. A., der auch den Gegenstand angibt (5 Geschichten aus dem Leben Christi); erst in der 2. A. fügt er die Altartafel hinzu, die sich schon zu seiner Zeit in der Sakristei befand. Fragmente der im Beginn des XVII. Jhs. zerstörten Tribuna (zwei Apostelköpfe) befinden sich nach *Venturi* (V, 294) in einer Privatsammlung in Assisi. Über das Altarwerk *Rintelen* in der Beilage zur (Münchener) Allg. Zeitung 1905 n. 287 sowie jetzt in seiner ausgezeichneten Monographie über Giotto 214 und *Venturi* V, 432, der die Mitwirkung von Schülerhänden erkennen will. *Rintelen* spricht aus sehr einleuchtenden stilistischen Gründen das ziemlich schwächliche Werk überhaupt *Giotto* ab; es ist vor allem auch gar nicht erwiesen, daß das seit dem XVI. Jahrhundert in der Sakristei von S. Peter befindliche Bild mit dem in jenem Dokument erwähnten Werke Giottos identisch ist, worauf viel zu wenig Gewicht gelegt wird.

7) Bei Billi nicht erwähnt, der dafür die ganz apokryphe Zuschreibung der Gemälde in der Incoronata und in S. Chiara, außerdem vielfaches anekdotisches Rankenwerk (Mitwirkung Dantes etc.) hat. Der Magl., der hier jedoch eine *bessere* Lesart: Ruberto (statt des Uberto in unserem Cod.) hat, kontaminiert wieder beide Nachrichten, die auch Gelli sowie Vasari (s. u.) übernehmen; der letztere spricht von Porträts berühmter Männer, unter denen sich Giottos Selbstporträt befunden haben soll. Die Gemälde, die nicht mehr erhalten sind, wären also von K. Robert von Neapel, dem berühmten Mäzen der Künste und Wissenschaften (1309—1343) bestellt worden. Daß Giotto im Kastell von Neapel gemalt hat, bezeugt schon Petrarca, der freilich die Sala *nicht* nennt (wie *Venturi* V, 448 anzunehmen scheint). Der Gegenstand ist durch Sonette des XIV. Jhs., die in einem Cod. der Laurenziana überliefert sind, bekannt; (*de Blasiis* in der Napoli nobilissima IX, 2); es ist das namentlich in der französischen Kunst vielbehandelte Thema der neuf preux, der neun guten Helden, d. i. Alexander, Salomo, Hektor, Aeneas, Achilles, Paris, Herkules, Samson, Caesar; wie es scheint, waren auch ihre weiblichen Gegenstücke, die neuf preuses, dargestellt. Der Stoff paßt gut an den französisch-ritterlichen Hof der Angiovinen. Freilich ist der Name des Malers in diesen Bildersonetten *nicht* genannt. Nach Vasari (Ed. Sansoni I, 390) wären die Fresken bei den Neubauten des Kastells unter Alfons I. zerstört worden. Vgl. die ausführliche Note bei *Venturi* a. a. O., wo weitere Literatur angegeben ist.

8) Diese Malereien im Castel dell' Uovo (beim Pizzofalcone, bekanntlich eine vom Castel nuovo, dem Residenzschloß am Hafen, distinkte Örtlichkeit) werden von Billi und dem Magl. übergangen. Gelli erwähnt sie kurz. Vasari hat schon in der i. A. einen reichlich mit Anekdoten (eine stammt von Billi) gespickten Bericht über *zahlreiche* Gemälde Giottos an dieser Stelle, scheint aber

Castel dell' Uovo und Castel nuovo durcheinanderzuwerfen. Erhalten ist nichts mehr davon.

9) Die berühmten Jugendwerke Giottos in dem Kirchlein der Arena zu Padua, das von Enrico Scrovegni 1303—1305 errichtet wurde (*Moschetti*, La cap. degli Scrovegni Fir. 1904). Mit dem eigentümlichen Ausdruck gloria mondana bezeichnet Ghiberti offenbar das Weltgericht, die Hauptdarstellung. Billi weiß nichts von Padua zu melden, Gelli erwähnt gerade die Arena nicht; der Magl. übernimmt seine Nachricht über sie aus Ghiberti. Vasari weiß so gut wie nichts von der Arena (I, 400); er setzt die Fresken dort sogar an das Lebensende Giottos! Seine Wendung von der gloria mondana zeigt, daß er einfach Ghiberti abschreibt. Ghiberti ist auch hier besser und ursprünglicher unterrichtet als die Spätern; er ist selbst in Padua gewesen, wo er eigenem Bericht nach (Comm. III) die Venusstatue des Lombardo della Seta gesehen hat, wohl anläßlich seines, wieder durch ihn selbst, brieflich bezeugten Aufenthalts in *Venedig*, Oktober bis Dezember 1414 (*Milanesi*, Docum. Senesi II, 119). Die Lesung *Frey*'s (Ghib. p. 34) e für et, (tutta e [t] di sua mano) erscheint mir trotz allen darauf gewendeten Scharfsinns unannehmbar. Ghiberti verwendet für das Bindewort vorwiegend, wenn auch nicht immer, die Form *et* (in ella, ello = et la, et lo), e (è) ist bei ihm gewöhnlich als das Zeitwort aufzufassen. Die Hs. gibt das Bindewort sehr häufig in der Sigle & (wenn nicht deutlich et ausgeschrieben steht). Das Zusammentreffen Dantes mit Giotto in Padua ist völlig anekdotisch (vgl. die Novelle bei Benvenuto da Imola in meinem Quellenbuch no. 47) und apokryph, was *Frey* l. c. übersieht, umsomehr als Dantes Aufenthalt in Padua 1306 überhaupt von der neuern Forschung angezweifelt wird. (*Scartazzini*, Dantologia 149). Über die Fresken im allgemeinen ist *Romdahl*, Stil und Chronologie der Arenafresken Giottos, Jahrb. der k. preuß. Kunstsammlungen 1911, sowie besonders die treffliche Analyse bei *Rintelen* a. a. O. 3 ff. zu vergleichen.

10) Billi bringt hier eine andere Nachricht, daß nämlich Giotto in *Florenz* im Palazzo della *Parte Guelfa* eine fiura a capo della scala e tutta la sala prima gemalt habe. Beide Nachrichten hat der Magl. übernommen, die letztere aber (gegen den Text seiner Vorlage) auf den Palazzo del Podestà (d. i. das Bargello) bezogen. Eine ähnliche Konfusion bei Gelli, der, Billis und Ghibertis Nachrichten kontaminierend, sie auf den Guelfenpalast in Florenz bezieht (Dipinse in *Firenze* nella sala delle parte guelfa una *istoria*, e in capo della scala una figura). In auffallender Übereinstimmung mit ihm vermengt auch Vasari beide Nachrichten aus Billi und Ghiberti: die storia della fede christiana ist nun in den Guelfenpalast von *Florenz gelangt*; sehr charakteristisch für die Art wie die Späteren, Vasari inbegriffen, im Gegensatz zu Ghiberti, als Literaten am Schreibtisch arbeiten, ohne selbst die in ihrer unmittelbaren Umgebung befindlichen Denkmäler zu kontrollieren. *Frey*, der in seiner Ghiberti-Ausgabe ursprünglich della Parte *[Guelfa]*

aus dem Magl. emendiert hatte, hat später in seiner Ausgabe des Magl. (p. 212f.) seinen Irrtum berichtigt und tritt mit aller Entschiedenheit (wie schon vorher die *ital.* Ausgabe von Crowe u. Cavalcaselle) für Padua ein. Demnach wäre der Palazzo della Ragione in Padua gemeint, wo Giotto wirklich zeitgenössischen Nachrichten zufolge gemalt hat (Chronik des Riccobaldo Ferrarese von 1313. Muratori SS. RR. Ital. IX, 255 in palatio comitis; über diese Stelle sind die sehr beachtenswerten kritischen Ausführungen von *Rintelen* a. a. O. 178 nachzusehen). Diese Gemälde sind nach dem Brande von 1420 durch den heute noch vorhandenen großen astrologischen Zyklus, als dessen Urheber M. A. Michiel (ed. *Frizzoni* p. 7) nach Campagnola Miretto von Padua und einen Ferraresen nennt, getreten. Möglich, daß hier Kompositionen Giottos erhalten sind; bei einem Gemälde, das nicht mehr vorhanden, dessen Unterschrift aber durch Hartmann Schedel aufbehalten worden ist, könnte das wenigstens mit einiger Sicherheit angenommen werden, der Darstellung des Comune rubato, die wir noch im Pal. del Podestà in Florenz wiederfinden werden (vgl. meine Abhandlung: Giustos Fresken in Padua im Jahrb. des ah. Kaiserh. XVII, 79). Ghiberti erweist sich also hier, außerhalb seiner Vaterstadt, abermals als zuverlässig und gut unterrichtet. Was mit dem Ausdruck: storia della fede christiana gemeint ist, ist nicht leicht zu sagen. Waren es biblische Szenen oder etwa die Geschichte des hl. Kreuzes? Ghiberti scheint auf ein einzelnes großflächiges Historienbild (Storia) anzuspielen. Hatte er vielleicht von seinem Paduaner Aufenthalt her eine unklare Erinnerung an die Gemälde im Santo? (S. u. n. 16.)

11) Das sind also die berühmten Fresken der Unterkirche von S. Francesco, mit den Darstellungen der Franziskanergelübde und der Glorie der hl. Franz, sowie die Magdalenenkapelle, deren Datum durch den Tod des Stifters Pontano († 1329) einigermaßen fixiert ist. *Frey*, Magl. 228 und neuerdings *Venturi* heben die Mitwirkung von Schülern hervor, tatsächlich sind höchstens die Entwürfe von Giotto selbst; *Rintelen* (a. a. O. 237 u. 248; dazu jedoch die Einschränkung 255) spricht freilich die Fresken (ebenso die Magdalenenkapelle) mit Gründen, denen man Gewicht beilegen muß, dem Giotto ganz ab. Ghibertis Ausdruck quasi tutta la parte di sotto ist stark hyperbolisch, er reflektiert allenfalls den mächtigen Eindruck, den diese Fresken auf ihn gemacht haben mögen. *Rintelen* (a. a. O. 254) hebt die Unbestimmtheit in diesem Ausdruck hervor, die kaum auf Autopsie schließen lasse. (Eine ganz ähnliche Allgemeinheit auch in der vita des Cavallini, s. u. n. 7, die aber *nicht* auf Assisi bezogen werden muß.) Sonst nennt Ghiberti in Assisi nur das Fresko des Stefano (s. u. n. 5), freilich in einer Weise, die doch wieder für eigene Anschauung zu sprechen scheint. Auch *Rintelen* kann sich indessen dem starken Eindruck der alten, schon in Riccobaldos Chronik (vor 1320) auftretenden, also *zeitgenössischen* Tradition nicht entziehen, wonach Giotto tatsächlich in Assisi tätig gewesen ist; er gelangt zu dem Kompro-

miß, daß Giotto doch irgendwie als Inspirator anzunehmen sei, und daß sein Name die ganze in der Unterkirche reich entfaltete Schulrichtung vertreten muß. Das ist keineswegs ein Produkt der Verlegenheit, sondern ein typischer und lehrreicher Fall für den nicht selten eintretenden Fall der Inkongruenz zwischen Dokumenten- und Stilkritik. Dagegen schweigt Ghiberti völlig von den Fresken der Oberkirche mit dem Leben des hl. Franz; das ist sehr bemerkenswert bei ihm, der so gut über Giotto unterrichtet ist. Tatsächlich sind die Fresken, in denen schon *Frey* (a. a. O.) starke Mitwirkung von Schülern, wie des Tadd. Gaddi vermutet hat, sicher erst relativ spät, nach Giottos Tod, um die Mitte des Jahrhunderts, ausgeführt und haben mit Giotto selbst nichts zu tun. *Wickhoff* hat das in energischer und durchaus berechtigter Weise in den Kunstgesch. Anz. 1907, 44 betont. *Rintelen* (a. a. O. 177 ff.) weist in eindringlicher Analyse nach, daß sie nicht einmal *florentinischen* Ursprungs sein können; er setzt sie freilich noch vor der Mitte des Jahrhunderts an. Es ist durchaus unzulässig, wie noch immer geschieht, mit diesen apokryphen und dazu noch sehr stark deteriorierten Malereien (vgl. *Frey* a. a. O.) zu wirtschaften. Das sind Wirkungen der getrübten Überlieferung, die mit Billi einsetzt. Dort ist schon die ganze Cimabuelegende vollendet; Giotto arbeitet als Nachfolger seines *Lehrers* Cimabue in Assisi; derart sind die Fresken an den Beginn seiner Laufbahn gesetzt, was stilistisch ganz unmöglich ist. Von den Gemälden der *Oberkirche* weiß aber auch Billi nichts. Der Magl. verbindet in seiner Weise wieder Billis und Ghibertis Nachrichten, ebenso Gelli. Erst in Vasaris *zweiter* Auflage tauchen die Fresken der Oberkirche als *Jugendwerke* des Meisters auf (eine durchsichtige literarische Konstruktion), was wohl zu beachten ist, denn Vasari ist der einzige und erste Zeuge für diese angeblichen Werke Giottos, mehr als zweieinhalb Jahrhunderte nach ihrem Entstehen! In der ersten Auflage redet er nur sehr allgemein und ersichtlich ohne nähere Kenntnis von Assisi, das er erst 1563 kennen gelernt hat (*Kallab*, Vasaristudien 379).

12) Billi vac. Magl. aus Ghiberti. Vasari weiß nichts mehr davon; denn die Kirche ist in der Renaissance ganz umgebaut worden, und die Fresken sind nicht mehr erhalten.

13) Vom Magl. übernommen, ebenso von Gelli und Vasari, der aber daraus ein Kruzifix in una tavola macht, was vielleicht Ghibertis Meinung nicht war. Erhalten ist nichts davon.

14) Billi kennt nur die Fresken der Chorkapelle. Magl. schreibt ihn und Ghiberti aus. Vasari nennt sie (schon in der i. A.) die *ersten* Gemälde Giottos wohl nur deshalb, wie *Frey* richtig meint, weil sie Ghiberti an *erster* Stelle genannt hat. Er beschreibt noch (I, 373), vielleicht aus eigener Anschauung, eine Verkündigung und die Hauptaltartafel dort (letztere ohne Nennung des Sujets); wir wissen heute, daß sie schon seit 1451 durch die Tafel eines sonst unbekannten Jacopo d'Antonio ersetzt worden war. (*Poggi* in den Miscell. d'arte 1902, 145.)

Drei Halbfiguren über der Innentür der Kirche nennt er (I, 399) schon in der 1. A. von 1550 überweißt, per illuminare la chiesa. Das ist wohl die von Ghiberti erwähnte Lunette. Auch ist zu bemerken, daß Bocchi in seinen Bellezze di Firenze von 1591 (p. 383) die Tafel und die Fresken Giottos als nicht mehr vorhanden angibt. Im übrigen vgl. *Frey*, Magl. 215. Erhalten ist von allem dem nichts mehr.

15) Ich folge hier *Frey's* Emendation des Textes. Die Interpunktion der Handschrift gibt einen wesentlich andern Sinn: Dipinse la capella maggiore ella tauola nell'ordine dei frati minori (d. i. S. Croce). Quattro capelle e quattro tauole molto excellentemente dipinse in Padoua ne' frati minori. Billi hat nun tatsächlich die Chorkapelle der Badia und in S. Croce vier Kapellen (außerdem das bez. Altarbild der Baroncellikapelle, das in Wirklichkeit später als Giotto ist, trotz der Inschrift, und wohl von T. Gaddi herrührt: *Venturi* V. 531 f). Der Magl. legt sich Ghibertis Text so zurecht: 1. Capella maggiore in der Badia. 2. In S. Croce fece *anchora* la cap. maggiore et la tauola dello altare (mit dem Randvermerk, der richtig ist: non è nel libro di Antonio). 3. In derselben Kirche quattro altre capelle mit näherer Ortsbestimmung. 4. Bei den Minoriten in Padua vier Tafeln (aus Ghiberti). Gelli liest: 1. dipinse in Padova nella chiesa de' frati minori (Ghiberti). 2. quattro cappelle in S. Croce (der Passus nach Billi). 3. Badia, Madonna und Hauptkapelle (nach Ghiberti). Vasari hat endlich 1. die *Altartafel* der Chorkapelle der Badia (I, 373, eine Zusammenziehung aus Ghiberti). 2. Vier Kapellen in S. Croce, wieder nach Billi, jedoch mit eigenen Zusätzen, besonders in der 2. Auflage. Er macht auch die vier Kapellen der Chorseite namhaft; es sind die später übertünchten, aber wieder geretteten der Peruzzi und Bardi, mit Giottos berühmten Fresken; die zwei anderen der Giugni und Spinelli sind verloren. Albertini (Memoriale von 1510, ed. *Milanesi* p. 15) nennt nur mehr die beiden ersten, sie bestanden aber noch zu Bocchis Zeit (1591). Außerdem erwähnt Vasari die Tafel der Baroncellikapelle (nach Billi); in Padua una capella bellissima im Santo (I, 388). Über S. Croce vgl. *Rintelen* a. a. O. 131 ff., der noch das in neuerer Zeit ganz vergessene Fresko der Madonna über der Eingangseite der Tosinghi-Spinelli-Capelle dem Giotto selbst vindiziert (a. a. O. 172).

Nach alledem scheint mir die Emendation Freys sehr annehmbar zu sein. Für Ghibertis Brouillon ist es charakteristisch, wie er hier mitten in die Werke Giottos in Florenz ein Werk aus Padua einschiebt. Für die Lokalisierung des Pal. della Parte in Florenz (s. n. 10) ist aber daraus kein Argument abzuleiten, da sachliche Gründe entgegenstehen. Übrigens arbeiten auch Billi und der Magl. in dieser sprunghaften Art.

16) Die frati minori in Padua bedeuten natürlich die Kirche des großen Thaumaturgen des Franziskanerordens, den Santo. Dort hat Giotto nach dem ausdrücklichen, freilich schon leicht anekdotisch gefärbten Bericht (Giotto hätte den

größten Teil seines Lebens in Padua verbracht) des Michele Savonarola (De laudibus Patavii um 1440, Quellenbuch no. 53 nach Muratori SS. RR. Ital. XXIV, 1770) den Kapitelsaal gemalt. Capitulumque nostri Antonii etiam sic ornavit, ut ad haec loca et visendas figuras pictorum advenarum non parvus sit confluxus. Daß diese Tradition verläßlich ist, lehrt die Nachricht eines oberitalienischen Zeitgenossen, in der schon öfter erwähnten Chronik der Riccobaldo Ferrarese (s. *Rintelen*, a. a. O. 178). Michiel gibt noch den Gegenstand an, es war die Passion (Anon. Morell. ed. *Frizzoni* 11), vgl. *Sirèn*, Giotto, Stockholm 1906, S. 54 und *Rintelen*, a. a. O. 283, n. 97. Billi kennt diese Fresken nicht, der Magl. und Gilli schreiben bloß Ghiberti ab ohne eigene Anschauung, Vasari (I, 388), über Oberitalien wie gewöhnlich schlecht unterrichtet, hat erst in der 2. Auflage eine dürftige Notiz. Die geringen Reste, die noch erhalten sind, sind derart entstellt, daß sie ein selbständiges Urteil nicht mehr zulassen. Daß das dipinse in Padova, wie *Frey*, Magl. 213 sagt, ein Schreibfehler für dipinse in Firenze sei, ist eine durch nichts gerechtfertigte Behauptung; gerade die Wiederholung des Firenze im folgenden Satz (bei den Humiliati in Florenz) beweist, daß Ghiberti in dem vorhergehenden Alinea wirklich die Reihe der in Florenz befindlichen Werke (L'opere . . . . . in Firençe) durchbrochen hat, wohl deshalb, weil ihm die Erwähnung der Minoriten in Florenz (S. Croce) deren Ordenskirche in Padua (Santo) in Erinnerung brachte.

17) Die Ordenskirche der Humiliati in Florenz ist die Kirche *Ognissanti*. Ghiberti ist hier ausführlicher als sonst. Billi kennt die Kirche nicht. Der Magl. schreibt Ghiberti einfach ab. Vorher übernimmt er in gedankenloser Kopistenart aus einer uns unbekannten Quelle eine kleine Madonnentafel am Tramezzo der Kirche Ognissanti, anscheinend ohne zu merken, daß es sich bei den „Humiliati" um dieselbe Lokalität handelt. Vasari I, 397 hat einen ausführlichen Bericht über diese Tafel; in der 2. Auflage bemerkt er, daß sie entfernt worden sei (vgl. die Note *Milanesis* a. a. O.). Im übrigen schreibt er Ghiberti aus. Das era hinter Firençe mit *Frey* zu tilgen halte ich für überflüssig, Ghiberti hat häufig solche den Brouillon verratende Unachtsamkeiten. Es war schon im „originale" des Magl., dem es aufgefallen ist, da er in einer Randnote bemerkt: dice nell' originale era, quasi che al presente non è. Ghiberti verwendet aber sehr häufig das Imperfektum in Beschreibungen, auch wo das Objekt bis heute erhalten ist, so vor allem in der Schilderung seiner eigenen Baptisteriumstüren (euui und u'era dicht nebeneinander). In seinem lebhaften Geiste setzt sich das Bild des Vorgangs leicht in ein episches Ereignis um. Chronologische Schlüsse für die Abfassungszeit der Kommentarien, wie *Frey* noch in seiner Ghibertiausgabe p. 79 gemeint hat, sind daraus keinesfalls abzuleiten. Für das è nach capella hat der Magl., wohl nach dem Wortlaut des originale, et, was auch sinngemäßer ist als è.

Von den hier erwähnten Werken haben sich drei erhalten. Das Kruzifix ist noch an Ort und Stelle (*Venturi*, V. Fig. 336), und zeigt sehr nahe Verwandtschaft mit dem Kruzifix der Scrovegnikapelle (ib. Fig. 333). Die Tafel mit der thronenden Madonna (in einem Ricordo von 1417 erwähnt, cf. Vas. I 396, n. 2) ist jetzt in der Akademie zu Florenz (*Venturi*, Fig. 339). *Rintelen* (a. a. O. 123 f.) erkennt in ihm das einzige eigenhändige Tafelwerk Giottos, das auf uns gekommen ist. Die Tafel mit dem Tod der Jungfrau will *Venturi* (p. 415 mit Abb. 340) mit einem jetzt in Chantilly befindlichen Bilde identifizieren, was freilich völlig unsicher ist.

18) Billi kennt beide Werke nicht. Magl. kopiert Ghiberti, scheint aber nach seinem Ausdruck una tavola con un crucifisso bloß an *ein* Werk zu denken. Auch Gelli erwähnt nur eine tavola, ebenso Vasari (i. A.); es scheint hier überall eine gleichmäßige Auslegung des Ghibertischen Textes vorzuliegen. Eine Tafel von Giotto führt noch Bocchi in seinem Bellezze von 1591 (ed. Cinelli 1677 p. 119) in S. Giorgio an, später ist sie verschollen; im Führer Cambiagi's von 1793 findet sich die Kirche überhaupt nicht mehr.

19) S. Maria Novella. Billi erwähnt ebenfalls das Kruzifix, „che hoggi è sopra la porta di mezzo" und das Tafelbild eines *hl. Ludwig* über dem Tramezzo zur rechten Hand; der Magl. folgt diesen Angaben und wiederholt dann nochmals (ed. *Frey* p. 53 al. 2) nach seiner Kompilatorenweise die auf dieselbe Kirche bezüglichen Nachrichten Ghibertis. Ebenso Gelli, der über das zweite Bild eine nähere Angabe hat, sopra la sepultura de' Salteregli. Vasari (I, 394) hat diese Nachrichten übernommen, mit eigenen Zusätzen; er behauptet die (höchst zweifelhafte) Mitarbeiterschaft Puccio Capannas am Kruzifix, das er am gleichen Orte wie Billi anführt, und nennt die Tafel des hl. Ludwig (mit zwei Stifterfiguren) am Tramezzo, also abweichend von Gelli. Den Lettner hat Vasari selbst 1565 (wie den von S. Croce im folgenden Jahre) auf Geheiß des Herzogs Cosimo abgebrochen, vgl. *Frey*, Magl. 220, wo auch über Vasaris Widersprüche das nähere nachzulesen ist. Daß Ghibertis Angaben auch hier durchaus zuverlässig sind, beweist eine Urkunde, die noch aus Giottos Lebenszeit selbst stammt, das Testament des Ricuccio di Puccio von 1312, in dem Giottos Kruzifix und eine pulcra tabula, die Giotto auf Bestellung desselben Ricuccio (also vor 1312) gemalt hat, mit Stiftungen bedacht werden (Publ. von *Milanesi*, Vas. I, 394). Sollte Vasari die Mitwirkung seines Puccio Capanna aus jenem Ricuccio di Puccio, der vielleicht irgendwo als Stifter genannt war, oder in einer Sakristeitradition weiterlebte, konstruiert haben? Unmöglich ist dergleichen bei ihm durchaus nicht. Die Tafel ist leider verschollen. Wahrscheinlich hat indessen Vasari (resp. seine Vorgänger) schon eine Verwechslung begangen (vgl. *Frey* a. o. a. O.); auch ist das *heute* in S. M. Novella gezeigte Kruzifix (Abb. bei *Venturi* V. Fig. 346) schwerlich von Giotto selbst, falls sein Erhaltungszustand wirklich noch der alte ist, trotzdem es ihm noch neuere Schriftsteller, wie zuletzt *Suida*, zuschreiben. *Rintelen* (a. a. O. 266) denkt an Spinello Aretino.

20) Die Gemälde Giottos im Pal. del Podestà (Bargello) in Florenz werden schon von Fil. Villani erwähnt, der aber das berühmte vielbesprochene Danteporträt und das Selbstporträt des Meisters „mit Hilfe von Spiegeln gemalt" (vgl. jedoch darüber Proleg. 131) als auf einer *Tafel* der Palastkapelle befindlich anführt. Betreff der Kontroverse in dieser Angelegenheit soll nur auf *Milanesis* Kommentar, dessen Beweisführung gegen Giottos Autorschaft indessen mißglückt ist (Vas. Ed. Sansoni I, 413–422), sowie auf *Kraus*, Dante p. 166 f. verwiesen werden. Billi nennt das Danteporträt ebenfalls zweimal (ed. *Frey* p. 4 und 6) als neben dem Fenster der Kapelle befindlich, hat also offenbar das Fresko der von Ghiberti gleichfalls genannten (Magdalenen-) Kapelle im Auge. Der Magl. kopiert wieder Billi (diesmal auch mit wörtlicher Anführung des Textes in einer Marginalnote) und Ghiberti (über seine Verwechslung mit dem Pal. della Parte Guelfa s. o. n. 10). Gelli spricht einfach von dem Danteporträt in der Magdalenenkapelle. Vasari bringt (I, 372) die Notiz über das Danteporträt, von dem des Giotto selbst weiß er nichts mehr, fügt aber dafür in der *zweiten* Auflage die ganz apokryphen Bildnisse Brunetto Latinis und des Corso Donati ein. Das Porträt Dantes ist von einem Zeitgenossen Giottos, Antonio Pucci (schon 1334 in Diensten des Comune) als Werk des Meisters in einem Sonett überliefert (abgedruckt bei *D'Ancona* und *Bacci*, Manuale della Lett. ital. Flor. 1903 I, 553); er beschreibt die Figur mit merkwürdigen Details und zeigt, daß Dante wirklich auf dem Fresko des Paradieses unter den Seligen, im roten Gewande, ein Buch unter dem linken Arm tragend, dargestellt war. Dergleichen ist wohl erst nach dem Tode des Dichters (1321) denkbar; das Gemälde gehört also zu den Alterswerken Giottos, was auch durch das aus der Kapelleninschrift zu erschließende Datum (1331) erhärtet wird. Heute sind von den Fresken des Paradiso und Inferno, die 1841 wieder von der Tünche befreit wurden, nur mehr traurig entstellte Reste vorhanden; in besserem Zustand sind die Fresken aus dem Leben der hl. Magdalena, nach denen schon Ghiberti die Kapelle benennt: eine Wiederholung des Themas, das Giotto (oder falls *Rintelen* [s. o.] recht behält, einer seiner Schüler) in Assisi gemalt hatte. *Rintelen* (a. a. O. 282 n. 9) bestreitet mit Gründen, die mir allzu vag erscheinen, die Autorschaft Giottos; er berücksichtigt auch das wichtige Zeugnis Puccis nicht. Filippo Villanis Aussage in dem *lateinischen* Original (die italienische Übersetzung hat bloß nella capella), daß Dante auf dem *Altarbild* dargestellt gewesen sei, ist m. E. gegenüber der in künstlerischen Dingen immerhin gewichtigeren Autorität Ghibertis nicht ohne weiteres vorzuziehen; der Altersunterschied in den beiden Quellen ist der Zeit Giottos gegenüber allzu gering, als daß allein daraus dem Bericht Villanis ein besonderer Wert zuzubilligen wäre. Jedenfalls ist die Florentiner Tradition nicht nur durch Ghiberti, sondern auch durch den bekanntlich von ihm unabhängigen Billi festgelegt. Mit *Rintelen* von einem „willkürlichen Umgehen des XV. Jahrhunderts mit den alten Berichten" zu sprechen, geht doch nicht an;

Villanis Notiz *kann* richtig sein, aber die Umstände sprechen mehr gegen als für ihn.

Dagegen ist die zweite merkwürdige Darstellung, jene politische Allegorie, die Giotto im *Saal* des Bargellopalastes gemalt hatte, verloren gegangen (la prima sala, die anscheinend schon Billi fälschlich in den Palazzo della Parte Guelfa versetzt?). Vasari hat das Fresko noch gesehen und beschreibt es ausführlich (I, 400). Die Komposition, die Giotto möglicherweise auch im Pal. della Ragione zu Padua gemalt hat (s. n. 10), ist uns außerdem durch zwei Sonetti caudati des früher genannten Pucci (ohne Zweifel als *Unterschriften* angebracht), sowie vor allem durch eine bildliche Darstellung, die noch in Giottos Zeit selbst zurückreicht, den „Comune pelato" am Grabmal des Bischofs Tarlati in Arezzo von Agostino und Agnolo von Siena (1330) zeitgenössisch überliefert. (*Morpurgo*, Un affresco perduto di Giotto. Flor. 1897. Per nozze.) Verdiente Vasari in solchen Angaben Glauben, so rührten die Entwürfe zu diesem Grabmal ja sogar von Giotto selbst her (Vas. Mil. I, 434). Zu bemerken ist in Ghibertis Text wieder die Form come *era* rubato (s. n. 17).

21) Zu dieser Angabe Ghibertis tritt seine Nachricht im Kapitel über die Bildhauer (s. u.), daß Giotto die *beiden ersten* Reliefs gemacht habe, allerdings dort mit dem Zusatz *si dice*, der auf eine bodenständige Tradition hinweist. Giotto ist urkundlich 1334 als Capamaestro des Dombaus bestellt worden; unter ihm wurde der Campanile begonnen, dessen Baugeschichte wieder in Versen des A. Pucci, seinem „Centiloquio", überliefert ist (*Nardini Despotti Muspignotti*, Il Campanile di S. M. del Fiore Rass. Naz. A. VII. *Frey*, Studien zu Giotto I. im Jahrb. der k. preuß. Kunsts. VI). *Nardini* hat auch den Entwurf Giottos (jetzt in der Opera des Doms von Siena) nachgewiesen; *Freys* Einwände dagegen in seiner A. des Magliabecch. p. 224 überzeugen mich nicht. Die Reliefs, um die es sich hier handelt, befinden sich an der Westseite des Campanile und schildern die Erschaffung der ersten Menschen und die ältesten Erfinder; sie sondern sich in ihrem Stil, namentlich die drei ersten (Geschichte der ersten Eltern) deutlich von denen, die Giottos Nachfolger am Campanile, Andrea Pisano, gemacht hat. Es ist bisher allgemein übersehen worden, daß Ghiberti für diese Angaben eine noch aus den Tagen Giottos selbst stammende Tradition benutzt hat, ja, daß wir hier das einzige Mal imstande sind, eine schriftliche Quelle, die er eingesehen haben dürfte, zu nennen, eben Puccis Centiloquio, wo es ausdrücklich von Giottos Campanile heißt: il quale condusse tanto il lavorio, ch'e' *primi intagli* fe' con bello stile (bei *Venturi*, Storia IV, 439). Puccis Vorlage, die von ihm versifizierte Chronik des Gio. Villani enthält dieses Detail *nicht*. Die Übereinstimmung des Ausdrucks mit dem in Ghibertis Text ist augenfällig. Sehr bemerkenswert ist Ghibertis Nachricht, daß er noch die Entwürfe (provedimenti) Giottos gesehen habe; als Dombaumeister konnte er dazu in der Opera Gelegenheit haben. Seine

Angabe verdient allen Glauben; ausgeführt hat sie aber Giotto, der damals schon im hohen Alter stand, schwerlich mit eigener Hand; in dieser Beziehung dürfen wir an Ghiberti nicht den Maßstab des modernen Kunsthistorikers anlegen. Ich habe an einen Schüler des Andrea Pisano gedacht, der die Ausführung, vielleicht erst nach Giottos Tod selbst (1336) übernommen hat (in meiner Abhandlung: Giottos Fresken in Padua im Jahrb. d. Ah. Kaiserh. XVII, 55ff.).

Billi weiß nichts von den Reliefs Giottos, wohl aber kennt er ihn als Baumeister des Doms — eine Sache, die in Florenz nicht vergessen werden konnte. Wie schlecht es aber mit seinen Angaben über das Trecento — im Gegensatz zu Ghiberti — bestellt ist, zeigt die sich anschließende Notiz, daß Taddeo Gaddi sein Nachfolger gewesen sei, eine völlig aus der Luft gegriffene Geschichte, der man gleichwohl noch heute gelegentlich in der kunsthistorischen Literatur begegnet. Der Magl. folgt wie gewöhnlich Billi und Ghiberti, dem letzteren auch Gelli. Vasari (I, 399) bereichert in seiner Art diese Nachrichten, mit ausdrücklicher Berufung auf Ghiberti (erst in der zweiten Auflage; in der ersten hatte er nur von der opinione di molti et non isciocca gesprochen, die dem Meister die zwei ersten Reliefs [due storiette di marmo] zuschriebe, während *andere sagten,* die Zeichnung zu diesen rühre von ihm her). Aus dem provedimenti desselben macht er plastische Vorlagen (modelli di rilievo), was Ghiberti vielleicht nicht gemeint hat; wir wissen, daß er mit diesem Ausdruck im I. Kommentar allerdings die proplasmata des Plinius wiedergibt. Ausgeschlossen ist es ja nicht, daß die Vorlagen Giottos Tonmodelle waren; gesehen hat sie Vasari sicher nicht mehr, das geht aus seinen eigenen Worten hervor. Nach Vasari, der aber auch hier in seiner Weise konstruiert (wie bei Agostino und Agnolo (s. n. 20) hätte Giotto auch die Zeichnung zu der Bronzetür des A. Pisano geliefert (Vas. Mil. I, 487, s. u.). Im Leben des Luca della Robbia (II, 169, 2. A.) vergißt (oder modifiziert?) er seine früheren Angaben und schreibt dem Giotto die Reliefs des Malers (Apelles) und des Bildhauers (Phidias) zu. Tatsächlich fallen diese Reliefs aus den übrigen eigenhändigen des A. Pisano heraus (s. meine o. a. Abhandlung, S. 50); es gehört aber noch der Architekt im letzten Feld der Ostseite dazu. Eine derartige stilistische Beobachtung liegt aber kaum im Bereich Vasaris. Die Sache wird eher derart zustande gekommen sein, daß er rein literarisch die due storiette seines ursprünglichen Textes (genau nach Ghiberti) diesmal auf die *Nordseite* bezog, wohin ihn die Reliefs Lucas geführt hatten. Andernfalls hätte ihm das stilistisch und inhaltlich dazugehörige dritte Relief kaum entgehen können.

22) Das Florentiner Urteil über Giotto stand schon seit den frühesten Dantekommentatoren, seit Boccaccio, Petrarca und Fil. Villani fest. Ein auswärtiges Urteil, von einem Mann, der wie Ghiberti, noch im Trecento wurzelt, von Michele Savonarola, steht in dessen früher erwähnten Lobspruch von Padua (Quellenbuch no. 53): qui primus ex antiquis musaicis figuras *modernas* mirum in modum

configuravit. Cuius in arte tanta fuit praestantia, ut et aliorum usque modo princeps habitus sit.

Schon hier haben wir die Möglichkeit, Ghibertis Aussagen auf ihre Verläßlichkeit hin zu prüfen. Wenn man seine Angaben über Giotto mit denen eines Nachfolgers, wie Billi, vergleicht, so sieht man, wie viel höher das Maß an Zuverlässigkeit unseres Kronzeugen für das Trecento ist. So gut wie *alle* Nachrichten Ghibertis über das Oeuvre Giottos haben der modernen Kritik Stand gehalten; selbst dort, wo die Werke verloren sind, können wir zuweilen durch urkundliche Überlieferung feststellen, daß Ghiberti genau und verläßlich berichtet hat, so daß von hier aus ein Schluß auf seine historische Glaubwürdigkeit wohl am Platze ist. Das ist besonders der Fall bei den Angaben über das Kruzifix und die Tafel in S. M. Novella (s. o. n. 19).

Billi hingegen schöpft reichlichst aus trüber anekdotischer Überlieferung (Giotto in Neapel und Dantes Rolle ebendort), die Ghiberti verschmäht, hat schon das legendarische Wirken Giottos als Fortsetzers des angeblichen Lehrers Cimabue in Assisi, von dem Ghiberti schweigt, hat direkt irrige oder falsche Angaben, wie über die Tätigkeit Giottos im Pal. della Parte Guelfa in Florenz, über die Tafel der Baroncelli in S. Croce (jedoch s. o. n. 15), über die Nachfolgerschaft Taddeo Gaddis am Campanile, bringt auch schon apokryphes Gut wie die Fresken in S. Chiara und der Incoronata in Neapel. Fast nur dasjenige, was er mit Ghiberti gemeinsam hat, kann der Kritik Stand halten.

STEFANO

1) Von Stefano, der möglicherweise einer der ältesten Schüler Giottos gewesen ist, haben wir kaum mehr als den Namen übrig. Schon Billi nennt ihn, freilich mit dem vorsichtigen Zusatz dicevasi, »parente di Giotto«. Sein zuerst von Baldinucci entworfener Stammbaum, wonach er ein Enkel Giottos durch dessen mit dem Maler Ricco di Lapo verheiratete Tochter Caterina und Vater des problematischen jüngeren Giotto oder Giottino gewesen sein soll, ist zweifelhaft, denn das Metier *dieses* Stefano ist nicht bekannt; eine gewisse Wahrscheinlichkeit für diese Annahme könnte sich nur daraus ergeben, daß Giottino, tatsächlich der Sohn eines Künstlers (*maestro* Stefano), den Namen seines Urgroßvaters erneut. Aber der Name Giotto ist, wie wir schon wissen, in dieser Zeit gar nicht so selten (s. o. Giotto n. 2). Vgl. übrigens die ausführlichen Erörterungen von *Frey*, Magl. 231 ff., die im Wesentlichen das Richtige treffen dürften. Die Berufung Vasaris (I, 452) auf Ghiberti, nach dessen Aussage der jüngere Giotto ein Sohn Stefanos gewesen wäre, ist falsch; in unserer Kopie, die sicher auch die Vorlage Vasaris gewesen ist, steht sie nicht; man könnte höchstens an die ganz nebelhaften Ricordi des Ghirlandajo, die Vasari am gleichen Ort erwähnt, denken.

Dieser Schüler Giottos erscheint schon in der älteren Kunstliteratur von Florenz mit hohem Lobe bedacht; Sacchetti erwähnt ihn bereits in einer merkwürdigen Novelle (Quellenbuch n. 48). In dem nicht weniger merkwürdigen, etwa um 1350 anzusetzenden Gutachten aus Pistoja (*Fabriczy* im Rep. f. Kw. XXIII, 496) erscheint er noch am Leben. Filippo Villani nennt ihn mit starkem Lobe unter den drei vorzüglichsten Nachfolgern Giottos (*Frey*, Libro di A. Billi, p. 74), neben Maso und Taddeo; über den Beinamen *Simia naturae*, den er ihm angeheftet zu haben scheint und der, durch das Medium von Landins Apologie auf die Späteren übergegangen, bis auf Skakespeare herab Glück gemacht hat, vgl. Proleg. 132 u. 210.

Auch Albertinis Erwähnung Stefanos (im Opusculum de mirabilibus novae urbis Romae, ed. *Schmarsow* p. 63) entspringt sicher nur der Kuriosität dieses Beinamens.

Daß Ghiberti, was an sich ja möglich, sogar wahrscheinlich ist, das Schriftchen Villanis nicht gekannt hat, ist jedoch aus dem Mangel dieses — sonst so beliebten — Details freilich nicht zu schließen; denn er verschmäht, wie wir noch besonders bei Buonamico sehen werden, absichtlich alles anekdotische Rankenwerk, das die andern so sehr pflegen.

2) Doctore bedeutet hier, wohl in deutlichem Anschluß an die plinianische Terminologie (34, 51, nullo doctore nobilis fuit) gebildet, den *Lehrmeister*. Daraus hat Gelli dann einen *Beinamen* seines Stefano „chiamato il dottore" fabriziert.

3) Die Fresken im ersten Klosterhof von S. Spirito sind nicht mehr erhalten, fast alles ältere ist dort durch die großen mit Brunellesco beginnenden Umbauten und Veränderungen, vor allem auch durch den Brand von 1471 zerstört worden (jedoch s. u.). Billi kennt in S. Spirito nur mehr die Transfiguration. Der Magl. schreibt, jedoch mit starken Kürzungen, Ghiberti aus (p. 54), aber auch Billi (p. 91). Die Historien Stefanos („tre archetti") sind, wie schon *Frey*, Magl. 242 angedeutet hat, später in das Oeuvre seines präsumtiven Sohnes Giottino hinübergewandert. Vgl. Proleg. 185. Der schon erwähnte Übername Stefanos „il dottore" bei Gelli zeigt allein schon, woher dieser seine Weisheit hat: aus Ghiberti. Vasari I, 448 beschreibt die Gemälde höchst ausführlich, in einer Weise, die zeigt, daß er sie doch noch gesehen haben muß, jedoch mit Zufügung anekdotischen Beiwerks (Perspektive einer Treppe, die Lorenzo Medici beim Bau von Poggio a Cajano zum Muster gedient haben soll, eine sehr unwahrscheinliche Geschichte!). Zur Zeit Bocchis (Bellezze di Firenze, ed. Cinelli p. 150) waren sie wohl schon dem Umbau der Klosterhöfe durch Ammanati zum Opfer gefallen.

4) In S. Maria Novella scheint nichts mehr von den bei Ghiberti genannten Fresken erhalten zu sein. Daß Stefano hier wirklich tätig gewesen ist, deutet wohl auch der Zusatz in dem Dokument aus Pistoja (s. n. 1) zu seinem Namen

an: Stefano in casa de'frati predicatori. Billi kennt nichts von Stefano in dieser Kirche, ebensowenig Albertini. Der Magl. und Gelli kopieren bloß Ghiberti. Vasari (I, 449) führt das Werk fast mit den Worten Ghibertis an, fügt aber die genauere Ortsangabe hinzu: es befand sich nach ihm im ersten Klosterhof von S. M. Novella. Schon *Milanesi* hat nun die Notizen Ghibertis und Vasaris unter unvollständiger Anführung von des ersteren Text (mit Auslassung der wichtigen Worte *allato* alla porta va nel cimitero) auf eine *Lunette* mit dem hl. Thomas von Aquino *über* der jetzt vermauerten Tür zur ehemaligen Kapelle S. Tommaso im sog. Chiostro Verde — was auch nicht zu Ghibertis unzweideutiger Aussage stimmt — bezogen. Wie bereits *Crowe* und *Cavalcaselle* (engl. A. von *Hutton* I, 334) eingesehen haben, kann diese Lunette *nicht* das von Ghiberti erwähnte Fresko *neben* der Tür sein, wenn es auch das Werk eines unmittelbaren Nachfolgers Giottos sein mag. Gleichwohl hat *Suida* (Jahrb. d. kgl. preuß. Kunsts. 1905, mit Abb. des Freskos auf Fig. 13) sich *Milanesis* Mißverständnis wieder zu eigen gemacht. Es ist das sehr charakteristisch für die Quellenbenutzung in der neuesten Literatur, wo immer ein Autor den andern abschreibt, wie zu Olim Vasaris Zeiten auch. Wir haben aber, da auch Ghibertis Angaben nicht mehr nachzuprüfen sind, gar kein Mittel mehr, um Stefanos Stil zu bestimmen; es wäre denn, daß sich *Suidas* Hoffnung auf die urkundliche Beglaubigung irgend eines Werkes einmal erfüllte. Bis dahin ist es methodisch völlig unzulässig, mit Stilbestimmungen zu jonglieren, und deshalb hängen auch *Sirèns* Versuche (in seiner Monographie über Giottino Lpz. 1908), die Stanislausfresken in Assisi dem Stefano, als dem vorgeblichen Vater Giottinos zu vindizieren, gänzlich in der Luft.

5) Billi kennt kein Werk Stefanos in Assisi. Der Magl. ist wiederum bloßer Kopist Ghibertis; nur hat er statt der Gloria seiner Vorlage farblos eine „historia". Gelli sagt unbestimmt und allgemein dipinse ancora assai nella chiesa di Scesi et particularmente una cappella — d. h. er weiß nichts. Vasari hat in der ersten Ausgabe übereinstimmend mit dem Magl. una historia — wir kommen hier vielleicht schon auf die von *Kallab* in seinen Vasaristudien hypothetisch statuierte Quelle K. —; in der zweiten A. fügt er eine nähere Bestimmung bei: una storia della gloria celeste, augenscheinlich in Anlehnung an Ghiberti, gibt ferner eine genauere Lokalisierung: nella nicchia della cappella maggiore nella chiesa di sotto di S. Francesco, dove è il coro, sowie eine eingehende Beschreibung, nach der es sich um eine Gloria des hl. Franz in einem Reigen von Seligen und Engeln handelte. Erhalten hat sich das Gemälde nicht mehr; bei Vasaris bekannter Manier zu arbeiten, ist es auch gar nicht ausgemacht, ob diese seine Storia ohne weiteres der gloria seines Wegweisers Ghiberti gleichgesetzt werden kann. *Venturis* Versuch endlich, das Werk Stefanos mit der Krönung Mariae hinter der Kanzel der Unterkirche zu identifizieren (Storia V, 480 mit Abb.), ist eine reine Hypothese; Vasari,

dem die Neueren — wenn sie nicht ihr kritisches Mütchen an ihm kühlen können — blindlings zu folgen pflegen, schreibt sie (erst in der 2. Aufl.) seinem fabulosen „Giottino" zu.

TADDEO GADDI

1) Einer der vornehmsten Schüler und (nach Cennini) Pathenkind Giottos, bei dem er 24 Jahre lang Geselle gewesen sein soll. Seine urkundlich bezeugten Lebensdaten reichen von 1332 bis 1366, wo er gestorben ist (*Venturi*, Storia V, 552). Villani nennt ihn unter den drei hervorragendsten Nachfolgern Giottos und lobt besonders seine Architekturstaffagen.

2) Billi kennt diese Tafel in der Annunziata nicht; der Magl. berichtet nach Ghiberti, dessen Nachrichten umschreibend und mit denen des Billi verschmelzend. Gelli hat nichts davon. Ghiberti gibt den Gegenstand der Tafel nicht an; es ist daher nicht auszumachen, ob sie wirklich mit dem von Vasari (in der 2. Aufl. I 575) beschriebenen „Madonnenbilde mit vielen Heiligen" identisch war, die nach dem Neubau des Chors 1467 in den Kapitelsaal übertragen wurde und heute verschollen scheint. Nach den Berichten des Magl. und Vasaris hätte Taddeo Gaddi dort noch die Kapelle des hl. Nikolaus gemalt (ebenso Albertini), sowie den Chor mit Fresken geschmückt.

3) Fresko in S. Croce. Billi hat diese Nachricht ebenfalls; er führt auch die drei Porträts mit besonderer Hervorhebung des Selbstbildnisses des Malers an. Der Magl. verschmilzt, wie gesagt, beide Quellen, fügt auch aus Billi die Baroncellikapelle, das noch erhaltene Hauptwerk des Meisters, hinzu, das Ghiberti merkwürdiger Weise mit Stillschweigen übergeht; doch war es diesem nach der Art seiner Denkwürdigkeiten offenbar nur darum zu tun, aus der großen Menge von Tafeln und Fresken, wie er selbst hervorhebt, bloß das für ihn *persönlich* und künstlerisch wichtigste zu nennen. Vollständigkeit anzustreben liegt ihm eigner Aussage nach (s. u.) fern; er hat eben leider nicht an die kunsthistorischen Seminare künftiger Zeiten gedacht. Gelli bringt die Nachricht deutlich nach Ghiberti, aber mit Hinzufügung des Standorts: nel mezo de la chiesa (der Magl. hat a mezo del muro). Albertini erwähnt das Fresko kurz (ed. *Milanesi* p. 15); Auch Vasari (I, 573) gibt in Übereinstimmung mit Gelli, doch mit größerer Deutlichkeit den Standort an; es war unter dem tramezzo der Kirche, bei dessen Abtragung durch Vasari selbst (1566) es zerstört worden sein soll (*Milanesi* zu Vas. a. a. O. *Frey*, Magl. 238). Über das Selbstbildnis Taddeos hat er noch eine zweite abweichende Version; es soll nach andern den Guido Cavalcanti dargestellt haben, was nicht gerade sehr wahrscheinlich ist.

4) Von Billi nicht erwähnt, Magl., Gelli und Vasari (I, 573) sind deutlich von Ghiberti abhängig. Albertini (p. 15) führt eine expositione di Christo sopra la

porta allato al sepulchro di Desiderio (Grabmal Marsuppini) an, das der Örtlichkeit nach mit unserem Fresko *nicht* identisch sein kann. Schon zu Ghibertis Zeit war dieses zu zwei Dritteln durch eine Aufmauerung (concio di macigno) zerstört worden; Vasari weiß (in der 2. A.) auch hier die näheren Zeitumstände: fu poi mezza rovinata, quando Cosimo vecchio de' Medici fece il noviziato, la cappella e il ricetto dinanzi alla sagrestia; in der 1. A. hatte er einfach gesagt (und in der 2. ist dieser Satz beibehalten): per metter una cornice di pietra sopra la detta porta. Später ist das Fresko ganz zugrunde gegangen, so daß wir von keinem der von Ghiberti geschilderten Werke Taddeos mehr eine Vorstellung haben.

MASO

1) Das ist also der dritte bedeutende Schüler des Giotto, den Villani mit hohem Lobe omnium delicatissimum nennt. Von seiner Kunst haben wir glücklicherweise durch ein noch erhaltenes Kunstwerk, die Silvesterkapelle, eine deutliche Vorstellung. Er ist möglicherweise mit jenem Maso di Banco identisch, der 1346 in den Florentiner Gilderegistern aufgeführt wird, und vielleicht um 1350 schon nicht mehr am Leben war, da er nach dieser Zeit nicht mehr vorkommt und sein Name auch in dem merkwürdigen oben erwähnten Gutachten von Pistoja fehlt, das doch seine beiden Mitschüler und Rivalen Taddeo und Stefano, die beiden Orcagna, selbst Traini und Puccio Capanna nennt. Neuerdings hat *Poggi* (Riv. d'arte S. 910) Urkunden von 1346 veröffentlicht, einen Pfändungsbefehl des Handelstribunals gegen Maso di Banco, pittore del popolo di S. Lorenzo, wonach ihm seine Habseligkeiten (darunter ein Madonnenbild, eine Tafel mit S. Johannes B. und S. Franciscus u. a.) in der Apotheke des Sandro di Giovanni sequestriert wurden. Ist er wirklich mit dem Schüler Giottos identisch, so hat ihn das Mißgeschick, das ihm posthum sein Oeuvre und selbst seine Persönlichkeit geraubt hat, schon in seinen Lebenstagen sehr real verfolgt. Seine hohe Schätzung noch am Ende des Trecento ist aber nicht nur durch Villani und Ghiberti, sondern auch durch eine merkwürdige urkundliche Notiz aus dem Jahre 1392 verbürgt, die *Milanesi* (Vas. I, 628 n. i.) aus den Stratti des Carlo Strozzi in der Magliabecchiana mitgeteilt hat. Ein Albizzi vermerkt nämlich in seinem Tagebuchnotizen zu jenem Jahre, daß er eine von Maso „grande maestro" begonnene Kreuzabnahme in S. Piero Maggiore, die eine Drea Albizzi bestellt hatte, durch Niccolò di Pietro Gerini vollenden und restaurieren ließ (vgl. Proleg. 183 u. 198).

Maso hat ein merkwürdiges Schicksal gehabt; er ist schon gegen Ende des Quattrocento, bei Billi, völlig vor einem jüngeren Maler, dem sog. „Giottino" (Giotto di m. Stefano) in den Schatten getreten, von dem wir nichts weiter wirklich wissen, als daß er 1368 in der Florentiner Lukasgilde immatrikuliert erscheint und im folgenden Jahre mit Gio. da Milano und einem Gesellen, dem jungen

Angelo Gaddi, im Vatikan gemalt hat. Ob sein Vater wirklich der berühmte Schüler Giottos gewesen ist, läßt sich nicht mit Sicherheit behaupten. Jedenfalls hat der ältere Maso ihm schon bei Billi ein Werk, das Tabernakel vor S. Spirito, abtreten müssen; Billi kennt von Maso überhaupt nur mehr das (bei Ghiberti nicht erwähnte) Fresko der Vertreibung des Herzogs von Athen am Turm des Podestàpalastes, das nach Gio. Villanis Chronik, der aber *keinen* Autor nennt, 1344 bestellt worden ist. Wie diese Tradition sich weiter entwickelt, Gelli und endlich Vasari aus Maso und Giottino eine einzige Person, den Tommaso di Stefano detto Giottino machen, wie die moderne „Stilkritik" im ganzen bis auf *Sirèns* Buch über Giottino herab (Lpz. 1908, Nachträge dazu in Biermanns Monatsh. f. Kunstw. 1909) Vasaris Spuren folgt, glaube ich in meinen Proleg. 180 ff. (Exkurs über das Giottinoproblem) genugsam und deutlich dargetan zu haben. Wir haben es im folgenden nur mehr mit der echten alten Tradition und mit *Maso* zu tun; die problematische Schattenfigur des Giottino, die durch kein einziges erhaltenes und vor der Mitte des Cinquecento (Gelli, Vasari!) wirklich beglaubigtes Werk vertreten ist, scheidet aus unserem Kommentar vollständig aus.

2) Das ist der merkwürdige Ausdruck, den Ghiberti durch das Medium des Plinius aus der antiken Kunstsprache (compendiare) übernommen hat. S. o. die Note 72 zum I. Kommentar. Der Künstler Ghiberti hat hier gewiß ein bestimmtes Stilelement gemeint, vielleicht die einfache und straffe Komposition, die uns noch an den Fresken der Silvesterkapelle auffällt; aber darüber ist gar nichts Sicheres zu sagen. Gewiß hat er nicht wie die Späteren, die vom Schreibtisch aus Kunstwerke behandelten (auch Vasari gehört trotz seines Künstlertums sehr häufig zu ihnen) einfach eine alte Redefloskel übernommen, ohne sich dabei etwas ganz Gegenständliches und seinen künstlerischen Interessen Naheliegendes zu denken.

3) Der Text ist nicht ganz klar: nach der Handschrift scheint es, als ob nur von einem Fresko an oder über der Tür (sopra im Magl.), die in eine Kapelle von S. Spirito führte, die Rede wäre. Der Magl. hat den Satz so verstanden, als ob von einer Kapelle *und* einem Fresko über dem Portal von S. Spirito die Rede wäre; er amplifiziert die Angabe Ghibertis über die „Cappella" mit einer ziemlich inhaltlosen Floskel: in una cappella erono molte cose di sua mano, rare et con molta diligentia condotte. Das ist ja auch Vasaris Art, ein Nichtswissen hinter leerem Wortschwall zu verbergen. Gelli weiß von diesen Werken überhaupt nichts mehr; Vasari (I. 623, im Leben des „Giottino"), hat die Angabe, daß im alten S. Spirito eine Kapelle mit Fresken vorhanden war, die dem großen Brand von 1471 zum Opfer fiel, außerdem das (nach *Milanesis* unkontrollierbarer Angabe später übertünchte) Pfingstfest über dem *Hauptportal*. Ob Vasari es noch gesehen hat, ist fraglich, der gleich darauf folgende Satz über das Tabernakel „che ancora si vede" kann Zweifel daran erwecken, um so mehr, als auch der Magl.

von diesen Fresken in der vergangenen Form (erano, era) spricht, freilich aus dem Text Ghibertis heraus, bei dem, wie wir wissen (s. o.) diese Redeform keinen Schluß auf nicht mehr Vorhandenes zuläßt. Aus dem Schweigen Gellis, der nur mehr das Tabernakel (s. u.) kennt, ist freilich auch kein sicherer Schluß zu ziehen, noch weniger aus dem Albertinis, der über das Trecento überhaupt nur weniges zu berichten der Mühe wert hält. Aber daß Billi, der das Tabernakel vor S. Spirito seinem Giottino zuschreibt, nichts mehr von den übrigen Fresken in der Kirche selbst zu melden weiß, wird wohl eben seinen Grund darin haben, daß auch er erst nach dem Brande von 1471 schreibt, der vermutlich auch das Portalfresko zerstört haben dürfte.

4) Das Tabernakel von S. Spirito führt schon Billi als Werk Giottinos auf, ebenso der vermutlich von ihm abhängige Albertini (p. 16); ein deutliches Zeichen dafür, wie sich die Tradition zugunsten des unrechtmäßigen Erben verschiebt. Der Anonymus Magl. führt es ganz gedankenlos *zweimal* an, einmal unter den Werken Masos (nach Ghiberti), dann unter denen Giottinos! (nach Billi). Das ist die Schreibtischmanier, von der oben gesprochen wurde; daß dem Anon. gelegentlich das Gewissen rege wird und er sich selbst ermuntert, dies oder jenes an Ort und Stelle selbst in Augenschein zu nehmen, zeigt eben wieder, wie seine Arbeit nach der Lampe riecht. Gelli erwähnt es ebenfalls, Vasari (I, 624) beschreibt es ausführlich mit eingehender kunsthistorischer Würdigung. Bocchi führt es nicht an, was aber nichts gegen sein Vorhandensein beweist; Baldinucci nennt es freilich auch nicht mehr. *Milanesi* bemerkt in einer Note, es sei übermalt und dann demoliert worden, ohne seine Quelle weiter anzugeben; eine wenig löbliche Gepflogenheit, die bei ihm leider recht häufig ist. *A. Chiappelli* hat es neuerdings in einem schönen giottesken Tabernakel, das sich jetzt in der Via del Leone befindet, wiederzufinden geglaubt (Rass. d' arte IX, 1909 no. 5). Seine Beweisführung gründet sich aber lediglich auf eine gewisse Stilverwandschaft mit der Beweinung Christi aus S. Romeo, jetzt in den Uffizien, die zuletzt Vasari in seiner zweiten Auflage 1568 dem „Giottino" zugeschrieben hat. Diese Tafel trägt aber alle Merkmale einer spätern Entstehung in sich, und ist, vor allem aus stilistischen Gründen, schwerlich das Werk des Freskanten der Silvesterkapelle (vgl. Prolegom. 199). *Chiappellis* Identifizierung mit Masos („Giottinos") Tabernakel ist daher hinfällig; es ist wieder die fatale in letzter Linie durch Vasari verschuldete Kontaminierung zweier streng auseinander zu haltenden Künstlerpersönlichkeiten des Trecento, die hier ihren unheilvollen Einfluß noch auf die moderne Heuristik übt.

5) Das ist also das einzige Malerwerk, das noch von Maso erhalten ist, die Fresken aus dem Leben des hl. Silvester und des Kaisers Konstantin in einer Kapelle zu S. Croce. Es ist in der neueren Spezialliteratur, in den Abhandlungen von *Schubring, Suida, Sirèn* so oft besprochen und analysiert worden, daß hier

ein näheres Eingehen überflüssig ist. Nur das soll bemerkt werden, daß das sehr mittelmäßige Fresko der Auferstehung über dem Grabmal des Andrea Bardi († 1367) dem bedeutenden Meister dieser Fresken *nicht* zugeschrieben werden darf. Keine ältere Quelle nennt es, Vasari hat es auch erst in der *zweiten* Auflage in das Oeuvre seines Giottino aufgenommen (vgl. Proleg. 195). Im übrigen ist zu bemerken, daß Gelli und Vasari die ersten sind, bei denen die Silvesterfresken als das Werk ihres Giottino erscheinen. Billi kennt sie überhaupt nicht; Magl. hat sie noch als Werk des Maso, da er, wie gesagt, Ghiberti ausschreibt.

6) Von Billi und Gelli nicht genannt; beim Magl. noch als Maso; als Werk des Giottino zuerst bei Vasari (1. A.). Ghiberti gibt den Standort der Figur nicht an. Da er aber vier Statuen des Campanile dem Andrea Pisano zuschreibt, so wird man sie an der allein noch in Betracht kommenden Südseite suchen müssen, wo denn auch Vasari ihren Standort (verso i pupilli d. i. die Misericordia) angegeben hat. Vgl. Prolegomena 182 und *Rathe*, der figurale Schmuck der alten Domfassade in Florenz 75 f. mit Fig. 19, der, wenn auch nur zaghaft, die Statue des Maso mit der voraussetzlich ältesten Figur dieser Reihe identifiziert; Vergleichsmaterial steht uns ja im Grunde nicht zu Gebote, da die Fresken aus S. Croce kaum herangezogen werden können. Die Hypothese *Milanesis* (Vas. I, 622 Note), ihr Verfertiger sei ein obskurer Steinmetz, Tommaso di Stefano, der 1385 immatrikuliert wurde, ist gar nicht ernst zu nehmen; auch sie verdankt ihren Ursprung eigentlich dem Giottinoroman Vasaris. Schließlich ist wie bei Giottos Reliefs die Möglichkeit offen zu lassen, daß Maso bloß den Entwurf der Statue gegeben hat, und daß sie möglicherweise erst nach seinem Tode ausgeführt worden ist; so daß Ghibertis Tradition auf Wahrheit beruhen *kann*. Der Anteil der Maler an der Plastik steigert sich bekanntermaßen im weitern Verlauf des Trecento immer mehr. So führt Piero di Giovanni Tedesco 1387 die Statuen von vier Aposteln für Talentis Domfassade nach Zeichnungen dreier Maler, des Agnolo Gaddi, Lorenzo di Bicci und Spinello Aretino aus. (*Poggi*, Il duomo di Firenze doc. 53).

7) Leider hat Ghiberti unterlassen, unsere durch ihn selbst geweckte Neugierde nach diesen „vielen Schülern" zu befriedigen; die erfolgreiche Lehrerschaft hat er auch bei Stefano (s. o.) hervorgehoben.

BONAMICO BUFFALMACCO

1) Bonamico (Cristofani) detto Buffalmacco erscheint mit seinem volkstümlichen Spitznamen in der Malerrolle von Florenz zum J. 1351 (*Milanesi* Vas. I, 519, n. 3; nach *Gualandi* Mem. Orig. VI, 178), indessen hat *P. Bacci* (in einem später zu erwähnenden Aufsatze) hier den dringenden Verdacht einer Falsifikation des XVI. Jahrhunderts (aus *Bonanno* Cristofani ... 1350?) aufgezeigt (a. u. a. O. 20).

Schon *Frey* hat übrigens wiederholt auf die Unzuverlässigkeit dieser Register aufmerksam gemacht. *Rumohr*, Ital. Forsch. II, 15, Anm., hat mit Unrecht gemeint, daß Vasari aus dem Bonamico Ghibertis und dem Buffalmacco der Novellisten eine Person gemacht habe. Die Jahreszahl Ghibertis ol. 408 (nach unserer Berechnung 1287) könnte höchstens auf das Geburtsdatum bezogen werden, was aber mit der ausdrücklichen Angabe Ghibertis per *insino* all' ol. 408 nicht wohl in Einklang zu bringen ist. Vasari, der natürlich gar keine Quelle ist, läßt ihn 1340, 78 Jahre alt (in der 1. A. *68* J.) sterben, verlegt also seine Geburt gar auf 1262 resp. 1272. Ist *Baccis* Ansatz der Fresken im Faënzakloster als eines Frühwerkes des Meisters richtig (s. jedoch u.), so gewinnt Ghibertis Angabe an Wahrscheinlichkeit. Möglicherweise liegt indessen ein Schreibfehler vor, etwa für ol. 418, der das Lustrum 1337—1341 entspräche. Über den *Künstler* Bonamico berichtet als älteste und vorzüglichste Quelle Ghiberti, der ihn sehr hoch einschätzt; es ist charakteristisch, wie er das Rankenwerk der Anekdote, das sich seit den Erzählungen Boccaccios und Sacchettis um den volkstümlichen florentinischen Künstler-Eulenspiegel geschlungen, in seinem strengen und sachlichen Bericht beschneidet; er nennt nicht einmal seinen populären Spitznamen, und deutet mit den Worten fu uomo molto godente nur kurz und trocken, fast möchte man sagen widerwillig, auf jene anekdotische Tradition. Das ist sehr charakteristisch für Ghiberti, weil für ihn nur der ausgezeichnete *Künstler* und dessen artistischer Ausdruck, nicht das exoterische Element der kuriosen Lebensumstände des Mannes existiert. In der spätern Literatur verschwindet aber der Künstler fast ganz hinter dem Spaßvogel, denn Billis Biographie ist fast nichts weiter als eine einzige Anekdote (aus Boccaccio); der Magl. verschmilzt seine Vorlagen Belli und Ghiberti und gönnt der Anekdote denselben unverhältnismäßigen Raum, obwohl er selbst in einer merkwürdigen Randnote sich ermahnt, die vielerzählten Fagiolate beiseite zu lassen — dafür freilich aber neue Schnurren zu bringen. (Die vier Novellen Sacchettis sind bei Baldinucci, Mail. A. VI, 267 bequem zusammengedruckt.) Gellis Kapitel ist ganz kurz und voll von Mißverständnissen; er macht den Künstler zu einem Schüler des Angelo Gaddi, schreibt ihm aber nach einer bisher unbekannten Vorlage die Figur einer S. Humiliana in S. Pancrazio zu (vgl. jedoch Cr. Cav. ed. *Hutton* I, 326); dafür ist ein Werk Buonamicos, die bei Ghiberti erwähnten Fresken in S. Paolo a Ripa d'Arno sonderbarerweise an den Schluß von Orcagnas Biographie geraten (ed. *Mancini* p. 47). Der Magl. macht ihn zum Schüler Giottos, wohl nur, weil Ghiberti seine vita hinter die unmittelbaren Nachfolger Giottos setzt — Ghiberti selbst weiß nichts von einem Schülerverhältnis —; Vasari zu einem Schüler des Andrea Tafi, doch erst in der 2. A., freilich nach einer Quelle des Trecento selbst, (nach Sacchetti nov. 191) lauter Zeugnisse für das Nichtswissen dieser Späteren. Vasaris Biographie ist nun endlich in der 2. A. völlig ein Roman, er rafft eifrig die ganze anekdotische Überlieferung von Florenz zusammen, und erweitert mit sehr fragwürdigen Kenntnissen das *Werk* des alten Meisters ins ungemessene. Da von Buffalmacco kein einziges Werk erhalten ist, die Historien im Campo Santo, die Ghiberti nur in allgemeinen Ausdrücken erwähnt, unbestimmbar sind, muß uns seine künstlerische Persönlichkeit, solange nicht ein glücklicher Fund gemacht wird, als verloren gelten; ein Versuch wie der *Sirèns*, in einer Fußnote seines Buches über Giottino p. 14 von der Autorität Vasaris (!) aus den Stil Buffalmaccos festzustellen, ihm allerhand höchst disparate Werke anzudichten, zeugt von einem geschäftigen Dilettantismus, der nicht einmal das Abc historischer Kritik kennt. Das gleiche muß man von einem im einzelnen verdienstlichen Aufsatze *Peléo Baccis* sagen, der soeben aus den (von ihm selbst aufgedeckten) sehr interessanten Fresken in der Badia von Florenz die künstlerische Person Buffalmaccos zu rekonstruieren sucht (Bollettino d'Arte V, 1911, 1 ff.). Daß der alte Meister als ein früher Realist, ja als ein Vorläufer Masaccios (sic) gefeiert wird, wollen wir dem Verfasser noch als entschuldbare Entgleisung zugute halten; schlimmer ist wieder der Mangel jeglicher kritischen Besonnenheit. Denn lediglich auf Vasaris Autorität hin werden die Fresken der Badia dem Buffalmacco zugeteilt, von dessen Stil wir bis heute überhaupt keine Anschauung haben. B. hat die Schwäche seiner Behauptung selbst gefühlt und sucht daher nach Kräften die Glaubwürdigkeit seines Gewährsmannes für diesen Fall darzutun. Leider sind seine Argumente so schwächlich als möglich. Sie ruhen lediglich darauf, daß Vasari die Patronanz der Kapelle, in der sich die (zuerst und allein) von ihm dem Buffalmacco zugeschriebenen Fresken befinden, *richtig* angibt; sie gehörte ursprünglich dem Giuochi und Bastari und ging dann an die Boscoli über. Abgesehen davon, daß Erinnerungen dieser Art in der Sakristeientradition naturgemäß besonders fest zu haften pflegen und daher auch bei Vasari sehr häufig auftauchen, kann die Zugehörigkeit der Kapelle zu jenen Familien, wie *Bacci* selbst angibt (a. a. O. 6), noch heute dank den erhaltenen (restituierten) Grabschriften ebenso erkannt werden wie zu Vasaris Zeiten. Dadurch werden freilich Vasaris *kunsthistorische* Angaben keineswegs bestätigt; es ist der oft gerügte Mangel an historischer Methode, der hier abermals kläglich an den Tag kommt, dilettantische Scheinkritik, die das Wesen nicht nur des *historischen* Beweises höchst naiv verkennt. Es kann wirklich nicht oft genug gesagt werden, was *Kallab* in seinen Vasaristudien immer und immer wieder betont: Vasaris Angaben dürfen nur dort, und lediglich dort als Grundlage des Forschens dienen, wo sie durch anderweitige und *sichere* urkundliche Überlieferung sowie durch die Ergebnisse *sachlicher* Stilkritik gestützt und gerechtfertigt werden können. Die Figur des Künstlers Buffalmacco bleibt eben nach wie vor im Dunkeln.

2) Von den Fresken im Kloster der Nonnen von Faenza weiß Billi (und nach ihm mit weiteren Ausschmückungen der Magl. und Vasari) nur eine einzige

lange Anekdote zu erzählen, die so gut wie nichts Sachliches enthält. Als seine Mitarbeiter erscheinen die aus Boccaccio bekannten Spießgesellen Bruno und Calandrino (den ersteren hat aber schon Vasari wirklich in der alten Malerrolle von Florenz zum J. 1350 — s. jedoch oben — erwähnt gefunden. Vas. Mil. I, 512 mit n. 1; ein sehr schwaches Bild von Bruno ist in Pisa). Schon zu Vasaris Zeiten war, wie er selbst angibt (I, 503) das Kloster zerstört; an seiner Stelle erhob sich die unter Alessandro de' Medici (seit 1534) erbaute Fortezza da basso (Vas. Mil. V, 462). Vasari hat also die Fresken selbst kaum mehr gekannt, er berichtet auch erst in der 2. Auflage, daß sie Szenen aus dem Leben Christi dargestellt hätten. Er folgert das lediglich aus einem Blatte mit dem Kindermord, das er von der Hand des Buonamico in seinem Libro de' disegni zu besitzen glaubte (I, 503). *Bacci* hat (a. a. O. 13f.) aus den Angaben Boccaccios im Zusammenhang mit weiterer historischer Überlieferung als Datum dieser Fresken 1314—1317 festzulegen versucht; damit rückte der Künstler seitlich in die unmittelbare Nähe Giottos selbst. Ganz überzeugend sind aber B.s Ausführungen keineswegs.

3) Billi weiß nichts von diesen Gemälden, der Magl. nichts weiter als seine Vorlage Ghiberti. Gelli sagt offenherzig: trovasi di sua mano *non so che storie* in Camposanto; Ghiberti, der über Pisa recht zurückhaltend ist, hat eben nichts Näheres verraten, und wenn Vasari (I, 513f.) den Versuch macht, die vier Fresken im Campo Santo, mit denen der alttestamentliche Zyclus anhebt, (Schöpfung bis Sintflut) sowie die Passionsszenen der Ostwand dem Buffalmacco zuzuschreiben, so ist das nichts weiter als eine bare Hypothese, die noch dazu falsch ist, denn die ersten wurden schon von Ciampi als ein Werk des Pietro di Puccio von 1390 nachgewiesen (Cr. Cav. ed. *Hutton* I, 330), und auch die zweiten dürfen eher an das Ende als in die Mitte des Jahrhunderts gehören, scheinen auch gar nicht florentinisch zu sein (*Hutton* p. 331, *Venturi*, Storia V, 738). Wir müssen eben sagen, daß wir so wenig wissen als Vasari, was Bonamico im C. Santo gemalt hat, und ob seine Gemälde dort überhaupt auf uns gekommen sind. Einen neuerlichen schüchternen Versuch Thodes, Bonamicos Namen wieder mit den erhaltenen Fresken des C. S. in Verbindung zu bringen, hat *Supino*, Arte Pisana 286f. mit gesunder Kritik zurückgewiesen.

4) Der Magl. schreibt Ghiberti ab, (Billi und Gelli om.), ebenso Vasari in der 1. A. In der 2. A. hat dieser dagegen ausführliche Nachrichten und Beschreibungen; nach ihm waren die istorie di uergini bei Ghiberti die Legende der hl. Anastasia. Die Gemälde waren aber schon zu seiner Zeit stark zerstört (I, 511); erhalten haben sich (vgl. *Milanesi* zu Vas. I, 512 n. 1) nur wenige unbedeutende Reste. Es sind zwei Heiligen-Figuren an einem Pfeiler, von denen *Supino*, Arte Pisana (p. 288) eine abgebildet hat. Ob sie wirklich zu der Dekoration Bonamicos gehört haben, das auszumachen, fehlt uns heute jeder Anhaltspunkt. Vasari (im Leben des A. Tafi I, 337) erzählt außerdem, daß Bonamico in seinen Fresken

die Porträts Papst Coelestins IV. und Innocenz IV. angebracht hätte, die er von seinem Lehrmeister Tafi überkommen haben soll.

5) Vom Magl. erweitert: (lavorò in Bologna) et in di molti altri luoghi assaj, eine Phrase des Nichtswissens, wie so häufig bei ihm. Sacchetti (nov. 169) hatte schon eine burla Buffalmaccos über ein Gemälde in *Perugia* gebracht. Vasari hat diese Fresken, deren Standort Ghiberti nicht angibt, seiner Pragmatik gemäß im Hauptheiligtum der Stadt, S. Petronio, gesucht, und zwar in den nach seiner Angabe nicht vollendeten Gemälden der Cap. Bolognini. Schon Milanesi hat auf die Unmöglichkeit dieser Konstruktion hingewiesen, da der Bau von S. Petronio erst 1390 begonnen wurde, und für die Capella Bolognini das Testament des Stifters von 1408 mit der Bestimmung der dort auszuführenden Malereien erhalten ist, diese noch vorhanden sind und einem oberitalienischen Maler der Übergangszeit angehören. (Vas. Mil. I, 507 n. 1. *Ricci*, Guida di Bologna p. 18.)

6) Vom Magl. übernommen, ebenso von Vasari in der 1. A. In der zweiten (I, 505) hat er eine ausführliche Beschreibung der Gemälde (Legende des hl. Jacobus, die vier Kirchenlehrer und Evangelisten an der Wölbung) hinzugefügt, mit interessanten technischen Details. Er gibt an, daß die Fresken infolge eines salzhaltigen Blaus, das der Maler zur Inkarnation verwendete, fast gänzlich zerstört seien. In der Badia a Settimo (vor Porta S. Frediano gelegen), deren Kirche 1664 ganz modernisiert wurde, hat sich nichts mehr von diesen Gemälden erhalten (*Carrocci*, Dintorni di Firenze 193).

PIETRO CAVALLINI

1) Die Vita des Römers Pietro Cavallini, für den Ghiberti der älteste und vornehmste Zeuge ist, gibt ein neuerliches Zeugnis für die Interessen des Autors an der ewigen Stadt, die er aus eigener Wahrnehmung (vgl. Komm. I, n. 17) kennt. Seine Nachrichten beruhen daher sicherlich auf Autopsie, eine schriftliche Quelle anzunehmen, an die *Frey* Magl. 250 zu denken scheint, verbietet sich hier wie bei ihm überhaupt.

Die Figur des bedeutenden römischen Malers, eines Zeitgenossen des Sienesen Duccio und des Florentiners Cimabue (1272 in Rom urkundlich bezeugt) ist uns erst in neuester Zeit durch die Aufdeckung seiner Fresken in S. Cecilia deutlicher geworden. *Hermanin*, Sugli affreschi di P. Cavallini a. S. Cecilia in Trastevere, Le Gallerie naz. ital. V. 1902; *Crowe* u. *Cavalcaselle*, ed. *Hutton* I, 89f. *Venturi*, Storia V, 140, wo auch weitere Literatur). Er ist aus der großen römischen Mosaicistenschule hervorgewachsen. Wenn er wirklich mit dem Socius Petrus des Arnolfo di Cambio am Tabernakel von S. Paolo fuori identisch ist (was *Hermanin* a. a. O. p. 93 nicht mit Unrecht bezweifelt) hat nach diesem inschriftlich datierten Denkmal seine Tätigkeit schon 1285 begonnen. 1291 arbeitet er als Mosaicist in S. Maria in Trastevere. 1308 ist er urkundlich in Neapel bezeugt, mit hohem Salär in Diensten König Roberts von Neapel stehend (*Schultz*, Denkm. d. Kunst in Unteritalien IV, 127; danach bei *Hermanin* p. 100). Spätere Nachrichten von ihm fehlen. Die Angaben, die *Venturi* (Storia V, 167 nota) seinem Gewährsmann *de Nicola* folgend, über die Grabstätte Cavallinis in S. Paolo fuori, das Epitaph, sein Alter von 75 Jahren (1. Auflage von 1550) mitteilt, sind sämtlich *Vasari* (I, 543) entnommen, was *Venturi* gar nicht bemerkt hat. Der öffentlich geschmähte und verleugnete Vasari ist noch immer das geheime Orakel der Kunsthistoriker.

2) Diese Fresken sind mit der alten Sankt Peters-Basilika untergegangen. Magl. nach Ghiberti; er erwähnt jedoch die Gemälde im Seitenschiff nicht. Vasaris Ausführungen (I, 538) scheinen nichts anders als inhaltsleere Variationen über das von Ghiberti gebrachte Thema zu sein, wie ihr Tenor wohl deutlich dartut. Ich füge die Stelle, zu der er auch in der 2. Aufl. nichts Neues hinzuzusetzen gewußt hat, hier ein, weil sie für Vasaris Art zu arbeiten überhaupt charakteristisch ist und deute die aus Ghiberti stammenden Motive mit anderer Schrift an: Riportò dagli uomini di giudizio nome di excellentissimo maestro (wegen der Gemälde im Kapitel von S. Paolo), e fu perciò dai prelati tanto favorito, che gli fecero dare a fare la facciata di San Piero di *dentro fra* le finestre tra le quali fece *di grandezza straordinaria* rispetto alle figure che in quel tempo s'usavano, i quattro *Evangelisti* lavorati a *bonissimo fresco* (vgl. Ghiberti: in muro . . . mai meglo) e *un San Piero* e *un San Paolo*; e in *una nave*, buon numero di figure, nelle quali per molto piacergli *la maniera greca*, la mescolò sempre con quella di Giotto. E per dilettarsi di *dare rilievo* alle figure, si conosce che usò in ciò tutto quello sforzo che maggiore può immaginarsi da uomo. Vasari, der 1531—32 zum erstenmal in Rom gewesen ist (*Kallab*, Vasaristudien 248) hat die Fresken Cavallinis an der Portalwand des alten St. Peter gewiß nicht mehr selbst gesehen.

3) Magl., ebenso Vasari (I, 538) haben die Nachricht einfach aus Ghiberti übernommen; letzterer weiß auch in seiner 2. Aufl. nichts hinzuzufügen. Ein Teil der Fresken ist neuerlich wieder ans Tageslicht gebracht worden, vgl. den oben zitierten Aufsatz von *Hermanin* und die dort gegebenen Abbildungen.

4) Vom Magl. aus Vasari (I, 538) einfach übernommen. Die Fresken in S. Grisogono sind nicht mehr erhalten; das schwache Madonnenmosaik, das dort noch vorhanden ist, wird von *Hermanin* mit Recht abgelehnt, von *Venturi* (Storia V, 153 mit Fig. 126) dagegen dem Cavallini zugeschrieben.

5) Der Magl. spricht nur von den 6 Mosaiken im Chor von S. Maria in Trastevere; Vasari von *Fresken* im Schiff der Kirche, *und* von Mosaiken im Chor und an der Fassade, ohne jedoch nähere Angaben zu machen. Die von Ghiberti erwähnten sechs Mosaiken im Chor (mit dem Leben der Jungfrau) sind noch erhalten (*Venturi*, Storia V, 141 f.): sie sind, wie aus dem Stifterbild hervorgeht für

Bertoldo di Pietro, den Bruder des Kardinals Gaetano Stefaneschi (um 1290) ausgeführt worden. *Zimmermann*, Giotto (Leipzig 1893 I, 3) hat sie mit einer methodisch ganz unzulänglichen Kritik, die *Hermanin* a. a. O. 105f. gut beleuchtet, Cavallini ab- und Giotto zugesprochen, ohne die primäre Quelle Ghiberti auch nur in Erwägung zu ziehen. Über die stark beschädigten Fresken im Schiff der Kirche, die bloß Vasari dem Meister zuschreibt, denn Ghiberti weiß augenscheinlich nichts von ihnen, vgl. *Crowe* u. *Cavalcaselle* ed. *Hutton* I, 90; sie sind schwerlich von der Hand desselben Meisters.

6) Die Liste der römischen Werke Cavallinis ist von Vasari in der 2. Aufl. ausgiebigst vermehrt worden; Vertrauen erweckt keine einzige seiner Zuschreibungen.

7) Von Magl. wörtlich übernommen. Der Text Ghibertis läßt vermuten, — obwohl wie wir wissen, daß Einschiebsel bei ihm nichts Unerhörtes sind, s. o. unter Giotto — daß er hier eine *römische* Kirche meint; er hätte sonst gewiß nicht unterlassen, den Namen der betr. Stadt zu nennen. Vasari hat auch schon in der 1. Aufl. die Nachricht auf S. Francesco a Ripa in *Rom* bezogen (I, 538 „molte cose"); in der zweiten (I, 540) hat er aber überdies, und zwar als erster einen ausführlichen Bericht über ein Werk Cavallinis in S. Francesco in *Assisi*, das er erst 1563 (*Kallab*, Vasaristudien, Reg. 314 und 379) kennen gelernt hat. Der Bericht ist voll von Unrichtigkeiten, obwohl sich Vasari auf die „pubblica voce", die in diesem Falle eine sehr schlechte Sakristeien-Tradition sein müßte, beruft. Die große Kreuzigung in der Unterkirche, die er hier als Werk Cavallinis beschreibt und auf der er sogar das Wappen des Herzogs Gualtieri von Athen gefunden haben will, gehört tatsächlich erst in die Zeit nach Cavallini und ist das Werk eines Sienesen, des Pietro Lorenzetti. Es ist sehr wahrscheinlich, daß Ghiberti wirklich die Kirche S. Francesco a Ripa, die sich gleichfalls in Trastevere befindet und die älteste Kirche des Ordens in Rom ist, gemeint hat. Die Kirche ist indessen im XVI. und XVII. Jahrhundert ganz modernisiert worden; sie enthält auch nur mehr neuere Kunstwerke (*Angeli*, Chiese di Roma 139). S. jedoch die folgende Note.

8) Magl. nach Ghiberti, ebenso Vasari, der auch in seiner 2. Aufl. nichts Weiteres über die Arbeiten in S. Paolo fuori le mura mitzuteilen weiß. Diese Werke Cavallinis sind bekanntlich bei der Brandkatastrophe von S. Paolo im Jahre 1823 zugrunde gegangen. Ihr Stifter war derselbe Abt von S. Paolo Bartolommeo (1282—1297), der bei Arnolfo di Cambio und dessen Genossen Petrus (Cavallini?) das Ciborium der Basilika bestellt hatte (*Venturi*, Storia V, 141). Doch haben sich immerhin in einem Codex Barberinianus (C. L. 4406) Zeichnungen des XVI. Jhdts. nach den Fresken erhalten, die uns wenigstens das Kompositionsschema nahe bringen (*Venturi*, V, 129ff. und Fig. 103—110). Sie zeigen Übereinstimmung mit den alttestamentlichen Fresken in der Oberkirche von Assisi;

freilich darf daraus bei der Herrschaft des Esempio im Mittelalter, nicht ohne weiteres, gar bei diesem Zustand der Überlieferung, auf die gleiche Hand geschlossen werden; *Venturi* selbst weist auf ältere Typen hin, wie sie sich z. B. in der berühmten Bibel aus S. Cecilia in der Vaticana (von 1097) finden. Von hier aus ist auch die Frage gar nicht zu lösen, sondern nur durch die Stilvergleichung mit den noch erhaltenen Fresken Cavallinis in S. Cecilia. *Venturi* will diesem tatsächlich die Freskenzyklen des A. T. in Assisi zuschreiben (V, 141); über die weit divergierenden und schillernden Urteile der modernen Autoren vgl. seine Note auf S. 140; für uns scheidet die Frage hier schon deshalb aus, weil Ghiberti sicher nicht S. Francesco in *Assisi* in seinem Text gemeint hat. Es dürfte am Platze sein, hier *Venturis* Einschätzung der beiden Biographen Cavallinis ausdrücklich anzuführen; mit Recht sagt er (Storia V, 167): dopo tanti secoli d'oblio, e tanti errori disseminati dal Vasari che vuole attaccar Pietro Cavallini al carro della rinascita fiorentina, la voce di Lorenzo Ghiberti risuona come storica verità.

ORCAGNA

1) Andrea di Cione, gen. l'Orcagna (Arcagnolo) wird urkundlich zwischen 1344 und 1368 erwähnt (die ziemlich zahlreichen Vermerke zusammengestellt bei *Suida*, Florentin. Maler um die Mitte des XIV. Jh., Straßburg, 1905 p. 4f.). Ghiberti führt ihn sachgemäß unter den *Malern* auf, als solchen hat er sich auch ausdrücklich selbst auf seinem Hauptwerk, dem Tabernakel in Orsanmichele bezeichnet. Wie andere Maler vor und nach ihm, Giotto an der Spitze, ist auch er als Architekt und Dekorateur tätig gewesen, hat Entwürfe für den Dom von Florenz geliefert und war Capomaestro des Dombaus von Orvieto (*Milanesi*, Vas. I, 617). Ghibertis Lob des Orcagna als grandissimo architettore ist daher nicht übertrieben. Über seine Tätigkeit als Sonettendichter berichtet zuerst Billi (ed. *Frey* 12), vielleicht nach Familientraditionen, da er von einem Nachkommen Jacopo di Cione merciaio Kunde hat. Über O. ist namentlich *Frey*, Loggia de' Lanzi 207 zu vergleichen.

2) Das berühmte Tabernakel von Orsanmichele, ein florentinisches Gesamtkunstwerk, als reichstes Gehäuse eines wundertätigen Madonnenbildes; es ist inschriftlich vom Jahr 1359 datiert (cf. a. *Gaye*, Carteggio I, 52). Billi schreibt im Gegensatz zu Ghiberti dem Orcagna nur die Himmelfahrt Mariae, das Hauptrelief an der Rückseite zu, gibt auch den Platz des Selbstporträts (an dieser Stelle) näher an, weiß aber sonst gar nichts weiter von diesem in Florenz altberühmten Werk zu melden. Auch Albertini (ed. *Milanesi* 14) weiß nicht mehr davon als einzig den Preis (über 20000 Dukaten). Ghibertis Angabe, daß Orcagna *eigenhändig* die Reliefs ausgeführt habe, ist schwerlich wörtlich zu nehmen; es sind auch deutlich die Hände von Gesellen zu unterscheiden. Ghiberti spricht aus

der ma. Werkstatt (und noch des Quattrocento) heraus, wo der Meister für die ganze bottega haftete; zur Ausführung hat er sicherlich eines Stabes von Gehilfen aller Art, Steinmetzen, Mosaicisten und Gießern bedurft. Schon Vasari nennt, doch sicherlich nur aufs geratewohl, Orcagnas Bruder Nardo als Mitarbeiter, eher wird hier sein Bruder Matteo gearbeitet haben (s. u.); über den angeblichen Originalentwurf (mit den Maßen) in den Spogli des Carlo Strozzi vgl. Baldinucci, Mail. A. Sec. II. Dec. VI. p. 407. (Abgeb. bei *Richa*, Chiese fior. I, 1).

Der Magl. verbindet Billis und Ghibertis Nachrichten, gibt aber nur die Jahreszahl (1359) und den Preis von 86000 *scudi* an. Gelli, der eine ausführliche Biographie Orcagnas hat, berichtet manches lokalgeschichtliche Detail über den Bau von Orsanmichele, spricht aber, wie Billi, nur von dem Relief mit der Himmelfahrt Mariae. Zu dem Selbstporträt, das er noch genauer beschreibt, gibt er einen merkwürdigen kostümgeschichtlichen Exkurs (ed. *Mancini* p. 47). Vasari hat (I, 605f.) einen sehr ausführlichen Bericht; das Porträt Orcagnas, das man damals in einem der Jünger auf der Darstellung des Todes Mariae (dem mit der Kapuze, cf. Gelli) zu erblicken glaubte, hat er in den Holzschnitten der 2. Auflage als Titelbild der Biographie benutzt. Den Preis gibt er in dieser auf 96000 Goldgulden an, während er in der ersten Ghibertis Angabe wiederholt hatte.

3) Billi berichtet, daß die Fresken Orcagnas im Chor von S. M. Novella durch Ghirlandajo zerstört worden seien, der daraus manches Detail sich angeeignet habe (della quale trasse molte belle cose). Der Magl. folgt ihm (vgl. a. p. 106 bei Ghirlandajo), fügt aber noch die wohl von Billi erwähnte, aber von Ghiberti übergangene Altartafel der Cap. Strozzi (das bez. und 1357 dat. Hauptwerk des Orcagna, noch am alten Orte erhalten) hinzu. Gelli hat wieder eingehende Notizen über die Schicksale der Chorkapelle und der Tafel: Vasari (I, 59, vgl. III, 260f. im Leben des Ghirlandajo) wiederholt im wesentlichen diese Angaben, mit manchen neuen Details in der zweiten Auflage. In der ersten hatte er 1485 als Epoche der Erneuerung durch Ghirlandajo genannt, was annähernd richtig ist; das Diario des Luca Landucci berichtet zum 22. Dezember 1490 die Enthüllung der Fresken Ghirlandajos im Chor, die auf Bestellung des Gio. Tornabuoni gemacht worden waren (ed. *del Badia* p. 60). Die Geschichte von Ghirlandajos Benutzung der alten Fresken ist wohl kaum mehr als Sakristeienklatsch. Aus der ausführlichen Berichterstattung Vasaris (III, 260) geht hervor, daß nach dem von Gio. Tornabuoni mit den Eigentümern der Kapelle, den Ricci, abgeschlossenen Kontrakt, derselbe Zyklus (aus dem Leben der Madonna) wie vorher gemalt werden sollte; das ist offenbar die Grundlage, auf der das ganze Ciceronigerede entstanden ist.

4) Billi kennt in S. Croce bloß zwei Fresken, deren Inhalt er angibt: Paradiso und Inferno, mit einer für ihn charakteristischen Ciceronianekdote über die Figur eines dort angeblich in der Hölle porträtierten Gerichtsvollziehers. Dadurch

werden Ghibertis „tre istorie" erläutert, es war annähernd der gleiche Gegenstand wie in S. Maria Novella. Magl. arbeitet wieder Billis und Ghibertis Angaben ineinander, (Paradiso und Inferno aus Billi, die Capella aus Ghiberti); die tre istorie und die molte altre cose des letzteren hat er ausgelassen, die ersten deshalb, weil sie schon bei Billi — wenigstens zum Teil — angeführt waren, also kein Versehen wie *Frey*, Magl. 254 sagt. Gelli macht noch genauere Angaben, nach ihm handelte es sich um drei *quadri* hinter der Kanzel, mit dem Weltgericht, Paradies und Hölle. Auch er erzählt die Anekdote vom messo Guardi wie Billi, mit weiteren Details, und vergißt auch nicht die ofterzählte Anekdote von einer ähnlichen Künstlerrache Michelangelos in dessen Jüngsten Gericht anzubringen.

Vasari hat die Fresken ebenfalls noch gesehen und beschreibt sie namentlich in der 2. Aufl. höchst ausführlich (I, 600f.); während er in der I. Aufl. bloß die Anekdote vom messo Guardi (auch schon etwas erweitert) hat, will er in der 2. Aufl. hier schon alle möglichen anderen Porträts (Clemens VI., Cecco d'Ascoli u. a.) finden. Nach ihm befanden sie sich nel mezzo della chiesa, rechter Hand, in einer grandissima facciata; sie erinnerte ihn an die (von ihm) dem Orcagna zugeschriebenen Fresken gleichen Inhalts im Campo Santo zu Pisa. Die Gemälde sind heute nicht mehr vorhanden, schon Bocchi erwähnt sie nicht mehr; nach Baldinucci (Sec. II. Dec. IV. Mail. A. IV, 401) wurden sie bei dem Bau der neuen Kapellen der rechten Längswand (im letzten Drittel des XVI. Jhdts.) zerstört.

5) Die Fresken in der Annunziata (Servi) kennen Billi und Gelli nicht; Magl. führt sie nach Ghiberti auf. Vasari kennt (erst in der 2. Aufl.) nur *eine* Kapelle, die der Cresci; er läßt Orcagna hier, wie in S. Maria Novella, in Gemeinschaft seines älteren Bruders Bernardo malen (I, 595). Die Gemälde sind, wie die meisten Trecentowerke von Florenz, die Ghiberti noch gekannt hat, längst den großen baulichen Veränderungen des XVI. und XVII. Jhdts. zum Opfer gefallen.

6) Der Kapitelsaal von S. Spirito wird von Billi nicht erwähnt; ebensowenig von Gelli und Vasari. Der Magl. versetzt ihn durch unaufmerksames Lesen seiner Vorlage Ghiberti zu den Servi (vgl. seinen vorhergehenden Satz). Die Fresken sind frühe, wahrscheinlich beim großen Brande von S. Spirito 1475 untergegangen.

7) Die drei Brüder Orcagnas sind aus urkundlichen Erwähnungen bekannt (vgl. die chronologischen Notizen bei *Frey*, Loggia de' Lanzi 109f., *Suida* a. a. O. 7f.). Nardo (Lionardo, nicht Bernardo, wie Vasari sagt, der ihn mit Bernardo Daddi verwechselt) ist vielleicht wirklich der älteste gewesen, er wird zwischen 1345 und 1366 erwähnt; im letzteren Jahre war er schon verstorben. Der zweite (jüngste) Jacopo di Cione erscheint zwischen 1368 und 1394. Der Bildhauer trägt den Namen Matteo (*Frey*, Loggia p. 111), und wird nur einige Male als Gehilfe Andreas in Orvieto erwähnt, scheint also wirklich die untergeordnete Rolle, die ihm Ghiberti zuweist, gespielt zu haben. Man sieht, daß sich die An-

gaben des letztern auch hier, dem urkundlichen Befund gegenüber, als treu und zuverlässig erweisen.

8) Die Strozzikapelle wird von Billi, der an derselben Stelle auch die bez. Altartafel anführt (s. o.), dem Orcagna selbst zugeschrieben, vermutlich eben dieses Umstandes halber. Der Magl. hat sie in seiner gedankenlosen Art wieder zweimal, im selben Kapitel, einmal als Werk des Orcagna selbst nach Billi (*Frey* p. 5), das andere Mal als das des Nardo, nach Ghiberti (*Frey* p. 60). Er sagt an beiden Stellen dipinse la cap. degli Strozzi. Daß er nur das Inferno als Werk Nardos nennt und damit, wie *Frey* meint, eine Ausgleichung beider Texte herbeiführen wollte, ist nicht richtig. Er hält sich einfach an Ghibertis Benennung der Capella a potiori: „dell' inferno". Auch Gelli folgt der ersten fragwürdigen Tradition, ebenso Vasari (I, 595), der ihm aber doch seinen Bruder „Bernardo" als Mitarbeiter gibt, unter dessen Fittichen er ja, nach demselben Autor, seine malerische Tätigkeit in der Kirche begonnen hätte (s. o.).

Die Fresken sind bekanntlich noch erhalten und stellen das Paradiso und Inferno (nach Dante, dessen Porträtkopf unter den Seligen des Paradieses erscheint), sowie das jüngste Gericht dar. Die ältere Forschung hat, wie gewöhnlich auf Vasari fußend, die Strozzikapelle dem Orcagna selbst gegeben; *Wickhoff* (Zeit des Guido v. Siena, Mitt. des Inst. f. öst. Gesch. X, 290) und nach ihm *Suida* (Florentin. Maler 18f.) sowie *Venturi* (Storia V, 759f.) haben, der älteren und voraussetzlich besseren Überlieferung folgend, sie dem ganz in den Schatten getretenen, schon von Vasari gröblich verkannten Nardo zugeteilt. In jüngster Zeit hat *Sirèn*, Giottino, 70, seiner schon charakterisierten Weise gemäß, abermals auf jenes alte Mißverständnis zurückgegriffen. Nach ihm hätte Nardo die Hölle gemalt – das ist die Saat, die zuerst der Magl. ausgestreut hat – und wahrscheinlich beim Paradies mitgearbeitet. Das jüngste Gericht wäre wenigstens in seinem obern Teil von Orcagnas Hand. Hier kann nur eine genaue Stilvergleichung der Fresken mit Orcagnas Altarbild derselben Kapelle Klarheit bringen. So nahe sich die beiden Brüder stehen, sind doch die Unterschiede bedeutend genug, und der Vergleich fällt durchweg nicht zu ungunsten Nardos aus; Ghibertis Lob ist sicher nicht übertrieben. Die paar Zeilen, die *Sirèn* dem Gegenstand widmete, sind so oberflächlich wie die meisten Stilbetrachtungen bei ihm; gerade die Figur der Jungfrau im Weltgericht, auf die er sich beruft, hat einen gänzlich andern Charakter als die gleiche Figur auf der Tafel Orcagnas.

9) Über Jacopo und Matteo s. o. n. 7.

10) Hier sagt Ghiberti mit dürren Worten, daß sein Schweigen über die übrigen florentinischen Maler des Trecento beabsichtigt und motiviert ist. *Sirèn* (Giottino p. 2) frägt sich mit „einer gewissen Verwunderung", „weshalb der Verfasser keines der zahlreichen Maler" gedenkt, die von Orcagna bis auf Ghibertis eigene Zeit tätig waren, wie Giottino, Agnolo Gaddi, Antonio Veneziano (wir

können hinzusetzen Bernardo Daddi, Spinello Aretino, Starnina, die Bicci u. a., die Billi resp. der Magl. behandelt haben, dann Lorenzo Monaco, Masaccio, die alle zur Zeit der Abfassung der Kommentare schon tot waren). Er meint, daß man darüber nicht mit der Erklärung hinwegkommen könnte, Ghiberti habe (wie die Spätern bis auf Vasaris 1. Auflage) nur die berühmtesten *Toten* nennen wollen, und nimmt an, daß Ghiberti entweder seine Aufzeichnungen nicht vollendet habe oder daß sie nur in unvollständigen Kopien (?) auf die Nachwelt gekommen seien. Beides ist vollständig falsch und entspricht nicht den einfachen Tatsachen. *Sirèn* hat sich auch gar nicht die Mühe genommen, den Text Ghibertis mit dem Passus, auf den wir hier zielen, nachzulesen. Ghiberti wollte nicht für den neugierigen Kunsthistoriker einer spätern Zeit schreiben, sondern gab seine Erinnerungen an das, was ihm künstlerisch wertvoll erschien, als künstlerische Erlebnisse — Denkwürdigkeiten, „Commentarii". Er hat sich auf das Trecento beschränken wollen, und daß er jene Epigonen aus der zweiten Hälfte des Trecento übergangen hat, beweist uns eben seinen Blick für künstlerische Qualitäten; er hat über die Nachahmer wohl ähnlich gedacht wie Lionardo in einer bemerkenswerten Stelle seiner Fragmente. Sein unabhängiges Künstlerurteil werden wir gleich bei Ambr. Lorenzetti kennen lernen.

AMBROGIO LORENZETTI

1) Mit Ambrogio Lorenzetti, einem Künstler, dem er ganz besondere Verehrung zollt, eröffnet Ghiberti die erste Darstellung sienesischer Kunstgeschichte, die wir überhaupt besitzen; denn Aufzeichungen in der Stadt selbst sind unseres Wissens vor dem XVI.—XVII. Jhrdt. (Tizio, Mancini, Ugurgieri) nicht mehr gemacht worden. Ghiberti, der in Siena, der einzigen Stadt außerhalb von Florenz, für die er künstlerisch tätig war, wohl bekannt und befreundet war (vgl. seinen Briefwechsel 1424—25 bei *Milanesi*, Doc. Senesi II, 119), konnte von dorther besondere gute und ausführliche Nachrichten bringen. Einen Gewährsmann, den uralten Goldschmiedemönch Fra Jacopo nennt er selbst im III. Kommentar, bei der merkwürdigen Geschichte der Lysippischen Venus. Von diesem, der noch das heroische Kunstzeitalter seiner Stadt erlebt hatte, hat er gewiß manchen wertvollen Aufschluß erhalten. Sein Verhältnis zu den Sieneser Künstlern, über das jener Briefwechsel besonders aufschlußreich ist, zeigt sich aber auch in dem unabhängigen Urteil über Simone Martini (s. u.). Dagegen ist Vasari über die ältere Kunst in Siena besonders schlecht unterrichtet; ein Aufenthalt dort ist sicher nur für eine so frühe Zeit (1530, wo Vasari 19 Jahre alt war) überliefert, daß er für seine Studien gar nicht in Betracht kommen kann. 1560 war er in Begleitung des Kardinals Giovanni von Medici bloß einen Tag dort (*Kallab*, Vasaristudien Reg. 20. 21. 252 und S. 265); Siena liegt eben wie

noch heute stark von der Heerstraße ab; für Vasari mochten auch politische Rücksichten im Spiele sein (*Kallab*, a. a. O. S. 265), jedenfalls hat ihm vorwiegend für die spätere Zeit von Siena sein alter Freund Beccafumi Material geliefert (*Kallab*, a. a. O. 266).

Von den Quellen scheidet hier Billi aus, der, ebenso wie Gelli, den florentinischen Kirchturmstandpunkt vertritt und über Nichtflorentiner schweigt. Das Verhältnis des Magl. zu Ghiberti wird sich im folgenden ergeben.

Die urkundlichen Daten über Ambrogio Lorenzetti reichen von 1324 bis 1347 (*Meyenburg*, A. Lorenzetti, Diss., Zürich 1903, 14 f.; *Milanesi*, Docum. Sen. I, 195 ff.); man nimmt an, daß er wie sein Bruder Pietro der fürchterlichen Pest im Unheilsjahre 1348 zum Opfer gefallen ist. Diesen letzteren (den Vasari Pietro Laurati nennt) hat Ghiberti merkwürdigerweise übergangen; er mag ihm neben dem allerdings weit begabteren Bruder, seinem Lieblingshelden, künstlerisch unsympathisch erschienen sein.

2) Die Fresken in S. Francesco beschreibt Ghiberti mit größter Ausführlichkeit und so lebendig, daß man sieht, welchen unauslöschlichen Eindruck sie ihm gemacht haben; sie setzen sich in der Entfernung vor seinem geistigen Auge in episch bewegte Handlung um. Der Magl., der durchaus Ghibertis Spuren folgt, bringt eine wesentlich verkürzte Relation (ed. *Frey* II, 86). Diese deckt sich fast wörtlich mit derjenigen Vasaris (1, 521). Da beide, wie *Frey*, und nach ihm besonders *Kallab* (Vasaristudien 205 ff.), nachgewiesen haben, unabhängig von einander gearbeitet haben, kommt hier die hypothetisch zu erschließende gemeinsame Quelle für beide (*Kallabs* Quelle K) zum Vorschein. Leider hat *Kallab* gerade diesen sehr wichtigen Passus übersehen, auch *Frey* (Magl., S. 323) hat das Verhältnis zwischen beiden Schriftstellern nicht genügend beachtet. Charakteristisch ist, daß alle drei nur Buchwissen berichten, keiner, auch Vasari nicht, hat das geringste Detail über den Archetypus, eben Ghiberti, hinaus.

Das große Historienbild, das nach Ghibertis Schilderung eine ganze Wand bedeckte — ein Umstand, der ihm gegenüber der kleinflächigen Florentiner Giotteske besonderer Hervorhebung wert schien — stellte die Einkleidung des hl. Ludwig von Toulouse und das Martyrium der Franziskaner in Ceuta dar (*v. Meyenburg*, a. a. O. 24 ff.). Die sienesische Chronik des um die Wende des XV. Jahrhunderts schreibenden Sigismondo Tizio (1455—1528), die P. Della Valle (Lettere Senesi I, 213, vgl. S. 24 f.) im Manuskript (der Chigiana) benutzt hat, setzt es zum Jahre 1331 an; ein Datum, das gar nichts zu bedeuten hat, da Tizio hier an das Todesjahr des Odoricus Virunius (1331) anknüpft, der die Schicksale seiner Ordensbrüder beschrieben hat (*Meyenburg*, S. 15). Er gibt jedoch genauer als der Magl. und Vasari (in der 1. Aufl. — in der 2. Aufl. wurde der bez. Passus verkürzt) den Standort an; das Fresko befand sich im ersten Klosterhof linker Hand gegen den Kapitelsaal zu. Es wurde um 1750 überweißt (die Guiden

Sienas im 18. Jahrhundert, Pecci und Faluschi, kennen es nicht mehr); erst in neuerer Zeit (1837) sind wieder zwei große Fragmente, die jetzt in der Kirche von S. Francesco (2. Kap. l.) eingemauert und mannigfach entstellt sind, ans Tageslicht gekommen (Abb. bei *Venturi*, Storia V, 698); ein paar andere Fragmente (Köpfe von Nonnen), befinden sich in der Londoner Nationalgalerie (*Crowe* und *Cavalcaselle* ed. *Hutton* II, 92; *Poynter*, Katalog der Nationalgalerie, No. 1147) Diese Fresken gelten in der neueren Forschung durchaus, und mit Recht, als Originalwerk Ambrogios; *Meyenburg* (a. a. O. 24) hebt jedoch hervor, daß sie nicht mit den von Ghiberti beschriebenen identisch sein können, da sie im *Kapitelsaal* zutage kamen; sie stimmen tatsächlich auch im einzelnen nicht recht zu Ghibertis detaillierten Angaben. Die Frage, wie sie in den Zyklus einzuordnen sind, muß wohl vorläufig offen bleiben. Die orientalischen Typen sind besonders merkwürdig, sie sehen wie eine Reminiszenz aus Marco Polos oder Mandevilles Reisen aus, und haben lange Nachfolger gefunden, besonders im Norden von Italien, in der Schule des Altichiero von Verona.

3) Über den *Zeichner* Ambrogio Lorenzetti berichtet Ghiberti ferner im III. Kommentar; er hat noch seine sehr merkwürdige Nachzeichnung einer Antike, der auf der Fonte gaja aufgestellten, in Siena gefundenen Venusstatue gesehen.

4) Die Fresken befanden sich am Hauptspital, der Scala in Siena. Beim Magl. wieder verkürzt. Ebenso hält sich Vasari (I, 522) ganz an Ghiberti, erwähnt aber in der 1. Aufl. bloß die Geburt Mariae. Dazu kommt nämlich die Nachricht im Leben des Pietro Laurati (I, 471, schon 1. Aufl.), in der das Fresko des Tempelgangs Mariae als *erstes* Werk Pietros aufgeführt und (in der 2. Aufl.) ausführlich (samt einem weiteren Bilde, dem Sposalizio) beschrieben ist. Die Fresken sind 1720 zerstört worden, doch ist die Inschrift in Ugurgieris Pompe Sanesi aufbehalten worden: Hoc opus fecit Petrus Laurentii et Ambrosius frater MCCCXXXV (Della Valle, Lett. Sanesi I, 209). Ambrogio hat also hier wirklich in Gemeinschaft seines älteren Bruders gemalt. Vasaris Quelle ist unbekannt (Beccafumi?)

5) Magl. auszugsweise nach Ghiberti ohne nähere Angabe des Inhalts. Vasari (I, 522) beschreibt die Fresken nicht so ausführlich wie Ghiberti, aber wenigstens in der zweiten Auflage mit Details, die auf Autopsie oder besondere Nachrichten schließen lassen: Die Apostel in herkömmlicher Bildung, mit den Spruchbändern des Credo an der Wölbung, darunter — Zusatz der 2. Aufl. — kleine Szenen (istoriette) mit Darstellungen der einzelnen Glaubensartikel. Seine Beschreibung der *Wandfresken* ist indessen lückenhaft, und nicht frei von Mißverständnissen; aus Ghibertis tre istorie (d. h. Darstellung der Kreuzigung, sowie rechts und links je eine Szene aus dem Leben der hl. Katharina) macht er *drei* Geschichten dieser Heiligen, und außerdem noch (nel mezzo) die Passion. Ghiberti wird hier wie gewöhnlich wohl zuverlässiger sein. Die Gemälde sind längst zugrunde gegangen;

ob einige, beim Eingang zum jetzigen Collegio Tolomei in Siena eingemauerte Fragmente (Halbfigur eines Christus, eines hl. Laurentius, und einer S. Katharina) wirklich Überreste von ihnen sind, ist fraglich. *Berenson* und ihm folgend Miß *Olcott*, Guide to Siena (Siena 1904 p. 277) schreiben sie dem *Pietro* Lorenzetti zu. Vgl. übrigens die Note *Milanesis* zu Vasari I, 522, sowie *Crowe* und *Cavalcaselle* ed. *Hutton* II, 92.

6) Die berühmten noch erhaltenen Fresken des guten und schlechten Regiments, das Hauptwerk Ambrogios in der Sala de' Nove oder della Pace im Palazzo pubblico von Siena, denen *Milanesi* (Vas. I, 527 ff.) eine ausführliche Abhandlung gewidmet hat. S. a. *Heywood*, A pictorial chronicle of Siena. Siena 1903 und *Schubring*, Das gute Regiment, Z. f. bild. K. 1907. Sie wurden nach den Rechnungen der Biccherna zwischen 1338 und 1340 ausgeführt (*Milanesi*, Doc. Sen. I, 195) und tragen noch die Signatur des Meisters (Ambrosius Laurentii de Senis me pinxit utrinque).

Der Magl. erwähnt diese Gemälde in dürftigster Kürze („molte cose"); Vasari weiß auch so gut wie nichts von ihnen zu sagen, ein neuer Beweis, wie gering und zufällig seine Kenntnis von Siena ist. In der zweiten Auflage hat er sogar eine Schlimmbesserung: hinter die Worte la guerra (e la Pace) flickt er „d'Asinalunga" ein; das bezieht sich auf die gleichfalls noch erhaltenen Chiaroscuri, die diesen von den Sienesen 1363 erfochtenen Sieg verherrlichen, also schon aus diesem Grunde, ganz abgesehen von den stilistischen Merkmalen, unmöglich mehr von Ambrogio herrühren können. Vgl. *O. Heywood-Olcott*, Guide to Siena p. 70 und 208.

7) Diese Weltkarte (mappa mundi) wird zwar von Vasari (I, 523, bereits 1. A.), aber schon im Ausdruck deutlich an Ghiberti sich anlehnend (una cosmografia perfetta, secondo que' tempi), dagegen nicht vom Magl. erwähnt. Sigismondo Tizio nennt in seiner Chronik (bei Della Valle a. u. a. O.) zum Jahre 1344 einen mappamundum volubilem rotundumque in der Sala delle balestre (auch del mappamondo genannt) von der Hand des Ambrogio. Diese ist möglicherweise mit jener noch von Della Valle (Lett. San. I, 222) beschriebenen Rundkarte identisch, die auf Leinwand gemalt und drehbar war; schon 1393 von Bartolo di Fredi restauriert (*Milanesi* Doc. Sen. II, 37), befand sie sich damals im traurigsten Verfall, und ist seitdem ganz zugrunde gegangen. Wenn sie aber wirklich, wie Della Valle, vielleicht mißverständlich, behauptet, eine Karte des sienesischen Territoriums war, so ist ihre Identität mit der von Ghiberti und Tizio beschriebenen Weltkarte Ambrogios sehr fraglich.

Ghibertis Äußerung zeugt übrigens von dem Hochgefühl der Renaissance. Die Handschrift des Ptolemaeus war in den Jugendjahren Ghibertis, an der Wende vom XIV. zum XV. Jahrh., aus Konstantinopel in Palla Strozzis Besitz gelangt, wurde von Francesco di Lapacino illustriert, und hat von da an durch Jahrhunderte ihre Autorität und Wirksamkeit entfaltet *(Voigt*, Wiederbelebung des klass. Altertums, 5. A. I, 225).

8) Magl. ebenso; Vasari kennt diese Tafeln nicht; vielleicht waren sie schon zu seiner Zeit nicht mehr vorhanden, obwohl das bei seiner mangelhaften Kenntnis Sienas ein recht unsicherer Schluß ist. Die Dombilder sind tatsächlich heute nicht mehr nachzuweisen; daß aber Ghibertis Angabe richtig ist, lehren die urkundlichen Notizen bei *Milanesi*, Doc. Sen. I, 196. In den Jahren 1339—1340 hatte Ambrogio verschiedene Arbeiten für den Dom zu liefern, unter denen eine tavola di S. Crescentio besonders hervorgehoben wird. In der Sieneser Domopera befinden sich noch vier Tafeln mit Heiligen, Bruchstücke eines großen Madonnenaltars, die Ambrogios Stil zeigen *(Meyenburg*, S. 144).

9) Magl. nach Ghiberti; Vasari läßt den Ambrogio hier „in compagnia d'altri" arbeiten (I, 523), eine reine Phantasiezutat in seiner beliebten Weise. Die Fresken in Massa Maritima sind nicht mehr vorhanden, wohl aber die Tafel, ein Polyptychon mit der Darstellung der thronenden Madonna, leider nicht im besten Zustande. Sie befindet sich jetzt in dem kleinen Museum der Stadt und wurde von *Mason Perkins* (Burlington Magazine, April 1904, danach Rassegna d'arte 1904, 186) in einer guten Abbildung publiziert. Sie weist unzweifelhaft die Hand Ambrogios auf.

10) Magl. ebenso Vasari (I, 523, doch mit einem dicesi). Das Bild ist nicht mehr erhalten.

11) Magl. nach Ghiberti. Das große Gemälde der Kreuzigung im Kapitelsaal von S. Spirito in Florenz wird von Vasari (I, 549) ausführlich beschrieben; es hatte aber schon zu seiner Zeit stark durch Feuchtigkeit gelitten und wurde 1560 gänzlich durch Adaptierungsarbeiten zerstört (Zusatz der 2. Aufl.). Vasari schreibt es indessen dem *Simone Martini* zu; das ist jedoch nicht, wie *Frey* (Magl. 323) sagt, eine willkürliche Annahme dieses Schriftstellers. Die Zuschreibung an Simone findet sich schon vor ihm in den 1549 gedruckten Lektionen Gellis über Petrarcas Sonette auf das Bildnis der Madonna Laura (von Simone), ohne daß freilich die Nachricht dadurch glaubhafter würde *(Kallab*, Vasaristudien 187 und *Gosche*, Sim. Martini S. 108). Der Grund, den die zuletztgenannte Autorin gegen die Vaterschaft Simones anführt, ist allerdings nicht stichhaltig; woher weiß sie, daß diese Fresken erst *nach* der Abreise Simones nach Avignon (1339), woher er nicht mehr zurückkehrte, entstanden sind? Ein Aufenthalt Simones in Florenz ist jedoch nirgends urkundlich überliefert (*Gosche* a. a. O. 6); Ghiberti kennt hier auch kein einziges Werk von ihm. So kommt jene Attribution allein auf Rechnung Gellis und Vasaris, resp. ihrer gemeinsamen Quelle. Auf die Heuristik des letzteren, der die große Kreuzigung im Kapitelsaal von S. Maria Novella gleichfalls dem Simone zuteilt, ist diese Tradition wohl nicht ohne Einfluß geblieben.

Dagegen ist der Aufenthalt Ambrogio Lorenzettis in Florenz, zu Beginn der dreißiger Jahre, wohl gesichert; er erscheint damals sogar in der dortigen Zunft der medici e speziali immatrikuliert (*Frey*, Loggia de' Lanzi 104).

12) Magl. wie Ghiberti. Die Tafel in S. Procolo wird auch von Vasari (I, 523) erwähnt, der anscheinend außerdem den Gegenstand der *Wandgemälde* angibt: es war die Legende des hl. Nikolaus (in una cappella le storie di s. Nicolò) „in figure piccole". Diese letzten Worte lassen aber auf eine Verwechslung mit den Predellenbildern (s. u.) schließen. In der zweiten Auflage setzt er noch hinzu, daß auf der Predella der Tafel das Bildnis des Ambrogio angebracht war. In S. Procolo erwähnt Cinelli in seiner Bearbeitung von Bocchis Bellezze di Firenze (1677, S. 389) noch eine Madonnentafel mit der Inschrift: Ambrosius Laurentii de Senis 1332, ein Datum, das völlig mit den urkundlichen Nachrichten (s. o. Nr. 11) zusammengeht. Vier kleine Predellenbildchen mit Geschichten aus dem Leben des hl. Nikolaus (nicht des hl. Proculus, wie noch *Rothes* in seinem flüchtigen Buche: Die Blütezeit der sienesischen Malerei, Straßb. 1904, S. 18, angibt) befinden sich in der Florentiner Akademiesammlung. Sie stammen tatsächlich aus S. Procolo, und wurden aus dieser Kirche zuerst in die Badia, dann 1810 in die Akademie übertragen (*Pieracini*, Guida della R. Galleria antica e moderna, Flor. 1901, Nr. 132 u. 136; Abb. bei *Venturi*, Storia V, 702 u. 703). Sie gelten widerspruchslos als Werke Ambrogios. *Berenson*, Central Italian painters p. 148 führt nur die no. 132 auf.

13) Hier kehrt Ghiberti offensichtlich wieder nach Siena zurück; es ist ein Nachtrag, wie er dergleichen öfter hat. Die Scala kann wohl nur das berühmte Spital von Siena sein; über die Malereien Ambrogios an der Fassade hat Ghiberti schon früher berichtet (s. o. Nr. 4). Der Ausdruck: dove si ritengono i gittati, bezieht sich auf den Ort, wo die Findelkinder (noch im modernen Italien gettatelli genannt) aufgenommen wurden. Der Magl. und Vasari kennen das Gemälde nicht. Sollte es mit der Verkündigung identisch sein, die Tizios Chronik (bei Della Valle a. a. O.) zum Jahre 1344 erwähnt? (Anno enim proxime decurso picturam conspicuam Nuntiationis Virginis cum tam devoto angeli descensu, pro facie templi divi Petri castri veteris, Virgunculaeque ex adventu consternationem optime pinxit.) Die Kirche S. Pietro alle Scale (oder in Castelvecchio), im ältesten Teil Sienas gelegen, stand unter dem Patronat des Scalaspitals (Pecci, Ristretto delle cose più notabili di Siena 1761, 61; Faluschi, Breve relazione, 2. ed. 1815, 76). Ein *Tafelbild* der Verkündigung, jetzt in der Akademie zu Siena, ist gleichfalls von 1344 datiert, stammt aber aus dem Palazzo pubblico (*Jacobsen*, Sienesische Meister des Trecento in der Gemäldegalerie zu Siena, Straßb. 1907, S. 37).

SIMONE MARTINI

1) Simone ist urkundlich zwischen den Jahren 1320 und 1344, da er in Avignon gestorben ist, nachzuweisen. Die über ihn erhaltenen Nachrichten hat *Agnes Gosche*, Simone Martini (Seemanns Beitr. z. Kunstgesch. XXVI., Lpz. 1899 auf S. 5 ff.) nach *Milanesi*, Doc. Sen. I, 217, zusammengestellt. Die hohe Schätzung, deren er sich nach Ghibertis eigenem Zeugnis in seiner Vaterstadt erfreute, findet nicht zum wenigsten ihre Erklärung darin, daß ein Petrarca ihn seiner Freundschaft gewürdigt und mit großem Lobe bedacht hat. Vasari (I, 545) hat recht, wenn er in diesem Umstand eine „grandissima ventura" erblickt. Petrarca stellt seinen Simone gleich neben Giotto (Epist. V, 17); vor allem machte er aber dessen Namen durch die beiden Sonette auf den Maler Lauras, in ganz Italien berühmt (abgedr. Quellenbuch Nr. 49). Noch im Cinquecento hat Gelli ihnen einen eigenen Kommentar gewidmet (s. o.). Um so schwerer wiegt das eigene selbständige Urteil Ghibertis, das, im Gegensatz zu der Künstlerschaft von Siena selbst, Ambrogio Lorenzetti über Simone stellt; ein Urteil, dem auch die neuere Forschung im wesentlichen zustimmt.

2) Magl. nach Ghiberti, bloß mit stilistischen Änderungen (putto in braccio u. a.). Vasari folgt ebenfalls durchaus Ghiberti, nur daß er dessen schlichten Bericht mehr aufputzt (I, 548). Es handelt sich hier um das noch erhaltene große Madonnenfresko in der Sala del consiglio des Stadtpalastes von Siena, das von den älteren Kunstschriftstellern vor *Rumohr* (Ital. Forsch. II, 95) als Werk eines Mino angesehen wurde, weil dieser 1289 eine Madonna, jedoch für den *alten* Ratssaal, gemalt hat (vgl. darüber den ausführlichen Kommentar *Milanesis* I, 563 ff. und *Gosche* a. a. O. 13 f.; ein Mino di Cino Ughi hat jedoch nach den Urkunden bei *Milanesi*, Doc. Sen. I, 217, das von Simone an der Altarwand der Cappella de' Nove 1327 begonnene Gemälde zur Weiterführung übernommen). Es ist überdies inschriftlich als Werk Simones bezeichnet und von 1315 datiert (*Crowe* u. *Cavallaselle* ed. *Hutton* II, 27); 1321 mußte der Meister schon eine Restaurierung der Freskos vornehmen (*Milanesi*, Doc. Sen. I, 217); es ist auch heute in keinem guten Zustande. Das berühmte Reiterbild des Guidoriccio an der gegenüberliegenden Wand erwähnen die älteren Quellen nicht.

3) Magl. und Vasari (I, 548) nach Ghiberti; doch wissen beide nichts über ihn hinaus. Ghibertis Notiz wird durch die Urkunden der Biccherna bestätigt (*Milanesi*, Doc. Sen. I, 217); Simone erhielt 1325/26 Bezahlung für eine in den Palazzo del Capitano bestimmte Tafel (*Gosche* a. a. O. 110, Nr. 1 und 2, macht aus dieser einen zwei Tafeln!). Nach Della Valle, Lett. San. I, 88 (vgl. *Milanesi* zu Vas. I, 548) war sie ein Polyptychon der Madonna mit vielen Heiligen, das als Altarbild der Palastkapelle diente, und zu Ende des 17. Jahrhunderts einer h. Familie des Sodoma (früher im Dom) weichen mußte, die noch an Ort und Stelle

ist (*Ricci*, Il palazzo pubblico di Siena, Berg. 1904, p. 17). Della Valle hat aber noch Fragmente der Tafel Simones gesehen; heute sind sie verschollen.

4) Magl. nach Ghiberti. Vasari erwähnt diese Fresken an der Scala nicht; sie sind wohl zusammen mit denen des Lorenzetti 1720 zerstört worden (s. o. Nr. 4, ferner *Pecci*, Ristretto, p. 39).

5) Magl. ebenso; „di sua mano" ist auch in dessen Text zu due tavole gezogen, also nicht, wie man etwa bei der mangelnden Interpunktion vermuten könnte, zu era cominciato gehörig. Auch Vasari (I, 548) folgt Ghiberti, ohne weitere Angaben zu bringen. Eine der Tafeln ist noch erhalten; es ist die von Simone und seinem Mitarbeiter Lippo Memmi gemeinsam begonnene und 1333 datierte Verkündigung. Wahrscheinlich sind die beiden ebenfalls erhaltenen Flügelbilder des Altars (s. Ansano, s. Giulietta) ganz von Lippo gemalt, der zusammen mit Simone 1333 verschiedene Zahlungen erhielt, darunter auch 70 Goldgulden für die Vergoldung an der Tafel des „S. Sano" (*Milanesi*, Doc. Sen. I, 218). Sie stehen tatsächlich seinem Stil sehr nahe (*Venturi*, Storia V, 617 mit Abb. und *Gosche*, a. a. O. 31 ff.). Zu Della Valles Zeit (Lett. San. I, 83) befand sich dieses Werk schon nicht mehr an Ort und Stelle, sondern in S. Ansano in Castelvecchio (nicht in der Ansanuskapelle des Doms, wie *Gosche* S. 9, n. 2 irrtümlich sagt). Von da kam sie 1799 nach Florenz.

Die zweite Tafel Simones ist jetzt verschollen. Woher *Milanesi* (Vas. I, 548, n. 3) die Jahreszahl 1331 für sie hat, weiß ich nicht, in seinen Documenti (I, 261 ff.) bringt er keine Urkunden dafür bei. Sie wurde später auseinandergenommen; Teile von ihr will Della Valle noch in der Sammlung Mariotti in Rom gesehen haben; ein angehefteter Zettel des Geschenkgebers G. L. Bianconi bezeugte, daß sie von einem größeren Altarwerke Simones im Sieneser Dom herstammten. *Gosche* a. a. O. 31 meint, daß die Darstellung eines h. Johannes B. im Museum von Altenburg — die vielleicht aus Rom stammt — zu diesem Altarwerke gehört haben könnte (?).

6) Magl. nach Ghiberti, jedoch ohne das technische Detail. Vasari (I, 556) berichtet nach seinem Vorgänger, bringt aber seiner bekannten Pragmatik getreu die Nichtvollendung des Freskos mit dem angeblich 1345 (in Siena!) erfolgten Tode Simones in Zusammenhang. Nach ihm hätte es sich aber an der Porta Camollia, d. h. dem im äußersten Nordwinkel der Stadt gelegenen Tor befunden, während Ghibertis Ausdruck doch auf die am entgegengesetzten, südlichen Ende gelegene, nach Rom führende Porta Nuova di S. Martino, vulgo Romana, auch Porta S. Vieni genannt, zu deuten scheint. Die Sache ist kompliziert, und durch ältere wie neuere Schriftsteller noch mehr verwirrt worden. Der urkundliche Befund ergibt zunächst folgendes: An der nach 1323 erbauten Porta Romana befindet sich noch heute, wenn auch in recht schlechtem Zustande, ein großes Fresko, eine Krönung Mariae (*Pecci*, Ristretto p. 110, *Olcott*, Guide 285). Aus den von *Milanesi*

(Doc. Sen. II, 243f.) publizierten Ratserlässen ergibt sich, daß das Fresko an diesem Tor 1418 dem Taddeo Bartoli übertragen wurde, und zwar sollte er es nach dem „esempio" der Porta Camollia ausführen (Beschluß von 1421); die Ausdrücke: Figuras de *novo* pingendas, *denuo* fiendam zeigen deutlich, daß es sich um die Erneuerung eines älteren Werkes gehandelt hat. Taddeo Bartoli starb, bevor er die Arbeiten vollenden konnte, im Jahre 1422 (*Milanesi* Doc. Sen. II, 107); sie blieben im Entwurf stecken (designum factum ad caput Porte nove de Incoronatione Virginis Mariae et aliorum Sanctorum ibidem disegnatorum (im Erlaß von 1442); die Mauerzeichnung war also wohl schon vorhanden. Die Sache ruhte dann über zwanzig Jahre; erst 1447 wurde die Ausführung in Farben dem Stefano di Giovanni, genannt il Sassetta, übertragen (*Milanesi*, a. a. O. II, 242), ausdrücklich nach einer Zeichnung, von der sich ein Exemplar in Händen des Operarius Landuccio, ein zweites in den des beauftragten Malers befand (figuras Incoronationis b. M. V. cum omnibus figuris, que ibi *erant* et secundum designum factum existentem penes dictum Magistrum Stefanum et *similiter* penes dictum Landuccium); die Hinzufügung weiterer Figuren war in Aussicht genommen. Eine seltsame Schicksalstücke wollte, daß auch Sassetta vor Vollendung seines Auftrags starb (1450); zu Ende geführt hat ihn dann erst Sano di Pietro, dem die Arbeit 1452 übertragen worden war (*Milanesi*, a. a. O. II, 276 u. 307); noch im Jahre 1465 war sie jedoch erst zu drei Vierteln vollendet. (*Borghesi* u. *Banchi*, Nuovi documenti per la storia dell'arte Senese. Nr. 100 u. 133.)

Indessen befand sich auch an der Porta Camollía, und zwar am Außenwerk (antiporto) derselben ein ähnliches Fresko, das, wie wir gesehen haben, sogar dem des Taddeo Bartoli offiziell als Muster dienen sollte. Das muß einen besonderen Grund gehabt haben. Auch dieses war unvollendet, wie es scheint, nur in Vorzeichnung auf der Mauer vorhanden (quam figurali dispositione dicta pictura *incepta*), und zeigte gleichfalls eine Darstellung der Madonna mit Heiligen. Das geht aus zwei Petitionen an den Rat von 1348 und 1360 hervor (*Milanesi*, a. a. O. 259). Der Meister ist nicht genannt; jedoch spricht Tizio in seiner oft erwähnten Chronik von Siena zum Jahre 1331 von einem Freskogemälde der Madonna mit vielen Heiligen apud plateam Paparonum ... regione Camolliae, das *Simone Martini* unvollendet hinterlassen habe, als er nach Avignon berufen wurde (Della Valle, Lett. San. I, 83, vgl. 86). Della Valle (I, 86) hat jedoch aus nichtssagenden chronologischen Gründen das Fresko dem Simone abgesprochen; wir haben indessen gerade an dem Beispiel der Porta Romana gesehen, wie lange eine angefangene Arbeit dieser Art verschleppt werden konnte. *Milanesi* (a. a. O. I, 259) folgt seinem alten Landsmann und Vorgänger; er meint das durch Ghiberti und Tizio bezeugte Fresko habe sich in der Nähe der Porta Camollia, an der (noch existierenden) Piazzetta befunden, wo die Häuser der Paparoni (*Olcott*, Guide 46 n.) standen. Ghibertis Ausdruck ist aber ganz unzweideutig, er sagt alla porta che va a *Roma*.

Erst 1414 scheint das unfertige Fresko endlich vollendet worden zu sein; der Ausdruck rifare der Urkunden könnte freilich auch auf eine Restaurierung gehen. Damals erhielt Benedetto di Bindo 61 Pfund per sua fatiga e per suoi compagni a rifare la Maestà de la Nostra Donna Vergine e di tute l'atre figure apartenenti al deto lavorio, *porta a gola,* palazi da chamolia (Borghesi-Banchi, N. Doc. Sen. Nr. 43, 28. Juni 1414ff.).

Tatsächlich hat aber das Fresko am Antiporto der Camollia bis ins 18. Jahrhundert hinein in der sienesischen Stadttradition als ein Werk des Simone gegolten. So führt es Pecci in seinem Ristretto von 1761 (S. 152) auf: mit einem modernen „ornamento" von der Hand des Cav. Giuseppe Nasini; es ist das große Barockfresko, das noch jetzt, wenn auch stark verblichen, dort zu sehen ist. Die Neueren, von Faluschis Relazione (2. Aufl. 1815) an, schweigen darüber, wohl unter Della Valles Einfluß (vgl. *Olcott,* Guide 309). Von S. Bernardino von Siena erzählte man sich, daß er eine besondere Verehrung für das Gemälde hatte; jedenfalls war es ein Wahrzeichen der Stadt. In S. Lucia findet sich endlich eine alte, stark zerstörte Pergamentzeichnung, die ein Entwurf (oder Kopie?) Lippo Memmis für jenes Fresko sein soll (*Olcott,* Guide 274). Nähere Untersuchungen fehlen.

Liegt nun bei Ghiberti eine Verwechslung der beiden Tore, der Romana mit der Camollia, vor? Sein Bericht ist unzweideutig; das von ihm gesehene Fresko hat sich über dem Tor befunden. Ghiberti berichtet, wie wir von ihm selbst wissen, aus eigenem Augenschein über Siena; die erhaltenen Urkunden erwähnen ihn in Siena zum ersten Male (?) 1416 in Angelegenheit seiner Reliefs für den Taufbrunnen; er ist damals sehr ehrenvoll aufgenommen worden (*Milanesi,* Doc. Sen. II, 91). In den Beginn des Jahrhunderts gehört auch sein im III. Kommentar erwähnter Sieneser Gewährsmann, der uralte Karthäuser-Goldschmied Fra Jacomino del Tonghio, noch um 1406 urkundlich erwähnt, vermutlich ein Bruder des 1388 verstorbenen Goldschmiedes Francesco del Tonghio (*Milanesi,* Doc. Sen. I, 382). Damals war aber Taddeo Bartoli, der erst 1422 starb, noch am Leben; Ghiberti kann in Siena kaum über das Fresko an der Porta Romana falsch berichtet worden sein, und müßte, was ja immerhin möglich und sehr entschuldbar wäre, die beiden Tore, im Alter aus der Erinnerung schreibend, verwechselt haben. Sonst erweist sich freilich sein Gedächtnis mit wenigen Ausnahmen als getreu und zuverlässig; er muß wohl auch Ricordi aufgezeichnet haben. An der Porta Camollia hängt nun eine alte, schon in Tizios Chronik fixierte Lokaltradition; auch Vasari setzt ja ohne weiteres an Stelle der Porta che va a Roma seiner Vorlage die Camollia, der man freilich nur mit etlicher Gewaltsamkeit diese Funktion zuschreiben kann. Wir werden also an der lokalen Überlieferung zugunsten Simones festhalten; dann könnte sich Ghibertis Angabe auf einen vor 1414 (vor der Vollendung durch Benedetto di Bindo) anzusetzenden Aufenthalt in Siena beziehen, was auch ganz gut zu den oben angeführten Details paßt; denn sonst kann er — freilich vorausgesetzt, daß die Arbeit flott von statten ging — schwerlich mehr die *Vorzeichnung* auf der Mauer gesehen haben, die er expressis verbis erwähnt.

Ghibertis Nachrichten stimmen im übrigen mit den urkundlich überlieferten Daten; trotz jener Petitionen scheint das Fresko des Camollia das ganze Trecento hindurch in seinem unfertigen Zustand verblieben zu sein. Den Ausdruck Ghibertis: vidila disegnata colla cinabrese, wäre man zunächst versucht, auf einen Karton zu beziehen; von dergleichen Vorzeichnungen ist ja ausdrücklich gelegentlich des von Taddeo Bartoli auszuführenden Freskos der Porta Romana die Rede; und eben dahin gehört der angebliche Entwurf Lippo Memmis in S. Lucia. Doch scheint der Terminus techn. cinabrese für „Rotstift" modern zu sein, wie der in Rötel ausgeführte Karton ja überhaupt einer viel späteren Zeit angehört. In der älteren Kunstterminologie, die schon auf Cenninis (und Theophilus') Rezepte zurückgeht, und von Baldinucci in seinem Vocabolario Toscano dell' arte del disegno (s. v.) einfach aus jenem reproduziert wird, ist cinabrese eine aus Weiß und Sinopia (rote Eisenerde) gemischte *Mauerfarbe*, die besonders für das Inkarnat verwendet wird (Cennini, Libro dell'arte ed. *Milanesi* c. 39, vgl. *Ilgs* Übersetzung S. 146f.). Ghiberti wird also sicher die Vorzeichnung in roter Farbe auf der Mauer selbst meinen, eine bekannte Prozedur, die an Wandgemälden des Mittelalters, deren Farbschicht abgefallen ist, noch gelegentlich beobachtet werden kann. Vasari beschreibt im Leben des Simone Martini selbst (I, 558) ganz sachgemäß nach einem alten Fresko in Assisi diese Technik, die er auch sonst beobachtet hat, und die, wie er richtig bemerkt, bei den Alten die Stelle des Kartons der Neueren vertrat.

7) Magl. wie Ghiberti; ebenso Vasari (I, 548). Della Valle, Lett. San. II, 98, beschreibt ausführlich ein Fresko desselben Gegenstandes, das sich aber an der (dem Domplatz zugekehrten) Fassade des (späteren) Palazzo del Magnifico (Pandolfo Petrucci), nahe der zum Baptisterium führenden Stiege, befunden hat und von 1335 datiert war; das Ganze war aber damals schon nahezu erloschen, und die letzten Reste gingen durch das Erdbeben von 1798 zugrunde (*Milanesi*, Vas. I, 549, n. 1). Selbstverständlich bezieht sich Della Valles Notiz nicht auf den *heutigen*, erst im 16. Jahrhundert von Cozzarelli für Pandolfo Petrucci erbauten Renaissancepalast, der viel jünger als Simone und Ghiberti ist, sondern auf das ältere, einst an dieser Stelle befindliche Bauwerk, in dem sich zu Ghibertis Zeiten ganz gut die Bauhütte befunden haben kann. Später, d. h. frühestens seit der zweiten Hälfte des 15. Jahrhunderts wurde diese, wie die Frührenaissanceformen des Portals zeigen, in dem unvollendeten Teil des Sieneser Doms, gegenüber dem Pal. Petrucci, installiert, wo sie noch heute ihren Sitz hat. *Milanesis* Berichtigung Vasaris (d. h. Ghibertis) a. a. O., I, 549, ist daher nicht ohne weiteres statthaft. Peccis Guida von 1761 führt das Fresko nicht mehr auf.

Die Komposition der unter einem Baldachin (stendardo) thronenden Madonna bringt das große Wandgemälde Simones im Stadtpalast von Siena zur Anschauung; auch dieses Detail entspricht sehr wohl der Kunst des Meisters.

8) Im Jahre 1339 begab sich Simone nach Avignon, wo er 1344 sein Leben beschlossen hat (*Milanesi*, Doc. Sen. I, 218f.). Über seine Werke in dieser Papstresidenz vgl. *Gosche* a. a. O. 88f., sowie *Crowe u. Cavallaselle ed. Hutton* II, 57. Über den Avignoneser Aufenthalt berichten der Magl. und Vasari (I, 547) kurz nach Ghiberti, fast mit denselben Worten; sie wußten eben auch nicht mehr als die nackte Tatsache.

MAESTRO FILIPPO

1) Dies ist *Lippo Memmi*, der indessen nicht nach der von Ghiberti, allerdings unter Reserve (dicono) mitgeteilten Tradition, Simones Bruder, wohl aber durch seine Schwester Giovanna der Schwager des Meisters gewesen ist, mit dem er, wie wir schon gesehen haben, ursprünglich zusammen gearbeitet hat. Auf seinen Bildern unterzeichnete er sich Lippus (Filippo) Memmi (d. i. di Guglielmo): sein bekanntestes Fresko, die Maestà der Madonna im Stadtpalast von S. Gimignano (um 1317) lehnt sich in der Komposition völlig an Simones Maestà im Palast von Siena (1315) an. Magl. und Vasari haben die irrige Angabe Ghibertis ohne weiteres übernommen; unter dem falschen Paß Simone Memmi, den er indirekt diesem Autor, direkt aber Vasari verdankt, ist der Meister jahrhundertelang durch die Kunstgeschichte gereist, bis *Rumohr* in den Ital. Forschungen (II, 94) seinen wahren Namen festgestellt hat. Derselbe Forscher hat schon (a. a. O. Note) dargelegt, daß die Urschrift Ghibertis zwischen discepolo und fratello geschwankt hat, und erst der Kopist sich für das letztere entschieden hat. Vor fratello steht in der Kopie der Magliabecchiana tatsächlich disce(polo), das dann durch untergesetzte Punkte, wie gewöhnlich in dieser Handschrift, getilgt ist.

BARNA

1) Über diesen Meister ist in den Sienesischen Urkunden so gut wie nichts überliefert. Nur ein Maler Barna Bertini wird 1340 unter den Giurati der Mercanzia genannt, der allenfalls mit ihm identisch sein kann (*Milanesi*, Vas. I, 647, n. 1 und Doc. Sen. I, 28). Sein Bild als Künstler ist aus gleich anzuführenden Gründen schwankend; die Angaben über ihn sind recht verwirrt. Diese Verwirrung beginnt schon beim Magl. (ed. *Frey* 84). Er nennt einen Berna dipintore, dem er eine „cappella in S. Niccholò" ohne nähere Lokalisierung zuschreibt, unter Selbstverweisung auf l'originale (d. i. nach seiner Ausdrucksweise — vgl. p. 52, n. 4 — Ghibertis Schrift, die ihm wirklich noch im Original vorgelegen zu haben scheint), das aber diese Nachricht *nicht* hat. Auch hier gelangt man, wie bei dem

Passus im Leben des Ambrogio Lorenzetti (s. o. n. 2.), zu jener hypothetischen Quelle K. (*Kallab*, Vasaristudien 191, n. 8 u. 205; *Frey*, Magl. 321, der an einen „Ghiberti auctus" denkt). Schon die doppelte Namensform fällt auf, die seit Vasari, der die Form Berna aus jener Quelle adoptiert hat, sehr verschieden erklärt worden ist. Vasari selbst hat sie für eine Abkürzung von Bernardo genommen; das apokryphe lateinische Epitaph, das er in der ersten Auflage bringt (Bernardo Senensi pictori etc. Vas. Mil. I, 650, Nr. 2) hat er in der zweiten, gleich so viel anderen derselben Art, freilich unter den Tisch fallen lassen. Baldinucci (Mail. A. IV, 491) hat dann an die Ableitung des Namens von Barnabò gedacht, ebenso *Rumohr* (Ital. Forsch. II, 109), schon des Hauptzeugen Ghiberti halber; er bringt auch Beispiele dieser Namensform aus sienesischen und florentinischen Urkunden des Trecento bei.

Dagegen versichert *Milanesi* (Vas. II, 647, n.), daß im sienesischen Landgebiete die Abkürzung Berna aus Bernardo noch üblich sei; gegenüber dieser Assertion des gebürtigen Sienesen berührt das zuversichtliche und gar nicht begründete Absprechen eines Landfremden, wie *Frey* (Magl. 323) recht sonderbar. Der Magl. war anscheinend schon über die Identität der Namen wie der Personen im Zweifel. Also schon hier unsicherer Boden. Vasari hat dann eine ganze reichhaltige Biographie des Malers fabriziert, die in der Art ihrer Entstehung ein würdiges Seitenstück zu den Viten des Cimabue und Giottino zu sein scheint. In der ersten Auflage von 1550 ist er zwar noch sehr bescheiden, hält sich an die Angaben seiner Vorlagen, an Ghiberti und die Quelle K., die er nur mit Floskeln und allerhand Histörchen nach seiner Art ausschmückt. Dazu gehören außer dem schon erwähnten Epitaph in S. Gimignano besonders die chronologischen Daten. Sein „Berna" ist jung gestorben, angeblich durch einen Sturz vom Malgerüst; das Epitaph, das auch auf diesen Unfall anspielt, hat er, wie schon gesagt, in der 2. Aufl. freilich ausgelassen, das ganze verdächtige Geschichtchen selbst aber beibehalten (vgl. die sehr instruktive Statistik *Kallabs* über die Todesursachen der Helden Vasaris, sowie die erst ad hoc fabrizierten Epitaphien: Vasaristudien 235 ff.).

Nach Vasari hat Berna „um 1381" gelebt; ein Datum, so unkontrollierbar als andere derartige Zeitbestimmungen des Aretiners. In der zweiten Auflage von 1568 fährt er schon mit vollen Segeln auf dem Meer seiner Hypothesen, und streut den Reichtum seiner inzwischen erworbenen Kenntnisse, sicher und selbstbewußt als anerkannte Autorität, über den alten Meister aus. Jetzt bringt er eine lange Reihe von Werken, aus seinem Arezzo, das natürlich an diesem berühmten Mann auch teilhaben muß, Berufungen auf Quellen (Ghiberti), die falsch oder zweifelhaft sind (s. u.), nennt Schüler, wie den Luca di Tomè, einen Maler, der nachweislich schon 1356 tätig war (*Milanesi*, Vasari I, 651, n. 3), also schwerlich bei dem angeblich jung verstorbenen Berna, der doch um 1381 gewirkt haben soll, in die

Lehre gegangen sein kann. Ob wie in dem Fall des „Giottino" eine schon beim Magl. merkbare Vermengung zweier verschiedener Personen vorliegt, von denen die eine der 1340 in Siena erwähnte Barna Bertini sein könnte, wird wohl kaum jemals auszumachen sein.

Hierzu kommt nun noch eine Diskrepanz zwischen der älteren und voraussetzlich und nachweislich besseren Quelle, (auch der Vasaris selbst), nämlich Ghiberti, und dem Autor des Cinquecento, die das einzig erhaltene, freilich arg mitgenommene und verrestauierte Hauptwerk des Malers in S. Gimignano (s. u.) betrifft. Trotzdem hat die neuere Forschung von *Crowe* und *Cavalcaselle* an auf diesem schwachen Grunde ein ganzes Oeuvre des Meisters aufgebaut, und spielt mit den widersprechendsten Attributionen vergnüglich Fangball (vgl. die Übersicht bei *Crowe* und *Cavalcaselle* ed. *Hutton* II, 65 ff.). Den höchsten Rekord in dieser Pfuscherei hat wohl *Rothes* in seiner Schrift: Die Blütezeit der sienesischen Malerei, Straßb. 1904 erreicht, einem der traurigsten und seichtesten Machwerke aus der Heitzschen Kunstfabrik. Nicht nur, daß die biographischen Daten Vasaris (und Azzolini-Ugurgieris, aus dessen Pompe Sanesi von 1649) treuherzig als bare Münze genommen werden, der Verfasser ist nicht einmal imstande, auf seinem eigenen engen Arbeitsgebiete die Jahrhunderte zu unterscheiden, so daß er dem Trecentisten Barna das Werk eines ausgesprochenen Quattrocentisten wie das Madonnenfresko bei den Servi in Siena (S. 49 mit Tafel XII), gibt, obwohl er ein paar Seiten später (Tafel XIV) eine Tafel des Malers bringt, von dem es ohne allen Zweifel herrührt, von Matteo di Giovanni!

2) Es scheint zunächst, daß Ghibertis Nachricht, da er kurz vorher von den Arbeiten der Sienesen in Florenz spricht, ohne Zwang mit S. Spirito in *Florenz* in Zusammenhang gebracht werden kann. Allein der Magl. hat sie auf S. Agostino in *Siena* gedeutet, im übrigen jedoch Ghibertis Text ziemlich getreu reproduziert. Daneben nennt er aber noch, wie schon erwähnt, eine „Cappella di S. Nicchölò" von der Hand des *Berna* dipintore; eine Einschaltung, die sich auf Ambrogio Lorenzettis Fresken in *S. Spirito* bezieht (nach Ghiberti s. o. n. 11) zeigt, daß hier wirklich eine *Florentiner* Lokalität, nämlich die Nikolauskapelle in S. Spirito gemeint ist. Die Marginalnote des Anon. Magl. vedere l'originale beweist aber, daß er sich über diesen Zusatz, den er einer *andern* Quelle (K.) verdankt, nicht recht im klaren war (vgl. a. *Frey*, Magl. 323). Vasari hat in der 1. Auflage die Nachricht aus Ghiberti übernommen, bezieht sie aber ebenso wie der Magl. auf *Siena* (I, 648). Sein Text zeigt deutlich, daß er seine Vorlage nur ausschmückt und (mit Mißverständnissen) erweitert: denn während Ghiberti (und ihm folgend der Magl.) sagt, Barna habe zwei Kapellen mit Historien ausgeschmückt, darunter diejenige, in der er eine Darstellung (des zum Richtplatz geführten Jünglings) mit besonderem Lobe bedenkt, macht Vasari daraus zwei Kapellen mit „alcune storiette di figure in fresco" *und* die Geschichte des Jünglings „in una faccia" der

Kirche, die zu seiner Zeit nicht mehr vorhanden sei, da man an dieser Stelle neue Kapellen ausgebrochen habe. *Frey* wird also durchaus im Recht sein, wenn er sagt, daß Vasari hier lediglich Buchwissen vortrage; die anscheinend auf Autopsie beruhenden Angaben über die baulichen Veränderungen der Kirche scheinen ad hoc zurechtgelegt, wenn nicht gar konstruiert zu sein. Gesehen hat er diese angeblich dereinst in *Siena* befindlichen Werke Barnas ganz gewiß nicht. Dagegen bringt er in der 2. Auflage von 1568 (I, 649), offenbar nach der Quelle K. und neuerdings in Übereinstimmung mit dem Magl., ein Werk des „Berna" in S. Spirito zu *Florenz*, und zwar in der dem h. Nikolaus gewidmeten Kapelle, deren Patrone er auch nennt; sie gehörte den Capponi. Auch diese hat er aber nicht mehr gesehen, da sie seiner eigenen Angabe zufolge durch den großen Brand von 1475 zerstört worden war. Wieder zeigt sich, daß Vasari flunkert; er beruft sich ausdrücklich auf Lorenzo Ghiberti, der da sage, daß Berna dieselbe Geschichte, die er in der Jakobskapelle zu S. Agostino in Arezzo malte (S. Jacobus und der Wucherer), auch hier dargestellt habe. Diese Zuschreibung eines Werkes in seiner Vaterstadt stammt von niemand anderem als Vasari selbst; da ihm sicher, trotz *Kallabs* leichtem Zweifel, kein anderer Text Ghibertis vorgelegen hat, als der im Besitze seines Freundes Cosimo Bartoli (Vasari II, 223), d. i. derjenige, den auch wir noch besitzen; da auch der Magl., der ein besseres und zum Teil vollständigeres Exemplar, vermutlich sogar das Original selbst (wie er es denn l'originale nennt), vor sich hatte, kein Wort von dieser Sache weiß, so müßte die Angabe aus der Quelle K. stammen, wogegen wieder der Befund des Magl.-Textes spricht, der alles Tatsächliche seiner Vorlagen getreu übernimmt. Vasari dürfte einfach die Gleichung S. Agostino in Arezzo = S. Spirito (S. Agostino) in Florenz gemacht haben, ein für ihn sehr charakteristisches Verfahren. Aber noch die neueste englische Ausgabe von *Crowe* und *Cavalcaselle* (ed. *Hutton* VI, 66) nimmt diesen Imbroglio Vasaris ruhig hin. Im übrigen sind alle diese Fresken, die in Arezzo wie die in Siena und Florenz längst zugrunde gegangen, so daß es ganz unmöglich ist, zu sagen, was für Werke Vasari auf Grund von flüchtig gelesenen oder falsch ausgelegten Zeugnissen seinem „Berna" zugeschrieben hat.

3) Magl. hält sich an Ghibertis Text; Vasari (I, 650) bringt jedoch eine andere ikonographische Angabe, die als Korrektur Ghibertis angesehen werden muß. Nach ihm sind nämlich die Geschichten des *Neuen* Testamentes von Barna (Berna). Das wird verständlich, wenn wir in Vasaris Biographie des Taddeo Bartoli (II, 34, jedoch erst Zusatz der *zweiten* Auflage) lesen, daß dessen angeblicher Vater Bartolo di Fredi (vgl. *Milanesis* Note a. a. O. II, 33) in der Pieve von S. Gimignano die *linke* Kirchenwand mit den Geschichten des *Alten* Testamentes gemalt hätte. Vasari beruft sich dabei auf eine, heute (wie schon zu *Rumohrs* Zeit, vgl. Ital. Forsch. II, 110) freilich nicht mehr vorhandene Inschrift (si legge ancor nel mezzo questo epitaffio: Ann. Dom. 1356 Bartolus magistri Fredi de Senis

me pinxit), die allerdings völlig unverdächtig ist. Die Fresken der Collegiata von S. Gimignano sind nun noch heute, wenn auch vielfach beschädigt und übermalt, erhalten; es ist tatsächlich ein großer biblischer Parallelzyklus (ausführliche Beschreibung bei *Baldoria*, Monumenti artistici in S. Gimignano, Arch. Stor. dell'arte 1890). Hier ist also das einzige Werk, aus dem wir uns eine Vorstellung über den Stil des von Ghiberti so gepriesenen Meisters von Siena bilden können; nur frägt es sich, ob die ältere oder die jüngere Quelle recht hat; im allgemeinen sind wir ja, unseren Erfahrungen gemäß, geneigt, der ersteren zu folgen. Aber schon *Rumohr* (a. a. O.) hat sich in diesem Falle für die letztere entschieden, und in der Tat sind die Geschichten des A. T. von einer weit schwächeren Hand und können unmöglich einen Meister repräsentieren, der auf den stets fein empfindenden und scharf urteilenden Künstler, der Ghiberti war, einen derartigen Eindruck gemacht hat, während wenigstens ein *Teil* der Fresken an der rechten Wand — soweit sie nicht von Schülerhänden ausgeführt sind — eine tüchtige, an den besten Meistern von Siena, namentlich Simone Martini geschulte Künstlerindividualität erkennen läßt (Abb. bei *Rothes*, Sienes. Malerei. Tafel XXII u. ff.). Eine Verwechslung der beiden Kirchenwände ist ja bei einem in örtlicher und zeitlicher Ferne seine Erinnerungen niederschreibenden Autor leicht verständlich und verzeihlich. Freilich muß die Zuschreibung Vasaris, die durch die von ihm gelesene Inschrift indirekt auch Barnas Werk festlegt, nachgeprüft werden. Nun ist Bartolo di Fredi (ca. 1330 bis 1410) tatsächlich um 1366 in S. Gimignano nachweisbar *(Milanesi*, Doc. Sen. II, 38); es sind auch von ihm noch eine Anzahl bezeichneter Fresken und Tafelbilder erhalten, freilich sämtlich aus ziemlich später Zeit (1382—1388), die einen Vergleich gestatten, der, wie ich glauben möchte, auch zugunsten von Vasaris Angabe ausfallen wird. Meister Bartolo ist freilich ein recht schwacher und hölzerner Geselle, was Vasari selbst schon bemerkt hat. Die Lösung der Barnafrage hängt also von dieser Voruntersuchung ab; erst wenn die Zuteilung der alttestamentlichen Fresken an Bartolo di Fredi, auf Grund seiner erhaltenen Werke einwandfrei feststeht — die *Stilähnlichkeit* leidet keinen Zweifel — erst dann kann die andere Reihe dem Barna zugeschrieben werden — freilich, wie wir nicht vergessen sollen, einzig und allein auf das in diesem Fall indirekte und nicht nachzuprüfende Zeugnis Ghibertis hin, unter Ausscheidung des Schülergutes, das schon Vasari dem Giovanni d'Asciano zuteilt. Mit dieser exakten Feststellung hat sich aber die neuere Forschung über Barna, soviel ich sehe, gar nicht abgegeben; der Bericht Vasaris wird einfach als Tatsache hingenommen und dem Barna auf dieser, wie einzusehen, zunächst keineswegs gesicherten Grundlage eine Reihe von Werken zugeschrieben. Aus dem Buche von *Rothes* (a. a. O. 20 ff.), auch noch aus der jüngsten zusammenfassenden Darstellung bei *Crowe* und *Cavalcaselle* ed. *Hutton* (II, 65 f.) ergibt sich, daß im wesentlichen noch überall *Vasaris* Autorität (so für die Kreuzigung in *Arezzo!*) unerschütterte Geltung hat. Auch *Luisa Schlegel* hat sich bei ihrer Analyse von

Barnas Stil (L'Arte 1909) die nicht zu umgehende methodisch-kritische Grundfrage nicht vorgelegt; es ist ein wahres, aber nicht verdientes Glück für diese Autoren, daß Vasaris sonst sehr zweifelhafte Berichterstattung diesmal standhält!

4) Magl. fast wortgetreu nach Ghiberti. Vasari (I, 648) erweitert die auch bei Ghiberti ganz allgemein gehaltenen und von diesem abhängigen Angaben seiner ersten Auflage in der zweiten, seiner sattsam bekannten Heuristik gemäß, durch ein konkretes Faktum: er schreibt dem Barna den „größten Teil der Gewölbfelder und der Wände" in der berühmten Kirche von S. Margherita zu. Doch sind auch diese Gemälde längst untergegangen.

DUCCIO DI BUONINSEGNA

1) Die urkundlichen Nachrichten über die Tätigkeit des Altmeisters von Siena beginnen mit 1278; wie *Davidsohn*, Rep. f. Kw. XXIII (1900), 313, nachgewiesen hat, ist er am 3. August 1319 gestorben. Die Urkunden über ihn hat *Lisini*, Notizie di Duccio pittore, im Bolletino Senese V (1898) 43 ff. zusammengestellt; eine dickleibige Monographie hat soeben *H. C. Weigelt* erscheinen lassen (Leipzig 1911). Im Jahre 1285 war Duccio in Florenz; der sehr interessante Kontrakt über eine große Tafel für S. Maria Novella (die sog. Rucellaimadonna des „Cimabue"? vgl. *Crowe* und *Cavalcaselle* ed. *Hutton* I, 168, II, 7 u. 23) bei *Milanesi*, Doc. Sen. I, 158.

Es ist höchst bemerkenswert, daß Ghiberti, der von seinem eigenen Landsmann Cimabue als Künstler gar nichts zu melden weiß, dessen sienesischen Zeitgenossen so ausführlich bespricht. Seltsamerweise führt er ihn erst wie in einem Nachtrag am Schlusse der Sienesen auf, eine Anordnung, die auch der Magl., ja selbst noch Vasari in *beiden* Auflagen, trotz der chronologischen Folge, die beide Autoren einzuhalten bestrebt sind, angenommen haben. Bei Vasari folgt er sogar unmittelbar auf Barna, so daß der Einfluß Ghibertis ganz augenfällig ist.

2) Magl. nach Ghiberti, jedoch verkürzt, ohne die ikonographischen Details (ed. *Frey* 86). Vasari gibt in der ersten Auflage bloß eine ganz kurze Notiz über das berühmte Werk Duccios, das nach seiner Angabe später von seinem ursprünglichen Standort am Hochaltar entfernt wurde, um dem Bronzetabernakel des Vecchietta (1506 aus dem Spital hierher übertragen) Platz zu machen. In der zweiten Auflage (I, 655) beruft sich Vasari ausdrücklich auf Ghiberti, wiederholt auch dessen kleinen Gedächtnisfehler, daß auf der Schauseite die Krönung Marias (in Wirklichkeit ist die Maestà der Madonna, als Stadtpatronin von Siena, dargestellt) zu sehen sei. Übrigens sagt Vasari selbst, daß er vergebens nach dieser Tafel gesucht hätte, berichtet also hier seinem eigenen Geständnis zufolge wieder lediglich überkommenes Buchwissen; er hat sich auch, ein weiteres Zeugnis für seine sehr oberflächliche Kenntnis Sienas (worüber oben) eben keine große Mühe

gegeben, die Sache zu ergründen. Das berühmte Dombild des mittelalterlichen Siena ist tatsächlich recht übel behandelt worden. Zu Vasaris Zeiten wird es sich in der Canonica befunden haben, später wurden Vorder- und Rückseite getrennt und an zwei Altären des Doms aufgestellt, wovon schon Baldinucci zu melden weiß (*Milanesi* zu Vasari I, 655, N. 1, Baldinucci, Mail. A. IV, 384). Heute befindet es sich bekanntlich im Museum der Domopera. Über die Geschichte des Bildes hat Della Valle, Lett. San. I, 66 ff. ausführlich, unter Benutzung aller Nachrichten, gehandelt; die beste Übersicht gibt jetzt *Lisini* in dem oben erwähnten Aufsatz. Es ist mit der Signatur des Meisters versehen; den noch vorhandenen Urkunden zufolge wurde es 1308 bestellt, 1310 vollendet und am 9. Juni des folgenden Jahres unter großem Festgepränge aus der Werkstatt in den Dom übertragen (*Lisini* a. a. O. 5, vgl. *Crowe* und *Cavalcaselle* ed. *Hutton* II, 8 ff.).

3) Ghiberti bleibt auch hier seinem in der Einleitung (nach Athenaeus) entwickelten Programme über die Kürze im Vortrag getreu — per non abondare nel troppo dire. Wie bei den Florentinern (s. o.) hat er auch bei den von ihm so sehr geschätzten Sienesen seinen scharfen Blick für künstlerische Qualitäten bewährt; wir können es noch heute würdigen, daß ihm die Künstler zweiten und dritten Ranges, also (von Pietro Lorenzetti abgesehen) die Nachtreter der großen Meister, als Lippo und Andrea Vanni, die Bartoli di Fredi, Taddeo Bartoli, Luca di Tomè u. a. einer besonderen Hervorhebung nicht wert erschienen, und daß er mit einem Kompliment für Siena an ihnen vorbeigegangen ist.

GIOVANNI PISANO

1) Über seine engern Fachgenossen, die Bildhauer, ist Ghiberti in auffallender Weise zurückhaltend. Ausführlicher verbreitet er sich nur über seinen unmittelbaren Vorläufer Andrea Pisano. Von *Nicola* Pisano weiß er im Grunde nur als dem Vater Giovannis; dessen einziges ganz eigenhändiges Hauptwerk, die Kanzel im Baptisterium von Pisa, scheint Ghiberti nicht zu kennen (s. u.). Den Orcagna hat er ganz sachgemäß schon unter den *Malern* aufgeführt.

Der Magl. (ed. *Frey* 87) folgt durchaus Ghiberti, läßt aber sonderbarerweise die Domkanzel in Pisa aus. Dafür nennt er den Brunnen in Perugia unter Giovannis Werken, was wohl zeigt, daß in seiner Vorlage, dem „originale", der Text so gelautet hat, wie wir ihn zu rekonstruieren versuchten, daß also ella fonte di Perugia zum vorhergehenden Satz gehört, das di vor maestro Andrea da Pisa nur als Mißverständnis des Kopisten aufzufassen ist. Es wäre auch ein Fehler, den man dem wohlunterrichteten Ghiberti kaum ohne weiteres zutrauen wird. In *Freys* Ghibertitext ist die Lesung der Kopie beibehalten, überdies nach Andrea di Pisa ein che ergänzt; *Milanesis* stark retouchierter Abdruck in der Lemonnierschen Vasariausgabe liest gar è la fonte etc. In den Anmerkungen zum Magl. 327 hat *Frey* jedoch schon die richtige Lesung vorgeschlagen, was ich hiermit gegenüber der Bemerkung in Prol. 101 ausdrücklich hervorgehoben haben will.

Vasari weiß bekanntlich in der ersten Auflage äußerst wenig von den Pisanern; Giovanni kennt er nur als Architekten, nennt ihn auch gedankenloserweise gleich Nicola Pisano unter den Schülern des Andrea Pisano, obwohl er die Inschrift der Baptisteriumkanzel von 1260 kennt und zitiert, und obwohl er die Werke Andreas um das Jahr 1339 (2. Aufl. 1340) ansetzt. Auch Nicola ist bloß mit ein paar Zeilen bedacht; Vasari gibt ihm richtig die schon erwähnte Kanzel, aber auch fälschlicherweise den Taufbrunnen am selben Ort, der in Wirklichkeit von Guido da Como (1246) herrührt. Er hat also in der ersten Auflage zu seinem Nachteil Ghiberti nicht eingesehen. In die zweite Auflage hat er dann freilich eine ganze höchst ausführliche Biographie der beiden Meister eingefügt (I, 293 f.), in der Wahres und Falsches, Selbstbeobachtetes und willkürlich Konstruiertes bunt durcheinander wirbelt. Über seine kuriose Plünderung der Villanischen Chroniken, die vorher gar nicht bemerkt worden ist, vgl. *Kallab,* Vasaristudien 308 ff.; *Frey* geht in seiner neuen Vasariausgabe (I, München 1911) ganz achtlos über dieses für die Textkritik Vasaris äußerst wichtige Faktum hinweg.

2) Die vier Werke, die Ghiberti von Giovanni Pisano namhaft macht, sind bekanntlich noch erhalten; das ganze Material über sie findet man jetzt höchst prolixer Weise in *Freys* neuer Vasariausgabe, Bd. I zusammen. Die Pisaner Domkanzel (bez. und von 1310 datiert) haben Ghiberti und Vasari noch vor ihrer Zerstückelung gesehen (heute im Museo Civico von Pisa); sie wurde nach dem Brande von 1595 entfernt (*Supino,* Arte Pisana 154 ff.). Die Kanzel im Baptisterium hat Ghiberti wohl sicher nicht mit seinem knappen Ausdruck il pergamo di Pisa gemeint. Der Magl. kennt, wie schon erwähnt, die Werke in Pisa überhaupt nicht.

3) Die Domkanzel von Siena wurde 1265 dem Nicola Pisano in Auftrag gegeben und 1268 vollendet; Nicola erscheint hier schon als das Haupt einer gesellenreichen Werkstätte, in der Giovannis (urkundlich bezeugte) Tätigkeit schon stark, ja wie mir scheint, überwiegend hervortritt (vgl. die treffenden Bemerkungen bei *Frey,* Magl. 326 f., und besonders jetzt in seiner neuen Vasariausgabe I, 792). Ghiberti scheint hier wirklich den eigentlichen Autor mit künstlerischem Scharfblick herausgefühlt, nicht eine *irrige* Angabe gegeben zu haben; Vasari hingegen schreibt sie, der Lokaltradition folgend, die äußerlich durch die Urkunden gestützt wird, denn auch dem Nicola zu. Es ist dies einer der Fälle, wo die Kritik der primären Quelle, des Kunstwerkes selbst, über die sekundäre, die Schriftquelle, die Oberhand behält.

4) Die Kanzel in S. Andrea zu Pistoia ist bezeichnet und 1301 datiert. Schon Vasari hat (I, 314) ihre Inschrift, freilich unvollständig und ungenau kopiert.

5) Der berühmte Stadtbrunnen von Perugia (1278—1280) ist ein noch von Nicola in Gemeinschaft mit seinem Sohne übernommenes Werk, an dem er selbst

aber kaum mehr einen Anteil hat, wie sich denn Giovanni daran ausdrücklich scultor huius operis (in einer besonderen Inschrift des oberen Beckens) nennt. Über die berühmte viel diskutierte Inschrift vgl. *Venturi*, Storia IV, 12 ff.

ANDREA PISANO

1) Der größte florentinische Bildner des Trecento, Andrea di Ser Ugolino Nini aus Pontedera, der sich selbst Andreas de Pisa nannte, ist 1348 als Bauleiter des Doms von Orvieto gestorben. Billi und Gelli haben ihn wie die florentinischen Bildner des Trecento (außer Orcagna) überhaupt nicht berücksichtigt.

2) Magl. nach Ghiberti; ebenso Vasari, der in der ersten Auflage sich durchaus an Ghiberti hält, in der zweiten dagegen wieder eine Anzahl fragwürdiger Zuschreibungen hat (alcune figurine di marmo. I, 489). In dem schönen Kirchlein S. Maria a Ponte (della Spina) am Arnoufer befindet sich heute nichts mehr, was mit Sicherheit dem Andrea zugeschrieben werden könnte; die beiden Madonnen dort sind von seinem Sohn Nino Pisano, die Apostelstatuetten der Außenseite, an die wohl Vasari gedacht hat, werden allgemein der Schule des Giovanni Pisano zugeschrieben, die übrigen Figuren der des Nino Pisano (*Venturi*, Storia V, 239). Ob Ghiberti hier schlecht berichtet war, Arbeiten des Sohnes für die des Vaters genommen hat, können wir bei seiner knappen und wenig präzisen Art der Äußerung weder bejahen noch verneinen.

3) Magl. wie Ghiberti, ebenso Vasari (I, 488), der auch in der zweiten Auflage nichts hinzuzufügen weiß, sogar die sieben scienze vergißt, dafür aber gleich dem Magl. den Irrtum Ghibertis, es handle sich um die sieben Werke der Barmherzigkeit (statt die sieben Sakramente) übernimmt. Dafür hat Ghiberti (und von ihm seine Nachfolger) die richtige ikonographische Deutung der sieben Planeten, die bis auf die neueste Zeit (so von *Ruskin* u. a.) verkannt und mit den sonderbarsten Auslegungen bedacht worden sind. Ich habe die alte Deutung in meiner Abhandlung: Giustos Fresken in Padua etc. im Jahrb. der kunsthistor. Samml. XVII, 62 wieder in ihre Rechte eingesetzt und ihre Zuständigkeit nachgewiesen. Ebenda auch ein erster Versuch zur Scheidung der verschiedenen Gesellenhände, die Andreas Entwürfe ausgeführt haben. Andere Ansichten, im ganzen wenig überzeugend, hat *Venturi*, Storia V, 469 u. 530, 663 entwickelt; immerhin ist aber (für die Reliefs der Tugenden und freien Künste) sein Hinweis auf den jungen Orcagna und dessen Tugenden am Tabernakel von Orsanmichele, beachtenswert. Es handelt sich wie man weiß, um die rautenförmigen Reliefs am oberen Teil des Campanilesockels, der unter der Bauleitung Andrea Pisanos (1337–1342, vgl. Jahrbuch a. a. O. XVII, 41 ff.) aufgeführt worden ist.

4) Magl. wie Ghiberti, doch mit Hinzufügung des Standorts, (am Campanile), der sich übrigens auch aus Ghibertis Kontext ergibt. Vasari (I, 489 schon 1. Aufl.)

hat statt der vier Statuen wie Ghiberti bloß drei, gibt aber deren Standort an: unter den Fenstern gegen die Pupilli (d. i. die Bruderschaft der Misericordia), also an der Südseite. Diese Reduktion auf drei erklärt sich wohl daraus, daß er hier die gleichfalls von Ghiberti ohne nähere Lokalisierung angegebene Freistatue des Maso (seines „Giottino" s. o.) gesucht hat. Vgl. darüber Proleg. 182. Vasari hat also, wie so häufig, mit seiner Vorlage nach Gutdünken geschaltet; Ghiberti kann nur die Statuen an der *Nordseite* gemeint haben (im schmalen Paß gegen den Dom zu), denn die West- und Ostseite war schon seit dem ersten Drittel des 15. Jahrhunderts mit den Statuen Donatellos und Rossos besetzt, die jene, wie die noch erhaltenen alten Basen beweisen, von ihrem ursprünglichen günstigeren Platz verdrängt haben. Es ist je ein Figurenpaar des David und Salomon, der Sibylla Tiburtina und Erythraea. Während sie der *Cicerone* (noch in der neuesten Auflage von 1910, IV, 417) der Richtung des Orcagna zuweist, ist *Reymond* (Sculpture Florentine I, 128) geneigt, sie dem Andrea Pisano selbst zu geben; *Rathe* (Der figurale Schmuck der alten Domfassade in Florenz, S. 67 ff.) der sie zuerst eingehend und ausführlich behandelt hat, möchte hingegen zwei verschiedene Künstler annehmen, die er ebenfalls im Kreise Orcagnas, in den sechziger Jahren des Jahrhunderts sucht.

5) Vom Magl. ausgelassen; ebenso von Vasari (in beiden Aufl.). Es scheint, daß beide der Quelle K. folgen. Die Reliefs werden aber in der vita Giottos (I, 399) mit Berufung auf Ghiberti als Werke des Meisters flüchtig genannt (s. o.); freilich nur parte di quelle Storie di marmo. Es handelt sich um die große in Stein gehauene Encyclopädie am unteren Teil des Campanilesockels (in Sechspässen), deren ikonographische Bedeutung ich zuerst in meiner oben genannten Abhandlung (Giustos Fresken, S. 67 ff.) gegenüber den älteren konfusen Deutungen klar gelegt habe. Die Benennung Ghibertis: trovatori dell' arti (der artes liberales und mechanicae) trifft trotz ihrer Knappheit das Wesentliche der Sache.

6) Über Giotto als Bildner s. Giotton. 21.

7) Magl. (mit dem Zusatz verso la Misericordia) ebenso; Vasari (I, 487, schon 1. Aufl., mit dem Zusatz der 2. Aufl. I, 489) ist ziemlich ausführlich, bringt jedoch verschiedene fragwürdige oder falsche Details (Zeichnung von Giotto, Beteiligung des Sohnes Nino, der angeblich ein besserer Meister als der Vater selbst gewesen sei, Arbeitsdauer 22 Jahre, Vollendung im Jahre 1339, venezianische Gießer, mit Berufung auf die Bücher der Arte di Calimala, in Wirklichkeit aus Villani). Im Beginn des 16. Jahrhunderts war man in der Kenntnis des Trecento schon so weit zurückgegangen, daß der freilich recht leichtfertige Albertini (Memoriale, S. 9) die berühmte Tür, ein Schaustück von Florenz, nur mehr als „antiqua" ohne Nennung des Autors anführt, ganz so wie vorher schon Manettis Biographie Brunellescos (ed. *Holtzinger*, S. 13) gar von „maestri forestieri" (eine charakteristische Erinnerung an die Gießer?) spricht. Dagegen weiß Albertini, daß die Ornamente des

Türstocks von Vittorio Ghiberti, der freilich erst kurze Zeit vorher (1496) gestorben war, herrühren (vgl. Vas. II, 244). Gauricus (de Sculptura ed. *Brockhaus* 254) versteht auch die Inschrift nicht, sondern sagt, die Tür sei von einem ihm unbekannten Meister „Ugolini" gefertigt. Die Bronzetür (das Vorbild für Ghibertis erste Tür), die später der berühmten Porta del Paradiso ihren Ehrenplatz hat einräumen müssen (1452), trägt wie bekannt die Inschrift: Andreas Ugolini Nini de Pisis me fecit A. D. MCCCXXX (vgl. *Venturi*, Storia IV, 421 ff. wo auch die Stelle aus der Chronik des Gio. Villani mitgeteilt ist, die Vasari benutzt hat). Das Datum bezieht sich aber eben diesen Urkunden der Calimala nach, die jetzt verloren, aber noch in den Auszügen Carlo Strozzis zugänglich sind (vgl. die Note in *Milanesis* Vasari I, 487; die spogli Strozziani sind jetzt in *Freys* neuer Vasariausgabe I, 349 abgedruckt), lediglich auf die Bestellung durch diese Zunft und den Beginn der Wachsmodelle. Der Guß wurde 1332 von dem venezianischen Glockengießer Lionardo d'Avanzo ausgeführt, mißlang aber teilweise, so daß sich die gänzliche Vollendung und Aufstellung bis zum Jahre 1336 verzögerte. Über die Herstellung dieser großen Arbeit, eines nicht nur in technischer Beziehung höchst wichtigen Novum in der toskanischen Kunst, hat schon ein Zeitgenosse Andreas, Gio. Villani, der selbst als Guardian der Bauhütte für die Arte di Calimala bestellt war, genau berichtet (in seiner Chronik l. X, c. 178). Vasari, der in seiner zweiten Auflage reichlichst und höchst ungeniert aus diesen alten Chroniken geschöpft hat, wie zuerst *Kallab* in seinen Vasaristudien nachgewiesen hat (320, n. 33), verdankt seine Angaben eben dieser Quelle; seine Berufung auf die Bücher der Arte di Calimala dürfte Geflunker sein (über die Art, wie Vasari Urkunden benutzt, vgl. *Kallab* a. a. O. 207 u. 373). Aber auch die Notiz, daß Giotto die Entwürfe für die Tür geliefert habe, ist nicht sein Eigentum, sondern er hat sie gleichfalls aus einer älteren Quelle, Manettis Vita des Brunellesco (ed. *Holtzinger*, S. 15), was sowohl *Frey* als *Kallab* übersehen haben. Der erstere hat jedoch (Loggia de Lanzi, S. 36 u. 73) auf die Übereinstimmung gewisser Details mit den Fresken Giottos in der Peruzzikapelle hingewiesen, die sich aber wohl auf andere, einfachere Weise, durch den Einfluß des richtunggebenden alten auf den jungen Meister erklären lassen. Auch ein so besonnener Forscher wie *Frey* erliegt hier der noch immer, selbst in der neuesten Literatur, von Vasari ausgehenden Suggestion.

8) Magl. nach Ghiberti; er schreibt jedoch dem Andrea überdies einen der Evangelisten an der alten Domfassade zu. Nach der Fassung der Stelle (ed. *Frey* 87 al. 12): *credo*, sia di sua mano un de 4 vangelisti, scheint das nur eine persönliche Annahme des Autors zu sein. Vasari hat diese (ganz falsche) Nachricht noch übertrumpft, indem er in seiner bekannten Manier Andrea zu einem Sammelbegriff für die florentinische Trecentoplastik überhaupt macht, und ihm folglich alle ältern Statuen der Domfassade in Bausch und Bogen zuschiebt (I, 484), also nicht bloß die vier Kirchenväter (jetzt in Poggio Imperiale), die urkundlich

1396 dem Piero di Gio. Tedesco und Niccolò Lamberti übertragen wurden (*Milanesi* zu Vasari I, 484, N. 1), sondern auch die übrigen (Papst Bonifaz VIII., S. Stephanus und Laurentius, S. Petrus und Paulus). Noch weiter ist endlich Baldinucci gegangen (Mail. A. IV, 311); wollten wir ihm glauben, so hätte Giotto wiederum die Entwürfe für *sämtliche* Statuen Andreas an der Fassade geliefert. Es ist abermals ein sehr instruktives Beispiel, wie Vasaris Einfluß fortwirkt, und also an einer alten noch aus dem Quattrocento stammenden Anekdote weitergesponnen wird; denn Baldinuccis Notiz geht direkt auf Vasaris Angaben über die Tür Andreas, indirekt aber auf Manetti zurück.

Von allen diesen Statuen hat nun aber bloß die des h. Stephanus eine alte Überlieferung für sich, eben die Nachricht Ghibertis, der auch ihren Standort, gegen den Turm zu, angibt. Die alte Domfassade ist 1586 in höchst barbarischer Weise demoliert worden; unter den Resten ihres Statuenschmucks, denen *Rathe* (Der figurale Schmuck der alten Domfassade von Florenz, Wien 1910) mit großem Fleiße nachgespürt hat, befindet sich aber keine Figur des h. Stephanus mehr. Bei der sehr verworrenen Geschichte dieser alten Fassade, deren bildnerischer Schmuck bis in die Tage des ersten Architekten, Arnolfo, zurückreicht, ist es kaum auszumachen, ob Ghibertis Nachricht richtig war oder nicht. Andrea Pisano ist tatsächlich 1337–1342 Bauleiter des Doms gewesen, hat sich aber anscheinend fast ausschließlich mit dem Bau des Campanile beschäftigt. Der endgültige neue Fassadenentwurf rührt erst von seinem Nachfolger, Francesco Talenti, her (1357). Andrea war damals schon seit Jahren tot; er müßte also die Statue noch für die alte, von Arnolfo herrührende Schauseite des Doms entworfen haben.

Nun ist aber urkundlich überliefert, daß eine Statue des h. Stephanus sich 1391 bei Piero di Gio. Tedesco in Arbeit befand (*Poggi*, Il duomo di Firenze, Ital. Forsch. II, Berlin 1909, Doc. no. 53). Es scheint also, daß Ghiberti sich hier geirrt hätte. Nun ist es freilich nicht recht wahrscheinlich, daß Ghiberti, der zur Zeit, als diese Bestellung erfolgte, schon ein Bursch von dreizehn Jahren war und sicher schon in der Werkstatt Bartoluccios arbeitete, dieses Werk eines zeitgenössischen Bildhauers, den er vermutlich kannte, mit einem des viel älteren Meisters verwechselt hätte. Es ist auch gar nicht ausgemacht, daß jene Statue des Piero Tedesco mit der von Ghiberti erwähnten identisch ist. Vielmehr wird es sich bei dieser um eine *zweite* Stephanusstatue handeln, die, wie wir aus Urkunden wissen, ursprünglich an Orsanmichele aufgestellt war und 1428 von der Arte della Lana an die Domopera verkauft wurde, um der gleichzeitig bei Ghiberti bestellten Bronzefigur Platz zu machen. Ghiberti selbst erhielt den Auftrag, sie im Einvernehmen mit dem Vorsteher der Bauhütte an einem ihnen genehmen Platz der *Domfassade* aufzustellen (quod caputmagister dicte opere et Laurentius Bartolucii possint ponere figuram beati S. Stefani *marmoream* in facie ecclesiae maioris in loco ubi eis videbitur. *Poggi*, Duomo di Firenze, Doc. 295, vgl. 294 u. 296–297). Der

Name des Urhebers dieser älteren Statue ist nicht genannt; sie wird von der Sachverständigen-Kommission, der u. a. Brunellesco und Giuliano Pesello angehören, immerhin auf 175 Goldgulden geschätzt. Daß eine Stephanusstatue, zusammen mit der von Vasari erwähnten, des h. Laurentius, bis 1586 an der Fassade zu sehen war, lehren auch deren alte Beschreibungen (*Poggi*, a. a. O.). Ob Ghiberti in ihr ein Werk Andrea Pisanos gesehen hat, und ob er damit recht hatte, können wir freilich heute nicht mehr sagen, da sie nirgends mehr nachweisbar ist. Die schon 1337 vielleicht von Francesco Talenti begonnene, ursprünglich offene Halle von Orsanmichele ist 1350 vollendet worden; Gio. Villani berichtet über den Bau ausführlich in seiner Chronik (XI, 67); Vasari hat die Stelle benutzt, und den Namen des Taddeo Gaddi als Architekten eingeschmuggelt, was man lange geglaubt hat (vgl. *Kallab*, Vasaristudien 325, N. 40). Schon damals war der bildnerische Schmuck der Pilaster, zu dem jede Zunft beitragen sollte, in Aussicht genommen (vgl. die bei *Passerini* a. u. a. O. abgedruckte Stelle Villanis), was durch eine (von *Gaye*, Cart. I, 46) mitgeteilte Petition der Konsuln der Webergilde vom 12. April 1339 bestätigt wird. Es wäre also diesen chronologischen Umständen nach ganz gut möglich, daß Andrea Pisano diese Marmorstatue ausgeführt hat.

Der ganze in dieser Angelegenheit der Stephanusstatue von Orsanmichele geführte Carteggio ist schon (was *Milanesi* in seiner Vasariausgabe übersehen hat) von *Passerini* in seinen Curiosità storico-artistiche fiorentine, I. serie (loggia di Orsanmichele 44, Doc. III, Flor. 1866) publiziert worden (1425 debeant pilastrum seu tabernaculum et figuram seu imaginem S. Stefani protomartyris ... *de novo reficere* et construi). Auf dieser Urkunde fußt schon *Schmarsow*, Die Statuen an Orsanmichele, Leipz. Festschrift zu Ehren des kunsthistor. Instituts von Florenz, Lpz. 1897, S. 48, der aber nichts von Belang beibringt.

9) Die Ol. 410 der Kopie entspricht nach unserer Berechnung beiläufig dem Jahr 1295, das höchstens als ungefähres Geburtsdatum Andreas in Frage kommen möchte. Vasaris Angaben sind ganz unzuverlässig, er läßt Andrea in der ersten Auflage 1340, in der zweiten 1345, 75 Jahre alt, sterben. Der Magl. scheint mit seiner Angabe Ol. 420 auch hier die bessere und voraussetzlich ursprüngliche Lesart zu bieten; sie ergibt das Jahr 1347. Da wir wissen, daß Andrea über 1348 nicht hinausgelebt hat (die letzte Zahlung der Opera in Orvieto an ihn fällt auf den 26. April dieses Jahres; *Luzi*, Il duomo di Orvieto 361), so entspräche sie so ziemlich dem Todesjahr des Meisters.

GUSMIN VON KÖLN

1) Das ist nun das Leben des merkwürdigen Bildhauers und Malers aus Köln, der in der Bearbeitung des Magl. (ed. *Frey* 87 ff.) *Gusmin* genannt wird; da diese auch gelegentlich wie wir schon wissen, bessere Lesarten hat (wie auch hier disfare statt des sinnlosen di fare unserer Kopie), so ist der Schluß wohl be-

rechtigt, daß er den Namen aus dem „originale" Ghibertis selbst hat, auf das er sich auch in einer Randbemerkung (S. 6) ausdrücklich bezieht. Im übrigen hat er Ghibertis naiven Bericht stilistisch überarbeitet, ihm aber gerade dadurch die ursprüngliche Frische genommen, besonders an der Stelle, wo der alte fromme Bildner seine Herzensnot in einem ganz persönlichen Gebet ausspricht. Die ganze Geschichte Ghibertis steht wie ein feierlich märchenhaftes Legendenbild auf Goldgrund da; ihren poetischen Gehalt hat ein Dichter gleich *A. von Chamisso* wohl gewürdigt, der ihr den Stoff zu seinen schönen Terzinen: „Ein Kölner Meister zu Ende des XIV. Jahrhunderts nach Ghiberti", entnommen hat. Vasari hat, wie die Späteren, Ghibertis Bericht gänzlich übergangen.

Den Namen hat schon *Gaye* vielleicht richtig als „Goswin" zu deuten versucht (in *Schorns* Kunstblatt 1839, N. 21). Seine Vermutung, die geheimnisvolle Episode Ghibertis könne auf Meister Wilhelm von Köln gedeutet werden, ist natürlich völlig haltlos (vgl. *Merlo*, Nachrichten von dem Leben und den Werken Kölner Künstler, n. A. von *Firmenich-Richartz*, Düsseldorf 1895, S. 315). Auch die übrigen Hypothesen sind wenig begründet. Louis Courajod hat in einer ausführlichen Besprechung der Stelle Ghibertis in seinen geistreichen Leçons professées à l'école du Louvre, Par. 1901 (II, 282 f.) zuerst die auf den ersten Blick recht ansprechende Vermutung aufgestellt, er sei mit Claus Sluter identisch, dessen auffällige gedrungene Proportionen, wie die Lebenszeit und seine Zurückgezogenheit in der Chartreuse von Dijon allerdings verwandte Züge aufweisen, eine Ansicht, die sich auch *Venturi* (Storia VI, 12 f.) zu eigen gemacht hat. *H. Semper* hat dann an Piero di Gio. Tedesco (aus Freiburg i. Br.) gedacht; obwohl *Frey* das schon mit Recht zurückgewiesen hat (Magl. 328), ist *Rathe* (Der figurale Schmuck usw., S. 23 f.) neuerdings auf diese Deutung zurückgekommen, ohne irgendwie Gründe vorzubringen. Es ist, wie schon *Frey* hervorgehoben hat, so gut wie ausgeschlossen, daß Ghiberti von einem florentinischen Stadtgenossen in dieser legendenhaften Art redet. Auch ist er fast ein Zeitgenosse, er stirbt in der 438. Olympiade (nach unserer Rechnung ca. 1437), Ghiberti selbst aber ist eigenem Zeugnis nach (Comm. III) in der 440. Olympiade (= 1447) in Rom gewesen. Sein Bericht beruht auf den Erzählungen der Jünger (giovani) des alten Meisters, sie haben ihm anscheinend noch sein Atelier gezeigt, und bei ihnen wird er die zahlreichen Abgüsse nach seinen Werken und die Entwürfe gesehen haben, von denen er spricht.

Ghiberti macht aber noch nähere Angaben, die man fast immer übersehen hat. Sein Gusmin lebt unter Papst Martin (V, 1417—1431); sein Dienstherr ist der „Herzog von Anjou", der kaum ein anderer als Ludwig III. sein wird, der von Papst Martin als Prätendent für Neapel vorgeschoben und durch die Königin Johanna II. 1423 zum Herzog von Kalabrien ernannt worden ist (*Leo*, Gesch. von Italien IV, 701 ff.). Der Künstler gehört also in das *neapolitanische* Milieu;

wie tief aber dieses von nordischen Einflüssen durchsetzt ist, ist wohlbekannt. Ein deutscher Bildhauer, „Gualtieri d'Alemagna" wirkt z. B. 1412—1432 im Abbruzzengebiet (*Venturi*, Storia VI, 63). Nur um auf dieses Milieu von *Neapel* hinzuweisen, nicht um eine neue fragwürdige Hypothese aufzustellen, habe ich Proleg. 145 auf die eigentümliche Figur des Bamboccio di Piperno hingewiesen, dessen Lebenszüge im einzelnen eine merkwürdige Verwandtschaft mit Ghibertis „Gusmin" haben: seine Lebenszeit, sein Stand als Laienabt, der merkwürdige nordische Einschlag in seinen Werken, die kurzen Proportionen, sein Wirken als Maler, Bildhauer und Goldschmied — alles das ist zusammengefaßt in der noch erhaltenen Inschrift auf dem Grabmal Aldemoresco in S. Lorenzo zu Neapel: Abbas Antonius Bamboccius de Piperno pictor et in omnibus lapidibus atque metallorum sculptor, anno settuagenari etatis fecit 1427.

GHIBERTIS AUTOBIOGRAPHIE

1) Diese merkwürdige Einleitung übernahm Ghib. aus Vitruv. *Frey* hat sich in seiner Ghibertiedition p. 104 sehr mit der Klarstellung des Textes geplagt, ohne, wie die Vorgänger auch, auf die allen Aufschluß gebende alte Vorlage zu verfallen, die sich durch die antiken, Ghib.s eigenen Kenntnissen unmöglich zuzumutenden Zitate aus alten Schriftstellern: Theophrast, Epikur, Aristophanes, ja sogar ganz verschollenen Dichtern der neueren attischen Komödie, wie Eukrates, Chionides, Alexis, hinlänglich verrät. Nur der letzte Absatz (Diedi lo studio per l'arte .... si dovesse condurre) ist Ghibertis geistiges Eigentum; er enthält die Darlegung seines Programms (ausgeführt im III. Kommentar) und steht an Stelle der gleicherweise persönlich gefärbten Stelle Vitruvs über dessen eigene Rolle als Architekt. Ghiberti hat die recht geschraubten Wendungen seiner Vorlage nur stammelnd wiedergegeben; es ist kein Wunder, daß die ungelenke Übertragung (wie so häufig auch in der Optik des III. Teils) den Sinn des eben nicht leicht verständlichen Originals noch mehr verdunkelt.

2) Ghibertis Leben ist nach ihm selbst noch von folgenden älteren Autoren behandelt worden. Sein Zeitgenosse Facius widmet ihm ein Kapitel seiner Viri illustres (ed. *Mehus*). Eine andere kurze Vita steht in den A. Manetti zugeschriebenen Uomini singulari (ed. *Frey*, Ausgew. Biographien I). Dazu die Erwähnungen in (Manettis) Vita di Brunellesco (ed. *Holtzinger*), auch bei Gauricus, De sculptura (ed. *Brockhaus*, lib. VIII). Billis Vita ist über die Maßen dürftig; er hat eben die Kommentare Ghibertis nicht gekannt. Der Magl. überarbeitet die Selbstbiographie im wesentlichen nur nach der stilistischen Seite hin, hat aber doch einige interessante Zusätze aus Eigenem, so vor allem den über Ghibertis Sammeltätigkeit. Es folgen Gelli (ed. *Mancini* 16) und Vasari (II, 221 ff.), der letztere besonders wichtig durch seine freundschaftlichen Beziehungen zu dem jüngeren Vittorio Ghiberti. Borghini schreibt in seinem Riposo (Sieneser Aus-

gabe II, 80) lediglich Vasari aus, ebenso Baldinucci (Mail. A. V, 27), der aber doch wertvolle Auszüge aus heute verschollenen Dokumenten bringt. Von neueren Darstellungen sind außer *Rumohrs* Ital. Forschungen II, 153 u. 232, die heute freilich schon recht veraltete Monographie von *Perkins*, Ghiberti et son école, Paris 1885, dann die Abschnitte bei *Reymond*, Sculpture florentine II (voraus liegt eine Abhandlung dess. Verf. über Ghiberti in der Gazette d. b. arts 1896), sowie bei *Venturi* Storia V. hervorzuheben. Abbildungen des gesamten Oeuvre in *Bode-Bruckmanns* Denkmälern der toskanischen Renaissanceskulptur.

3) Diesem Bericht zufolge hat also der junge Ghiberti — nach den wohl vorauszusetzenden ersten Lehrjahren in der Goldschmiedewerkstatt seines Ziehvaters Bartoluccio — als *Maler* begonnen, folglich, wie es den Umständen nach nicht anders sein kann, als Epigone der giottesken Tradition seiner Heimatsstadt. Das erklärt auch sein inneres Verhältnis zu den Malern der vorausgehenden Zeit, die er, gleichsam als seine Ahnen, mit so starkem Anteil schildert. Seine Aufnahme in die Goldschmiedezunft fällt erst in das Jahr 1409, die in die Steinmetzengilde, aus leicht verständlichen materiellen Gründen angestrebt, gar erst in das Jahr 1427. (*Milanesi*, zu Vasari II, 295 u. 263.) Als Pittore Fiorentino führt ihn auch noch Vasari in seiner 1. A. ein. Geboren war er 1378; das ergibt sich aus der Supplik von 1444 um Anerkennung seiner bestrittenen ehelichen Geburt (bei *Gaye*, Carteggio I, 148). Im Jahre 1400 war er also 22 Jahre alt; die Ereignisse in seiner Vaterstadt, die ihn zum Entschluß brachten, dieser den Rücken zu kehren, sind die pestartige Seuche, die damals (im Sommer) wütete, sowie der Aufstand der mächtigsten ghibellinischen Familien, der Alberti, Medici, Strozzi, Ricci u. a. gegen die herrschende von den Albizzi geführte Partei, der mit der Niederlage der ersteren endigte und namentlich die Alberti für lange Jahre ins Exil trieb (*Leo*, Gesch. Italiens IV, 265). Der Fürst der damals in Pesaro herrschte, war Malatesta il Senatore, Sohn des Pandolfo Malatesta (1386—1429). Die Staaten dieses Hauses waren schon seit der zweiten Hälfte des Trecento in die drei Linien von Rimini, Fano und Pesaro geteilt. Der alte Palast der Malatesten dürfte an Stelle des heutigen Palazzo Prefettizio zu suchen sein (*Vaccai*, Pesaro, Berg. 1909 p. 38).

Der Magl. umschreibt Ghibertis Bericht ohne irgend etwas Neues oder Selbständiges hinzuzufügen. Die Notiz Gellis hingegen, daß Ghiberti con uno egregio pictore *Piserino* nach Pesaro gezogen sei, »secondo che schrive egli medesimo« ist nichts als eine Interpolation des Autors aus seiner Vorlage, vielleicht nur eine schlechte Textlesung (Piserino = Pesarese) und sicher nicht als Eigenname des Malergenossen aufzufassen. Alle Vermutungen über diesen, wie die von *Perkins*, es könnte sich um Antonio Vite handeln, sind ganz und gar hinfällig, so lange nicht urkundliche Nachrichten zutage gefördert werden können.

Vasari (ed. *Frey*, Ausgew. Biogr. III, 3) berichtet frei nach Ghiberti mit der Schlimmbesserung der 2. A. — trotz der hier gegebenen ausdrücklichen Verweisung auf Ghibertis Kommentare im Besitz von Cosimo Bartoli – daß Ghiberti in *Rimini* für Pandolfo Malatesta gemalt habe, was beides nach dem schon Gesagten falsch ist. Diese Notiz geht übrigens auf die gleiche irrige Angabe in einer auch sonst von Vasari benutzten Quelle, auf Manettis Elogium des Brunellesco (ed. *Holtzinger* p. 13) zurück.

4) Ghiberti erzählt die Geschichte seines Eintritts in die florentinische Kunst sehr ausführlich, in vollem Bewußtsein dessen, was die denkwürdige Konkurrenz vom J. 1401 für sein Leben und die Kultur seiner Vaterstadt bedeutet hat. Vasari hat das Ganze in seiner Weise breit getreten und romanhaft ausgeschmückt.

Aus den Briefen die der junge Ghiberti von seinen Freunden zu Hause bekommt, macht Vas. ein Schreiben des sorglichen Ziehvaters Bartoluccio (III, 22). Die Anzahl der Konkurrenten setzt Ghiberti dank einem leicht verständlichen Rechenfehler auf sechs an, er vergißt sich selbst; der Magl. verbessert hier auch sette. Doch ist aus diesem Versehen keinesfalls eine irrige Doppeltnennung und folglich die Identität der beiden hier aufgeführten Niccolò aus Arezzo (nämlich des Spinelli und des Lamberti) herzuleiten, die schon Vasari und Gelli supponieren, und die ursprünglich auch *Milanesi* vermutet hat (s. u.).

Es sind junge toskanische Künstler von Ruf, um die es sich hier handelt, alle gleichalterig oder nicht sehr viel älter als Ghiberti selbst: 1. Filippo Brunellesco, (geb. 1377) dessen Konkurrenzrelief bekanntlich allein noch erhalten ist. 2. Simone da Colle (im Val d'Elsa) – ein Künstler, der nicht weiter bekannt ist, Vasari nennt ihn Simone de' bronzi. 3. Niccolo d'Arezzo (Nic. di Luca Spinelli) nach *Milanesis* Forschungen (I, 225, n. 1.) ein Bruder der Malers Spinelli und vermutlich Großvater des Medailleurs Niccolò di Forzore Spinelli. Gelli, der gleichfalls sechs Künstler aufführt (s. o.) hat an dieser Stelle einen ganz unverständlichen Lorenzo Pie ... (?) d'Arezo. 4. Jacopo della Quercia, der große Plastiker von Siena (geb. 1374 ?). 5. Francesco di Valdombrina. Magl. und Vasari haben Valdambrina, die *bessere* Lesart, die sich aus einem Briefe Ghibertis selbst bei *Milanesi*, Doc. Sen. II, 121 ergibt. Gelli liest ganz falsch Vali d'Ombrone. Es ist das ein anderer Sienese, seines Zeichens Goldschmied; Ghiberti ist noch späterhin mit ihm in freundschaftlichem Verkehr gewesen (*Milanesi* am eben a. O.). 6. Niccolò di Piero Lamberti, gleich dem andern Niccolò ebenfalls aus Arezzo. Vasari nennt ihn Niccolò d'Arezzo, und macht ihn unsinnigerweise zu einem Schüler Quercias. Er ist vielleicht der älteste unter allen, damals jedenfalls schon ein erprobter Meister, da er bereits seit 1388 für den Dom beschäftigt war, an dessen Fassade er 1396 zwei Statuen von Kirchenvätern ausführt, später in seiner altmodischen Arbeitsweise vor den jüngern Kräften zurücktretend, dann lange Jahre auswärts in Oberitalien (Bologna, Venedig, Padua) tätig, erst wieder in hohem Alter in die Heimat zurückkehrend, wo er Ghiberti sogar noch überlebt hat († 1456).

Zu diesen Künstlern gesellt nun Vasari noch den Donatello, eine reine Erfindung seiner müßigen Feder, denn Ghiberti weiß keine Silbe davon, wie es denn auch sachlich so unwahrscheinlich als möglich ist, daß der 1386 geborene Künstler, damals noch ein garzone von 14 Jahren, in der Konkurrenz mitgetan habe. Sein erster bekannter Auftrag fällt auch reichlich ein paar Jahre später: die Prophetenstatuetten an der Porta della Mandorla des Doms (23. Nov. 1406.). Wieder ergibt sich, daß wir Vasaris Angaben überall dort, wo er über Ghiberti hinausgeht, mit großem Mißtrauen begegnen müssen. Wohl aber ist Donatello später in Ghibertis Gießatelier beschäftigt und hat auch an der ersten Baptisteriumstür mitgearbeitet. Rein erfunden ist ferner, was Vasari über den Rücktritt Brunellescos und Donatellos von der Konkurrenz, zugunsten Ghibertis, fabelt. Endlich gibt er (jedoch erst in der 2. Auflage II, 227, was nicht zu übersehen ist) ausführliche Charakteristiken der einzelnen Probestücke. Sollte er dies aus den Akten der 34 gliedrigen Kommission, von der Ghiberti selbst erzählt, haben? In der Tat meint *Frey* (Magl.274) daß der Anon. Magl. sowie Vasari amtliche Ricordi der Domopera benützt haben könnten. Bei beiden finden sich nämlich Details über die formale Umgestaltung des Probereliefs. (Magl.: che fussj l'istoria della imolatione di Isace, perchè in tale storia assaj figure interuenghono, et vecchj et giovani, animalj, montagne et arborj, per il che facilmente può mostrare ogni maestro, quanto nella arte perfetto sia. Vasari: nella quale pensorono dovere aver i detti maestri, che mostrare quanto alle difficoltà dell' arte, per esser storia che ci va dentro paesi, ignudi, vestiti, et animali, e si potevano far le prime figure di rilievo, e le seconde di mezzo, e le terze di basso). Ähnliche Ausdrücke (figure, alberi, ignudi) kommen nun auch in dem im Original heute verlorenen, aber in der alten Publikation von Patch-Cocchi ausgezogenen Kontrakte über die erste Tür vor. Ich gestehe jedoch, daß mir die Übereinstimmung der beiden Autoren nur recht beiläufig und gar nicht schlagend erscheint, zumal wenn man sich vor Augen hält, was *Kallab* (Vasaristudien 207 u. 373) über Vasaris höchst dubiose Urkundenbenützung ermittelt hat. Übrigens verraten die Einzelurteile über jene Probestücke bei Vasari viel eher die ausgebildete und konventionell gewordene Kunstsprache seiner eigenen Zeit, kaum diejenige vom Beginn des Quattrocento (Jac. della Quercia: Figuren mit disegno und diligenza, aber ohne finezza; Valdambrina: nel componimento confuso; Simone da Colle: non molto disegno; Nic. d' Arezzo: fatto con buona pratica. Ghiberti selbst: aveva tutta l'opera disegno, bonissimo composto, figure . . . svelte e fatte con grazia et attitudini bellissime). Freilich könnte Vasari hier retuschiert haben, manche Ausdrücke wie finito, con tanta diligenza, gehören schon Ghibertis Terminologie an. Gleichwohl scheint es mir glaublicher, daß Vasari hier, in der *zweiten* Auflage einfach wieder Eigenbau betreibt. Die bloß annähernd richtige Angabe, daß Ghiberti damals zwanzig Jahre alt gewesen sei, teilt er mit dem Magl. (Quelle K.?).

Erhalten haben sich bekanntlich nur die Probereliefs Ghibertis und Brunellescos, beide jetzt im Museo Nazionale von Florenz. Das zweite befand sich, nach Manettis Vita des Brunellesco (ed. *Holtzinger* p. 13) ursprünglich in der Udienza dell' arte de' mercatanti, der Besteller. Der ausführliche Bericht über die Konkurrenz in dieser Biographie (a. a. O. 13 ff.) ist tendenziös gefärbt und entstellt die Tatsachen. Filippo sollte um jeden Preis als der, obgleich Bedeutendere, dennoch Zurückgesetzte erscheinen; Ghibertis Bild ist, als das eines schlauen Strebers, häßlich verzerrt. Die Erzählung sticht sehr zu ihrem Nachteil von Ghibertis eigenem, selbstbewußten, aber durchaus würdig schlichtem Bericht ab, der die Mitbewerber in keinem Punkte zu verkleinern sucht, was ja auch freilich gar nicht in seinem Interesse sein konnte.

Ob ein anonymer florentinischer Stich des XV. Jahrhunderts, den *Kristeller* (Bollettino d'arte 1910, 297) kürzlich publiziert hat, wirklich, wie der Autor meint, eine Erinnerung an eines der übrigen Konkurrenzreliefs darstellt, muß dahingestellt bleiben; mir scheint eher ein Pasticcio aus den beiden noch auf uns gekommenen, in Florenz immer in hohen Ehren gehaltenen und abgesondert verwahrten Reliefs der beiden Rivalen vorzuliegen.

Vasari, der wie wir wissen, schon einen Brief des Ziehvaters selbst an Stelle der Nachricht der „amici", geschmuggelt hat, gibt seiner Pragmatik getreu an, daß Bartoluccio die Arbeit des jugendlichen Ghiberti überwachte und förderte; etwas wovon dieser gänzlich schweigt, wie er ja den Bartoluccio überhaupt nicht nennt. *Perkins*, der überhaupt blindlings Vasari folgt, hat seinen Helden deshalb höchst überflüssigerweise scharf getadelt, ohne zu bedenken, daß biographische Einzelheiten solcher Art überhaupt nicht im Sinne Ghibertis liegen. Allerdings wissen wir — was aber Vasari schwerlich gewußt hat — aus dem Kontrakt über die Baptisteriumstür, daß Ghiberti als leitender Meister die Befugnis erhielt, neben andern Gehilfen auch seinen Ziehvater, aber wohl nur in untergeordneten Arbeiten, zu beschäftigen. Insofern könnte also Vasari den wahren Sachverhalt geahnt haben, daß der junge Ghiberti sich in der Goldschmiedewerkstatt Bartoluccios mit den Kenntnissen des Modellierens und Gießens vertraut gemacht haben wird, in deren Besitz er doch sein mußte, da ihn sonst die Freunde nicht zur Konkurrenz hätten drängen können, wenn er es auch erst Jahre später für angemessen hielt, sich als zünftigen Bildner immatrikulieren zu lassen (1409, s. n. 3). Aber wir wissen auch, wie der Maler des florentinischen Trecento seit Giottos Tagen in allen Sätteln gerecht war und Aufträge plastischer Art an den Maler keineswegs zu den Seltenheiten gehörten (s. Maso n. 6). Der *technischen* Vollendung des Konkurrenzreliefs hatte es Ghiberti nicht in letzter Linie zu danken — etwas das wir heute noch beim Vergleich der beiden sorgsam bewahrten Stücke feststellen können — wenn seine Arbeit den Sieg über die Rivalen davon trug. Immerhin war aber auch Brunellesco aus einem Goldschmiedeatelier hervorgegangen; er war schon seit 1398 in die Zunft aufgenommen und hatte, wie schon Manettis Vita (darnach Vasari) zu melden weiß, an dem berühmten Exempel alttoskanischer Goldschmiedekunst, dem großen Silberaltar von S. Jacopo in Pistoia, mitgearbeitet, und zwar zwischen 1399 und 1401, wie durch Urkunden verbürgt ist. (*Chiappelli*, Pagine d'antica arte fiorentina, Fir. 1905, p. 143ff.).

Am weitesten ist nun *Reymond* (Sculpture florentine II, p. 50) in der unkritischen Ausbeutung von Vasaris Nachrichten gegangen. Nach ihm wäre Bartoluccio derart als der eigentliche Inspirator Ghibertis zu betrachten, daß das Proberelief viel mehr das Werk des ersteren denn des letztern anzusehen sei. Tiraden dieser Art sind kaum ernst zu nehmen. Wir wissen gar nichts über Bartoluccios persönlichen Stil, wenn er überhaupt einen solchen gehabt hat; Vasari (II, 249) behauptet allerdings, eine Zeichnung von seiner Hand besessen zu haben, die er mit andern des Giotto usw. 1528 von Vittorio Ghiberti erhalten hatte; er sagt selbst, sie sei viel weniger gut (d. h. jedenfalls viel altertümlicher) als die Ghibertis selbst gewesen. (Von diesem selbst ist keine mit Sicherheit ihm zuzuschreibende Handzeichnung erhalten; ob die charte delli uccielli, die er 1425 von Goro di Nerroccio in Siena zurückfordert, von Ghibertis Hand selbst waren, etwa Naturstudien für die Türstöcke am Baptisterium, bleibt zweifelhaft. Vgl. *Milanesi*. Doc. Sen. II, 120.)

Der Grund für diese sonderbare Behauptung des französischen Autors ist lediglich, daß die Figur des Isaak angeblich von den sonstigen Akten Ghibertis abweiche. Längst ist man sich darüber einig, daß hier ein antikes Vorbild benutzt ist, wie denn auch der Konkurrent Brunellesco ein solches, sicher nachzuweisendes, den Dornauszieher, benutzt hat. Gerade der Isaak Ghibertis zeigt aber das neue eigentümliche Verhältnis des Künstlers zur Antike, deren *innerliche* Assimilation das auch für seine späteren Werke Charakteristische ist.

Ich habe in meinem Aufsatz: Über einige Antiken Ghibertis (Jahrbuch der kunsthist. Sammlungen, XXIV) nachzuweisen gesucht, daß Ghiberti einen Torso benutzte, der heute noch in der Florentiner Antikensammlung der Uffizien erhalten ist und dorthin aus der Gaddischen Sammlung kam, die ihrerseits Stücke aus Ghibertis Antikenbesitz selbst aufgenommen hat. Ich gebe gerne zu, daß die historische Kontinuität nicht de facto herzustellen und nur erschlossen ist; ich bestehe auch nicht weiter auf dieser Hypothese. Mir selbst war bei meiner Arbeit vorübergehend der Gedanke gekommen, den schon *Bode* (allerdings mit einem kleinen lapsus memoriae) gelegentlich geäußert hat, daß nämlich Ghibertis Vorbild der berühmte, zuletzt aus einer Altwiener Sammlung nach München gelangte Ilioneus gewesen sei; ich habe ihn aber aus äußern wie inneren Gründen wieder fallen gelassen. Dann hat aber *Grünwald* in einem kleinen Aufsatze (Über das Schicksal des Ilioneus, Jahrbuch XXVIII) die Sache von neuem aufgegriffen, und mit viel Scharfsinn zu verfechten gesucht. Aber seine Anschauungen leiden an schweren methodischen Mängeln (vgl. die treffenden Bemerkungen *Hübners* in den Monatsheften f. Kunstwissenschaft 1909). Der Ilioneus ist vor allem über die Sammlung des Kardinals Carpi in Rom, also über die Mitte des XVI. Jahrh. nicht hinaus zu verfolgen; die vorgeblichen Verwertungen des Ilioneus aus früherer Zeit, die *Grünwald* durch sehr zweifelhafte bildliche Dokumente belegen will, überzeugen gar nicht und legen nur die auch sonst kenntliche Sucht des Autors an den Tag, allenthalben Entlehnungen aus der Antike aufzuspüren, wobei es sich gemeiniglich um rein äußerliche Ähnlichkeit von Motiven, die sich aus der verwandten Situation von selbst ergeben, handelt. In der Sammlung Carpi befand sich nun aber auch ein Exemplar jener kuriosen Antike, die zuerst in Ghibertis eigener Antikensammlung auftaucht, und, wie es scheint, ihm selbst ihren seltsamen Namen Letto di Policleto verdankt. Dieses Carpische Exemplar kam jedoch aus der Sammlung Gaddi und hat von da an bis in Rudolfs II. Kunstkammer in Prag hinein, mit der zusammen es verschwindet, getreulich die Schicksale des Ilioneus geteilt. Das ist nun aber der einzige Grund, den *Grünwald* für seine Hypothese anzuführen weiß, auch der Ilioneus stamme aus der Gaddischen Sammlung und gehe, da er schon als Vorbild des Probereliefs aufzuzeigen sei, auf Ghibertis, d. h. Bartoluccios Haus zurück.

Indessen ist das erwähnte Exemplar, das, in lückenloser Aufeinanderfolge im Besitz Gaddis, der Brüder von Carpi, Alfonsos II. von Ferrara, Cesares von Modena, endlich Rudolfs II. nachzuweisen ist, nach dem ausführlichen Bericht des Pirro Ligorio auf einer römischen Vigna des Monsignore Gaddi gefunden worden und ist mit Bestimmtheit ein *Marmorrelief* gewesen. Daß im Cinquecento noch andere Exemplare, darunter vermutlich auch Nachahmungen und Fälschungen dieser berühmten Antike im Umlauf waren, ist sicher überliefert; eine davon scheint sich noch in einem Relief zu Paris erhalten zu haben. Das „Original", das ursprünglich in Ghibertis Besitz war und gegen 1530 in Bembos Sammlung übergegangen ist, der nach Ligorio's Bericht überdies auch eine angeblich gleichfalls in Rom gefundene Wiederholung (memoria) besaß, war jedoch nach der bestimmten Aussage des ältesten Zeugen, der darüber berichtet, des Magliabecchianus (ed. *Frey* p. 8) aus *Bronze*. Daß diese Angabe kein Irrtum ist, wie man etwa meinen könnte, beweist eine Urkunde, die ich s. Z. übersehen habe; im Anfang des XVII. Jahrhunderts (1609) taucht gelegentlich einer Prozeßsache, die der bekannte Arzt und Kunsttheoriker Mancini aus Siena gegen den Sohn des Gießers Bastiano Torrigiano aus Bologna führt, nochmals ein *bronzenes* Exemplar des Letto im römischen Kunsthandel auf, das genau beschrieben wird, und vielleicht sogar das Original Ghibertis (und Bembos) war. (*Bertolotti*, Artisti Bolognesi e Ferraresi in Roma, Bol. 1885, p. 191: che ebbe l'ardire, . . . di domandargli in giudizio una Statua di *bronzo*, detto il *letto di Policleto*, giurando il falso con sostenere che non gli erano stati pagati scudi 20. La detta statua consisteva in una tavoletta di bronzo longa due palmi et larga una et un mezzo con dentro rilievi un giovane in letto et una donna ignuda, che gli tiene alto il lenzuolo et a piedi del letto e della donna una schiavetta. Lib. Investigaz. 1609—1610. Fol. 30.)

Es fehlt also jeder *äußere* Grund, der die Herkunft des Genossen des Gaddischen Letto, des Ilioneus, aus Ghibertis Besitz erwiese. Die inneren Gründe sind ebensowenig schlagend. Es ist nur das äußerliche Bewegungsmotiv des Kniens, das den Ilioneus dem Isaak der Konkurrenzreliefs nähert. Alles andere ist verschieden; vor allem die jugendlich-weiche knabenhafte Bildung des Ilioneuskörpers, dem gegenüber der Isaak Ghibertis eine kräftig durchgebildete Muskulatur zeigt, die wie auch *Hübner* a. o. a. O. bemerkt, mehr dem Satyrtorso der Uffizien, auf den ich s. Z. hingewiesen habe, zu vergleichen ist. Doch will ich, wie gesagt, auf diesem nur als *möglichen*, durchaus nicht als sicher nachzuweisenden Vorbild bestehen. Der Ilioneus aber ist aus dem Repertorium der antiken Vorlagen Ghibertis zu streichen.

4) Die erste Baptisteriumstür Ghibertis, chronologisch die zweite der Reihe, und streng als Gegenstück zu der alten Tür des Andrea Pisaro konstruiert, ist dem Künstler am 23. Nov. 1403 in Auftrag gegeben worden. Die Urkunden aus den jetzt verschollenen „Libro della prima e seconda porta" sind in der alten Publikation von *Patch-Cocchi*, Le porte di bronzo della chiesa di S. Gio. B. in Firenze (mit Stichen von Gregori, Flor. 1774 fol.) ausgezogen (wiederabgedruckt bei *Müntz*, Archives des Arts, Par. 1890.) Außerdem gibt es eine Anzahl älterer Tafelwerke. Weitere (zumeist wenig belangreiche) Literatur über die Türen: *Gaye*, Le porte di bronzo di L. Gh. Diss. stor. artist. im Annuario d'Italia vol. II. (Berl. 1840). *Toschi*, Le porte del paradiso, N. Antologia, S. II. vol. 15 (1879). *Perkins*, Concours pour la IIe porte. — La IIIe porte. L'Art 1885. *Schmarsow*, Ghib.s Compositionsgesetze an der Nordtür des Flor. Baptisteriums. (Abh. der Sächs. Ges. der Wissenschaften XVIII.) *Carotti*, Le porte del Battisterio di Firenze e l'ornamento imitato da natura. Arte ital. decor. ed industr. VII. *Reymond*, A proposito dei bassi rilievi di Castel di Sangro (Kopien nach Ghiberti.) L'Arte V. vgl. *De Nicola* ibid. XI. (1908). *Sirèn*, Studier i florentinsk renässans skulptur, Stockholm 1909. Der wichtigste und wertvollste Beitrag rührt aber von *H. Brockhaus* her: Die Paradiesestüren Ghibertis in seinen Forschungen über Florentiner Kunstwerke, Lpz. 1902. Die wichtigen Spogli Carlo Strozzis aus den Rechnungsbüchern des Calimala sind jetzt in *Freys* neuer Vasariausgabe I, 353ff. abgedruckt.

Der Vertrag von 1403 stipuliert sehr genau die Einzelheiten. Ghiberti erscheint durchaus als der leitende Meister, obwohl sein Ziehvater Bartoluccio di Michele neben ihm genannt ist, den er, gleich anderen Gehilfen, nach seinem freien Ermessen verwenden kann. Unter den Mitarbeitern die, elf an der Zahl, namhaft gemacht werden, erscheinen schon der junge Donatello, der neben ein paar anderen das höchste jährliche Salair von 75 fl. erhält, dann Bernardo Ciuffagni (jedoch bloß mit 45 fl. jährlich.)

In einem neuerlichen Kontrakt von 1407 kommt Bartolos Name nicht mehr vor, obwohl er damals noch am Leben war und erst das Jahr vorher Lorenzos Mutter Madonna Fiore geheiratet hat (vgl. *Gaye*, Carteggio ined. I, 151), aber sein Name kommt (mit verschiedenen Salären, 50–75 fl. vgl. *Frey* a. a. O. 356) noch immer in den Rechnungen vor. Die Zahl der Gehilfen ist auf zwanzig gestiegen, unter ihnen befindet sich als Lehrling der junge Paolo Uccello (mit 5 fl.), dann als Altgeselle Michelozzo (mit 75 fl.) neben Donatello, der später die Werkstatt verlassen hat. Der Kontrakt bedingte ausdrücklich, daß der leitende Meister alle feineren Details eigenhändig auszuführen habe. Die Vollendung des Ganzen hat sich bis 1424 hingezogen; zu Ostern dieses Jahres wurde die Tür nach Berichten zeitgenössischer Chronisten (Spogli Migliores bei *Gaye* I, 106) feierlich enthüllt. Die Arbeiten an dem schönen Bronzetürstock schleppten sich noch viele Jahre lang hin. Vettorio Ghiberti, der schon bei Lebzeiten des Vaters dessen Mitarbeiter war, hat noch bis 1461 daran geschafft. (*Gaye* I, 108.) Das feine Jugendporträt Ghibertis, (es ist der Kopf mit dem turbanartig um den Kopf geschlagenen Tuche des Bildhauers) über der Künstlerinschrift hat zuerst *Brockhaus* erkannt.

Billi weiß, wie überhaupt über Ghiberti (s. o.), nur wenig und ganz Allgemeines auch von den Türen zu melden; der Magl. hält sich an Ghibertis eigenen Bericht, doch unterläuft ihm ein Irrtum, da er statt des neuen Testaments als Gegenstand das A. T. nennt, ein Fehler, den er mit Gelli teilt. Den Preis (22000 fl.) gibt er nach Ghiberti an, was *Fabriczy* in seiner Ausgabe des Anon. Magl. (n. 59.) übersehen hat, weshalb auch sein Hinweis auf die hypothetische, mit Vasari gemeinsame Quelle an *dieser* Stelle falsch ist. Gelli wirft die beiden Türen Ghibertis ganz durcheinander und spricht sonderbarerweise eigentlich nur von der ersten (s. a. u.); desto ausführlicher ist Vasari, der eine eingehende und sachkundige Beschreibung gibt; er hat auch noch die von den Söhnen Ghibertis weiterbenützte Gießhütte des Meisters bei S. Maria Nuova gesehen. (vgl. Vas. Mil. I, 228. n. 1). Ob die Nachricht (der 2. A.) daß der Guß des „telaio" zuerst mißglückte und wiederholt werden mußte, richtig ist, steht dahin; Vasari kann sie von dem jungen Vittorio gehört haben.

5) Die erste der Statuen Ghibertis für Orsanmichele und die erste große Bronzestatue an diesem Museum der städtischen Zünfte, wie in Florenz überhaupt. Auch im Trecento liegt nur die Petrusstatue Arnolfos in S. Peter voraus, da die getriebene Papststatue des Manno in Bologna, und die noch gar nicht näher untersuchte Bronzegruppe des Rosso auf Pisanos Fontaine in Perugia hier nicht in Betracht kommen können. Die Statue des Täufers wurde von der großen Arte di Calimala bestellt, und ist, wie Ghiberti selbst angibt, mit der Jahreszahl 1414

bezeichnet und signiert. Aus einem 1403 begonnenen, heute leider auch verlorenen oder verschollenen Ausgabenbuche (Giornale) Ghibertis (einst beim Avv. Cristofano Berardi) hat Baldinucci (Mail. A. V, 39 ff.) einige Daten über die Statue mitgeteilt; sie wurde darnach am 1. Dezember 1414 in Arbeit genommen.

Der Magl. fügt zu Ghibertis eigenen Angaben die Erwähnung der Künstlerinschrift hinzu (am Rande nachgetragen: ne pannj di detto santo è scritto Laurentius Ghibertus, was nicht ganz richtig ist) sowie die Zuschreibung der Halbfigur eines Propheten in Mosaik an der Stirnseite des Tabernakels, von dem heute fast nichts mehr zu sehen ist. Beide Details hat auch Vasari, was uns wieder auf die Quelle K. führt (die Angaben bei *Kallab*, Vasaristudien 192, sind jedoch z. T. irrig). Gelli (ed. *Mancini* 50.) der die Statue durch einen Lapsus calami nach dem Dom versetzt, teilt mit Vasari die Angabe, daß die Figur $4^1/_2$ Ellen hoch sei, während der Magl. der genauen Angabe Ghibertis selbst ($4^1/_3$) folgt.

6) Die beiden Reliefs am Sieneser Taufbrunnen, an dem bekanntlich auch Quercia, Donatello, Gio. Turini und Goro di Neroccio arbeiteten, sind am 20. Mai 1417 bei Ghiberti bestellt worden (*Milanesi* Doc. Sen. II, 89. u. 119 ff.); die Vollendung zog sich aber durch zehn Jahre hin; sie wurden erst 1429 vollendet (*Gaye*, Cart. ined. I, 104.). Ghiberti war 1416 selbst mit zwei Gehilfen, Bartolommeo und Giuliano nach Siena gekommen und ist dort sehr zuvorkommend empfangen worden (*Milanesi*, Doc. Sen. II, 89.). In den Jahren 1424—1425 hat er in dieser Angelegenheit eine Reihe von noch erhaltenen Briefen aus Venedig, wohin er einer Seuche wegen samt seinen Gesellen geflüchtet war, nach Siena gerichtet, die für die Kenntnis seiner Beziehungen zu der Stadt sehr wichtig sind (gedruckt bei *Milanesi* a. a. O.). Nach diesen Dokumenten hat sich Gio. Turini, mit dem Ghiberti befreundet war, wohl um die Sache zu beschleunigen, erboten, die letzte Feile an die Reliefs zu legen; Ghiberti erwidert, daß er selbst das eine nahe der Vollendung in der Hand habe, das andere aber sein Gehilfe Giuliano di Ser Andrea, (der schon im Kontrakt für die erste Baptisteriumstür von 1413 vorkommt). *Frey* (Magl. 275.) geht entschieden zu weit, wenn er in der Taufe Christi bloß die Arbeit eines sienesischen Gehilfen sieht, der Ghibertis Zeichnung oder Modell verschlechtert habe; vollends von Turini kann hier gar keine Rede sein.

Man sieht, daß Ghiberti (vielleicht gestützt auf das noch dem Baldinucci vorgelegene 'giornale' als ein aide-mémoire?) streng chronologisch vorgeht. Der Magl. bringt nichts Neues, ebensowenig Gelli; Vasari erneuert bloß den Bericht Ghibertis. Der für beide Reliefs stipulierte Preis betrug 1680 Lire (*Milanesi*, Doc. Sen. II, 92).

7) Über den von 1420 datierten Matthaeus (für die arte della Zecca: Opus universitatis cansorum Florentiae A. D. MCCCCXX lautet die Inschrift) an Orsanmichele liegt ein ganzer Urkundendossier vor, der „Libro del pilastro", schon von Baldinucci benützt und neuerdings von *Doren* (Ital. Forschungen des kunsthist.

Inst. von Florenz I, 1 ff.) publiziert; er gewährt in das Kommissionswesen jener Zeit gute Einblicke. Die Statue wurde 1419 in Auftrag gegeben; der erste Guß (1421) mißlang; die letzten Zahlungen sind von 1422. Nach dem vielleicht von Buonaccorso Ghiberti herrührenden Architekturtraktat der Bibl. Naz. (bei *Perkins*, Ghiberti 147) erhielt Ghiberti 650 Fl. für die Statue. Billi (ed. *Frey* 48.) der zwei Statuen Ghibertis an Orsanmichele kennt, hat die ganz falsche Angabe, daß der Matthaeus von Michelozzo sei, eine Notiz, die der Magl. (ed. *Frey* 88) ebenfalls, wenn auch nur als Randnote aus Billi übernommen hat, obwohl er im Leben Ghibertis selbst schon die richtige Notiz aus dem „originale" gebracht hatte. Den gleichen Unsinn hat Gelli (ed. *Mancini* 62) der hier ganz in Billis Fußtapfen tritt. Es ist charakteristisch, mit welcher Zähigkeit dergleichen krasse Irrtümer haften bleiben, selbst wenn sie Werke in der eigenen Stadt, die vor aller Augen standen, angehen. Nach der charakteristischen Randbemerkung des Magl. weiß dieser nicht einmal mit Sicherheit, ob sie sich an Orsanmichele befindet oder nicht; die reine Stubenhockerarbeit des Antiquars wird dadurch grell beleuchtet. Vasari hebt insbesondere den schönen Firnis der Statue hervor; trotz seiner literarischen Velleitäten und der aus ihnen entspringenden Mängel sieht er die Dinge doch immer ganz anders, mit den Augen des Praktikers und Künstlers an.

8) Das Bronzeepitaph (Fußbodenplatte) des Lionardo Dati († 1424) ist noch im Chor von S. Maria Novella, leider stark abgetreten, vorhanden. Nach einer Denunzia Ghibertis von 1427 hatte er damals noch 10 fl. von den Ordensbrüdern zu erhalten (*Gaye*, Cart. I, 105).

9) Schon der sprachliche Ausdruck Ghibertis weist darauf, daß er bloß den *Entwurf* zu diesen beiden Grabplatten in S. Croce geliefert hat; er selbst ist, im Gegensatz zu Donatello, niemals als Marmorbildner hervorgetreten, obwohl er in der Gilde immatrikuliert war. Vgl. a. u. Die beiden Grabsteine sind noch erhalten, jedoch ebenfalls ganz abgenützt von den Füßen der Menge, die seit Jahrhunderten über sie hinweg geschritten ist.

Das Grabmal Lodovicos degli Obizi (gefallen 1424 in der Schlacht bei Zagonara, Muratori Ann. d'Italia XXII, 84) ist nach Mitteilungen von *H. Brockhaus* 1427 durch den Steinmetzen Filippo di Cristofano ausgeführt worden, der in diesem Jahr durch Bartolommeo Valori eine Restzahlung erhielt. (Arch. dello Stato, Quartiere s. Maria Novella, gonfalone Lione Rosso fol. 292: Da Bartolommeo Valori per resto di una sepoltura di Lodovicho deli Obizi ll. 12 p. (piccioli) f. 3). Die Grabplatte des im selben Jahre (1427) gestorbenen Bartolommeo Valori ist also nach diesem Datum anzusetzen (vgl. *Brockhaus* im Jahresbericht des kunsthistor. Instituts in Florenz 1905/06 p. 8).

Magl. wie Vasari haben hier eine Schlimmbesserung des Originals, die auf ihre gemeinsame Quelle K. zurückgehen wird. Statt Obizi setzen sie den ihnen geläufigeren Namen des alten Florentiner Geschlechts der Albizzi ein. (Gelli hat hier eine Lücke, der Name war ihm wohl zweifelhaft). Nun hat die Grabplatte in S. Croce (vgl. *Milanesi*, Vasari II, 283. n. 3) selbst zwar *keine* Inschrift, sondern nur das Wappen; das, wie es scheint, erneuerte Epitaph befindet sich jedoch zu Häupten des Verstorbenen an der Mauer, nennt seinen Namen, das Alter (54 Jahre) und gibt den Ort, wo er gefallen ist, an (Mitteilung von *H. Brockhaus*). Vasari hat überdies noch die falsche Lesung Niccolò (statt Bartolommeo) Valori.

10) Der Bronzeschrein der drei Märtyrer wurde von Cosmo Medici bestellt und befand sich nach der Denunzia Ghibertis vom 9. Juli 1427 damals noch in dessen Werkstätte, auf 200 Fl. geschätzt (*Gaye*, Cart. I, 104). Vasari teilt (in der 2. A.) die Collocationsinschrift von 1428 mit; in diesem Jahr muß die Arbeit also abgeliefert worden sein. Über die alte Aufstellung in der Kirche der Angeli berichtet, nach einem Briefe von 1581, *Gronau* in der Rivista d'arte V (1907), 120. Nach der Aufhebung des Klosters in napoleonischer Zeit wurde der Schrein zerstückt und zum Teile verschleudert, gelangte jedoch in neuerer Zeit wieder, sorgfältig restauriert, in die Uffizien und schließlich in das Museo Nazionale. Magl. und Gelli berichten nach Ghiberti, ebenso Vasari in der 1. A.; in der 2. hat er ausführlichere und selbständige Angaben.

11) Dieser antike Karneol ist also von Ghiberti als Siegelstempel in einem sehr originellen Motiv (Schlange und Drache) gefaßt und mit einer auf Nero bezüglichen Inschrift versehen worden; man nahm eben an, daß er aus dessen Besitz stammte (so auch Vasari); diese Legende ist wohl durch die Berichte der Alten (so des Plinius, Hist. Nat. XXXVII, 7) hervorgerufen worden. Ebenso charakteristisch legendenhaft ist die Zuschreibung des Steines an Polyklet (vgl. Proleg. 126 f.) oder Pyrgoteles. Dieser letztere ist der berühmte Gemmenschneider aus Alexanders Zeit, über den Plinius (H. N. XXXVII, 4) berichtet, von dem keine Werke erhalten sind, dessen Namen aber die Renaissancefälscher gerne ausgenützt haben (zwei Gemmen in der ehemaligen Sammlung Stosch, vgl. den noch heute lesenswerten Aufsatz über den griechischen und italienischen Pyrgoteles in *Fiorillos* kleinen Schriften artistischen Inhalts II, 185). Der im Venezianischen tätige Künstler, der sich mit dem Namen des Pyrgoteles deckt, ist G. G. Lascari († 1531, vgl. *Paoletti di Osvaldo*, L'arch. e la scult. del rinascim. in Venezia II, 217).

Über den Stein selbst hat *Frey* in den Noten zum Magl. p. 275 ff. ausführlich gehandelt; die Arbeit Ghibertis ist vermutlich ebenso wie der kurz vorher erwähnte Schrein in S. Maria degli Angeli für Cosimo Medici ausgeführt worden; (Vasari sagt für dessen Sohn Giovanni). Im Inventar Lorenzo Magnificos von 1492 kommt der Karneol noch in seiner kunstreichen Fassung, auf 1000 fl. geschätzt, vor (*Müntz*, Coll. des Médicis p. 69). Über seinen großen Einfluß auf die gleichzeitige und spätere Kunstübung, vgl. *Müntz-Mazzoni*, I precursori del rinascimento 149. Nach der Vertreibung der Medici 1494 ist der Stein verschollen, mit dem Ex. in Neapel ist er *nicht* identisch. Eine Bronzenachbildung, die noch die Inschrift Ghibertis zeigt, und auch den Gegenstand, den übrigens schon Vasari richtig erkannt hat, festlegt, befindet sich in Berlin (*Bode*, Bronzenkatalog no. 490); es handelt sich um die Schindung des Marsyas. Die Worte Ghibertis: queste tre figure furon fatte per la nostra *età* können aus dem sonstigen Zusammenhang des Textes wohl nur so gedeutet werden, daß Ghiberti hier eine Darstellung der drei menschlichen *Lebensalter* gesehen hat. Das antike Sujet ist ihm nicht verständlich gewesen, wie schon seine Beschreibung sagt. Das Plektron in der Hand Apollos hält er für eine Rolle (carta).

Der Magl. hat mehrere textliche Abweichungen. Statt Ghibertis Größenangabe »wie eine Nuß samt der Schale« sagt er einfach d'una buona noce. Den antikisierenden Ausdruck seiner Vorlage uno infans (etwa wie unsere heutigen Archäologen von „Epheben" sprechen) ersetzt er durch das plane italienische Wort: putto. Aus guardava uno giovane macht er risguardava *Giove*, ein lächerliches Mißverständnis, die citera verliest er in litera. Ebenso ist tre foglie d'herbe eine Schlimmbesserung aus tra fogle d'edera Ghibertis. Der Magl. müßte also das „Original" an vielen Stellen falsch gelesen haben; da er aber sonst häufig *bessere* Lesarten bringt als unsere Kopie, ist dies nicht allzu wahrscheinlich. Da wir nun gleich (s. die folgende Note) sehen werden, daß Vasari gewisse von Ghiberti selbst abweichende Angaben mit dem Magl. teilt, so liegt der Gedanke nahe, ihrer gemeinsamen hypothetischen Quelle K. die Schuld an jenen Mißverständnissen zuzuweisen. Vasari hat jedoch, wie bemerkt werden muß, an *dieser* Stelle einen ganz selbständig, mit freier Bearbeitung des ihm vorliegenden Materials abgefaßten Bericht. Gelli kennt den Karneol nicht.

12) Ghiberti schließt nun vorausgreifend den Bericht über seine übrigen Goldschmiedearbeiten an. Papst Martin (V.), kam 1419 auf der Rückkehr vom Konstanzer Konzil nach Florenz; Ghiberti erhielt damals u. a. den Auftrag, die Stiege für seine Wohnung in S. Maria Novella zu entwerfen (*Milanesi*, — ohne urkundliche Angabe — im Prospetto cronologico zu Vasari II, 260), Papst Eugens (IV.) Aufenthalt in Florenz fällt viel später, in das Jahr des Unionkonzils 1439 (so schon Vasari).

Gellis Angaben decken sich mit denen Ghibertis, ebenso folgt diesem der Magl., der aber die Arbeiten für Martin V. (Mitra und Mantelschließe) und Eugen IV. durcheinander wirft, wie er denn auch hier einen schlechten Text hat. (Das Gewicht der Edelsteine — $5^1/_2$ Pfund — wird statt auf diese, unsinnigerweise auf die Perlen bezogen, statt des Schätzungswertes von 38000 fl. hat er bloß 30000.) Nun hat aber auch Vasari diese beiden falschen und von Ghibertis Text abweichenden Angaben, so daß wir hier, wie in dem oben erwähnten Fall (n. 11.) wieder einen Rückschluß auf ihre gemeinsame hypothetische Quelle machen dürfen. Dagegen hält Vasari die Arbeiten Ghibertis wohl auseinander, gibt auch sonst bemerkenswerte Details aus Eigenem, so, wenn er behauptet, noch einen

Entwurf zu der Mitra Eugens IV. gesehen zu haben. Die Werke selbst waren aber schon zu seiner Zeit nicht mehr vorhanden. Oggi non si ritrovano (II, 236) scheint sich wenigstens auf die in den folgenden Sätzen besprochenen Arbeiten für den päpstlichen Hof zu beziehen. In der Übersicht der Goldschmiede, die B. Cellini in der Einleitung zu seinem berühmten Tractat Dell'orificeria (ed. *Milanesi* p. 7) gibt, nennt er auch Ghiberti mit großem Lob, und hebt hervor, daß er in kleinen Figuren besser gewesen sei, als in großen. Näheres teilt er freilich nicht mit. Die Vermutung von *Perkins* (Ghiberti p. 96), daß die Goldschmiedewerke Ghibertis durch Cellini selbst bei der Belagerung der Engelsburg (1527) eingeschmolzen worden seien, ist lediglich aus dem Bericht in Cellinis Selbstbiographie (I, cap. 38) geschöpft, wonach Clemens VII. in jenen Kriegsnöten das Gold der päpstlichen Tiaren (regni) in aller Heimlichkeit zu verwenden gezwungen war; es ist ja immerhin möglich, daß das Werk des alten Meisters damals in den Schmelztiegel wanderte.

13) Die Bronzestatue des h. Stephanus — es ist das dritte Werk Ghibertis für Orsanmichele — wurde 1427 von der Arte della Lana bestellt und schon am 1. Februar 1428 enthüllt. Ghiberti hat also diesmal sehr rasch gearbeitet. Die betr. Urkunden sind, was *Milanesi* zu seinem Nachteil übersehen hat, von *Passerini* (Curiosità storico-artistiche Fiorentine Serie I. Loggia di Orsanmichele p. 44 f.) veröffentlicht worden. Die Bronze kam an Stelle jener alten anscheinend dem Andrea Pisano zugeschriebenen Stephanusstatue aus Marmor, die Ghiberti selbst 1428 an die Fassade des Doms zu übertragen hatte (s. A. Pisano n. 8). Magl. und Gelli berichten nach Ghiberti. Vasari (II, 233) hebt auch hier wieder den schönen Firnis hervor.

14) Der große Bronzeschrein des Schutzheiligen von Florenz befindet sich noch immer im Dom. Die ungenauen z. T. falschen Angaben, die *Gaye* (Cart. ined. I, 543) über ihn gemacht hat, sind schon von *Frey* in seinen Anmerkungen zum Magl. 278 f. aus den Urkunden der Domopera richtig gestellt worden. Die Urkunden sind jetzt bei *Poggi*, Il Duomo di Firenze p. XCV mit Doc. 903–962 vereinigt. Aus ihnen ergibt sich folgendes: aus der am 22. Februar 1432 ausgeschriebenen öffentlichen Konkurrenz ging am 23. März Ghibertis Modell als Sieger hervor; als Termin war ihm das Jahr 1435 gestellt. 1434 wurde Bronzematerial aus Venedig bezogen, aber noch 1437 war die Arbeit nicht fertig; man muß sich eben erinnern, daß Ghiberti damals an seiner zweiten Baptisteriumstür beschäftigt und niemals ein fixer Arbeiter gewesen ist. Am 18. April 1439 erfolgte die Erneuerung des Kontraktes; damals waren erst die beiden Reliefs der Schmalwände begonnen. Erst 1442 wurde das Ganze fertig, so daß das Firnissen erfolgen konnte; am 30. April desselben Jahres erhielt Ghiberti die Restzahlung; nach den verschiedenen stanziamenti waren seit 1432 2000 fl. ausgegeben worden. Die Angabe im Architekturtraktat Buonaccorsos (*Perkins* p. 147), wonach Ghiberti 314 fl.

erhielt, kann sich also allenfalls nur auf den Reinertrag der Arbeit nach Abzug der Spesen für Material, Gießhütte und Arbeitslöhne beziehen.

Über den Zanobischrein berichtet schon Facius (ed. Mehus); Albertini schreibt ihn in seinem Stadtführer (ed. *Milanesi* p. 16) mit gewohnter Flüchtigkeit dem Donatello zu. Gelli und Magl. nach Ghiberti; ausführlicher Vasari II, 234.

15) Die dritte Tür des Baptisteriums, Ghibertis zweite, hat der Autor mit besonderer Ausführlichkeit behandelt; sie ist auch in der Tat das reife Hauptwerk seiner Kunst, und nicht umsonst hat sie Michelangelo (Vasari VII, 280) als die Pforte des Paradieses bezeichnet. Sie hat ihn lange Jahre hindurch, bis in sein Greisenalter hinein, beschäftigt; mit ihr als der Krönung seines Lebenswerkes, schließt der hochbetagte Bildner, im Selbstbewußtsein seiner Leistung, auch die Schilderung seiner künstlerischen Laufbahn im wesentlichen ab. Nirgends ist Ghiberti auch so ausführlich — höchstens bei der Schilderung der Fresken seines Lieblings Ambrogio Lorenzetti; wie dort schildert er auch hier die dargestellten Vorgänge episch, in gegenwärtiger Form; die Bilder bekommen, indem sie vor seinem geistigen Auge vorüberziehen, Leben, formen sich zu *Handlungen*.

Ghibertis zweite Tür ist am 2. Januar 1424 bestellt worden; die von Patch-Cocchi wenigstens auszugsweise erhaltenen Urkunden sind jetzt in der sorgfältigen Arbeit von *Brockhaus* (Forschungen über Flor. Kunstwerke p. 37) zusammengestellt und genutzt. Die Spogli Strozziani bei *Frey*, Vasari I, 357—364. Das Programm für die Historien hat Lionardo Bruni entworfen (vollständig abgedruckt von *Brockhaus* u. *Frey* a. a. O.). Die gewaltige Arbeit ist trotz der eingeschulten Gießerhütte des Meisters nur langsam von der Stelle gerückt. 1437 sind erst die Reliefs mit Kain und Abel, Moses auf dem Sinai, Jakob und Esau, ganz fertig; 1443 fehlen noch immer vier; erst 1447 wurde das Ganze vollendet. Die für das Rahmengerüst (telaio) bestimmten Statuetten waren seit 1436 im Rohguß vorhanden, 1440 aber noch nicht ziseliert, die 24 Büsten sowie der telaio selbst 1448 noch nicht einmal begonnen (das Selbstporträt Ghibertis ist also nicht vor diesem Datum anzusetzen). In die vorhergehende Zeit muß eine Reihe von Versuchen fallen, von der ursprünglichen Anordnung in 24 Feldern (20 in Brunis Programm gegen 28 der alten Türen) zu den zehn großen Bildtafeln, die wir heute erblicken, vorzudringen. Es ist ein Thema, das zuerst *Brockhaus* behandelt, aber noch lange nicht erschöpft hat, und das zu den merkwürdigsten Tatsachen in Ghibertis Künstlerleben gehört. Die Arbeit am Türsturz erstreckt sich, unter Leitung von Ghibertis Sohn Vittorio, — dem auch der Guß der Einrahmungen der beiden ältern Türen zufiel — über das Lebensende des alten Meisters hinaus. Die Bronze wurde diesmal aus Brügge bezogen; 1452 konnte endlich die Vergoldung der Tür erfolgen. Im selben Jahr fand ihre feierliche Einweihung statt; sie kam an den Ehrenplatz des Gebäudes, dem Dom gegenüber. Die alte Tür des Andrea Pisano mußte ihr weichen und wurde an den Seiteneingang versetzt.

Unter den Mitarbeitern erscheint eine ganze Reihe hervorragender Künstler; man kann wirklich sagen, daß Ghibertis Gußhütte dauernd eine wahre Hochschule für junge Bildner gewesen ist. Unter den eigentlichen Gehilfen stehen die beiden Söhne Vittorio und Tommaso voran, dann Michelozzo, der 1437 mit 100 fl. jährlichen Salairs erscheint. Auch der junge Benozzo Gozzoli erscheint (wie früher Paolo Uccello) 1444 als garzone (*Milanesi*, N. documenti p. 90. n. 107), 1448 tritt der Goldschmied Bernardo Cennini auf; in einem Memoriale, das sein Sohn Pietro Cennini 1475 niedergeschrieben hat (publ. von *Mancini*, Riv. d'arte 1909, 221) wird tatsächlich der Vater neben Michelozzo, Luca della Robbia und Donatello, als in hervorragender Weise beschäftigt, genannt. Diese anscheinend schon nicht mehr ganz ungetrübte Tradition des Quattrocento wird später noch in mannigfacher Weise erweitert; der Magl. zählt (neben Donatello und Luca) noch Brunellesco (Manettis Vita weiß nichts von dieser an sich sehr wenig glaubhaften Sache, ist aber freilich keine lautere Quelle), die beiden Rossellino, Antonio del Pollajuolo (der verschiedenes u. a. eine Wachtel, an den Einfassungen gearbeitet hätte) auf (ed. *Frey* p. 65. 73. 81). Der Magl. folgt hier im wesentlichen Billi (im Leben des Brunellesco, ed. *Frey 31*) der neben Brunellesco Donatello, Luca und Pollajuolo nennt, deren Arbeiten die Kenner angeblich noch aus ihrem Stil erkennen sollen.

In einem undatierten Briefe (um 1550) nennt dann schließlich Bandinelli (Bottari-Ticozzi, Raccolta di lett. art. I, 104) noch Maso Finiguerra, Desiderio und Verrocchio. Vasari übernimmt z. T. diese Angaben und erweitert sie aus eigner Phantasie in einem Zusatz der 2. A. (I, 243), wo er neben Brunellesco, Paolo Uccello, Pollajuolo auch noch Masolino, Niccolò Lamberti (der seit 1419 gar nicht mehr in Florenz war), Parri Spinelli und Filarete namhaft macht. Das Anschwellen der legendenhaften Tradition ist deutlich; man konnte sich eben — wie es ja auch der Wahrheit entspricht — die Bedeutung von Ghibertis Gießeratelier gar nicht groß genug vorstellen. Michelangelos Bewunderung tat auch das Ihrige dazu.

Billi weiß in seinem kargen Leben Ghibertis (vgl. jedoch o.) von dieser Tür nur recht wenig zu melden: Gelli vergißt sogar spaßhafterweise die zweite Tür so gut wie ganz. Der Magl. berichtet vorwiegend nach Ghiberti selbst, fügt aber auch eigene Zusätze (über die Mitarbeiter, aus Billi s. o.) ein. Mißverständnisse fehlen auch hier nicht; Ghibertis egregii componimenti verdreht er (oder die Quelle K.?) zu grechi componimenti.

Überaus redselig ist endlich Vasari (II, 237 f.). Er gibt (schon in der 1. A.) nicht nur eine vollständige ausführliche Beschreibung der Tür, deren Entlehnungen aus der Antike (Samson) er schon wohl bemerkt hat, sondern auch manche bemerkenswerte Details. Er erwähnt das schöne Altersporträt des Künstlers (I, 238), das sich zur Linken des Beschauers über der pomphaften Inschrift befindet, und die Züge des feinen, in Leben und Kunst erfahrenen, etwas ironisch blickenden Florentiners in unübertrefflicher Meisterschaft weist (im Gipsabguß bei Lelli in Florenz erhältlich, und als Frontispiz dieses Buches verwendet). Nach den obigen Daten muß es erst nach 1448 fallen, wo Ghiberti schon ein Siebziger war. *Brockhaus* hat es in seinem schönen Forschungen über die Paradiesestür glücklich für die Bestimmung des Jugendporträts an der ersten Tür verwendet, von dem übrigens schon Gelli (falls nicht eine Verwechslung mit der von ihm gar nicht erwähnten zweiten Tür vorliegt) spricht. Vasari folgt hier einer alten guten Tradition noch aus dem Quattrocento her; in dem früher genannten Denkbuch des Pietro Cennini von 1475 ist dieses Porträt schon ausdrücklich erwähnt. Nur geht er in der nähern Bestimmung des Bildnisses irre; in dem betr. Absatz der 1. A., den er auch in die 2. unverändert übernommen hat (I, 238) sieht er in dem ältern Kopf (eben Ghibertis eigenem Porträt) Lorenzos Ziehvater Bartoluccio, in dem unmittelbar daneben befindlichen jüngeren aber Ghiberti selbst. Bartoluccio war damals längst tot, und es ist nicht allzu wahrscheinlich, daß Ghiberti das Bildnis seines Lehrmeisters in jener späten Zeit hervorgesucht hat, noch dazu in der Periode seines Lebens, wo er gerade hart um seinen „ehrlichen" Namen und die Vaterschaft des Cione hatte Prozeß führen müssen (1444, vgl. *Gaye* I, 148). Der, wie Vasari übrigens richtig bemerkt hat, zweifellos viel jüngere Kopf rechts kann aber unmöglich der damals schon hochbetagte Meister selbst sein. In der 2. Auflage führt dann Vasari (II, 249) tatsächlich, ohne den Widerspruch mit seiner früheren Äußerung (II, 238) zu merken, am Schlusse der Biographie den ältern fast ganz kahlen Kopf als Porträt Ghibertis selbst auf, und setzt ihn auch im Holzschnitt seiner Biographie vor; nunmehr hält er das *jüngere* Porträt für Bartoluccio, was natürlich noch weniger stimmen will. Eine gewisse Familienähnlichkeit der beiden Köpfe läßt vielleicht an Vittorio Ghiberti, Lorenzos tätigsten Mitarbeiter und Erben seiner Bottega denken; er ist 1416 geboren (*Gaye*, Cart. I, 407), und war nach 1448 schon ein Mann in den Dreißigern.

Vasari erwähnt ferner (II, 242 außer jener Äußerung Michelangelos, die er vielleicht selbst gehört hat) die Schenkung eines Gutes bei der Badia di Settimo als angebliche Ehrengabe der Signorie an den Meister. Vasari hat hier den Nachhall einer richtigen Tatsache vernommen; denn Baldinucci (Mail. A. V, 67 ff.) hat uns lange Auszüge aus dem schon erwähnten Hausbuch Ghibertis (bei Berardi) aufbehalten, in denen dieser im J. 1441 seine Ausgaben für das von der Familie Biliotti in Settimo gekaufte Podere vermerkt. Daß Vasari als Jüngling Ghibertis Werkstatt im Borgo Allegro noch besucht hat, ist schon erwähnt worden; er will dort auch ein (später zerstörtes) Modell zu einer *dritten* Tür, die jene des Pisano ersetzen sollte, gesehen haben, wovon Ghiberti selbst allerdings nichts meldet. Man könnte denken, daß es sich eher um ein Modell Vittorio Ghibertis (der bei Vasari fälschlich Buonaccorso heißt) für die Umrahmung der alten Tür, die ja tatsächlich von ihm herrührt, gehandelt habe. Seine Angaben verdankt Vasari, wie schon früher gesagt wurde, wohl dem jungen Vittorio di Buonaccorso Ghiberti († 1542), dem Urenkel Lorenzos, mit dem er in seiner Jugend (um 1528) befreundet war (vgl. den Schluß seiner Biographie II, 249).

16) Sein letztes urkundlich beglaubigtes Werk hat der Künstlerautor nicht mehr erwähnt. Es ist das Bronzetürchen für das von Bernardo Rossellino ausgeführte Tabernakel, noch an seiner alten Stelle, in S. Maria Nuova (s. Egidio) erhalten, das Ghiberti im Jahre 1450 in Auftrag gegeben wurde. Die Urkunden sind von *Poggi* in der Miscellanea d'arte I. (1903) 106 publiziert worden; *Milanesi* hatte der Sache wohl schon in seinem Prospetto cronologico zur Vita Ghibertis Erwähnung getan, aber wie es öfter bei ihm der Fall ist, die urkundliche Bestätigung beizubringen unterlassen. Man darf wohl in diesem Schweigen Ghibertis eine Bestätigung für die Annahme finden, daß mindestens der II. Kommentar mit seiner Selbstbiographie vor diesem Jahre entstanden ist. Freilich handelt es sich nicht gerade um ein hervorragendes Werk, und man könnte denken, daß Ghiberti diese Gelegenheitsarbeit nicht der Erwähnung wert befunden hat.

17) Daß diese Angaben Ghibertis richtig sind, dafür haben wir heute genügend Belege. Von den Grabplatten in S. Croce war schon oben die Rede (Note 9). Außerdem kommen noch in Betracht: Entwürfe für zwei Silberleuchter, die der Goldschmied Guariento für Orsanmichele auszuführen hatte (1417): *Milanesi* im Prospetto cronologico (Vasari II, 259); Vorzeichnung für den Rahmen und die Marmoreinfassung von Fra Angelicos Triptychon der Arte dei Linaiuoli (jetzt in den Uffizien), ausgeführt durch den Tischler Jacopo Papero und den Steinmetzen Jacopo di Bartolo aus Fiesole (1432), cf. *Gualandi*, Mem. orig. IV, 109. Nach einer Zeichnung Ghibertis ist sicher auch das schöne Relief unter dem h. Jacobus an Orsanmichele ausgeführt; fraglich ist jedoch, ob die Marmorstatue selbst von ihm entworfen ist (vgl. *Venturi*, Storia V, 141). Über die Glasgemälde, die auch unter diese Rubrik gehören, s. die nächste Anmerkung. Ghibertis etwas naiv großsprecherische Äußerung, daß wenige Sachen in Florenz entstanden seien, die nicht seine Hand entworfen hätte, entspricht dem vollen Selbstgefühl des Meisters, der an der Spitze des ersten und bedeutendsten Gießerateliers von Florenz stand.

18) Am Schlusse des dritten Kommentars (s. u.) hat Ghiberti begonnen, seine Methode des Gradnetzes für Vergrößerungen und Verkleinerungen darzulegen, ist aber nicht mehr zur Ausführung dieses Gedankens gekommen — falls die uns vorliegende Kopie wirklich vollständig ist.

19) Die größtenteils noch erhaltenen Glasgemälde Ghibertis im Dom zu Florenz reihen sich hier ganz natürlich an; auch sie gehören ja zu den Arbeiten, für die Ghiberti die Entwürfe vorgesehen hat. Über sie hat zuerst *H. Semper*, Die farbigen Glasscheiben im Dom zu Florenz (in den Mitt. der k. k. Zentralkommission 1872, mit urkundlichen Belegen), gehandelt; dann *Marquand*, The windows in the Cathedral of Florence (im American Journal of archeology 1900,

mit Abbildungen). Die lange Reihe der Urkunden, die von 1424 bis 1443 laufen, sind jetzt bei *Poggi*, Il duomo di Firenze, zum erstenmal vollständig zusammengedruckt zu finden. (Doc. 549–561, auch für Ghibertis venezianischen Aufenthalt wichtig, dann Doc. 605, 615, 646–648, 655, 658, 660, 663, 664, 667, 671, 674, 677, 686.) Die Himmelfahrt Mariae im großen Mittelfenster ist zwar nicht durch die Urkunden, wohl aber durch den Stil und Ghibertis eigene unzweideutige Aussage als sein Werk gesichert (vgl. *Poggi* a. a. O. LXXXI). Das 1404 bei Niccolò di Piero (Gerini?) bestellte Glasfenster (*Poggi*, doc. 517) muß also nicht ausgeführt oder später durch das Ghibertis ersetzt worden sein, wovon freilich die sonst sehr redseligen Urkunden nichts zu melden wissen. Der Ölberg ist von 1443; die Himmelfahrt von 1444; die Darstellung im Tempel von 1445.

Schon Billi (ed. *Frey* 45) spricht von Ghibertis Glasgemälden; seine Nachricht über das Fenster der Capella S. Zanobi als Werk Donatellos ist richtig, und zeigt, daß er hier gut informiert ist. Wir wissen jetzt, daß bei der Konkurrenz um dieses Fenster (von 1433) Donatello über seinen Mitbewerber Ghiberti siegte. (*Frey*, Magl. 280 u. 299.) Der Magl. folgt Billi, nicht dem „Original" Ghibertis; Gelli (ed. *Mancini* p. 50) dagegen diesem letzteren. Vasari (II, 246) hält sich an beide Quellen, fügt aber noch den occhio an der Fassade von S. Croce hinzu, in der zweiten Auflage außerdem eine Reihe von apokryphen Arbeiten dieses Genres in Arezzo.

20) Ghibertis Stellung als Architekt neben seinem alten Konkurrenten Brunellesco, über die er hier in kurzen und würdigen Worten berichtet, ist durch die vermutlich von Antonio Manetti verfaßte, tendenziöse und schmähsüchtige Apologie des großen Baumeisters auf Jahrhunderte hinaus verdunkelt worden. Schon Billi, dann der Magl. (der sich indessen in seiner Vita Ghibertis selbst ziemlich genau an dessen Lebensbericht hält), endlich Gelli und Vasari folgen — alle in ihren Biographien Brunellescos — blindlings jener trüben Quelle. So ist das schiefe und ungerechte Urteil über Ghiberti aufrecht geblieben, bis der verdiente *C. v. Fabriczy* in seiner großen Monographie über Brunellesco, auf den schon von *Guasti* (La cupola di S. Maria di Fiore Flor. 1857) publizierten Domurkunden fußend, den wahren Sachverhalt ans Licht gestellt hat. Vorher hatte jedoch schon *Frey*, in einem Exkurs zu seiner Edition der vasarianischen Vita B.s (Sammlung ausgew. Biogr. Vasaris IV, Berlin 1887, S. 170 ff.) die Geschichte des Kuppelbaues resümirt und Ghibertis durchaus selbständige und bedeutende Rolle neben und mit Brunellesco festgestellt.

Schon 1404 erscheint Ghiberti neben Filippo in einer Sachverständigenkommission für den Dombau (*Guasti*, Doc. 425); er behält, gleich seinem ständigen Rivalen das Amt eines Konsulenten der Opera bis 1406 (ib. 434). 1418 reicht er zwei Modelle für die Kuppel ein (ib. 29. 30) und wird 1420 mit Brunellesco und Battista d'Antonio zum Provveditore bestellt (ib. 71); 1425 wird sein Gehalt vorübergehend, wohl wegen der Arbeiten an der zweiten Tür, eingestellt (ib. 74 vgl. *Fabriczy* a. a. O. 112). 1426 erhält er außerordentliche Erleichterungen, wohl aus derselben Ursache, und Brunellesco übernimmt die unmittelbare Leitung. 1429 bekommt er abermals, mit Brunellesco zusammen, den Auftrag, ein Modell für den Dom herzustellen (*Guasti* doc. 61), 1432 die Weisung, den Schlußring der Kuppel auszuführen. Seine Angaben sind also durchaus vertrauenswürdig; erst 1433 ist er endgültig aus der Bauleitung geschieden. (*Fabriczy* a. a. O. 93.) Trotzdem verliert er die Domangelegenheit nicht aus den Augen; 1435 und 1436 erscheint er von neuem als Konkurrent Brunellescos, mit Modellen für die Chorschranken und die Kuppellaterne. (*Cavallucci*, S. M. del Fiore 183. *Guasti*, doc. 269 und 273.) Später scheint ihn die Arbeit an seinem bildnerischen Hauptwerk, wohl auch die Abfassung seiner großen Schrift, gänzlich in Anspruch genommen zu haben, so daß er keine Zeit mehr für praktische Lösung architektonischer Fragen fand. Theoretisch haben sie ihn, wie aus der gleich zu besprechenden Äußerung hervorgeht, bis an sein Lebensende beschäftigt.

21) Dieser hier von Ghiberti angekündigte Traktat über die Baukunst scheint niemals zustande gekommen zu sein. Der sog. Zibaldone des Buonaccorso Ghiberti, gleich der Handschrift der Kommentare aus Cosimo Bartolis Besitz stammend und auf der Magliabecchiana (XVII, 2) bewahrt, ist viel später entstanden. (Vgl. die Einleitung und den dort zit. Aufsatz von *Corwegh* in den Mitt. des kunsthist. Instituts in Florenz 1910.) Nur die darin enthaltene Epitome aus Vitruv (abgedruckt im Anhang zu *Perkins*' Ghiberti) könnte allenfalls noch auf den Großvater Buonaccorsos, zu dessen kompilatorischer Arbeitsweise sie stimmt, zurückgehen.

NACHTRAG zur Note 15. Über die an der *Innenseite* der zweiten Tür Ghibertis befindlichen Löwenköpfe vgl. *Marangoni* in der Rass. d'arte XI (1911), 31 (mit Abb.).

COMMENTARIO
III

GHIBERTIS ANTIKENBESCHREIBUNGEN

Über die *Optik* Ghibertis und ihre Quellen möge die Einleitung zu Rate gezogen werden; einen sachlichen Kommentar zu liefern, bin ich außerstande. Diese Beschreibungen sind eingefügt als Beispiele aus dem Leben der Kunst, um die Wirkungen des Lichtes auf Werke der Plastik zu erläutern und bilden so eines der merkwürdigsten Kapitel in Ghibertis Traktat. Hier spricht der Bildner (vgl. namentlich die Äußerung über die nur dem Tastsinn zugänglichen Feinheiten des römischen Hermaphroditen), aber auch der verständnisvolle *Sammler* alter Kunstwerke. Über die letzteren ist meine oben angeführte Abhandlung im Jahrbuch Bd. XXIV zu vergleichen; der früheste Zeuge über Ghiberti als Sammler ist, was ich dort übersehen habe, der Archäolog Ciriaco d'Ancona, der Ghibertis (wie Donatellos) Atelier aufsuchte, vor allem ihrer Antiken wegen. Die von seinem Freund Scalamontius verfaßte Biographie (Colucci, Antichità Picene XV, 91) sagt darüber: Et apud Donatellum *Nenciumque* statuarios nobiles pleraque *vetusta* novaque ab eis aedita et aere marmoreve simulachra. Dieser Besuch Ciriacos dürfte ungefähr in das Jahr 1437 fallen (*Voigt*, Wiederbelebung des klass. A. 3. A. I, 378.) Der nächste Zeuge ist Albertini, der in seinem Memoriale von 1510 in dem damals noch erhaltenen Haus Ghibertis Antiken von der Hand „Polyklets" (es ist die erste Spur, des später vielberufenen Letto di Policleto), sowie eine große angeblich aus Griechenland stammende Marmorvase erwähnt. Es folgen dann der Magliabecchianus, der schon jene sonderbare Antike ausdrücklich nennt, (in der Vita des Polyklet, ed. *Frey* p. 8) und endlich Vasari (IV, 245) der detailliertere Angaben hat, die beachtenswert sind, weil er mit dem Urenkel Ghibertis, dem jüngeren Vittorio († 1542) befreundet gewesen ist.

1) *Der römische Hermaphrodit.* Es ist eine persönliche Erinnerung Ghibertis, die in das Jahr seines Aufenthaltes in Rom ol. 440 (nach unserer Berechnung 1445) fällt. *Hermanin* (Gallerie Naz. V) hat in dem hier genannten Bildhauer den Künstler des Grabmals Card. Hartford († 1397) in s. Cecilia sehen wollen, das man früher gewöhnlich dem Magister Paulus zugeschrieben hat, und das jedenfalls einem der letzten Cosmaten gehört. Abgesehen davon, daß die Rechnung *Hermanins* falsch ist (Ol. 440 ergibt unter Änderung der Hundertziffer, wie sie *Herm.* vorschlägt, gar das Jahr 1384—1387 das in keiner Weise möglich ist!), ist ein so früher Aufenthalt des dann kaum neunzehnjährigen Ghiberti wenig wahrscheinlich. In S. Cecilia kann es noch andere Kardinalsgräber gegeben haben, die heute verschwunden sind; außerdem ist der Bildhauer wohl ein Toskaner, da er die Absicht hat, die Statue in nostra terra zu überführen, was in Ghibertis Ausdrucksweise nur Florenz bedeuten kann; er hatte zu diesem Zwecke, (um sie leichter für den Transport zu machen) das überschüssige Material von der vermutlich schweren Tragplatte weggemeißelt; anders wüßte ich den Satz nicht zu deuten.

Der Fundbericht Ghibertis ist so genau, daß man annehmen könnte, er sei bei der Auffindung zugegen gewesen; die Statue wurde ca. 8 Ellen tief unter dem Straßenterrain, als Deckstein eines Abzugskanals (chiavica) bei dessen Reinigung vorgefunden. Auch die sachliche Beschreibung der Statue selbst, ihres Bewegungsmotives und ihres Erhaltungszustandes ist sehr exakt und anschaulich; man spürt überall den schaffenden Künstler. Nicht einmal bei Vasari wird man eine derartige Beschreibung finden. Mit terreno uangato (umgehacktes Erdreich) bezeichnet Ghiberti die Terrainbildung der Basis, — wie sie sich u. a. bei dem Exemplar der Uffizien findet; bei diesem Ausdruck hat ihm möglicherweise die von Jugend auf vertraute, noch in seiner Zeit und in seinen eigenen Werken fortwirkende Terrainbehandlung der Giotteske vorgeschwebt, diese übrigens, wie man weiß, ein Erbgut von der Antike her.

Von den sieben heute bekannten Exemplaren dieses Hermaphroditentypus (vgl. die Zusammenstellung von *Kieseritzky* in den Annali dell' Istituto LIV, 1882, p. 245 f.) stimmt keines vollständig zu dem hier beschriebenen Stück, das wir also bis auf weiteres als verloren betrachten müssen. Entweder sind ihre Fundumstände oder die von Ghiberti genau angegebenen Details nicht in Übereinstimmung zu bringen. Das Florentiner Exemplar, an das man, wegen der Absicht des Finders, zuerst denken könnte, ist erst 1669 aus Ludovisischem Besitz erworben worden (*Dütschke*, Bildwerke III, 224) und hat noch seinen antiken, wenn auch ergänzten Kopf, der der Statue von S. Celso nach Ghibertis ausdrücklicher Angabe fehlte, obwohl sie im übrigen durchaus wohlerhalten war. Auch an den Hermaphroditen der Villa Borghese, der unbekannter Herkunft ist, wird kaum zu denken sein; der Kopf ist zwar neu, aber es sind auch zahlreiche andere Teile, wie die als Matratze gebildete Unterlage, die l. Hand, der l. Unterschenkel usw. ergänzt. (*Kieseritzky* a. a. O. 250.)

2) Abermals ein persönliches Erlebnis Ghibertis. Er wird die Statue gelegentlich seines Aufenthalts in Venedig, der für das Jahr 1424 bezeugt ist, (*Milanesi*, Doc. Sen. II, 119; *Poggi*, Duomo di Firenze Doc. 549—561) in Padua gesehen haben. Dorthin hat sie seiner Angabe nach Lombardo della Seta gebracht; das ist der bekannte Freund Petrarcas und der Carraresen, dessen Porträt sich auch (neben dem Petrarcas selbst) in der Scala de' Giganti ihres Schlosses befand (Michiel, Notizie ed. *Frizzoni* 78). Da Lombardo della Seta 1390 gestorben ist, muß die Aufindung in Florenz vor dieses Jahr, also noch in das Trecento fallen; die eingehenden Fundangaben Ghibertis sind sehr merkwürdig und müssen auf Berichte von Augenzeugen zurückgehen. Die Häuser der Brunelleschi, von denen hier die Rede ist, werden von Manetti in seiner Biographie Filippos genau aufgezählt (ed. *Holzinger*, p. 5); dessen eigenes Haus stand bei S. Michele Berteldi (jetzt SS. Michele e Gaetano, in der Nähe des Ponte Vecchio). Die hier geschilderten Fundumstände, der gemauerte ripostiglio, in dem die Statue, wie Ghiberti

meint, in der ersten christlichen Zeit geborgen wurde, wiederholen sich auch bei anderen Antiken, so bei der kapitolinischen Venus und vor allem bei dem Hermaphroditen Constanzi (gefunden 1879 in einer vermauerten Nische eines Hauses der Kaiserzeit, vgl. *Kieseritzky* a. a. O. 244). Ob Kopf und Hände noch erhalten waren, geht aus Ghibertis zweideutigem Ausdruck nicht ganz klar hervor, scheint aber wohl *nicht* der Fall gewesen zu sein (s. a. u.). Ghiberti gibt nach seiner Weise keine archäologische Bezeichnung, — bei der abnormen Bildung des Hermaphroditen war es eine andere Sache — er beschreibt bloß das statuarische Motiv, ohne selbst nur das Geschlecht zu nennen. Aber die, wie sich ergibt, bis auf ein Tuch um die Hüften nackte, auf dem Standbein posierende Figur wird wohl eine Aphrodite gewesen sein. Man könnte nun denken, daß sie mit einer Venusstatue vom Typus der mediceischen, die Benvenuto Rambaldi von Imola in seinem Dantekommentar (Ende des XIV. Jhrhd.) in einem *Privathause* in Florenz beschreibt, identisch wäre. Charakteristisch ist, daß hier wieder der Name des Polyklet auftaucht, dem der Kommentator freilich mit bemerkenswerter kritischer Zurückhaltung gegenübersteht. An die mediceische Venus kann nicht gedacht werden, sie ist erst 1584 aus dem Pal. della Valle in Rom erworben worden. Die Stelle Benvenutos (ed. *Lacaita* III, 280) ist auch bei *Voigt*, Wiederbelebung der klass. A. 3. A. I, 377 abgedruckt. Sie lautet: Ego autem vidi Florentiae in domo privata statuam Veneris de marmore mirabilem in eo habitu in quo olim pingebatur Venus. Erat enim mulier speciosissima nuda, tenens manum sinistram ad pudenda dexteram vero ad mammillas et dicebatur esse opus Polycleti, quod non credo. Jedoch ist das Tuch um die Hüften, das Lombardos Statue nach Ghibertis ausdrücklicher Angabe zeigte, mit diesem Typus absolut nicht in Einklang zu bringen.

Auch bei diesem von Ghiberti außerordentlich gelobten Werke wiederholt sich der Hinweis auf die „sehende Hand". Der dilettierende Markgraf von Ferrara, dem Lombardos Sohn später die Statue zum Geschenk machte, wird den Zeitumständen nach entweder Niccolò III. (1393—1441) oder wahrscheinlicher Lionello d'Este (1441—1450), der fürstliche Humanist und Begründer der estensischen Kunstsammlungen sein. Sie kann sehr wohl mit der im Inventar der Kunstsammlungen Alfonsos II. von 1584 (Documenti ined. p. s. alla storia dei Musei d'Italia III, 8) erwähnten figura molto bella di una *fanciulla* nuda senza testa e senza braccia identisch sein. Über das weitere Geschick der merkwürdigen Antike, merkwürdig auch durch ihren Fundort Florenz, der sonst nicht eben ergiebig gewesen ist, sind wir nicht unterrichtet.

3) Die denkwürdige, leicht legendenhaft gefärbte Geschichte, die Ghiberti hier aus dem Munde des uralten Karthäuser Künstlermönchs Jacopo erzählt, habe ich ausführlich in meiner Abhandlung: Über einige Antiken Ghibertis (Jahrbuch XXIV, 146 ff.) besprochen. Dieser Frate Jacopo, dessen voller Name Jacomino del

Tonghio, aus der Certosa Maggiore, lautet, ist noch im Jahre 1406 als Goldschmied tätig (*Milanesi*, Doc. Sen. I, 382), und kann, wie *Milanesi* meint, ein Bruder des Holzschnitzers Francesco del Tonghio († 1388) gewesen sein. Da Ghibertis bezeugter Aufenhalt in Siena in das Jahr 1416 fällt, wie wir oben gesehen haben, mußte er damals noch am Leben, auch wirklich «antichissimo» gewesen sein, kann also die Statue, die erst 1357 entfernt wurde (s. u.), ganz wohl noch als Jüngling gesehen haben.

Die Häuser der Malavolti, in denen anläßlich von Grundaushebungen jene Antike zutage kam, lagen an der heutigen Piazza Pianigiani. Die Wahrheit von Ghibertis Erzählung wird durch die von *Lisini* (Miscellanea storica Senese Anno V, 1898, 175 f.) publizierten Urkunden erhärtet; darnach hat die Statue tatsächlich auf dem Forum der Stadt, vor dem monumentalen Rathaus, auf der Fonte Gaja gestanden und ist nach einem am 7. November 1357 gefaßten Beschluß von dort entfernt worden, „cum *inhonestum* videatur". Die Aufstellung wird kaum vor 1334 erfolgt sein, da in diesem Jahr Giacomo di Vanni die unterirdische Leitung (bottini) für den Brunnen anzulegen begonnen hat (*Milanesi*, Doc. Sen. I, 191 und Vasari I, 438. n. 3). Sie muß aber vor 1348 gefunden worden sein, da der in diesem Jahr verstorbene Ambrogio Lorenzetti sonst die Zeichnung, die Ghiberti im Besitze des Fra Jacopo gesehen hat, nicht mehr hätte anfertigen können.

Ghiberti nennt auch hier nicht einmal das Geschlecht der Statue, die dadurch besonders merkwürdig war, daß sie an der Basis den Namen des Lysipp trug; es ist dabei nicht zu vergessen, daß er sie nur mehr in der Skizze des Ambrogi Lorenzetti gekannt hat. Die Inschrift wird wohl in die Reihe jener posthumen z. T. apokryphen Signaturen gehört haben, von denen *Loewy* in seinem Corpus der griechischen Künstlerinschriften eine ganze Reihe zusammengebracht hat (ib. 475—496), und mag Opus Lysippi oder ähnlich gelautet haben.

Hält man das von Ghiberti beschriebene statuarische Motiv mit dem Delphin fest, so kann es sich nur entweder um eine männliche Gottheit, die dann Poseidon wäre, oder eine weibliche, Aphrodite, handeln. Nun ist zwar männiglich bekannt, wie gerne die spätere Renaissance Neptunstatuen zum Schmuck von Brunnen benutzte, und etwas ähnliches könnte man auch hier annehmen. Tatsächlich hat *Konrad Lange* in seiner Erstlingsschrift: Das Motiv des aufgestützten Fußes in der antiken Kunst (Leipz. Diss. 1879.), die Stelle Ghibertis als Beweis für seine Rekonstruktion einer von Lukian erwähnten Poseidonstatue des Lysipp in Korinth benutzt. Seine Interpretation der Stelle, wonach dieser Poseidon den Delphin in der Hand des auf dem hoch aufgestützten Fuße ruhenden Arms gehalten haben soll, ist sehr gewaltsam; la gamba, in sulla quale ella riposava, kann nur das *Standbein* bedeuten (gleich im Vorausgehenden heißt es von der Venus in Padua „posava in sul piede ritto"). Nun kommen allerdings auch Poseidonstatuen mit diesem

Motiv vor (*Reinach*, Répertoire I, 228; II, 28); es ist aber dabei wohl die ausdrückliche Versicherung Ghibertis, daß die Statue von Siena simile a queste due d. i. den vorherbeschriebenen, also dem römischen Hermaphroditen und der Statue in Florenz, die wohl sicher eine Aphrodite war, nicht zu vergessen. Damit kommen wir auf einen Typus der Aphrodite Anadyomene wie er in zahllosen Exemplaren aus dem Altertum überliefert und schon im Florenz des Treccento durch die von Benvenuto Rambaldi beschriebene Statue vertreten ist, auf eine Figur vom Typus des Mediceischen Venus. Daß auf diese der Vorwurf des inhonestum in dem Ratsprotokoll besonders paßt, bedarf keines weiteren Beweises, man müßte denn annehmen, daß dieser Vorwurf sich auf den Charakter des heidnischen Götzenbildes im allgemeinen bezog, was ja denkbar wäre. Leider ist auch in der Urkunde keine nähere Bezeichnung gegeben; da ist nur von der „Statua fontis Campi" die Rede.

Ein paar Jahre bevor meine oben zitierte Abhandlung erschienen ist, hat *Arthur Mahler* einen kleinen Aufsatz (Une hypothèse sur l'Aphrodite de Médicis, Revue archéol. 1903, p. I. p. 33 ff.) veröffentlicht. Der Verfasser versucht hier mit stilistischen Gründen die mediceische Venus auf Lysipp zurückzuführen, und findet in der Beschreibung Ghibertis eine Stütze für seine Ansicht. In einer späteren Mitteilung (Comptes rendus de l'Acad. des Inscript. et lettres 1905, 623) ist er nochmals auf die Sache zurückgekommen und hat auf eine Kaisermünze von Sikyon, Lysipps Geburtsort, mit dem Typus der mediceischen Venus hingewiesen.

Ohne diese Ausführungen zu kennen, auf deren Kritik ich hier gar nicht eingehen kann und will (vgl. jetzt *Klein*, Gesch. d. griech. Plastik II, 367 u. 399), habe ich in der genannten Abhandlung zu zeigen versucht, daß die recht singuläre Darstellung der Prudentia im Typus der mediceischen Venus, die sich als Tragfigur unter den Fragmenten des Museo Civico in Pisa befindet, und die man allgemeiner Anschauung nach mit der zerstörten Domkanzel Giovanni Pisanos in Zusammenhang bringt, von jener Sieneser Antike abhängig sein könnte. War diese doch auf dem vornehmsten Platze der Stadt aufgestellt, und hat, wie die Zeichnung Lorenzettis und Ghibertis Bericht zeigen, das lebhafteste Interesse der Künstler erweckt.

Supino hat jenes Stück als Werk des Sienesen Tino di Camaino († 1337) in Anspruch genommen, und als einen Bestandteil des gleichfalls verstümmelten Grabmals Kaiser Heinrich VII. (voll. 1316) im Campo Santo erklärt. Dieser Ansicht ist von verschiedenen Seiten, so namentlich von *Bertaux* und *Justi* widersprochen worden, die die Figur dem Giovanni zurückgeben. *Supino* hat dann (in seinem Buche über die Kunst von Pisa 1904) seine Hypothese wieder zurückgenommen, vindiziert aber die Gruppe ebenso wie *Sauerlandt* (Die Bildwerke des Gio. Pisano, Düsseldorf 1904. p. 85) einem Nachfolger Giovannis. Auch uns erscheint dies wahrscheinlich, allerdings ist aber die Zugehörigkeit der Gruppe zu der Domkanzel von 1311 durchaus nicht sicher erwiesen. Dagegen sind die chronologischen Schwierigkeiten hervorzuheben, wenn die 1357 entfernte Statur wirklich nach Ghibertis Bericht nur kurze Zeit auf der Fonte Gaja gestanden hat. Denn die Kopie in Pisa hat tatsächlich einen altertümlichen Stil und ist deutlich von der Kunst Giovanni Pisanos abhängig. Ich will daher diese Hypothese nur mehr cum beneficio inventarii aufführen.

Die von Ghiberti dann dramatisch, mit naiver Erzählungskunst vorgetragene Geschichte der Entfernung der Statue bietet einen höchst merkwürdigen Einblick in die Kulturgeschichte des Trecento. Auf der einen Seite die Begeisterung der Künstler und Humanisten, die schon ganz der Renaissance angehört, auf der andern die Stellung der konservativen Partei, die mittelalterliche Sinnesweise, die schließlich zu ganz schamanistischen Praktiken, zum Zertrümmern und Verscharren des Götzenbildes auf feindlichem Florentiner Gebiet führt. Von besondern kriegerischen Verwicklungen der Stadt mit Florenz ist zwar gerade aus jener Zeit nichts bekannt; aber die Rivalität der beiden Communen war ja immer vorhanden. Es bleibt genug des merkwürdigen über, wenn wir auch mit legendarischen Elementen rechnen; im wesentlichen wird aber wohl der alte Sieneser Künstlermönch seinem jüngern Berufsgenossen treu und wahrheitsgemäß berichtet haben.

4) Diese Schilderung eines antiken Intaglio schließt sich der von Ghiberti im II. Kommentar gegebenen von dem Karneol des Nero an (s. o. S. 177). Niccolò Niccoli (1363—1437) dessen Ghiberti hier mit so hohem Lobe gedenkt, war tatsächlich einer der gelehrtesten und kunstverständigsten Männer seiner Zeit; vielleicht sogar Berater Ghibertis selbst. Eine hübsche Schilderung seines Studios steht in den Viten des Vespasiano de' Bisticci. Über den Chalcedon mit dem Raub des Palladiums, der ähnlich wie jener Karneol die gleichzeitige und spätere Kunst außerordentlich befruchtet hat, und den der Besitzer, den heimischen Traditionen getreu, dem schon damals zu hoher Berühmtheit gelangten Polyklet zuschrieb, vgl. *Müntz-Mazzoni*, I precursori del rinascimento, p. 78 f. Vielleicht war er mit einem Karneol gleichen Gegenstandes, der tatsächlich den Künstlernamen des Polyklet trug, (natürlich des *Steinschneiders* dieses Namens und Nachahmers des Dioskurides) identisch, der sich noch um 1700 in der Sammlung Andreini in Florenz befand, dann entwendet wurde und nur mehr in einer Glaspaste der Stoschischen Sammlung (jetzt in Berlin) bekannt ist (vgl. *Furtwängler* im Archäolog. Jahrbuch 1888, 314). Ghiberti hat sich nach seiner Gewohnheit lediglich um das künstlerische Motiv, nicht um die archäologische Interpretation bekümmert; bemerkenswert ist der technische Ausdruck: scorciare, den er hier anwendet.

5) u. 6) Die beiden Stellen sind vorzüglich für die selbständige Art charakteristisch, in der sich Ghiberti auch auf diesem Gebiet mit seinen Vorgängern ausein-

andersetzt, sie kritisiert, und ihnen das eigene Urteil entgegenhält. In derselben Weise verhält er sich auch seinen Quellen Plinius und Vitruv (vgl. namentlich n. 63 zu Comm. I und die Einleitung) gegenüber. Wie weit allerdings seine Originalität und Selbständigkeit im vorliegenden Fall reicht, vermag ich nicht festzustellen.

Eine bemerkenswerte Äußerung findet sich noch auf fol. 47 r, wo Ghib. eine geometrische Konstruktion in (Alhazens?) „Libro delli specchi" als *male afigurata* tadelt.

INDICULUS GHIBERTIANUS

Plinius ist hier nach der Ausgabe von *Sellers*, The Elder Pliny's chapters of the history of art, London 1896, zitiert; Cennini nach der mit einem guten Glossar versehenen Ausgabe *Milanesis* (Florenz, Le Monnier, 1859). Die Zahlen beziehen sich auf die Kapitel der einzelnen Bücher Ghibertis.

abbreviare (l'arte della pictura) II 7, (Maso) abbreviò molto l'arte della pictura. Abgekürztes technisches (perspektivisches?) Verfahren? Der Ausdruck (aus Plin. 35, 110: [Philoxenus] celeritatem praeceptoris secutus breviores etiamnum quasdam picturas compendiarias invenit) war der antiken Kunstterminologie durchaus geläufig, wie aus der Stelle bei dem mitten im Kunstleben seiner Zeit stehenden Petronius erhellt, c. 2: postquam Aegyptiorum audacia tam magnae artis compendiariam invenit. Der Ausdruck findet sich auch sonst in der antiken Literatur, z. B. in den Briefen des Seneca. Ghiberti übersetzt ihn tatsächlich mit certi abbreviamenti I 26.

adornamento, Umrahmung II 19; II 21, 22, Vasari gebraucht ornamento.

ammaestramenti (docti) II 17.

ammaestrare (l'arte della pittura) I, 20.

ammaestrati (di scultura e pictura) I 3; III 5. Kunstverständige cf. *periti* — I 1, 2.

architettore II 10. Vitruvs „architectus".

aria (gentilissima — aveva nelle opere sue) II 7. Ausdruck. Cennini c. 27 hat das Wort im Sinn von Manier (eines bestimmten Meisters).

arte, con tanta doctrina et — II 6.

— fatta con grandissima — II 5; II 10; II 22; III 3.

— opera fatta con — II 7.

— con ogni — II 22.

— — (d'una statua) III 3.

— di tanta — III 4.

— scorciare con — III 5.

Vgl. dazu die Stellen des Plinius 34, 74 ars summa; 35, 77 recipereturque ars ea (pictura) in primum gradum liberalium; 35, 112 arte paucis postferendus; 35, 111 gravitas artis usf. Vgl. Cennini I c. 3 von Giotto: che l'arte più compiuta che avessi mai più nessuno. c. 48 con bella arte (Technik) commettere.

arte, gentile II 1.

— finita II 1. Plin. 35, 74 ars summa.

— perfetta I 18; II 5.

— con maravigliosa II 7.

— mirabile III 1. Plin. 35, 110 arte mira.

— della pictura II 1, 2, 6, 7, 8.

— statuaria I 3, II 1, 4, 17, 18. Plin. 39, 65 statuariae ars.

— l'una e l'altra — II 7, 16, cf. *genere* i. e. Malerei und Bildhauerkunst.

— nuova II 2, der neue Stil.

— naturale II 3.

— aver l' — da natura II 2 (Giotto); 8 (Bonamico).

— prontissimo nell' — II 8.

— doctissimo in tutta l' — II 8.

— periti in tutta — II 9.

— intendenti e dotti dell' — III 3.

— del maestro II 11.

— usata per quello maestro II 14.

— liberali I 1,

artefice — abondante I 21. Plin. fecundus.

atteggiare, l' — delle figure I 20. Attituden (freie Übersetzung nach Plin. 35, 56).

— atteggiante bene le teste nascenti bene in sulle spalle I 21. Schon bei Cennini c. 67 con questo pennello atteggia il viso che vuoi fare.

baroni. Mit diesem seltsamen mittelalterlich-romantischen Ausdruck übersetzt Ghiberti I 21 und 27 den Ausdruck heros des Plinius (34, 14; 35, 28).

basa III 3. Basis der Statue, so auch bei Plin. 36, 10.

bellezza, delle membra I 18 (Plin. proceritas); I 21 (Plin. venustas); della figura (von den Proportionen) III 17.

bello, bellissima (opera) II 10; vgl. fecit — pulcherrima opera. Plin. 34, 69.

bronzo I 12, 18; II 16, 20, 22.

buono — statuario e pictore I 3; buona tavola II 13.

carta I 21. Zeichenpapier Plin. membrana.

casamento, storie adorne di — II 13; II 22. Architekturstaffage. Schon bei Cennini c. 87.

cavo, celate in II 20; intagliate in — III 5, in — III 5. Cavato III 5. Intaglio. Der Ausdruck caelare ständig bei Plinius.

cinabrese, rote Erdfarbe zu Vorzeichnungen auf der Mauer II 13.

colorire (freschissimamente) II 8; maravigliosamente colorita (von einer Madonna) II 13. — ricolorire I 24. Cennini c. 4 el fondamento dell' arte e di tutti questi lavorii di mano principio, è il disegno e' l colorire.; c. 87. (Agnolo Gaddi) colorì nel modo più vago e fresco.

colossi I 11, 27. Kolossalstatuen. Plin. statuae colosseae.

commentarii I 2, 29 31; II 1, 23 wie bei Vitruv I 1; II 8;' VII praef. sehr häufig in Sinn von „Memoiren“ und Comptesrendus über die bildende Kunst, die von Künstlern selbst verfaßt sind.

compassi (d'oro) II 21, (Vier-)„pässe“.

componimenti — con egregii e dovitiosi — II 22, Komposition.

componitore — nobilissimo. II 11. Comporre einfach für „arbeiten“ bei Cennini c. 122.

conclusione — di prospettiva I 21. Darstellung eines perspektivischen Problems.

copioso — di figure (quadri) II 22; cf. Plin. 35, 138, numerosaque tabula und numerosior in arte Plin. 34, 58 u. ö. copiosus übrigens schon bei den Alten, z. B. Quintilian.

creta I 3, 27. Ton. Plin. argilla.

dignità II 1 (anticha e perfetta —).

dignissimo — in tutta l'arte II 4; cf. Plin. 35, 29 dignitas artis morentis.

dilettarsi I 3 — di pictura e scultura (vom Marchese von Ferrara) III 3, — dell' arte della scult. III 4 (der Goldschmiedemönch von Siena). Schon im Sinne von „dilettieren“.

dilicatamente (pictura — finita) II 13; als dilicatissimo charakterisiert Villani auch den Maso.

diligentia, Lieblingswort des Ghiberti, vom Fleiße des Künstlers gebraucht, I 18, 27, 28; II 5, 10, 13, 19, 20; III 3; (fatte con —) III 4, diligentissime lavorata III 3. Auch bei Plinius sehr häufig. 34, 58: in symmetria diligentior; 34, 64: tantus diligentia; 34, 59: hic primus nervos et venas expressit capillumque diligentius; 34, 65: diligentissime custodit (symmetriam); 34, 81: diligentissimus artis; 34, 92: nec finem habentis diligentiae; 35, 130: diligentior et quam numerosior; 35, 137: placeat diligentia quam intelligant soli artifices; 36, 40: diligentissimus artifex.

disciplina I 3, 31, con ogni — II 17, condotto con — II 19. Technisches (u. theoretisches) Können. cf. *docile*.

disegnare II 2, 4, 23; (colla cinabrese) II 13. Das Wort designare schon bei Vitruv I praef. 4. Auch von Cennini gebraucht, z. B. c. 8.

disegnatore I 2, 20 (gran dis.) 21; nobilissimo — II 12; grandissimo — II 17; III 4.

disegno, il — è il fondamento et teorica di queste due arti I 3, 31, wie bei Cennini s. o. *colorire* u. c. 13: capace di molto disegno; — teorica del — I 1 u. ö.; bei Vitruv I praef. 4 und Plin. 34, 68 der griechische Ausdruck graphis.

dispositione I 21 aus Plin. 34, 80. Melantho dispositione cedebat. Der Ausdruck auch bei Vitruv; s. *compositione.*

docile I 27; II 17. cf. Plin. 35, 128. docilis ac laboriosus arte omnis (von Pausias), vgl. Vitruv I 8, ad disciplinam docilis.

dolcezze (moltissime) III 1, 2. (Künstlerische) Feinheiten; in rein technischem Sinne des vorsichtigen Farbenauftrags bei Cenn. c. 72.

dotto (dottissimo), ein anderer Lieblingsausdruck Gh.s I 18, 21, 27, 28; II 3, 6, 7, 17 — nell' uno e nell' altro genere II 7, 9, 11, 17; nell' arte II 17; dell' arte III 4; in tutta l' arte II 8, 14. — maestri II 19. — amaestramenti II 17.

doctamente, tavola fatta — II 15.

doctore, egregiissimo II 5 (Stefano). Lehrer cf. Plin. 34, 51: in hoc mirabile, quod *nullo doctore* nobilis fuit.

doctrina, gleichfalls sehr häufig gebraucht für den (theoretisch) durchgebildeten Künstler I 21 (dell' arte) II 1, 4, 5, 6; III 3. Vgl. Plin. 34, 56 von Polyklet: hic consummasse hanc scientiam (der Statue) dicitur.; 35, 79: volumina quae doctrinam eam (Apellis) continent; 35, 134: ut in ipsa pictura eruditio eluceat; 35, 135: (Metrodorus) pictor idemque philosophus, in utraque scientia magnae auctoritatis; 36, 11: clarissima in ea scientia (sculpturae).

duro — ne' colori I 29 nach Plin. 34, 137 durus in coloribus.

elegante I 27. Plin. elegans.

eminentia (delle picture) I 27. Reliefwirkung. Plin. eminere.

exempli, facendo loro molti — II 17 (Ghiberti von seinen Vorzeichnungen für andere Künstler). Plin. 34, 56: paene ad unum exemplum (Typen des Polyklet). Esempio in mittelalterlichem Sinne (wie bei Dante: pittor che con esempio pinge) als Vorlage (simile) bei Cennini. z. B. c. 8.

figure, oft bei Ghiberti; mezza f. II 21. Halbfigur, auch bei Cenn. c. 23. — grandi fuori della forma naturale überlebensgroß. II 23.

finito — dilicatamente II 13. — con ogni arte II 22. Vgl. consummatus bei Plin.

fiorire, fiorì (Etruria) II 8, l'arte II 8, oft bei Plinius von der Blütezeit eines Künstlers, z. B. 34, 49: floruit ol. 83.

forma virile I 31. cf. statua.

forma naturale II 23. Lebensgröße — virile I 3.

formate — (figure) II 17 für Abgüsse. Schon Cennini hat das Wort (forma, maschera) in unserem heutigen Sinne (Matrize) c. 184.

fregio (di fuori) II 22. Fries.

frescamente (colorire) II 8.

genere, l' uno e l' altro I 4, 18; II 4, 7, 10, 17. Von den beiden Schwesterkünsten gebraucht. Bei Plinius in der modernen Bedeutung „Genre" oder „Stil". 35, 128: in quocumque genere excellens; 35, 138: in utroque genere;

et seqq. Mit misure übersetzt Ghiberti auch im I. Kommentar den Ausdruck symmetria bei Plin. 34, 65 (vgl. Vitruv I 2 u. III 1). So auch im Proportionskapitel des Cenn. c. 30.

misurare I 21: misurare l'opere sue come la natura allato alla virtù visiva; cf. I 31 misura che porge la natura. II 22, colla ragione che l'occhio gli casamenti misura, vom perspektivischen Sehen gebraucht. Ebenso Plin. 35, 80: Asclepiodoro (cedebat) de mensuris, hoc est quanto quid a quoque distare deberet.

muro, lavorare in — II 9. Freskotechnik.

musaico II 9.

natura, la — allato alla virtù visiva I 21; in che modo io mi possa appressare a essa II 17.

— imitare la — II 22; cf. Plin. 34, 61 naturam ipsam imitandam esse.

— aver l'arte da — II 4 (Giotto), II 8, (Bonamico). Vgl. II 3, 4.

naturale, il. 1. Lebensgröße: forma — II 23. molto maggiori del — II 9. 2. Modell: ritrarre (trarre) del — II 2, 6. cf. arte naturale. II 3 (Porträts Dantes, Giottos, Taddeos) II 20 (Dati). Ebenso bei Cenn. c. 28 u. 70. Im Malerbuche von Athos findet sich auch der Ausdruck νατουράλε, geht aber dort seltsamerweise auf „gemalte Tüchlein".

naturali — ragioni. Realistische Tendenz I 20.

nobile (tavola) I 27, 28; II 6, 12. fu — ssimo II 7, 15. — opere I 18; — pictore II 13, 15. — maestro II 19. — compositore II 11. Vgl. Plin. 34, 128 nobilis tabula; 34, 81 Achilles nobilis; 34, 85 pictor e nobilissimis; 35, 71 picturae nobilissimae; 38, 129 nobiles in tabula u. ö.

notomia I 1, 2. Anatomie.

numeroso I 27. Plin. numerosior.

opera II 19, 22. — bellissima II 10; la più singolare ch'io abbia prodotta II 22. — maravigliosa III 4.

ordinato (di mia mano) II 23.

ottone (fine) II 19, 20, 21, 22. Bronze.

paesi, Landschaften I 27 aus Plinius.

perfectione I 15, 31; II 4, 6, 7; III 3, 5.

perfetto—amente I 11, 18, 20, 21; II 1, 4, 6, 17, 20. — nelle sue opere II 17; cose III 3, 5. Vgl. Plin. 35, 57 adeoque ars perfecta erat; 35, 145 in maiore admiratione quam perfectione.

peritia (dell' arte) I 18.

periti (di scult. e pittura) I 18, 21, 31; II 19; III 5. Plin. 35, 96: peritiores artis; 36, 49: periti mirantur et serpentem.

piani II 22. In der Bedeutung Reliefgründe (Vorder-, Mittel-, Hintergrund). Bei Cenn. c. 115 der Malgrund der Tafel.

posare. Balance der Figuren, in sul piede III 3; sulla gamba III 4; variamente le posava I 20 (cf. Plin. 34, 56 uno crure insistere). — in terra III 5.

posari, li (delle figure) I 20, 21. Stellungen.

precetti (i primi) II 18.

prestezza (del maestro) I 26. Plin. celeritas.

produrre feci — di marmo II 20. — i liniamenti II 22. l'opera II 22, 23. Ausführung.

prontissimo — nell'arte II 8 (vgl. II 8: durava poca faticha nelle opere sue); Plin. 35, 109: nec fuit alius in arte velocior.

proportionalità, proportionale, proportionato III 17 und passim.

prospettiva s. *conclusione* I 1, 21.

provedimenti. Vorzeichnungen, Modelle II 4, 23 (di cera e di creta). Den Ausdruck des Plin. 35, 155 proplasmata übersetzt Ghiberti I 3 mit provedimenti. Landino mit: forme.

pulcritudine III 17 la proportionalità solamente fa — von der Körperschönheit.

pulito I 27. Plin. concinnus.

quadri II 19, 22 (Kompartimente der Türen Ghibertis).

— gradi, Gradnetz III 45, 46.

regole (dell' arte) I 15 (Plin. canon) II 1, 23.

rilievo — grandissimo II 9 (Reliefwirkung); — pochissimo II 22; di poco — II 20, 22 von Flachreliefs.

rilievato II 5, 22. Reliefwirkung der Modellierung. Schon Cenn. c. 9 gebraucht das Wort für Modellierung.

rinascere I 15. Vom Wiederaufleben der Kunst. Plin. 34, 51 revixit.

rigidezza I 20. (Altertümliche) Strenge. Plin. rigor.

ritrarre (dal naturale) II 2. Der Ausdruck in diesem Sinne „nach der Natur bilden" schon bei Cenn. c. 28.

roçezza (dei Greci) II 1, 3. Von der „Verfalls"kunst des byzantinischen Stils. Vgl. Plin. 34, 59 rudis antiquitas.

scarpellato II 10.

sculpire II 4, 7.

scorciare III 5. Darstellung in Verkürzung.

(scorci) II 5. Aus der Handschrift Ghibertis, die dem Magliabecch. vorlag, ergänzt.

severo (ne' colori) I 27. Plin. severus.

simmetria I 18, 19, 20, 27; III 44 (nobilissime), III 46. Das Wort wird von Vitruv wie Plinius (35, 67 primus symmetriam picturae dedit) häufig gebraucht.

specie II 18 und im I. und III. Komm. sehr oft als Terminus der Optik für die Sehbilder gebraucht. Den Ausdruck species bei Plin. 35, 60 umschreibt Ghiberti I 20 mit corpi luminosi.

statua virile I 2; III 44, 45, 46. Für die Maße (statura?) des menschlichen (männlichen) Körpers.

statuario II 16, 17, 22 u. ö.

storia (istorie) I 2, II 3, 4, 5, 6, 7, 8, 11, 12 u. ö. Historienbild. Ebenso bei Cenn. 67, 90.

tavola, bianca. Weiß grundierte Tafel I 20. — ingessata I 21.

teorica I 1, 2, 3, 31; II 12, 18. Theorie der Kunst.

terreno vangato III 3. Wörtlich „umgegrabenes Erdreich". Mit diesem Ausdruck, der an die Terrainbehandlung der Giotteske erinnert, bezeichnet Ghiberti die Unterlage des in Rom gefundenen Hermaphroditen.

teste III 43 u. ff. passim. Gesichtslänge.

trattato (d'architettura) II 23.

universale I 18 (von Lysipp).

verdure I 27 für Blumenmalerei, wohl der franz. t. t. „verdure" für eine bestimmte Art von Arazzi.

veri — in modo tale, che stando remoti da essi (casamenti) appariscono rilievati II 22; come ti dimostra il vero ibid. Vom Naturvorbild.

volumi (vilumi) I 18, 19, 27, 31; II 1. Theoretische Schriften. cf. Vitruv VII praef. 1 und Plin. 34, 84 de sua arte composuit volumina.

REGISTER ZUM TEXTE

Die mit einem Sternchen * bezeichneten Namen stammen aus Ghibertis antiken Vorlagen; aufgenommen wurden hier übrigens nur die von Ghiberti ausführlicher behandelten Künstler des Altertums, und zwar unter ihrem richtigen (unverstümmelten) Namen. Die in *Kursiv* gedruckten Namen sind die der Quellen Ghibertis, die er selbst anführt.

NAMENREGISTER

ORTSREGISTER

INHALTSVERZEICHNIS